Hauptsache Handel

Kompendium für Verkäufer/-innen Kaufleute im Einzelhandel

von

Walter Faulhaber
Bernd Gittel
Rudolf Grimm
Verena Grundey
Helga Schiefer
Ortrud Schweizer-Faulhaber
Thomas Trappe
Kerstin Walther
Peter Zitzmann

unter Mitarbeit der Verlagsredaktion

Winklers

Ein Nachschlagewerk für die gesamte Ausbildung

Das Kompendium „Hauptsache Handel“ orientiert sich am aktuellen KMK-Rahmlehrplan für den Ausbildungsberuf „Verkäufer/Verkäuferin“ und „Kaufmann/Kauffrau im Einzelhandel“.
In allen 14 Lernfeldern wird den Auszubildenden durch kompakte Sachinformationen das Wesentliche vermittelt. Damit ist das Kompendium ideal geeignet, die Auszubildenden auf die Prüfung und ihre Tätigkeit im Einzelhandel vorzubereiten. Es versetzt die Lernenden in die Lage, den vermittelten Unterrichtsstoff nachzulesen und selbst zu erarbeiten. Darüber hinaus kann das Kompendium als Nachschlagewerk zur Weiterbildung genutzt werden.
Als ideale Ergänzung zum Kompendium gibt es ein Arbeitsbuch (ISBN 978-3-8045-**5616**-4) mit vielen Aufgaben und einzelnen Lernsituationen, das als Unterstützung für den handlungsorientierten Unterricht dient und gleichzeitig zur Übung und Festigung des erworbenen Wissens.

Übersicht über die Inhalte des Kompendiums nach Lernfeldern (KMK) und Fächern (Bayern)

Nach KMK-Rahmenplan	Lernfelder	Fächer		
		Kundenorientiertes Verkaufen im Einzelhandel	Kaufmännische Steuerung und Kontrolle im Einzelhandel	Einzelhandelsprozesse
1. Ausbildungsjahr	1 Das Einzelhandelsunternehmen repräsentieren			■
1. Ausbildungsjahr	2 Verkaufsgespräche kundenorientiert führen	■		
1. Ausbildungsjahr	3 Kunden im Servicebereich Kasse betreuen		■	
1. Ausbildungsjahr	4 Waren präsentieren	■		
1. Ausbildungsjahr	5 Werben und den Verkauf fördern			■
2. Ausbildungsjahr	6 Waren beschaffen			■
2. Ausbildungsjahr	7 Waren annehmen, lagern und pflegen			■
2. Ausbildungsjahr	8 Geschäftsprozesse erfassen und kontrollieren		■	
2. Ausbildungsjahr	9 Preispolitische Maßnahmen vorbereiten und durchführen			■
2. Ausbildungsjahr	10 Besondere Verkaufssituationen bewältigen	■		
3. Ausbildungsjahr	11 Geschäftsprozesse erfolgsorientiert steuern		■	
3. Ausbildungsjahr	12 Mit Marketingkonzepten Kunden gewinnen und binden			■
3. Ausbildungsjahr	13 Personaleinsatz planen und Mitarbeiter führen			■
3. Ausbildungsjahr	14 Ein Einzelhandelsunternehmen leiten und entwickeln			■

1. Auflage, 2010
Druck 1, Herstellungsjahr 2010

Westermann Schroedel Diesterweg
Schöningh Winklers GmbH
Postfach 33 20, 38023 Braunschweig
Telefon: 01805 996696* Fax: 0531 708-664
service@winklers.de
www.winklers.de
Redaktion: Katja Becker
Lektorat: Petra Griesenbeck, Meckenheim
Druck: westermann druck GmbH, Braunschweig
ISBN: 978-3-8045-**5615**-7

* 14 ct/min aus dem deutschen Festnetz, abweichende Preise aus den Mobilfunknetzen

LF 1 Das Einzelhandelsunternehmen repräsentieren

1 Berufsausbildung im Einzelhandel 12
1.1 Motive und Anforderungen 12
1.2 Lern- und Arbeitstechniken 13
1.2.1 Lerntechniken 14
1.2.2 Arbeitstechniken 19
1.2.3 Präsentation 20
1.2.4 Gruppenarbeit (Teamarbeit) 25
1.3 Rechtliche Rahmenbedingungen für das Ausbildungsverhältnis 27
1.3.1 Duales Ausbildungssystem 28
1.3.2 Berufsbildungsgesetz 28
1.3.3 Ausbildungsordnung 28
1.3.4 Ausbildungsvertrag 30
1.3.5 Jugendarbeitsschutz 32
1.4 Berufliche Weiterentwicklungsmöglichkeiten 33
1.4.1 Qualifikation durch Berufsausbildung 33
1.4.2 Schulische Weiterbildung 33
1.4.3 Sonstige berufliche Fortbildung 34

2 Der Einzelhandel im Gefüge der Gesamtwirtschaft 35
2.1. Güternachfrage als Motor der Wirtschaft 35
2.1.1 Bedürfnisse und Bedarf 35
2.1.2 Güterarten 36
2.1.3 Ökonomisches Prinzip 37
2.1.4 Volkswirtschaftliche Produktionsfaktoren 38
2.2 Arbeitsteilung der Wirtschaft 40
2.2.1 Begriff Arbeitsteilung 40
2.2.2 Vertikale Arbeitsteilung 40
2.2.3 Horizontale Arbeitsteilung 41
2.3 Aufgaben des Einzelhandels 42
2.3.1 Der Einzelhandel im arbeitsteiligen Wirtschaftsgefüge 42
2.3.2 Einzelhandelsfunktionen 42
2.4 Einfacher Wirtschaftskreislauf 43
2.5 Markt und Preisbildung 45

3 Ziele und Organisation eines Einzelhandelsunternehmens 49
3.1 Unternehmensziele 49
3.2 Betrieblicher Leistungsprozess im Einzelhandel 50
3.2.1 Betriebliche Produktionsfaktoren 50
3.2.2 Waren (Material) 51
3.2.3 Personal 52
3.2.4 Betriebsmittel 52
3.2.5 Dispositiver Faktor 53
3.2.6 Betrieblicher Wertekreislauf 54
3.2.7 Faktorsubstitution 55
3.2.8 Kundenorientierung 55
3.3 Aufbau und Struktur eines Einzelhandelsunternehmens 56
3.3.1 Stellen und Abteilungen 56
3.3.2 Arbeitsabläufe 57
3.4 Betriebsformen des Einzelhandels 58
3.4.1 Einteilung nach der Zusammensetzung des Sortiments 58
3.4.2 Einteilung nach der Verkaufsform 61
3.4.3 Sonderformen 63
3.4.4 Neue Trends im Einzelhandel 63

4 Soziale Sicherheit, Betriebsverfassung und Arbeitsvertragsrecht 64
4.1 Soziale Sicherheit 64
4.1.1 Sozialversicherung 64
4.1.2 Freiwillige soziale Leistungen des Betriebes 67
4.1.3 Private Vorsorge 67
4.1.4 Soziale Sicherheit durch persönliches Engagement in der Betriebsgemeinschaft 70
4.2 Betriebsverfassung (Betriebliche Mitbestimmung) 71
4.2.1 Betriebsrat 72
4.2.2 Jugendvertretung 74
4.3 Arbeitsvertragsrecht 75
4.3.1 Tarifvertrag 75
4.3.2 Betriebsvereinbarungen 77
4.3.3 Individualvereinbarungen 77

5 Unternehmen in der Gesellschaft 78
5.1 Soziale Verantwortung 78
5.2 Ökonomische Verantwortung 79
5.3 Ökologische Verantwortung 80
5.4 Nachhaltigkeit 82
5.5 Unternehmensphilosophie 83
5.6 Unternehmensleitbild 85

LF 2 Verkaufsgespräche kundenorientiert führen

1 Erwerb von Warenkenntnissen 88
1.1 Informationsquellen 88
1.2 Fachbegriffe 89
1.3 Kennzeichnungen 90
1.4 Warentypische Qualitätsmerkmale 91
1.5 Produktmerkmale 92
1.6 Gesundheits- und Umweltverträglichkeit der Ware einschließlich Verpackung 93

2 Verkaufsgespräch als Interaktionsprozess 94
2.1 Kommunikation 94
2.2 Kundenorientiertes Sprechen 96
2.3 Körpersprache 96
2.4 Virtuelle Verkäufer 99

3 Phasen des Verkaufsgesprächs 100
3.1 Kontaktphase 100
3.1.1 Kontaktaufnahme und Begrüßung 100
3.1.2 Bedarfsermittlung einschließlich Fragetechnik 101
3.1.3 Kaufmotive 104
3.2 Verhandlungsphase 108
3.2.1 Warenvorlage 108
3.2.2 Argumentationsmethoden 110
3.2.3 Einwandbehandlung 114
3.3 Entscheidungsphase 119
3.3.1 Kaufsignale 119
3.3.2 Entscheidungshilfen 119
3.4 Weiterführungsphase 120
3.4.1 Bestätigung der Kaufentscheidung 121
3.4.2 Kassiervorgang 121
3.4.3 Verpacken der Ware 121
3.4.4 Verabschiedung des Kunden 122
3.5 Nützliche Wendungen für ein Verkaufsgespräch in Englisch 122

4 Zusatz- und Alternativangebote 124
4.1 Zusatzangebote 124
4.2 Alternativangebote 125

5 Serviceleistungen als Mittel der Kundenbindung 126

LF 3 Kunden im Servicebereich Kasse betreuen

1 Rechtliche Grundlagen für das Zustandekommen von Rechtsgeschäften 130
1.1 Rechtsfähigkeit und Geschäftsfähigkeit 130
1.1.1 Rechtsfähigkeit 130
1.1.2 Geschäftsfähigkeit 130
1.2 Rechtsgeschäfte – Arten und Formvorschriften 132
1.3 Vertragsfreiheit 133
1.4 Nichtigkeit und Anfechtbarkeit von Rechtsgeschäften 133
1.5 Übersicht über die wichtigsten Verträge 134
1.6 Besitz und Eigentum 135

2 Kaufvertrag mit dem Kunden 136
2.1 Abschluss des Kaufvertrages (Verpflichtungsgeschäft) 136
2.2 Erfüllung des Kaufvertrages (Erfüllungsgeschäft) 137
2.3 Allgemeine Geschäftsbedingungen (AGB) 137
2.4 Unterschiedliche Verkaufssituationen 139
2.4.1 Verkauf von Schaufensterware 139
2.4.2 Verkauf gegen Rechnung (auf Kredit) 139
2.4.3 Haustürgeschäfte 140
2.4.4 Fernabsatzverträge 141

3 Kasse 142
3.1 Kassensysteme 142
3.2 Kassiervorgang 143
3.3 Betrügereien an der Kasse 143
3.4 Kassensturz 145
3.5 Kassenbericht 146

4 Zahlungsverkehr 147
4.1 Barzahlung 147
4.1.1 Persönliche Geldübergabe an der Kasse 147
4.1.2 Zahlung an Boten 147
4.1.3 Western Union Money Transfer 148
4.1.4 Wertsendung International 149
4.1.5 Post-Express 149
4.2 Halbbare Zahlung 150
4.2.1 Zahlung mit Barscheck 150
4.2.2 Online-Transfer mit Western Union 152
4.2.3 Bareinzahlung bei der Bank 152
4.2.4 Nachnahme 153
4.3 Bargeldlose Zahlung 154
4.3.1 Überweisung 155
4.3.2 Verrechnungsscheck 156
4.3.3 Zahlungsvereinfachungen 157
4.3.4 Zahlung mit Karte (Plastikgeld) 158

5 Gebräuchliche Rechenverfahren 161
5.1 Dreisatz 161
5.1.1 Einfacher Dreisatz mit geradem Verhältnis (proportionale Abhängigkeit) 161
5.1.2 Einfacher Dreisatz mit ungeradem Verhältnis (umgekehrt proportionale Abhängigkeit) 162
5.1.3 Zusammengesetzter Dreisatz 162
5.2 Durchschnittsrechnung 163
5.2.1 Einfacher Durchschnitt 163
5.2.2 Gewogener Durchschnitt 164
5.3 Prozentrechnung 164
5.3.1 Berechnung des Grundwertes 164
5.3.2 Berechnung des Prozentwertes 165
5.3.3 Berechnung des Prozentsatzes 166
5.3.4 Prozentrechnung mit vermehrtem und vermindertem Grundwert 166
5.3.5 Promillerechnung 167

LF 4 Waren präsentieren

1 Ladengestaltung 170
1.1 Grundsätze der Warenpräsentation 170
1.2 Ziele der Warenpräsentation 171
1.3 Visual Merchandising 172
1.4 Innere Ladengestaltung 174
1.5 Kundenlaufstudien 176
1.6 Zoneneinteilung im SB-Geschäft 176
1.7 Einflussfaktoren von Betriebs- und Verkaufsform 178

2 Warenplatzierung 179
2.1 Regalzonen 179
2.2 Warenträger 179

3 Informationen zur Ware 181
3.1 Warenkennzeichnung 181
3.2 Warenpflege 184
3.3 Preisauszeichnung 186

4 Präsentation im Schaufenster 187
4.1 Schaufenster als Werbemittel 187
4.2 Arten der Schaufenster 187
4.3 Gestaltungsmöglichkeiten 187
4.4 Verkauf aus dem Schaufenster 188

LF 5 Werben und den Verkauf fördern

1 Werbung im Einzelhandel 190
1.1 Aufgaben der Werbung 190
1.2 Ziele der Werbung 192
1.3 Werbegegenstand 192
1.4 Werbemittel und Werbeelemente 193
1.5 Werbeträger 193
1.6 Gestaltungselemente der Werbung 195
1.6.1 Farben 195
1.6.2 Bilder und Figuren 196
1.7 Werbesprache 197
1.8 Werbetechniken 197
1.9 Werbearten 198
1.10 Werbegrundsätze 200
1.11 Werbeplanung 200
1.12 Werbewirkung 202
1.13 Werbeerfolgskontrolle 204
1.14 Grenzen der Werbung 204
1.14.1 Rechtliche Grenzen der Werbung 205
1.14.2 Ethische und emotionale Grenzen der Werbung 209
1.15 Deutscher Werberat 210

2 Verkaufsförderung im Einzelhandel 211
2.1 Aufgaben der Verkaufsförderung (Salespromotion) 211
2.2 Zielgruppen der Verkaufsförderung 211
2.3 Instrumente der Verkaufsförderung im Einzelhandel 212

3 Verpackung der Ware 214
3.1 Funktionen der Verpackung 214
3.2 Arten der Verpackung 214

3.3 Verpackungsmaterial 215
3.4 Verpackungskosten 217
3.5 Gesetzliche Grundlagen 217
3.6 Verpackungskennzeichnung 217
3.7 Verpackung und Umweltschutz 218
3.8 Einwegpfand (Dosenpfand) 219
3.9 Verpackungsgestaltung 220

4 Kundenbindung im Einzelhandel 221
4.1 Kundenzufriedenheit und Kundentreue 221
4.2 Kundendienstpolitik im Einzelhandel (Service) 222
4.3 Formen von Kundendienstleistungen 222

5 Warenzustellung im Einzelhandel 226
5.1 Firmeneigene und firmenfremde Zustellung 226
5.2 Versand über die Deutsche Post AG 226
5.3 Bedeutung privater Paketdienste 228
5.4 Güterbeförderung durch die Deutsche Bahn AG 228

LF 6 Waren beschaffen

1 Planung der Warenbeschaffung 234
1.1 Warenbedarf 234
1.2 Planung der Einkaufsmenge 235
1.3 Zeitpunkt der Warenbeschaffung 235
1.4 Finanzierung der Warenbeschaffung (Limitrechnung) 236

2 Beschaffungsprozess 237
2.1 Ermittlung der Bezugsquellen des Einzelhändlers 237
2.2 Bezugsquellen des Einzelhandels 238
2.2.1 Großhandel 238
2.2.2 Einkaufsvereinigungen (Kooperationen) 238
2.2.3 Franchising 239
2.2.4 Einkauf beim Hersteller 240
2.2.5 Einkaufskonditionen 240
2.3 Organisation der Warenbeschaffung (Logistik) 241

3 Kaufvertrag mit dem Lieferer 242
3.1 Kaufanbahnung (Anfrage) 242
3.2 Angebot des Lieferers 242
3.2.1 Verbindlichkeit des Angebotes 243
3.2.2 Inhalt des Angebotes 244
3.2.3 Lieferbedingungen 244
3.2.4 Zahlungsbedingungen 245
3.3 Auswahl des günstigsten Angebotes 247
3.3.1 Bezugskalkulation 247
3.3.2 Angebotsvergleich 248
3.4 Bestellung des Einzelhändlers 249
3.4.1 Verbindlichkeit der Bestellung 249
3.4.2 Bestellungsannahme (Auftragsbestätigung) 249
3.4.3 Zweiseitiger Handelskauf (Abschluss und Erfüllung des Kaufvertrages mit dem Lieferer) 250
3.5 Besondere Kaufvertragsarten 252

4 Schriftverkehr im Einzelhandel 253

LF 7 Waren annehmen, lagern und pflegen

1 Warenannahme 258
1.1 Äußere Prüfung 259
1.2 Inhaltliche Prüfung 259
1.3 Warenbegleitpapiere 259
1.4 Entsorgung der Verpackung 260
1.5 Erfassung des Wareneingangs 261

2 Störung des Kaufvertrages durch den Lieferer 264
2.1 Nicht-Rechtzeitig-Lieferung (Lieferungsverzug) 264
2.1.1 Voraussetzungen 264
2.1.2 Rechte des Käufers 265
2.1.3 Anmahnung der Lieferung 267
2.1.4 Ermittlung des Schadensersatzes 267
2.2 Schlechtleistung 268
2.2.1 Mängelarten 268
2.2.2 Pflichten des Käufers 269
2.2.3 Rechte des Käufers 271
2.2.4 Rückgriff des Unternehmens auf seinen Lieferer 273
2.2.5 Mängelrüge 273

3 Lagerhaltung 274
3.1 Aufgaben der Lagerhaltung 274
3.2 Lagerarten 275
3.3 Lagereinrichtung 276
3.4 Arbeiten im Lager 278
3.5 Sicherheitsvorkehrungen im Lager 280
3.6 Kosten und Risiken der Lagerhaltung 282
3.7 Lagerkontrolle 282
3.7.1 Optimaler Lagerbestand 282
3.7.2 Inventur 283
3.7.3 Lagerbestandsarten 285
3.7.4 Lagerkennzahlen 286

LF 8 Geschäftsprozesse erfassen und kontrollieren

1 Erfassen von Geschäftsprozessen durch die Buchführung 292
1.1 Aufgaben der Buchführung 293
1.2 Rechtsgrundlagen der Buchführung 293
1.3 Grundsätze ordnungsmäßiger Buchführung 294
1.4 Arten der Buchführung 295

2 Inventar (Bestandsverzeichnis) 297

3 Bilanz 298
3.1 Aufbau und Gliederung der Bilanz 298
3.2 Wertveränderungen in der Bilanz 300

4 Bestandskonten 302
4.1 Auflösung der Bilanz in Konten 302
4.2 Buchen in Bestandskonten 303
4.3 Abschluss der Bestandskonten 304

5 Buchungssatz 307
5.1 Einfacher Buchungssatz 307
5.2 Zusammengesetzter Buchungssatz 308

6 Erfolgskonten 309
6.1 Aufwandskonten 309
6.2 Ertragskonten 309
6.3 Buchen in Erfolgskonten 310
6.4 Gewinn- und Verlustkonto 310

7 Belege in der Buchführung 314

8 Kontrolle von Geschäftsprozessen – Einführung in die Betriebsstatistik 315
8.1 Tabellen 316
8.2 Geschäftsgrafiken (Diagramme) 316
8.3 Bildung von Kennzahlen 318
8.4 Betriebliche Kennzahlen 320
8.4.1 Wareneinsatz 320
8.4.2 Roh-, Reingewinn 320
8.4.3 Umsatzkennziffern (Umsatzstatistik) 321

LF 9 Preispolitische Maßnahmen vorbereiten und durchführen

1 Preisangabenverordnung 326
1.1 Preisbestandteile 326
1.2 Arten der Preisauszeichnung 326
1.3 Ausnahmen 327

2 Preispolitik 328
2.1 Preis 328
2.2 Festsetzung der Preise 328
2.3 Möglichkeiten preispolitischer Entscheidungen 329
2.3.1 Mischkalkulation (Ausgleichskalkulation) 329
2.3.2 Preisdifferenzierung 330
2.3.3 Sonderangebote 330
2.3.4 Markenartikel 330
2.3.5 Psychologische Preisgestaltung 331
2.3.6 Preisunterbietung 331

3 Warenkalkulation 332
3.1 Vorwärtskalkulation 332
3.2 Rückwärtskalkulation 334
3.3 Differenzkalkulation 335
3.4 Vereinfachung der Kalkulation 336
3.4.1 Kalkulationszuschlag (Kalkulationsaufschlag) 336
3.4.2 Kalkulationsfaktor 337
3.4.3 Handelsspanne 338
3.4.4 Kalkulationsabschlag 339
3.4.5 Bezugskostenverteilung 340

LF 10 Besondere Verkaufssituationen bewältigen

1 Kundenverhalten 344
1.1 Kundengruppen 344
1.1.1 Männer/Frauen 344
1.1.2 Kinder/Jugendliche/Senioren 344
1.1.3 Kranke/Behinderte 345
1.1.4 Ausländer 345
1.2 Kundentypen 345
1.3 Konsumtypen 346

2 Kunden in Begleitung 347
2.1 Am Kauf interessierte Begleiter 347
2.2 Am Kauf nicht interessierte Begleiter 348
2.3 Sachverständige Begleiter 348
2.4 Kauf für eine Begleitperson 348

3 Verkauf bei Hochbetrieb und Ladenschluss 349
3.1 Ursachen für Hochbetrieb 349
3.2 Vorbereitung auf Kundenandrang 349
3.3 Verhalten bei Hochbetrieb 349
3.4 Mehrfachbedienung 349
3.5 Verkaufsablösung/Verkauf bei Ladenschluss 349

4 Besorgungsverkauf/Geschenkkauf 350
4.1 Unterschiede 350
4.2 Notwendige Informationen 350
4.3 Verkauftechnische Umsetzung des Geschenkkaufs 351
4.4 Verpackung von Geschenken 351

5 Verkaufsstörungen 352
5.1 Ursachen für Verkaufsstörungen 352
5.2 Verkäuferverhalten bei Verkaufsstörungen 352

6 Ladendiebstahl 354
6.1 Ursachen für Ladendiebstahl 354
6.2 Diebstahlmethoden 354
6.3 Verkäuferverhalten bei Ladendiebstahl 355
6.4 Vorbeugende Maßnahmen 356

7 Gewährleistung/Garantie/Produkthaftung/Kulanz 357
7.1 Rechtliche Grundlagen 357
7.2 Gewährleistung/Garantie 357
7.3 Kulanz 358
7.4 Produkthaftung 359

8 Finanzierungskauf 360

9 Konfliktlösungsverhalten 361

LF 11 Geschäftsprozesse erfolgsorientiert steuern

1 Warenverkehr eines Einzelhandelsunternehmens 366
1.1 Buchungen beim Warenverkehr 366
1.2 Bestandskonto „Waren (Bestand)“ 367
1.3 Buchungen beim Wareneinkauf 368
1.4 Buchungen beim Warenverkauf 369
1.5 Abschluss der Warenkonten 370

2 Umsatzsteuer 374
2.1 System der Umsatzbesteuerung 374
2.2 Vorsteuer 375
2.3 Umsatzsteuer 376
2.4 Ermittlung der Zahllast 377

3 Einlage und Entnahme von Betriebsmitteln (Privatkonto) 380
3.1 Kapitaleinlage 380
3.2 Kapitalentnahme 381
3.3 Entnahme von Sachmitteln (Eigenverbrauch) 382

4 Besondere Buchungen beim Warenverkehr 384
4.1 Wareneinkauf 384
4.1.1 Rücksendung von Waren an den Lieferer 384
4.1.2 Warenbezugskosten 385
4.1.3 Preisminderungen beim Wareneinkauf 387
4.2 Warenverkauf 389
4.2.1 Rücksendungen von Waren durch den Kunden 389
4.2.2 Kosten beim Warenversand 390
4.2.3 Preisminderungen beim Warenverkauf 392

5 Anlagenwirtschaft 395
5.1 Berechnung der Anschaffungskosten 395
5.2 Buchung der Anschaffungskosten 396
5.3 Abschreibung von Anlagegütern 397
5.4 Buchung der Abschreibung von Anlagegütern 399
5.5 Verkauf von Anlagegütern 401

6 Verteilungsrechnung 403
6.1 Verteilungsrechnung mit ganzen Anteilen 403
6.2 Verteilungsrechnung nach Bruchteilen 404

7 Kosten- und Leistungsrechnung 405
7.1 Grundbegriffe der Kosten- und Leistungsrechnung 405
7.1.1 Geldrechnung 405
7.1.2 Ergebnisrechnung (GuV-Rechnung) 406
7.1.3 Kosten- und Leistungsrechnung (KLR) 407
7.2 Sachliche Abgrenzung des Betriebsergebnisses 407
7.3 Kostenarten 408
7.4 Kostenstellenrechnung 410
7.5 Kostenträgerrechnung 411

8 Organisation der Buchführung 413
8.1 Kontenrahmen und Kontenplan 413
8.2 Jahresabschluss 415
8.2.1 Kontenrahmen und Jahresabschluss 415
8.2.2 Aufstellung der Bilanz 416
8.2.3 Aufstellung der Gewinn- und Verlustrechnung in Kontenform 416
8.3 Verwertung der Vermögensgegenstände und Schulden 418
8.3.1 Bewertungsgrundsätze 418
8.3.2 Verwendung des Jahresergebnisses 419
8.4 Auswertung der Bilanz 419
8.4.1 Bilanzanalyse 419
8.4.2 Bilanzkennziffern 419
8.4.3 Bilanzkritik 421
8.5 Elektronische Buchhaltung (Speicherbuchhaltung) 421
8.5.1 Entwicklung zur elektronischen Buchhaltung 421
8.5.2 Gesetzliche Grundlagen der Speicherbuchführung 421
8.5.3 Speicherbuchführung und herkömmliche Buchführung 422
8.5.4 Buchen am Computer 422
8.5.5 Von der Kontoeröffnung zur Bilanz 423

9 Überwachung der Unternehmenstätigkeit 424
9.1 Abschlussbericht als Kontrollinstrument der Betriebsführung 424
9.2 Deckungsbeitragsrechnung 426
9.3 Kurzfristige Erfolgsrechnung (KER) 427
9.4 Betriebsvergleich (Benchmarking) 427
9.5 Kapitalkennziffern 428

10 Warenwirtschaft 429
10.1 Herkömmliche Warenwirtschaft 429
10.2 Warenwirtschaftssystem 430
10.3 Betriebliches Datennetz 430
10.4 Warenwirtschaftliche Grundsysteme 431
10.5 Arbeiten im Warenwirtschaftssystem 433
10.6 Auswertung der Daten 434
10.7 Inventur mit einem Warenwirtschaftssystem 435
10.8 Grenzen und Gefahren von Warenwirtschaftssystemen 435

LF 12 Mit Marketingkonzepten Kunden gewinnen und binden

1 Marketing 438
1.1 Begriffsbestimmung 438
1.2 Bedeutung des Marketings 439
1.3 Marketingziele 440
1.4 Zielgruppenmarketing 441
1.5 Standortmarketing 442

2 Marktuntersuchung 444
2.1 Markterkundung 444
2.2 Marktforschung 445
2.2.1 Marktanalyse 445
2.2.2 Marktbeobachtung 446
2.2.3 Methoden der Marktforschung 446
2.2.4 Data Warehouse 447
2.3 Marktprognose 448

3 Marketinginstrumente 450
3.1 Sortimentspolitik 450
3.2 Preispolitik 453
3.2.1 Preis und Kosten 453
3.2.2 Aktive Preispolitik 454
3.2.3 Besondere preispolitische Maßnahmen 455
3.2.4 Preisnachlässe (Konditionenpolitik) 456
3.3 Werbung 456
3.4 Public Relations (Öffentlichkeitsarbeit) 457
3.5 Salespromotion 459
3.6 Kundenservice 460
3.7 Präsentation im „Tagesgeschäft“ 461
3.7.1 Normaler Geschäftsbetrieb 461
3.7.2 Beschwerdemanagement 461
3.7.3 Gesamtwirkung 462

4 Marketingmanagement 463
4.1 Marketingmix 463
4.2 Kundenbeziehungsmanagement 464
4.3 Marketingkonzepte 466

5 Internetnutzung 468
5.1 Möglichkeiten und Grenzen 468
5.2 E-Business 469
5.2.1 Begriffserklärung 469
5.2.2 Internetseite 469
5.2.3 Besucher 470
5.2.4 Kommunikationsplattform 470
5.3 E-Commerce (Internethandel) 470
5.4 Rechtliche Aspekte 471
5.5 Onlinemarketing 473

LF 13 Personaleinsatz planen und Mitarbeiter führen

1 Gesprächsführung 478
1.1 Direkte und indirekte Aussagen 478
1.2 Verbale, nonverbale Aussagen 479
1.3 Gesprächsstörer und Gesprächsförderer 479

2 Umgang mit Konflikten 480
2.1 Entstehung von Konflikten 480
2.2 Arten von Konflikten 480
2.3 Konfliktlösungsansätze 480

3 Personalentwicklung 481
3.1 Personalwirtschaftliche Ziele 481

3.2 Analyse des Mitarbeiterbestands und der Struktur 481
3.3 Personalbedarfsermittlung 482
3.4 Instrumente der Personalbeschaffung 487
3.4.1 Interne Personalbeschaffung 488
3.4.2 Externe Personalbeschaffung 488
3.5 Auswahl der Bewerber 489
3.5.1 Beurteilung der Bewerbungsunterlagen 489
3.5.2 Vorstellungsgespräch 493
3.5.3 Einstellungstests 494
3.5.4 Auswahlkriterien 494

4 Begründung, Betreuung und Beendigung von Arbeitsverhältnissen 495
4.1 Bedeutung von Arbeitsverträgen für das Arbeitsverhältnis 495
4.1.1 Abschluss von Arbeitsverträgen 495
4.1.2 Änderung/Beendigung von Arbeitsverträgen 499
4.2 Mitarbeitermotivation 505
4.2.1 Führungsstile 505
4.2.2 Erfolgsbeteiligungen 506
4.2.3 Betriebliches Vorschlagswesen 507
4.2.4 Sonstige Faktoren 507
4.3 Entgeltabrechnungen 507
4.3.1 Lohn und Gehalt 507
4.3.2 Vorschüsse, Sachleistungen und freiwillige Zuschüsse 514
4.3.3 Vermögenswirksame Leistungen 515
4.4 Datenschutz 517
4.4.1 Rechtsgrundlagen 517
4.4.2 Prinzipien 517
4.4.3 Datenschutzbeauftragter 518

LF 14 Ein Einzelhandelsunternehmen leiten und entwickeln

1 Kaufmännische Vorüberlegungen 520

2 Rechtliche Voraussetzungen 521
2.1 Anmeldung des Betriebes 521
2.2 Kaufmannseigenschaft 521
2.3 Firma 522
2.3.1 Firmenname 522
2.3.2 Firmengrundsätze 523
2.4 Handelsregister 523

3 Rechtsform des Unternehmens 524
3.1 Einzelunternehmen 524
3.1.1 Firma 524
3.1.2 Stille Gesellschaft 525
3.2 Personengesellschaften 525
3.2.1 Offene Handelsgesellschaft (OHG) 525
3.2.2 Kommanditgesellschaft (KG) 526
3.3 Kapitalgesellschaften 527
3.3.1 Aktiengesellschaft (AG) 527
3.3.2 Gesellschaft mit beschränkter Haftung (GmbH) 528
3.3.3 Besondere Gesellschaftsformen 529

4 Ein Einzelhandelsunternehmen führen 530
4.1 Unternehmerischen Zielsetzungen 530
4.2 Verwirklichung der Unternehmensziele 530
4.3 Entscheidungs- und Führungsstrukturen 531
4.4 Entscheidungsbefugnisse der Mitarbeiter 531

5 Finanzierung des Unternehmens 533
5.1 Kapitalbedarf des Unternehmens 533
5.2 Kapitalbeschaffung 533
5.3 Einsatz eigener Mittel (Eigenfinanzierung) 534
5.3.1 Eigenkapitalerhöhung durch Innenfinanzierung 534
5.3.2 Eigenkapitalerhöhung durch Außenfinanzierung 534
5.4 Fremdfinanzierung 534
5.4.1 Handelskredit 535
5.4.2 Bankkredit 535
5.5 Sicherung von Bankkrediten 536
5.6 Sonderformen der Finanzierung 537

6 Kosten der Überlassung fremder Mittel 538
6.1 Allgemeine Zinsformel 538
6.2 Berechnung von Kapital, Zinssatz und Zeit 540
6.3 Kaufmännische Zinsformel 541
6.4 Summarische Zinsrechnung 542

7 Behandlung von Außenständen 543
7.1 Kaufmännisches Mahnverfahren 543
7.2 Nicht-Rechtzeitig-Zahlung (Zahlungsverzug) 543
7.3 Gerichtliches Mahnverfahren 544
7.4 Verjährung von Forderungen 545

8 Das Unternehmen in der Existenzkrise 546
8.1 Gründe für auftretende Krisen 546
8.2 Sanierung des Unternehmens 547
8.3 Unternehmens- und Verbraucherinsolvenz 548
8.4 Freiwillige Liquidation des Unternehmens 549

Stichwortverzeichnis 550
Bildquellenverzeichnis 558

Anhang: Einzelhandelskontenrahmen (EKR)
Gliederung der Gewinn- und Verlustrechnung in Staffelform
Gliederung der Jahresbilanz

1. Ausbildungsjahr
Lernfelder 1–5

Lernfeld 1: **Das Einzelhandelsunternehmen repräsentieren**

Lernfeld 2: **Verkaufsgespräche kundenorientiert führen**

Lernfeld 3: **Kunden im Servicebereich Kasse betreuen**

Lernfeld 4: **Waren präsentieren**

Lernfeld 5: **Werben und den Verkauf fördern**

Das Einzelhandelsunternehmen repräsentieren

1 Berufsausbildung im Einzelhandel
2 Der Einzelhandel im Gefüge der Gesamtwirtschaft
3 Ziele und Organisation eines Einzelhandelsunternehmens
4 Soziale Sicherheit, Betriebsverfassung und Arbeitsvertragsrecht
5 Unternehmen in der Gesellschaft

1 Berufsausbildung im Einzelhandel

1.1 Motive und Anforderungen

Motive

Wer eine Ausbildung im Einzelhandel antritt, hat mit dieser Entscheidung einen Grundstein für seine künftige Lebensgestaltung gelegt.

Die meisten **Berufsanfänger** haben bereits durch Praktika oder eigene Einkaufserfahrungen eine grobe Vorstellung von dem, was sie erwartet.

Oft kommt es allerdings auch vor, dass ein Ausbildungsplatz im Einzelhandel erst die zweite oder dritte Wahl war, nachdem alle Ausbildungsplätze im Wunschberuf durch andere Bewerber besetzt wurden.

Wie es auch sei, die oder der Auszubildende tut gut daran, kritisch Vor- und Nachteile, Traum und Wirklichkeit, Möglichkeiten und Chancen des Berufes beziehungsweise einer abgeschlossenen Berufsausbildung im Einzelhandel während ihrer oder seiner Lehrzeit zu prüfen und zu würdigen.

Eine Fehlentscheidung bei der Berufswahl kann man besonders in jungen Jahren durchaus korrigieren. Vor einem Abbruch der Ausbildung ist jedoch zu überlegen, dass ein Berufsabschluss immer einen Rückhalt geben wird, auch wenn man danach etwas anderes erlernt. Außerdem legen künftige Arbeitgeber großen Wert auf eine Kontinuität beim beruflichen Werdegang.

Die Entscheidung für eine Berufsausbildung ist mit persönlichen Erwartungen verbunden.

Bei einer Befragung zu ihren Erwartungen an die spätere Berufstätigkeit stuften Jugendliche folgende 7 Kriterien aus 42 als am wichtigsten ein (Anteil der Jugendlichen in Prozent, die den jeweiligen Aspekt als „sehr wichtig" bewerteten):

	Berufswahlkriterien		darunter	
		Alle	Mädchen	Jungen
1	Einen Beruf ergreifen, den es auch in Zukunft noch geben wird	70	71	70
2	Ein gesichertes Einkommen erhalten	69	67	72
3	Eigene Hobbys neben der Berufstätigkeit pflegen können	56	55	57
4	Beruflich aufsteigen können	55	53	59
5	Einen Beruf mit guten Chancen auf dem Arbeitsmarkt ergreifen	54	58	50
6	Am Wochenende frei haben	48	42	54
7	Viel Geld verdienen	48	41	55

Quelle: BIBB-Forschungsprojekt „Berufsbezeichnungen und ihr Einfluss auf die Berufswahl von Jugendlichen" 2003

Insbesondere „Ein gesichertes Einkommen erhalten" (2), „Beruflich aufsteigen können" (4) und „Viel Geld verdienen" (7) sind Erwartungen, die meist nur dann eintreffen, wenn es den Auszubildenden bzw. Beschäftigten gelingt, Arbeitgeber von ihrer Einsatzbereitschaft und Leistungsfähigkeit zu überzeugen. Die Chancen auf dem Arbeitsmarkt (5) sind ebenfalls nicht nur von der Art des gewählten Berufes abhängig, sondern auch von den individuellen Stärken der Bewerber. Im Wesentlichen haben es Auszubildende selbst in der Hand, inwieweit ihr berufliches Schicksal durch eigenes Engagement in Betrieb und Berufsschule den Erwartungen entsprechen wird.

Für Unternehmer gibt es unterschiedliche Motive, einen Ausbildungsplatz anzubieten.

Viele Einzelhandelsbetriebe beteiligen sich nicht an der Ausbildung. Die Gründe liegen in der oft begrenzten Einsatzmöglichkeit, in gesetzlichen Auflagen, Abwesenheit durch die Berufsschulpflicht und nicht zuletzt in den Ausbildungskosten. Wettbewerb und Kostendruck erlaubten es kaum, Zeit und Geld „unnötig“ zu opfern.

Natürlich bilden Betriebe gerne aus, wenn sich das während der Ausbildung oder auch danach bezahlt macht. Das heißt, jemand, der sich sichtlich engagiert und auch erfolgreich um das Geschäftsinteresse bemüht oder der sich während der Ausbildung für später als Mitarbeiter interessant macht, ist bald „sein Geld wert“. Außerdem stellen sich auch viele Unternehmen ihrer gesellschaftlichen Verpflichtung zur Ausbildung.

1

Anforderungen

Nicht jeder eignet sich gleichermaßen für die Ausbildung im Einzelhandel, auch deshalb, weil persönliche Kompetenzen, Talente, Kenntnisse, Fertigkeiten und Fähigkeiten der Menschen unterschiedlich sind. Es muss das Ziel sein, vorhandene Defizite auszugleichen und eine hohe berufliche Qualität zu erreichen.

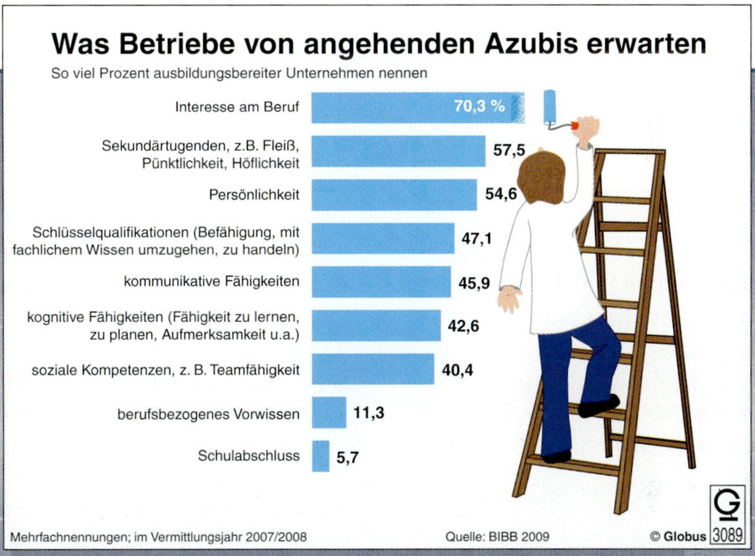

1.2 Lern- und Arbeitstechniken

Persönliche und soziale Kompetenzen gewinnen in der modernen Wirtschaft zunehmend an Bedeutung. Die Zeit der Einzelkämpfer ist vorbei. Heute kommt es zunehmend darauf an, inwieweit ein Mitarbeiter bereit und fähig ist, seine individuellen Fähigkeiten in den Dienst des Unternehmens zu stellen.

Er muss in oft wechselnden Teams ein verlässlicher Partner sein, leistungsbereit, belastbar und gewissenhaft, außerdem verantwortungsbereit, kritikfähig, kreativ und flexibel. Man erwartet dabei einwandfreie Umgangsformen, Toleranz und die Fähigkeit, mit anderen konstruktiv zusammenzuarbeiten. Man spricht in diesem Zusammenhang auch von Schlüsselqualifikationen.

Der Wunsch nach bestmöglicher Qualifizierung sollte vom Auszubildenden ausgehen, seine Initiative ist von größter Bedeutung. Schlechte Ausbildungsergebnisse zu Recht oder zu Unrecht damit zu begründen, dass seitens Lehrer oder Ausbilder mangelhaft erklärt und gezeigt wurde, macht jemanden in einem Bewerbungsgespräch für einen Arbeitgeber nicht interessant. Es geht darum, frühzeitig zu erkennen, dass in erster Linie jeder selbst die Verantwortung für seine Entwicklung trägt.

Um später im Einzelhandel erfolgreich zu sein, müssen besondere fachliche Kompetenzen erworben werden.

Fachliche Kenntnisse	Inhaltliche Merkmale
Warenkenntnisse	Sortiment, Ausprägungen, Eigenschaften, Anwendungs- und Einsatzmöglichkeiten
Rhetorische Fähigkeiten	Argumentationstechnik, Überzeugungskraft, Beherrschung der branchentypischen Fachbegriffe
Rechtskenntnisse	Abschluss von Kaufverträgen, Abwicklung von Vertragsstörungen, Tarifrecht, Arbeitsschutzrechte
Methodenkompetenz	Preiskalkulation, Kassenberichte, Umsatzsteuerermittlung, Erfolgsermittlung, wirtschaftliche Auswertungen
Beherrschung kaufmännischer Fachbegriffe	Einkaufspreis, Einstandspreis, Roh- und Reingewinn, Wirtschaftlichkeit, Produktivität usw.
Weitere spezielle Kenntnisse, z. B. über	Zahlungsmöglichkeiten, Zahlungsverkehr, Warenpräsentation, Beschaffungsplanung, Möglichkeiten der Absatzförderung, Betriebsformen

Aktives Lernen und Könnenwollen sind die Schlüssel zum Erfolg.

Aktiv lernen heißt:
- innere und äußere Selbstbeteiligung am Lernprozess,
- zielbewusste Teilnahme durch Zuhören, Mitdenken, Mitreden und Mitschreiben und Handeln.

Könnenwollen heißt:
Es ist mein erklärtes Ziel, durch Lernen möglichst viele Fähigkeiten und Fertigkeiten zu erwerben.

1.2.1 Lerntechniken

Bisherige schulische und künftige Lernerfolge (oder auch Misserfolge) sind häufig weniger auf die Begabung als auf jeweils angewandte Lerntechniken zurückzuführen. Kenntnis und Anwendung solcher Techniken helfen die Lernanforderungen zu bewältigen und angestrebte Kompetenzen leichter zu erwerben.

Ein Gehirn lässt sich nicht wie ein Computer mit Daten füttern. Die Frage ist, wie es gelingen kann, Gelerntes aufzunehmen. Dazu werden nun einige Möglichkeiten beschrieben:

Mitschrift

Längere Inhaltsdarstellungen in mündlicher oder schriftlicher Form (Bücher, Seiten, Internet) lassen sich schwer einprägen bzw. nachvollziehen. Ein Lehrer reduziert oft umfangreiche Kapitel durch die Zusammenfassung auf Folie oder Tafel. Daraus entsteht häufig der Hefteintrag.

- **Bei umfangreichen Texten Wesentliches unterstreichen oder herausschreiben (Exzerpt).**
- **Hefteinträge und Exzerpte rückentwickeln: Welcher Sachverhalt lag zugrunde?**
- **Mitschrift linear oder Mindmapping**

Schema einer linearen Mitschrift

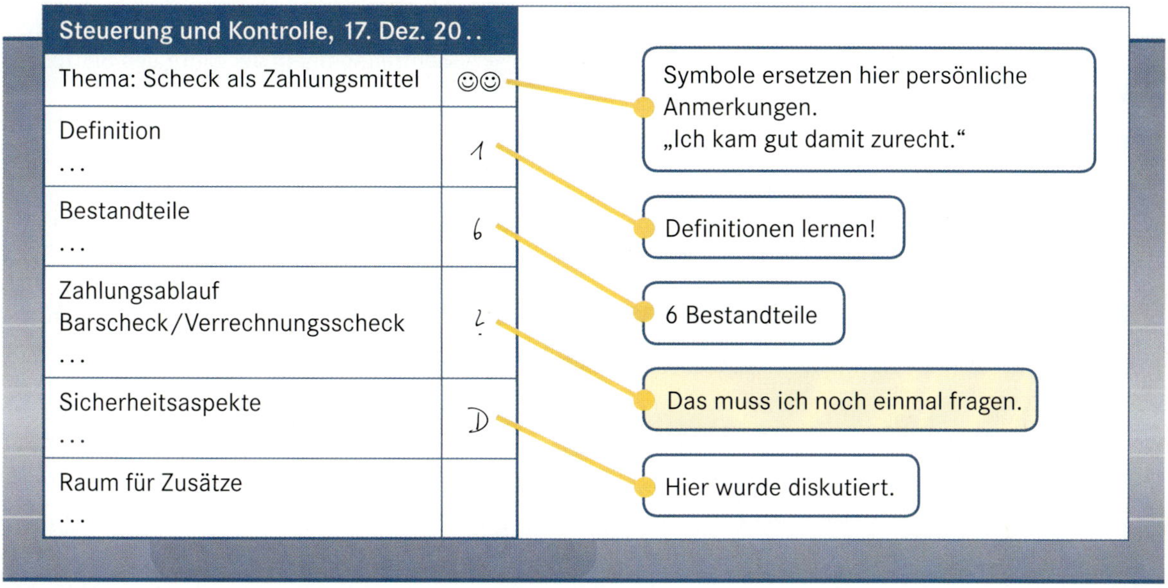

1

Mindmap

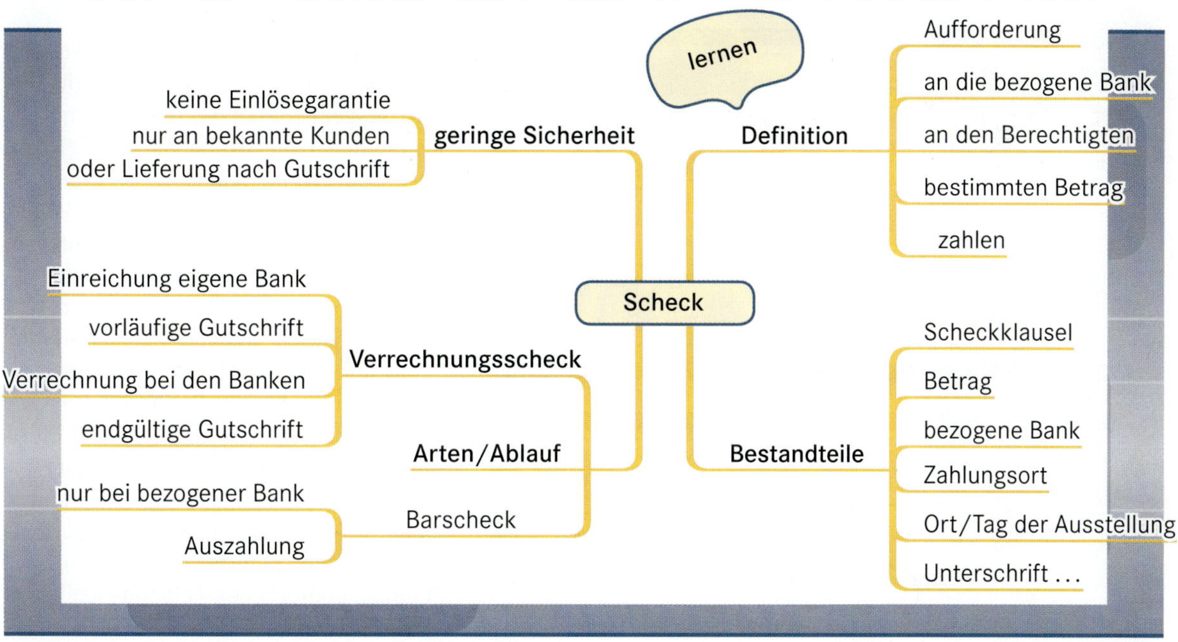

Mindmaps ermöglichen nicht nur eine systematische und einprägsame Rekapitulation besprochener Zusammenhänge. Häufig wird diese Methode eingesetzt, um kreativ zu einem bestimmten Thema Ideen zusammenzutragen bzw. das Ergebnis solcher Überlegungen anschaulich zu präsentieren (siehe folgende Seite).

Wegen der Bedeutung dieser Methode wird im Folgenden die Vorgehensweise kurz geschildert:

Schritt 1: Bei einer Mindmap beginnt man – im Unterschied zu traditionellen Aufzeichnungen – mit der Zentralidee (oder dem Zentralthema) in der Mitte des Blattes. Es wird empfohlen,

a) weißes Papier zu benutzen, da Linien oder Karos den freien Gedankenfluss stören könnten,
b) das Papier im Querformat zu legen.

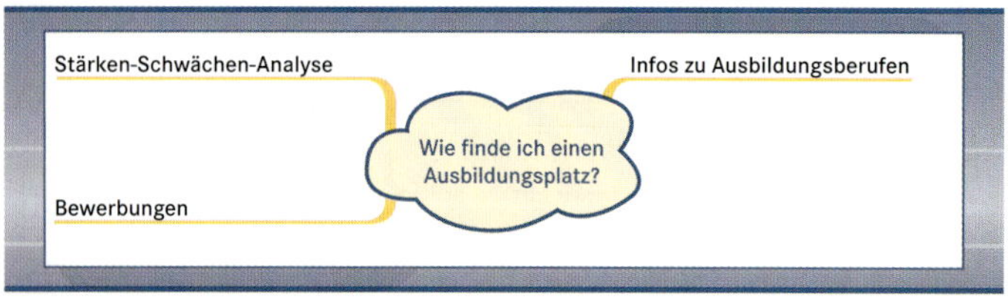

Schritt 2: Die wichtigsten Einfälle zum Thema werden auf Linien geschrieben, die mit der Zentralidee verbunden sind (sog. Hauptäste). Die Beschriftung sollte in Druckschrift und eventuell in Großbuchstaben erfolgen (rascheres Lesen und leichteres Erinnern). Geschwungene Linien geben der Mindmap einen „optischen Rhythmus".

1

Schritt 3: Die Hauptäste können nochmals in Unterverzweigungen (sog. Nebenäste oder Zweige) gegliedert werden. Diese Unterteilungen können auf der zweiten, dritten und weiteren Ebenen fortgesetzt werden.

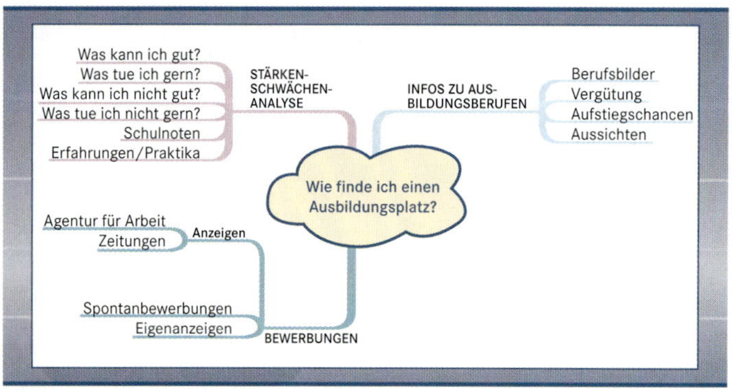

Schritt 4: Jeder neue Gedanke bedeutet eine neue Linie, die entweder vom Zentrum ausgeht (Hauptast) oder eine bereits bestehende Linie (Nebenast/Zweig) fortführt. Dabei sollte man

a) möglichst nur Stichworte oder Schlüsselbegriffe (keine Sätze!) benutzen,
b) jedem Hauptast und seinen Unterverzweigungen eine Farbe zuordnen. Die Hauptthemen sind dadurch klar erkennbar und lösen eine Kette weiterer, aus ihnen entstehender Gedanken aus.

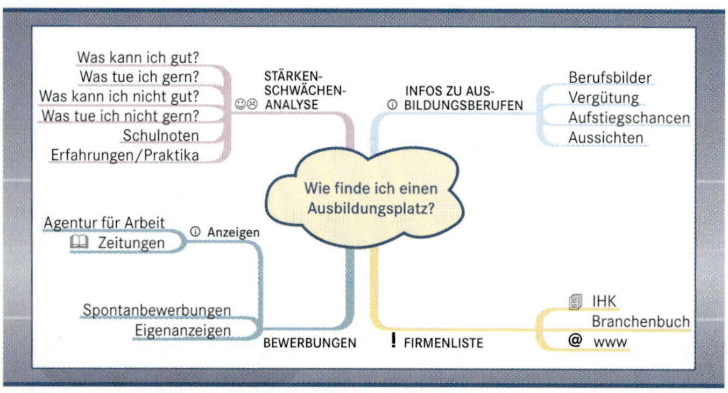

Schritt 5: Die Haupt- und Nebenäste bilden das Gerüst einer Mindmap. In unmittelbarem Anschluss an die Maperstellung oder zu einem späteren Zeitpunkt wird die Mindmap überarbeitet. Fehlende Assoziationen werden ergänzt, falls nötig wird eine Umstrukturierung der Map vorgenommen. Darüber hinaus sollte man prüfen, ob zwischen verschiedenen Haupt- und Nebenästen Querverbindungen bestehen.

nach: gekürzte Anleitung zur Erstellung von Mindmaps, dargestellt in Aprea, Carmela/Ebner, Hermann G.: Generierung von Diagrammen als Lernhandlung: Effekte eines Kurzzeittrainings zur Förderung der Text-Grafik-Transformation, in: Achtenhagen, F./John, E. G. (Hrsg.): Die Lehr-Lern-Perspektive, Bielefeld 2003 (Meilensteine der beruflichen Bildung, Band 1), S. 129

Wiederholung

Je öfter man sich mit der gleichen Angelegenheit beschäftigt, desto leichter, sicherer und selbstverständlicher wird es. Das gilt für Kenntnisse gleichermaßen wie für Handlungen, wobei sich Kenntnisse durch wiederholtes Denken und Sprechen festigen, wiederholte Handlungen zur Beherrschung von Fertigkeiten führen bei gleichzeitigem Training der dazu notwendigen Denkprozesse.

Mindestens zweimal wiederholen, ggf. mit Nachschauen
- **unmittelbar nach einem Unterricht oder nach einer betrieblichen Anweisung**
- **vor der nächsten Unterrichtsstunde**
- **später (z. B. vor der Schulaufgabe) erneut rekapitulieren**

Vergessenskurven

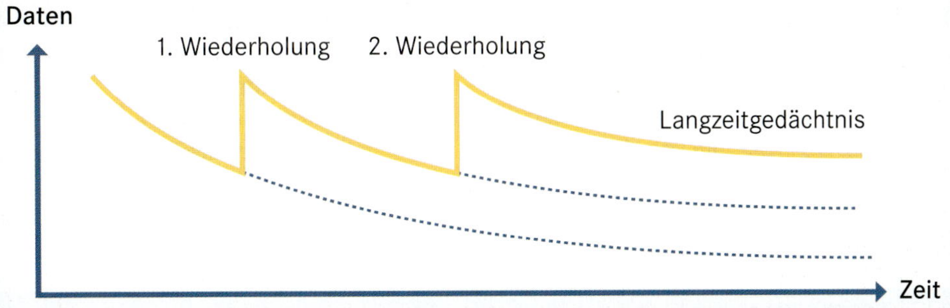

Zielsicherung

Einmaliges Hören oder Lesen von Sachverhalten hat in der Regel nur einen geringen Lernwert, selbst wenn man glaubt, den Sachverhalt auf Anhieb verstanden zu haben. Ziel ist es, Gelerntes selbstständig aktiv und ohne Hilfestellung sprechen, schreiben oder anwenden zu können. Das gilt für den Umgang mit Fachbegriffen, spezielle Sachverhalte ebenso wie für Methoden und Handlungen.

Lernen mit der 5-Fächer-Lernkartei

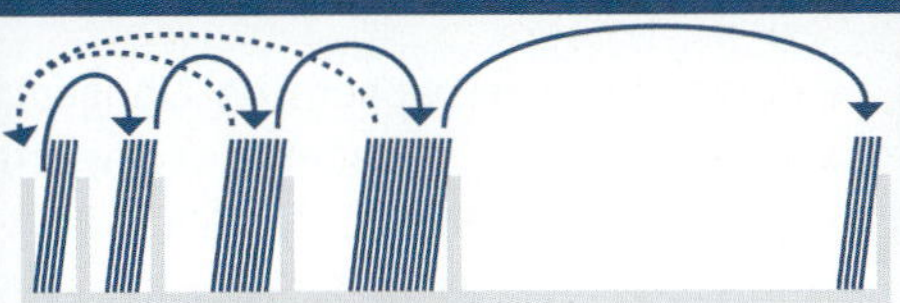

→ Weg einer gemerkten Information
⇠ Weg einer vergessenen Information

Beispiel: 5-Fächer-Lernkartei

So geht man vor:
- gegebenenfalls für jedes Fach eine Kartei anlegen
- wichtige Begriffe, Formeln oder Aussagen auf einer Karteikarte (Zettel) notieren
- Lösung auf die Rückseite schreiben
- regelmäßig Wissen kontrollieren
- aktuelle Karten in Fach 1 legen
- erfolgreiche Abfragekarten in das nächste Fach legen
- bei vergessenen Lösungen Karte wieder in Fach 1 legen

- Lernwissen so lange lernen, bis es gesprochen, geschrieben und aufgezeichnet werden kann; möglichst viele gleichartige Aufgaben selbstständig lösen und Fertigkeiten so lange einüben, bis die Ausführung die nötige Perfektion aufweist („... jetzt kann ich es!“).
- Methoden, Verfahren so lange anwenden, bis Methodensicherheit eintritt („... jetzt weiß ich, wie das geht!“).
- gegebenenfalls Lernkartei anlegen

Interesse

1

Wenn man etwas wissen möchte, lernt man schneller und leichter. Mit Sachverhalten, die nun gerade nicht im ureigenen Interesse zu liegen scheinen, beschäftigt man sich ungern. Ein Betriebswirtschaftslehrebuch oder Rechnungswesenunterricht „reißt niemanden vom Hocker“. Es ist ratsam, in solchen Fällen unbedingt die Bedeutung eines Themas zu ergründen, um festzustellen, warum es doch sinnvoll ist, sich damit auseinanderzusetzen. Wenn mir zum Beispiel bewusst wird, dass mein Stellenwert im Verkauf danach bemessen wird, wie erfolgreich meine Verkaufsbemühungen sind, desto leichter fällt es, mich mit den absatzfördernden Maßnahmen zu beschäftigen.

- Immer sich oder andere fragen: Wozu ist das gut? Wofür braucht man das? Wofür brauche ich das?
- Ich versuche meine Aufnahmebereitschaft mit der Methode **TQ3L** zu erhöhen und dadurch aktiv zu lernen.

Aktives Lernen mit der Methode „TQ3L“ heißt:

Methode „TQ3L“
Tune-in: Ich stimme mich auf das nun kommende Fach (positiv) ein.
Question: Ich formuliere neugierige Fragen zum voraussichtlichen Stundenthema und stimuliere dadurch mein Interesse.
Look at the speaker: Ich schaue den Lehrer an, damit mir Hervorhebungen (Gestik) nicht entgehen.
Listen: Ich höre genau hin; auch durch die Stimme macht der Lehrer Hervorhebungen, die ich für die Mitschrift nutzen kann.
Look over: Von Zeit zu Zeit überdenke ich das Gehörte: Ist ein roter Faden noch erkennbar oder verstehe ich nicht mehr, was ich höre? Wenn ich mich langweile, versuche ich vorauszudenken. Wenn ich anderer Meinung bin, sammle ich Gegenargumente und notiere sie.

Motivation

„Erfolgserlebnisse“ beim Lernen erzeugen Selbstbewusstsein, verlangen nach Wiederholung und spornen an. Man sagt, der Erfolg trägt sich selbst. Leider gibt es aber auch den umgekehrten Effekt: Bei Misserfolgen sinkt die Lust. Deshalb sollte ein Lernprozess immer in Art und Umfang und der nötigen Hartnäckigkeit danach ausgerichtet sein, ein positives Lernergebnis zu erreichen. Im Übrigen lernt man das darauf Folgende, meist etwas schwierigere, dann auch wieder leichter.

- auf Lernerfolg achten (Aha-Erlebnis)
- nicht ohne Lernerfolg aufhören

Lernumstände

Für Lernen braucht man Zeit (je kontinuierlicher man lernt, desto weniger Zeit braucht man), einen geeigneten Ort (störungsfrei) sowie Arbeitsmittel (Literatur, Taschenrechner, PC).

- **Lernzeiten fest planen, Ablenkungen ausschließen**
- **gegebenenfalls Lernprogramme einsetzen, Arbeitsmittel bereithalten**

1.2.2 Arbeitstechniken

Die Situationen der modernen Berufswelt müssen immer wieder in Praxis und Simulation geübt werden, um dann irgendwann im Gefüge des Teams zur richtigen Zeit das Richtige tun zu können. Während in gewerblich-technischen Berufen der Umgang mit Gegenständen Ausbildungs- und Berufsschwerpunkt darstellt, ist es im kaufmännischen Bereich der Umgang mit Informationen.

Beispiele:

Kunden beraten, bei Lieferanten bestellen, Artikel und Mengen disponieren, Werbematerial erstellen, Abteilung neu organisieren, Ergebnisse begründen, Konzepte entwickeln

Wie bei allen Tätigkeiten in Beruf und Freizeit kann man auch hier durch „Training“ seine Leistungsfähigkeit verbessern, indem man sich mit dem System der Informationsströme beschäftigt und sich dabei immer wieder der Techniken bedient, deren Anwendung in der Praxis die Kompetenz der Mitarbeiter ausmacht.

Beispiele:

- Um ein erfolgreiches Verkaufsgespräch führen zu können, wird sich der Verkäufer vorher Warenkenntnisse (Eigenschaften, Vorzüge, Nachteile, Alternativartikel usw.) aneignen müssen, sich mit verkaufsfördernden und verkaufshemmenden Situationen auseinandersetzen und vieles mehr, um im „Ernstfall“ gerüstet zu sein.
- Um eine werbewirksame Maßnahme in Zusammenarbeit mit Kollegen zu entwickeln, ist es erforderlich, viele verschiedene Informationen zu sammeln über alternative Maßnahmen, über die Personen, die beworben werden sollen, über Kosten und vieles mehr, bevor die Entscheidung fällt, wie das Arbeitsergebnis aussieht, das letztlich dem Konsumenten gegenüber präsentiert wird.

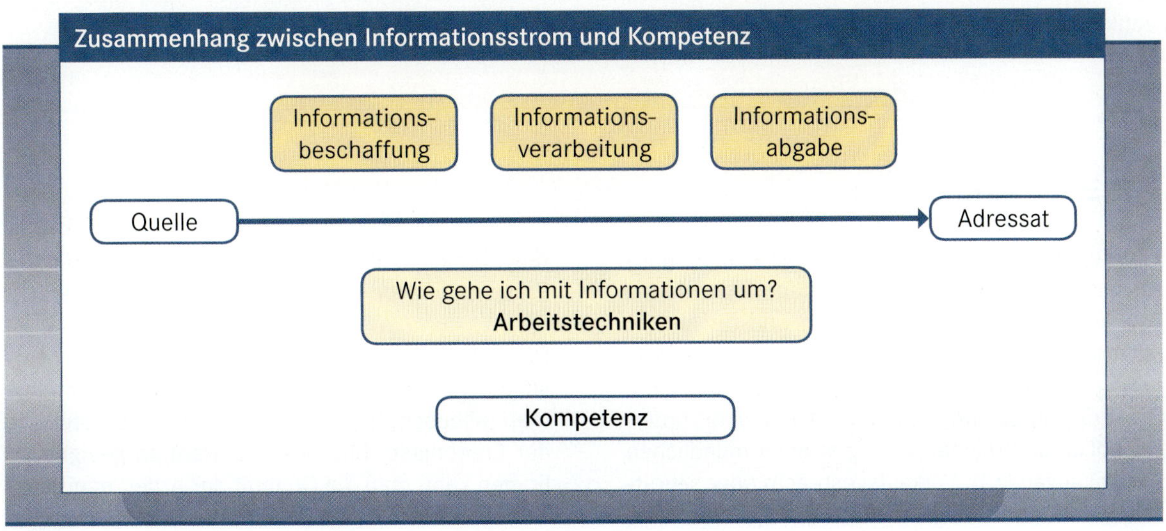

Durch Arbeitstechniken im Rahmen der Informationsverarbeitung sollen im Besonderen die folgenden Kompetenzen gefördert werden:

Kompetenzen	Man erlernt ...
Methodenkompetenz	wie Informationen beschafft werden. wie Ergebnisse ermittelt werden. wie Informationen dargestellt werden. wie Aufgaben aufgeteilt werden. ...
Kommunikationskompetenz	das Lesen. Inhalte wiederzugeben. die Fachsprache zu verwenden. zu überzeugen. frei sprechen zu können. das Zuhören. ...
Teamfähigkeit	Verantwortung zu übernehmen. sich gegenseitig zu achten. Konflikte auszutragen. Zuverlässigkeit zu schätzen. ...
Handlungskompetenz	bei Bedarf Aufgaben selbstständig zu lösen. ...
Entscheidungskompetenz	auf Entscheidungskriterien zu achten. Verantwortung für Entscheidungen zu übernehmen. Handlungsalternativen abzuwägen. ...
Sozialkompetenz	Umgangsformen zu schätzen und einzuhalten (Team, Kunden, Lieferanten, Vorgesetzte, Lehrer). ...
Persönliche Kompetenzen	Zuverlässigkeit, Ausdauer, Sorgfalt, Kreativität, ...
Fachkompetenz	Fachkenntnisse und berufliche Fähigkeiten. mit Fachwissen richtig umzugehen. ...

1.2.3 Präsentation

Von qualifizierten Mitarbeitern erwartet man, dass sie in der Lage sind, aus der Fülle der Informationen das Notwendige herauszuarbeiten und für andere nutzbringend in geeigneter Form zu präsentieren.

Die Präsentationsformen sind dabei sehr unterschiedlich und reichen von spontanen mündlichen Darstellungen (z. B. Verkaufsgespräch) über schriftlich systematisch ausgearbeitete Berichte oder Referate bis hin zur anschaulichen, medienunterstützten Präsentation vor einem größeren Personenkreis.

Die Erstellung einer Präsentation erfolgt in verschiedenen Arbeitsstufen. Sie beginnt mit der Informationsbeschaffung und endet bei der Vorstellung der Ergebnisse. Mit einer Auswahl an geeigneten Fragen kann man die Qualität der Arbeit beeinflussen.

Überlegungen bei der Erstellung einer Präsentation

Folgende Überlegungen sollten bei der Erstellung einer Präsentation angestellt werden:

Arbeitsstufe	Überlegungen
Informationsbeschaffung	Welche Vorkenntnisse habe ich zu diesem Thema? Woher erhalte ich Informationen für dieses Thema (Informationsquellen)? Wie finde ich Informationen zum Thema?
Informationsauswahl	Welche Informationen möchte ich weitergeben? Welche Informationen sind für die Adressaten interessant? Welche Erwartung haben die Zuhörer/Leser? Mit welchen Inhalten und Darstellungen wird das Thema interessanter? Welchem Zweck dient die Präsentation?
Informationsaufbereitung	Wie umfangreich wird ein Gliederungspunkt? Welche Informationen sollen weggelassen werden? Wie können Informationen auf den Punkt gebracht werden? Welche Medien werden unterstützend eingesetzt? Wie wird Begleitmaterial gestaltet? In welcher Form werden die Ergebnisse dargestellt und dokumentiert?
Gliederung/Struktur	Wie gestalte ich Einleitung, Hauptteil und Schluss? In welcher Reihenfolge sollen die Informationen dargestellt werden? Wie lange soll die Präsentation dauern?
Informationsdarstellung	persönliches Erscheinungsbild sprachliche Anforderungen erfolgreicher Medieneinsatz

1

Informationsbeschaffung

Übersicht über geeignete Informationsquellen:

Informationsbeschaffung

Sprache

Befragungen (Interviews) von Personen wie:
- Kunden
- Lieferanten
- Mitarbeiter
- Vorgesetzte
- Personen in Institutionen
- ...

Texte, Bilder
- Fachbücher
- Zeitungen, Zeitschriften
- Kataloge, Prospekte
- Produktbeschreibungen
- Bedienungsanleitungen
- Gesetzestexte
- Stellenbeschreibungen
- Rundschreiben, Lageberichte
- Internet
- Fotosammlungen
- ...

Tabellen, Diagramme
- Preislisten
- Umsatzstatistiken
- Jahresabschluss
- Personalstatistiken
- Artikelbestandslisten
- Steuertabellen
- Statistiksammlungen
- ...

Die Suche nach Informationen soll systematisch erfolgen, z. B. durch

- sorgfältige Vorbereitung von Interviews (Fragenkatalog);
- gezielte Suche in Inhalts-, Stichwortverzeichnissen oder anderen Ordnungskriterien bei
  - Literatur (Bücher, Zeitschriften)
  - herkömmlichen Datensammlungen (Ordner, Karteien, Hängeregister)
  - intern zugriffsfähigen elektronischen Datenbanken bzw. Datenspeichern;
- selektive Recherche im Internet über Suchmaschinen (z. B. Google, Fireball, Altavista), Metasuchmaschinen (die Suchanfrage geht an mehrere Suchmaschinen und fasst das Ergebnis zusammen) und Internetkataloge (z. B. Yahoo) oder bekannte Webseiten (Internetadressen).

1

Brainstorming

Wenn es darum geht, **kreatives Gedankengut** zu produzieren bzw. zu sammeln, eignet sich die Methode des Brainstormings, bei der sich mehrere Personen zusammensetzen, um unter bestimmten Regeln möglichst viele Ideen zur Lösung eines vorgegebenen Problems zu finden.

Ein Brainstorming ist an Bedingungen geknüpft, hat aber Vorteile.

Bedingungen	Vorteile
Ein Moderator koordiniert den Ablauf.	Konzentration auf das Wesentliche
Die Menge an Ideen ist wichtiger als deren Qualität.	Mehrere Personen sind beteiligt.
Die Bewertung der Ideen erfolgt erst nach der Ideensammlung.	keine überflüssigen Diskussionen
	keine psychologischen Denkblockaden

Erst nach der Ideensammlung wird eine Bewertung vorgenommen.

Mindmapping

Die Technik, wie eine Mindmap erzeugt wird, wurde bereits auf Seite 16 beschrieben.

Bei Präsentationen bietet sie die Möglichkeit der kreativen und systematischen Informationssammlung sowie eine anschauliche, übersichtliche und strukturierte Darstellungsweise.

Die Erstellung und die wirkungsvolle Präsentation von Mindmaps werden durch entsprechende Computerprogramme unterstützt. Dabei steht in der Regel eine große Auswahl an Visualisierungshilfen zur Verfügung.

Besonders beeindruckend ist dabei die Möglichkeit, den Gedankenaufbau stufenweise vom Zentrum aus vorzustellen.

Außerdem können Teilaspekte bei Bedarf in das Zentrum der Betrachtung gerückt werden, alle anderen Elemente treten in den Hintergrund.

Exzerpieren

Häufig müssen zur Erstellung der Arbeit umfangreiche Texte ausgewertet werden. Dazu werden die wichtigsten Informationen in dem Text markiert und dann in möglichst kurzer Form herausgeschrieben (Exzerpt = Auszug). Daraus ergibt sich eine logische inhaltliche Struktur, die in der Präsentation verwendet werden kann.

Medieneinsatz

Die Wirkung einer Präsentation ist abhängig von der Anschaulichkeit. Wissenschaftliche Untersuchungen haben ergeben, dass durch Einsatz visueller Mittel ein um 30 % höherer Behaltensgrad bei Zuhörern erreicht wird. Nicht umsonst gibt es die landläufigen Aussage: „Ein Bild sagt mehr als tausend Worte." Die Nutzung weiterer „Eingangskanäle" des Menschen, z. B. Schmecken (Weinprobe), Tasten (Modell), erhöhen die Einprägsamkeit.

Der Einsatz von Medien bei Präsentationen ist nicht mehr wegzudenken:

Medien	Verwendung
Handout, Buch, Kopie, Arbeitsblatt	vorwiegend zur Vermittlung komplexer Inhalte (die auch langfristig wichtig sind)
Dias	vorwiegend zur Veranschaulichung von Objekten, Gegenständen oder Situationen (z. B. Arbeitsumgebungen)
Overheadprojektor und Folien	• ermöglicht simultane visuelle Unterstützung • Folien als Handout lieferbar • gut wiederverwendbar
Tonbandgerät, Kassettenrekorder, CD-Player	• akustische Unterstützung, z. B. für Dialoge, Rollenspiel, Geräusche oder Musik • eigene Aufnahmen einsetzbar
Video	• bei geringer Teilnehmerzahl (ein Monitor) • zur Visualisierung von (komplexen) Abläufen/Situationen (z. B. Präsentation von Firmenvideos, Aufnahme von simulierten Verkaufsgesprächen)
Whiteboard oder Tafel	• fixer Platz im Raum spart Entscheidung • spontan einsetzbar • als Klebe-, Magnetfläche verwendbar • farbige Darstellung möglich
Pinnwand und Metaplan	• wenn eine Aufgabe gemeinsam bearbeitet werden soll (insbesondere bei hoher Einbindung der Teilnehmenden) • wenn Ergebnisse für alle transparent sein sollen • sukzessiver Aufbau möglich • Überschaubarkeit, Ordnung • flexibles Umhängen der Karten möglich (wichtig beim Clustern der Beiträge)
Flipchart	• transportable Haltevorrichtung für spezielles Flipchart-Papier (ca. 70 cm x 100 cm) • wenn eine Aufgabe gemeinsam bearbeitet werden soll • wenn Ergebnisse für alle transparent sein sollen • sukzessiver Aufbau möglich
Computer, Notebook, Laptop	• ohne Beamer: max. fünf Personen pro Monitor • mit Beamer: Teilnehmerzahl unbegrenzt • simultane visuelle Unterstützung des Vortrags mit Bewegtbild und Soundwiedergabe • vielfältige Aufbereitung von audiovisuellen Daten, Bildern, Diagrammen, Videos, Klängen, ... • Einsatz multimedialer Präsentationsprogramme (z. B. PowerPoint) möglich

Darstellung

Nachdem man genügend Material gesammelt und die wichtigsten Informationen selektiert hat, beginnt die schriftliche und mündliche Darstellung der Thematik mit eigenen Worten.

Notwendig ist eine klare Strukturierung, die nachvollziehbar sein sollte und die Erkenntnisse übersichtlich vermittelt. Außerdem spielen die Form und die persönliche Wirkung eine entscheidende Rolle.

1

Beispiel: Hinweise zur Präsentation

Gliederung oder Inhaltsverzeichnis erstellen (erst vorläufig, dann angepasst)

Achten Sie auf den logischen Aufbau.

Konzentrieren Sie sich auf Wesentliches.

Denken Sie an den Adressatenkreis:

- Sprachniveau
- Vorkenntnisse
- Erwartungen

Vorwort/Einleitung mit

- Angabe bzw. Erläuterung des Themas: Heute stelle ich Ihnen unser Warenhaus Gabi Kern KG vor ...
- Angabe des methodischen Aufbaus: Zuerst erfahren Sie ... historische Hintergründe ... usw.
- Schwerpunkten: Besonderes Gewicht lege ich dann auf ... Maßnahmen der Personalentwicklung ...
- ggf. Ziele der Arbeit: ... Danach sollten Sie entscheiden können, ob für Sie eine Bewerbung als Mitarbeiter infrage kommt ...

Hauptteil mit systematisch strukturierten Abschnitten:

1. Historische Hintergründe
2. Organisatorischer Aufbau
3. Betriebsform
4. Verkaufsformen
5. Unternehmensphilosophie
6. Personalentwicklung

Schluss:

- Zusammenfassung der wichtigsten Erkenntnisse der Arbeit

Achten Sie auf Ihre Erscheinung:

- Kleidung, Mimik, Körperhaltung, Blickkontakt

Achten Sie auf Ihre Sprache:

- deutlich, einfach und verständlich, angemessene Lautstärke, angemessene Sprachgeschwindigkeit, Betonung, Modulation

Gesamteindruck:

- Freundlichkeit, Sicherheit, Kompetenz

1.2.4 Gruppenarbeit/Teamarbeit

Unter Gruppenarbeit versteht man die gemeinsame Erledigung von Aufgaben mit mehr oder weniger Spielraum über Verteilung und Abstimmung von Teilaufgaben.
Eine Aufgabe wird einer Gruppe vorgelegt, die Gruppe ist verantwortlich für die Ergebnisse.

In einem Einzelhandelsunternehmen tragen alle Mitarbeiter zur Erfüllung der Gesamtaufgabe bei. Werden Aufgaben als Ganzes an Gruppen bzw. Abteilungen ohne detaillierte Ausführungsanweisungen an deren Mitglieder gestellt und befinden die Mitglieder selbstständig über Arbeitsplanung, -verteilung, -erledigung und auch -kontrolle, liegt Gruppen- oder Teamarbeit vor; das ist nicht der Fall, wenn jeder Mitarbeiter von der Geschäftsführung bzw. von Vorgesetzten seine genau abgegrenzten Arbeitsaufträge erhält.

Gruppen können in Betrieben oder anderen Einrichtungen (z. B. Schule) auf längere Dauer eingerichtet werden oder aber auch von Fall zu Fall zur Durchführung wechselnder Aufgabenstellungen (Projekte).

Es gibt immer mehr Betriebe, in denen diese Form der Arbeitsverteilung angewandt wird. Nicht zuletzt deshalb wird bei der Ausschreibung von Stellen „Teamfähigkeit“ gefordert.

Gruppenarbeit hat viele Vorteile:

Vorteile	
Einsparung von Personalkosten	– Selbststeuerung und Selbstkontrolle ersparen Vorgesetztenstellen. – Krankenstand, Unfälle und Fluktuation gehen zurück. – Geschätzte Personaleinsparungseffekte können bis zu 15 % betragen.
Qualitätsverbesserungen	Kontinuierliche Verbesserungsprozesse sind wesentliche Folge der Gruppenarbeit (mehr Ideen, bessere Entscheidungen).
Produktivitätssteigerungen	Abstimmung von Stärken und Schwächen sowie eine gegenseitige Ergänzung und Unterstützung der im Team arbeitenden Personen (Synergieeffekt). Informationswege sind kürzer, Kommunikationswege sind einfacher („weniger Leerlauf“).
Erhöhung der Flexibilität	– Auf absehbare oder überraschende Änderungen kann direkt, flexibel und schnell reagiert werden. – Ungleichmäßige Arbeitsinhalte und Arbeitszeiten lassen sich besser ausgleichen. – Planungslücken kann man besser überbrücken.
Humanisierungswirkung	– Monotonie und einseitige Belastungen werden eingeschränkt. Beschäftigte fühlen sich motiviert und zufriedener. – Hinzu kommt ein positives Gemeinschaftsgefühl.
Qualifikationserweiterung	Schlüsselqualifikationen (Kommunikations-, Kooperations- und Konfliktlösungs-, Problemlösungsfähigkeit) werden verstärkt.
Verbesserung des Führungsstils	– Vorgesetztenrollen beinhalten nun soziale Betreuung, Moderation und Koordination. – Die Beschäftigten sind selbstbewusster und fordern die Führungskräfte stärker.

Allerdings gibt es auch Hemmnisse, die gewünschte Effekte gefährden:

Hemmnisse	
mangelnde Konsequenz bei der Einführung	Gewohnheiten aufgeben zu müssen, erfordert große Überwindung. Wenn Gruppenarbeit nicht überzeugend und konsequent eingeführt wird, besteht die Gefahr des Scheiterns.
Gruppendruck und Ausgrenzung	▪ Sozial schwächere oder weniger qualifizierte Gruppenmitglieder werden unter Umständen ausgegrenzt. ▪ Die Arbeitgeber kalkulierten z. T. bewusst den sozialen Druck ein, etwa im Zusammenhang mit der Fehlzeitensenkung. Die Gruppe selbst wird zur Kontroll- und Disziplinierungsinstanz. ▪ Steigender Prozessdruck durch die Häufigkeit gruppeninterner Entscheidungen (Arbeitszuweisung, Zeiteinteilung, Urlaubsplanung), kann oft zu Konflikten führen.
Anonymität in der Gruppe	Solidarität innerhalb der Gruppe kann auch dazu führen, dass leistungsschwache Mitglieder „mitgezogen" werden.
ineffizientes Arbeiten	▪ Möglicherweise fehlen professionelle Arbeitsanweisungen. ▪ Gruppenmitglieder scheitern bei der Arbeitsorganisation, ungleichmäßige Arbeitsbelastung ▪ Reibungsverluste durch Konflikte in der Gruppe

Dimensionen der Gruppenarbeit (Was gehört zu einer erfolgreichen Gruppenarbeit?)

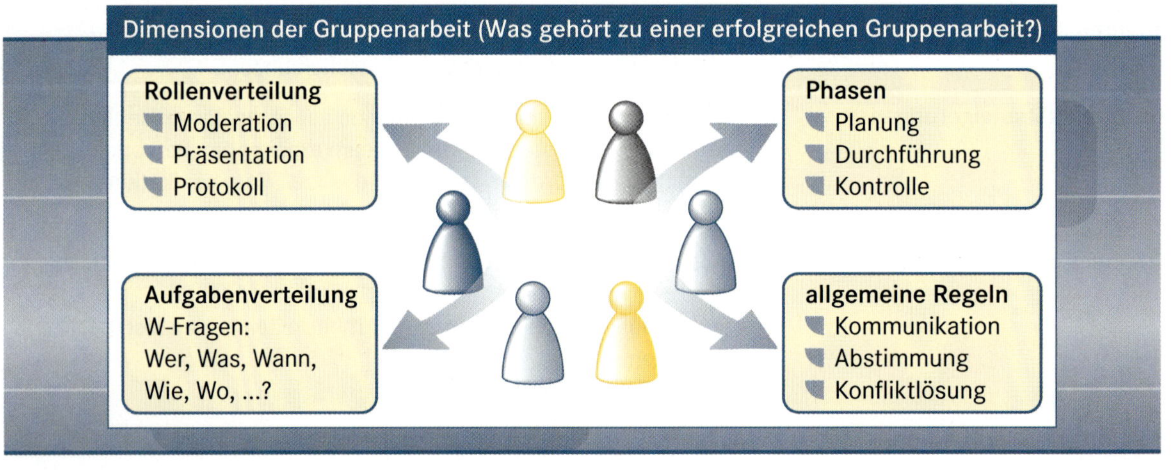

Bei der Arbeit in der Gruppe sollte Folgendes beachtet werden:

Vier Regeln für die Arbeit in der Gruppe	
▪ Sorge mit für ein gutes Arbeitsklima in der Gruppe.	Sei freundlich, höflich, sachlich, diszipliniert, tolerant.
▪ Beschränke Beiträge auf Wesentliches.	Jeder darf, soll und will zu Wort kommen, ohne dass er unterbrochen wird. Übe konstruktive Kritik ohne „Besserwisserei". Unterlasse „blöde Witze".

(Forts. Tabelle „Vier Regeln für die Arbeit in der Gruppe“)

Übernehme Aufgaben, denen du dich gewachsen fühlst.	Sei mutig, selbstbewusst, ohne dich vorzudrängen, verantwortlich, leistungsorientiert.
Identifiziere dich mit der Gruppenaufgabe.	Ergänze, gleiche aus, wo es erforderlich ist, unterstütze im Bedarfsfall, argumentiere sachlich bei Konflikten, respektiere die Gruppenentscheidung.

1.3 Rechtliche Rahmenbedingungen für das Ausbildungsverhältnis

§

1 Abs. 2 Berufsbildungsgesetz: Die Berufsausbildung hat eine breit angelegte berufliche Grundbildung und die für die Ausübung einer qualifizierten beruflichen Tätigkeit notwendigen fachlichen Fertigkeiten und Kenntnisse in einem geordneten Ausbildungsgang zu vermitteln. Sie hat ferner den Erwerb der erforderlichen Berufserfahrung zu ermöglichen.

Das Zustandekommen eines Ausbildungsverhältnisses unterliegt dem freien Willen und der Bereitschaft der Ausbildungspartner. Der Ablauf der Ausbildung ist jedoch ziemlich festen Regeln unterworfen, an denen sich Ausbildender und Auszubildende orientieren müssen. Das geschieht nicht zuletzt aus gesellschaftlicher Sicht zur Sicherstellung des Ausbildungszwecks und der Schutzbedürftigkeit der Auszubildenden.

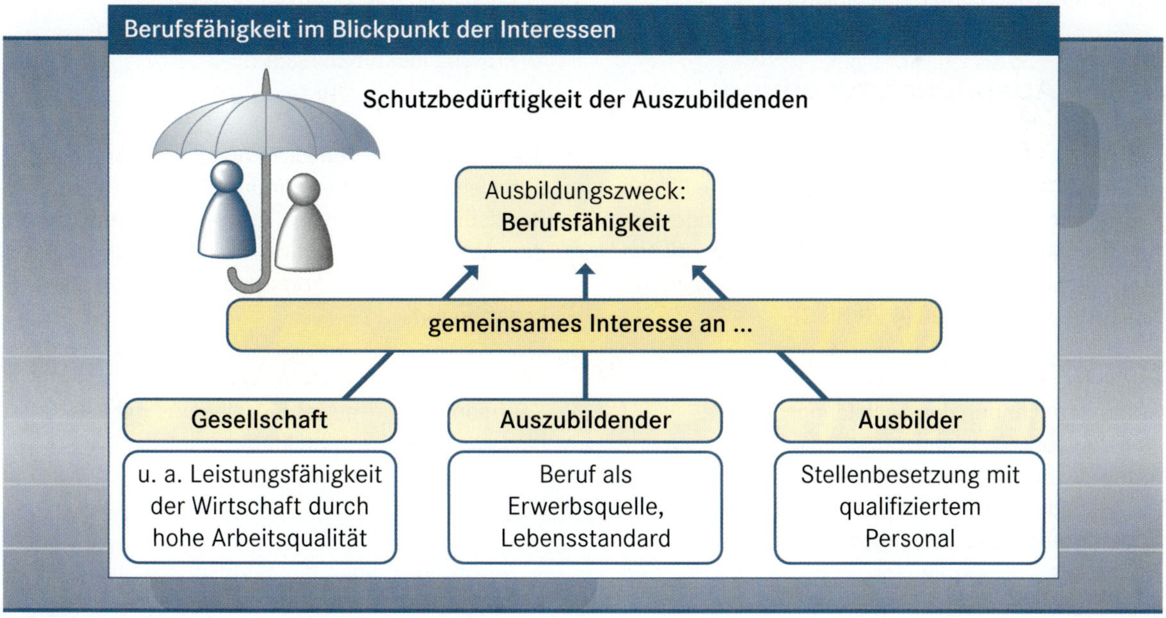

1.3.1 Duales Ausbildungssystem

Die Ausbildung zum Kaufmann bzw. zur Kauffrau im Einzelhandel findet, wie in der Bundesrepublik Deutschland die meisten anerkannten Ausbildungsberufe, einerseits in einem Ausbildungsbetrieb, andererseits in der Berufsschule statt (lateinisch: dual = zweiheitlich). Beide Lernorte erfüllen dabei einen gemeinsamen Bildungsauftrag.

Im **Lernort Betrieb** sollen betriebs- und branchenspezifische Fähigkeiten und Fertigkeiten nach einem Ausbildungsrahmenplan praktisch erlernt werden.

Ausbildungsberechtigt sind Betriebe, die sachlich dafür geeignet sind und einen anerkannten Ausbilder beschäftigen. Zuständige Stelle für die Erteilung der Berechtigung ist die Industrie- und Handelskammer (IHK).

Die rechtliche Stellung der Auszubildenden im Betrieb wird bundesweit durch das Berufsbildungsgesetz (BBiG), die Ausbildungsordnung, den Ausbildungsvertrag, durch Tarifverträge und Bestimmungen des Jugend- und Arbeitsschutzes geprägt.

Im **Lernort Berufsschule** werden theoretische Grundlagen und Erkenntnisse praxisorientiert vermittelt und befähigen zum beruflichen Handeln. Neben fachlichen Kenntnissen und der Einübung von Fertigkeiten sind im Unterricht verstärkt überfachliche Qualifikationen anzubahnen und zu fördern. Der Unterricht in berufsspezifischen Fächern wird durch Unterricht in allgemeinbildenden Fächern ergänzt.

Die Zuständigkeit für die Regelungen in der Berufsschule liegt im Wesentlichen bei den Kultusministerien der Bundesländer. Sie orientieren sich am jeweiligen Rahmenlehrplan, der bundeseinheitlich von der Kultusministerkonferenz (KMK) empfohlen wird. Der Schulbesuch wird durch Gesetze und Verordnungen der jeweiligen Bundesländer geregelt. Dazu gehören das Gesetz für Erziehung und Unterricht (EUG), die Berufsschulordnung, das Schulpflichtgesetz und für die inhaltliche Ordnung die Lehrpläne.

1.3.2 Berufsbildungsgesetz

Das Berufsbildungsgesetz (BBiG) ist die gesetzliche Grundlage für die betriebliche Ausbildung und bindet Ausbildenden und Auszubildenden.

Es regelt:
- Inhalte im Ausbildungsvertrag
- Pflichten des Auszubildenden und Ausbildenden
- Bindung an Ausbildungsberufsbilder
- Erlass von Ausbildungsordnungen
- Anerkennung von Ausbildungsbetrieben
- Prüfungsbestimmungen

1.3.3 Ausbildungsordnung

Bei der betrieblichen Berufsausbildung gilt für jeden der 349 anerkannten Ausbildungsberufe (Stand 1. August 2009) eine verbindliche, bundeseinheitliche Ausbildungsordnung. Jugendliche dürfen grundsätzlich nur in anerkannten Ausbildungsberufen ausgebildet werden (§ 28 BBiG).

Festgelegt sind unter anderem
- die Bezeichnung des Ausbildungsberufes,
- die Ausbildungsdauer,
- die zu vermittelnden Kenntnisse und Fertigkeiten (Ausbildungsberufsbild),
- die Prüfungsanforderungen,
- der Ausbildungsrahmenplan (Grundlage für den betrieblichen Ausbildungsplan) und
- die Berichtsheftpflicht.

Die Ausbildungsordnungen werden vom Bundesminister für Wirtschaft und Technologie oder dem zuständigen Fachminister im Einvernehmen mit dem Bundesminister für Bildung und Forschung in Form einer Rechtsverordnung erlassen (nach § 25 Berufsbildungsgesetz/BBiG). An der Entwicklung der Ausbildungsordnungen wirken auch Spitzenorganisationen der Arbeitgeber und der Gewerkschaften mit.

Für die Ausbildung als Verkäufer/Verkäuferin bzw. Kaufmann/Kauffrau im Einzelhandel gilt seit 2004 eine gemeinsame Ausbildungsordnung:

> §
>
> Verordnung über die Berufsausbildung im Einzelhandel in den Ausbildungsberufen Verkäufer/Verkäuferin und Kaufmann im Einzelhandel/Kauffrau im Einzelhandel vom 16. Juli 2004, Bundesgesetzblatt Jg. 2004, Teil 1, Nr. 38 vom 26. Juli 2004, S. 1806 ff.

In der Ausbildungsordnung werden die jeweiligen Berufsbilder und Qualifikationen beschrieben.

Ausbildungsprofil	
1. Berufsbezeichnung Ausbildungsberufe im Einzelhandel: **Verkäufer/ Verkäuferin**	**1. Berufsbezeichnung** Ausbildungsberufe im Einzelhandel: **Kaufmann im Einzelhandel/Kauffrau im Einzelhandel**
2. Ausbildungsdauer 2 Jahre Die Ausbildung erfolgt an den Lernorten Betrieb und Berufsschule.	**2. Ausbildungsdauer** 3 Jahre Die Ausbildung erfolgt an den Lernorten Betrieb und Berufsschule.
3. Arbeitsgebiet Verkäufer und Verkäuferinnen sind in Handelsunternehmen mit unterschiedlichen Größen, Betriebsformen und Sortimenten tätig. Zu den wichtigsten Aufgaben zählen der Verkauf sowie die vor- und nachbereitenden Arbeiten in beratungs- und selbstbedienungsorientierten Betrieben. Tätigkeitsfelder sind darüber hinaus Warenannahme und Warenlagerung, Service an der Kasse, Verkaufsförderung, Bestandspflege und Inventur.	**3. Arbeitsgebiet** Kaufleute im Einzelhandel sind in Handelsunternehmen mit unterschiedlichen Größen, Betriebsformen und Sortimenten oder als selbstständige Kaufleute tätig. Die Verkaufstätigkeit ist der Mittelpunkt ihres kaufmännischen Aufgabenfeldes. Darüber hinaus steuern sie den Waren- und Datenfluss in beratungs- und selbstbedienungsorientierten Betrieben. Weitere Aufgaben können in den Tätigkeitsfeldern Warenwirtschaft, Sortimentsgestaltung, Marketing, Handelslogistik, Beschaffung und Warenannahme, Rechnungswesen, Personalwirtschaft, Controlling und E-Commerce wahrgenommen werden. Kaufleute im Einzelhandel unterstützen Unternehmensprozesse aus betriebswirtschaftlicher und kundenorientierter Sicht von der Beschaffung bis zum Verkauf.

Quelle: www.bibb.de

Die Qualifikationen der ersten 24 Monate sind für die beiden Ausbildungsberufe identisch. Dadurch wird eine Stufenausbildung ermöglicht, d.h., die Ausbildungsordnung sieht für Verkäufer/Verkäuferinnen eine Fortsetzung der Ausbildung als Kaufmann/Kauffrau im Einzelhandel in einem dritten Ausbildungsjahr vor (§ 7).

Konzeption der Stufenausbildung im Betrieb:

Pflicht 21 Monate	**Wahl (1 aus 4)** 3 Monate	**Pflicht** 3 Monate	**Wahl (3 aus 7)** 1 muss aus 3 ≙ 9 Monate
1. Der Ausbildungsbetrieb 2. Information und Kommunikation 3. Warensortiment 4. Grundlagen von Beratung und Verkauf 5. Servicebereich Kasse 6. Marketinggrundlagen 7. Warenwirtschaft 8. Grundlagen des Rechungswesens	1. Warenannahme, Warenlagerung 2. Beratung und Verkauf 3. Kasse 4. Marketingmaßnahmen	Einzelhandelsprozesse	1. beschaffungsorientierte Warenwirtschaft 2. warenwirtschaftliche Analyse 3. Beratung, Ware, Verkauf 4. kaufmännische Steuerung und Kontrolle 5. Marketing 6. IT-Anwendungen 7. Personal
24 Monate VK/EK		+ 12 Monate EK	

Prüfungsordnung

Verkäufer/-innen legen zu Beginn des zweiten Ausbildungsjahres eine **Zwischenprüfung** ab. Gegenstand dieser Prüfung sind die Inhalte des ersten Ausbildungsjahres einschließlich berufsrelevantem Berufsschulstoff. Es sind praxisbezogene Aufgaben und Fälle zu lösen.

Die **Abschlussprüfung** für Verkäufer-/innen am Ende des zweiten Ausbildungsjahres ist gleichzeitig der erste Teil der **zweiteiligen „gestreckten Abschlussprüfung“ für Einzelhandelskaufleute.**

Am Ende des dritten Ausbildungsjahres legen **Einzelhandelskaufleute** den zweiten Teil der **Abschlussprüfung** ab. Diese Regelung sieht eine vorläufig bis zum 31.07.2015 gültige Prüfungsordnung vor. Sie gilt für Ausbildungsverträge, die nach Juli 2009 geschlossen wurden.

Die Themen der Abschlussprüfung für den jeweiligen Ausbildungsberuf sind:

	Verkäufer/-in	Kaufmann/Kauffrau im Einzelhandel
schriftlich	1. Verkauf und Marketing 2. Warenwirtschaft und Rechnungswesen 3. Wirtschafts- und Sozialkunde	Einzelhandelsprozesse
mündlich	fallbezogenes Fachgespräch aus Wahlqualifikation	fallbezogenes Fachgespräch aus Wahlqualifikation

1.3.4 Ausbildungsvertrag

Vertragsabschluss

Der Ausbildungsvertrag wird zwischen dem Ausbildenden und dem bzw. der Auszubildenden in schriftlicher Form auf Vordrucken der Industrie- und Handelskammer (IHK) abgeschlossen. Bei Minderjährigen ist die schriftliche Zustimmung des gesetzlichen Vertreters (Vater, Mutter, Vormund) erforderlich. Nach Eintrag im **Verzeichnis der Berufausbildungsverhältnisse** bei der IHK ist ein Ausbildungsverhältnis und damit die Voraussetzung zur Ablegung der Abschlussprüfung begründet.

Vertragsinhalt

Der Inhalt des Vertrages richtet sich nach den Bestimmungen des Berufsbildungsgesetzes.

Hauptbestandteile:

- Art und Schwerpunkt der Berufsausbildung
- Beginn, Dauer der Ausbildung
- Dauer der Probezeit
- Ausbildungsmaßnahmen außerhalb der Ausbildungsstätte
- Zahlung und Höhe der Vergütung
- Dauer der regelmäßigen täglichen Arbeitszeit
- Dauer des Urlaubs
- Hinweis auf geltende Tarifverträge bzw. Betriebsvereinbarungen

Ergänzende Vereinbarungen:

- vorzeitige Beendigung und Verlängerung des Ausbildungsverhältnisses
- Pflichten des Ausbilders
- Pflichten des Auszubildenden
- sonstige Leistungen und Vergütungsfortzahlung
- Lage des Urlaubs
- Kündigungsbestimmungen
- Zeugnis
- Beilegung von Streitigkeiten
- Erfüllungsort

Als Anlage ist der Ausbildungsplan auszuhändigen. Die Ausbildungsordnung kann ebenfalls ausgehändigt werden. Der Ausbildungsplan ist die sachliche und zeitliche Gliederung der Ausbildung im jeweiligen Betrieb und orientiert sich am Ausbildungsrahmenplan.

Dauer der Ausbildung

Die Dauer der Ausbildung richtet sich nach der Ausbildungsordnung. Sie kann unter Berücksichtigung einer geeigneten Vorbildung (z. B. Wirtschaftsschule, Realschule, Abitur) von vornherein oder bei besonders guten Leistungen während der Ausbildung auf Antrag verkürzt werden.

Die Ausbildung beginnt mit einer **Probezeit**, die mindestens einen Monat, höchstens jedoch vier Monate beträgt. Sie wird um Unterbrechungszeiten von mehr als einem Drittel entsprechend verlängert.

Kündigung

Während der Probezeit kann das Ausbildungsverhältnis schriftlich fristlos und ohne Angabe von Gründen von beiden Seiten gekündigt werden.

Nach der Probezeit kann es nur schriftlich unter Angabe der Gründe gekündigt werden:

a) Beiderseits kann fristlos gekündigt werden, wenn ein **wichtiger Grund** vorliegt, z. B. Diebstahl, unentschuldigtes Fernbleiben vom Geschäft oder von der Schule oder andere grobe Pflichtverletzungen, spätestens zwei Wochen, nachdem der Grund bekannt wurde. Der Kündigende kann gegebenenfalls Schadensersatz verlangen.
b) Seitens des/der Auszubildenden kann **bei Berufswechsel** mit einer Kündigungsfrist von vier Wochen gekündigt werden.

Beendigung

Die Ausbildung endet mit Ablauf der Ausbildungszeit bzw. vorher mit Bestehen der Abschlussprüfung. Eine Kündigung ist nicht nötig.

Besteht der Auszubildende die Abschlussprüfung nicht, so verlängert sich auf sein Verlangen das Ausbildungsverhältnis bis zur nächsten Wiederholungsprüfung, höchstens jedoch um ein Jahr.

Weiterbeschäftigung

Wird der Auszubildende im Anschluss an das Berufsausbildungsverhältnis weiterbeschäftigt, so ist ein unbefristetes Arbeitsverhältnis entstanden.

1

Pflichten des Auszubildenden = Rechte des Ausbildenden

§ 9 BBiG Pflichten des Auszubildenden

Bemühung: Der Auszubildende muss alle **Anstrengungen** unternehmen, um die für das **Ausbildungsziel** erforderlichen Kenntnisse und Fertigkeiten zu erwerben.
Die ihm im Rahmen der Berufsausbildung aufgetragenen **Verrichtungen muss er sorgfältig ausführen.** Dabei hat er die **Weisungen zu beachten,** die ihm vom Ausbildenden oder anderen weisungsberechtigten Personen erteilt werden.
Am **Unterricht der Berufsschule** nimmt er regelmäßig und pünktlich teil und er führt sein **Berichtsheft** ordentlich.

Loyalität (Treue): Der Auszubildende beachtet die für die Ausbildungsstätte geltende **Ordnung** und behandelt betriebliche Gegenstände pfleglich.
Er wahrt Stillschweigen über **Geschäftsgeheimnisse** (z. B. Bezugsquellen, Umsatzzahlen, Einkaufspreise, Gehälter).
Er darf ohne Einwilligung des Ausbildenden weder ein eigenes Handelsgewerbe betreiben **(Handelsverbot)** noch im gleichen Geschäftszweig Geschäfte auf eigene oder fremde Rechnung tätigen **(Wettbewerbsverbot).**

Haftung: Der Auszubildende oder sein gesetzlicher Vertreter **haften** bei böswilligem Verschulden oder grober Fahrlässigkeit.

Benachrichtigung: Bei **Fernbleiben** von der betrieblichen Ausbildung, vom Berufsschulunterricht oder sonstigen Ausbildungsveranstaltungen ist der Ausbildende unter Angabe von Gründen unverzüglich zu benachrichtigen; bei Krankheit oder Unfall ist spätestens am dritten Tag eine **ärztliche Bescheinigung** abzugeben.

1

Pflichten des Ausbildenden = Rechte des Auszubildenden

§ 6 bis 10 BBiG Pflichten des Ausbildenden

Ausbildung: Der Ausbildende muss ...
- entsprechend der Ausbildungsordnung ausbilden (Berufsbild).
- den Auszubildenden zum regelmäßigen Besuch der Berufsschule und zum Führen des Berichtsheftes anhalten.
- Ausbildungsmittel kostenlos zur Verfügung stellen.

Fürsorge: Er darf dem Auszubildenden nur Verrichtungen übertragen, die dem **Ausbildungszweck** dienen und seiner körperlichen **Konstitution** angemessen sind.
- Er muss die vereinbarte bzw. die im Tarifvertrag festgesetzte **Vergütung** bezahlen.
- Er meldet den Auszubildenden zur **Sozialversicherung** an.
- Er hat die Bestimmungen des **Jugendarbeitsschutzgesetzes** zu beachten.
- Für den Besuch der **Berufsschule** und für die Teilnahme an Prüfungen wird der Auszubildende **freigestellt.**

Zeugnis: Bei Beendigung des Ausbildungsverhältnisses stellt der Ausbildende dem Auszubildenden ein Zeugnis aus. Es muss Angaben über Art, Dauer und Ziel der Ausbildung sowie über erworbene Fertigkeiten und Kenntnisse des Auszubildenden enthalten **(einfaches Zeugnis).** Auf Verlangen des Auszubildenden sind Angaben über Führung, Leistung und besondere fachliche Fähigkeiten aufzunehmen **(qualifiziertes Zeugnis).**

1.3.5 Jugendarbeitsschutz

Das Gesetz zum Schutz der arbeitenden Jugend (JASchG) beinhaltet Bestimmungen, die den Jugendlichen im Arbeitsverhältnis vor Überforderung schützen. Es unterscheidet Kinder und Jugendliche.
- **Kinder** sind Personen, die das 15. Lebensjahr noch nicht vollendet haben. Ihre Beschäftigung ist verboten, soweit es nicht gesetzliche Ausnahmen gibt.
- **Jugendliche** sind Personen, die das 15. Lebensjahr vollendet haben, aber noch nicht 18 Jahre alt sind.

§

Besondere Regelungen zum Schutz der arbeitenden Jugendlichen sind im Dritten Abschnitt JASchG festgelegt:

Arbeitszeit: Die tägliche Arbeitszeit darf 8 Stunden nicht überschreiten, die gesetzliche Grenze der Wochenarbeitszeit liegt bei 40 Stunden (tariflich können andere Wochenarbeitszeiten vereinbart sein).

Pausen: Bei einer täglichen Arbeitszeit von mehr als 6 Stunden muss dem Jugendlichen eine Pause von mindestens 60 Minuten gewährt werden.

Freizeit: Nach Beendigung der täglichen Arbeits -zeit muss bis zum erneuten Arbeitsbeginn mindestens eine Freizeit von 12 Stunden liegen. Dabei dürfen Jugendliche, von wenigen Ausnahmen abgesehen, zwischen 20:00 und 06:00 Uhr nicht beschäftigt werden. Für Jugendliche im Einzelhandel ist die Beschäftigung am Samstag zulässig, soweit mindestens zwei Samstage im Monat beschäftigungsfrei bleiben und ein Freizeitausgleich an anderen berufsschulfreien Tagen gewährt wird.

Berufsschule: Die Unterrichtszeit einschließlich der Pausen wird auf die Arbeitszeit angerechnet. Dabei wird **ein** Berufsschultag in der Woche mit mehr als 5 Unterrichtsstunden mit 8 Stunden bei der gesetzlichen Arbeitszeit angerechnet (40 – 8 = 32) und er bleibt beschäftigungsfrei. Das gilt nicht für einen weiteren Berufsschultag in der gleichen Woche.

Prüfung: Zu Prüfungen und am Tag vor der schriftlichen Abschlussprüfung wird der Jugendliche freigestellt.

Urlaub: Die Zahl der Urlaubstage richtet sich nach dem Alter. Sind die Jugendlichen zu Beginn des Kalenderjahres ...
< 16 Jahre, so erhalten sie mindestens 30 Werktage,
< 17 Jahre, so erhalten sie mindestens 27 Werktage,
< 18 Jahre, so erhalten sie mindestens 25 Werktage (Samstag = Werktag).

Der Urlaub ist grundsätzlich zusammenhängend und während der Berufsschulferien zu nehmen.

Gefährdung: Jugendliche dürfen nicht mit Arbeiten beschäftigt werden ...
- die ihre körperliche Leistungsfähigkeit übersteigen.
- bei denen sie sittlichen Gefahren ausgesetzt sind.

Vor Antritt der Berufsausbildung sowie nach einem Jahr sind ärztliche Gesundheitsprüfungen vorgeschrieben. Ein entsprechende Bestätigung des Arztes ist dem Arbeitgeber vorzulegen.

1.4 Berufliche Weiterentwicklungsmöglichkeiten

1

1.4.1 Qualifikation durch Berufsausbildung

Die Berufsausbildung bietet die Möglichkeit, Mitarbeitern, der Unternehmensleitung und auch sich selbst gegenüber seine Leistungsfähigkeit unter Beweis zu stellen.

Bereits während der Ausbildung wird deutlich, inwieweit sich ein Auszubildender durch Lernbereitschaft und -erfolg für künftige qualifizierte Aufgaben im Ausbildungsberuf empfiehlt. Dabei können durch die Wahl von Qualifikationsschwerpunkten im letzten Ausbildungsjahr die Weichen für einen anspruchsvollen und entsprechend bezahlten Arbeitsbereich gestellt werden.

Je besser vorhandene Kenntnisse und Kompetenzen umgesetzt werden, umso größer wird die Verantwortung, die übertragen wird. Der Aufstieg erfolgt über begrenzte Sachgebietsaufgaben, beispielsweise im Einkauf, Verkauf oder in der Verwaltung, führt über Gruppenleitungen oder Assistenzaufgaben bis hin zu Führungsaufgaben. In vielen größeren Handelshäusern werden talentierte und engagierte Mitarbeiter betrieblich in Form von Traineeprogrammen oder weiterführenden Ausbildungsmaßnahmen gefördert.

1.4.2 Schulische Weiterbildung

Nach der Berufsausbildung bietet das öffentliche deutsche Schulsystem unter Beachtung bundeslandspezifischer Besonderheiten eine Reihe von Bildungsangeboten, die durch eine weitere allgemeine und/oder berufliche Bildung zu höherwertigen Abschlüssen führen.

Je nach bisheriger schulischer Qualifikation kann in die nächsthöhere Ebene eingetreten werden.

Abschluss	Schulform
Mittlerer Bildungsabschluss	Schulische Oberstufe (FOS, BOS, Gymnasium)
Fachhochschulreife, Hochschulreife	Fachhochschule, Berufsakademie
Hochschulreife	Universität

Mindesteinstiegsqualifikation ist der sogenannte mittlere Bildungsabschluss, der entweder bereits durch weiterführende Schulen wie den M-Zug der Hauptschule, Wirtschafts- bzw. Realschulen oder auch der bestandenen 10. Klasse des Gymnasiums erreicht wurde. Aber auch Hauptschüler mit „Quali“ erhalten diesen Abschluss durch gute Ergebnisse (2,5) bei der Berufsabschlussprüfung bzw. im Berufsschulzeugnis, soweit sie darüber hinaus befriedigende Englischkenntnisse nachgewiesen haben.

Der Wiedereinstieg in das Berufsleben kann entsprechend dem erreichten Abschluss in der Ebene des mittleren oder gehobenen Managements erfolgen, beispielsweise als staatlich diplomierter Betriebswirt, als Diplomkaufmann oder Diplom-Handelslehrer.

1.4.3 Sonstige berufliche Fortbildung

Neben den öffentlichen Schulträgern gibt es viele private Bildungsträger, die eine berufliche Weiterentwicklung durch allgemeine oder berufliche Bildungsmaßnahmen gegen entsprechende Bezahlung unterstützen. Solche Maßnahmen erfolgen in der Regel berufsbegleitend.

Kompetente Auskünfte erhält man bei den Agenturen für Arbeit, den Gremien der Industrie- und Handelskammer (IHK) und natürlich durch gezielte Recherchen im Internet.

1

Exemplarisch wird an dieser Stelle auf einschlägige Angebote der IHK zur Ausbildung zu Wirtschaftsassistenten, Handelsfachwirten und Betriebswirten hingewiesen, die sich seit vielen Jahren etabliert und auch bewährt hat

Beispiel:

Gepr. Handelsfachwirt(in)

Teilnehmer
Qualifizierte Mitarbeiter(innen) aus kaufmännischen Bereichen des Einzelhandels und des Großhandels.

Voraussetzungen
Der Lehrgang zum/zur Gepr. Handelsfachwirt(in) endet mit der Prüfung vor der Industrie- und Handelskammer Nord-Westfalen.
Zur Prüfung ist zuzulassen, wer

1. einen mit Erfolg dreijährigen kaufmännischen Ausbildungsberuf im Handel und danach eine mindestens einjährige Berufspraxis oder
2. eine mit Erfolg abgelegte Abschlussprüfung zum Verkäufer/zur Verkäuferin oder in einem anderen anerkannten Ausbildungsberuf und danach eine mindestens zweijährige Berufspraxis oder
3. eine mindestens fünfjährige Berufspraxis nachweist.

Ziel
Ziel des IHK-Lehrganges Gepr. Handelsfachwirt(in) ist es, den Teilnehmer(innen) fundiertes Fachwissen zu vermitteln, das sie befähigt, durch guten Mitarbeitereinsatz, durch Sortimentsbildung und Warenpräsentation den Verkauf zu fördern und sie ferner in die Lage versetzt, die Wirtschaftlichkeit zu überwachen und die kurzfristige Erfolgskontrolle als betriebliches Steuerungsinstrument einzusetzen.

Inhalt
Der Stoffplan für die Weiterbildung zum/zur Handelsfachwirt(in) umfasst die folgenden Fachgebiete:

1. Unternehmensführung und -steuerung
2. Handelsmarketing
3. Führung und Personalmanagement
4. Volkswirtschaft für die Handelspraxis
5. Beschaffung und Logistik
6. Handelslogistik
7. Außenhandel
8. Mitarbeiterführung und Qualifizierung

Dozenten
Der Unterricht wird von qualifizierten Praktikern, Hochschullehrern und Pädagogen der Berufsschule durchgeführt.

Datum und Dauer
Beginn: 30.08.2010
530 Unterrichtsstunden
montags und mittwochs von 18:30 - 21:00 Uhr, im 2. Jahr wird zusätzlich an einem Samstag im Monat Unterricht erteilt.
Dauer: 2 Jahre

Ort ...

Kosten 2.805,00 €
zuzüglich Prüfungsgebühren und Literaturkosten (Die Kosten werden abschnittsweise erhoben). Eine Förderung nach dem Aufstiegsfortbildungsförderungsgesetz (Meister-Bafög) ist möglich (ca. 30 % Zuschuss zu den Lehrgangs- und Prüfungsgebühren). Näheres hierzu unter www.meister-bafoeg.info.

Anmeldung
Akadamie der Wirtschaft der Industrie- und Handelskammer in ...

Auszug aus einem Bildungsangebot der Akademie der Wirtschaft der Industrie- und Handelskammer in Nord-Westfalen, www.ihk-bildung.de, abgerufen Januar 2010

2 Der Einzelhandel im Gefüge der Gesamtwirtschaft

2.1 Güternachfrage als Motor der Wirtschaft

2.1.1 Bedürfnisse und Bedarf

Wir Menschen wollen uns unser Leben so angenehm wie möglich gestalten. Dabei empfinden wir unbefriedigte Wünsche als Mangel, die es zu beseitigen gilt.

Ein Bedürfnis ist ein Mangelempfinden mit dem Wunsch, den Mangel zu beseitigen.

Je nachdem, wie dringend das Mangelempfinden ist, werden Bedürfnisse eingeteilt in:

- **Existenzbedürfnisse** ... sind solche, die zum Überleben befriedigt werden müssen.

  Beispiele:

  Nahrung, Kleidung, Wohnung, Grundbildung

- **Kulturbedürfnisse** ... sollen im Rahmen der technischen und kulturellen Entwicklung einen allgemeinen oder gehobenen Lebensstandard ermöglichen.

  Beispiele:

  abwechslungsreiche verfeinerte Speisen, modische Kleidung, komfortable Einrichtung, gehobene Bildung, technische Hilfsmittel in Haushalt und Kommunikation, Urlaubsreise

- **Luxusbedürfnisse** ... gehen über die Wünsche des gehobenen Lebensstandards hinaus, werden allgemein als überflüssig bezeichnet und können dazu dienen, ein individuelles Lebensgefühl zu steigern.

  Beispiele:

  Modellkleid, Ferrari, teurer Schmuck, Segeljacht

Außerdem unterscheiden wir:

- **Individualbedürfnisse** = Bedürfnisse des Einzelnen

  Beispiel:

  Ich will ein neues Auto.

- **Kollektivbedürfnisse** = Gemeinschaftsbedürfnisse

  Beispiel:

  Wir brauchen ein Krankenhaus im Ort.

1

Die Einteilung ist je nach Kulturkreis und Zeit verschieden. So können in Entwicklungsländern einige unserer Kulturbedürfnisse zu Luxusbedürfnissen gezählt werden. Auch hatten in früherer Zeit die Menschen andere Wünsche als heute und auch in der Zukunft wird es neue Bedürfnisse geben.

Wir können unsere Bedürfnisse immer nur so weit befriedigen, wie unsere Kaufkraft dazu ausreicht. Sie setzt sich zusammen aus dem Einkommen, das nicht gespart werden soll, dem Vermögen, das zu Käufen eingesetzt wird, und den Krediten, die zur Finanzierung der Wünsche aufgenommen werden. Den Teil der Bedürfnisse, den wir mit den zur Verfügung stehenden Mitteln befriedigen können, nennen wir Bedarf.

Bedarf ist der Teil der Bedürfnisse, für den nachfragewirksame Kaufkraft vorhanden ist.

Weil Menschen bereit und in der Lage sind, Geld für die Erfüllung ihrer Wünsche auszugeben, können andere mit der Bereitstellung entsprechender Güter und Leistungen Einkommen erzielen. Diese Einkommen treten an anderer Stelle wieder als Bedarf auf, der wiederum zu weiteren wirtschaftlichen Aktivitäten führt.

Um viele ihrer Bedürfnisse zu befriedigen, sind **Arbeitnehmer** bereit, sich anzustrengen und gute Leistungen zu erbringen.

Wenn **Unternehmer** Geld für ihre Wünsche verdienen wollen, müssen sie auf die Wünsche der möglichen Käufer eingehen. Dabei verbessern viele ihre Verkaufschancen dadurch, dass sie durch geeignete Maßnahmen (z. B. Werbung) versuchen bei möglichen Kunden Bedürfnisse zu wecken und vorhandenen Bedarf auf ihr Angebot zu lenken.

2.1.2 Güterarten

Es wäre sehr schön, wenn alles, was sich der Mensch wünscht, **frei** verfügbar wäre. Heute zählen dazu nur noch wenige Güter, wie die Luft zum Atmen oder vielleicht der Sand in der Wüste.

Die Bereitstellung fast aller Güter und Leistungen ist mit Aufwand verbunden, weil entweder Löhne an Beauftragte oder Preise an Eigentümer zu zahlen sind. So ist zwar in der Regel das Wasser im Meer frei verfügbar, Wasser aus der Leitung aber wird mit Aufwand gesammelt, aufbereitet und am Wasserhahn bereitgestellt.

Güter, die ohne Aufwand nicht zur Verfügung stehen, bezeichnet man als **knapp**, daneben aber auch als **Kostengüter** oder **Wirtschaftsgüter**, weil bei deren Bereitstellung wirtschaftliche Zusammenhänge zu beachten sind.

Güterarten

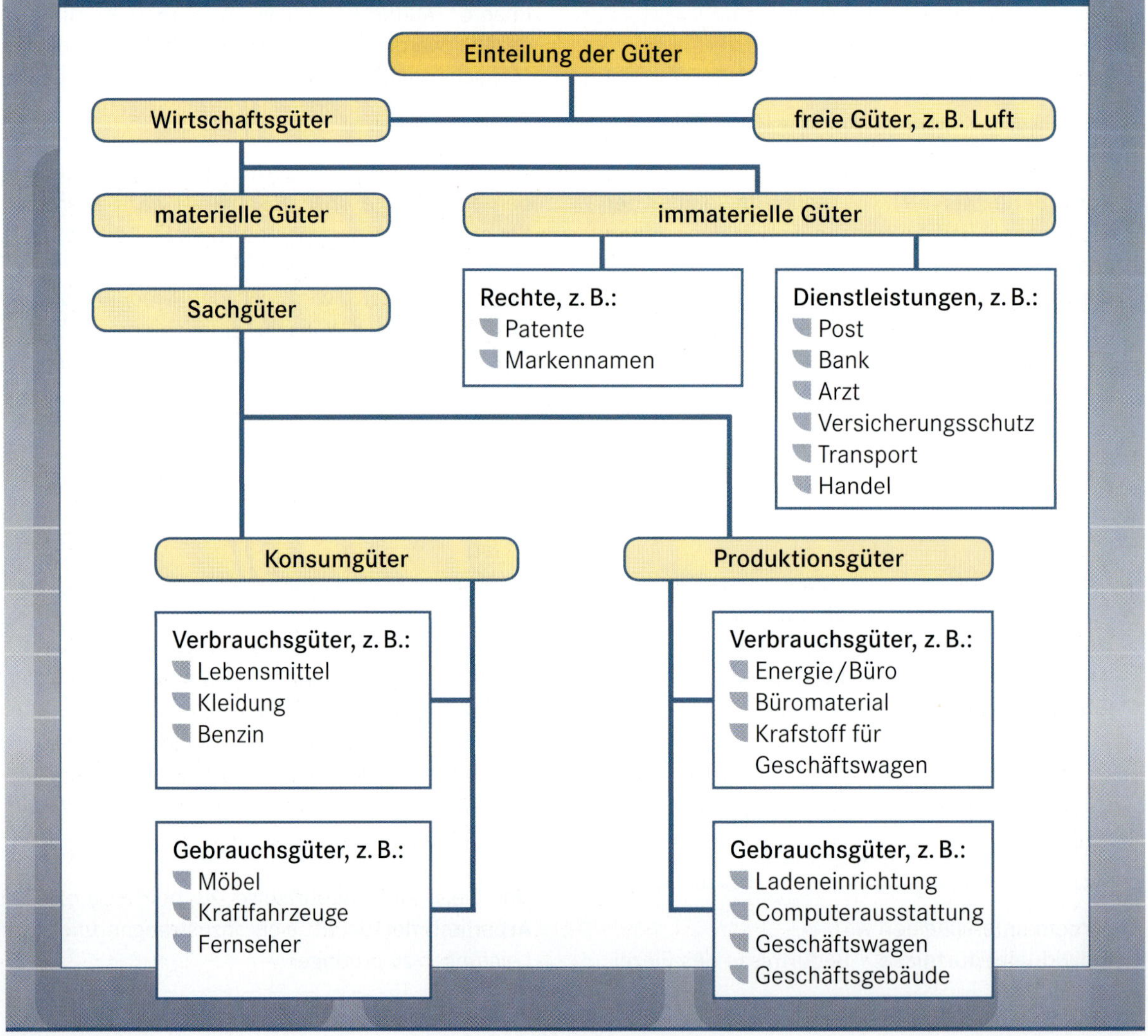

561536

Zu den Wirtschaftsgütern zählen dabei nicht nur **Sachgüter** (reale Gegenstände zum Ge- oder Verbrauch), sondern auch **Dienstleistungen**, die wir beispielsweise beim Friseur, beim Rechtsanwalt, bei Beförderungsunternehmen oder bei der Bank in Anspruch nehmen, und sogenannte **Rechte,** wie z. B. die Verwendung von Markennamen, Patenten und Lizenzen.

Sachgüter für den privaten Ge- und Verbrauch nennt man **Konsumgüter**, in Unternehmen eingesetzte Sachgüter heißen **Produktionsgüter**. Dabei kann es sich um Güter handeln, die im Unternehmen verbraucht werden oder dem Gebrauch dienen.

Güter, die andere Güter bei der Bedarfsdeckung ersetzen können, bezeichnen wir als **Substitutionsgüter** (z. B. Margarine statt Butter, Biodiesel statt Diesel).

Komplementärgüter sind solche, die meist im Verbund der Bedarfsdeckung dienen (z. B. Bettgestell und Matratze, Jogginghose und Joggingschuhe).

Im Übrigen steigen wegen zunehmender Knappheit der Ressourcen auf der Erde deren Preise. Es wird immer wichtiger, der Verschwendung (Wegwerfgesellschaft) entgegenzuwirken und Rohstoffe aus verbrauchten Sachgütern wieder zurückzugewinnen (Recycling).

Unter Ressourcen versteht man die Gesamtheit aller natürlichen Rohstoffe, Hilfs- und Produktionsmittel für die wirtschaftende Tätigkeit des Menschen.

1

2.1.3 Ökonomisches Prinzip

Wegen der begrenzt verfügbaren Kaufkraft achten Käufer immer darauf, dass ihre Wünsche möglichst wenig kosten. Dadurch kann mehr eingekauft werden oder man erhält höherwertige Güter.

Auch Unternehmen müssen darauf achten, dass ihre Kosten nicht zu hoch werden, weil sie sonst mit ihren Preisen nicht mehr wettbewerbsfähig sind und zu wenig verkaufen.

Das überlegte Abwägen von Mitteleinsatz (Aufwand) und dem damit verbundenen Nutzen (Ertrag) bezeichnet man als Wirtschaften oder wirtschaftliches Handeln.

Güter sind knapp und teuer, die Kaufkraft ist begrenzt und die Bedürfnisse hoch. Deshalb müssen alle, die in der Wirtschaft am Bedarfsdeckungsprozess beteiligt sind (Käufer, Verkäufer, Händler, Produzenten), grundsätzlich (prinzipiell) wirtschaftlich denken und handeln, wenn sie erfolgreich sein wollen.

Beispiel:

Ein Einzelhändler erzielt einen Monatsumsatz von 100.000,00 €; dafür wendet er für Wareneinkäufe und sonstige Kosten 90.000,00 € auf. Ein anderer hat in einem gleichartigen Unternehmen für den gleichen Umsatz 95.000,00 € Aufwendungen.

$$\text{Wirtschaftlichkeit}^{1} = \frac{\text{Ertrag}}{\text{Aufwand}}$$

Unternehmen 1	Unternehmen 2
$W = \frac{100}{90} = 1{,}111$	$W = \frac{100}{95} = 1{,}0505$

Unternehmer 2 müsste entweder seine Aufwendungen senken oder versuchen, die Umsatzerlöse stärker als die Aufwendungen zu erhöhen, um eine annähernd gleich hohe Wirtschaftlichkeit zu erzielen. Möglicherweise hat er zu viel Personal oder teure Lieferanten oder er ist zu vorsichtig in der Preisgestaltung.

Der Grundsatz des wirtschaftlichen Handelns heißt **ökonomisches Prinzip.** Dabei unterscheiden wir zwei Handlungsalternativen: Maximal- und Minimalprinzip.

1 Die Wirtschaflichkeit kann auch in Prozent errechnet bzw. angegeben werden: $\text{Wirtschaftlichkeit} = \frac{\text{Ertrag} \cdot 100}{\text{Aufwand}}$

Ökonomisches Prinzip

Ökonomisches Prinzip
(wirtschaftliches Prinzip)

Maximalprinzip

= mit gegebenen Mitteln den größtmöglichen Erfolg erzielen (Haushaltsprinzip)

Beispiel:

Ein Hausfrau kauft unter Ausnutzung aller Sonderangebote und unter Beachtung von Preisvergleichen mit dem gegebenen Haushaltsgeld die größtmögliche Menge an Lebensmitteln ein.

Minimalprinzip

= mit den geringsten Mitteln einen bestimmten Erfolg erzielen (Sparprinzip)

Beispiel:

Der Einzelhändler vergleicht mehrere Angebote und bestellt eine bestimmte Ware zum günstigsten Preis.

2.1.4 Volkswirtschaftliche Produktionsfaktoren

Jedes freie oder knappe Gut (Wirtschaftsgut) hat seinen Ursprung in der Natur bzw. der menschlichen Arbeitskraft. Im Zusammenwirken von Natur und Arbeit entsteht ein Gut. Man spricht in diesem Zusammenhang von Produktionsfaktoren, weil der Faktor Arbeit zusammen mit dem Faktor Boden (Natur) Produkte (Güter) entstehen lässt.

Hergestellte Produktionsgüter bezeichnet man als volkswirtschaftliches Kapital. Es stellt einen weiteren Produktionsfaktor dar, weil es dazu dient, in Verbindung mit den Faktoren Arbeit und Boden Güter (Produkte) zu produzieren.

Beispiel 1:

Ein Fischer, der bisher seine Fische mit der Hand gefangen hat (Faktoren Arbeit, Natur), fertigt aus Weidengeflecht eine Reuse (Fischfanggerät). Er setzt sie ein und erhöht damit seine Fangquote (1. Reuse = Kapital aus Arbeit und Boden; 2. Fangergebnis: Kapital, Arbeit und Boden).

Beispiel 2:

Ein Lebensmittelhersteller bietet Fischkonserven an. Bei der Herstellung im eigenen Fabrikgebäude setzt er u. a. Maschinen der Fischaufbereitung, der Einfüllung, der Bearbeitung der Konservendosen ein. Dabei beschäftigt er eine Reihe von Mitarbeitern. Fabrikgebäude, Maschinen und Ausstattung gehören zum Faktor Kapital, Fische, Zutaten und Betriebsgelände zum Faktor Boden. Sein Einsatz und die Arbeit der Beschäftigten sind Teil des Faktors Arbeit.

Beispiel 3:

Ein Einzelhändler verkauft Bekleidung. Volkswirtschaftlich ist die Bekleidung auf Arbeit und Boden zurückzuführen, Betriebsmittel sind Bestandteil des volkswirtschaftlichen Kapitals.

Neben diesen klassischen Produktionsfaktoren bezeichnet man den Bildungsstand in einer Volkswirtschaft als weiteren Faktor, der in Kombination mit den anderen geeignet ist, das Ergebnis volkswirtschaftlicher Bemühungen (Sozialprodukt) zu erhöhen bzw. qualitativ zu verbessern.

Beschreibung der volkswirtschaftlichen Produktionsfaktoren:

Boden
Unter dem Produktionsfaktor Boden versteht man die wirtschaftlich genutzte Natur. Inbegriffen sind Grund und Boden, Luft, Wasser, Wind und Sonne, mit all dem, was die Natur daraus zur Verfügung stellt, einschließlich der Tiere, der Pflanzen und ihrer Früchte sowie der Bodenschätze wie z. B. Erdöl, Kohle, Gas und Metalle.

Arbeit
Durch menschliche Arbeit werden Naturelemente gewonnen, umgeformt und verarbeitet, bis sie geeignet sind, menschliche Bedürfnisse zu befriedigen. Viele Güter entstehen allerdings in einer hoch entwickelten Wirtschaft durch den Einsatz von Produktionsmitteln (Kapital), die in einer oder in mehreren Vorstufen durch Arbeit und Boden (z. B. Erz für Maschinen, Wasser für Strom) entstanden sind.

Kapital
Das Kapital besteht aus volkswirtschaftlicher Sicht aus den produzierten Produktionsmitteln. Dazu zählen Vorrichtungen aller Art, die geeignet sind, Sachgüter, Rechte und Dienstleistungen für die Bedarfsdeckung zu erzeugen und bereitzustellen.

Im Einzelnen handelt es sich z. B. um Betriebsgebäude, Maschinen, Gegenstände der Geschäftsausstattung wie u. a. Fahrzeuge und Computer in Produktions- und Dienstleistungsbetrieben.

Bildung
Bildung wirkt wie ein Hebel auf die gesamtwirtschaftliche Leistung. Volkswirtschaften mit gleicher Naturausstattung und gleichen Bevölkerungszahlen werden je nach Bildungsniveau besser oder schlechter mit ihren Ressourcen umgehen. Ein hoher Bildungsstandard führt zu effektiver Naturnutzung sowie zu sinnvoller Kapitalbildung und damit zu einem hohen Produktions- und Einkommensniveau.

Kombination und Substitution volkswirtschaftlicher Produktionsfaktoren

Die Gesamtheit der Güter, die in einer Volkswirtschaft zur Deckung der Nachfrage (Bedarf) produziert und bereitgestellt werden (Bruttoinlandsprodukt), ist das Ergebnis der Kombination (Zusammenspiel) aller Produktionsfaktoren. Dabei ist der jeweilige Anteil der Faktoren von Staat zu Staat unterschiedlich und insbesondere auch im Zeitvergleich nicht konstant.

In hoch entwickelten Industrieländern ist der Anteil des Kapitals vergleichsweise mächtig, während in Entwicklungsländern der Faktor Boden eine herausragende Bedeutung hat. Die volkswirtschaftliche Faktorausstattung ist im Wesentlichen die Folge der Fähigkeit und Möglichkeit der einzelnen Wirtschaftssubjekte (Entscheidungsträger), durch sinnvolle Kapitalbildung die Leistungsfähigkeit und Wirtschaftlichkeit zu verbessern.

Beispiele:

Eine automatisierte Automobilkarosseriebauanlage ist zwar sehr teuer in der Herstellung (Produktionsumweg). Wenn sie aber zum Einsatz kommt, kann sie erheblich schneller, mehr und in besserer Qualität produzieren. Dabei werden Arbeitskosten eingespart.

Ein Lebensmitteleinzelhandelsbetrieb investiert in eine Kühltheke zur Selbstbedienung für Fleischwaren. Ein anderer erwirbt eine Leergutrücknahmeanlage mit Bondrucker. In beiden Fällen wird Personal eingespart.

Die Entscheidung für die Substitution von Arbeit durch Kapital fällt immer dann, wenn Wirtschaftlichkeitsberechnungen dazu zwingen.

Volkswirtschaftlich betrachtet und aus der Sicht der Betroffenen stellt uns diese Entwicklung vor Probleme, wenn so die Menschen ihre Arbeit verlieren. Es ist allerdings in einem freiheitlichen Staat weder denkbar noch sinnvoll, die Nutzung der technischen Möglichkeiten zu verbieten. Einerseits werden gerade durch den Wandel wieder neue Arbeitsplätze entstehen, andererseits würde das zwanghafte Festhalten an unwirtschaftlichen Produktionsmethoden die internationale Wettbewerbsfähigkeit beeinträchtigen.

2.2 Arbeitsteilung der Wirtschaft

2.2.1 Begriff Arbeitsteilung

In der Frühzeit der Menschheit musste jede Familie, jeder Stamm sich selbst versorgen. Schon damals mussten sich alle, die dazu in der Lage waren, an der Versorgung (Bedarfsdeckung) beteiligen. Die Männer gingen auf die Jagd, die Frauen bereiteten die Nahrung zu; Kinder sammelten Beeren und die Alten reparierten die Jagdgeräte und passten auf die Kleinsten auf. Im günstigsten Fall beschäftigte sich jeder mit dem, was ihm besonders lag bzw. was er am besten konnte.

Daraus entwickelten sich dann auch die ersten Berufe (z. B. Schneider, Bäcker, Töpfer).

Die Wirtschaft hat die Aufgabe, möglichst die Güter bereitzustellen, die zur Bedürfnisbefriedigung der Menschen dienen. Dabei werden die Bedürfnisse immer anspruchsvoller und die Güter immer komplexer. Zur Bewältigung dieser Aufgabe sind viele Menschen mit den unterschiedlichsten Aufgaben betraut, je nach Neigung, Fähigkeit, Qualifikation und Leistungsbereitschaft. Sie arbeiten in Betrieben, die sich jeweils auf die Übernahme bestimmter Aufgabenbereiche spezialisiert haben.

Auf diese Weise ist in einer Volkswirtschaft die Aufgabe der Gesamtversorgung auf viele Betriebe und Beschäftigte verteilt. Diesen Umstand nennt man **volkswirtschaftliche Arbeitsteilung.**

2.2.2 Vertikale Arbeitsteilung

Eine volkswirtschaftliche **vertikale Arbeitsteilung** liegt dann vor, wenn zwischen dem Vorkommen der Elemente in der Natur und dem Konsum der Güter mehr als eine Person beteiligt ist. Weil dann ein Produkt stufenweise seine Reife erlangt, bis es letztlich beim Verbraucher konsumfähig ankommt, spricht man von **Wirtschaftsstufen,** die häufig wegen der Gleichartigkeit der jeweiligen Aufgabenstellung auch als **Wirtschaftsbereiche** bezeichnet werden.

Wirtschaftsstufen	Beschreibung
Natur ↓	
Urproduktion ↓	Bergbau, Land- und Forstwirtschaft Energiewirtschaft
Weiterverarbeitung ↓	Industrie und Landwirtschaft verarbeiten Rohstoffe zu konsumfähigen Gütern.
Güterverteilung und andere Dienstleistungen ↓ (→ Urproduktion, Weiterverarbeitung)	Groß- und Einzelhandelsbetriebe übernehmen die Gütervertreilung an die Konsumenten. Weitere Dienstleistungen wie Gütertransport, Finanzierung, Versicherung usw. werden angeboten. Groß- und Außenhandelsbetriebe und andere Dienstleister werden auch für Betriebe der Urproduktion und Weiterverarbeitung tätig.
Konsum	

Wenn in einem Unternehmen Tätigkeiten zwischen Material- bzw. Wareneingang und Warenausgang hintereinander abfolgen und von mehr als einer Person übernommen werden, liegt eine **betriebliche vertikale** Arbeitsteilung vor.

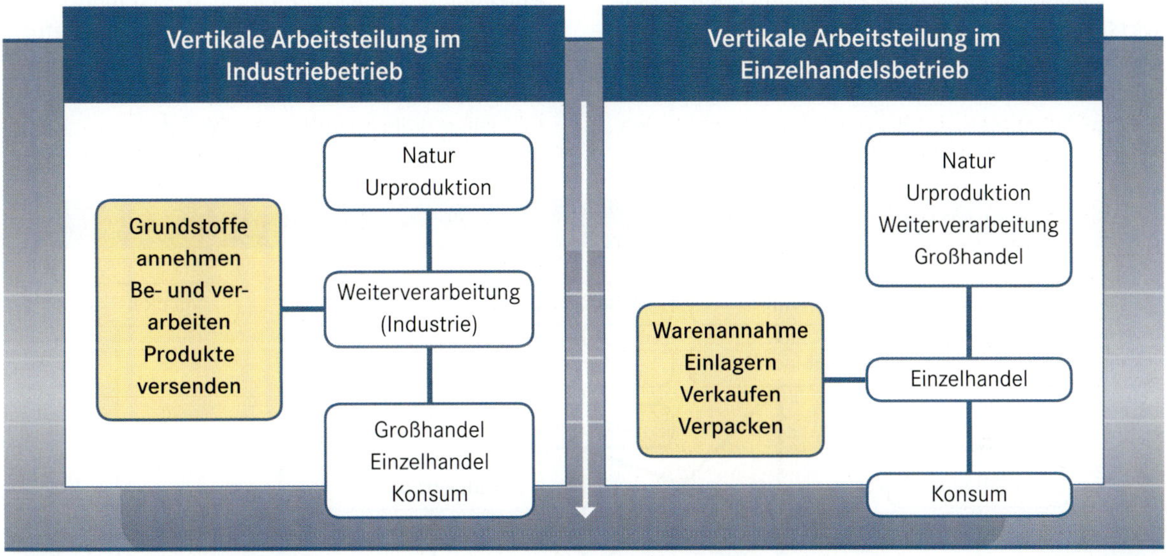

2.2.3 Horizontale Arbeitsteilung

Innerhalb der gleichen Wirtschaftsstufe findet eine Arbeitsteilung nach Art der Tätigkeit statt **(Artteilung)**. Die Aufgaben werden auf diejenigen verteilt, die sich aufgrund ihrer jeweiligen Kompetenz und Ausstattung durchsetzen können. Auf diese Weise entstehen Betriebe der Land- und Forstwirtschaft, der Energiewirtschaft oder des Bergbaus, jeweils wieder in mehr oder weniger großer Anzahl, weil einerseits geografische Gründe dafür eine Rolle spielen, andererseits einfach die Kapazität einzelner Betriebe begrenzt ist und damit weiteren gleichartigen Betrieben eine Beschäftigungsmöglichkeit eröffnet **(Mengenteilung)**.

Diese Erscheinung finden wir in allen Wirtschaftsstufen. Es gibt hier jeweils eine Fülle von verschiedenartigen und gleichartigen Be- und Verarbeitungsbetrieben im Metall-, Holz-, Kunststoff- oder sonstigen Bereichen (Stufe Weiterverarbeitung) sowie auch in der Stufe der Güterverteilung zuzüglich sonstiger Dienstleistungen.

Im Bereich **Einzelhandel** sehen wir die horizontale Arbeitsteilung in den unterschiedlichen Branchen (Spielwaren, Lebensmittel, Bekleidung usw.), aber auch in den miteinander in Wettbewerb stehenden Betrieben der gleichen Branche (Mengenteilung).

Eine horizontale Arbeitsteilung findet in der Regel auch **innerbetrieblich** statt:

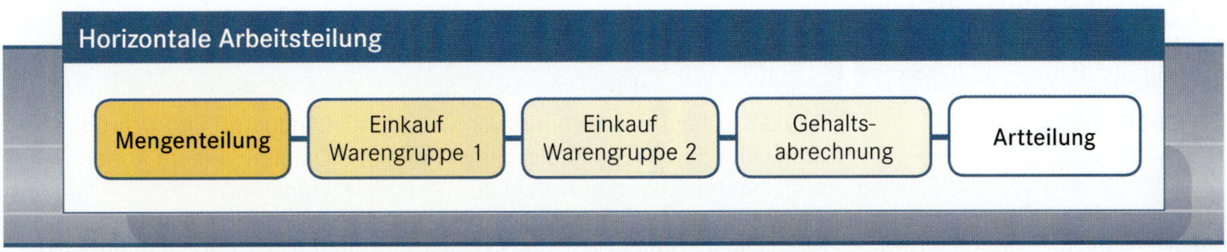

2.3 Aufgaben des Einzelhandels

2.3.1 Der Einzelhandel im arbeitsteiligen Wirtschaftsgefüge

Der Einzelhandel übernimmt im Rahmen der volkswirtschaftlichen Gesamtversorgung die Rolle der Güterverteilung an den Endverbraucher. Dabei muss er sich sowohl im vertikalen als auch im horizontalen Gefüge behaupten. Erfüllt ein Einzelhändler seine Aufgaben unzureichend, fällt er wegen mangelnder Wettbewerbsfähigkeit aus dem horizontalen Gefüge. Nicht selten übernehmen Hersteller oder Großhändler die Verteilfunktion an die Verbraucher, damit entfällt seine Rolle im vertikalen Gefüge.

1

Der Einzelhandel im arbeitsteiligen Wirtschaftsgefüge

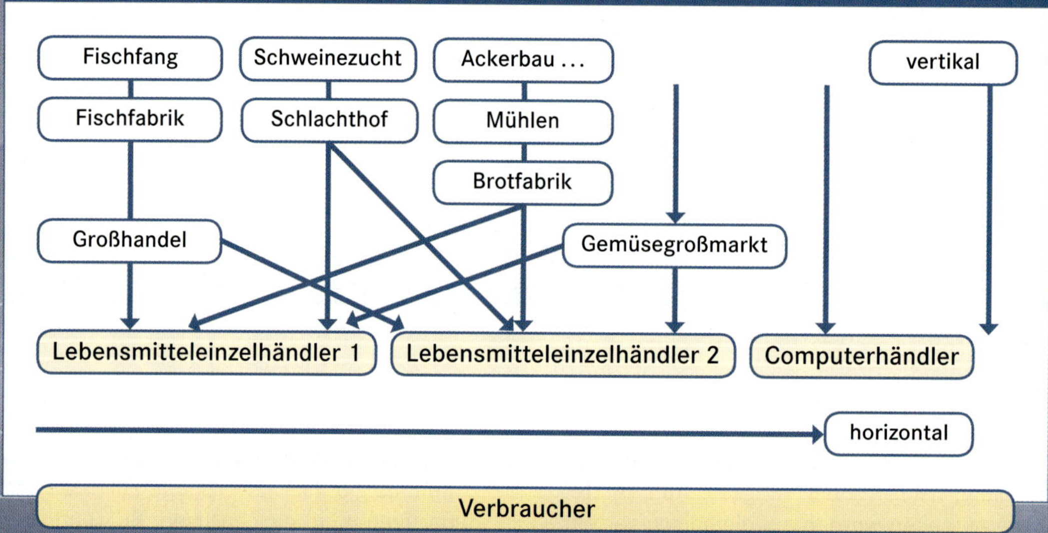

2.3.2 Funktionen des Einzelhandels

Die Stellung des Einzelhändlers als Warenvermittler zwischen den großen Warenanbietern und Endverbrauchern umfasst eine Reihe typischer Aufgaben, deren Erfüllung sowohl im Interesse der Lieferanten (Vorstufen) als auch in dem der Verbraucher liegen muss. Allgemein entlastet er die Lieferanten durch Übernahme der Verteil- bzw. Verkaufstätigkeiten gegenüber der Vielzahl an Kunden. Der Verbraucher profitiert von der bedarfsgerechten Einkaufsmöglichkeit vor Ort.

Im Einzelnen ordnet man die Tätigkeiten des Einzelhändlers den folgenden speziellen Einzelhandelsfunktionen zu:

Einzelhandelsfunktionen	Beschreibung
Sortimentsbildung	Aus der Fülle des Angebotes von Großhandel, Industrie und Urproduktion wählt der Einzelhändler die in Preis und Qualität seinem Kundenkreis entsprechenden Artikel aus (Sortimentsfunktion).
Lagerhaltung	Aufgrund seiner Lagerhaltung ist der Einzelhändler jederzeit in der Lage, den Bedarf seiner Kunden zu decken (Lagerfunktion).

(Forts. Tabelle „Einzelhandelsfunktionen“)

Kundenberatung	Warenkenntnisse und Erfahrung ermöglichen es dem Einzelhändler, seine Kunden fachmännisch und bedarfsgerecht zu beraten (Beratungsfunktion).
Mengenausgleich	Der Einzelhändler verkauft die in größeren Mengen bezogenen Artikel in bedarfsgerechten Mengen an die Verbraucher (Mengenausgleichsfunktion).
Raumausgleich	Zusammen mit dem Großhandel bringt der Einzelhändler das Warenangebot aus aller Welt zum Verbraucher (Raumausgleichsfunktion).
Zeitausgleich	Der Einzelhändler hat die benötigte Ware vorrätig, der Kunde muss nicht auf die Zusendung warten (Zeitausgleichsfunktion).
Kundendienst	Der Einzelhandel erleichtert durch besondere Kundendienstleistungen seinen Kunden den Einkauf, z. B. durch Lieferung von Waren und sperrigen Geräten, durch Reparaturen sowie Wartung und Pflege (Kundendienstfunktion).
Marktbeobachtung	Der Einzelhändler gibt Anregungen und Wünsche der Kunden an seine Lieferanten weiter (Anregungsfunktion).
Markterschließung	Durch die Aufnahme neuer Artikel in sein Sortiment weckt der Kaufmann das Interesse seiner Kunden und kann neue Kunden gewinnen (Werbefunktion).

Je besser und wirkungsvoller der Einzelhändler diese Funktionen wahrnimmt, desto wichtiger wird er für seine Geschäftspartner.

Die Übernahme dieser Funktionen kostet natürlich auch etwas. Neben den Einkaufspreisen für die Waren hat der Einzelhändler erhebliche Aufwendungen für Personal, Räume, Energie, Versicherungen, Fahrzeuge und vieles mehr.

Lieferanten honorieren dies durch verbesserte Einkaufsbedingungen. Je mehr Marktanteile und brauchbare Marktinformationen ein Lieferant durch den Einzelhändler erhält, desto mehr wird er ihm entgegenkommen.

Der Kunde ist nur dann bereit, den Aufwand für die Leistungen des Einzelhändlers im Preis mit zu bezahlen, wenn das Preis-Leistungs-Verhältnis in Ordnung ist. Schon allein deshalb ist der Einzelhändler gezwungen, sein Geschäft nach dem ökonomischen Prinzip zu führen.

2.4 Einfacher Wirtschaftskreislauf

Überall auf der Welt arbeiten Menschen körperlich und geistig, um bei der Bereitstellung von Gütern mitzuwirken. Sie erhalten für ihren Einsatz eine entsprechende Vergütung in Geld (Einkommen). Auf diese Weise fließt ständig Geld vom Unternehmen zu den Haushalten und wieder zurück (Geldstrom, Kreislauf). Gegenläufig fließt ein Güterstrom. Damit kaufen sie die Güter, die sie für die Gestaltung ihres Lebens brauchen.

Das durch Ersparnisse entzogene Geld wird von Banken und Sparkassen gesammelt und steht den Unternehmen als Kredite für Investitionen zur Verfügung. Konsumausgaben können durchaus auch die Einkommen übersteigen, wenn Erspartes oder Konsumkredite in Anspruch genommen werden.

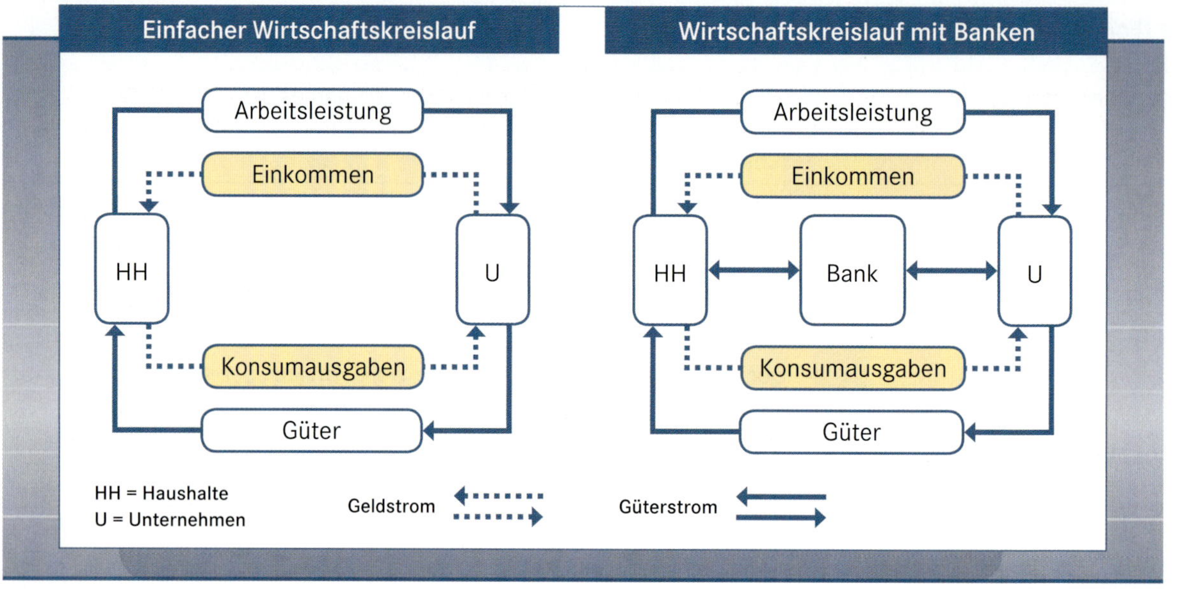

Die Stellung des Einzelhandels wird im folgenden Schaubild verdeutlicht. Das Gesamteinkommen der Haushaltsmitglieder entsteht durch ihre Beschäftigung in Betrieben der jeweiligen Wirtschaftsstufen. Es wird der Wirtschaft aber fast vollständig in Form von Konsumgüterkäufen über den Einzelhandel zurückgeführt. Die Leistungsfähigkeit des Einzelhandels gewinnt dadurch für die Wirtschaft eine herausragende Bedeutung.

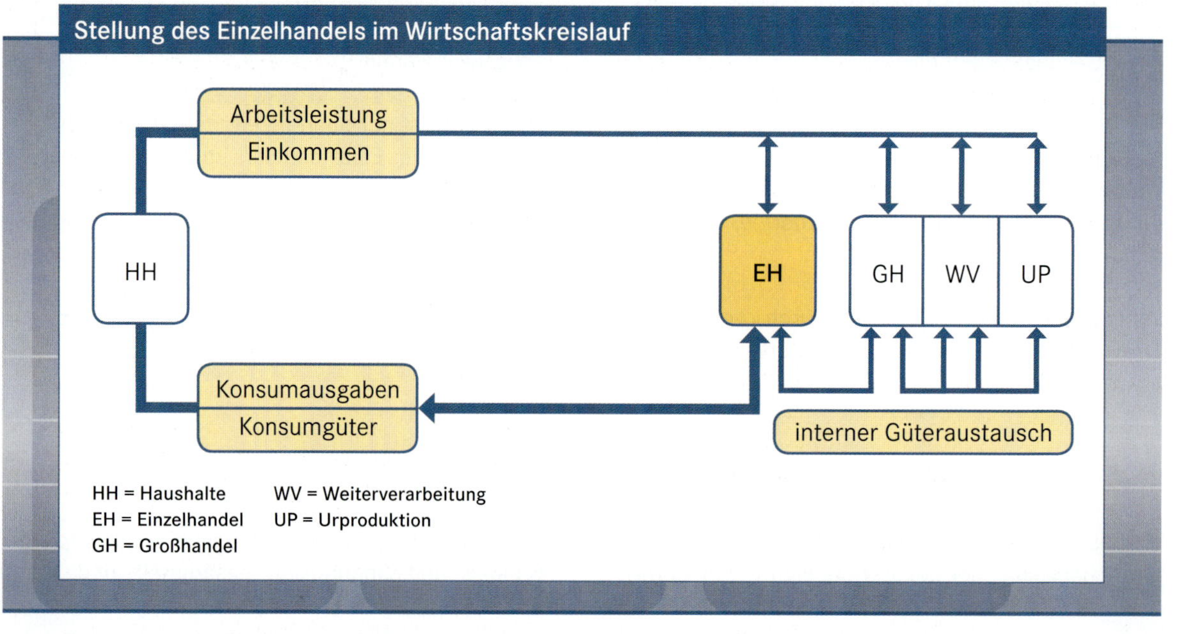

Die dargestellten einfachen Modelle des Wirtschaftskreislaufes lassen die Beziehungen zu den Wirtschaftssektoren Staat (Steuern, Abgaben, Staatsaufträge, Subventionen) und Ausland (Import, Export) unberücksichtigt.

2.5 Markt und Preisbildung

Als Markt bezeichnet man jede Situation, bei der Nachfrage nach Gütern auf ein entsprechendes Angebot trifft (und umgekehrt).

Gemäß historischer Betrachtung ist mit dem Begriff „Markt“ immer auch ein Ort verbunden (Marktplatz), an dem in der Regel das entsprechende Gut vorhanden war und wo sich Anbieter und Nachfrager persönlich trafen. Diese Situation finden wir heute noch bei sogenannten **organisierten Märkten,** wie beispielsweise der Wochenmarkt (für landwirtschaftliche Produkte), der Jahrmarkt (für diverse Vergnügungen), organisierte Viehmärkte und organisierte Gebrauchtwagenmärkte (sonntags, Großparkplatz).

Im Zeitalter hoher Mobilität legt der Unternehmer in der Regel seinen Standort nach wirtschaftlichen Überlegungen langfristig fest. Meistens versucht er seinen Standort und sein Güterangebot möglichst bekannt zu machen, um vorhandene Nachfrage auf sich zu ziehen. Erscheint ein Kunde oder wird auf irgendeine Weise Kontakt hergestellt (Telefon, Post, Internet), bei dem die jeweiligen Interessen aufeinandertreffen, ist ebenfalls die Situation eingetreten, die wir als Markt bezeichnen.

Preisüberlegungen

Zu welchem Preis nun ein Gut tatsächlich dann auf dem Markt umgesetzt wird, ist davon abhängig, inwieweit die Vorstellung des Nachfragers mit der Erwartungshaltung des Anbieters übereinstimmt. Nachfrager wollen einen möglichst niedrigen Preis zahlen und ab einer bestimmten Höhe wird für sie das Gut sogar uninteressant. Andererseits möchte ein Anbieter mindestens den Wert erhalten, den er selbst aufgewendet hat, darüber hinaus verkauft er am liebsten an den, der das meiste bietet.

Natürlich ist ein konkurrenzloser Anbieter gegenüber vielen Nachfragern im Vorteil, besonders dann, wenn das Gut knapp und der Bedarf hoch ist. Diese Situation nennt man **Verkäufermarkt.** Ein **Käufermarkt** liegt vor, wenn Anbieter mit vielen Mitbewerbern und hohen Vorräten den Preisvorstellungen weniger Kunden entgegenkommen müssen, wenn sie etwas verkaufen wollen.

Bei theoretischen Überlegungen über die Preisbildung für ein Gut geht man von dem Modell aus, dass viele Nachfrager einer Vielzahl von Anbietern gegenüberstehen. Jeder Nachfrager kann aus der hohen Zahl der Anbieter wählen und jeder Anbieter hat zu allen Nachfragern Kontakt. Konkurrenz besteht unter Nachfragern ebenso wie unter Anbietern.

Volkswirtschaftliche Nachfrage

Jeder Nachfrager hat eine individuelle Vorstellung von dem Preis, den er für das bestimmte Gut ausgeben möchte (persönliche Wertschätzung). Wenn ein Preis niedrig ist, werden also sehr viele Nachfrager bereit sein, das Gut zu kaufen. Hinzu kommt, dass vielleicht manche Nachfrager bei einem niedrigen Preis mehr davon erwerben wollen. Es wird deutlich: Bei einem hohen Preis ist die Nachfrage(menge) gering. Fällt der Preis, steigt die Nachfrage(menge) an.

Beispiel:

Ein Plasma-Flachbildfernsehgerät (Durchschnittsqualität) mit einer vergrößerten Bildschirmdiagonale (z. B. 60 Zoll) gibt es heute für ca. 3.000,00 €. In Deutschland beträgt die Nachfrage aktuell etwa 10 000 Stück. Bei einem Preis von vormals 4.000,00 € gab es erheblich weniger Interessenten. Sollte der Preis z. B. aufgrund fertigungstechnischer Vorteile fallen, wollen mehr Haushalte das Gerät erwerben. Bei einem Preisverfall auf beispielsweise 100,00 € würde das Gerät dann in vielen Haushalten mehrfach zu finden sein.

Zusammenhang zwischen Preis und Nachfrage

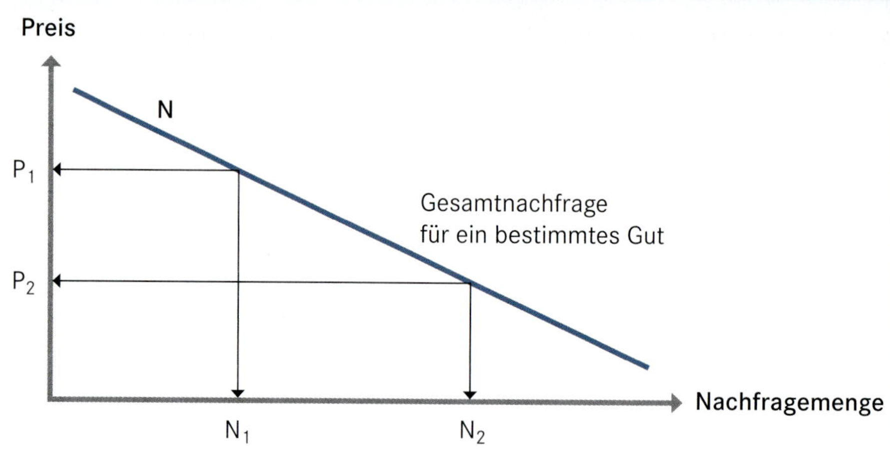

Volkswirtschaftliches Angebot

Jeder Anbieter hat unterschiedliche Vorstellungen davon, zu welchem Preis er sein Produkt verkaufen möchte. Das liegt an den unterschiedlichen Aufwendungen, die Anbieter jeweils bei der Bereitstellung des Gutes haben, und an der jeweiligen Gewinnerwartung. Bei einem niedrigen Preis gibt es nicht viele Anbieter für ein Gut, während bei höheren Preisen immer mehr Anbieter mithalten können und Gewinne zu erzielen sind. Hinzu kommt, dass hohe Preise Anbieter dazu bewegen, jeweils eine größere Menge bereitzustellen.

Zusammenhang zwischen Preis und Angebot

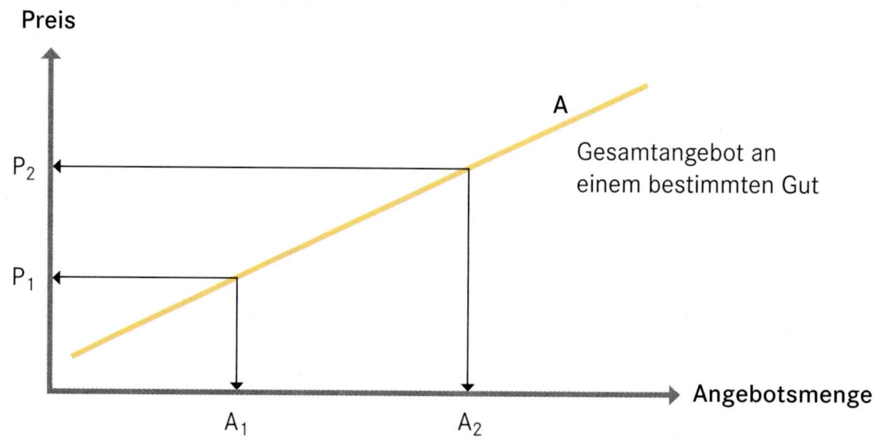

Preismechanismus

Bei einem niedrigen Preis auf einem Markt tritt nun die Situation ein, dass es eine hohe Nachfrage(menge) gibt, das Angebot für eine Deckung jedoch nicht ausreicht. Umsatz findet nur in Höhe des Angebotes statt und es bleibt ein **Nachfrageüberhang (Angebotslücke).** Dieser löst eine Preissteigerungstendenz aus.

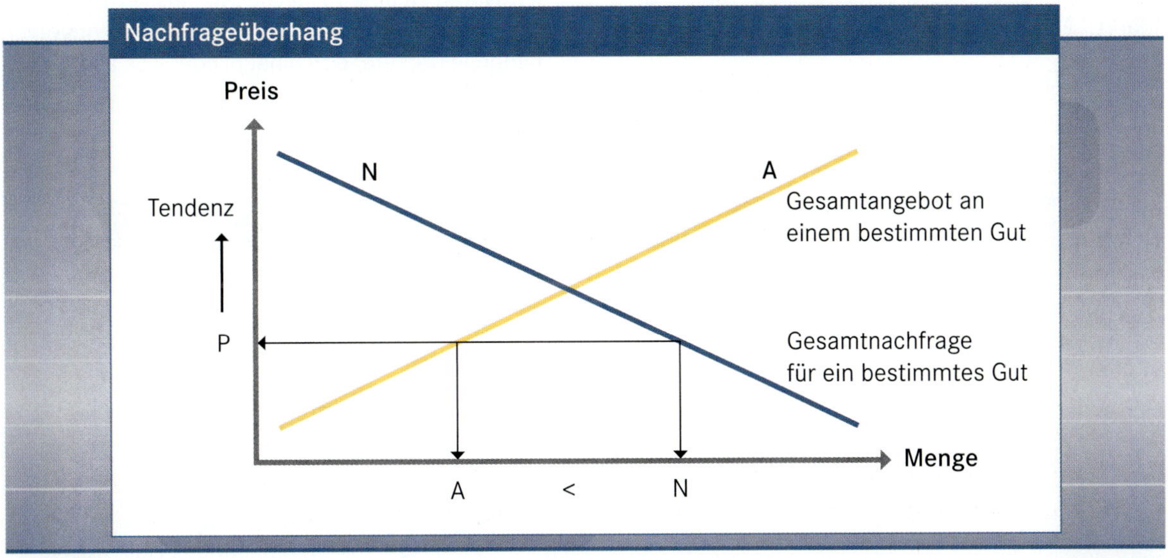

Ist das Preisniveau hoch, stellen Anbieter viel zur Verfügung, nur wenige Nachfrager aber sind bereit zu kaufen. Nur die Nachfragemenge wird umgesetzt, darüber hinaus besteht ein **Angebotsüberhang (Nachfragelücke),** der eine Preissenkungstendenz auslöst.

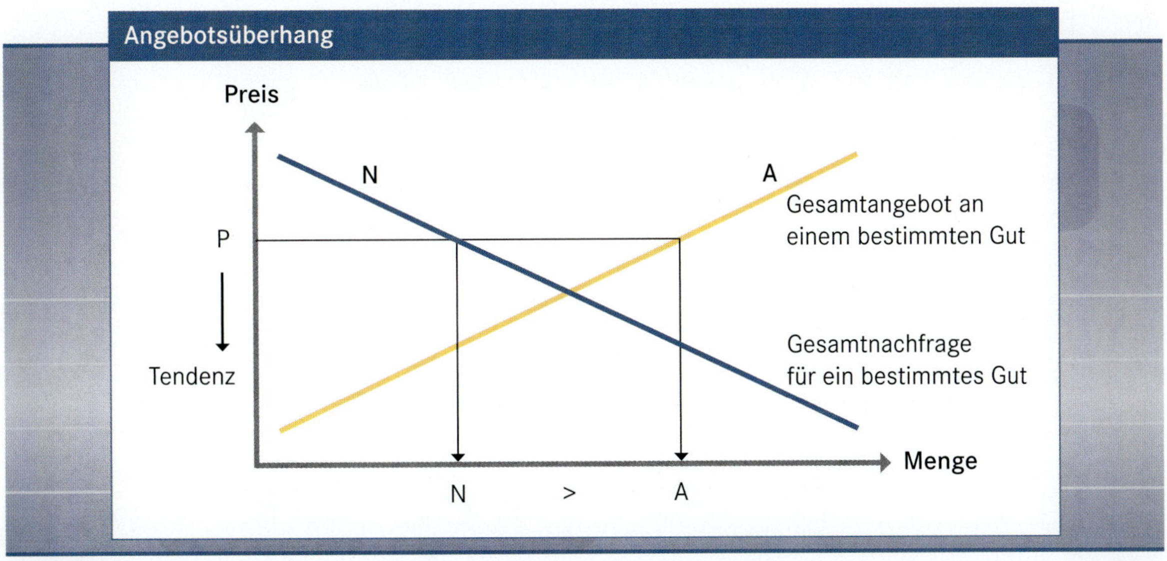

Auf diese Weise pendelt sich der Preis dort ein, wo weder Nachfrage- noch Angebotsüberhang besteht; zwischen Angebot und Nachfrage stellt sich ein Gleichgewicht ein. Deshalb bezeichnet man diesen Preis als **Gleichgewichtspreis.**

Man sagt: „Der Gleichgewichtspreis räumt den Markt." Es findet der größtmögliche Umsatz statt.

In der Realität spielen diese Phänomene oft eine wichtige Rolle. Erkennt ein Einzelhändler auf dem Markt eines oder mehrerer seiner angebotenen Artikel, dass wegen Knappheit die Nachfrage steigt (Kundenanfragen), so kann er über eine rechtzeitige Anhebung der Preise mit seinen noch vorrätigen Waren einen höheren Erlös erzielen. Hat er sich aber z. B. wie alle anderen Konkurrenten mit zu vielen Waren einer Art eingedeckt, muss er rechtzeitig seinen Preis reduzieren, um damit die geringe vorhandene Nachfrage zu binden, oder sich andere verkaufsfördernde Maßnahmen überlegen.

Gleichgewichtspreis

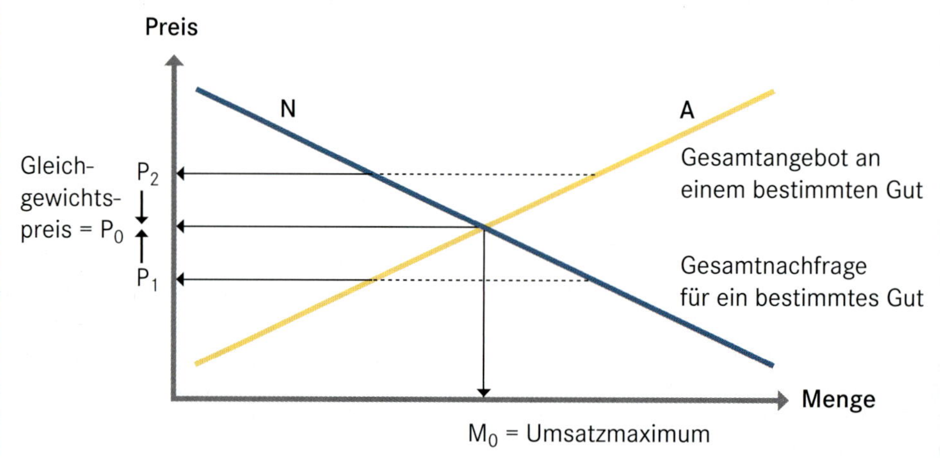

3 Ziele und Organisation eines Einzelhandelsunternehmens

3.1 Unternehmensziele (siehe auch Kap. 5 „Unternehmen in der Gesellschaft“)

Die Gründung eines Einzelhandelsunternehmens setzt voraus, dass es für bestimmte Artikel oder Artikelgruppen einen Markt gibt, d. h., die Artikel können von Lieferanten zu Konditionen erworben werden, die der Verbraucher nicht hat, und es handelt sich um Güter, für die ein genügend großes Interesse besteht. Dabei beobachten wir Gründungen im kleinen Stil, wie z. B. mehr oder weniger professionelle Power-Seller bei ebay oder Fahrradgeschäfte in der Garage, aber auch ausgereifte Projekte wie die Ansiedlung großer Märkte mit hohem Investitionsvolumen.

Wie auch immer, der Einzelhandel hat mindestens das Risiko der Warenvorfinanzierung. Hinzu kommt die nötige Ausstattung, für die zusätzlich Mittel investiert werden müssen, und die laufenden Ausgaben für Personal usw. Wenn sich über kurz oder lang herausstellt, dass die erhoffte Nachfrage ausbleibt, die Konkurrenz zu mächtig ist oder aus sonstigen Gründen der Laden „nicht läuft“, ist der Einsatz verloren und Schulden sind über Jahre zurückzubezahlen. Andererseits beweisen viele Unternehmen, dass mit der richtigen Idee und einem stimmigen wirtschaftlichen Konzept sich der ursprüngliche Einsatz vervielfältigen kann.

Selbstständigkeit

Die meisten Menschen wünschen sich, ihr „eigener Herr“ zu sein. Man möchte unabhängig sein von den Vorstellungen anderer, die Verantwortung für sich selbst übernehmen. Außerdem möchten viele die Früchte ihrer Arbeit nicht einem Arbeitgeber überlassen. Als Unternehmer trifft man selbst die Entscheidungen, muss allerdings Fehlentscheidungen auch selbst „ausbaden“.

1

Existenzsicherung

Wer ein Einzelhandelsunternehmen gründet, hofft, damit mindestens seinen Lebensunterhalt zu verdienen. Nachdem der Unternehmer kein Gehalt bezieht, muss ihm und seiner Familie der Geschäftsumfang langfristig regelmäßig den Gewinn ermöglichen, der für die Deckung seines Bedarfs ausreicht. Der Gewinn ist das Einkommen des Unternehmers.

Beispiel:

monatl. Umsatz netto	100.000,00 €
Einstandspreise für verkaufte Ware	70.000,00 €
Handlungskosten (Personal, Miete usw.)	26.500,00 €
Gewinn (Einkommen, Risikoausgleich)	3.500,00 €

Durch sorgfältiges Planen und wirtschaftliches Handeln versucht er die Einkommenssituation für sich, aber auch im Interesse seiner Beschäftigten zu erhalten und zu verbessern. In guten Monaten wird er überschüssige Gewinne nicht sorglos ausgeben, um das Risiko schwacher Absatzzeiten überbrücken zu können (Risikoausgleich).

Beispiel:

monatl. Umsatz netto	120.000,00 €	80.000,00 €
Einstandspreise für verkaufte Ware	84.000,00 €	56.000,00 €
Handlungskosten (Personal, Miete usw.)	26.500,00 €	26.500,00 €
Gewinn (Einkommen, Risikoausgleich)	9.500,00 €	- 2.500,00 €

Gewinnmaximierung

Wenn z. B. eine Idee, einzelne Artikel oder Artikelgruppen am Markt sehr gut angenommen werden, kann mit hohen Preisen und möglichst niedrigen Aufwendungen ein hoher Gewinn erwirtschaftet werden. Wenn sich solche Marktchancen ergeben, ist der Unternehmer bestrebt, davon in maximal möglicher Höhe zu profitieren. Häufig werden dann die Kapazitäten durch preiswerte Kredite oder durch Gewinnüberschüsse erweitert (u. a. Filialgründungen), um die Gewinnerzielung zu vervielfachen. Gerade bei Unternehmen, an denen viele Leute beteiligt sind, erwarten die Inhaber (Gesellschafter, Aktionäre) von den Vorständen und Geschäftsführern eine konsequente Ausnutzung der Marktsituation. Oft ist man sich dann nicht einig, ob es besser ist, erwirtschafteten Gewinn auszuzahlen (Dividende) oder gewinnbringend wieder im Unternehmen zu investieren.

Marktanteile

Als Marktanteil bezeichnet man den Anteil, den ein Unternehmen auf einem bestimmten Gütermarkt von dem Gesamtbedarf deckt. Der Marktanteil wird an Absatz- bzw. Umsatzzahlen gemessen und in Prozent angegeben.

Um einen Marktanteil zu sichern oder einen höheren Martktanteil zu erreichen, verzichten Unternehmer häufig über einen begrenzten Zeitraum durch niedrigere Preise oder erhöhten Aufwand für Absatzförderung auf mögliche Gewinne. Beweggründe liegen darin, einen höheren Bekanntheitsgrad zu erreichen, dem Konkurrenzdruck zu begegnen oder auch darin, Mitbewerber aus dem Markt zu drängen.

Das Streben nach Marktanteilen kann der Existenzsicherung dienen, in der Regel möchte man damit langfristig die Gewinnsituation verbessern.

Beispiel:

Ein Lebensmitteldiscounter hat in Memmingen bei Molkereiprodukten einen Marktanteil von 75 %. Das bedeutet, dass 75 % des Gesamtbedarfs dort gekauft werden und dass sich alle anderen Mitbewerber zusammen mit einem Marktanteil von 25 % begnügen müssen.

Kostendeckung

Einige staatliche Institutionen, die Leistungen zur Versorgung der Bürger anbieten, sind nicht auf Gewinnerzielung ausgerichtet (Wasserversorgung, kommunale Verkehrsbetriebe). Ziel ist es, mit den Erlösen die entstandenen Kosten abzudecken, sodass weder Gewinn noch Verlust entsteht.

Für erwerbswirtschaftliche Unternehmen kommt eine solche Zielsetzung befristet in Verbindung mit der Existenzsicherung in Krisenzeiten bzw. dem Erhalt oder Streben nach Marktanteilen infrage.

3.2 Betrieblicher Leistungsprozess im Einzelhandel

3.2.1 Betriebliche Produktionsfaktoren

Die eigentliche Aufgabe des Einzelhandels ist die Bereitstellung der Waren für den Konsumenten.

Diese Aufgabe ist sein **Betriebszweck** und das Ziel seiner Bemühungen nennt man **Leistung.** Dabei wird die Leistung gemessen an dem erzielten Umsatz als Ergebnis aus der Summe der Preise aller verkauften Waren (Umsatzerlöse). Je höher der Umsatz eines Einzelhändlers ist, umso höher ist seine Leistung. Sie wird in der Benennung Euro angegeben.

Umsatzerlöse stellen sich jedoch nicht von selbst ein. Der Einzelhändler muss erhebliche Anstrengungen dazu unternehmen: das Richtige einkaufen, Personal bezahlen und das erforderliche Umfeld schaffen. Man spricht in diesem Zusammenhang von dem **Einsatz** mehrerer Faktoren, die das Ergebnis des Leistungsprozesses bewirken.

Ähnlich wie in der volkswirtschaftlichen Betrachtung werden diese Faktoren als Produktionsfaktoren bezeichnet.

Übersicht der Produktionsfaktoren				
volkswirtschaftliche Produktionsfaktoren	Boden	Arbeit	Kapital	Bildung
betriebswirtschaftliche Produktionsfaktoren	Waren (Material)	Personal	Betriebsmittel	dispositiver Faktor

Faktoreinsatz und Leistung stehen in einer zwingenden Beziehung zueinander:

Bezug	Leistung	Faktoreneinsatz
artikelbezogen	Der Nettopreis eines Artikels soll über ... z. B. 29,99 €	den Kosten liegen, die der Artikel verursacht. z. B. 28,34 €
periodenbezogen	Die Nettoverkaufserlöse eines Monats sollten höher sein ... z. B. 100.000,00 €	als die Kosten in dem Monat. z. B. 96.500,00 €
allgemein	**Die Leistung (Nettoverkaufserlöse) sollte höher sein**	**als der dazugehörige Faktoreinsatz (Kosten).**

1

3.2.2 Waren (Material)

Die **Waren** stellen den zentralen Faktoreinsatz des Einzelhändlers dar (Wareneinsatz). Sie werden bei Lieferanten gekauft und im Verkauf eingesetzt. Sobald man einen Artikel absetzt, lässt sich in einem Warenwirtschaftssystem leicht feststellen, zu welchem Einstandspreis (Einkaufspreis einschließlich aller Bezugskosten) er bezogen wurde.

Aber auch periodenbezogen (Monat, Jahr) kann der Wareneinsatz ermittelt werden, um ihn gegebenenfalls mit den entsprechenden Verkaufserlösen zu vergleichen (siehe LF 6).

Die Höhe des Faktoreinsatzes für Waren kann der Einzelhändler in vielen Fällen beeinflussen.

Faktorkosten über eine geringe Einkaufsmenge zu sparen ist dabei in der Regel nicht der geeignete Weg, weil damit andererseits auch Absatz, Umsatz und Erfolg begrenzt werden. Die Beschaffungsmenge wird sich sinnvollerweise an den Absatzmöglichkeiten orientieren müssen. An der Qualität zu sparen ist nur dann sinnvoll, wenn Kunden das auch akzeptieren. Einzelhändler werden sich bei der Zusammenstellung ihres Sortiments überwiegend den Artikeln zuwenden, die eine hohe Nachfrage versprechen.

Wareneinsatzkosten kann man beispielsweise durch folgende Maßnahmen sparen:
- Lieferantennachlässe (Mengenrabatte, Skonti, Boni)
- Angebotsvergleich (Lieferungs- und Zahlungsbedingungen)
- Warenrisiken vermeiden (Zerstörung, Diebstahl, Schwund, Veralten)

Daneben hat der Unternehmer weitere **Materialeinsatzkosten** zu berücksichtigen. So verbraucht er zur Durchführung seiner betrieblichen Aufgabenstellung unter anderem Verpackungsmaterial, Büromaterial, Pflege- und Reinigungsmaterial, Energie (Strom), Gas, Wasser und Heizöl.

Wie hoch hier der anteilige Faktoreinsatz pro Artikel ist, lässt sich schwer ermitteln. Solche Kosten können aber pro Zeiteinheit in ihrer Gesamtheit erfasst werden.

3.2.3 Personal

Je größer ein Geschäft ist, desto mehr Arbeit fällt an. So werden Mitarbeiter für Verkauf, Büro und Lager eingestellt. Für ihren Einsatz erhalten sie eine entsprechende Vergütung, die sich nach Tarif- oder Beschäftigungsvertrag richtet. Die Summe der Personalkosten einschließlich aller Lohnnebenkosten ist der Wert des Einsatzes für den Faktor Personal.

1

Es ist kaum möglich, anteilige Personalfaktorkosten für einen bestimmten Artikel festzustellen. Pro Periode lassen sich diese Kosten aber sehr genau ermitteln.

Um sich im Wettbewerb Vorteile zu verschaffen oder um wettbewerbsfähig zu bleiben, versucht der Einzelhändler, die Personalkosten möglichst gering zu halten. Bezahlt er seine Mitarbeiter aber unter dem allgemein üblichen Niveau, kündigen vor allem seine Leistungsträger.

Es liegt in seinem Interesse, leistungsstarke Mitarbeiter zu halten oder zu gewinnen. Das kann insoweit letztlich zu niedrigeren Faktorkosten führen, als sie weniger Zeit als andere für eine Arbeit benötigen (z. B. Einkaufsplanung), weniger Fehler machen (z. B. Buchhaltung) oder bessere Arbeitsergebnisse bringen (z. B. Verkauf).

Mitarbeiterschulungen können dabei ebenso sinnvoll sein wie die Möglichkeiten des beruflichen Aufstiegs. Daneben lohnen sich häufig auch Leistungsanreize durch Prämien oder andere motivationsfördernde Maßnahmen zur Verbesserung des Arbeitsklimas.

Der Wettbewerb zwingt aber auch dazu, gegebenenfalls Personal durch geeignete Vorrichtungen, Verfahren oder Maschinen einzusparen (Substitution).

3.2.4 Betriebsmittel

Die Betriebsmittel stellen das Gerüst zur Durchführung des Betriebes dar. Ihre Anschaffung ist je nach Betriebsart und Größe mit hohen Ausgaben verbunden, die im Wesentlichen zur Betriebsgründung, dann aber kontinuierlich als Erweiterungs- und Ersatzinvestition anfallen.

Zu den Betriebsmitteln gehören:

Betriebsmittel				
Immobilien	**Ladeneinrichtung**	**Büroeinrichtung**	**Lagereinrichtung**	**Fuhrpark**
Gebäude mit geeigneten Räumen (Verkaufs-, Büro- und Lagerräume), Grundstücke	Ladentheken, Kassensysteme, Regale, Spezialeinrichtungen, Tiefkühltheken, Pfandrücknahmeautomat, Diebstahlsicherungssysteme	Schreibtische, Sitzvorrichtungen, Büromaschinen, Computerhard- und -software, Aktenschränke	Beförderungseinrichtungen, Regalsysteme, Computerterminals	Pkws, Transporter

Soweit Gegenstände gemietet, gepachtet oder geleast sind, entspricht die dafür geleistete Miet- oder Leasingzahlung dem Wert des Faktoreinsatzes pro Zeiteinheit. Eine einfache Methode zur Ermittlung der zeitanteiligen Faktorkosten bei gekauften Gegenständen besteht darin, jeweils die Anschaffungspreise durch die Anzahl der Nutzungsperioden zu teilen.

Beispiel:

Wird ein Pkw, der 30.000,00 € netto kostet, 5 Jahre (60 Monate) genutzt, so verliert er bei einem Restwert von 12.000,00 € pro Monat durch seinen Einsatz 300,00 € (18.000,00/60). Würde er zu 500,00 € monatlich geleast werden, wäre der monatliche Faktoreinsatz (vorläufig) 200,00 € höher.

Auch hier geht es darum, die Einsatzkosten so niedrig wie möglich, aber so hoch wie nötig zu planen.

Die Ladeneinrichtung ist für die Kaufatmosphäre und damit für den Geschäftserfolg bestimmend. Für einen Discounter ist eine einfache Einrichtung sinnvoll, ein großes Waren- oder Möbelhaus mit gehobenem Sortiment möchte seinen Kunden das Einkaufen zum Erlebnis machen. Dazu gehört eine geschmackvolle, gediegene warenbezogene Einrichtung, ergänzt durch komfortable Rolltreppen, Fahrstühle, Hintergrundmusik, Cafeteria.

Auch die Standortwahl kann von den damit verbundenen Kosten (Miete) oder den Bodenpreisen abhängig sein.

Darüber hinaus gibt es für den Einzelhändler noch eine Reihe von Gesichtspunkten, die bei der Wahl des Standortes wichtig sein können:

Gesichtspunkte zur Standortwahl	Lage	Vorteile	Nachteile
Absatzmöglichkeiten	• in Wohngebieten • Geschäftszentren • Fußgängerzone	• kurze Wege für den Kunden, niedrige Kosten • hohe Käuferdichte	• geringe Käuferdichte • starke Konkurrenz • hohe Raumkosten
Verkehrswege	• Verkehrsknotenpunkte (Bahn/Bus) • bei Parkplätzen bzw. Parkhäusern	hohe Passantendichte	geringe Verweildauer, Kunde oft in Eile
Tradition	• abseits moderner Geschäftszentren • Nebenlagen der Innenstadt	• niedrige Raumkosten • Bekanntheit bei Stammkunden	niedrige Käuferdichte
Kosten	Randlage „grüne Wiese“	• niedrige Bodenpreise • niedrige Mieten • genügend Parkflächen • gut ausgebaute Straßen	• weite Wege • Fahrtkosten • nur für Autofahrer

3.2.5 Dispositiver Faktor

Der Erfolg im Einzelhandel hängt sehr davon ab, wie es dem Einzelhändler gelingt, die verschiedenen Faktoren zielgerichtet aufeinander abzustimmen. Welche Waren sollen im Sortiment aufgenommen werden, wie sollen sie dem Kunden präsentiert werden, welche Ausstattung soll der Laden dazu aufweisen und welches Personal eignet sich? Wie viel Personal ist nötig und wie sollen die Aufgaben verteilt werden? Das ist nur eine kleine Auswahl an Überlegungen, die den Erfolg des Unternehmens beeinflussen.

Das Abwägen verschiedener Handlungsalternativen mit dem Ziel, möglichst die beste Entscheidung daraus zu treffen, nennt man **disponieren.**

Alls dispositiven Faktor bezeichnet man den Geist, den Verstand und das Talent, die Prozesse zu planen, zu organisieren und zu steuern (Managementfunktion).

Der dispositive Faktor wird in erster Linie vom Unternehmer selbst getragen, den Geschäftsführern und leitenden Angestellten, häufig aber auch von mitdenkenden kreativen Mitarbeitern.

Die Qualität des dispositiven Faktors ist maßgeblich am Erfolg des Betriebes beteiligt. Ein guter Chef weiß, worauf es ankommt.

1

3.2.6 Betrieblicher Wertekreislauf

In einem Einzelhandelsbetrieb werden Waren eingekauft und für den Verkauf bereitgestellt. Dabei stehen Betriebsmittel zur Verfügung, die entsprechend ihrer Nutzungsintensität an Wert verlieren. Nötiges Personal wird für seine Arbeit bezahlt. Das Management sorgt für eine optimale Faktorkombination.

Die Leistung besteht darin, durch Verkauf Erlöse zu erzielen. Dabei ist es wichtig, dass die Erlöse wertmäßig mindestens so hoch sind wie der gesamte Faktoreinsatz. Das ist dann der Fall, wenn es gelingt, im Preis die Faktorkosten abzudecken (vgl. LF 9).

Beispiel:

Wareneinstandspreis (Artikel)	15,00 €
+ Handlungskosten (= anteilige Kosten für Personal/Betriebsmitteleinsatz)	13,34 €
= Selbstkostenpreis	28,34 €

Die beim Verkauf erzielten Erlöse führen zu Einnahmen, die nach Abzug einer Gewinnentnahme wieder für die Beschaffung von Faktoren verwendet werden können (Ausgaben).

Beispiel:

Nettoverkaufserlöse (Zeitraum)	100.000,00 €
– Selbstkosten (Wareneinsatz + Handlungskosten)	96.000,00 €
= Gewinn	3.500,00 €

Dieser Prozess findet so lange statt, wie es gelingt, im Wettbewerb um die Gunst des Kunden mithalten zu können, sei es durch die Art, wie wir uns den Kunden gegenüber präsentieren, oder durch attraktive Preisgestaltung.

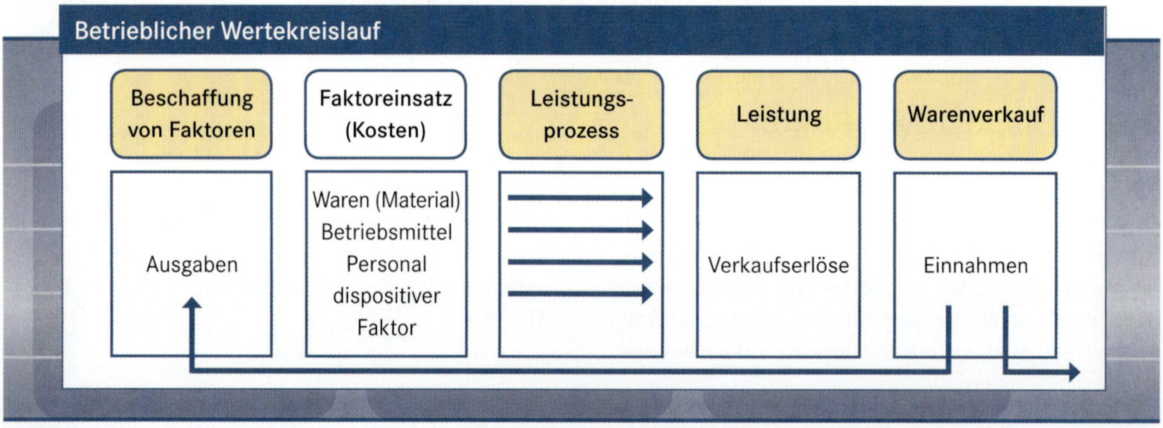

3.2.7 Faktorsubstitution

Der Verkaufspreis und indirekt auch die Gewinnmöglichkeiten hängen sehr stark von den Faktorkosten ab. Deshalb wird der Einzelhändler ständig darauf achten, sie bei konstanter oder steigender Leistungsfähigkeit möglichst niedrig zu halten, sei es beim Material-, Personal- oder beim Betriebsmitteleinsatz. Der dispositive Faktor ist dabei auch nicht ausgenommen.

So wird er z. B. versuchen, Personalkosten einzusparen, wenn die technische Entwicklung geeigneter Betriebsmittel das sinnvoll ermöglicht.

Beispiel:

Die Einführung der EAN-Codierung in Verbindung mit einem Warenwirtschaftssystem spart Arbeitskräfte an der Kasse sowie im Datenerfassungs- und Datenbearbeitungsbereich (Verkaufs- und Bestandserfassung, Preisettikettierung usw.). Zurzeit beschäftigt man sich mit Kassensystemen, bei der die Erfassung der Kundeneinkäufe elektronisch ohne Kassenpersonal erfolgt.

1

Wenn ein Produktionsfaktor durch einen anderen ersetzt wird, spricht man von Faktorsubstitution.

3.2.8 Kundenorientierung

Welche zentrale Bedeutung die Kunden für den Einzelhandel haben, ist leicht zu erkennen. Bei hohem Kundeninteresse kann der Einzelhandel ein gutes Geschäft machen. Schwindet aber das Kundeninteresse an unseren Artikeln längerfristig, ist unsere Existenz gefährdet. Ladenhüter, sinkende Einnahmen, ungedeckte Zahlungsverpflichtungen für Miete und Gehälter sind Erscheinungen, die dann nicht ausbleiben.

Deshalb ist es für alle, die im Geschäft arbeiten, von höchster Bedeutung, dass ihre Planungen, Entscheidungen und Handlungen auf den Kunden ausgerichtet sind.

Die folgende Aufstellung soll einen Eindruck vermitteln, wie sich der Einzelhändler an Kundenerwartungen orientieren kann:

Kundenerwartungen	Beschreibung	Reaktion der Einzelhändler
Bedienung, Vorwahl und Selbstbedienung	Artikel sind mehr oder weniger erklärungsbedürftig. Manche Kunden suchen das Gespräch, andere fühlen sich belästigt.	Je nach Besonderheit der Artikel und Selbstbedienung und vorhandenen Kundenvorstellungen wird der Verkauf organisiert.
Übersichtlichkeit	Kunden wollen sich leicht zurechtfinden.	übersichtliche Ladengestaltung und Warenpräsentation
Service	Zusatzleistungen, Wartung, Reparaturen, Ersatzteilbeschaffung	Serviceleistungen anbieten
rechtliche Sicherheit, Kulanz	Anerkennung von Mängelansprüchen Der Händler soll bei fehlerhafter Ware großzügig regulieren (Umtausch, Reparatur).	Mitarbeiter auf die Rechtslage aufmerksam machen, ggf. Kulanzregelungen zulassen
höherwertige oder preiswerte Artikel	Die Erwartungshaltung der Kunden ist je nach Kaufkraft und Zweckvorstellung unterschiedlich.	Ausrichtung des Sortiments auf die vorhandenen Kundenvorstellungen (Zielgruppen)

(Forts. Tabelle „Kundenerwartungen")

Kundenerwartungen	Beschreibung	Reaktion der Einzelhändler
breite Auswahl, tiefe Auswahl	Manche Kunden schätzen es, wenn sie bei einem Händler möglichst ihre gesamte Bedarfsbreite eindecken können, andere schätzen es, wenn sie bei einem Artikel zwischen verschiedenen Ausprägungen entscheiden können.	Ausrichtung des Sortiments auf die vorhandenen Kundenvorstellungen (Zielgruppen), ausreichende Vorratshaltung
gute Beratung	Kunden erwarten aufschlussreiche Artikelbeschreibungen, bevor sie eine Kaufentscheidung treffen.	Vermittlung von Warenkenntnissen, ggf. auch Gebrauchserfahrung sammeln lassen
sofortige Bedienung	Kunden wollen keine Wartezeiten in Kauf nehmen müssen.	kundenfrequenzbezogene Personalplanung, für sinnvolle Ablenkung sorgen
Sprachsicherheit	Der Kunde erwartet eine treffsichere, verständliche Sprache.	Personalauswahl, Bemühung und Übung
angemessene Verhaltensformen	Wünsche wollen ernst genommen werden. Taktgefühl, Selbstbeherrschung, Höflichkeit, Geduld, Verschwiegenheit	Personalauswahl, Schulungen
Vertrauen	Ehrlichkeit, Verschwiegenheit, Individualität	Hinweise für Personal, ggf. Kundendaten einprägen
Sorgfalt	im Umgang mit den Waren, bei der Verpackung, beim Abrechnen	Vorschriften bzw. Anweisungen für Mitarbeiter

3.3 Aufbau und Struktur eines Einzelhandelsunternehmens

3.3.1 Stellen und Abteilungen

Die Gesamtaufgabe eines Einzelhandelsunternehmens lässt sich in die einzelnen Teilaufgaben zerlegen (Aufgabenanalyse). Das Ergebnis ist eine Auflistung von Aufgabenelementen.

Beispiele:

Ware annehmen, Ware einsortieren, Ware auf Unversehrtheit prüfen, Wareneingang erfassen, Liefererrückstände austragen, Rechnungsprüfung vornehmen, Buchung der Eingangsrechnung vornehmen, Zahlung anweisen, Buchung der Zahlung vornehmen, Waren in den Verkaufsraum bringen, Ware etikettieren, Regalplätze planen usw.

Die Aufgabenelemente werden nun so sinnvoll zusammengefasst, dass sie nach Umfang und Anforderung von einer Person übernommen werden können. Man spricht hier von Stellenbildung (Aufgabensynthese). Es werden so viele Stellen entstehen, bis alle Aufgabenelemente zugeordnet sind.

Bei der Stellenbildung wird darauf geachtet, dass die einzelnen Teilaufgaben der beruflichen Qualität des Stelleninhabers angepasst sind. Das ist auch eine Faktorkostenfrage.

Beispiel:

Die Stellenbeschreibung für zwei Mitarbeiter enthält jeweils dispositive und leichte ausführende Tätigkeiten. Die Bezahlung erfolgt nach der erforderlichen Qualifikation. Lassen sich die ausführenden und die dispositiven Tätigkeiten jeweils getrennt zusammenfassen, muss nur ein Mitarbeiter höher bezahlt werden.

Mit den Fragen der Zuordnung von einzelnen Teilaufgaben beschäftigt sich der Einzelhändler auch dann, wenn er seine Geschäftstätigkeit im Umfang verändert oder wenn seine Beschäftigten zu hoch oder zu wenig ausgelastet sind. Überbesetzungen sind aus Kostengründen, Unterbesetzung im Kundeninteresse zu vermeiden.

Stellen in gleichartigen Tätigkeitsbereichen werden in Abteilungen zusammengefasst. Klassische Abteilungen sind Einkauf, Verkauf, Lager und Verwaltung. Diese Hauptabteilungen werden auf Bedarf in Unterabteilungen gegliedert. Auf diese Weise entwickelt sich das Organisationssystem (Organigramm) des Handelsunternehmens.

Die Zahl der Stellen innerhalb einer Abteilung ist von Art und Umfang der Tätigkeiten abhängig.

Beispiel für ein Organigramm im Bekleidungseinzelhandel

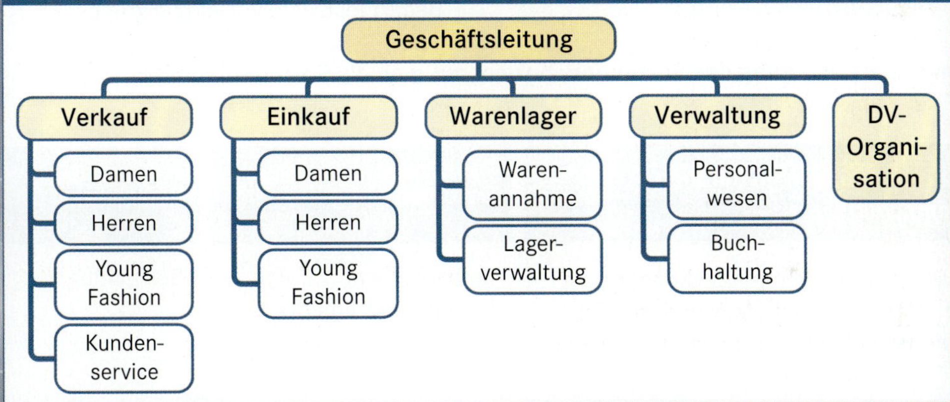

3.3.2 Arbeitsabläufe

Unter Arbeitsablauf versteht man die Gesamtheit der Teilaufgaben, die in gegenseitiger Abhängigkeit hintereinander ablaufen.

Beispiele:

Ablauf 1: Ware annehmen, Ware auf Unversehrtheit prüfen, Ware einsortieren, Wareneingang erfassen, Liefererrückstände austragen, Rechnungsprüfung vornehmen, Buchung der Eingangsrechnung vornehmen, Zahlung anweisen, Buchung der Zahlung vornehmen

Ablauf 2: Ware etikettieren, Waren in den Verkaufsraum bringen, Warenplatzierung vornehmen

Ablauf 3: Warenbedarf feststellen, Bestellmenge festlegen, Lieferer auswählen, Bestellung schreiben, Bestellung abschicken

Arbeitsabläufe finden in der Zusammenarbeit mehrerer Stellen statt. Für einen reibungslosen Ablauf der Prozesse ist es notwendig, für die Abläufe genau festzulegen,

- von wem (Stelle),
- zu welcher Zeit (Beginn, Ende),
- an welchem Ort

die jeweiligen Teilaufgaben zu erledigen sind. Engpässe (eine Stelle ist überlastet und andere Stellen können nicht weiterarbeiten) sind durch vernünftige Stellenbildung zu vermeiden.

3.4 Betriebsformen des Einzelhandels

Jeder Einzelhandelsbetrieb weist eine typische Betriebsform auf; darunter versteht man die Art und Weise, in der das Sortiment zusammengesetzt ist, und die Form, in der die Waren zum Verkauf angeboten werden.

3.4.1 Einteilung nach der Zusammensetzung des Sortiments

1

Unter Sortiment versteht man die Gesamtheit aller Waren und Dienstleistungen, die das Einzelhandelsunternehmen seinen Kunden anbietet.

Es ist ausgerichtet auf vorhandenen und völlig oder teilweise ungedeckten Bedarf. Die Zusammensetzung des Sortiments ist ausschlaggebend dafür, dass sich Kunden an das Unternehmen wenden. Deshalb ist es sinnvoll und notwendig, das Sortiment auf die Kunden abzustimmen, bei denen ein Bedarf festzustellen ist (Zielgruppe).

Maßnahmen zur Gestaltung des Sortiments bezeichnet man als Sortimentspolitik (siehe LF 12, Kap. 3.1).

Mögliche Entscheidungen im Rahmen der Sortimentspolitik über:	Sortimentsbegriffe	Beispiele
Waren und Dienstleistungen (⇨ Leistungen), die den Schwerpunkt des Angebots bilden; sie werden durchgehend geführt und tragen den wesentlichen Anteil zum Umsatz bei.	Kernsortiment (Standardsortiment)	Bekleidung
Dauerhafte und attraktive Leistungen, um die das Kernsortiment ergänzt wird.	Zusatzsortiment (Ergänzungssortiment)	Schuhe
Eher selten nachgefragte Leistungen des Kern- und Zusatzsortiments, die wegen ihrer Außergewöhnlichkeit (z. B. Sondergrößen, Exklusivität, Preislage, Andersartigkeit) noch verfügbar gemacht werden sollen.	Randsortiment	Sondergrößen
Leistungen, die im Geschäft verfügbar sind.	Präsenzsortiment	-

Möglichkeiten der Gestaltung des Sortiments:

Sortimentsstruktur: Wie ist das Sortiment strukturiert?	Sortimentsbegriffe	Beispiele
Viele unterschiedliche Warengruppen (A, B, C, D, ...) werden angeboten.	breites Sortiment	Herren-, Damen- und Kinderbekleidung aller Art
Das Sortiment ist auf eine Warengruppe oder wenige unterschiedliche Warengruppen (A, B) beschränkt.	schmales Sortiment	Jeans
Pro Warengruppe werden viele Sorten und Varianten angeboten (A, *A*, a, *a*, @, ...).	tiefes Sortiment	Levis, Street One, Esprit, Seven for all mankind, viele Schnitt-, Design- und Größenvariationen
Wenige Sorten bzw. Varianten werden pro Warengruppe (A, @) angeboten.	flaches Sortiment	Levis, nur gängige Größen

Sortimentsvariationen (schematisch dargestellt)			
breit und tief A B C D E F ... *A B C D E F ...* a b c d e f ... *a b c d e f ...* **a b c d e f ...**	breit und flach A B C D E F ... *A B C D E F ...*	schmal und tief A B *A B* a b *a b* **a b**	schmal und flach A B *a b*
viele Warengruppen – davon jeweils viele Varianten	viele Warengruppen – davon jeweils wenige Varianten	wenige Warengruppen – davon jeweils viele Varianten	wenige Warengruppen – davon jeweils wenige Varianten

Sortimentsaufbau: Wie ist das Sortiment gegliedert (aufgebaut)? (auch: Sortimentspyramide, Sortimentsgliederung, Sortimentsbaum)	
Bekleidung	Warenbereich
Herren, Damen, Kinder	Warengruppe
Hosen, Sakkos, Hemden, Anzüge, Schuhe	Warenart
Jeans Business, Freizeit, ...	Artikelgruppe
Levis 50.., 28/32, Waschung ...[1]	Artikel[1]

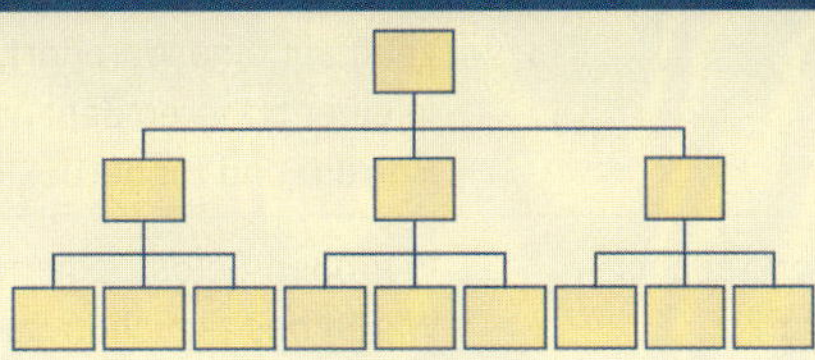

1 Artikel erhalten für das Warenwirtschaftssystem jeweils eine Identifikationsnummer (EAN-Code, Artikelnummer).

Betriebsformen nach Sortimentsstruktur

Je nach Struktur des Sortiments im Einzelhandel gibt es unterschiedliche Betriebsformen:

Sortimentsstruktur	Betriebsform	Beschreibung
schmal und tief	Fachgeschäft	Es bietet seinen Kunden eine reiche Auswahl an Waren, die meistens einer bestimmten Warengruppe angehören, z. B. Glas, Porzellan, Leder, Stahlwaren (rohstofforientiert), Damen- und Herrenbekleidung, Spielwaren, Sportartikel, Computerbedarf (= bedarfsorientiert)
	Spezialgeschäft	Durch die Spezialisierung auf einen besonderen Sortimentsausschnitt des Fachgeschäftes kann das Spezialgeschäft eine besonders tiefe Auswahl in Qualität, Farben und Ausführungen sowie im Preis anbieten (z. B. Boutiquen, Angelbedarf).
	Ladenhandwerk	Neben den selbst hergestellten Waren wird das Sortiment durch hinzugekaufte Artikel ergänzt. In Bäckereien findet man z. B. neben unterschiedlichen Backvariationen auch Kaffee, Tee, Milchprodukte und Süßigkeiten. Beim Metzger gibt es auch Tiefkühlkost, Konserven und Tierfutter.
breit und vorwiegend flach	Supermarkt	Hier findet man neben dem Schwerpunkt Lebensmittel auch viele andere Warengruppen. Das Sortiment wird bedarfsgerecht ergänzt durch problemlos gängige Artikel für den Haushalt (Geräte, Kurzwaren, Kleineisen, Drogerieartikel und Ähnliches). Ein Supermarkt weist in der Regel eine Verkaufsfläche von mindestens 400 m² auf.
	Discount-geschäft	Unter Verzicht auf teure Ausstattung, Beratung und Kundendienst und bei vielen unterschiedlichen Warengruppen, aber geringer Auswahl ist es hier möglich, Waren zu besonders niedrigen Preisen anzubieten (discount = Abschlag).
	Kleinpreis-geschäft	Günstig eingekaufte Massenartikel in niedrigen Preislagen werden schnell umgesetzt.
breit und mit unterschiedlicher Tiefe	Warenhaus	In zahlreichen Abteilungen werden nahezu alle Warenarten geführt. Die Attraktivität für Kunden liegt in der Möglichkeit, den individuellen Bedarf ziemlich vollständig abdecken zu können. Hinzu kommen die Möglichkeit, sich einen Eindruck von dem Warengebot zu machen, sowie verschiedene Serviceleistungen (Fahrstuhl, Rolltreppen, Restaurant, Erfrischungsräume usw.).
	Kaufhaus	Ähnlich wie ein Fachgeschäft konzentriert sich das Kaufhaus vorwiegend auf eine Warenart, z. B. Textilien (Bekleidung, Teppiche) oder Möbel. In einer höheren Zahl an Warengruppen liegt der Unterschied (Damen-, Herren- und Kinderbekleidung usw.).
	Verbraucher-markt	In großen Selbstbedienungshallen werden Lebensmittel und alle gängigen Waren des täglichen Bedarfs zu niedrigen Preisen angeboten. Sie haben eine Verkaufsfläche von bis zu 5 000 m² und liegen bevorzugt in den Außenbezirken der Städte („auf der grünen Wiese") bei guter Verkehrsanbindung und genügend Parkmöglichkeiten.
	Einkaufszentrum	Unterschiedliche Geschäfte (Fachgeschäfte und andere Betriebsformen des Einzelhandels) sowie Dienstleistungsbetriebe (z. B. Tankstellen, Autowaschanlagen, Friseure) beziehen einen gemeinsam verwalteten Gebäudekomplex, meist am Rand von Großstädten. Sie betreiben gemeinsam Werbung und bieten eine fast lückenlose Bedarfsdeckung sowie bequeme Anfahrt und Parkmöglichkeiten.

3.4.2 Einteilung nach der Verkaufsform

Ein wesentlicher Gesichtspunkt bei der Betrachtung von Einzelhandelsbetrieben ist die Wahl der Verkaufsform (Vertriebsform).

Vom klassischen Fachgeschäft mit uneingeschränkter Bedienung bis hin zum Automatenverkauf lassen sich die Verkaufsformen nach der Art und Zahl der Kontakte zwischen Kunden und Verkaufspersonal unterscheiden (siehe auch LF 4, Kap. 1.7).

Kontakte zwischen Kunden und Verkäufern	Verkaufsform				
	Bedienung	Vorwahl	Selbstbedienung	Versandhandel	Automatenverkauf
Empfang	●	○	○	○	○
Kaufwunsch ermitteln	●	○	○	○	○
Warenvorlage	●	●	○	○	○
Beratung	●	●	○	○	○
Kassieren und Übergabe der Ware	●	●	●	○	○
Verabschiedung	●	●	●	○	○
kein persönlicher Kontakt	○	○	○	●	●

Bedienungsgeschäft

Der Kunde wird vom Betreten bis zum Verlassen des Geschäftes von einem Kundenberater betreut. Der persönliche Kontakt bestimmt den Verkaufsvorgang und häufig entsteht dabei ein Vertrauensverhältnis. Nachteilig kann es sich auswirken, wenn sich hier der Kunde einem vermeintlichen Kaufzwang ausgesetzt fühlt.

Vorwahlsystem

Der Kunde betritt ohne fühlbaren Kaufzwang das Geschäft, besichtigt die in Verkaufsständern oder Regalen ausgelegten Waren und wählt aus. Erst auf Wunsch berät eine Verkaufskraft und führt dann den Verkaufsvorgang zum Abschluss. Besonders sichtbar ist dieses System in Schuhgeschäften mit einer „Vorwahlwand“. Vorteil ist die Beschleunigung des Verkaufsvorganges, der auch eine Einsparung von Verkaufspersonal mit sich bringt.

Selbstbedienungsgeschäft

Diese moderne Verkaufsform eignet sich für alle sog. problemlosen Waren, z. B. für die meisten Lebensmittel und Haushaltswaren des täglichen Bedarfs. Die Verkäuferin tritt hier nur auf Wunsch des Kunden hinzu, um zu beraten. Der Kunde kauft am liebsten in Selbstbedienungsläden ein, weil er hier völlig frei wählen, schnell einkaufen und sich ohne jeden Zwang entscheiden kann. Die Vorteile für den Händler sind: weitgehende Einsparung von Verkaufskräften, schnelle Verkaufsabwicklung und erhebliche Umsatzsteigerung durch Impulskäufe der Kunden. Ein Problem bilden allerdings bei dieser Verkaufsform die häufigen Diebstähle.

Versandhandel

Es stellt den Kontakt zu seinen Kunden durch Kataloge, Prospekte, Inserate, Bestellshops, Sammelbesteller und Teleshopping her. Neben den Versendern, die alle Warenarten anbieten, gibt es eine Vielzahl von Spezialversandgeschäften, z. B. für Tee oder Kaffee, Wäsche, Geschenkartikel, aber auch Mode und Schmuck. Der Kunde kann sich die Waren, die er gern hätte, in Ruhe zu Hause aussuchen. Den Mangel, dass der Kunde die Ware nicht sehen und probieren kann, versuchen die Versandgeschäfte durch großzügige Rücknahmeangebote auszugleichen. Im Versandhandel werden Personal- und Raumkosten eingespart, dafür entstehen erhebliche Versand- und Werbekosten.

Eine Sonderform des Versandhandels stellt der Internethandel dar, dessen Bedeutung im Rahmen der Verbreitung des Internets ständig wächst. (Bitte beachten Sie dazu die Ausführungen in LF 12, Kapitel 5.3 E-Commerce.)

Warenautomaten

eignen sich für den Verkauf von kleinen Artikeln wie Zigaretten, Filme, Süßigkeiten, Getränke u. a. Der Verkauf aus Automaten ist nicht an bestimmte Verkaufszeiten gebunden.

Diese verschiedenen Verkaufsformen (Bedienungsgeschäft, Vorwahlsystem, Selbstbedienungsgeschäft, Versandgeschäft und Warenautomaten) treffen wir häufig im selben Geschäft an. Die Lebensmittelabteilung arbeitet mit Selbstbedienung, die Textilabteilung mit Vorwahl, in der Rundfunkabteilung wird bedient, zum Ausgang führt in einer Passage eine Automatenstraße; außerdem ist eine Versandabteilung angegliedert, die das Versandgeschäft betreibt, und daneben wird am Stadtrand noch ein Discountladen unter einem anderen Firmennamen geführt.

> **Die jeweils zweckmäßigste Verkaufsform richtet sich nach der Warenart, dem Kundenkreis und nach der Lage des Geschäftes.**

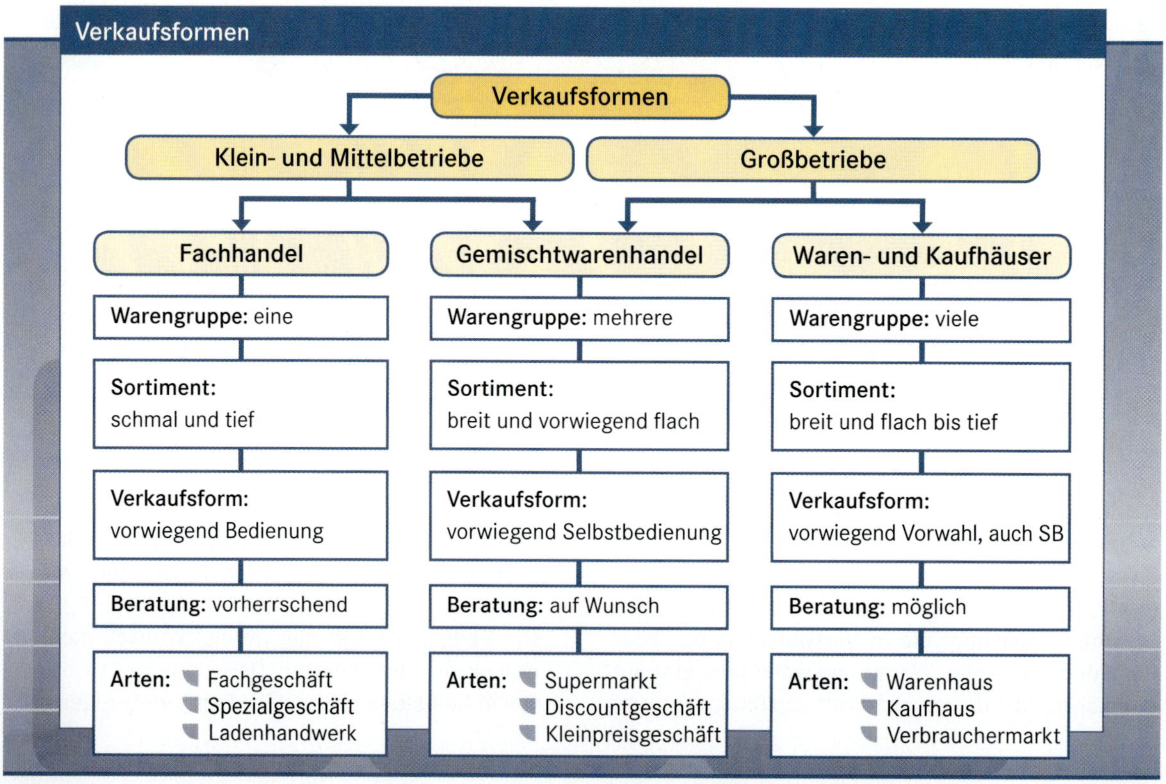

3.4.3 Sonderformen

Eine Sonderform ist der **Wanderhandel** (Hausier-, Markt-, Straßenhandel). Er ist die älteste Betriebsform des Einzelhandels. Moderne Formen davon sind der Flaschenbier- und Limonadenhandel an der Haustüre sowie der Verkauf aus gut ausgestatteten Autos, die regelmäßig an bestimmten Wochentagen eine festgelegte Route befahren und dadurch den Hausfrauen auch auf dem Land die Möglichkeit bieten, vor der Haustür einzukaufen (**„rollender Supermarkt", Verkauf von Tiefkühlkost**).

Kioske sind kleine Verkaufsstellen für Zeitungen, Tabakwaren, Getränke und Süßigkeiten. Sie haben ihren Standort an Bahnhöfen, Flughäfen, Haltestellen von U-Bahnen und Straßenbahnen.

Besondere Verkaufsformen sind noch die **Tankstellenshops, Bahnhofs- und Airportshops.** Sie profitieren vor allem durch erweiterte Ladenöffnungszeiten. **Secondhandshops** sind nicht mehr nur Läden für arme Leute, sondern preiswerte Anbieter von Designermarken aus zweiter Hand. 1

3.4.4 Neue Trends im Einzelhandel

Neuere Verkaufsformen im Einzelhandel sind zum Teil nicht mehr wegzudenken bzw. aufzuhalten:

Verkaufsform	Ausprägung
Fachmärkte	Großflächige Einzelhandelsgeschäfte, die ein breites spezialisiertes Sortiment des niedrigen oder mittleren Preisniveaus anbieten.
Mehrfachmärkte	Fachmärkte, die mehrere Bedarfsfelder abdecken, zum Beispiel Bau und Hobby, Möbel und Geschenke.
Fabrikläden	Verkaufsstellen von Produzenten, die ihre eigenen Erzeugnisse zu Niedrigpreisen direkt an die Endverbraucher verkaufen (Factory-Outlet).
Factory-Outlet-Center	Räumlich integrierte Zusammenfassung verschiedener Fabrikläden zu einem Einkaufszentrum. Spezialform: Designer-Outlet-Center mit hochwertigen, international bekannten Marken in exklusivem Ambiente.
Off-Price-Geschäfte	Hier werden Waren der mittleren und hohen Qualitäts- und Preisstufe unter Vermeidung jeder Kosten verursachenden Dienstleistung mit hohen Preisabschlägen verkauft.
Partiediscounter	Sie führen kein dauerhaftes Sortiment, sondern bieten je nach Verfügbarkeit Überschussware mehrerer Hersteller zu Sonderangebotsbedingungen an.
Discount-Catalogue-Showroom	Räume, in denen die Kunden nur Warenmuster und Kataloge einsehen, an einer zentralen Theke die Bestellung aufgeben und nach wenigen Minuten die Ware erhalten.

4 Soziale Sicherheit, Betriebsverfassung und Arbeitsvertragsrecht

4.1 Soziale Sicherheit

Zur Absicherung gegen die Risiken des Erwerbslebens und zum Ausgleich sozialer Härten hat der Staat eine Reihe von Maßnahmen gesetzlich verankert. Zu deren Finanzierung werden teilweise Pflichtbeiträge erhoben, teilweise aber öffentliche Mittel (z. B. Steuern) eingesetzt. In diesem Zusammenhang spricht man vom sozialen Netz der Bundesrepublik Deutschland.

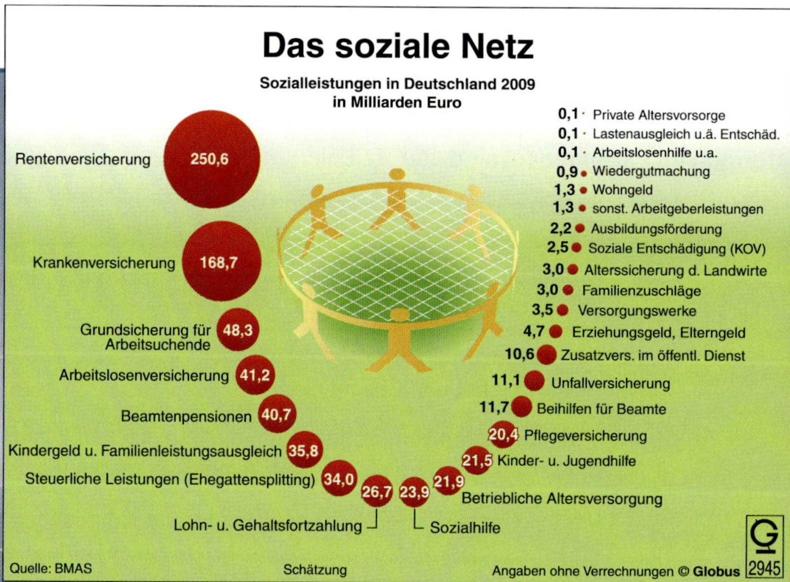

4.1.1 Sozialversicherung

Arbeiternehmer unterliegen grundsätzlich einer Versicherungspflicht hinsichtlich der Risiken, die mit dem Arbeitsleben verbunden sind. Die Anmeldung bei der Einstellung an die sogenannte Sozialversicherung gehört zur Fürsorgepflicht des Arbeitgebers.

Zur Sozialversicherung gehören die Kranken-, Pflege-, Arbeitslosen-, Renten- und Unfallversicherung.

Versicherungsfälle	Risiken	Versicherungszweige („Säulen“ der sozialen Sicherung)
Krankheit	Behandlungsmaßnahmen, Verdienstausfall	Krankenversicherung
Pflegebedürftigkeit	Behandlungsmaßnahmen, Verdienstausfall	Pflegeversicherung

(Forts. Tabelle zur Sozialversicherung)

Arbeitslosigkeit	Verdienstausfall	Arbeitslosenversicherung
Ruhestand	Einkommenslosigkeit	Rentenversicherung
Arbeitsunfall	Behandlungsmaßnahmen, Verdienstausfall	Unfallversicherung

Zur Finanzierung der Versicherungsfälle entrichten Arbeitnehmer und Arbeitgeber jeweils etwa die Hälfte (Ausnahmen siehe Tabelle auf Seite 66) der erforderlichen Beiträge zur Renten-, Kranken-, Arbeitslosen- und Pflegeversicherung. Die Beiträge an die Berufsgenossenschaft zur Unfallversicherung trägt der Arbeitgeber allein. Beitragssätze und Beitragsbemessungsgrenzen werden in der Regel jährlich nach Bedarf angepasst.

Bei Arbeitnehmern sinkt durch die Beiträge das Nettoeinkommen, während bei den Arbeitgebern die Personalnebenkosten steigen.

Die Beiträge an die Sozialversicherung ohne Unfallversicherung betragen zurzeit insgesamt etwa 35 % der Bruttovergütung des Arbeitnehmers. Dem Arbeitnehmer werden also neben den steuerlichen Abzügen ungefähr 20 % für die Sozialversicherung abgezogen. Verdient ein lediger Arbeitnehmer brutto 2.000,00 €, erhält er netto etwa 1.300,00 € (siehe Beispiel LF 13, Seite 508). Der Arbeitgeber ist demgegenüber mit mindestens 2.380,00 € belastet, von weiteren Lohnnebenkosten einschließlich der Beiträge zur Berufsgenossenschaft (Unfallversicherung) abgesehen.

1

Versicherungsprinzip der Sozialversicherung am Beispiel der Krankenversicherung

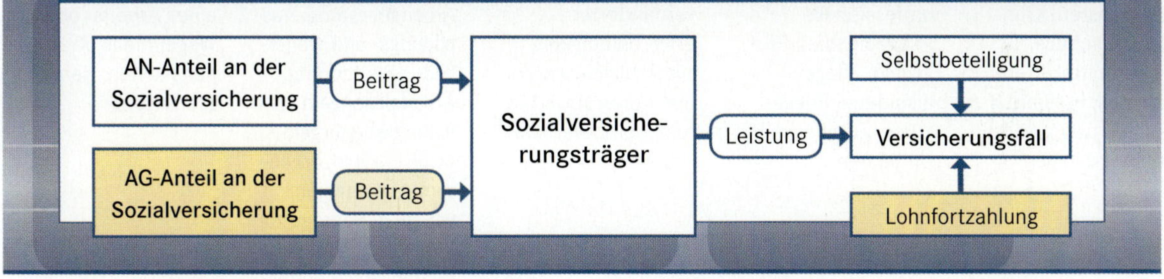

Problematisch erweist sich, dass die Kosten im Versicherungsfall ständig steigen, während die Beiträge sowohl aus Arbeitnehmer- als auch aus Arbeitgebersicht möglichst niedrig gehalten werden sollen.

Um im Fall der Krankenversicherung die Beitragssätze möglichst stabil zu halten, zahlt die Krankenkasse erst nach sechs Wochen das Krankengeld, bis dahin übernimmt der Arbeitgeber die Lohnfortzahlung.

Arbeitnehmer müssen bei Medikamenten und Behandlungen eine Eigenbeteiligung leisten.

Die Beiträge zur Rentenversicherung werden nicht zur Kapitalbildung für die Zukunft eingesetzt, sondern zur Finanzierung der aktuellen Renten (Generationenvertrag).

Eine längere Lebenserwartung im Alter und ein anhaltender Geburtenrückgang zwingen die Politiker, ein vertretbares Verhältnis zwischen Beitragssatz und Rentenhöhe zu schaffen.

Ein ähnliches Problem finden wir bei der Arbeitslosenversicherung. Wenn die Zahl der Arbeitslosen steigt, muss entweder der Beitrag angehoben oder die Arbeitslosenunterstützung begrenzt werden.

Defizite bei der Sozialversicherung trägt der Staat (Steuerzahler).

Wesentliche Regelungen zur Sozialversicherung[1]

<table>
<tr><th>Kranken-versicherung</th><th>Pflege-versicherung</th><th>Renten-versicherung</th><th>Arbeitslosen-versicherung</th><th>Unfall-versicherung</th></tr>
<tr><td>Gesetzliche Krankenkassen (AOK), Ersatz-, Betriebs-, Innungskrankenkassen, priv. Krankenkassen</td><td>Pflegekassen der jeweiligen Krankenkassen</td><td>Deutsche Rentenversicherung</td><td>Bundesagentur für Arbeit</td><td>Berufsgenossenschaft</td></tr>
<tr><td>Beitrag[2, 3]</td><td>Beitrag[2, 3]</td><td>Beitrag[2, 3]</td><td>Beitrag[2, 3]</td><td>Beitrag</td></tr>
<tr><td>14,9 %</td><td>1,95 % bzw. 2,2 %[4]</td><td>19,9 %</td><td>2,8 %</td><td rowspan="3">nach Gefahrenklasse des Betriebes

Der AG zahlt die Beiträge allein.</td></tr>
<tr><td>AN: 7,0 % + 0,9 %
AG: 7,0 %</td><td>AN: 0,975 %, 0,25 %[4]
AG: 0,975 %</td><td>AN: 9,95 %
AG: 9,95 %</td><td>AN: 1,4 %
AG: 1,4 %</td></tr>
<tr><td colspan="4">Der Beitrag wird aus dem sozialversicherungspflichtigen Bruttoarbeitsentgelt berechnet, höchstens jedoch von der jeweiligen Beitragsbemessungsgrenze.</td></tr>
<tr><td colspan="2">Nur Personen, deren Bruttoarbeitsentgelt unter der Beitragsbemessungsgrenze (= 75 % der allg. BBG) der Krankenversicherung liegt, sind versicherungspflichtig.</td><td colspan="2">Versicherungspflicht für Arbeitnehmer, auch für die, deren Bruttoarbeitsentgelt über der allgemeinen Beitragsbemessungsgrenze liegt</td><td>keine BBG</td></tr>
<tr><td>Leistungen</td><td>Leistungen</td><td>Leistungen</td><td>Leistungen</td><td>Leistungen</td></tr>
<tr><td>u. a. Vorsorgeuntersuchungen, Behandlungskosten, Krankenhauspflege, Arzneimittel, Krankengeld, Hilfsmittel (Brillen usw.), Mutterschaftshilfen</td><td>u. a. Sachleistungen (Entgelt für professionelle Pflegedienste), Pflegegeld, Pflegehilfsmittel, Pflegekurse, Zuschüsse für Umbauten</td><td>u. a. Altersrenten, Renten wegen verminderter Erwerbsfähigkeit, Hinterbliebenenrenten, Kuren zur Erhaltung der Erwerbsfähigkeit</td><td>u. a. Arbeitsvermittlung, Berufs- und Arbeitsberatung, Ausbildungs- und Weiterbildungsförderung, Arbeitslosengeld I und II, Kurzarbeitergeld, Insolvenzgeld, ergänzende Leistungen, vor allem Beiträge zur gesetzl. Kranken- und Rentenversicherung</td><td>u. a. Unfallverhütung, Folgekosten eines Arbeits- oder Wegeunfalls, Krankheitskosten, Renten, Sterbegeld</td></tr>
<tr><td>Bemerkung</td><td>Bemerkung</td><td>Bemerkung</td><td>Bemerkung</td><td>Bemerkung</td></tr>
<tr><td>6 Wochen Lohnfortzahlung durch Arbeitgeber, Zuzahlungen bei Arzneimitteln, Praxisgebühr</td><td>Leistung nach Pflegebedürftigkeit, Einteilung in Pflegestufen</td><td>mind. 5 Jahre Wartezeit, Rentenhöhe nach Beitragsleistung</td><td>ALG I: 67 % vom vorausgegangenen Nettoeinkommen, < 50 J. maximal 12 Monate bei mindestens 12 Monaten Beschäftigung innerhalb der letzten 2 Jahre vor der Arbeitslosenmeldung – dann ALG II (Grundsicherung)</td><td>Haftpflichtbefreiung des Arbeitgebers, Schadensersatz ohne Fahrlässigkeits- oder Verschuldensprüfung</td></tr>
</table>

1 Stand: 2010; aktuelle und ausführliche Daten z. B. unter „google"-Suche „sozialfibel"; siehe dazu auch LF 13,Kap. 4.3

2 Der Beitrag wird aus dem sozialversicherungspflichtigen Bruttoarbeitsentgelt berechnet, höchstens jedoch von der jeweiligen Beitragsbemessungsgrenze.

3 Bei **„geringfügiger Beschäftigung"** (400,00 €) bezahlt der AG allein einen Pauschalbetrag. Eine **„kurzfristige Beschäftigung" (2 Monate bzw. 50 Arbeitstage/Jahr)** und eine geringfügige Beschäftigung (400,00 €) **neben einer Hauptbeschäftigung** sind beitragsfrei.

4 0,25 Prozentpunkte Kinderlosenzuschlag für AN nach Vollendung des 23. Lebensjahres

4.1.2 Freiwillige soziale Leistungen des Betriebes

Zur Mitarbeitermotivation oder als besondere Leistungsanerkennung können Arbeitgeber ihren Mitarbeitern einige soziale Leistungen anbieten, zu denen sie nicht gesetzlich oder durch Verträge verpflichtet sind. Im Allgemeinen kann eine Arbeitgeberleistung auch dann als freiwillig bezeichnet werden, wenn sie in einer Betriebsvereinbarung oder einem Individualvertrag im Rahmen der Vertragsfreiheit vom Arbeitgeber angeboten wird.

Einerseits sind solche Leistungen für den Arbeitgeber mit **Kosten** verbunden, andererseits erhofft sich ein Unternehmer dadurch eine Stärkung des Teamgeistes, der Arbeitsfreude, des Betriebsklimas und damit der Leistungsbereitschaft und eine **Verbesserung der Arbeitsergebnisse.**

Außerdem stellen solche Maßnahmen einen **Wettbewerbsvorteil** bei der Bindung und der Gewinnung leistungsfähiger Arbeitnehmer dar; sie ersparen bei sinkender **Fluktuationsrate** Mitarbeiterbeschaffungs- und Einarbeitungskosten.

1

Darüber hinaus können soziale Leistungen statt oder zusätzlich zum Gehalt angeboten werden. Viele solcher Leistungen führen für Arbeitgeber und Arbeitnehmer zu steuerlichen Vorteilen oder sind von der Sozialversicherung befreit.

allgemeine soziale Leistungen	besondere soziale Leistungen	mit Sachbezugsregelung (steuer- u. sozialversicherungspflichtig)
Betriebsarzt Kantine Kinderbetreuung Aufenthaltsräume Cafeteria Mitarbeiterparkplätze	AG-Zuschuss zu vermögenswirksamen Leistungen AG-finanzierte Direktversicherung[1] Umzugskosten[1] Telefonkosten[1] Kindergartenunterbringung[1] Heiratsbeihilfen[1] Geburtsbeihilfen[1] Personalrabatte[1] Fahrtkostenzuschuss[1] Betriebsveranstaltungen[1] Darlehensgewährung[1] Warengutschein[1]	Verpflegung Unterkunft Kraftfahrzeug

1 in Grenzen steuer- und sozialversicherungsbegünstigt

4.1.3 Private Vorsorge

Viele Menschen stellen sich heute die Frage, ob die gesetzlich verpflichtenden Versicherungen ausreichen, um im Risikofall in genügendem Umfang abgesichert zu sein. Dabei ist es durchaus sinnvoll, sich schon in jungen Jahren damit auseinanderzusetzen, inwieweit die Leistungen aus der Sozialversicherung im Ernstfall den persönlichen Ansprüchen genügen.

Anlass zur Sorge geben im Besonderen
- Deckungslücken in der Krankenversicherung,
- Einkommens- und Vermögensverluste bei Arbeits- und Erwerbslosigkeit und
- Defizite bei der Altersversorgung durch die rückläufige Bevölkerungsentwicklung in Verbindung mit Unterbeschäftigung in der Wirtschaft.

Zu einer privaten Vorsorge sollte man sich entscheiden, wenn es die Einkommensverhältnisse zulassen, nachher ist es meist zu spät. Manche Anlageformen werden vom Staat oder auch vom Arbeitgeber gefördert.

Die folgende Tabelle zeigt eine Auswahl der Möglichkeiten privater Vorsorge:

Bausparverträge	
- Der Bausparer schließt mit einer Bausparkasse einen Sparvertrag über eine bestimmte Bausparsumme ab. - Bei i. d. R. 50 % Ansparleistung wird die Bausparsumme einschließlich eines zinsgünstigen Darlehens ausbezahlt. - Die Förderfähigkeit setzt eine **wohnungswirtschaftliche Verwendung** (z. B. Kauf einer Eigentumswohnung, Modernisierung) der Bausparsumme voraus (Ausnahmen bei Abschluss nach dem 01.01.09 unter 25 Jahren). - Bei staatl. Prämien sind Höchstgrenzen für förderfähige Beiträge und Einkommen zu beachten. - Wohnungseigentum dient zur späteren Entlastung von Mietverpflichtungen sowie zur Einkunftserzielung.	**Wohnungsbauprämie:** 8,8 % auf Bausparbeiträge **Arbeitnehmersparzulage:** 9 % auf vermögenswirksame Leistungen (vwL) von Arbeitnehmern (Direktabzug) **Arbeitgeberzuschuss für vermögenswirksame Leistungen (vwL):** freiwillige oder kollektiv vereinbarte Zuschüsse des Arbeitgebers zur vwL, ggf. „riesterfähig"

Private Krankenversicherung	
- individuelle Absicherung für den Krankheitsfall - Die Beitragshöhe richtet sich nach dem individuellen Risiko (niedrige Beiträge: ledig, männlich, jung, Selbstbeteiligung). - keine kostenfreie Mitversicherung für Familienmitglieder - grundsätzlich keine Rückkehr in die gesetzliche Krankenkasse	erst möglich, wenn das Bruttoeinkommen über der Beitragsbemessungsgrenze liegt; ggf. steuermindernd durch Abzugsfähigkeit als Vorsorgeaufwand

Private Unfallversicherung	
Absicherung der Folgen privater Unfälle, z. B. Invaliditätsentschädigung oder Hinterbliebenenversorgung im Todesfall	ggf. steuermindernd durch Abzugsfähigkeit als Vorsorgeaufwand

Private Lebensversicherung	
Beiträge der Versicherten werden von einem privaten Versicherungsträger angelegt. Die Leistung wird fällig a) bei einer Risikolebensversicherung: - im Todesfall b) bei einer Kapital- oder Rentenversicherung: - im Todesfall - im Erlebensfall zum vereinbarten Zeitpunkt	ggf. steuermindernd durch Abzugsfähigkeit als Vorsorgeaufwand, ggf. „riesterfähig"

Private Rentenversicherung	
Private Beiträge der Versicherten werden von einem privaten Versicherungsträger angelegt. Kapitalstock und erzielte Erträge fließen ab einem bestimmten Zeitpunkt als lebenslange Rente zurück. Die Altersrente besteht immer aus einem garantierten und einem vom vereinbarten Anlagerisiko abhängigen nicht garantierten Teil.	ggf. steuermindernd durch Abzugsfähigkeit als Vorsorgeaufwand, ggf. „riesterfähig"

(Forts. Tabelle zur Auswahl der Möglichkeiten privater Vorsorge)

Betriebliche Altersversorgung	Beteiligung der Arbeitnehmer möglich durch Entgeltumwandlung
Direktversicherung Arbeitgeber schließen bei privaten Versicherungsträgern zugunsten der Arbeitnehmer Gruppenverträge ab.	AG-Beiträge sind Betriebsausgaben, bis 4 % der Beitragsbemessungsgrenze + 1.800,00 € steuerfrei, bis 4 % der Beitragsbemessungsgrenze sozialversicherungsfrei.
Direktzusage Der Arbeitgeber geht die Verpflichtung ein, im Versorgungsfall Leistungen zu bezahlen. Das Versorgungskapital verwaltet der Betrieb.	
Unterstützungskassen Der Arbeitgeber geht die Verpflichtung ein, im Versorgungsfall Leistungen zu bezahlen. Das Versorgungskapital wird außerhalb des Unternehmens verwaltet (Versorgungskasse).	
Pensionskasse Der Arbeitgeber zahlt Beiträge in eine rechtlich selbstständige Pensionskasse ein, die im Versorgungsfall die Leistung erbringt.	AG-Beiträge sind Betriebsausgaben, unbegrenzt steuerfrei, sozialversicherungsfrei - bei Entgeltumwandlung bis 4 % der Beitragsbemessungsgrenze, - bei Arbeitgeberfinanzierung unbegrenzt. ggf. „riesterfähig" (AN)
Pensionsfonds Der Arbeitgeber zahlt Beiträge in einen rechtlich selbstständigen Pensionsfonds ein, der für die Anlage des Versorgungskapitals einen größeren Spielraum hat und je nach Erfolg im Versorgungsfall Leistungen erbringt.	

„Riester-Rente"	
Staatlich gefördertes privates Rentenansparsystem (entwickelt von Walter Riester, ehem. Bundesarbeitsminister) mit Anspruch auf staatliche Förderung, bei dem während des aktiven Arbeitslebens Beiträge bezahlt werden in - eine private Rentenversicherung, - einen Banksparplan, - einen Fonds, - einen Bausparvertrag.* *) Seit 01.01.2008 wird auch die Ansparung zum Kauf oder zur Entschuldung einer selbst bewohnten Wohnimmobilie im Rahmen der Riester-Rente gefördert.	Anspruch auf die staatliche Förderung durch Zulagen und Steuerfreibeträge haben u.a. alle gesetzlich rentenversicherten Arbeitnehmer einschl. Auszubildenden und alle Beamte, außerdem Soldaten und Zivildienstleistende, Eltern im Erziehungsurlaub und Arbeitslose. Dank der Förderung liegt die Rendite der Riester-Rente meist deutlich über dem Zins für vergleichbare Anlagen. Riester-Produkte sind behördlich zertifiziert.

Beispiel für die staatliche Förderung der Riester-Rente (Stand 2009):

Wer monatlich mindestens 4 % des sozialversicherungspflichtigen Bruttogehalts (> = 60,00 €) als Eigenbeitrag leistet, erhält die volle staatliche Prämie.

Alleinstehende > 25 Jahre	Alleinstehende < 25 Jahre	Ehepaare, bei denen jeder einen eigenen Riester-Vertrag hat	je kindergeldberechtigtes Kind geb. vor 31.12.2007	je kindergeldberechtigtes Kind ab 01.01.2008
154,00 €	+ einmalig 200,00 €	308,00 €	185,00 €	300,00 €

Erträge und Rente einer Anlageform stehen in engem Zusammenhang mit der vereinbarten Anlage-Risikogruppe. Dabei steigt das Risiko von der reinen Sparanlage über diverse Fonds bis hin zur Aktienanlage mit der jeweiligen Ertragschance. Versicherungsunternehmen garantieren Rückzahlungen mindestens in Höhe der eingezahlten Beiträge sowie einer im Vertrag anzugebenden Mindestverzinsung.

1

Beispiel:

Alterssicherung durch Riesterförderung[1]					
Max Mustermann			Maria Musterfrau		
35 Jahre 2.200,00 € mtl. Bruttoeinkommen Einzelveranlagung keine Kinder			35 Jahre 400-Euro-Job + freiwillige Beiträge Einzelveranlagung 2 Kinder (2 bzw. 4 Jahre)		
erstes Jahr		gesamt	erstes Jahr		gesamt
Gesamtbeitrag	1.056,00 €	33.792,00 €	Gesamtbeitrag	584,00 €	18.688,00 €
Grundzulage	154,00 €	Förderung 10.230,72 €	Grundzulage	154,00 €	Förderung 16.768,00 €
Kinderzulage	–		Kinderzulage	370,00 €	
Eigenbeitrag	902,00 €		Eigenbeitrag	60,00 €	
Steuerersparnis	165,71 €		Steuerersparnis	–	
Nettobeitrag	**736,29 €**	**23.561,28 €**	**Nettobeitrag**	**60,00 €**	**1.920,00 €**

1 Laufzeit bis 67 Jahre; zulagenoptimierte Berechnung; Stand 2009

Die Auszahlung ist zu versteuern. Außerdem müssen gesetzlich Versicherte später volle Kranken- und Pflegeversicherungsbeiträge zahlen.

4.1.4 Soziale Sicherheit durch persönliches Engagement in der Betriebsgemeinschaft

Die Prozesse im Einzelhandelsunternehmen werden in gegenseitiger partnerschaftlicher Abhängigkeit von Arbeitgeber und Arbeitnehmer getragen. Jeder Einzelne beeinflusst mit seiner Arbeit, seinem Engagement, seinen Fähigkeiten und Fertigkeiten Erfolg oder Misserfolg des Unternehmens. Auf diese Weise tragen Mitarbeiter wie Arbeitgeber durch eine gemeinsame Zielausrichtung über ihre jeweilige Leistung zur Sicherung einer Beschäftigung und des damit verbundenen Einkommens bei. Leistungsträger sind erwünscht, Unwillige oder auch Unfähige werden früher oder später gehen müssen.

Im Übrigen können sowohl seitens einzelner Mitarbeiter als auch seitens der Arbeitgeber (Arbeitgebervertreter) Störfaktoren durch unterschiedliche Auffassungen über das Zusammenwirken auftreten. Dabei ist der Arbeitgeber grundsätzlich in einer stärkeren sozialen Position. Um willkürliche, ungerechte oder unausgewogene Maßnahmen zu verhindern, beugt man durch gesetzliche und vertragliche Rahmenbedingungen vor.

Eine stetige qualifizierte Beschäftigung ermöglicht bei …	
der Sozialversicherung:	▪ frühe Anwartschaft auf Leistungen, die mit Wartezeit verbunden sind ▪ höhere Renten bzw. Arbeitlosenunterstützung durch die Dauer und Höhe der Beiträge
betrieblichen Sozialleistungen:	Nur wer beschäftigt ist, erhält zeitgleich oder später betriebliche soziale Leistungen.
privater Vorsorge:	Ausreichendes Einkommen, um Beiträge für eine private Vorsorge bzw. Versorgung leisten zu können und damit ggf. in den Genuss staatlicher Förderung zu kommen.

4.2 Betriebsverfassung (Betriebliche Mitbestimmung)

Im Betriebsverfassungsgesetz sind Art und Umfang der Beteiligung der Mitarbeiter an Unternehmensentscheidungen geregelt. Die Beteiligung soll
- die Erfahrung der Mitarbeiter nutzen,
- das Betriebszugehörigkeitsgefühl stärken,
- das Verantwortungsgefühl des Unternehmers für seine Mitarbeiter stärken,
- das gegenseitige Vertrauen erhöhen und
- ein gutes Betriebsklima gewährleisten.

Den Arbeitnehmern räumt es folgende Rechte ein:
- Recht auf Information, z. B. über gesundheitliche Gefahren
- Recht auf Einsicht in die Personalakte
- Recht auf Beschwerde bei Benachteiligung und ungerechtfertigter Behandlung
- Gleichstellung von Frauen und Männern im Betrieb
- Wahl eines Betriebsrats bzw. einer Jugendvertretung (Voraussetzungen beachten!)

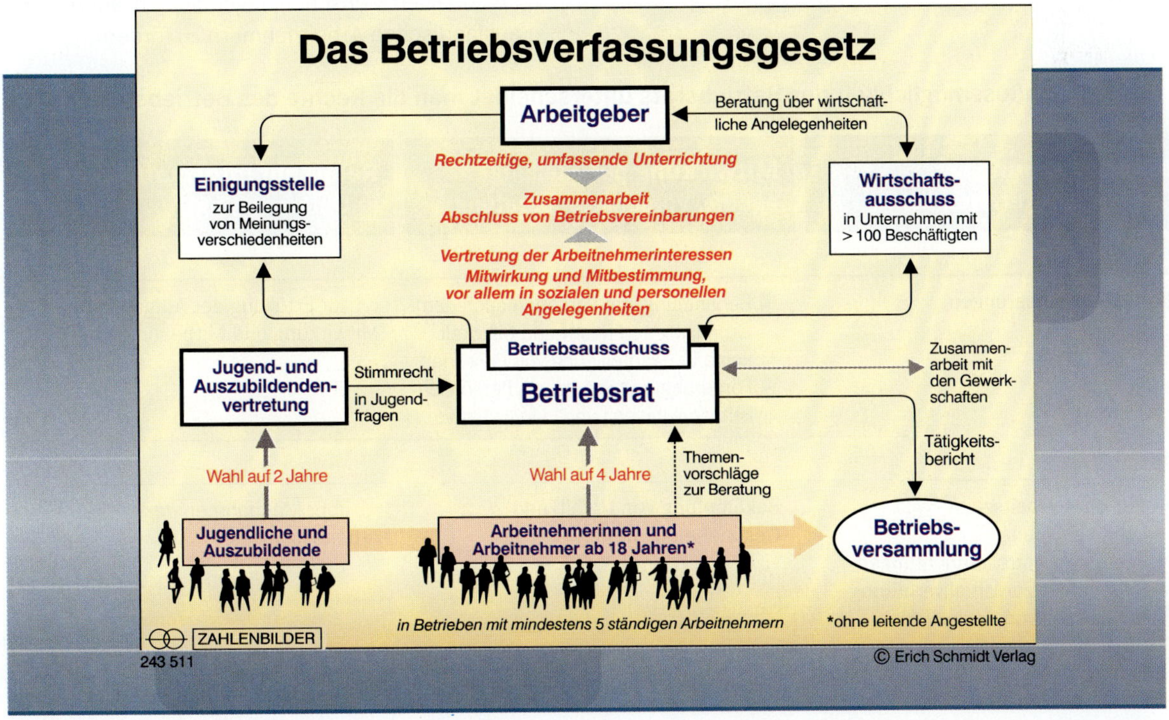

4.2.1 Betriebsrat

Wahl

In Betrieben mit mindestens **fünf** ständigen wahlberechtigten Arbeitnehmern (**über 18 Jahre alt**, auch Auszubildende) wird in geheimer und unmittelbarer Wahl ein Betriebsrat auf **vier Jahre** gewählt. Das geschieht allerdings nur dann, wenn sie von dem Recht zur Wahl Gebrauch machen wollen, eine Pflicht zur Wahl besteht nicht. In kleineren Betrieben mit 5-20 Arbeitnehmern besteht er aus einer Person (Betriebsobmann), in größeren Betrieben aus 3-35 Mitgliedern (**passives Wahlrecht**).

1

Wahlberechtigt sind alle Arbeitnehmer, die das 18. Lebensjahr vollendet haben (**aktives Wahlrecht**).

Wählbar sind alle Wahlberechtigten, die sechs Monate dem Betrieb angehören.

Zusammenarbeit

Arbeitgeber und Betriebsrat sollen in monatlichen Zusammenkünften Angelegenheiten besprechen, die Mitarbeiter betreffen. Bei Meinungsverschiedenheiten ist mit dem ernsten Willen zur Einigung zu verhandeln. Für strittige Fragen ist eine Einigungsstelle mit einem unparteiischen Vorsitzenden vorgesehen.

Vierteljährlich ist von dem Betriebsrat im Rahmen einer **Betriebsversammlung** ein **Tätigkeitsbericht** abzugeben.

Aufgaben des Betriebsrats

- Maßnahmen, die dem Betrieb und der Belegschaft dienen, beantragen
- darüber wachen, dass die zugunsten der Arbeitnehmer geltenden Gesetze, Verordnungen, Unfallverhütungsvorschriften, Tarifverträge und Betriebsvereinbarungen eingehalten und durchgeführt werden
- Anregungen und Beschwerden von Arbeitnehmern vorbringen und, falls sie berechtigt erscheinen, auf ihre Erledigung hinwirken
- Insbesondere hat er auch die Belange von schwerbehinderten Menschen, Jugendlichen, älteren und ausländischen Arbeitnehmern zu fördern.

Je nach Einflussmöglichkeit des Betriebsrats unterscheidet man die Rechte des Betriebsrats:

Mitbestimmung bei (Zustimmung erforderlich)	**Mitwirkung** bei (Stellungnahme, Vorschläge, Beratung)	**Recht auf Information** (= Unterrichtung)
Allgemein		
Betriebsvereinbarungen	- Behandlung von Personen nach dem Grundsatz von Recht und Billigkeit - keine Benachteiligung von Personen - Förderung und Schutz von Persönlichkeitsentwicklung und Eigeninitiative	... zur Erfüllung der Aufgaben bei Mitwirkung und Mitbestimmung
Sozial		
- täglicher Arbeitszeit, Urlaubsplanung - Leistungskontrolleinrichtungen - Regelungen zur Unfallverhütung - Verwaltung von Sozialeinrichtungen - Lohngestaltung	Bekämpfung von Unfall- und Gesundheitsgefahren	... über Maßnahmen des Arbeitsschutzes

(Forts. Tabelle über die Rechte des Betriebsrats)

Arbeitsplatz		
Maßnahmen zur Abwendung unangemessener Belastung durch Änderungen der Arbeitsplätze, des Arbeitsablaufs oder der Arbeitsumgebung	Beratung über Auswirkungen von geplanten Änderungen bei - Bauten - technischen Anlagen - Arbeitsverfahren - Arbeitsabläufen - Arbeitsplätzen	... bei Planungen von - Bauten - technischen Anlagen - Arbeitsverfahren - Arbeitsabläufen - Arbeitsplätzen
Personell		
- Entscheidung über Art der Stellenausschreibung - Erstellung von Personalfragebögen - innerbetrieblicher Verwendung von persönlichen Daten - Aufstellen allgemeiner Beurteilungsgrundsätze - Richtlinien über die personelle Auswahl bei Einstellungen, Versetzungen, Umgruppierungen und Kündigungen - Förderung der Berufsbildung (Der Arbeitgeber hat auf Verlangen des Betriebsrats den Berufsbildungsbedarf zu ermitteln.) - Teilnahme an betrieblichen oder außerbetrieblichen Maßnahmen der Berufsbildung	- Vorschlägen zur Personalplanung, insbesondere für Maßnahmen zur Förderung der Gleichstellung von Frauen und Männern - Vorschlägen zur Sicherung und Förderung der Beschäftigung, insbesondere flexible Gestaltung der Arbeitszeit, Förderung von Teilzeitarbeit und Altersteilzeit, neue Formen der Arbeitsorganisation - Änderungen der Arbeitsverfahren und Arbeitsabläufe, der Qualifizierung der Arbeitnehmer - Alternativen zur Ausgliederung von Arbeit oder ihrer Vergabe an andere Unternehmen sowie zum Produktions- und Investitionsprogramm - Beratung von Fragen der Berufsbildung der Arbeitnehmer	Der Arbeitgeber hat den Betriebsrat über die Personalplanung, insbesondere über den gegenwärtigen und künftigen Personalbedarf sowie über die sich daraus ergebenden personellen Maßnahmen und Maßnahmen der Berufsbildung anhand von Unterlagen rechtzeitig und umfassend zu unterrichten.
Wirtschaftlich		
	In allen Unternehmen mit in der Regel mehr als 100 ständig beschäftigten Arbeitnehmern ist ein Wirtschaftsausschuss zu bilden. Dem Wirtschaftsausschuss gehört mindestens ein Betriebsratsmitglied an, er kann aber vollständig aus Betriebsratsmitgliedern bestehen. Der Wirtschaftsausschuss hat die Aufgabe, wirtschaftliche Angelegenheiten mit dem Unternehmer zu beraten und den Betriebsrat zu unterrichten. Zu den wirtschaftlichen Angelegenheiten im Sinne dieser Vorschrift gehören insbesondere 1. die wirtschaftliche und finanzielle Lage des Unternehmens 2. die Produktions- und Absatzlage 3. das Produktions- und Investitionsprogramm 4. Rationalisierungsvorhaben 5. Fabrikations- und Arbeitsmethoden, insbesondere die Einführung neuer Arbeitsmethoden 6. Fragen des betrieblichen Umweltschutzes 7. die Einschränkung oder Stilllegung von Betrieben oder von Betriebsteilen 8. die Verlegung von Betrieben oder Betriebsteilen 9. der Zusammenschluss oder die Spaltung von Unternehmen oder Betrieben 10. die Änderung der Betriebsorganisation oder des Betriebszwecks 11. sonstige Vorgänge und Vorhaben, die die Interessen der Arbeitnehmer des Unternehmens wesentlich berühren können	
		Die Arbeitnehmer sind regelmäßig über die wirtschaftliche Lage und Entwicklung des Unternehmens zu unterrichten.

Mitbestimmung in personellen Angelegenheiten

In Betrieben mit mehr als 20 Arbeitnehmern muss der Arbeitgeber die Zustimmung des Betriebsrats zu jeder Einstellung, Versetzung oder Umgruppierung einholen. Dabei darf der Betriebsrat seine Zustimmung nur aus bestimmten Gründen verweigern, z. B. wenn dadurch Mitarbeiter ungerechtfertigte Nachteile erleiden. Eine fehlende Zustimmung des Betriebsrats kann nur durch das Arbeitsgericht ersetzt werden.

Vor jeder **Kündigung** muss der Betriebsrat ebenfalls gehört werden. Wenn der Arbeitgeber das unterlässt, ist die Kündigung unwirksam.

1

4.2.2 Jugendvertretung

Jugendliche und Auszubildende können ihre Interessen ebenfalls von einer eigenen Vertretung wahrnehmen lassen.

Voraussetzung	▪ Ein Betriebsrat ist gewählt. ▪ mindestens 5 Jugendliche bzw. Auszubildende unter 25 Jahren ▪ Das Recht zur Wahl wird geltend gemacht.
aktives Wahlrecht	o. g. Personenkreis
passives Wahlrecht	o. g. Personenkreis und andere Beschäftigte, die das 25. Lebensjahr noch nicht vollendet haben
gewählte Vertreter	ungerade Anzahl, je nach Betriebsgröße, z. B. 5 bis 20 aktive Wahlberechtigte 1 Vertreter 21 bis 50 aktive Wahlberechtigte 3 Vertreter usw.
Amtszeit	2 Jahre
Rechte	▪ Teilnahme an Betriebsratssitzungen ▪ Stimmrecht im Betriebsrat bei Angelegenheiten, die überwiegend Jugendliche und Auszubildende betreffen
Aufgaben	im Interesse und zum Wohl der Jugendlichen und Auszubildenden: ▪ Anregungen entgegennehmen ▪ Anträge beim Betriebsrat stellen ▪ Kontrolle der Einhaltung rechtlicher Rahmenbedingungen

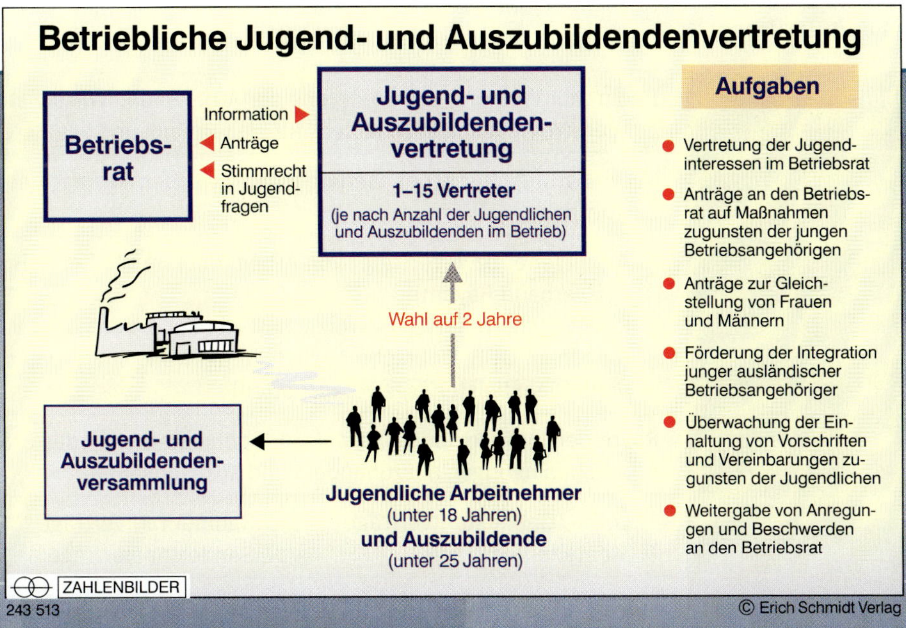

1

4.3 Arbeitsvertragsrecht

4.3.1 Tarifvertrag

Die Höhe der Vergütung für die Beschäftigten richtet sich grundsätzlich nach der Leistung, die an einem Arbeitsplatz von einem Arbeitgeber zu verrichten ist. Bei Stellenangeboten beschreibt der Arbeitgeber die Stelle und gibt die Bedingungen an (Urlaub, Vergütung, Kündigungsfristen), zu denen er bereit ist, ein Beschäftigungsverhältnis zu begründen.

Insbesondere in Zeiten der Unterbeschäftigung (viele Arbeitssuchende) besteht die Gefahr, dass sich Arbeitnehmer im Wettbewerb um Arbeitsplätze gegenseitig unterbieten. Das kann sich bei der Arbeitnehmerschaft existenzbedrohend auswirken.

Ein gemeinsames Auftreten der Arbeitnehmerschaft gegenüber den Arbeitgebern sichert das Grundgesetz durch die sogenannte **Koalitionsfreiheit** (Art. 9). Auf diese Weise vereinbaren die Vertreter der Arbeitnehmervereinigung mit entsprechenden Arbeitgebern oder Arbeitgebervertretungen die Arbeitsbedingungen **(Tarife)** für bestimmte Wirtschaftszweige und passen sie bei Bedarf regelmäßig an. Die Vereinbarungen sind grundsätzlich für Mitglieder der Vereinigungen gültig **(Kollektivvertrag)**. Darüber hinaus sieht das Tarifrecht eine Ausdehnung der Arbeitsbedingungen auf übrige Arbeitsverhältnisse durch die sogenannte **Allgemeinverbindlichkeitserklärung** der zuständigen Arbeits- und Sozialminister vor.

1

Begriffe aus dem Tarifrecht:

Koalitionsfreiheit	Recht „zur Wahrung und Förderung der Arbeits- und Wirtschaftsbedingungen, Vereinigungen zu bilden“ für „jedermann und alle Berufsgruppen“
Tarifvertrag	Vereinbarung über Arbeitsbedingungen zwischen Tarifpartnern (Sozialpartner)
Tarifpartner (Sozialpartner)	- Arbeitgeber bzw. Vertreter von Arbeitgeberverbänden (z. B. Einzelhandelsverband Bayern) - Gewerkschaften (z. B. Gewerkschaft Handel, Banken und Versicherungen im DGB, Deutsche Angestelltengewerkschaft, „ver.di“ = Vereinigte Dienstleistungsgewerkschaften)
Tarifautonomie	Recht der Tarifpartner (Sozialpartner), ohne Eingreifen des Staates Arbeitsbedingungen auszuhandeln und abzuschließen
Tarifarten	- Lohn-/Gehaltstarifverträge - Rahmentarifverträge - Manteltarifverträge - Sondertarifverträge
Lohn-/Gehaltstarifverträge	- Löhne und Gehälter für einzelne Lohn- und Gehaltsgruppen gemäß Rahmentarifvertrag - Gültigkeit gemäß Vereinbarung in der Regel 1 bis 2 Jahre
Rahmentarifvertrag	Anforderungsmerkmale der Lohn- und Gehaltsgruppen z. B. Gruppe III b für erste Verkäuferin mit Einkaufsbefugnis, 4–8 unterstellte Vollbeschäftigung
Manteltarifvertrag	allgemeine Arbeitsbedingungen, die längere Zeit gleich bleiben, z. B. Arbeitszeit, Mehrarbeit, Sonn- und Feiertagsarbeit, Urlaub, Kündigungsfristen und Einigungsverfahren im Streitfall
Sondertarifvertrag	Regelungen, die aus anderen Tarifverträgen herausgenommen sind und gesondert geregelt sind, z. B. Zeittarife, Tarife zu vermögenswirksamen Leistungen
Tarifbindung	Gebunden sind die Mitglieder der Tarifparteien.
Allgemeinverbindlichkeit	Auf Antrag durch den zuständigen Arbeits- bzw. Sozialminister wird die Gültigkeit des Tarifvertrages auch für die bisher nicht tarifgebundenen Arbeitgeber und Arbeitnehmer der entsprechenden Berufssparte ausgedehnt.
Friedenspflicht	Kampfmaßnahmen (Streik, Aussperrung) gegen die Vereinbarung sind während der vereinbarten Gültigkeitsdauer nicht zulässig.
Dauer der Gültigkeit	bei befristeten Verträgen bis zum Ende der Laufzeit bzw. nach Kündigung, in jedem Fall aber bis zum Abschluss eines neuen Tarifvertrages
Tarifkommission	Verhandlungsbeauftragte der Sozialpartner haben die Aufgabe, ihre jeweiligen Vorstellungen so weit wie möglich in einen tragbaren Kompromiss einzubringen. Häufig bedient man sich eines Schlichtungsverfahrens mit einem neutralen Schlichter.

(Forts. Tabelle „Begriffe aus dem Tarifrecht“)

Kampfmaßnahmen seitens der Arbeitnehmer (Streik)	Nach gescheiterten Verhandlungen haben Arbeitnehmer die Möglichkeit, durch Streik ihren Forderungen Nachdruck zu verleihen. Ein Streik ist eine planmäßige Arbeitsniederlegung, die durch die Gewerkschaft organisiert wird, wenn sich bei einer Urabstimmung mindestens 75 % der Gewerkschaftsmitglieder dafür aussprechen. Streikende haben keinen Lohnanspruch, Gewerkschaftsmitglieder erhalten von der Gewerkschaft Streikgeld (Ende des Streiks bei 25 % Zustimmung).
Gegenmaßnahmen der Arbeitgeber (Aussperrung)	Eine Aussperrung ist nur bei Streik als Gegenmaßnahme zulässig: Dabei werden Arbeitnehmer nicht mehr zur Arbeit zugelassen und sie erhalten keine Bezahlung. Eine Aussperrung darf sich nicht nur gegen Gewerkschaftsmitglieder richten.

Tarifverträge dürfen geltende gesetzliche Bestimmungen zugunsten der Arbeitnehmer nicht unterschreiten.

4.3.2 Betriebsvereinbarungen

Betriebsräte als Arbeitnehmervertreter können mit ihren Arbeitgebern für ihren eigenen Betrieb Arbeitsbedingungen aushandeln. Sie sind schriftlich abzufassen, für alle Beschäftigten sichtbar zu hinterlegen und gelten für alle Betriebsangehörigen.

Beispiel:

Arbeitsbeginn, Arbeitsende, Gleitzeiten, Pausenregelungen, Prämien, Arbeitskleidung, Urlaubsregelungen, Sozialeinrichtungen (z. B. Kinderbetreuung, Kantine), Unfallverhütungsmaßnahmen, Rauchen in Gemeinschaftsräumen, freiwillige soziale Leistungen

Betriebsvereinbarungen dürfen geltende gesetzliche oder tarifliche Bestimmungen zugunsten der Arbeitnehmer nicht unterschreiten.

4.3.3 Individualvereinbarungen

Arbeitgeber und Arbeitnehmer können in einem Arbeitsvertrag Bedingungen vereinbaren, die ausschließlich für das betreffende Beschäftigungsverhältnis gelten.

Beispiel:

Sonderprämien, Nutzung des geschäftlichen Pkw, Arbeitsplatzausstattung, freiwillige soziale Leistungen, Fahrtkostenzuschüsse, Warengutscheine usw.

Individualvereinbarungen dürfen geltende gesetzliche Bestimmungen oder kollektive Vereinbarungen zugunsten der Arbeitnehmer im Normalfall nicht unterschreiten.

5 Unternehmen in der Gesellschaft

5.1 Soziale Verantwortung

Wenn Menschen Entscheidungen treffen und handeln, wirkt sich dies in aller Regel auf die Mitmenschen aus. Dabei unterscheiden wir folgende Handlungsprinzipien:

Individualismus

1 Menschen in einer Gemeinschaft handeln grundsätzlich nach ihren persönlichen Interessen, sei es als Einzelperson oder als Gruppe (Familie, Verein, Betrieb). Eigene Vorteile sind vorrangig. Diesem Prinzip liegt eine freie Marktwirtschaft zugrunde.

Beispiel:

Ein Unternehmer reduziert in Zeiten hoher Arbeitslosigkeit Urlaubszeiten und Gehälter auf ein Minimum.

Kollektivismus

Vorrangig für das Handeln des Einzelnen ist das Wohl der Gemeinschaft; eigene Interessen treten in den Hintergrund (Prinzip der staatlich diktierten Wirtschaft).

Beispiel:

Die Regierung verpflichtet die Betriebe, alle arbeitsfähigen Menschen zu beschäftigen, auch wenn zu wenige Aufträge vorhanden sind.

Prinzip der sozialen Verantwortung

Jeder handelt nach persönlichen Interessen, achtet dabei jedoch berechtigte Ansprüche anderer.

Beispiele:

Ein Unternehmer, dessen Betrieb Gewinn erwirtschaftet, verwendet davon einen Teil zur Verbesserung der Ausbildung oder der Sozialeinrichtungen im Betrieb.

Ein Importeur bezieht Kaffee aus Brasilien und bezahlt einen fairen Preis, d. h., das Einkommen für die Arbeit reicht für einen angemessenen Lebensstandard.

Wegen des hohen Risikos des Missbrauchs sozialer Macht (z. B. Arbeitgeber) in einer freien Wirtschaft wurden zum Schutz der sozial Schwächeren (Arbeitnehmer) Schutzrechte beschlossen (soziale Marktwirtschaft). Die soziale Verantwortung der Unternehmen besteht in einer solchen Gesellschaft darin,

- die **gesetzlich vorgesehenen Rechte** der Arbeitnehmer und der Gesellschaft allgemein zu achten und einzuhalten (z. B. Urlaubsverordnung, Tarifrecht, Jugendschutzgesetz, Berufsbildungsgesetz),
- auch **ungeschriebene Ansprüche der Arbeitnehmer und der Gesellschaft** allgemein zu erkennen und nach Möglichkeit bei Unternehmensentscheidungen zu berücksichtigen.

Das Thema „soziale Verantwortung von Unternehmen" hat in den letzten Jahren zunehmend an Bedeutung gewonnen. Nicht zuletzt deshalb, weil viele Unternehmen erkannt haben, dass ihnen ein entsprechendes Engagement einen Vorsprung im Wettbewerb um qualifizierte Mitarbeiter, bei der Gewährung von Bankkrediten oder bei der Gewinnung neuer Kunden verschafft.

Grund für diese Entwicklung ist eine veränderte Erwartung von Verbrauchern, Behörden und Investoren an die Unternehmen.

Beispiele für die freiwillige Übernahme sozialer Verantwortung:

Maßnahme	gesellschaftliches Interesse bzw. soziale Effekte
▪ Ausbildungsplätze anbieten ▪ berufliche Fortbildung	Deckung des Bedarfs an qualifizierten Arbeitnehmern, höhere Produktivität der Gesamtwirtschaft, Integration der Jugendlichen in die Gesellschaft, weniger Jugendkriminalität
Beschäftigungsmöglichkeiten nutzen	nachfragewirksame Arbeitseinkommen, geringere staatliche Belastung durch Arbeitslosenunterstützung, mehr Beitragszahler zu Sozialkassen, Beitrag zum sozialen Frieden (weniger Kriminalität)
▪ Sozialeinrichtungen bereitstellen ▪ sozial verträgliche Arbeitszeitmodelle anbieten ▪ leistungsgerechte Bezahlung	besseres Betriebsklima, höhere Leistungsbereitschaft bzw. Arbeitsfreude, weniger Ausfallzeiten, Entlastung der Sozialkassen, höhere Produktivität
Spenden für soziale oder kulturelle Zwecke	soziale Notlagen lindern, Förderung der kulturellen Entwicklung
faire Verkaufspreise bei knappen Existenzgütern	Die Versorgung für Einkommensschwache ist nicht gefährdet.
faire Einkaufspreise bei Importen aus armen Rohstoffländern	angemessener Lebensstandard in Entwicklungsländern

Darüber hinaus ist bei zu großen Einkommens- und Vermögensunterschieden (arm/reich)

- der soziale Friede gefährdet (zunehmende Kriminalität, Kriegsgefahr),
- in Krisengebieten die Existenz der Völker gefährdet (Hungersnöte, Bürgerkriege).

5.2 Ökonomische Verantwortung

Die Aufgabe der Wirtschaftsunternehmen besteht darin, die Versorgung der Menschen mit Gütern zu übernehmen. Jedes einzelne Unternehmen leistet dazu seinen arbeitsteiligen Beitrag.

Die Erhaltung der Wettbewerbsfähigkeit der einzelnen Betriebe sowie der Wirtschaft eines Landes ist dabei von entscheidender Bedeutung für den Wohlstand einer Gesellschaft.

Verantwortliche wirtschaftliche Aufgaben und deren Auswirkung:

Aufgaben	Auswirkungen
Bedarfslage ermitteln und Bedarf decken	■ Unternehmen erkennen ungedeckte Nachfrage. Die Gewinnerwartung sorgt für die entsprechende Güterbereitstellung (siehe Kap. 2.1.1 Bedarf, Bedürfnis). ■ Überdeckung reguliert sich über den Preis. Unternehmen entfernen Artikel, für die es keine Nachfrage mehr gibt (siehe Kap. 2.5 Preisbildung).
marktgerechte Preise	Der Wettbewerb zwingt zur Einhaltung des ökonomischen Prinzips. Ein ökonomischer Einsatz der Produktionsfaktoren ermöglicht wettbewerbsfähige Preise (siehe Kap. 2.1.3 Ökonomisches Prinzip).
Beschäftigung und Einkommen	Die Wettbewerbsfähigkeit ist Voraussetzung für den Fortbestand von Arbeitsplätzen und Einkommen. Sie verhindert den Zusammenbruch des Wirtschaftskreislaufes (siehe Kap. 2.4 Einfacher Wirtschaftskreislauf).
Markterschließung	Kunden für die Produkte der Wirtschaft gewinnen (siehe LF 12)

1

5.3 Ökologische Verantwortung

Unter Ökologie versteht man die Wissenschaft von der Beziehung von Menschen, Tieren und Pflanzen untereinander und zu ihrer Umwelt. Dabei ist die Umwelt die Gesamtheit der natürlichen Lebensumgebung der Lebewesen wie Boden, Luft, Wasser und aller natürlichen Erscheinungen (z. B. Wetter, Klima, Jahreszeiten, Atmosphäre).

Die Umwelt bestimmt in hohem Maße die **Lebensqualität** der Menschen. Umgekehrt nimmt der Mensch zusehends immer mehr Einfluss auf die Umwelt. Soweit dadurch keine Gefährdung der Lebensbedingungen stattfindet, ist dieser Einfluss unbedenklich oder erwünscht, z. B. beim Anbau von Getreide, Nutzen der Sonnenenergie zur Stromerzeugung.

Heute gibt es fast kein Gut mehr, bei dem nicht irgendwann in seinem Lebenszyklus (vom Entstehen bis zum Verbrauch) der Umwelt geschadet wird.

Lebenszyklus	Umweltschäden
Entstehung	Rohstoffabbau, Energieverbrauch
Weiterverarbeitung	Verwendung giftiger Stoffe, teilweise als Produktbestandteil, teilweise als Produktionsabfall; industrielle Luft-, Boden- und Wasserverunreinigung
Transport	giftige Abgase, Verpackung, Energieverbrauch
Ge-/Verbrauch	Reinigungsmittel, Umweltverschmutzung, Energieverbrauch
Entsorgung	Müllhalden, Verbrennungsanlagen

Bei den Umweltsünden sind Unternehmer und Verbraucher gleichermaßen bewusst oder unbewusst beteiligt.

Die mittlerweile weitverbreitete Angst vor der Verknappung der Rohstoffvorräte auf der Erde, oft in Verbindung mit stark steigenden Lebenshaltungskosten (Gas, Öl, Benzin), sowie die erkennbar dramatischen Auswirkungen der Umweltsünden auf die Lebensbedingungen stimmen die Menschen nachdenklich und besorgt.

Atmosphärische Folgen von Umweltsünden und -erscheinungen:

Umwelterscheinung	Folgen
Klimaveränderung	extreme Wetterverhältnisse, Überschwemmungen, Erosion
Erderwärmung, Treibhauseffekt	Veränderung des Meeresspiegels, Rückgang des Wasserreservoirs in den Gletschern
saurer Regen	verminderte Bodenqualität, Waldsterben

1

Die Diskussion findet auf internationaler und nationaler politischer Ebene ebenso statt wie unter Bürgern.

Die Konsequenz ist eine höhere Sensibilität bei Verbrauchern, Unternehmern und bei den staatlichen Organen:

Organe	Handlungen
Verbraucher	Proteste bei Autobahnbauten (Flächenverbrauch) natürliche Ernährung Trend zur Naturfaser bei der Bekleidung Installation von Holzpellet-Heizanlagen Nutzung öffentlicher Verkehrsmittel Umweltpapier Mülltrennung
Unternehmen	Herstellung schadstoffarmer Kraftfahrzeuge Werbung mit Umweltzertifizierung Herstellung giftfreier oder giftarmer Werkstoffe Energieeinsparung umweltverträgliche Verpackungen, Mehrwegsystem Treibstoffeinsparung durch Vermeiden unnötiger Geschäftsfahrten Recycling (Wiederverwendung und Wiederverwertung)
Staat	Verbrauchssteuerung durch Ökosteuer auf Treibstoff Subventionen bei Solarstromanlagen Einführung von Abgasnormen für Heizungen, Pkws Pfandsystem Gebühren für Müllentsorgung

Häufig ist es für den Unternehmer eine ökonomische Notwendigkeit, ökologische Gesichtspunkte zu berücksichtigen (Verbrauchererwartung, Einsparungen). In vielen Fällen verursachen umweltangepasste Maßnahmen jedoch höhere Kosten. Wenn hier der Staat nicht durch Verbote, Gebote oder Subventionen Einfluss nimmt, ist die ökologische Verantwortung besonders gefordert.

5.4 Nachhaltigkeit

Allgemein bezeichnet man etwas als nachhaltig, wenn eine Aktivität lange nachwirkt (Erziehung, Lernen, Erholung, Werbung, Rationalisierung, Organisation).

Nachhaltigkeit im Besonderen ist eine **Forderung,** die sich in der modernen Zeit angesichts des bereits mehrere Jahrhunderte lang währenden sorglosen Umgangs mit den Gaben der Natur als besonders wichtig und dringend erwiesen hat. Zu groß wird die Gefahr, dass eine Gesellschaft die Lebensbedingungen für die Nachwelt aus Profitsucht, Bequemlichkeit oder auch nur aus Oberflächlichkeit in einem irreparablen Zustand hinterlässt.

Eine erste ernst zu nehmende internationale Studie „Grenzen des Wachstums" im Auftrag der Deutschen Volkswagenstiftung an den Club of Rome in den 50er-Jahren des 20. Jahrhunderts sagte einen katastrophalen Niedergang des Lebensstandards voraus. Gründe dafür waren der ungebremste Raubbau an den Ressourcen der Erde und die Steigerung der Weltbevölkerung.

Von der Weltkommission für Umwelt und Entwicklung (Brundtland-Report) wurde 1987 nachhaltige Entwicklung so definiert:

Nachhaltig ist eine Entwicklung dann, „wenn sie den Bedürfnissen der heutigen Generation entspricht, ohne die Möglichkeiten künftiger Generationen zu gefährden, ihre eigenen Bedürfnisse zu befriedigen und ihren Lebensstil zu wählen".

12 Thesen

1. Nachhaltigkeit muss zum Leitbild des 21. Jahrhunderts werden, um die ökologische Krise zu überwinden. Der Grundgedanke lautet: Die natürliche Umwelt muss so weit erhalten bleiben, dass die Lebensqualität kommender Generationen gesichert ist.
2. Die internationale Umweltpolitik bedarf neuer globaler Institutionen und Richtlinien. Notwendig ist beispielsweise die Einrichtung eines internationalen Umwelt-Gerichtshofes zur Bestrafung vom Umweltsündern und zur Festlegung neuer Rahmenbedingungen umweltgerechten Wirtschaftens.
3. Die ökologische Modernisierung sichert die Zukunft der Industriegesellschaften. Von zentraler Bedeutung sind neue und umweltgerechte Verfahren und Produkte.
4. In der jüngeren Generation muss ein Bewusstsein geschaffen werden für die Bedeutung nachhaltiger Entwicklung. Deshalb sollte der „ökologischen Erziehung" für Kinder und Jugendliche mehr Gewicht verliehen werden.
5. Das Gesundheitswesen muss am Prinzip der nachhaltigen Gesundheit ausgerichtet werden. Diese umfasst nicht nur Pillen und Apparatemedizin, sondern nimmt insbesondere Rücksicht auf umweltbedingte Risiken und Gefahrenpotenziale.
6. Es ist möglich, die Welternährung – bei gleichzeitigem Erhalt der natürlichen Umwelt – zu sichern. Voraussetzung dafür ist jedoch, dass Armut und Unterentwicklung auf der Welt erfolgreich bekämpft und – gemeinsam mit den betroffenen Menschen – die aus Armut und Not resultierenden Umweltprobleme gelöst werden.
7. Güter und Dienstleistungen müssen dematerialisiert werden. Das Ziel ist eine wissensbasierte Volkswirtschaft mit geringem Ressourcenverbrauch.
8. Unverzichtbar ist ein Umweltkrisenatlas: zur Früherkennung und gezielten Bekämpfung von Umweltschäden. [...]
9. Ein kontrolliertes Wirtschaftswachstum ist nur durch ein verbessertes Umweltrecht, einen geringeren Energieverbrauch und eine Entwicklungspolitik unter der Maxime „Hilfe zur Selbsthilfe" zu erreichen.
10. Eine Verringerung des Verkehrs ist die Voraussetzung für die Wahrung unserer Mobilität. [...]
11. Der gesamte Energieverbrauch wird sich nur dann drastisch reduzieren lassen, wenn konsequenter gespart, effizienter bewirtschaftet und die Umstellung auf weniger energieaufwendige Strukturen vollzogen wird.
12. Datenautobahnen und neue Medien sind die Basisinfrastrukturen des zukünftigen Lebens. Es besteht allerdings die Gefahr, dass mögliche Einsparungen von Ressourcen durch einen Rebound-Effekt wieder aufgefressen werden.

aus: Breuel, Birgit (Hrsg.), Agenda 21, Vision: Nachhaltige Entwicklung, Campus-Verlag, Frankfurt a. M. 1990

Seit dem „Erdgipfel“ 1992 in Rio de Janeiro ist mit der Verabschiedung der **Agenda 21** Nachhaltigkeit ein Ziel, das die Befriedigung der menschlichen Grundbedürfnisse mit einer qualitativ hochwertigen Umwelt und einer gesunden Wirtschaft für alle Menschen der Erde miteinander in Einklang bringt. „Nachhaltigkeit“ ist dort zu einem zentralen Begriff der internationalen wie auch der nationalen Umweltpolitik geworden.

Alles Wirtschaften soll sich unter Berücksichtigung ökonomischer und sozialer Wertvorstellungen an den Grenzen der Tragfähigkeit des Naturhaushaltes orientieren.

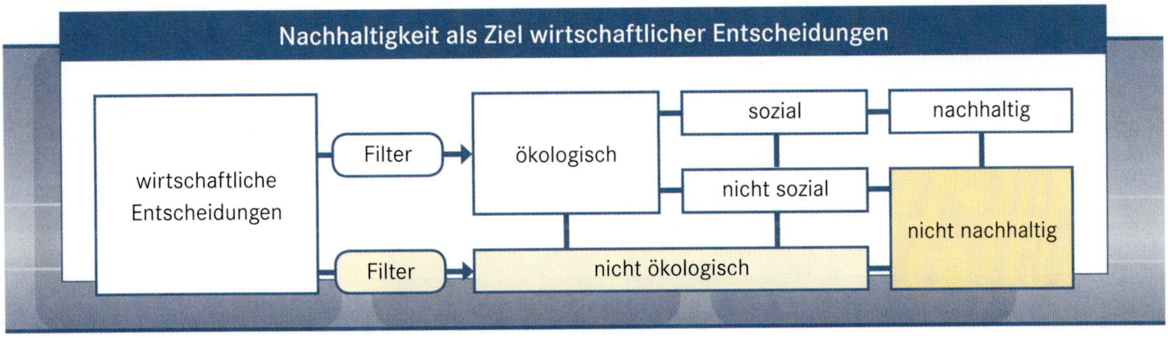

5.5 Unternehmensphilosophie

Seinem griechischen Ursprung nach bedeutet das Wort **Philosophie** Weisheits- oder Wissenslehre.

Unternehmensphilosophie ist die Einstellung des Unternehmers bzw. des Managers zur Gesellschaft und die Vorstellung, wie das Unternehmen gegenüber der Gesellschaft auftreten soll. Sie äußert sich in den Vorgaben der Geschäftsführung, wie sich das Unternehmen nach außen, d. h. gegenüber der Gesellschaft, den Lieferanten, Kunden und staatlichen Institutionen, präsentiert.

Vorgaben	Möglichkeiten, z. B.	Entscheidungsbereiche, z. B.
Unternehmensziele	Bedarfsdeckung Gewinnmaximierung Marktanteil	
Unternehmensstrategien	Kundenorientierung Personalentwicklung Führungsstil	Betriebsform Verkaufsform Sortimentsgestaltung Aus- und Weiterbildung Preispolitik interne und externe Kooperation
Unternehmenspräsentation	ökonomisch ökologisch sozial nachhaltig	

Träger der Philosophie sind maßgeblich die Mitarbeiter, die nach der Einstellung und den Führungsgrundsätzen der Geschäftleitung ihre Tätigkeit ausüben.

Dies gelingt umso besser, als sie sich in der Lage sehen, sich mit der Unternehmensphilosophie zu identifizieren. Man spricht in diesem Zusammenhang von „Corporate Identity".

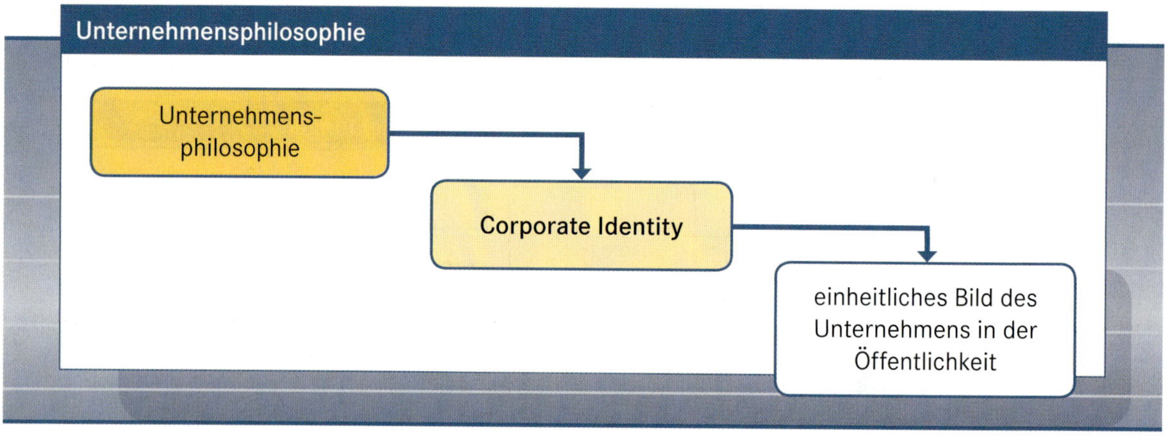

Das Bild des Unternehmens muss einheitlich dargestellt werden, damit die Öffentlichkeit und die Zielgruppe es erkennen.

Im Einzelnen geht es …	
um die gemeinsame Art der Kommunikation **„Corporate Communication"**	Ihr Ziel ist es, die öffentliche Meinung gegenüber dem Unternehmen zu beeinflussen. Sie steuert - Werbung, - Öffentlichkeitsarbeit und - Mitarbeiterkommunikation.
um die gleich geordneten Verhaltensweisen **„Corporate Attitude"**	Das Unternehmensverhalten zeigt, welche Grundsätze das Unternehmen verfolgt und anstrebt: - Preisverhalten (teuer/exklusiv oder günstig) - Vertriebsverhalten (Direktvertrieb, Versand usw.) - Kommunikationsverhalten (z. B. zurückhaltend oder „laut") - Sozialverhalten (Sozialleistungen usw.)
um eine einheitliche Visualisierung **„Corporate Design"**	Einheitliche visuelle Sprache, die alles, was das Unternehmen sieht, hört und fühlt, in eine sichtbare Form bringt: - typische Zeichen und Symbole (Logo) - Schriften und Farben - Gestaltungsraster und Leitlinien für Werbung und Verkaufsförderung

5.6 Unternehmensleitbild

Ein Unternehmensleitbild ist das gemeinsame Selbstverständnis einer Betriebsgemeinschaft im Innenverhältnis sowie gegenüber Außenstehenden.

Leitbilder entstehen auf der Basis der Auffassungen der Mitarbeiter und sie enthalten deren Visionen, Wertvorstellungen und deren eigene Ansprüche an die Qualität des Wirkens. Sie werden nach ihrer Entwicklung in der Regel dokumentiert und in ansprechender Form Mitarbeitern und Geschäftspartnern gegenüber präsentiert.

Soweit sich das Unternehmensleitbild der Mitarbeiter mit der Unternehmensphilosophie des Managements deckt, ist es ein Ausdruck der Identifikation mit dem Unternehmen (Corporate Identitiy).

1

Beispiel: Unternehmensleitbild von coop

Vision:	Gemeinsam an die Spitze	
Mission:	Lebensfreude · Convenience · Gesundheit · Dynamik · Frische	
Leitbild:	nah	**Gemeinsam gehen wir aufeinander zu.** ▪ Wir sind dort, wo Menschen gerne sind. ▪ Wir kennen unsere Kundinnen und Kunden und sprechen ihre Sprache. ▪ Wir nehmen Kundenanliegen ernst. ▪ Wir bleiben das dichteste Verkaufsstellennetz. ▪ Wir bieten Leistungen rund um die Uhr an. ▪ Wir engagieren uns für sinnvolle Projekte im Dienste der Öffentlichkeit. ▪ Wir sind selber überzeugte Kundinnen und Kunden unserer Unternehmen.
	vielfältig	**Gemeinsam realisieren wir überzeugende Leistungen.** ▪ Wir bieten die beste Auswahl an Sortimenten und Dienstleistungen. ▪ Wir agieren national, regional und standortspezifisch. ▪ Wir setzen in unterschiedlichen Verkaufsformen das reichhaltige Angebot der Märkte um. ▪ Wir verschaffen unseren Kundinnen und Kunden Einkaufs- und Konsumerlebnisse. ▪ Wir sind führend in der Konsumenteninformation. ▪ Wir bauen auf die individuellen Stärken unserer Mitarbeiterinnen und Mitarbeiter. ▪ Wir eröffnen unseren Mitarbeiterinnen und Mitarbeitern eine Fülle von beruflichen Chancen und Entwicklungsmöglichkeiten.
	profiliert	**Gemeinsam erarbeiten wir Mehrwert.** ▪ Wir überzeugen durch Frische und Qualität. ▪ Wir engagieren uns unverwechselbar mit der Kompetenzmarke NATURAplan für den biologischen Landbau und die artgerechte Tierhaltung. ▪ Wir offerieren den einzigartigen Mix aus Kompetenzmarken, Markenartikeln und Eigenmarken. ▪ Wir garantieren das beste Preis-Leistungs-Verhältnis. ▪ Wir setzen die Standards im Service und bei den Kundengarantien. ▪ Wir begeistern durch Freundlichkeit und Fachkompetenz. ▪ Wir kommunizieren offensiv und wirkungsvoll.

Forts. Beispiel: Unternehmensleitbild von coop

Vision:	Gemeinsam an die Spitze	
Mission:	Lebensfreude Convenience Gesundheit Dynamik Frische	
Leitbild:	innovativ	**Gemeinsam gestalten wir unsere Zukunft.** - Wir sind Impulsgeber und Multiplikatoren neuer nachhaltiger Leistungen. - Wir realisieren wirkungsvolle und schnelle Prozesse, indem wir Fähigkeiten und Entscheidungskompetenzen verbinden. - Wir fördern den Mut zur Kreativität und den Willen zur Veränderung. - Wir messen uns an den Besten und pflegen die Details. - Wir nutzen neue Technologien für intelligente Lösungen. - Wir sind eine lernende Organisation.
	partner-schaftlich	**Gemeinsam schaffen wir Vertrauen.** - Wir vereinbaren Ziele und Maßnahmen. - Wir handeln intern und extern nach definierten Kunden-/Lieferantenprinzipien. - Wir erarbeiten Lösungen im konstruktiven Dialog. - Wir setzen Entscheidungen konsequent um. - Wir führen durch Vorbild. - Wir setzen Maßstäbe in Ausbildung und Information. - Wir handeln verantwortungsbewusst und sozial. - Wir belohnen den Erfolg.

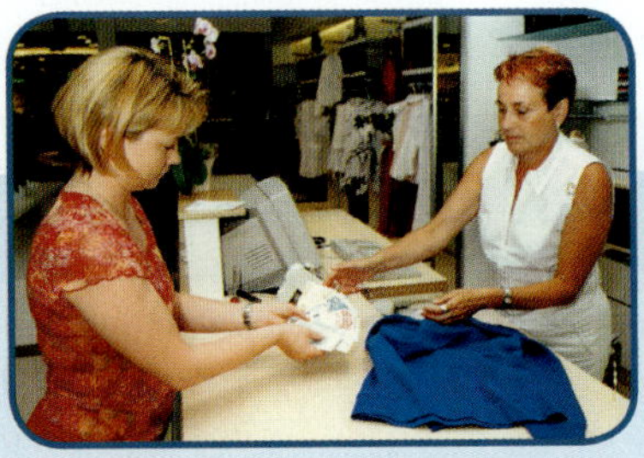

Verkäufergespräche kundenorientierte führen

1 Erwerb von Warenkenntnissen

2 Verkaufgespräche als Interaktionsprozess

3 Phasen des Verkaufsgesprächs

4 Zusatz- und Alternativangebote

5 Serviceleistungen als Mittel der Kundenbindung

1 Erwerb von Warenkenntnissen

1.1 Informationsquellen

Es lassen sich innerbetriebliche und außerbetriebliche Informationsquellen unterscheiden.

Informationsquellen	
innerbetriebliche	außerbetriebliche
▪ Prospekte, Kataloge, Gebrauchsanweisungen, Verpackungsaufschriften der Hersteller ▪ Schulungen und Seminare innerhalb des Einzelhandelsunternehmens ▪ Gespräche mit Kollegen, Vorgesetzten, Ausbildern ▪ aktiver Umgang mit der Ware ▪ Warenbeschreibungsbogen	▪ Fachbücher, Fachzeitschriften ▪ Besuch von Messen und Ausstellungen ▪ überbetriebliche Fort- und Weiterbildung ▪ Besuch von Berufs- und Fachschulen ▪ Informationen durch Verbraucher- und Erzeugervereinigungen ▪ private Verwendung von Produkten ▪ Gesetze, Verordnungen

Verkäufer, die die angegebenen Informationsmöglichkeiten intensiv und regelmäßig nutzen, sind in der Lage, ihre Waren vorteilhaft zu präsentieren und vorzuführen. Sie können ihre Kunden sachlich über die Ware informieren und haben die entsprechenden Kenntnisse, um überzeugend zu argumentieren. Ihnen wird es gelingen, die Kunden aktiv in die Verkaufshandlung einzubeziehen und dem Kunden bei der Entscheidungsfindung behilflich zu sein. Mit fundierten Warenkenntnissen kann der Verkäufer eine Vertrauensbasis schaffen, die es ihm ermöglicht, jederzeit ein gutes Verkaufsgespräch zu führen.

Außerbetriebliche Informationsquelle für den Erwerb von Warenkenntnissen

Bezeichnung der Ware
Beschreibung der Ware (Form, Sorte, Typ)
Herkunft der Ware (Land/Hersteller)
Rohstoffe und Produktionsverfahren
Gebrauchswert
Geltungswert
Wirkung auf Gesundheit und Umwelt
Gebrauchshinweise und Verpackungsvorschriften
Warenpflege und Lagervorschriften
Serviceleistungen
Ergänzungsangebote
Alternativangebote
Verkaufsargumente
Preis

Warenbeschreibungsbogen als Informationsquelle

1.2 Fachbegriffe

Wenn Sie als Verkäufer die in Abschnitt 1.1 angegebenen Informationsquellen nutzen, werden Sie feststellen, dass es eine ständig wachsende oder sich ändernde Zahl von Fachbegriffen, Fremdwörtern und Anglizismen gibt. Sie müssen sich deshalb permanent mit diesen Begriffen auseinandersetzen, um dem Kunden Rede und Antwort stehen zu können.

Beispiele:

Substantive	Verben	Anglizismen
Adapter	conchieren	Batik-Print
Button-Down-Knopf	blanchieren	Easy-Less-Schnürung
Enzyme	fermentieren	5-Pocket-Style
Piqué	galvanisieren	Must have
Twill	parieren	Home wear

Verhaltensregeln für den Verkäufer:

- Verwenden Sie nur Begriffe, die Sie fehlerfrei aussprechen und erklären können.
- Achten Sie bei der Verwendung von Fachbegriffen auf den Kenntnisstand des Kunden – überfordern Sie ihn nicht.
- Überschütten Sie den Kunden nicht mit Fachbegriffen.

1.3 Kennzeichnungen

Der Kunde findet auf Verpackungen, Preisschildern oder an der Ware selbst unterschiedliche Kennzeichnungen vor, die auf bestimmte Qualitätsmerkmale hinweisen.

Klassifizierung und Normung der Ware

Unter Klassifizierung verstehen wir die Einteilung der Waren in Sorten oder Handelsklassen. Der Kunde erhält dadurch ein übersichtliches Warenangebot nicht nur in Bezug auf die Sortimentsbreite und -tiefe. Er kann einzelne Qualitätsmerkmale der Waren besonders wahrnehmen: die unterschiedliche Größe (z. B. bei Eiern), das Aussehen und den Frischegrad (z. B. bei Obst und Gemüse). Hauptsächlich im Lebensmittelbereich findet der Kunde Einteilungen dieser Art, die sich letztendlich auch im Preis niederschlagen.

EU-Gewichtsklassen für Eier

Die vier Gewichtsklassen XL, L, M und S bedeuten sehr groß, groß, mittel und klein.

2

Die Tabelle zeigt, welche Gewichte sich hinter den neuen Bezeichnungen verbergen.

	XL		L		M		S	
alt	0 (> 75g)	1 (70–75 g)	2 (65–70 g)	3 (65–65 g)	4 (55–60 g)	5 (50–55 g)	6 (45–50 g)	7 (< 45 g)
neu	XL – sehr groß (73 g und darüber)		L – groß (63 g bis unter 73 g)		M – mittel (53 g bis unter 63 g)		S – klein (unter 53 g)	

Weitere Beispiele für die Einteilung nach verschiedenen Qualitätsmerkmalen:

Käse – Sauermilch- und Süßmilchkäse nach Gerinnungsart

- nach Konsistenz (Frischkäse, Weichkäse, halbfester Schnittkäse, Schnittkäse, Hartkäse)
- nach Trockenmasse und Fettgehalt (z. B. Doppelrahmstufe mit mindestens 60 % Fett i. Tr., Rahmstufe mit mind. 50 % Fett i. Tr.)

Reis – 4 Qualitätsstufen nach dem Anteil an gebrochenem Reis

- Spitzenreis höchstens 5 % Bruchanteil
- Standardreis höchstens 15 % Bruchanteil
- Haushaltsreis höchstens 25 % Bruchanteil
- Bruchreis mit mehr als 40 % Bruchanteil

Handelsklassen bei Obst, z. B. Äpfel

Klasse „Extra“	Klasse I	Klasse II	Klasse III
Spitzenqualität, echte Auslese, frei von Schmutz, fehlerlose Früchte, meist unverletzter Stiel	lässt leichte Schalenfehler zu, Früchte dürfen etwas kleiner, Stiele können leicht beschädigt sein, vollkommen gesundes Fruchtfleisch	fordert marktfähige Qualität, bei der die Fruchtgrößen festgelegt sind, Fehler in Farbe und Form sind zulässig, Handelswert darf aber nur geringfügig gemindert sein	lässt auch kleinere Früchte zu – jedoch nur, wenn sie sonst den Bedingungen der Klasse II genügen (Ausnahme Schalenfehler)

Der Verkäufer muss sich auch mit einer Vielzahl von Maßeinheiten, Fachbegriffen und Abkürzungen, die es in seinem speziellen Sortiment gibt, auskennen. Der Kunde erwartet von ihm, dass er die Wareninformationen auf Verpackungen und Beschreibungen korrekt erklären kann. (Alle anderen Zeichen werden im Lernfeld 4 behandelt.)

1.4 Warentypische Qualitätsmerkmale

Erkennungszeichen der Qualität können sich je nach Sortiment auf folgende Kriterien beziehen:

- Geschmack
- Geruch
- Aussehen
- Herkunft

Der Verkäufer muss sich hier vor allem einen entsprechenden Wortschatz aneignen, um die vielen Abstufungsmöglichkeiten innerhalb einer Warengruppe oder auch im Vergleich mit anderen Waren beschreiben zu können.

Geschmack

Dieses Qualitätsmerkmal spielt hauptsächlich im Lebensmittelbereich eine ausschlaggebende Rolle. Durch Kostproben können wir dem Kunden die Beschreibung einer Ware hinsichtlich ihres Geschmacks anschaulich verdeutlichen.

Beispiele:

Typische Begriffe für Geschmacksbeschreibungen: **süß, sauer, scharf, mild würzig, fruchtig, frisch, saftig, trocken, mehlig, weich usw.**, des Weiteren Beschreibungen in Anlehnung an bekannte Geschmacksempfindungen wie z. B. **nussartig, pilzartig, zuckersüß, gallebitter.**

Geruch

Der Geruch kann ebenfalls Auskunft über die Qualität einer Ware geben. Durch ihn kann der Kunde erkennen, ob eine Ware frisch oder bereits verdorben ist. Aber auch Schlussfolgerungen zum Reifegrad kann er daraus ziehen. Bei Waschmitteln, Parfümen und Körperpflegemitteln spielt der Geruch bzw. der Duft oftmals die entscheidende Rolle bei der Kaufentscheidung.

Beispiele:

Typische Begriffe für Geruchsbeschreibungen: **fruchtig, blumig, frisch, würzig, aromatisch;** auch sind wieder vergleichende Beschreibungen möglich wie z. B. **schokoladig, nach Minze duftend, vanilleartig.**

Aussehen

Jeder kennt den Ausspruch „Das Auge isst mit". Deshalb spielt bei Lebensmitteln das Aussehen eine große Rolle. Der Kunde registriert mit seinem Auge sofort, ob die Ware frisch oder schon etwas „angejahrt" ist. An der Farbe kann er bei Obst und Gemüse den Reifegrad erkennen, z. B. typisch für reife Bananen ist die Farbe Gelb, während Tomaten mit tiefroter Farbe ihren höchsten Reifegrad erreicht haben. An der Farbe von Schokolade kann der Kunde sehen, ob viel oder wenig Kakaogehalt vorhanden ist.

Im Non-Food-Bereich ist das Aussehen nicht nur auf die Farbe, sondern auch auf die Form bezogen. Hier werden oftmals auch Bezeichnungen verwendet, die erheblich vom normalen Sprachgebrauch abweichen.

Beispiele:

Bleu für einen leichten Blauton, papyrus für helle Gelbtöne, opal für Grüntöne.
Die Beschreibung **„es sieht aus wie ..."** ist ebenfalls verbreitet.

Herkunft

Zunehmend ist für die Kunden die Herkunft einer Ware ein bestimmendes Qualitätsmerkmal. Sowohl die Gegend als auch der Herstellername selbst sind für den Kunden Ausdruck von Qualität.

Beispiele:

Spreewälder Gewürzgurken, Meißner Porzellan, Nürnberger Lebkuchen, Norwegischer Lachs, Schweizer Uhren usw.

Der Einzelhändler kann die Artikel seiner Sortimente auch in verschiedene Qualitätsbereiche einteilen. Diese Einteilung kann wie folgt aussehen:

- oberes Genre: Waren der Luxusklasse, für hohe und höchste Ansprüche
- mittleres Genre: Waren der guten Mittelklasse
- unteres Genre: Waren in Standardausführung

2

Diese Einteilung kann je nach Unternehmensgepflogenheiten variieren und weiter unterteilt werden. Auch kann ein einzelnes Geschäft generell in einem Genre angesiedelt sein. Das findet der Kunde vor allem bei Fachgeschäften, die sich mit ihrem Angebot auf wenige Teilsortimente konzentrieren.

1.5 Produktmerkmale

Die Kenntnisse über die verschiedenen Merkmale eines Produktes sind mit die wichtigste Grundlage für die Argumentation im Verkaufsgespräch. Die Anwendung des vorhandenen Fachwissens über

- Rohstoff,
- Herstellung,
- Aussehen,
- Wartung, Pflege und Handhabung

ist ausschlaggebend für ein erfolgreiches Verkaufsgespräch. Je nach Sortiment muss sich der Verkäufer auch hier die entsprechenden Informationen, Fachbegriffe und den typischen Wortschatz für die Argumentation zusammenstellen.

Produktmerkmal „Rohstoff“

Die Kenntnisse über den verwendeten Rohstoff einer Ware spielen in jüngster Zeit eine zunehmende Rolle. Viele Kunden möchten sehr genau wissen, aus welchen Bestandteilen ein Produkt hergestellt worden ist. Besondere Bedeutung erlangen Rohstoffkenntnisse bei Lebensmitteln und Textilien. Die Kunden sind umwelt- und gesundheitsbewusster geworden und verlangen deshalb Auskunft über die Zusammensetzung der Ware. Allerdings steht der verwendete Rohstoff auch für bestimmte Eigenschaften des Produkts, die damit garantiert werden. Hier steht das Qualitätsbewusstsein der Kunden im Vordergrund.

Beispiele:

- Baumwolle steht für hautfreundlich, atmungsaktiv.
- Nicht rostender Edelstahl garantiert Langlebigkeit des Produkts.
- Echtes Leder in der Verarbeitung sichert hohen Geltungswert.
- Sympatex ist witterungsbeständig, leicht, anschmiegsam, formbeständig.
- Bio-Fleisch ist naturbelassen, ohne chemische Zusätze bzw. Konservierungsstoffe.

Produktmerkmal „Herstellung“

Die Kenntnisse über verwendete Rohstoffe setzt der Verkäufer natürlich auch in Verbindung mit dem Wissen über die entsprechenden Herstellungsverfahren ein. Er verknüpft dies mit den Fakten über die Qualitätsmerkmale. Der Verkäufer muss über die besonderen Herstellungsverfahren der Waren seines Sortiments Bescheid wissen. Daraus kann er erneut Argumente für das Verkaufsgespräch sammeln.

Beispiele:

- Diese Milch wurde pasteurisiert und ist dadurch länger haltbar.
- Der Kaffee ist vakuumverpackt und damit vor Fremdgerüchen geschützt.
- Die Silberkette ist handgearbeitet und deshalb besonders wertvoll.
- Der Vorteil dieser handgeschliffenen Vase besteht in ihrer Einmaligkeit.
- Durch das Imprägnieren des Stoffes ist diese Jacke besonders feuchtigkeitsabweisend.

Produktmerkmal „Aussehen“

Muster, Farbe, Stil, Oberflächenbeschaffenheit, modischer Trend sind bei vielen Waren nicht nur Qualitätsmerkmal für ein Produkt, sondern auch ein Kundenanspruch der besonderen Art. Ob bei Textilien oder Tapeten, Autos oder Porzellan, Früchten oder Brot – das Aussehen spielt für den Kunden in den meisten Fällen mit eine entscheidende Rolle. Er legt Wert auf gutes Aussehen in mehrfacher Hinsicht: Die Ware muss zu ihm passen (Outfit), sich in vorhandene Gegebenheiten einfügen (z. B. Wohnung), die Aktualität einer Ware hervorheben (Kleidung) oder einen bestimmten Geltungsanspruch repräsentieren (Autos, Kameras) usw. Der umsichtige Verkäufer wird durch das Aufgreifen dieser Wünsche auf die individuellen Befindlichkeiten des Kunden eingehen.

1.6 Gesundheits- und Umweltverträglichkeit der Ware einschließlich Verpackung

Die Kunden erwarten vermehrt die Gesundheits- und Umweltverträglichkeit der Produkte. Der Einzelhändler muss sich darauf einstellen. Nicht zuletzt trägt auch der Handel mit dazu bei, das umweltbewusste Handeln bei den Kunden auszuprägen. Der Handel kann sich nicht aus der globalen Verantwortung für unsere Umwelt heraushalten, sondern muss aktiv einen Beitrag zum Umweltschutz und der Gesunderhaltung der Menschen leisten. In jeder Branche hat der Verkäufer Gelegenheit, auf gesunde Lebensweise einzugehen. Mit seinen Produktkenntnissen hat er die Voraussetzungen dafür. Aber das allein genügt nicht. Der Kunde möchte ebenso konkrete Informationen über die Umweltverträglichkeit der Produkte und der jeweiligen Verpackung haben. Es genügt nicht mehr, nur ein Hinweisschild für Bio-Produkte oder den grünen Punkt auf der Verpackung anzubringen. Die Kunden hinterfragen Aussagen und wollen konkrete Antworten zu Angaben über die Ware oder Verpackung. Sie erwarten vom Einzelhandel das bewusste Mitwirken bei der Herausstellung von umweltverträglichen Produkten sowie der Vermeidung von Verpackungsmüll. In seinen Verkaufsargumenten muss sich diese Einstellung widerspiegeln (siehe auch 3.1.3 Kaufmotive und LF 4 Zeichen).

Beispiele:

- Dieses Mineralwasser erhalten Sie in umweltfreundlichen PET-Mehrwegflaschen.
- Ein Elektrorasenmäher arbeitet weniger lautstark als ein Benzinrasenmäher.
- Biologisch angebautes Gemüse ist mit einem Minimum an Schadstoffen belastet.
- Leichte, fettarme Ernährung senkt den Cholesteringehalt des Blutes.
- Diese Verpackung von Eiern ist kompostierbar.
- Kosmetische Produkte von diesem Hersteller sind ohne Formaldehyd.

biologisch angebautes Obst und Gemüse

umweltfreundliche PET-Mehrwegflaschen

kompostierbare Eierverpackung

2 Verkaufsgespräch als Interaktionsprozess

2.1 Kommunikation

Kommunikation heißt laut Wörterbuch der deutschen Sprache „Verständigung zwischen Menschen". In anderen Quellen wird der Begriff mit „Austausch von Informationen zwischen Sender und Empfänger" beschrieben. Für das Verkaufsgespräch bedeutet dies Folgendes:
Der Sender **(Verkäufer)** gibt dem Empfänger **(Kunde)** Informationen in verschiedener Form über die Ware oder eine Leistung. Was sich hier sehr einfach anhört, kann sich im Verkaufsalltag zu einem schwierigen Prozess gestalten. Viele Umstände können das **Senden** und **Empfangen** von Informationen stören. Im nachfolgenden Kapitel wollen wir uns mit diesen Umständen auseinandersetzen, um Störungen weitestgehend auszuschließen. Der Kommunikationspsychologe Friedrich Schulz von Thun hat dazu nachstehendes Modell entwickelt:

Kommunikationsmodell nach F. Schulz von Thun

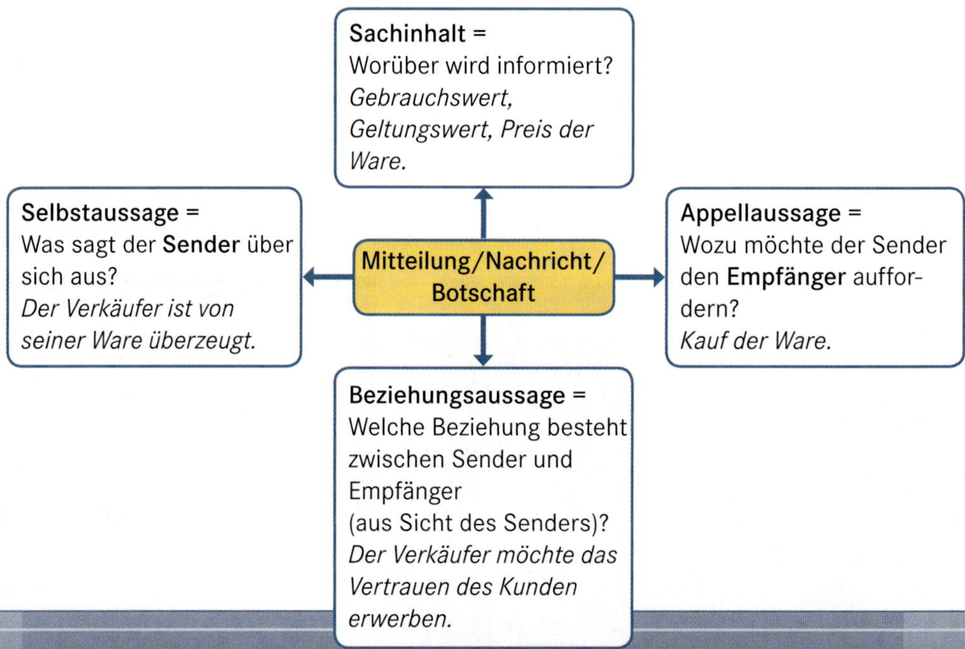

Eine Nachricht kommt allerdings beim Empfänger oft anders an, als der Sender es erwartet. Hier spielt das „Vier-Ohren-Modell" eine wichtige Rolle: Das „Sach-Ohr" nimmt den Sachinhalt einer Nachricht wahr. Das „Beziehungs-Ohr" nimmt eine Nachricht oft zu persönlich. Das „Selbstoffenbarungs-Ohr" hört Informationen über die Person des Senders heraus. Das „Apell-Ohr" hat das Gefühl, dass der Sender ihn zu etwas bewegen will.

Im Verkaufsgespräch übermittelt der Sender Informationen an den Empfänger mithilfe der Sprache. Dieser Vorgang wird als **verbale Kommunikation** bezeichnet. Verbale Kommunikation ist im persönlichen Gespräch zwischen Sender und Empfänger stets auch mit Mimik, Gestik und Körperhaltung (= **non-verbale Kommunikation**) verbunden, während diese Faktoren z. B. beim Telefonverkauf keine Rolle spielen.

Wenn Sie mit Ihrer Sprache Erfolge im Verkauf erzielen wollen, müssen Sie diese Einflussfaktoren berücksichtigen:

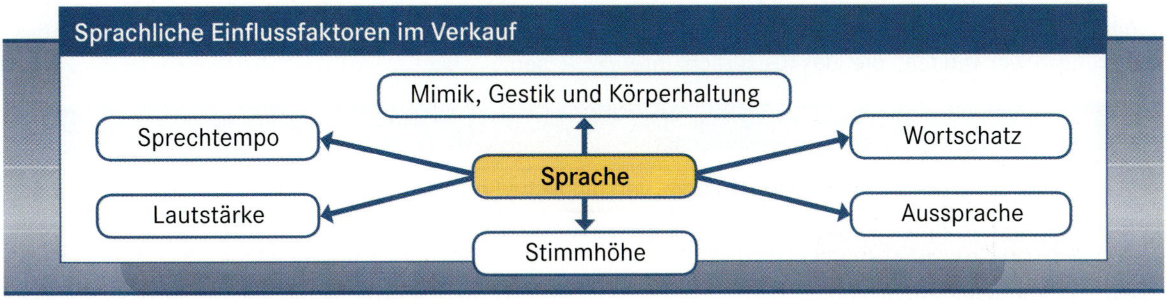

Sprechtempo

Zu schnelles Sprechen wirkt verwirrend, der Kunde kann dem Verkäufer nicht folgen und fühlt sich überfordert.

Zu langsames Sprechen wirkt oft lustlos und ermüdend, der Kunde wird ungeduldig.

Richtig ist es, wirkungsvolle Pausen einzulegen, das Tempo zu wechseln, Wichtiges langsamer und Nebensächliches schneller zu sprechen.

Lautstärke

Zu leises Sprechen wirkt unsicher und verlangt vom Kunden ständige Konzentration, bis er irgendwann nicht mehr folgen kann oder möchte, weil es zu anstrengend ist.

Zu lautes Sprechen wirkt aufdringlich und stört nicht nur den Kunden, sondern auch die Verkaufsgespräche anderer Kollegen.

Gehen Sie von mittlerer Lautstärke aus, wobei eine Verminderung der Lautstärke dem Gesagten eine besondere Eindringlichkeit verleihen kann. Sollten Sie bemerken, dass Ihr Kunde hörgeschädigt ist, passen Sie die Lautstärke der Situation an.

Stimmhöhe

Ständiges Sprechen in der gleichen Stimmhöhe langweilt und ermüdet den Kunden. Eine zu tiefe Stimmlage wirkt brummig und eine zu hohe Stimmlage piepsig und unsicher. Durch Heben und Senken der Stimme wie auch durch das Betonen wichtiger Wörter und Satzbausteine können Sie die Aufmerksamkeit der Kunden erregen und die Ware anschaulich beschreiben.

Aussprache

Mangelnde Bewegung von Mund, Lippen und Zunge führen zum Verschlucken von Lauten und demzufolge zu schlechter Aussprache. Der Kunde hat Probleme, den Verkäufer zu verstehen.

Richtige und fehlerlose Aussprache erleichtert dem Kunden das Verstehen und schafft eine angenehme Verkaufsatmosphäre.

Wortschatz

Fremdwörter, Fachausdrücke und Abkürzungen sollten Sie unbedingt vermeiden. Sprechen Sie abwechslungsreich und mit sorgfältig ausgewähltem Wortschatz, dann fühlt sich der Kunde angesprochen und versteht Sie.

Mimik, Gestik und Körperhaltung

Mimik, Gestik und Körperhaltung (siehe 2.3 Körpersprache) unterstützen die Sprache. Wenn Ihre Mimik, Gestik und Körperhaltung Entgegenkommen signalisieren, fühlt sich der Kunde angesprochen.

Ein abweisender, verschlossener Gesichtsausdruck, z. B. herabgezogene Mundwinkel oder Spannung in den Lippen, wirkt verkaufshemmend, wogegen ein freundlicher Gesichtsausdruck verkaufsfördernd wirkt.

2.2 Kundenorientiertes Sprechen

Kundenorientiertes Sprechen heißt, dass Sie Formulierungen verwenden, die das Gespräch interessant machen und den Kunden positiv beeinflussen.

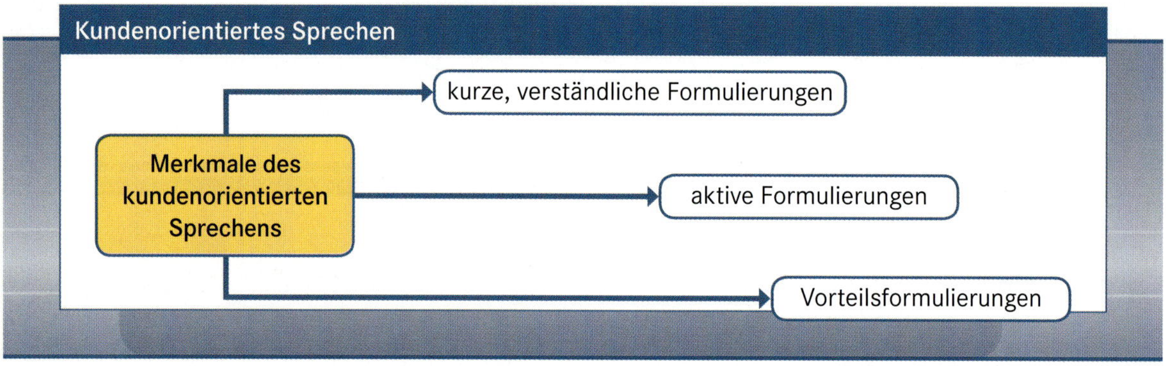

Kurze, verständliche Formulierungen

Ihre Aussagen werden leichter verständlich, wenn Sie sich dem **Sprachniveau der Kunden** anpassen, wenn Sie z. B. Ausdrücke verwenden, die der Kunde kennt, und **Fachausdrücke vermeiden.** Bei den Aussagen, die Sie machen, sollten Sie darauf achten, dass sie eindeutig sind. So können wir die folgende Aussage verschieden interpretieren: „Wir versuchen, die Ware schnell zu bestellen." Es kann bedeuten: „Wir bestellen sofort."; „Wir bestellen vielleicht."; „Wir bestellen bald." usw. Es ist also wichtig, so zu formulieren, dass der Kunde die Information erhält, die er braucht.

Vermeiden Sie Superlative, wie z. B. das Billigste, Beste, Sicherste usw. Diese Formulierungen wirken unglaubwürdig und kaum beeindruckend. Sie erzeugen dadurch eine Erwartungshaltung, die Sie selten erfüllen können.

Sprechen Sie in kurzen, einfachen Sätzen. Lange Schachtelsätze mit unnötigen Nebensätzen sollten Sie vermeiden, sonst besteht die Gefahr, dass der Kunde Ihnen nicht mehr folgen kann.

Aktive Formulierungen

Vermeiden Sie das deutsche Passiv (werden, wird) und schränken Sie den Gebrauch des Wortes „man" ein. „Man" wirkt unpersönlich und bringt Kunden nicht dazu, aktiv zu handeln. Mithilfe von aktiven Satzkonstruktionen und der Verwendung vom Sie-Stil fühlt sich der Kunde persönlich angesprochen und Sie können den Kunden vom Nutzen der Ware überzeugen.

Vorteilsformulierungen

Vorteilsformulierungen verdeutlichen dem Kunden die Vorteile einer Ware. Mithilfe eines Tätigkeitswortes weisen Sie auf die Vorteile einer Ware hin.

Beispiele für Vorteilsformulierungen:

- „Das garantiert Ihnen ..."
- „Das bringt Ihnen ..."
- „Das hilft Ihnen ..."
- „Sie sparen ..."
- „Sie erreichen damit ..."
- „Das verbessert Ihre ..."

2.3 Körpersprache

Körpersprache drückt mehr aus, als wir mit Worten sagen. Körpersprache vermittelt sich durch Mimik, Gestik und Körperhaltung.

Wenn Sie körpersprachliche Signale beobachten und richtig deuten können, erfahren Sie im Verkaufsgespräch mehr über die Einstellungen und

Empfindungen Ihres Kunden. Sie sind in der Lage, Abneigungen oder Desinteresse schneller zu erkennen, um darauf reagieren und sich leichter auf die Kunden einstellen zu können.

Mimik

Unter Mimik verstehen wir die Bewegungen der Stirnpartie, der Augen, der Nase und des Mundes.

Stirn

Signale	mögliche Bedeutung
senkrechte Falten beim Aufwärtsblick	tiefes Nachdenken
senkrechte Falten beim Abwärtsblick	Missvergnügen, Zweifel, Neid
senkrechte Falten beim Augenkontakt	Zweifel

Nase

Signale	mögliche Bedeutung
Naserümpfen	Ablehnung
Anfassen der Nasenspitze	Verlegenheit
Anfassen der Nasenwurzel	Verwirrung
Anfassen der ganzen Nase	Wut
Streicheln des Nasenflügels	Verunsicherung
Reiben des Nasenrückens	Nachdenklichkeit, Neugierde

Augen

Signale	mögliche Bedeutung
Vermeidung des Augenkontaktes	Ablehnung der Gesprächsfortsetzung; Interesselosigkeit
offener, zugewandter Blick	Aufmerksamkeit, Interesse, Sympathie, Freude, Zuwendung
kurzer Blick, der dann abwandert	Geringschätzung
Blick zur Decke wandernd	Abwesenheit, Wunsch zum Aufbruch
Blick zur Tür wandernd	Ungeduld, Wunsch zum Aufbruch
Lider halb geschlossen mit Augenkontakt	Feindseligkeit, Aggression
Lider halb geschlossen ohne Augenkontakt	Nachdenklichkeit

Mund

Signale	mögliche Bedeutung
Spannungen in den Lippen	Unzufriedenheit, Unbehagen
Unterlippe zwischen Zähne gezogen	Verlegenheit, Unterlegenheitsgefühl
Lippen völlig zurückgezogen	Distanz, Reserviertheit

Gestik

Als Gestik bezeichnen wir die Bewegungen von Kopf, Arm, Hand und Fingern zum Ausdruck von Gefühlen und Absichten als Ersatz oder Ergänzung der Sprache.

Kopf

Signale	mögliche Bedeutung
Kopf seitwärts geneigt	Aufmerksamkeit
bestätigendes Nicken	Interesse, Zustimmung
Hin- und Herbewegung	Unentschlossenheit, Zweifel
Abkehr des Gesichts vom Gesprächspartner	Ablehnung, Unzufriedenheit

Arme

Signale	mögliche Bedeutung
Hände greifen Unterarme	Wachsamkeit, Interesse
Schultern heben und senken sich	Unsicherheit, Nachdenklichkeit
Hände in Oberarmen verkrallt	Zurückhaltung, Angst

Hände und Finger

Signale	mögliche Bedeutung
schnelles Händereiben	Interesse, Spaß, Aufmerksamkeit
nach oben offene Handfläche	Zuwendung, Aufmerksamkeit
Fingerspitzen aneinander	leichte Arroganz
gehobener Zeigefinger	Belehrung, Bestrafung
auf Gesprächspartner zeigender Finger	Angriff, Anschuldigung
knetende Hände	Tätigkeitsdrang

Körperhaltung

Darunter verstehen wir die Bewegungen des Körpers und der Beine.

Signale	mögliche Bedeutung
Zuwendung des Körpers zum Verkäufer	positive Einstellung, Interesse
Abwendung des Körpers von der Ware	negative Einstellung, Desinteresse
Berühren von Gegenständen	Neugierde oder Besitztrieb
plötzlich Ware in die Hand nehmen	zu einer Entscheidung kommen

Um die Körpersprache richtig deuten zu können, brauchen Sie Erfahrungen und eine gute Beobachtungsgabe. Sie sollten die einzelnen Signale nicht isoliert betrachten, denn dadurch kann es schnell zu Fehldeutungen kommen.

2.4 Virtuelle Verkäufer

Virtuelle Verkäufer funktionieren über eine 3-D-Animationssoftware, die ständig aktualisiert werden kann.

Internet-Anbieter wollen in Zukunft mehr mit sogenannten virtuellen Verkäufern arbeiten, damit die Kunden das Gefühl einer persönlichen Beratung bekommen. Diese virtuellen Verkäufer kommunizieren mit den Internet-Kunden auf eine Art und Weise, die den Eindruck eines realen Verkaufsgespräches vermitteln.

Sie empfangen die Kunden persönlich und führen sie durch das Angebot. Sie sind freundlich und gehen auf die Kundenwünsche ein.

Auch im Internet kommt es nicht nur auf die Preise an: Eine individuelle Beratung und guter Kundenservice sind wie in realen Geschäften wesentlich, damit die Kunden gerne wieder beim Internet-Anbieter kaufen.

Vorteile eines virtuellen Verkäufers für den Internet-Anbieter:

- Senkung der Personalkosten um ein Vielfaches
- 24 Stunden Präsenz im virtuellen Verkaufsraum
- Investitionskosten amortisieren sich relativ schnell.

Vorteile für den Kunden:

- Empfindung eines realen Verkaufsgespräches
- Der Kunde fühlt sich nicht allein gelassen.

3 Phasen des Verkaufsgespräches

Ein erfolgreiches Verkaufsgespräch besteht aus mehreren Phasen oder Stufen. In der Praxis lassen sich diese Stufen nicht immer sauber voneinander abgrenzen. Es gibt auch kein allgemeingültiges Rezept für das Verkaufsgespräch, da sein Ablauf von verschiedenen Faktoren beeinflusst wird, wie z. B. den Kaufmotiven, Kundentypen, Verkaufsform oder Warenart. Ziel des Verkaufsgespräches ist es, dem Kunden den Verkaufswert der Ware deutlich zu machen und seine Einkaufsprobleme zu lösen.

Um erfolgreich verkaufen und beraten zu können, ist es wichtig, die Phasen des Verkaufsgespräches zu kennen und anzuwenden. Deshalb ist es sinnvoll, Verkaufgespräche schon in der Ausbildung zu trainieren, z. B. in Rollenspielen zwischen Verkäufer und Kunden (siehe Arbeitsbuch, LF 2).

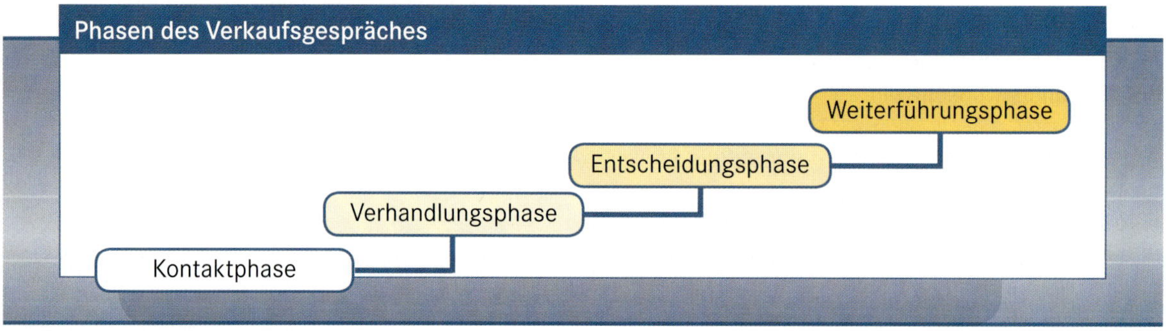

3.1 Kontaktphase

> **„Der erste Eindruck ist der beste“ – für den ersten Eindruck gibt es keine zweite Chance.**

Das bedeutet, so, wie Sie Ihren Kunden begrüßen, so gestaltet sich der weitere Verlauf des Verkaufsgespräches. Schon in der Kontaktphase kann der Verkäufer Fehler machen, die letztlich zum Scheitern der Verkaufshandlung führen. Die Kontaktaufnahme zum Kunden ist stark von der Verkaufsform abhängig, jedoch bei jeder Verkaufsform von Bedeutung.

3.1.1 Kontaktaufnahme und Begrüßung

Folgende Verhaltensweisen führen zum Erfolg bei der Kontaktaufnahme und Begrüßung des Kunden:

- **Vertrauen gewinnen durch körpersprachliche Signale wie**
  - freundliches Lächeln,
  - Blickkontakt mit dem Kunden,
  - Körper dem Kunden zugewandt,
  - dem Kunden Zeit für eine Orientierung lassen (nicht sofort auf den Kunden „stürmen“).
- **Begrüßung des Kunden**
  - Vermitteln Sie dem Kunden durch eine aufmerksame und freundliche Begrüßung, dass er willkommen ist.
  - Der Verkäufer grüßt den Kunden zuerst.
  - Beachten Sie beim Grüßen Alter, Geschlecht oder die berufliche Position des Kunden.
  - Sprechen Sie bekannte Kunden namentlich an. Die Verwendung des Namens schafft eine persönliche Atmosphäre und zeigt dem Kunden, dass der Verkäufer sich für ihn interessiert.
  - Sprechen Sie den Namen einwandfrei aus.
  - Der Doktortitel ist Bestandteil des Namens und gehört zur Anrede.
- **Möglichkeiten, um den Namen des Kunden zu erfahren**
  - Kollegen fragen
  - sich den Namen bei Änderungswünschen, beim Ausfüllen des Garantiescheines, bei Reklama-

tionen, Reparaturen oder Hauszustellungen merken
- den Kunden selbst höflich nach seinem Namen fragen
- beim Kassiervorgang von der Karte ablesen

- **Der Kunde erwartet oder benötigt eine Beratung durch den Verkäufer, wenn er**
  - sich im Warenangebot nicht zurechtfindet,
  - keine geeignete Ware findet,
  - Unterstützung braucht, da die Ware abgemessen bzw. gewogen werden muss,
  - Hilfe benötigt, da die Ware erklärungsbedürftig ist.

Woran erkennen Sie, dass der Kunde angesprochen werden möchte oder Hilfe braucht?

- Signale des Kunden
  - schaut sich suchend um
  - dreht Ware hin und her
  - probiert Ware an oder aus
  - steht unschlüssig oder ratlos vor einem verschlossenen Glasschrank
  - macht ein nachdenkliches Gesicht
  - Schulterzucken oder Kopfkratzen

Erkennen Sie eines der Signale, fragen Sie den Kunden nach seinem Wunsch. Es erfordert vom Verkäufer viel Geschick, den Kaufwunsch des Kunden zu ermitteln. Eine wichtige Rolle spielt dabei die richtige Anwendung der Fragetechnik.

3.1.2 Bedarfsermittlung einschließlich Fragetechnik

Ziel der Bedarfsermittlung ist es, den Kaufwunsch des Kunden auf schnellstem Weg in Erfahrung zu bringen, um ihm die richtige Ware zeigen oder vorlegen zu können.

Bei der Bedarfsermittlung unterscheiden wir zwei Arten:

- direkte Bedarfsermittlung
- indirekte Bedarfsermittlung

Direkte Bedarfsermittlung

Der Verkäufer ermittelt den Bedarf des Kunden durch direkte Fragen. Durch offene Fragen erfährt der Verkäufer Einzelheiten über die Vorstellungen und Wünsche der Kunden. Somit signalisiert der Verkäufer dem Kunden, dass er sich an seinen Wünschen und Vorstellungen orientiert.

Beispiele:

- „Zu welchem Anlass möchten Sie das Kleid tragen?"
- „Wozu soll die Krawatte passen?"
- „Welche Anforderungen stellen Sie an die Bohrmaschine?"

Indirekte Bedarfsermittlung

Bei der indirekten Bedarfsermittlung stellt der Verkäufer möglichst wenig Fragen. Äußert der Kunde einen indirekten Kaufwunsch wie beispielsweise das Interesse an Wanderschuhen, zeigt der Verkäufer ohne weiteres Nachfragen verschiedene Schuhe, erläutert während der Produktpräsentation die Produkteigenschaften und versucht durch die Reaktion des Kunden dessen Ansprüche zu ermitteln sowie weitere Angebote daraufhin entsprechend zu verändern.

Die indirekte Bedarfsermittlung hat die Vorteile, dass der Kunde nicht unnötig ausgefragt wird und dass das Interesse des Kunden gleich auf die Ware gerichtet wird.

Der Verkäufer darf bei der indirekten Bedarfsermittlung niemals wahllos einen Artikel nach dem anderen vorzeigen, sondern sollte gezielt vom Allgemeinen zum Besonderen vorgehen.

Beispiele:

Kundin: „Ich suche einen Haartrockner."
Verkäufer: „Kennen Sie schon den neuen Haartrockner von Braun, bei dem der Trocknungsgrad des Haares durch einen Infrarot-Temperaturmesser kontrolliert wird?"

Beispiele:

Kundin: „Das klingt ja interessant. Was bewirkt denn das?“
Verkäufer: „Damit werden Ihre Haare nicht überhitzt und besonders schonend getrocknet.“
Kundin: „Das ist gut für meine strapazierten Haare.“

Bei der Bedarfsermittlung muss der Verkäufer Folgendes beachten:

- Wählen Sie oft die Methode der indirekten Bedarfsermittlung. So fühlt sich der Kunde nicht „ausgefragt“, sein Interesse wird sofort auf die Ware gelenkt und er spricht offener über seine Einkaufsprobleme.
- Stellen Sie nur notwendige Fragen.
- Vermeiden Sie Fragen, die den Verkauf erschweren. Dazu gehören
  - neugierige und aufdringliche Fragen;
  - Fragen, die die Verkaufsmöglichkeit einengen, indem sie den Kunden vorzeitig auf Farbe, Qualität oder Preis festlegen.
- Nutzen Sie alle Möglichkeiten der Fragetechnik.
- Vermeiden Sie Wiederholungen und prägen Sie sich ein, welche Anforderungen der Kunde an das Produkt stellt, um sich später darauf zu beziehen.
- Machen Sie bewusst Pausen, damit der Kunde sich äußern kann.

Fragetechnik im Verkaufsgespräch

Die Frage muss

- grammatikalisch richtig sein,
- eindeutig sein (damit der Kunde weiß, wonach er gefragt wird),
- lautrichtig und deutlich ausgesprochen werden.

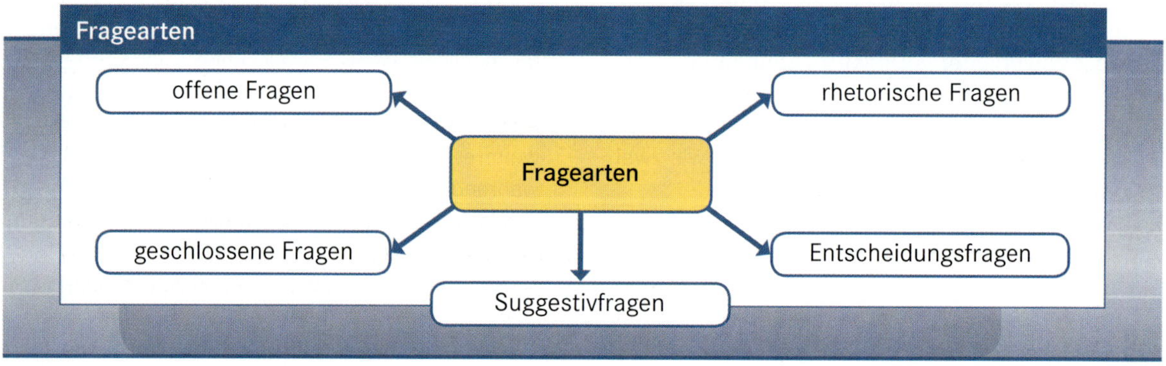

Offene Fragen

Diese Frageform eignet sich vor allem für den Beginn eines Verkaufsgespräches, um vom Kunden Informationen über die gesuchte Ware zu erhalten. Sie wird durch ein mit „W“ beginnendes Fragewort gebildet (Wozu, Was, Wie, Wann, Wo, Weshalb, Wer, Warum, Welche/r/s). Auf „W“-Fragen kann der Kunde nicht mit Ja oder Nein antworten. Deshalb eignen sich offene Fragen auch bei der Warenvorlage, um Gedanken und Meinungen des Kunden über die Ware zu hören, Kundeneinwände zu erfahren, um auf Bedenken eingehen zu können.

Beispiele:

- „Wozu wollen Sie diese Bluse tragen?“
- „Zu welchem Anlass soll das Geschenk sein?“
- „Was darf ich Ihnen zeigen?“
- „Für welche Arbeiten benötigen Sie das Gerät?“
- „Wo möchten Sie die Lampe aufhängen?“
- „Wie alt ist Ihre Enkeltochter?“
- „Weshalb erscheint Ihnen der Preis zu hoch?“
- „Was gefällt Ihnen nicht an der Hose?“

Geschlossene Fragen

Diese Frageform eignet sich, wenn man eine kurze Antwort wünscht oder dem Kunden eine Entscheidung abverlangt. In der Regel lautet die Antwort „ja" oder „nein" oder die Antwort ist sehr eingeengt. Geschlossene Fragen eignen sich bei der Bedarfsermittlung, um einen bestimmten Sachverhalt zu erfahren, oder bei der Warenvorlage, um zu überprüfen, ob der Kunde mit der Ware und den vorgebrachten Argumenten einverstanden ist.

Beispiele:

- „Möchten Sie das Parfüm als Geschenk verpackt?"
- „Möchten Sie eine gefütterte Jacke?"
- „Haben Sie die dazu passenden Filtertüten zu Hause?"

Suggestivfragen

Mithilfe dieser Frageform können Sie die Entscheidung des Kunden beeinflussen. Suggestivfragen sind geeignet, um Gemeinsamkeiten mit dem Gesprächspartner hervorzuheben oder eine Meinung bestätigen zu lassen.

Wir unterteilen die Suggestivfragen in
- verkaufsfördernde Suggestivfragen und
- verkaufshemmende Suggestivfragen.

Bei der **verkaufsfördernden** Suggestivfrage legt der Verkäufer dem Kunden durch geschickte Formulierung die von ihm gewünschte Antwort in den Mund und beschleunigt damit den Ablauf der Verkaufshandlung. In der Frage liegt gleichzeitig eine Wertung.

Verkaufsfördernde Suggestivfragen enthalten Wörter wie sicherlich, bestimmt, doch, auch, lieber gleich.

Beispiele:

- „Sie benötigen doch bestimmt auch Salatöl?"
- „Sie wollten doch sicherlich etwas besonders Strapazierfähiges?"
- „Sie möchten doch bestimmt lieber die größere Packung?"
- „Für Ihre Kamera kommen doch sicherlich nur die Aba-Filme in Betracht?"

Die **verkaufshemmende** Suggestivfrage führt durch falsche Formulierung häufig zu einer vom Verkäufer nicht beabsichtigten Entscheidung des Kunden. Diese Fragen führen meist zur Antwort „nein". Dadurch geht ein Verkaufsgespräch schnell zu Ende.

Beispiele:

- „Milch benötigen Sie heute nicht?"
- „Haben Sie sonst noch Wünsche?"
- „Benötigen Sie sonst nichts mehr?"
- „Gefällt Ihnen diese Bluse nicht?"

Entscheidungsfragen (Alternativfragen)

Mit dieser Frageform fordert der Verkäufer den Kunden auf, sich (für eine von mehreren Möglichkeiten) zu entscheiden. Entscheidungsfragen eignen sich nach Warenvorlage und Verkaufsargumentation zur Herbeiführung des Kaufabschlusses. Sie können Entscheidungen herbeiführen, ohne sich der Gefahr eines „Neins" auszusetzen. Auch wenn der Kunde beide Alternativen ablehnt, kann das Verkaufsgespräch ohne Stocken fortgesetzt werden.

Beispiele:

- „Gefällt Ihnen der graue oder der schwarze Rock besser?"
- „Möchten Sie lieber den strapazierfähigen Rucksack mit den vielen Extras oder den einfacheren, preisgünstigeren?"
- „Bevorzugen Sie den hellen oder den etwas dunkleren Lippenstift?"
- „Essen Sie lieber milden oder herzhaften Käse?"

2

Rhetorische Fragen

Die Frage veranlasst den Kunden zum Zuhören und verstärkt seine Aufmerksamkeit. Bei dieser Frage erwartet der Verkäufer eigentlich gar keine Antwort des Kunden, sondern die Antwort liefert der Fragesteller selbst. Falls sie der Verkäufer nicht selbst beantworten möchte, dient sie hauptsächlich dazu, beim Kunden Neugier und Spannung hervorzurufen oder ihn auf wesentliche Vorteile hinzuweisen.

Beispiele:

- „Sie möchten doch sicher eine erstklassige Qualität kaufen?“
- „Was meinen Sie, wie leicht dieser Mantel ist?“
- „Sie wissen doch, dass die Kaffeemaschine um 30 % im Preis herabgesetzt wurde?“
- „Sind Sie nicht auch von der Vielseitigkeit dieser Küchenmaschine überrascht?“

3.1.3 Kaufmotive

Das Erkennen von und das Eingehen auf Kaufmotive der Kunden ist eine weitere wichtige Grundlage für die Argumentation im Verkaufsgespräch. Das Motiv ist der Grund, der den Kunden zum Kauf bewegt. Es gibt darüber Auskunft, was der Kunde von der Ware erwartet, welchen Nutzen oder Vorteil er sich erhofft.

Der Kunde setzt sich mit den Waren rational und emotional auseinander, das heißt, an seiner Kaufentscheidung sind Verstand und Gefühl beteiligt. Rational und emotional bestimmte Kaufmotive sind nicht bei jeder Kaufentscheidung gleichrangig vertreten. Sie können unterschiedlich dominant sein, denn letztendlich wird diese Entscheidung von vielen verschiedenen Faktoren beeinflusst.

Rationale Kaufmotive

Sie beruhen auf sachlich-nüchternen Überlegungen über die Notwendigkeit des Kaufs, z. B. Zweckmäßigkeit, Zeitersparnis, Wirtschaftlichkeit, Preis-Leistungs-Verhältnis usw. In der Regel wird der Kunde z. B. folgende sachlich-nüchterne Überlegungen anstellen:

- Ist diese Ware für meine Bedürfnisse unbedingt erforderlich?
- Welche Gebrauchseigenschaften versprechen mir einen Nutzen (Zeitersparnis, Gesundheit, Zweckmäßigkeit usw.)?
- In welchem Verhältnis stehen Gebrauchswert und Preis zueinander?
- Kann das Produkt nach dem Kauf unmittelbar genutzt werden oder sind noch Dienstleistungen wie Installationsleistungen, Montageleistungen abzuwarten oder selbst zu organisieren?
- Wie ist z. B. bei technischen Konsumgütern der Pflege- und Wartungsaufwand, der Garantiezeitraum, die Störanfälligkeit, die Ersatzteilversorgung und das Netz der Reparaturwerkstätten?
- Wie ist die Angebotssituation bei diesem Erzeugnis einzuschätzen? Ist diese Ware ständig im Angebot?

Diese und ähnliche Überlegungen lassen den Kunden das Für und Wider einer Kaufentscheidung abwägen. Überwiegen für ihn die Vorteile wie funktionelle Nützlichkeit, angemessener Preis, Qualitätssicherheit, so ergeben sich aus diesen Überlegungen rational bestimmte Motive für eine positive Entscheidung zum Kauf. Diese rational bestimmten Kaufmotive können ausschlaggebend für eine Kaufentscheidung sein, aber auch durch emotionale Faktoren verdrängt oder wirkungslos gemacht werden.

Emotional bestimmte Kaufmotive

Sie drücken die gefühlsmäßige Beziehung des Kunden zu den Waren und ihrem Erwerb aus. Die Waren haben neben ihrer Nützlichkeit und Zweckmäßigkeit für den Kunden gewissermaßen ein „zweites Gesicht“, das auf seine Gefühlswelt wirkt. So rufen z. B. die gestalterische Form, die Farbe, das verwendete Material und die Verarbeitungsqualität beim Kunden Empfindungen hervor, die seinen Schönheitssinn, seinen Geschmack und seine Vorstellungen von der Rolle dieses Gebrauchswertes positiv oder negativ berühren. Die gefühlsmäßigen Beziehungen, die der Kunde zu den Waren herstellt, können so stark sein, dass

- rational bestimmte Motive, die einem Kauf entgegenstehen, bedeutungslos oder verdrängt werden und die Kaufentscheidung dennoch getroffen wird,
- rational bestimmte Motive, die für einen Kauf sprechen, durch eine starke emotionale Ablehnung gegen die Ware wieder wirkungslos werden und der Kauf nicht zustande kommt.

Die emotional bestimmten Kaufmotive spiegeln die individuellen Geschmacksrichtungen wider, das Schönheitsempfinden, das Verlangen nach Freude, nach Behaglichkeit. Die emotionalen Faktoren äußern sich bewusst oder unbewusst bei der Begegnung des Kunden mit der Ware, indem er sich fragt:

- Gefällt mir die Ware, befriedigt mich ihr gestalterisch-ästhetisches Gesamtbild oder stößt es mich ab?
- Unterstreicht die Ware meine Persönlichkeit, meine individuelle Note? Passt sie zu mir und meinem Lebensstil?
- Vermittelt mir ihr Besitz Freude, Behaglichkeit, Bequemlichkeit, Genuss?
- Welchen Eindruck machen die Ware und ihr Besitz auf andere?

In der folgenden Übersicht sehen Sie Beispiele für häufig vorkommende Kaufmotive:

rationale (verstandesmäßige) Kaufmotive	emotionale (gefühlsmäßige) Kaufmotive
Sparsamkeit	Geltungsbedürfnis
Rationalisierung (Zeitersparnis)	Gesundheitsbewusstsein
Sicherheit und Zuverlässigkeit	Umweltbewusstsein

Sparsamkeit

Das Motiv der Sparsamkeit erkennt der Verkäufer daran, dass die Kunden billige Waren verlangen, Sonderangebote wahrnehmen, große Vorteilspackungen kaufen oder in Billigpreisgeschäften einkaufen. Das kann mehrere Ursachen haben, z. B. Sparsamkeit, niedriges Einkommen oder Geiz.

Rationalisierung

Kunden, bei denen das Kaufmotiv Rationalisierung überwiegt, kaufen Produkte, mit denen sie Zeit sparen können, z. B. Geschirrspüler, Fertiggerichte, Schnellkochtopf oder Höschenwindeln.

Sicherheit und Zuverlässigkeit

Bei diesem Kaufmotiv steht der Wunsch des Kunden, sich vor möglichen Gefahren, Risiken oder Verlusten zu schützen, im Vordergrund. Diese Motive spielen bei Autos, technischen Geräten, Maschinen oder Versicherungen eine große Rolle.

Geltungsbedürfnis

Das Geltungsbedürfnis äußert sich im Streben nach Anerkennung, Beliebtheit, Einfluss und Ansehen. Kunden kaufen vor allem Waren des gehobenen Bedarfs, wie z. B. kostbare Schmuckstücke, exklusive Möbel, Modellkleider, Einzelstücke, Delikatessen.

Gesundheitsbewusstsein

Immer mehr Kunden sind an gesunder Lebensweise interessiert. Sie achten beim Kauf auf gesunde Lebensmittel, Naturprodukte, Naturkosmetik, Textilien aus hautverträglichen Materialien, das heißt, sie kaufen gesundheitsfördernde Produkte.

Umweltbewusstsein

Die Kunden achten beim Kauf zunehmend auch auf Waren, die ihrem gewachsenen Umweltbewusstsein entsprechen. Sie verlangen Produkte, deren Inhaltsstoffe biologisch abbaubar und schadstoffarm sind: sie möchten wissen, unter welchen Umständen die Waren hergestellt werden und welchen Wiederverwertungswert sie haben. Zu den Kriterien des

Umweltbewusstseins zählen auch die verwendete Art und Menge der Verpackung.

Rational bestimmte und emotional bestimmte Kaufmotive durchdringen einander wechselseitig und führen zu einem Kampf der Motive, an dessen Ende der Kauf oder das Abstandnehmen vom Kauf steht.

Zur Kaufentscheidung kommt es in der Regel, wenn
- rationale und emotionale Motive gleichzeitig positiv zum Kauf drängen,
- die rationalen Motive mit größerer Intensität positiv auf den Kauf ausgerichtet sind als die emotionalen und umgekehrt,
- bei negativer Wirkung einiger rationaler und emotionaler Motive die positiven Motive überwiegen und den Ausschlag geben.

Neben den rational und emotional bestimmten Kaufmotiven, die aus dem individuellen Verhältnis des Kunden zur Ware erwachsen, können zusätzliche Motive fördernd oder hemmend auf die Kaufentscheidung einwirken. Sie resultieren vor allem aus den Verkaufsbedingungen wie Niveau der Warenpräsentation, äußere und innere Gestaltung der Verkaufsräume, Beratungs- und Bedienungsqualität, Kundendienste und Dienstleistungen der Verkaufseinrichtung. So kann z. B. ein Kunde durch eine spezielle Ware rational und emotional sehr stark zum Kauf stimuliert werden, aber wegen schlechter oder unfreundlicher Bedienung auf den Kauf in dieser Verkaufseinrichtung verzichten. Die Einflüsse der Verkaufsbedingungen werden ebenfalls rational und emotional erlebt und verarbeitet.

Beispiele für rational und emotional bestimmte Kaufmotive

1. Beispiel:

Kauf von Babynahrung — Ursache: täglicher Nahrungsbedarf

Mögliche Motive bei der Kaufentscheidung:

rational bestimmte Kaufmotive	emotional bestimmte Kaufmotive
Frischegrad, Haltbarkeit/Verbrauchszeitraum, Teilbarkeit, Art des Verpackungsmaterials, Preis, Qualität	Geschmacksrichtungen, Rohstoffe aus biologischem Anbau, Markenartikel, Image des Herstellers, frei von chemischen Zusätzen

2. Beispiel:

Kauf von Nahrungsmitteln — Ursache: täglicher Nahrungsbedarf

Mögliche Motive bei der Kaufentscheidung:

rational bestimmte Kaufmotive	emotional bestimmte Kaufmotive
Kaloriengehalt, Frischegrad, abwechslungsreiche Zusammenstellung, Haltbarkeit/Verbrauchszeitraum, Vorfertigungsgrad/Zubereitungsaufwand, Abpackgröße, Teilbarkeit, Art des Verpackungsmaterials und -behältnisses, Preis, Qualität	Bekanntheits- oder Neuheitsgrad, Aussehen der Ware, Geschmacksrichtungen, Geruch, Form und Gestaltung der Verpackung, individuelle zweckgebundene Wertvorstellungen (z. B. alltäglicher Einkauf für den normalen Familienbedarf oder Einkauf für besondere Anlässe wie Festtage, Familienfeiern), Genussfreude, Wohlbefinden

3. Beispiel:

Kauf von Genussmitteln

Ursache: tägliche Verbrauchsgewohnheit oder besonderer Anlass

Mögliche Motive bei der Kaufentscheidung:

rational bestimmte Kaufmotive	emotional bestimmte Kaufmotive
Eignung der jeweiligen Waren für den vorgesehenen Verwendungszweck, Qualität, Preis, Kaloriengehalt, Zusammensetzung, Abpack- oder Abfallmengen, Anteil oder Wirkungsgrad von Schadstoffen	Bekanntheitsgrad und Rufbild des Erzeugnisses und Herstellers, Aussehen, Verpackungsgestaltung (Form, Farbe, Material), Genusserwartung, Demonstration einer persönlichen Note bei der Genussmittelwahl

2

4. Beispiel:

Kauf von Bekleidung und Schuhen

Ursache: Ersatz- oder Erweiterungsbedarf

Mögliche Motive bei der Kaufentscheidung:

rational bestimmte Kaufmotive	emotional bestimmte Kaufmotive
zweckmäßige Eignung entsprechend dem Verwendungszweck, Stoffqualität oder Qualität des Schuhmaterials, Verarbeitungsgüte, Pflegeaufwand, Preis, Trageeigenschaften, Haltbarkeit, Farbbeständigkeit	modischer Schick und modische Aktualität in Schnitt und Passform, Materialverwendung und Farbkomposition, Image des Herstellers, vorteilhafte äußere Hervorhebung der Persönlichkeit, Kleidsamkeit, Typgerechtheit, Nachahmung von Leitbildern, Markenartikel

5. Beispiel:

Kauf einer Schrankwand

Ursache: Erstausstattungs-, Ersatz- oder Erweiterungsbedarf

Mögliche Motive bei der Kaufentscheidung:

rational bestimmte Kaufmotive	emotional bestimmte Kaufmotive
Passfähigkeit der Abmessungen (Länge, Breite, Höhe der einzelnen Teile), Kombinier- und Variierbarkeit, Möglichkeiten der Selbstmontage, Nutzfläche (Verhältnis verschließbare Fächer, Schubladen zu offenen Flächen, Stellmöglichkeiten für Radio, Fernsehgerät), Art des Materials und Verarbeitungsgüte, Pflegeaufwand, günstige Lieferzeit und Aufstellung in der Wohnung des Kunden, Preis, günstige Zahlungsbedingungen	günstige farbliche und äußere Gesamtwirkung (poliert, matt, naturell; rustikaler oder vornehm-dezenter, antiker oder moderner Stil), ästhetische Einordnung in die bisherige Wohnraumausstattung, Ausstrahlung von Wohnatmosphäre, Behaglichkeit, Betonung der Persönlichkeit und deren individueller Note

Die Aufzählung der möglichen Kaufmotive macht bereits deutlich, dass Kaufentscheidungen nur in Ausnahmefällen aufgrund nur eines Motivs getroffen werden. In der Regel bewegen viele Motive den Kunden bei der Begegnung mit dem Angebot. Welche Motive letztlich die Kaufentscheidung hervorrufen, hängt immer von den Bedingungen, der Persönlichkeit des Kunden und vom Angebot ab. Für den Verkäufer kommt es darauf an,

- beim Verkaufsgespräch durch Befragung und Beobachtung des Kunden die möglichen rationalen und emotionalen Motive zu erkunden,
- bei der Warenvorlage und Erläuterung der einzelnen Waren die möglichen Kaufmotive (geäußerte und vermutete) zur Kaufargumentation zu nutzen, d. h. Hervorhebung und Erläuterung jener besonderen Eigenschaften, die rational und emotional für die Entscheidungsfindung wichtig und wirksam sind,
- die Warenpräsentation so zu gestalten, dass sie förderlich auf die Ausbildung von Kaufmotiven beim Kunden wirkt.

3.2 Verhandlungsphase

An die Bedarfsermittlung in der Kontaktphase schließt sich die Verhandlungsphase an mit der Warenvorlage, der Verkaufsargumentation, der Einwandbehandlung, dem Anbieten von Zusatzartikeln und dem Unterbreiten von Alternativangeboten.

3.2.1 Warenvorlage

Durch gekonnte Warenvorlage hat der Verkäufer die Möglichkeit, das Verkaufsgespräch zu verkürzen, beim Kunden Aufmerksamkeit und Interesse zu wecken und den Erfolg des Verkaufsgespräches zu beeinflussen.

Hat der Verkäufer die Möglichkeit, Eigenschaften oder Verwendungsmöglichkeiten der Ware praktisch vorzuführen, so wird die Vorlage wirkungsvoller, da das Misstrauen des Kunden gegenüber den Behauptungen des Verkäufers am besten durch Beweise ausgeräumt werden kann.

Grundsätze der Warenvorlage

Wann legen Sie dem Kunden die Ware vor?

Nach der Kontaktaufnahme und Bedarfsermittlung sollte der Verkäufer die Ware, die infrage kommt, umgehend vorlegen.

Welche Ware legen Sie vor?

Der Verkäufer muss bei der vorgelegten Ware den Kaufwunsch des Kunden berücksichtigen. Aus der vorangegangenen Bedarfsermittlung hat der Verkäufer Hinweise über Anlass des Kaufs, Einsatzmöglichkeiten und Qualitätsanforderungen an die Ware bekommen.

Es gibt natürlich auch Waren, die Sie nicht vorlegen können, z. B. Großgeräte, Autos oder Zierfische. Hier ist es notwendig, die Waren wirkungsvoll zu präsentieren.

Wo legen Sie die Ware vor?

Der Ort der Warenvorlage hängt von der Verkaufsform und von der Beschaffenheit der Geschäftsräume ab. Am vorteilhaftesten ist es, die Ware dort vorzuführen, wo sie aufgebaut ist. Dort kann der Kunde den besten Sortimentsüberblick erhalten, er kann die Waren leichter miteinander vergleichen, das Verkaufsgespräch wird nicht immer unterbrochen und die Verkaufshandlung läuft schneller ab, da zeitraubende Wege entfallen.

Wählen Sie einen Ort, der weitgehend störungsfrei ist und wo gute Lichtverhältnisse herrschen. Bieten Sie dem Kunden gegebenenfalls Sitzgelegenheiten an.

Wie viel Ware legen Sie vor?

Die Kunden erwarten von Ihnen eine gewisse Auswahl, um einzelne Angebote miteinander vergleichen zu können.

Legen Sie zu wenig Artikel vor, denkt der Kunde, dass nicht genügend Auswahl vorhanden ist, dass Sie keine Lust haben oder dass Sie die Ware unbedingt loswerden möchten. Da der Kunde keine Vergleichsmöglichkeiten hat, fällt es ihm schwer, eine geeignete Ware zu finden.

Legen Sie zu viel Ware vor, kann der Kunde die Übersicht verlieren, er könnte wichtige Einzelheiten übersehen und kann sich auch in diesem Fall nicht entscheiden. Außerdem besteht erhöhte Diebstahlgefahr, da auch der Verkäufer den Überblick verlieren kann.

Es hat sich bewährt, dem Kunden drei bis fünf Waren vorzulegen. Reicht diese Auswahl nicht aus, reagieren Sie auf Hinweise des Kunden, holen weitere Artikel und räumen die Waren, die der Kunde ablehnt, beiseite. Kennen Sie noch nicht die genauen Vorstellungen des Kunden, legen Sie eine breite Auswahl vor.

Mit welcher Preislage beginnen Sie die Warenvorlage?

Hat der Kunde keine Preisvorstellungen genannt, wählen Sie Artikel aus der mittleren Preisklasse. Sie können dann je nach Reaktion Ihrer Kunden nach oben oder unten ausweichen. Beurteilen Sie Ihre Kunden nie nach der äußeren Erscheinung oder Kleidung. Das Äußere der Kunden und ihre Kaufkraft stimmen nicht immer überein.

In manchen Fällen gibt Ihnen der Kunde einen Hinweis auf den Preis, den Sie auf jeden Fall respektieren sollten.

Beispiele für Hinweise auf Waren mit höherem Preis:

- „Ich suche ein exklusives Geschenk."
- „Ich suche eine hochwertige Markenjeans."

Beispiele für Hinweise auf preiswerte Waren:

- „Ich suche Turnschuhe aus dem Sonderangebot."
- „Ich möchte einen Pullover. Er soll nicht mehr als 40,00 € kosten."

Wie führen Sie die Ware vor?

Unterstützen Sie die Warenvorlage durch treffende Aussagen und Verkaufsargumente.

Gehen Sie mit der Ware behutsam um, so als wäre sie etwas Besonderes, denn sorgfältige und liebevolle Behandlung der Ware macht sie in den Augen des Kunden wertvoller. Bei Juwelen oder Schmuck bietet es sich an, die Waren auf dunklem Samtuntergrund vorzulegen, weil die Artikel so besser zur Geltung kommen.

Beziehen Sie den Kunden aktiv in die Verkaufshandlung mit ein. Fordern Sie den Kunden auf, die Ware anzufassen oder auszuprobieren. Zum Ausprobieren eignen sich Küchengeräte, Fernsehgeräte, Hi-Fi-Anlagen, Fotoapparate und viele andere technische Geräte. Auch Autos, Fahrräder oder Musikinstrumente sowie Schuhe, Handschuhe und Bekleidung kommen infrage. Als Kostproben eignen sich alle Nahrungs- und Genussmittel. Durch eine geschickte Warendarbietung können Sie die Sinne der Kunden ansprechen. Je mehr Sinne sie gleichzeitig ansprechen, desto besser können Sie den Kunden vom Wert und Nutzen einer Ware überzeugen.

Sehsinn

Beim Verkaufsgespräch können Sie den Sehsinn des Kunden besonders intensiv ansprechen, indem Sie auf gute Lichtverhältnisse achten und dem Kunden durch sorgfältiges Umgehen mit der Ware zeigen, dass Sie ihm gute Qualität vorlegen.

Hörsinn

Den Hörsinn können Sie durch wirkungsvolle Verkaufsargumente, durch angenehme Sprache und gute Sprechtechnik ansprechen. Führen Sie Waren, wenn es geht, akustisch vor. Bei CDs, Musikinstrumenten oder Phonogeräten ist das selbstverständlich.

Tastsinn

Geben Sie dem Kunden die Ware in die Hand, damit er die Ware prüfen kann. Lassen Sie den Kunden testen, wie sich Stoffe anfühlen oder wie Creme auf der Haut wirkt.

Geruchssinn

Lassen Sie den Kunden Düfte, z. B. Parfüm, Creme oder Aromen von Gewürzen einatmen, sooft es möglich ist.

Geschmackssinn

Den Geschmackssinn Ihrer Kunden können Sie nur in wenigen Bereichen ansprechen. Bei neu eingeführten Lebensmitteln werden häufig Verkostungen durchgeführt, so kann man die Kunden am besten von den Vorzügen der Ware überzeugen.

3.2.2 Argumentationsmethoden

Bei der Verkaufsargumentation geht es darum, dem Kunden den Nutzen der Ware verständlich zu machen und ihn vom persönlichen Nutzen der Ware zu überzeugen.

Um im Verkaufsgespräch wirkungsvoll argumentieren zu können, muss der Verkäufer folgende Voraussetzungen haben:

- Warenkenntnisse
- Kaufmotive des Kunden erkennen
- kundenorientiertes Sprechen (Vorteilsformulierungen)
- Beherrschen der Fragetechnik
- Fähigkeit, die Körpersprache des Kunden richtig zu deuten

Ein Argument ist etwas, was als Beweis, Bekräftigung einer Aussage vorgebracht wird – Argumentation bedeutet logische Beweisführung. Das heißt, der Verkäufer bemüht sich darum, dem Kunden deutlich zu machen, dass das vorgelegte Produkt seinen Ansprüchen gerecht wird. Gelingt der Beweis, ist der Kunde überzeugt worden und er entschließt sich in der Regel zum Kauf.

Produkte weisen bestimmte Merkmale wie z. B. Farbe, Form oder Inhaltsstoffe auf, die Produktmerkmale. Den Produktnutzen finden Sie mit der Frage „Was kann/macht/bewirkt/kostet das?". Den Kundennutzen finden Sie mit der Frage „Was hat mein Kunde davon?".

Beispiel:

Produktmerkmal:	„Der Schlafanzug besteht aus 100 % Baumwolle."
Produktnutzen:	„Baumwolle ist hautfreundlich, atmungsaktiv und hält warm." (warenbezogenes Verkaufsargument)
Kundennutzen:	„Dieser Schlafanzug hält Sie im Skiurlaub garantiert warm." (kundenbezogenes Verkaufsargument)

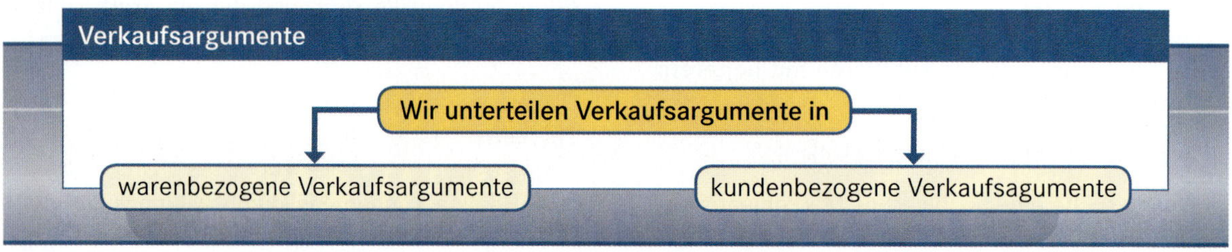

Warenbezogene Verkaufsargumente

Darunter verstehen wir Verkaufsargumente, die etwas über die Qualität der Ware, ihren Einsatz oder über den Preis aussagen, ohne zwischen der Ware und dem Kunden eine direkte Beziehung herzustellen.

Die warentypischen Merkmale sind branchenverschieden.

Beispiele: Warentypische Merkmale

- Aussehen
- Rohstoff

- Verarbeitung
- Hersteller/Herkunft
- Geschmack (Lebensmittel)
- Sparsamkeit im Verbrauch (technische Artikel)
- Details
- Gesundheitswert

Warenbezogene Verkaufsargumente eignen sich
- als Einstieg in das Verkaufsgespräch, um den Kontakt zum Kunden über die Ware zu knüpfen,
- bei sachverständigen Kunden mit Fachwissen.

Warenbezogene Verkaufsargumente beschreiben die Ware sachbezogen anhand der Eigenschaften und Merkmale der Ware und es ist deshalb nicht möglich, die Bedürfnisse der Kunden anzusprechen.

Bei der warenbezogenen Verkaufsargumentation muss der Verkäufer Folgendes beachten:
- die Ware möglichst treffend beschreiben,
- Verkaufsphrasen vermeiden (z. B. „Wird gern gekauft.“, „Das sieht gut aus.“, „Gute Qualität.“ usw.),
- positive Eigenschaften nennen (z. B. richtig: energiesparend; falsch: braucht nicht viel Energie),
- Fachausdrücke vermeiden.

Kundenbezogene Verkaufsargumente

Darunter verstehen wir Verkaufsargumente, die den Nutzen der Ware beschreiben. Der Verkäufer stellt eine Verbindung zwischen dem Kunden und der Ware her. Verkaufsargumente leiten wir aus den Kaufmotiven der Kunden ab.

Bei der kundenbezogenen Argumentation steht der Kunde im Vordergrund, deshalb muss der Verkäufer hier zu den oben genannten Hinweisen Folgendes beachten:
- den Kunden persönlich ansprechen,
- beim Kunden Kaufimpulse auslösen (Vorstellungen, Gefühle),
- die Kaufmotive beachten.

Um die Kunden vom Nutzen der Ware zu überzeugen, geht der Verkäufer schrittweise vor:

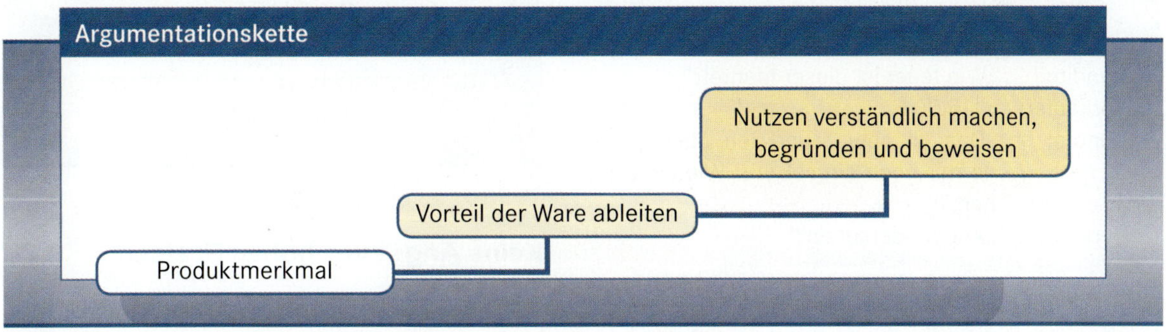

Beispiel:

Ein Kunde möchte ein Glasschneidebrett kaufen.
- Produktmerkmal: besteht aus Glas
- Vorteil der Ware: hygienisch, kratzfest, hitzebeständig, spülmaschinenfest
- Nutzen für den Kunden: Das Brett garantiert Ihnen hygienisches Arbeiten, da es spülmaschinenfest ist, und Sie können es ideal zum Abstellen heißer Töpfe nutzen.

Situationsgerechtes Argumentieren

Um den Kunden situationsgerecht und überzeugend beraten zu können, muss der Verkäufer folgende Dinge beachten:

- Merkmal-Vorteil-Nutzen-Reihe als Denkhilfe benutzen,
- Waren- und kundenbezogene Verkaufsargumente richtig einsetzen,
- Verkaufsargumente positiv formulieren,
- Verkaufsargumente auf das Kaufmotiv beziehen,
- Ware anschaulich präsentieren,
- den Kunden aktivieren, sodass er sich selbst vom Nutzen der Ware überzeugen kann.

2

Preisargumentation

Der Kunde kauft Nutzen und bezahlt dafür Geld. Je mehr der Kunde vom Nutzen der Ware überzeugt ist, umso leichter fällt es ihm, dafür Geld auszugeben. Der Preis einer Ware steht im Gegengewicht zum Nutzen. Die Einschätzung des Preises als „zu hoch" oder „angemessen" hängt vom Wissen des Kunden über die Ware ab. Eine wesentliche Aufgabe des Verkäufers ist es, dem Kunden eine Vorstellung vom Produktwert zu vermitteln, ihm also deutlich zu machen, dass die Ware ihren Preis wert ist.

1. Beispiel:

Kundin:	„Wie teuer ist dieser Mantel?"
Verkäufer:	„115,00 €"
Kundin:	„Das ist aber teuer! Ich überlege es mir noch einmal. Auf Wiedersehen."
Verkäufer:	„Auf Wiedersehen."

2. Beispiel:

Kundin:	„Wie teuer ist dieser Mantel?"
Verkäufer:	„Hängen Sie ihn doch bitte einmal um. Die neue Materialqualität Techno-Silk ist federleicht, fließend und seidig glänzend. Der Mantel kostet 115,00 €. Die Schultereinlagen garantieren Ihnen perfekte Passform."
Kundin:	„Sie haben recht, der Mantel ist wirklich sehr leicht. Das gefällt mir."

Im ersten Verkaufsgespräch wurde der Preis „nackt" genannt. Der Kundin erschien der Preis für den Mantel zu hoch. Im zweiten Verkaufsgespräch hat der Verkäufer der Kundin deutlich gemacht, welche Nutzenvorteile der Mantel bietet. Die Kundin fand deshalb, dass der Mantel den Preis wert ist.

Regeln und Grundsätze für die Preisnennung

Sandwich-Methode

Darunter verstehen wir, dass der Preis, wie bei einem Sandwich der Belag, „verpackt" wird. Somit steht der Preis nie „nackt" da wie im ersten Beispiel. Der Verkäufer nennt unmittelbar vor und nach dem Preis Produktvorteile und Nutzen für den Kunden (wie Beispiel 2).

Der Kunde hört erst Produktvorteile, dann den Preis und danach wieder Produktvorteile, denn das, was der Kunde als Letztes hört, bleibt besonders in seinem Gedächtnis haften.

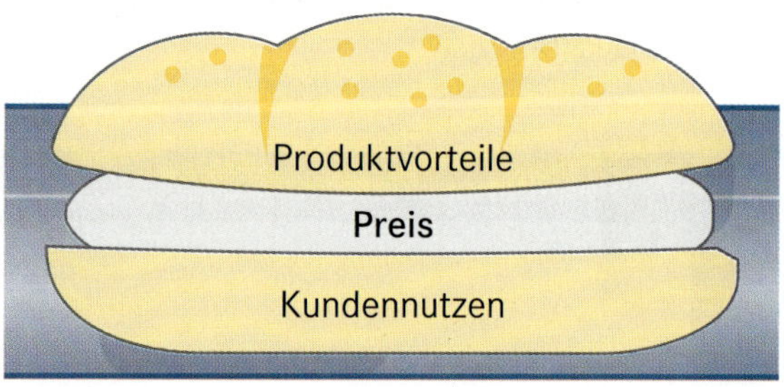

Keine Angst vor hohen Preisen

Beispiel:

Kundin:	„Wie teuer ist diese Lederjacke?"
Verkäufer:	„Die Jacke kostet 899,00 €, aber es ist sehr gute Qualität."

Der Verkäufer versucht, sich für den Preis zu rechtfertigen, weil er selbst den Preis für zu hoch hält (vielleicht würde der Verkäufer selbst nicht so viel Geld für eine Lederjacke ausgeben). Der Kunde hätte das Geld für die Jacke ausgegeben, denkt jetzt aber, dass der Preis für die Jacke zu hoch ist, weil er erkannt hat, dass der Verkäufer selbst nicht vom Preis überzeugt und sehr unsicher ist.

Waren mit höheren Preisen bieten den Kunden auch mehr Vorteile wie Beratung, Service, Qualität, Ansehen oder Geltung. Die Aufgabe des Verkäufers ist es, den Kunden die Vorteile, den Nutzen der Ware deutlich zu machen. Wenn Sie erkennen, dass Ansehen und Geltung die Kaufmotive des Kunden sind, können Sie bei der Preisnennung darauf Bezug nehmen.

Beispiel:

„Diese exklusive Lederjacke kostet 899,00 €. Sie ist ein handverarbeitetes Einzelstück, mit dem Sie sich etwas Besonderes gönnen."

Wie Sie den Preis nennen

Vermeiden Sie Begriffe wie „billig" und „teuer". Umschreiben Sie diese Begriffe durch andere Formulierungen, wie zum Beispiel „preiswerter", „Dabei sparen Sie Geld.", „besonders preisgünstig", „Es lohnt sich, mehr Geld auszugeben.".

Nennen Sie den Preis ohne eigene Wertung, ohne Betonung, sicher und in Nutzen verpackt.

Vermeiden Sie Äußerungen wie „Das kostet aber …", „Das ist allerdings teuer.", „Da kann ich Ihnen nur noch das teure Modell zeigen.".

Auch allgemeine Redensarten wie „Das ist besonders gute Qualität." oder „Das ist etwas besonders Gutes." sollten unbedingt vermieden werden.

Zeitpunkt der Preisnennung

Der Preis darf nie am Anfang stehen (Ausnahme: Sonderangebote), denn er ist die Bilanz aus den bisher genannten Nutzenargumenten. Erst wenn Sie anhand von sprachlichen oder körpersprachlichen Signalen des Kunden erkennen, dass er vom Produkt überzeugt ist, nennen Sie den Preis.

Wenn der Kunde vorzeitig nach dem Preis fragt, nennen Sie ihn auch dann erst, nachdem Sie zugkräftige Argumente genannt haben und verpacken Sie ihn entsprechend. Führen Sie Sonderangebote, kann hier der Preis das Argument sein.

Beispiel:

Kunde: „Ich suche einen Koffer."
Verkäufer: „Da kann ich Ihnen einen Koffer von Samsony zeigen, den wir diese Woche in gewohnter Qualität als Sonderaktion anbieten. Sie sparen 20 %."

2

Methoden zur Preisnennung

Vergleichsmethode

Sie vergleichen den Artikel mit einem teureren und zeigen dem Kunden, dass der gewünschte Artikel die gleichen Vorzüge besitzt wie der Artikel mit dem höheren Preis.

Beispiel:

„Vergleichen Sie bitte den Herd für 399,00 €, der Ihren Vorstellungen entspricht, mit dem Herd für 499,00 €. Beide Herde haben Heißluftbeheizung, Automatikkochstellen und bei beiden Modellen können Sie auf vier Etagen gleichzeitig backen, garen und braten. Wenn Sie nicht unbedingt einen Markenartikel bevorzugen, können Sie so 100,00 € sparen."

Optische Verkleinerung

Sie verteilen den Preis eines Artikels auf die gesamte Nutzungsdauer der Ware oder führen ihn auf eine kleinere Menge oder Anzahl zurück.

Beispiel:

„Mit dieser Creme, die Ihrer Haut Feuchtigkeit spendet, kommen Sie ungefähr acht Wochen aus und eine Anwendung kostet nur … Cent."
„Dieser Fernseher mit 100 Hertz hat eine durchschnittliche Lebensdauer von zehn Jahren, die Kosten pro Monat betragen nur 3,00 €."

Verharmlosungsmethode

Sie verharmlosen den Mehrpreis der teureren Ware.

Beispiel:

„Das Bügeleisen Aqua kostet 49,50 €, das Bügeleisen mit Self-Clean-Funktion 61,00 €. Da Sie auf die Selbstreinigung besonders viel Wert legen, fällt der Preisunterschied kaum ins Gewicht."

Zerlegungsmethode

Sie zerlegen den Gesamtpreis in Teilleistungen.

Beispiel:

„Das Doppelbett kostet 354,50 €, der dazu passende Komfort-Holzrahmen 149,00 € und für die Federkernmatratze kommen noch 99,00 € hinzu."

Unterschiedliche Preisvorstellungen der Kunden

2

Es gibt Kunden, die für Artikel, mit denen sie sich Ansehen und Geltung verschaffen können wie Luxusartikel, aufwendige Autos oder exklusive Kleidung, viel Geld ausgeben, im Supermarkt bei Grundnahrungsmitteln aber auf Sonderangebote achten.

Andere Kunden achten bei langlebigen Artikeln, wie z. B. Waschmaschinen oder anderen technischen Geräten, auf Qualität und bezahlen auch hier einen höheren Preis.

In der folgenden Übersicht sehen Sie die Preisvorstellungen, die Sie im Verkauf am häufigsten antreffen:

Preisvorstellungen	mögliches Verkäuferverhalten
Der Preis ist für den Kunden Maßstab für gute Qualität.	Qualitätsmerkmale der Ware erläutern; auf längere Nutzungsdauer, Kundendienst, Garantie hinweisen
Der Kunde will preiswert kaufen und sparen.	Kunden auf Sparpackungen, Sonderangebote, Einzelteile, Restposten usw. hinweisen
Der Kunde strebt nach Ansehen und Geltung, der Preis spielt keine Rolle.	dem Kunden luxuriöse, exklusive Waren zeigen und deutlich machen, dass er etwas Besonderes, Außergewöhnliches kauft
Der Kunde setzt sich von vornherein eine Preisgrenze.	das Preislimit respektieren und Waren innerhalb dieser Preisgrenze zeigen; auf Ratenkauf oder spätere Ergänzungen hinweisen

3.2.3 Einwandbehandlung

Das Beratungsgespräch führt nicht immer schnell zum gewünschten Erfolg, denn jeder Kauf verlangt vom Kunden eine Entscheidung, bei der Bedenken, Unsicherheit oder Widerstände auftreten können. Sie äußern sich als Einwände. Einwände bieten dem Verkäufer die Möglichkeit, die Erwartungen und Vorstellungen des Kunden näher kennenzulernen.

Kundeneinwände können unterschiedlicher Art sein:

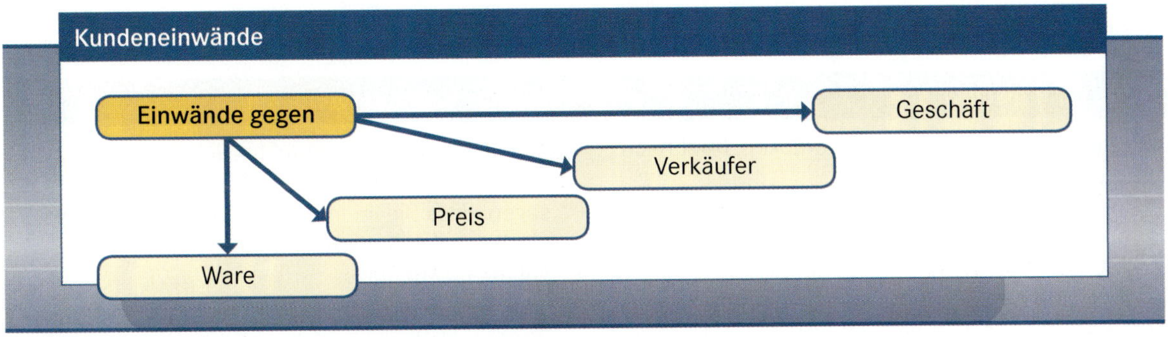

Kundeneinwände gegen die Ware

Beispiel:

- „Die Bananen sehen nicht gerade frisch aus."
- „Ich suche eine elegante Hose, diese ist mir zu modern und ausgeflippt."
- „Der Pullover ist ja schmutzig."
- „Können Sie mir nichts Besseres zeigen?"

Einwände gegen die Ware werden am häufigsten vorgebracht. Der Kunde ist mit der gezeigten Ware nicht zufrieden, das kann sich auf Art, Menge, Qualität, Aussehen oder Eignung der Ware beziehen. Bemerkt der Kunde einen Fehler an der vorgelegten Ware, zeigen Sie eine Ware ohne Mangel. Gelingt es Ihnen nicht, derartige Einwände auszuräumen, müssen Sie dem Kunden andere Möglichkeiten anbieten, um den Einwand auszuräumen, wie z. B. Bestellung, Umtausch oder Änderung.

Kundeneinwände gegen den Preis

„Das ist zu teuer!" Woher weiß der Verkäufer, welcher Grund für diesen Einwand vorliegt?

Um herauszubekommen, welche Gründe für Preiseinwände vorliegen, sollte der Verkäufer den Kunden fragen.

Mögliche Fragen:
- „Weshalb halten Sie den Preis für zu hoch?"
- „Haben Sie den Artikel in einem anderen Geschäft günstiger gesehen?"
- „Warum finden Sie, dass der Artikel zu teuer ist?"

Auch wenn Sie die Regeln der Preistechnik richtig angewendet haben, kann es zu Preiseinwänden der Kunden kommen. Das kann mehrere Ursachen haben.

Gründe für Preiseinwände	mögliches Verkäuferverhalten
Der Kunde hat denselben Artikel bei der Konkurrenz zu einem niedrigeren Preis gesehen.	- auf Zusatzleistungen hinweisen wie Beratung, Service usw. - darauf hinweisen, dass Ihr Geschäft auch Sonderangebote hat, nur nicht gerade für diesen Artikel - Waren vergleichen, auf andere Marken oder Qualitäten hinweisen
Der Kunde kann nicht so viel Geld ausgeben, er kann sich den Artikel nicht leisten.	- auf Sonderangebote hinweisen - preiswertere Artikel mit ähnlichen Eigenschaften anbieten
Der Kunde fragt sich, ob das Preis-Leistungs-Verhältnis stimmt, ob der Artikel auch wirklich sein Geld wert ist.	- Argumente anführen, die den Wert und die Qualität der Ware verdeutlichen - den Kunden aktivieren, damit er sich selbst überzeugt (probieren, fühlen lassen)

(Forts. Tabelle von Seite 115)

Gründe für Preiseinwände	mögliches Verkäuferverhalten
Der Kunde versucht den Preis zu drücken, fragt nach Rabatten.	▪ den Kunden höflich darauf hinweisen, dass in Ihrem Geschäft Rabatte nicht üblich sind ▪ sagen, dass Sie im Interesse aller Kunden grundsätzlich keine Rabatte gewähren (keine Ausnahme machen!) ▪ dem Kunden erläutern, dass die Preise knapp und sorgfältig kalkuliert sind
Dem Kunden ist der Preis zu niedrig.	▪ den günstigen Preis begründen (Restposten, Großeinkauf, Sonderangebot)

Kundeneinwände gegen den Verkäufer

Beispiel:

- „Ich möchte jemanden sprechen, der wirklich etwas von der Sache versteht."
- „Können Sie mir das etwas einfacher erklären, mit Ihren Fachbegriffen kann ich nichts anfangen."
- „Sonst werde ich immer von Frau Müller bedient."
- „Ich glaube, um das zu verstehen, sind Sie noch zu jung."
- „Können Sie mir nicht endlich die Ware zeigen?"

Wie Sie an den Beispielen sehen, können Einwände gegen den Verkäufer sehr vielfältig sein. Sie können sich gegen Verhalten, Alter, Geschlecht, äußere Erscheinung, Fachwissen oder Argumentation des Verkäufers richten. Mögliche Gründe für Einwände gegen den Verkäufer sind schlechte Erfahrungen, die der Kunde schon mit Verkäufern gemacht hat, oder persönliche Abneigung gegen den Verkäufer.

Kundeneinwände gegen den Verkäufer sind leider häufig auch berechtigt, wenn sie auf fehlendem Fachwissen, ungepflegter äußerer Erscheinung oder anderem Fehlverhalten des Verkäufers beruhen.

Kundeneinwände gegen das Geschäft

Beispiel:

- „Ich habe wieder 20 Minuten gebraucht, um einen Parkplatz zu finden."
- „Ihre Ware ist total verstaubt."
- „Das nennen Sie Auswahl?"

Bringen Kunden oft Einwände gegen Ihr Geschäft vor, sollten Sie der Sache unbedingt nachgehen. Selbst wenn die Einwände ungerechtfertigt sind, müssen sie entkräftet werden, denn negative Meinungen verbreiten sich viel schneller als positive und so kann das Geschäft einen schlechten Ruf bekommen.

Sind die Einwände gerechtfertigt (keine Kundenparkplätze, zu wenig Serviceleistungen oder Unsauberkeit), so sollten Sie diese Probleme schnellstmöglich lösen, sonst verlieren Sie immer mehr Kunden.

Grundsätzliche Verhaltensweisen des Verkäufers bei der Einwandbehandlung:

- dem Kunden aufmerksam zuhören
- freundlich bleiben (Mimik, Gestik, Sprache)
- den Einwand ernst nehmen
- die Meinung des Kunden respektieren
- sachkundig und höflich argumentieren

Was Sie unbedingt vermeiden sollten:

- unhöflich, unsachlich reagieren
- Einwände überhören, nicht darauf eingehen
- dem Kunden direkt widersprechen
- belehren, rechthaberisch sein

„Ja-aber"-Methode

Sie geben dem Kunden zunächst einmal recht und bringen dann ein Gegenargument. Durch die Zustimmung schaffen Sie eine gemeinsame Basis mit dem Kunden, der Kunde fühlt sich verstanden und wird dem Gegenargument zustimmen.

Beispiel:

Kunde: „115,00 €! Im Abc-Warenhaus habe ich das Gerät 15,00 € billiger gesehen."

Verkäufer: „Sie haben recht, in einem Warenhaus bekommen Sie diese Geräte günstiger, wenngleich Sie nicht übersehen sollten, dass wir Ihnen zusätzlich zum Gerät zahlreiche Serviceleistungen bieten. Unser Geschäft verfügt über einen eigenen Kundenservice, der Reparaturen schnell und kostenfrei erledigt."

Möglichkeiten, wie man Zustimmung und Gegenargument formulieren kann:

Zustimmung	Gegenargument
Sie haben recht ...	aber bedenken Sie bitte, dass ...
Sie fragen zu Recht ...	Sie können sich jedoch überzeugen ...
Ich stimme Ihnen zu ...	dafür erhalten Sie aber ...
Das verstehe ich gut ...	allerdings ...
Natürlich ...	Darf ich Sie darauf hinweisen, dass ...
Sie sprechen damit einen wichtigen Punkt an ...	wenngleich Sie nicht übersehen sollten, dass ...

Bumerangmethode

Sie formen den vermeintlichen Nachteil in einen Vorteil um. Auf diese Weise stimmen Sie dem Einwand des Kunden zu und verwandeln ihn dann in ein Argument für die Ware.

1. Beispiel:

Kunde: „Die Creme ist ja sehr fettig."
Verkäufer: „Gerade deshalb ist die Creme für Sie geeignet, weil Ihre trockene Haut im Winter mehr Fett als Feuchtigkeit braucht."

2. Beispiel:

Kunde: „Das Modell ist ja aus der Kollektion vom letzten Jahr."
Verkäufer: „Aus diesem Grund habe ich Ihnen das Kleid gezeigt, es entspricht Ihren Vorstellungen und im Vergleich zu einem Modell aus der neuen Kollektion sparen Sie 45,00 €."

Folgende Formulierungen sind geeignet, um die Bumerangmethode einzuleiten:
- dafür
- gerade deshalb
- aus diesem Grund

Rückfragemethode

Können Sie den Grund des Kundeneinwandes nicht genau erkennen, fragen Sie den Kunden, worin seine Bedenken liegen. Hierzu eignen sich offene Fragen. Mithilfe der Rückfragemethode erkennt der Kunde das Interesse des Verkäufers an seinem Einwand, Sie erfahren Gründe für die Einwände und können dementsprechend reagieren.

1. Beispiel:

Kunde: „Die Qualität sagt mir noch nicht zu."
Verkäufer: „Welche Ansprüche stellen Sie an die Qualität des Schlafanzuges?"

2. Beispiel:

Kunde: „Die Hose gefällt mir nicht."
Verkäufer: „Bitte sagen Sie, was Ihnen an der Hose nicht so recht gefällt."

Vorteil-Nachteil-Methode

Im Gegensatz zur Bumerangmethode zeigen wir dem Kunden, dass der erwähnte Nachteil zwar besteht, jedoch Vorteile der Ware überwiegen.

Beispiel:

Kunde: „Die hellen Schonbezüge werden doch sehr schnell schmutzig."
Verkäufer: „Sie haben recht, sie sind empfindlicher als andere Farben. Andererseits passen sie gut zur Innenausstattung Ihres Autos. Das Set gibt es auch im Reißverschlusssystem für problemloses Umklappen der Rücksitze.
Das Material ist atmungsaktiv sowie temperaturausgleichend und
Sie können die Bezüge jederzeit bei 30 °C waschen."

Nicht immer können die Einwände der Kunden ausgeräumt werden, hier liegt es am Geschick des Verkäufers, zu erkennen, ob es sich um einen echten Einwand oder um eine Ausrede, einen Scheineinwand, handelt.

Scheineinwände

Einwände, die der Kunde macht, um das Geschäft zu verlassen, können mehrere Gründe haben:
- Der Kunde will in verschiedenen Geschäften Qualität und Preise von Waren vergleichen.
- Der Kunde macht einen Einkaufsbummel und lässt sich ohne speziellen Kaufwunsch Ware zeigen.
- Der Kunde möchte Wartezeit (Bus, Bahn, Verabredung) verkürzen.
- Der Kunde sucht Schutz vor schlechter Witterung.

Beispiele:

- „Ich überlege es mir noch einmal."
- „Ich komme mit meinem Mann noch mal wieder."
- „Ich habe nicht so viel Geld dabei."

Sogenannte Ausreden müssen Sie respektieren. Achten Sie auf eine freundliche Verabschiedung, so behält der Kunde das Geschäft in guter Erinnerung und kommt gerne wieder.

3.3 Entscheidungsphase

Sie haben die Ware gezeigt, die passenden Argumente vorteilhaft formuliert und Einwände ausgeräumt. Spätestens jetzt zeigt sich, ob Sie die Probleme Ihres Kunden erkannt und richtig argumentiert haben.

In dieser Phase des Verkaufsgespräches sind folgende Situationen typisch:

- Der Kunde entscheidet sich gegen die Ware, er äußert ein klares Nein oder lässt durch körpersprachliche Signale Ablehnung erkennen.
- Der Kunde entscheidet sich spontan für die Ware.
- Der Kunde zögert noch, zeigt aber durch sprachliche und körpersprachliche Signale indirekt seine Kaufbereitschaft.

Warum zögert der Kunde noch? Viele Kunden fragen sich, bevor sie die Kaufentscheidung treffen:

- „Ich würde ja gern kaufen, aber tue ich das Richtige?"
- „Finde ich noch etwas Besseres?"
- „Brauche ich das wirklich?"
- „Ist der Preis nicht zu hoch?"

3.3.1 Kaufsignale

Die Kunden haben oftmals Angst vor einer Kaufentscheidung und die Aufgabe des Verkäufers ist es, dem Kunden diese Entscheidungsangst zu nehmen und mögliche Bedenken auszuräumen.

Sie erkennen an sprachlichen und körpersprachlichen Signalen, wann der Kunde Entscheidungshilfen braucht.

Zu den Kaufsignalen gehören:

sprachliche Kaufsignale	körpersprachliche Kaufsignale
Der Kunde äußert seine Zufriedenheit, z. B. - „Das gefällt mir sehr gut.", - „Das ist das Richtige.", - „Das suche ich schon lange.".	Der Kunde stimmt den Verkaufsargumenten nickend zu, lächelt, zeigt einen zufriedenen Gesichtsausdruck.
Der Kunde fragt nach Zusatzangeboten.	Der Kunde reibt zufrieden die Hände.
Der Kunde wiederholt unsere Argumente.	Der Kunde greift nach der Ware und prüft sie nochmals.
Der Kunde stellt Fragen nach Liefer- und Zahlungsbedingungen.	Der Kunde greift nach Geldbeutel oder Scheckkarte.

Können Sie ein oder mehrere der Kaufsignale beim Kunden erkennen, erleichtern Sie den Kaufentschluss durch Entscheidungshilfen.

3.3.2 Entscheidungshilfen

Alternativfragen stellen

Beispiele:

- „Möchten Sie lieber die schwarze oder die graue Bluse?"
- „Welche Lampe gefällt Ihnen besser: die romantische Lampe mit den Blütengläsern oder die Designer-Leuchte aus Chrom?"

Sie bieten dem Kunden zwei positive Alternativen zur Wahl und engen damit die Auswahl ein.

2

Die wichtigsten Argumente zusammenfassen

Beispiel:

Verkäufer: „Sie sagten, Sie legen Wert darauf, dass der Hosenanzug pflegeleicht ist?"
Kunde: „Ja, das ist mir sehr wichtig."
Verkäufer: „Diesen Hosenanzug können Sie waschen, trocknen und wieder anziehen, ohne ihn zu bügeln. Da Sie viel verreisen, ist es genau das Richtige für Sie."

Im Verlauf des Verkaufsgespräches haben Sie die Kundenansprüche ermittelt und fassen jetzt noch einmal die wichtigsten Vorzüge zusammen. Der Kunde erkennt, dass mit diesem Artikel seine Vorstellungen in Erfüllung gehen, und Sie erleichtern ihm damit seine Kaufentscheidung.

Kontrollfragen stellen

Beispiel:

Verkäufer: „Sie sagten doch, Sie wollen eine Tagescreme mit UV-Filter?"
Kundin: „Ja."
Verkäufer: „... und sie sollte feuchtigkeitsspendend sein?"
Kundin: „Ja."
Verkäufer: „Ist es von Vorteil, wenn die Creme zu der Pflegeserie passt, die Sie zu Hause haben?"
Kundin: „Das wäre gut."
Verkäufer: „Dann ist es das richtige Produkt für Sie."

Sie stellen Fragen, auf die der Kunde mit Ja antwortet. Außerdem wiederholen Sie noch einmal die wichtigsten Vorteile für den Kunden.

Eine Empfehlung geben

Beispiel:

Kunde: „Ich kann mich nicht entscheiden."
Verkäufer: „Ich empfehle Ihnen den Teppich im Nepal-Look. Er passt gut zu Ihren Möbeln und erfüllt Ihre Vorstellungen hinsichtlich Pflege und Farbe."

Wenn Sie dem Kunden etwas empfehlen, müssen Sie Ihre Wahl unbedingt begründen. Eine Entscheidung, die der Kunde trifft, kann er auch besser gegenüber anderen begründen als eine Entscheidung, die er vom Verkäufer übernommen hat.

3.4 Weiterführungsphase

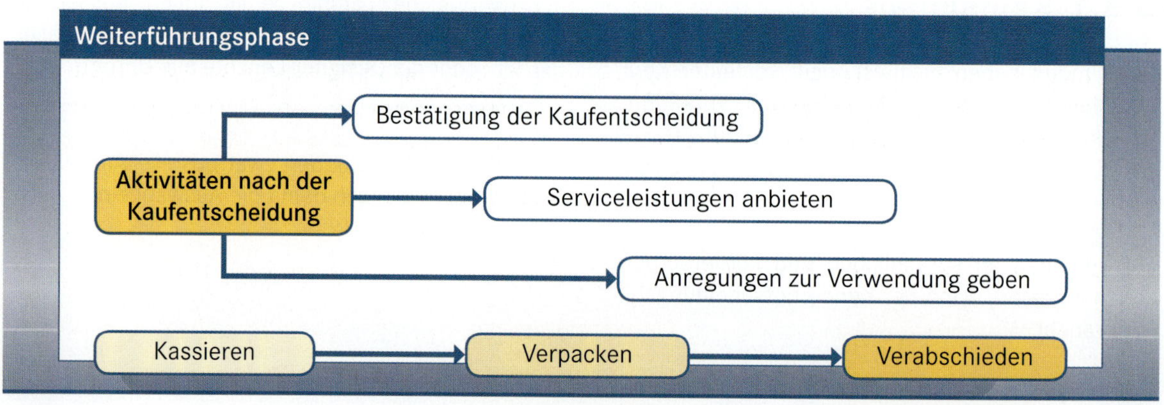

3.4.1 Bestätigung der Kaufentscheidung

Der Kunde hat sich für die Ware entschieden. Bestärken Sie jetzt die Kaufentscheidung des Kunden, denn es können immer noch gelegentlich Zweifel auftreten. Indem Sie die Entscheidung des Kunden bestätigen und ihm sagen, dass er die richtige Wahl getroffen hat, fördern Sie das Selbstwertgefühl des Kunden und zeigen ihm, dass er überlegt gehandelt hat.

Eine Kaufbestätigung ist wirksamer, wenn Sie sich noch einmal auf den Kundenanspruch beziehen. Allgemeine Wendungen („Sie haben gut gewählt.") tragen zwar auch dazu bei, letzte Zweifel des Kunden auszuräumen, sind jedoch von geringerer Wirkung.

Beispiele:

- „Sie haben gut gewählt. Mit diesem pflegeleichten Hosenanzug haben Sie eine ideale Kombination zum Verreisen gekauft."
- „Ihre Entscheidung ist deshalb richtig, weil Sie ..."
- „Mit dieser Kaffeemaschine haben Sie bestimmt die richtige Wahl getroffen, weil sie ..."
- „Sie werden es bestimmt nicht bereuen. Das Geschenk wird Ihrem Kind durch die vielfältigen Einsatzmöglichkeiten viel Freude bereiten."

Serviceleistungen anbieten

Sie weisen den Kunden auf Serviceleistungen hin, die Ihr Geschäft anbietet.

Beispiele:

- „Soll die Puppe als Geschenk verpackt werden?"
- „Verwahren Sie den Garantieschein sorgfältig! Bei eventuellen Problemen kümmert sich unser Kundendienst um das Gerät."

Anregungen zur Verwendung geben

Sie geben Tipps und Anregungen für die Verwendung, Pflege und Wartung des Artikels.

Beispiele:

- „Wenn Sie den Pullover waschen, ist es günstiger, ihn liegend zu trocknen."
- „Verwenden Sie destilliertes Wasser, um Kalkablagerungen zu verhindern."

3.4.2 Kassiervorgang (siehe auch LF 3, Kap. 3)

Kassieren Sie den Rechnungsbetrag nicht selbst, bitten Sie den Kunden, an der Kasse zu bezahlen. Zeigen Sie ihm den Weg dorthin, wenn möglich begleiten Sie Ihren Kunden zur Kasse.

Die wichtigsten Kassierregeln:

- Prüfen Sie vor Arbeitsbeginn stets nach, ob die Kasse in Ordnung ist (Bonstreifen, Wechselgeld, Farbband, Datum).
- Nennen Sie dem Kunden den zu zahlenden Kaufpreis.
- Hat der Kunde den zu zahlenden Betrag passend, zählen Sie stets nach.
- Bezahlt der Kunde mit einem Schein, legen sie ihn so lange auf die Kassenplatte, bis Sie dem Kunden das Rückgeld vorgezählt haben.
- Den Kassenzettel händigen Sie dem Kunden aus oder verpacken ihn mit der Ware.

3.4.3 Verpacken der Ware (siehe auch LF 5, Kap. 3)

Verpacken Sie die Ware sorgfältig und möglichst handlich. Die meisten Geschäfte bieten zum Verpacken der Ware Tragetaschen an. Wählen Sie Verpackungsart und -material so, dass unnötige Kosten vermieden werden, die Ware vor möglichen Transportschäden geschützt und die Verpackung für den Kunden bequem ist.

3.4.4 Verabschiedung des Kunden

Die Verabschiedung des Kunden müssen Sie so gestalten, dass der Kunde das Geschäft in angenehmer Erinnerung behält und gern wiederkommt. Folgende Grundsätze sollten Sie beachten:

- Verlieren Sie nicht sofort nach der Kaufentscheidung das Interesse am Kunden, sondern seien Sie bis zuletzt für ihn da.
- Bedanken Sie sich freundlich für jeden Einkauf („Vielen Dank für den Einkauf!").
- Verhalten Sie sich höflich und hilfsbereit (den Kunden in den Mantel helfen, zur Tür begleiten, den Weg zum Ausgang oder Fahrstuhl zeigen).
- Halten Sie kleine Aufmerksamkeiten bereit (Luftballons, Bonbons für Kinder; Proben, Rezepte für Erwachsene).
- Verabschieden Sie Kunden, die nichts gekauft haben, ebenso höflich wie die anderen Kunden. Weisen Sie auf Neueingänge, Sonderveranstaltungen und Ähnliches hin.

2

3.5 Nützliche Wendungen für ein Verkaufsgespräch in Englisch

aus Sicht des Verkäufers:

shop assistant	Verkäufer
What can I do for you?	Was kann ich für Sie tun?
Would you like to have a look around first?	Möchten Sie sich erst umsehen?
This item isn't in stock but we can order it for you.	Wir haben diesen Artikel nicht vorrätig, aber wir können ihn für Sie bestellen.
Which one does suit you best?	Was gefällt Ihnen (am besten)?
What about this product/article?	Wie wäre es mit diesem Produkt/Artikel?
How do you like this product?	Wie gefällt Ihnen dieses Produkt?
I'll show you what's in our range.	Ich zeige Ihnen, was wir haben.
Would you like to try it on?	Möchten Sie es anprobieren?
The fitting room is over there.	Die Umkleidekabine ist dort drüben.
What colour do you prefer?	Welche Farbe bevorzugen Sie?
Would you like anything else?	Wünschen Sie sonst noch etwas?
This article is a special offer.	Dieser Artikel ist ein Sonderangebot.
All these products are reduced in price.	All diese Artikel sind preisreduziert.
They're up to 30 per cent discount/off.	Sie sind bis zu 30 % reduziert.
You can buy two products for the price of one.	Sie können zwei Produkte für den Preis von einem kaufen.
Would you like a carrier bag?	Möchten Sie eine Einkaufstüte?
I'll wrap it up for you.	Ich packe es Ihnen ein.
Please pay at the cash desk.	Gehen Sie zum Bezahlen bitte an die Kasse.

(Forts. Tabelle von Seite 122)

That's 8.50 €, please.	Das kostet 8,50 €.
That's 5.75 € altogether, please.	Das kostet zusammen 5,75 €.
Would you like to pay in cash/by credit card ...?	Möchten Sie bar bezahlen/mit Kreditkarte ...?
Do you have 50 cents (a 50 cent coin), please?	Haben Sie 50 Cent?
Here's your change and your receipt.	Ihr Wechselgeld und Kassenbon.
Please put your signature here.	Unterschreiben Sie bitte hier.
Thank you for shopping at us.	Vielen Dank für Ihren Einkauf.
Have a nice day.	Ich wünsche Ihnen einen schönen Tag.

aus Sicht des Kunden:

customer	Kunde
I'd like ...	Ich hätte gerne ...
I need ...	Ich brauche ...
I'm looking for a present.	Ich suche ein Geschenk.
Have you got ...?	Haben Sie ...?
No thank you. I've had it.	Nein danke. Das ist alles.
I need about half a kilogram.	Ich brauche ½ Kilo.
I don't like this colour.	Mir gefällt die Farbe nicht.
Sorry, this one is too expensive/big/...	... zu teuer/zu groß/...
Could you show me the red one, please?	Können Sie mir bitte den roten (Artikel) zeigen?
I'd prefer the blue one.	Ich bevorzuge den blauen (Artikel).
I'd like to try on ...	Ich möchte gerne ... anprobieren.
Where are the fitting rooms?	Wo sind die Umkleidekabinen?
Have you got it in size S/M/L/XL?	Haben Sie (den Artikel) in S/M/L/XL?
I'll take this one.	Ich nehme (den Artikel).
How much is it?	Was kostet (der Artikel)?
I'm sorry, I've only got a 50-Euro-note.	Es tut mir leid, ich habe nur einen 50- Euro-Schein.
Can I pay by credit card?	Kann ich mit Karte bezahlen?
I'll take this article. It's a present. Can you please wrap it up for me.	Ich nehme diesen Artikel. Können Sie ihn mir bitte als Geschenk einpacken?
Thanks for your help/support.	Vielen Dank für Ihre Hilfe.

4 Zusatz- und Alternativangebote

4.1 Zusatzangebote

Herr Meyer hat eine Videokamera gekauft und möchte sie gleich am selben Abend bei einer Geburtstagsfeier ausprobieren. Abends stellt der Kunde jedoch erschrocken fest, dass er vergessen hat, eine Videokassette zu kaufen, und er denkt für sich: „Der Verkäufer hätte mich doch darauf hinweisen können!“

Viele Verkäufer denken, dass es aufdringlich wirkt, wenn sie dem Kunden immer Zusatz- bzw. Ergänzungsangebote machen. Dabei hat der Kunde, wie im Beispiel von Herrn Meyer zu sehen ist, auch Nutzen davon. Es wäre angebracht gewesen, Herrn Meyer die passende Videokassette für die Videokamera anzubieten.

Zusatzartikel bringen Nutzen für:
- den Kunden – sie ersparen dem Kunden Ärger, Zeit und Geld.
- den Verkäufer – sie heben das Ansehen beim Kunden und beim Geschäftsinhaber.
- das Geschäft – sie steigern Umsatz und Gewinn.

Zusatzartikel sind Waren, die einen Hauptartikel erst funktionsfähig und sinnvoll verwendbar machen, z. B. Fotoapparat mit Film oder Taschenlampe mit Batterie. Hier sprechen wir von notwendigen Zusatzartikeln. Notwendige Zusatzartikel empfehlen Sie immer, auch wenn gerade großer Kundenandrang herrscht oder der Kunde wenig Zeit hat.

Zusatzartikel sind auch Waren, die zum Hauptartikel passen, den Hauptartikel aufwerten oder seine Einsatz- und Verwendungsmöglichkeiten erhalten, z. B. ein Gürtel zur Hose oder Pflegemittel für Schuhe. Auch diese nützlichen Zusatzartikel empfehlen Sie dem Kunden, nachdem Sie ihn auf mögliche notwendige Zusatzangebote aufmerksam gemacht haben.

Richtiger Zeitpunkt für den Zusatzverkauf

Der richtige Zeitpunkt für den Zusatzverkauf ergibt sich in der Regel aus der jeweiligen Verkaufssituation. Waren, die den Hauptartikel ergänzen oder aufwerten, sollten möglichst bald in die Verkaufshandlung einbezogen werden. Es ist sinnvoll, sie während der Warenpräsentation und -argumentation vorzulegen. Bieten Sie dem Kunden grundsätzlich Zusatzartikel an, bevor er bezahlt hat, denn danach wird er sich schwer entschließen, noch einmal Geld auszugeben.

Wie bieten Sie Zusatzangebote an?

Argumentieren Sie verständlich, vermeiden Sie allgemeine Formulierungen.

Beispiel:

Falsch: „Darf es sonst noch was sein?“
Richtig: „Wenn Sie möchten, dass der Lippenstift länger auf den Lippen hält, empfehle ich Ihnen einen Lippenpinsel, der auch noch genaueres Auftragen ermöglicht.“

Vermeiden Sie Fragen und Formulierungen, die vom Kunden höchstwahrscheinlich mit „Nein“ beantwortet werden.

Beispiele:

- „Haben Sie sonst noch einen Wunsch?“
- „Brauchen Sie noch einen Gürtel?“

Zusatzartikel sollten in der Regel weniger kosten und kleiner als der Hauptartikel sein.

Wählen Sie für den Zusatzverkauf den richtigen Zeitpunkt. Aktivieren Sie den Kunden bei der Warenvorführung, damit er sich selbst von den Vorteilen der Ware überzeugen kann.

Beispiel:

„Bitte legen Sie einmal diesen dekorativen Schal um und sehen Sie in den Spiegel. Der neue Mantel wirkt dadurch noch ansprechender.“

Verbundangebote

Das sind Waren, die im Verwendungszusammenhang präsentiert werden. Durch Verbundplatzierungen können Sie dem Kunden deutlich machen, welche Ergänzungsangebote für den Hauptartikel möglich und geeignet sind. Außerdem unterstützen sie den Verkäufer bei seinen Bemühungen, dem Kunden im Beratungsgespräch Gesamtangebote zu unterbreiten.

Beispiele:

- Kaffeeservice, Kerzenhalter, Kerzen, passende Tischdecke usw.
- Handy, Freisprechanlage, Ledertasche usw.
- Fahrrad, Fahrradhelm, Fahrradschloss, Fahrradjacke, Fahrradhose usw.

4.2 Alternativangebote

Trotz größter Bemühungen können Sie nicht immer alle Kundenwünsche erfüllen. So kann es vorkommen, dass die verlangte Ware gerade nicht vorrätig ist, nicht in der gewünschten Marke, Qualität, Größe, Farbe oder Form am Lager ist oder überhaupt nicht geführt wird.

In solchen Fällen haben Sie zwei Möglichkeiten, doch noch zu einem Verkaufsabschluss zu gelangen. Sie können dem Kunden anbieten, die gewünschte Ware für ihn zu besorgen, oder Sie bieten dem Kunden ein Alternativangebot an.

Das Alternativangebot muss die Bedürfnisse des Kunden befriedigen und der vorgeschlagene Artikel sollte den gleichen Zweck erfüllen wie die ursprünglich verlangte Ware. Der Artikel soll in seinen Eigenschaften und Verwendungsmöglichkeiten, seiner Verarbeitung, Haltbarkeit und Bedienungsfreundlichkeit ebenso gut oder besser sein als der gewünschte Artikel.

Unterbreitung von Alternativangeboten

Äußert ein Kunde einen Wunsch, den Sie nicht unmittelbar erfüllen können, unterbreiten Sie nicht voreilig ein Alternativangebot, sondern ermitteln Sie, was er wirklich wünscht. Führen Sie dem Kunden dann sofort Alternativangebote vor und sprechen Sie über die nicht vorhandene Ware möglichst wenig. Vermeiden sie Formulierungen, die dem Kunden deutlich machen, dass er nicht die von ihm gewünschte Ware bekommt:

- „Tut mir leid, die Marke IBA führen wir nicht, wir haben nur ABI."
- „Da könnte ich Ihnen höchstens noch ... empfehlen."
- „Der Artikel ist leider vergriffen. Ersatzweise kann ich Ihnen ... anbieten."
- „Der Artikel von XY ist auch ganz gut."

Beispiele:

Kunde wünscht einen Rucksack der Firma ESAK

falsch: „Ich kann Ihnen nur den Rucksack der Firma CAM anbieten. Aber der ist auch sehr gut."

richtig: „Wenn Sie einen leichten Wanderrucksack suchen, kann ich Ihnen diesen hochwertigen Rucksack empfehlen. Durch das stark gepolsterte Rückenteil und die ergonomisch geformten Riemen werden Sie ihn beim Wandern kaum auf dem Rücken spüren."

Kundin wünscht Schuhe der Firma BEA

falsch: „Tut mir leid, ausgerechnet diese Marke führen wir nicht!"

richtig: „Markenschuhe in erstklassiger, solider Verarbeitung kann ich Ihnen hier zeigen. Probieren Sie doch einmal ein Modell der Firma ABE. Sie werden von der Passform begeistert sein."

2

5 Serviceleistungen als Mittel der Kundenbindung*

„Das ist ja ein Service!“ - Wenn Sie diesen Satz hören oder selbst äußern, verbinden Sie etwas Positives damit. Serviceleistungen sind Leistungen, die zusätzlich zum Warenverkauf angeboten werden und die dem Kunden den Einkauf, den Gebrauch und die Bezahlung der Ware erleichtern.

Das Angebot an Kundendiensten und Dienstleistungen nimmt immer größere Bedeutung an. Das hat mehrere Ursachen:
- Die Kunden werden immer anspruchsvoller,
- die Kunden machen häufig den Kauf eines Produktes von den angebotenen Dienstleistungen oder Kundendiensten abhängig,
- Preiskampf der Mitbewerber.

Art und Umfang der Serviceleistungen hängen von der Betriebsform, vom Sortiment und der Geschäftspolitik ab.

Wir unterscheiden Serviceleistungen in
- Kundendienste und
- Dienstleistungen.

Kundendienste

Kundendienste sind Leistungen, die allen Kunden zugutekommen, auch wenn sie nichts kaufen. Die Leistungen werden unentgeltlich angeboten.

Dienstleistungen

Dienstleistungen sind Leistungen, die gegen Zahlung eines Entgeltes angeboten werden.

Ziele der Serviceleistungen

- Gewinnung neuer Kunden, Kundenerhaltung
- Einkauf zu einem angenehmen Erlebnis gestalten
- Erleichterungen beim Einkauf bieten
- Transport, Ingebrauchnahme und Nutzung der Ware erleichtern
- Kaufrisiko vermindern (Garantie, Umtausch)
- Umsatzerhöhung

Wir unterteilen Serviceleistungen in
- allgemeine Leistungen (unternehmenseigene und unternehmensfremde Leistungen),
- warenbezogene Leistungen und
- Leistungen bei der Bezahlung und Finanzierung.

Allgemeine Leistungen

Dazu gehören unternehmenseigene und unternehmensfremde Leistungen:

unternehmenseigene Leistungen	unternehmensfremde Leistungen
fachgerechte Verkaufsberatung	Telefonzelle
Einkaufswagen	Fotokopiergeräte
Rolltreppen, Fahrstühle	Frisieren
Parkplätze, Erstattung von Parkgebühren	Schuhreparaturdienst
Kinderspielräume, Wickelräume	Schlüsseldienst
Information über Homepage im Internet	Schnellreinigung
Restaurant, Café	
zentrale Umtauschkasse	
Kundenzeitschrift	
Toiletten	

Allgemeine Leistungen ermöglichen den Kunden bequeme Einkäufe und machen den Einkauf zum „Einkaufserlebnis“.

*(siehe auch LF 5, Kap. 4)

Warenbezogene Leistungen

- Warenzustellung
- Aufbau, Einbau von gekauften Waren
- Entsorgung von Altmöbeln, Altgeräten usw.
- Ausmessen/Verlegen von Bodenbelägen
- Änderungsdienst
- Reparatur- und Wartungsdienst/Ersatzteilservice
- warengerechte Verpackung
- Tragetaschen, Gepäckträger u.a., zum Teil leihweise
- Auswahlsendungen ins Haus der Kunden
- verlängerte Garantiefristen
- Warenreservierung

Warenbezogene Leistungen erhöhen den Gebrauchswert der Ware.

Bezahlung und Finanzierung

- Bezahlung und Finanzierung
- POS (Point of Sale)
- Electronic-Cash-System
- Einkauf mit Kundenkreditkarte
- Kundenkredit
- Teilzahlungskredit (Ratenkauf)
- Mietkauf (Leasing)
- Inzahlungnahme von Altgeräten

Leistungen der Bezahlung und Finanzierung ermöglichen den Kunden einen finanziellen Spielraum.

Serviceleistungen als Verkaufsargumente

Serviceleistungen erleichtern dem Kunden die Kaufentscheidung. Deshalb ist es wichtig, dass der Verkäufer über die entsprechenden Serviceleistungen seines Geschäftes informiert ist und den Kunden im geeigneten Moment darauf aufmerksam macht. Da Serviceleistungen dem Kunden zusätzlichen Nutzen bringen, ist es von Vorteil, aus den angebotenen Serviceleistungen Verkaufsargumente abzuleiten.

Bieten Sie den Kunden die Serviceleistungen erst an, nachdem Sie sie ausreichend über die Ware informiert haben. Haben Sie zum Beispiel im Verkaufsgespräch erfahren, dass die Kundin, die einen Schrank kaufen möchte, alleinstehend und handwerklich unbegabt ist, bieten Sie ihr die Lieferung und den Aufbau des Schrankes an. Achten Sie darauf, dass Sie das Problem des Kunden richtig erfassen. Das gezielte Anbieten von Serviceleistungen soll dem Kunden die Kaufentscheidung erleichtern.

2

Serviceleistungen

Lernfeld 3

3

1 Rechtliche Grundlagen für das Zustandekommen von Rechtsgeschäften

2 Kaufvertrag mit dem Kunden

3 Kasse

4 Zahlungsverkehr

5 Gebräuchliche Rechenverfahren

1 Rechtliche Grundlagen für das Zustandekommen von Rechtsgeschäften

1.1 Rechtsfähigkeit und Geschäftsfähigkeit

1.1.1 Rechtsfähigkeit

Rechtsfähig ist jeder, der Träger von Rechten und Pflichten sein kann. Die Rechtsfähigkeit des Menschen (= natürliche Person) beginnt mit der Vollendung der Geburt und endet mit dem Tod.

3

Wenn die Eltern eines Säuglings bei einem Verkehrsunfall ums Leben kommen, so ist das Kind Erbe. War der Vater (die Mutter) Inhaber einer Fabrik, tritt das Kind in die Rechte und Pflichten des Vaters (der Mutter) ein. Selbstverständlich kann es die Geschäfte noch nicht führen; es ist rechtsfähig, aber noch nicht geschäftsfähig.

Juristische Personen (z.B. Aktiengesellschaften, Industrie- und Handelskammern, Genossenschaften, Vereine) entstehen erst mit der Eintragung in ein öffentliches Register (Handelsregister, Genossenschaftsregister, Vereinsregister) und werden dadurch rechtsfähig. Ihre Rechtsfähigkeit endet mit der Löschung im jeweiligen Register.

Man unterscheidet juristische Personen des

öffentlichen Rechts	und	privaten Rechts
- Körperschaften, z.B. Bundesländer, Industrie- und Handelskammern - Anstalten, z.B. Sparkassen, Rundfunkanstalten - Stiftungen, z.B. Stiftung Preußischer Kulturbesitz		- wirtschaftliche Vereine, z.B. Genossenschaften, Kapitalgesellschaften (AG, GmbH) - nicht-wirtschaftliche Vereine, z.B. Schützenvereine, Tennisclubs - Stiftungen, z.B. Stiftung Warentest

Tiere können keine Rechtsfähigkeit erwerben. Juristisch werden sie wie Sachen behandelt. Sie werden aber durch besondere Gesetze geschützt.

Rechtsfähigkeit (Träger von Rechten und Pflichten sein)		
natürliche Personen		**juristische Personen**
Geburt ←	**Beginn**	→ Registereintragung
Tod ←	**Ende**	→ Löschung im Register

1.1.2 Geschäftsfähigkeit

Nicht jeder, der rechtsfähig ist, ist auch geschäftsfähig. Man unterscheidet je nach Alter drei verschiedene Stufen:
- Geschäftsunfähigkeit
- beschränkte Geschäftsfähigkeit
- volle Geschäftsfähigkeit

Geschäftsunfähigkeit

Geschäftsunfähig sind Kinder von der Vollendung der Geburt bis unter 7 Jahren. Gleiches gilt für dauernd geisteskranke Personen. Für diesen Personenkreis handelt ein gesetzlicher Vertreter, d.h.

die Eltern oder ein Betreuer. Rechtsgeschäfte, die ein Geschäftsunfähiger abschließt, sind nichtig (vgl. Kap. 1.4).

Beschränkte Geschäftsfähigkeit

Beschränkt geschäftsfähig sind:
- Personen von der Vollendung des 7. Lebensjahres bis unter 18 Jahren;
- Personen, die wegen Geistesschwäche, Verschwendung, Rauschgiftsucht oder Trunksucht unter vom Gericht verfügter Betreuung stehen.

Dieser Personenkreis kann ohne Zustimmung des gesetzlichen Vertreters grundsätzlich Geschäfte vornehmen, die nur rechtliche Vorteile bringen, also z. B. Geschenke annehmen. Er kann aber nicht ohne Weiteres Geschäfte abschließen, aus denen er verpflichtet wird, also z. B. Kaufverträge eingehen.

Beispiel:

Kauft ein 16-Jähriger ein Fahrrad oder einen Computer, bedarf dieser Kauf der (vorherigen) Einwilligung oder der (nachträglichen) Genehmigung des gesetzlichen Vertreters. Der Vertrag ist vorher „schwebend unwirksam". Sind die Eltern nicht mit dem Kauf einverstanden, ist der Kaufvertrag nichtig (vgl. Kap. 1.4). Der Einzelhändler muss den Gegenstand zurücknehmen, auch wenn er beschädigt ist, und den vollen Kaufpreis zurückzahlen.

Anders ist die Rechtslage, wenn der Kaufpreis mit dem Taschengeld bezahlt wurde. Dann ist der Vertrag von Anfang an wirksam. Dabei ist die Höhe des einzelnen Taschengeldbetrages ausschlaggebend (z. B. 80,00 €). Spart der Jugendliche über 10 Monate sein Taschengeld an (= 800,00 €), um sich den teuren Computer zu kaufen, so ist auch hier der Kaufvertrag schwebend unwirksam. Die Eltern genehmigten ihm nämlich nur die freie Entscheidung bis zur Höhe seines Taschengeldes, also bis 80,00 €.

Erlauben dagegen die Eltern ihrem minderjährigen Kind, sich selbst einen Arbeits- bzw. Ausbildungsplatz zu suchen, so ist der Minderjährige in diesem Bereich unbeschränkt geschäftsfähig.

Volle Geschäftsfähigkeit

Voll geschäftsfähig ist der Mensch mit der Vollendung des 18. Lebensjahres, d. h., er kann alle Arten von Handlungen und Geschäften eigenverantwortlich tätigen.

3

Übersicht zur Geschäftsfähigkeit:

Geschäftsfähigkeit (Fähigkeit rechtswirksame Geschäfte abzuschließen)		
Geschäftsunfähigkeit	beschränkte Geschäftsfähigkeit	volle Geschäftsfähigkeit
- Kinder unter 7 Jahren - dauernd Geisteskranke	- Minderjährige von 7 bis unter 18 Jahren - wegen Geistesschwäche, Verschwendung, Trunk- und Rauschgiftsucht, betreute Personen	- Erwachsene ab 18 Jahren

Juristische Personen, die die Rechtsfähigkeit durch Eintragung ins Register erworben haben, sind automatisch geschäftsfähig.

1.2 Rechtsgeschäfte – Arten und Formvorschriften

Rechtsgeschäfte ergeben sich aus abgegebenen Willenserklärungen der beteiligten Personen.

> **Eine Willenserklärung ist eine rechtlich wirksame Äußerung, durch die eine Rechtsfolge beabsichtigt ist.**

Willenserklärungen können abgegeben werden durch:
- ausdrückliche Äußerung (mündlich oder schriftlich)
- schlüssige Handlung (z. B. Handzeichen bei einer Versteigerung)
- Schweigen (z. B. Bestellung weicht vom Angebot ab, wird aber trotzdem ausgeführt; Annahme unbestellter Ware)

Rechtsgeschäfte regeln die rechtlichen Beziehungen im Geschäftsleben, d. h., daraus ergeben sich die Rechte und Pflichten der Beteiligten. Man unterscheidet folgende Arten von Rechtsgeschäften:

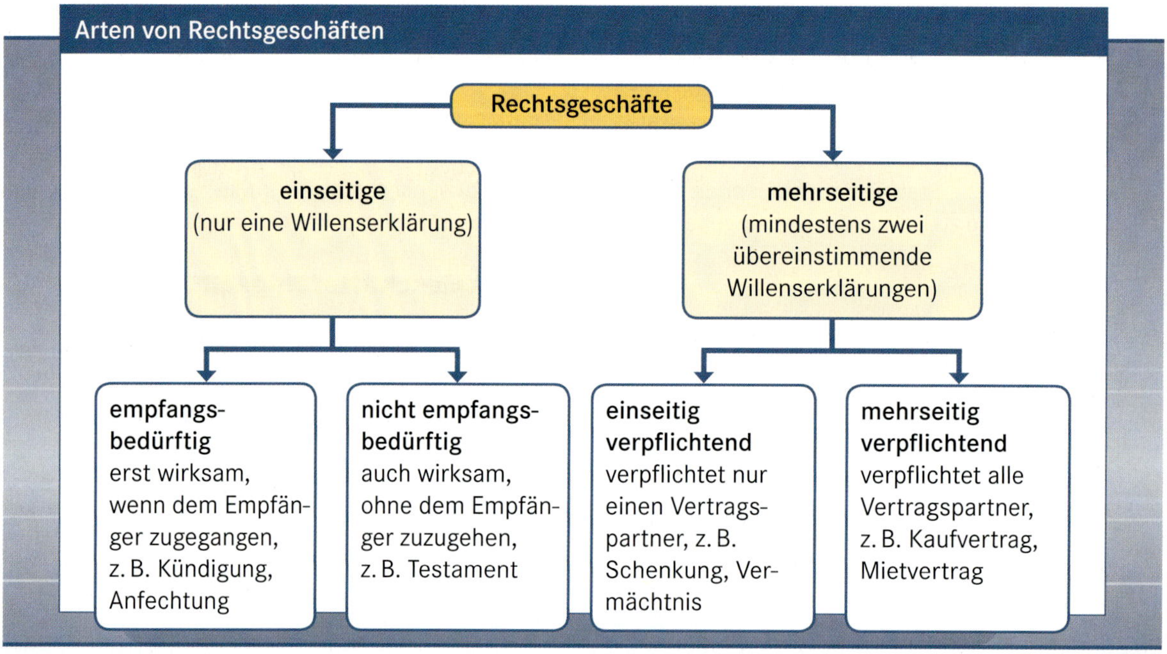

Die meisten Rechtsgeschäfte sind an keine bestimmte äußere Form gebunden.

Man unterscheidet:

Formtypen	Anforderungen
formfrei/formlos	Das Rechtsgeschäft kann in beliebiger Form abgeschlossen werden, z. B. stillschweigend, mündlich oder telefonisch.
Schriftform	Die schriftlich verfasste Willenserklärung muss unterschrieben sein, z. B. Kündigung, Mietvertrag.
öffentliche Beglaubigung	Nur die Unterschrift wird vom Notar beglaubigt, nicht der Inhalt, z. B. Eintragung eines Vereins im Vereinsregister.
notarielle Beurkundung	Der Vertragsinhalt wird vor einem Notar rechtsgültig festgelegt, z. B. Kauf eines Grundstückes, Ehevertrag, Gesellschaftsvertrag.

1.3 Vertragsfreiheit

Der Grundsatz der Vertragsfreiheit bedeutet, dass niemand zum Abschluss eines Vertrages gezwungen werden kann und im Vertrag beliebige Abmachungen getroffen werden können, soweit sie nicht gegen Gesetze verstoßen; d. h., es gilt:

Beispiel:

Die Deutsche Bahn AG muss gegen Bezahlung der Fahrkarte mit jedem Fahrgast einen Beförderungsvertrag abschließen. Die Deutsche Post AG muss jeden richtig frankierten Brief befördern.

Freie Bestimmung des Vertragspartners

Jeder kann mit jedermann Rechtsgeschäfte abschließen, er kann es aber auch bleiben lassen.

Beispiel:

Ein Gastwirt kann dem späten Gast noch ein Bier geben, er muss es aber nicht. Der Kunde kann die Ware auswählen, die ihm gefällt. Ein Stellensuchender kann eine bestimmte Tätigkeit annehmen oder auch ablehnen (soweit keine gesetzlichen Bestimmungen entgegenstehen).

Der Kontrahierungszwang (= Zwang zum Abschluss eines Vertrages) ist der Gegensatz zur Vertragsfreiheit.

Freie Bestimmung des Vertragsinhaltes

Der Inhalt eines Vertrages ist von den Partnern frei aushandelbar.

Beispiel:

Ein Großhändler kann mit dem Einzelhändler im Kaufvertrag frei vereinbaren, wer die Beförderungskosten trägt.

Gesetzliche Verbote und Vorschriften schränken die Vertragspartner hierbei ein.

Beispiel:

Rauschgift kann nicht zum Gegenstand eines Kaufvertrages werden.

3

1.4 Nichtigkeit und Anfechtbarkeit von Rechtsgeschäften

Ein Rechtsgeschäft, z. B. ein Kaufvertrag, kann nichtig oder anfechtbar sein. **Ein nichtiger Vertrag ist von vornherein ungültig, ein anfechtbarer Vertrag gilt, solange er nicht angefochten wird.** Wird er fristgerecht angefochten, ist der Vertrag ebenfalls nichtig geworden, d. h., er ist rückwirkend ungültig geworden.

Die Anfechtung einer Willenserklärung ist eine empfangsbedürftige Willenserklärung, die unverzüglich an den Vertragspartner zu richten ist. Sie bedarf keiner besonderen Form. Die Anfechtung kann auch durch Einlegen von Rechtsmitteln (Klage) erfolgen. Die Anfechtung wegen Irrtum muss unverzüglich erfolgen, bei Täuschung oder Drohung gilt eine Frist von einem Jahr.

Nichtigkeit und Anfechtbarkeit von Rechtsgeschäften

nichtige Rechtsgeschäfte

- Geschäfte **mit geschäftsunfähigen** oder **beschränkt geschäftsfähigen Personen** ohne die Zustimmung des gesetzlichen Vertreters
- Geschäfte, die **gegen die guten Sitten** verstoßen, z. B. Verkauf zu Wucherpreisen
- Gesetzlich **verbotene** Geschäfte, z. B. Rauschgifthandel
- Geschäfte, die gegen eine **gesetzliche Formvorschrift** verstoßen, z. B. Grundstücksverkauf ohne notarielle Beurkundung
- **Scherzgeschäfte,** z. B. wenn jemand 500,00 € zahlen will, falls die deutsche Nationalmannschaft noch ein Tor schießt
- **Scheingeschäfte,** z. B. wenn für ein geschenktes Auto ein Kaufvertrag formuliert wird

Nichtige Geschäfte sind von Anfang an unwirksam.

anfechtbare Rechtsgeschäfte

- Geschäfte, die wegen **Irrtum** geschlossen wurden, z. B. wenn
  - der Preis für einen Anzug irrtümlich mit 35,00 € statt 350,00 € angegeben wurde,
  - zwei Personen verwechselt wurden,
  - durch ein Telegramm falsche Zahlen übermittelt wurden, etwa statt 1.111,00 € nur 111,00 €
- Geschäfte, die wegen **arglistiger Täuschung** zustande kamen, z. B. Verschweigen eines Unfalls beim Verkauf eines gebrauchten Autos
- Geschäfte, die wegen widerrechtlicher **Drohung** abgeschlossen wurden, z. B. wenn ein Kaufvertrag durch Androhung von Prügel oder durch Erpressung mit Bekanntgabe privater Vorgänge erzwungen wird

Anfechtbare Rechtsgeschäfte werden durch die Anfechtung rückwirkend unwirksam.

1.5 Übersicht über die wichtigsten Verträge

Die wichtigsten Verträge zeigt folgende Übersicht:

Vertragsart	Vertragspartner	Vertragsinhalt
Kaufvertrag	Käufer und Verkäufer	Veräußerung von Sachen und Rechten
Leihvertrag	Entleiher und Verleiher	unentgeltliche Gebrauchsüberlassung einer Sache
Mietvertrag	Mieter und Vermieter	Gebrauchsüberlassung einer Sache gegen Entgelt
Leasingvertrag	Leasingnehmer und Leasinggeber	Gebrauchsüberlassung einer Sache gegen Entgelt, mit Kaufoption zum Restwert

(Forts. Tabelle über die wichtigsten Verträge)

Pachtvertrag	Pächter und Verpächter	Überlassung eines Gegenstandes zur wirtschaftlichen Nutzung gegen Zahlung eines Pachtzinses
Werkvertrag	Unternehmer und Besteller	Herstellung eines Werkes oder Veränderung einer Sache; der Besteller liefert das Material.
Werklieferungsvertrag	Unternehmer und Besteller	Herstellung eines Werkes, zu dem der Unternehmer das Material stellt
Dienstvertrag	Arbeitnehmer und Arbeitgeber	Leistung von Diensten gegen Vergütung
Darlehensvertrag	Darlehensgeber und Darlehensnehmer	Überlassung von Geld (oder anderen vertretbaren Sachen) mit der Verpflichtung zur späteren Rückgabe gegen Entgelt

3

1.6 Besitz und Eigentum

- **Besitz** ist die tatsächliche Herrschaft einer Person über eine Sache. Wer ein Buch geliehen oder eine Geldbörse gefunden hat, ist Besitzer.
- **Eigentum** ist die rechtliche Herrschaft über eine Sache. Der Eigentümer kann über die Sache frei verfügen, sie gehört ihm. Das Buch „gehört" ihm, er hat es nur ausgeliehen. Es ist „seine" Geldbörse, er hat sie nur verloren.

Erwerb des Eigentums

- bei **beweglichen Sachen:** Beim Kauf beweglicher Sachen erwirbt der Käufer das Eigentum mit der **Einigung** beider Parteien über die Übertragung des Eigentums und die **Übergabe** der Sache.
- bei **unbeweglichen Sachen:** Das Eigentum an Grundstücken und Gebäuden wird übertragen durch die **Auflassung,** d. h. die Einigung zwischen Käufer und Verkäufer, dass das Eigentum auf den Käufer übergehen soll – bei gleichzeitiger Anwesenheit beider Teile vor einem Notar und **Eintragung in das Grundbuch.**

Gutgläubiger Eigentumserwerb

Verkauft jemand eine Sache, obwohl sie ihm nicht gehört (d. h., er ist nicht Eigentümer), wird der Käufer Eigentümer, wenn er zum Zeitpunkt der Übergabe gutgläubig ist, d. h., wenn er den Verkäufer aufgrund der Umstände für den Eigentümer halten konnte. Bei verloren gegangenen oder gestohlenen Sachen ist gutgläubiger Erwerb nicht möglich.

2 Kaufvertrag mit dem Kunden

Wenn sich zwei (oder mehrere) Personen über ein Rechtsgeschäft einigen, z. B. über das Mieten einer Wohnung oder über den Transport von Möbeln, haben sie einen Vertrag geschlossen. Das kann mündlich oder schriftlich geschehen. Voraussetzung ist immer, dass einer der beiden einen „Antrag" macht und der andere diesen Antrag annimmt. Beide haben sich durch zwei übereinstimmende Willenserklärungen verpflichtet, die getroffenen Vereinbarungen zu erfüllen.

Bei einem **Kaufvertrag** geht es um die Veräußerung von Sachen oder Rechten.

Art des Kaufes	Vertragspartner
Beim einseitigen Handelskauf	ist **ein** Vertragspartner Kaufmann (für ihn gilt das HGB), der **andere** Privatmann (für ihn gilt das BGB), z. B. beim Einkauf eines Kunden im Einzelhandel (Verbrauchsgüterkauf).
Beim zweiseitigen Handelskauf	sind **beide** Vertragspartner Kaufleute, z. B. beim Einkauf des Einzelhändlers bei seinen Lieferern. (Es gilt das HGB für beide.)
Beim bürgerlichen Kauf	sind **beide** Vertragspartner Privatleute, z. B. beim Kauf eines Gebrauchtwagens von einem Privatmann. (Es gilt das BGB.)

3

2.1 Abschluss des Kaufvertrages (Verpflichtungsgeschäft)

Auch der Kaufvertrag wird durch **Antrag und Annahme** abgeschlossen. Der Antrag, d. h. der Anstoß zum Abschluss des Kaufvertrages, kann dabei vom Verkäufer oder auch vom Kunden ausgehen.

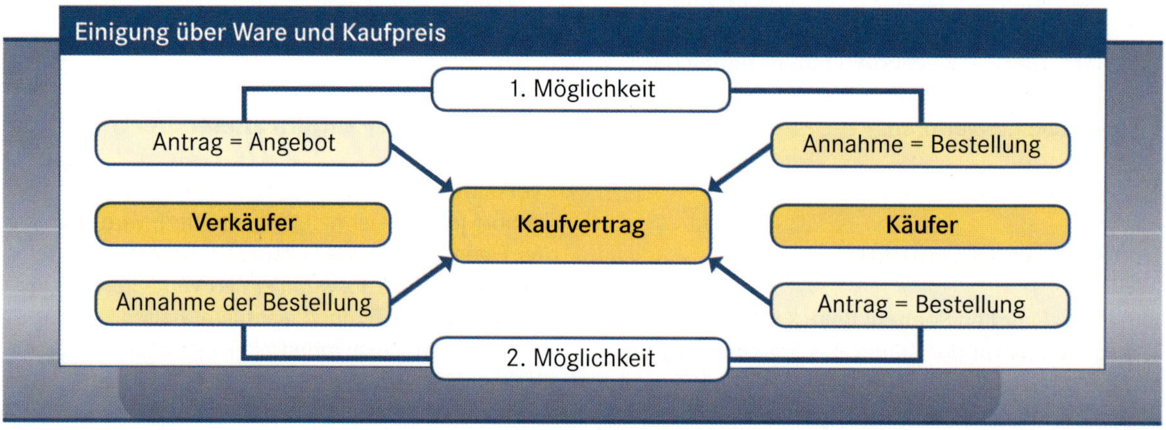

1. Möglichkeit:

Durch das Vorlegen der Ware macht der Einzelhändler ein Angebot (= Antrag). Der Kunde entschließt sich, den Artikel zum angebotenen Preis zu kaufen (= Annahme des Antrages).

2. Möglichkeit:

Der Kunde weiß schon beim Betreten des Geschäftes genau, was er will, und verlangt eine bestimmte Ware zu einem bestimmten Preis (= Antrag). Der Einzelhändler hat die verlangte Ware am Lager und ist bereit, sie dem Kunden auszuhändigen (= Annahme des Antrages).

Sobald sich Kunde und Verkäufer geeinigt haben (z. B. Ausstellen des Kassenzettels), ist der Vertrag zustande gekommen.

Die Warenauslage im Selbstbedienungsladen (Supermarkt) gilt nicht als Angebot, sondern als **Anpreisung.** Der Kaufvertrag gilt erst bei der Bezahlung an der Kasse als abgeschlossen.

Stellt der Käufer seinen Kaufantrag schriftlich (per Brief, E-Mail, Fax) oder telefonisch, so spricht man von einer **Bestellung.** Der Kaufvertrag kommt dann durch die Bestellung des Kunden und die Bestellungsannahme des Verkäufers zustande.

2.2 Erfüllung des Kaufvertrages (Erfüllungsgeschäft)

Der Verkäufer ist verpflichtet:

- die Ware dem Käufer ordnungsgemäß (d. h. mangelfrei) zu übergeben und rechtzeitig zu liefern (= Besitzübergang) und
- dem Käufer das Eigentum an der Ware zu verschaffen (= Eigentumsübergang).

Der Käufer ist verpflichtet:

- die gekaufte Ware fristgemäß abzunehmen und
- den vereinbarten Preis rechtzeitig zu zahlen.

Beim Verkauf im Einzelhandel werden diese Pflichten in der Regel sofort im Anschluss an den Abschluss des Vertrages erfüllt: Der Kunde zahlt den Kaufpreis an der Kasse und erhält dafür die Ware ausgehändigt. Abschluss und Erfüllung fallen zeitlich zusammen.

Nicht immer verläuft die Erfüllung des Kaufvertrages ohne Störungen. Es kann z. B. vorkommen, dass der Einzelhändler die vom Kunden bestellten Waren nicht rechtzeitig liefert oder ein Kunde die bestellte Ware, die mit Mängeln behaftet ist, nicht abnimmt oder die Ware nicht pünktlich bezahlt, z. B. mit den vereinbarten Ratenzahlungen in Rückstand kommt. In diesen Fällen kann der Geschädigte bestimmte Rechte aus dem Kaufvertrag geltend machen und nötigenfalls gerichtlich vorgehen.

2.3 Allgemeine Geschäftsbedingungen (AGB)

> **Allgemeine Geschäftsbedingungen sind alle für eine Vielzahl von Verträgen vorformulierten Vertragsbedingungen, die eine Vertragspartei der anderen beim Abschluss eines Vertrages stellt.**

Bei Kaufverträgen stehen sie meist sehr klein und grau gedruckt auf der Rückseite von Angeboten, Auftragsbestätigungen und Rechnungen. Sie werden in der Regel vom Verkäufer einseitig festgelegt. Der Käufer sollte aber nicht alle Bedingungen unwidersprochen hinnehmen.

Die **Ziele** für die Formulierung von AGB sind sehr unterschiedlicher Natur. Zum einen vereinfachen sie den Vertragsabschluss und gewährleisten, dass bei umfangreichen Kaufverträgen kein wesentlicher Punkt vergessen wird. Die AGB sparen also Zeit und Kosten und vermeiden Fehler. Auf der anderen Seite versuchen Einzelhändler häufig, den Endverbraucher ungerechtfertigt zu benachteiligen und dadurch gleichzeitig ihre Position zu stärken.

Inhaltlich umfassen sie Bestimmungen über Lieferungs- und Zahlungsbedingungen, Eigentumsvorbehalt, Erfüllungsort und Gerichtsstand, Gewährleistung (Garantie), Verpackungs- und Beförderungskosten, Rücknahme der Verpackung und dergleichen. Beispielsweise könnten AGB wie folgend formuliert sein:

§ Allgemeine Verkaufs-, Lieferungs- und Zahlungsbedingungen

Für unsere sämtlichen Verkäufe gelten nachstehende Bedingungen:

1. Die Preise sind freibleibend, sofern nicht schriftlich andere Vereinbarungen getroffen wurden.
2. Zugesagte Lieferzeiten werden nach Möglichkeit eingehalten. Ereignisse höherer Gewalt oder Lieferschwierigkeiten seitens unserer Lieferanten berechtigen uns zu einer späteren Auslieferung. Schadensersatzforderungen können nicht gestellt werden.
3. Die Preise gelten ab Böblingen ausschließlich Verpackung. Versand erfolgt auf Rechnung und Gefahr des Empfängers.
4. Beanstandungen müssen spätestens 8 Tage nach Empfang der Ware schriftlich geltend gemacht werden.
5. Die Rechnungen sind zahlbar sofort rein netto bei Erhalt der Ware oder nach schriftlich festgelegten Vereinbarungen.
6. Die Ware bleibt bis zur vollständigen Bezahlung unser Eigentum. Verpfändungen oder Weiterveräußerungen sind erst nach erfolgter Bezahlung möglich.
7. Der Verkäufer kann vom Kaufvertrag ohne Angabe von Gründen zurücktreten. Ein Rücktritt des Käufers vom Vertrag kann nur in ganz besonderen Ausnahmefällen gegen Zahlung einer Abstandssumme von 20 % des Verkaufspreises erfolgen.
8. Gerichtsstand und Erfüllungsort für beide Teile ist Böblingen.
9. Mündliche Abmachungen haben nur Gültigkeit, wenn solche von uns schriftlich bestätigt sind.
10. Die Bestimmungen der vorstehenden Allgemeinen Vertragsbedingungen gelten als vereinbart ohne Rücksicht auf die in der Bestellung etwa vorgesehenen Einkaufsbedingungen, soweit nicht in unserer Auftragsbestätigung die Allgemeinen Verkaufsbedingungen ausdrücklich schriftlich abgeändert oder ergänzt sind.

Damit der Kunde nicht zu sehr in seinen Rechten eingeschränkt wird, hat der Gesetzgeber in den §§ 305–310 BGB seine Position gestärkt:

§ 307 Generalklausel

Bestimmungen in Allgemeinen Geschäftbedingungen sind unwirksam, wenn sie den Vertragspartner des Verwenders (= Einzelhändlers) entgegen den Geboten von Treu und Glauben unangemessen benachteiligen.

Verbotene und damit nichtige Klauseln:

- unangemessen lange Lieferfristen
- nachträgliche kurzfristige Preiserhöhungen (innerhalb von 4 Monaten nach Abschluss des Vertrages)
- Ausschluss von Reklamationsrechten
- Verkürzung der gesetzlichen Gewährleistungsfristen (mindestens 2 Jahre nach BGB)
- Rücktrittsvorbehalte des Verkäufers (Rücktritt vom Vertrag ohne gerechtfertigten Grund)
- Beschneidung von Kundenrechten bei verspäteter Lieferung
- Ausschluss der Haftung bei grobem Verschulden des Verkäufers
- Ausschluss der Übernahme von Fahrt- und Transportkosten bei Nachbesserungen

Ungültige Klauseln werden automatisch durch die Regelungen des BGB ersetzt.

Im Einzelhandel mit Nichtkaufleuten sind AGB nur gültig,

- **wenn der Kunde ausdrücklich darauf hingewiesen wurde (schriftlicher Vermerk auf der Vorderseite des Vertrages),**
- **wenn der Kunde vom Inhalt der AGB Kenntnis nehmen konnte (gut lesbar und verständlich),**
- **wenn der Kunde damit einverstanden ist (Streichungen durch den Kunden sind in beiderseitigem Einverständnis möglich).**
- **Persönliche Absprachen haben Vorrang vor den AGB (schriftlich festlegen – Beweis!).**
- **AGB, die erst in der Rechnung erscheinen, sind unwirksam.**

5615138

2.4 Unterschiedliche Verkaufssituationen

2.4.1 Verkauf von Schaufensterware

Der Einzelhändler ist rechtlich nicht verpflichtet, eine bestimmte Ware zum Verkauf aus dem Schaufenster zu nehmen, denn die Schaufensterware dient der Werbung. Sie ist als **Anpreisung** anzusehen, d. h. als Aufforderung zum Betreten des Geschäftes, und nicht als verbindliches Angebot. Allerdings muss gleichartige Ware zum selben Preis und in ausreichender Menge im Laden vorhanden sein, sonst liegt ein Verstoß gegen die Wettbewerbsvorschriften vor.

In der Verkaufspraxis sollte man den Wunsch des Kunden nach einer bestimmten im Schaufenster ausgestellten Ware allerdings nach Möglichkeit erfüllen. Man kann z. B. anbieten, die Ware nach Dekorationswechsel zuzustellen bzw. sie zurückzulegen (evtl. gegen Anzahlung).

Bei falscher Preisauszeichnung im Schaufenster, wenn z. B. ein Anzug mit 25,00 € anstatt mit 250,00 € ausgezeichnet wurde, ist der Kaufmann auf keinen Fall verpflichtet, zum Preis von 25,00 € zu verkaufen. Nach überwiegender Rechtsauffassung ist kein Kaufvertrag zustande gekommen, weil die Schaufensterauslage nicht als Angebot anzusehen ist (sog. „Anpreisung“). Aber selbst dann, wenn man die falsch ausgezeichnete Ware als verbindliches Angebot betrachten würde, könnte ein solcher Vertrag wegen Irrtums mit Erfolg angefochten werden (§ 119 BGB).

3

2.4.2 Verkauf gegen Rechnung (auf Kredit)

Formen des Verkaufs gegen Rechnung

Ein Verkauf auf Kredit (Zielverkauf) liegt vor, wenn die Bezahlung einer Ware erst nach einer Frist von 10–14 Tagen vereinbart wurde.

Sonderformen sind das **Anschreiben** (der Kunde zahlt in der Regel am Monatsende) und der **Buchkredit.** Hierbei führt der Einzelhändler für den Kunden ein Konto und zieht monatlich durch Lastschriftverfahren den Schuldbetrag ein.

Der **Mietkauf (Leasing)** ist eine besondere Form des Kaufes auf Raten. Teure Gegenstände, z. B. Autos, werden gegen ein monatliches Entgelt vermietet. Wenn der Kunde den gemieteten Gegenstand innerhalb einer bestimmten Zeit kauft, wird ihm die gezahlte Miete angerechnet.

Beim **Abzahlungsgeschäft (Ratenkauf)** zahlt der Kunde einen bestimmten Betrag an und verpflichtet sich, den Restbetrag z. B. in 12 Monatsraten zu tilgen. In jedem Abzahlungsvertrag müssen geregelt sein:
- der Barverkaufspreis der Ware,
- der Teilzahlungspreis,
- die Zahl, Höhe und Fälligkeit der einzelnen Raten und
- der effektive Jahreszins.

Der Abzahlungsvertrag wird erst wirksam, wenn der Käufer seine Willenserklärung nicht innerhalb von zwei Wochen schriftlich widerruft. Diese Frist beginnt erst zu laufen, wenn der Verkäufer den Käufer über sein Recht zum Widerruf schriftlich belehrt sowie Name und Anschrift des Widerrufsempfängers mitgeteilt hat. Diese Widerrufsmöglichkeit dient dem Schutz jener Käufer, die sich durch nur scheinbar billige Teilzahlung zu unüberlegten Einkäufen überreden lassen und sie kurz darauf bereuen. In der Praxis werden deshalb auf Abzahlung gekaufte Waren erst nach Ablauf der Widerspruchsfrist zugestellt.

Die Vereinbarung einer Anzahlung beim Kaufabschluss und Restzahlung in einer Gesamtsumme ist kein Ratenkauf, da nach dem Kaufabschluss die Zahlung von mindestens zwei Raten vereinbart sein muss.

Auch für den Einzelhändler birgt das Abzahlungsgeschäft Risiken, wenn der Käufer die festgelegten Raten nicht oder nicht rechtzeitig bezahlt. In diesem Fall hat der Verkäufer folgende Rechte:

- Er kann die sofortige Zahlung der gesamten Restschuld fordern, wenn der Käufer mit mindestens zwei aufeinanderfolgenden Raten in Verzug ist und der noch ausstehende Schuldbetrag mindestens 10 % des Gesamtpreises beträgt.
- Er kann vom Kaufvertrag zurücktreten. Es müssen dann die beiderseits empfangenen Leistungen zurückerstattet werden. Der Käufer muss also die Ware zurückgeben und der Verkäufer den bereits erhaltenen Teilzahlungsbetrag. Er kann jedoch einen Ersatz für seine Aufwendungen und für die inzwischen durch Benutzung oder Beschädigung entstandene Wertminderung an der Ware verlangen.

Abzahlungsgeschäfte sind für den Kunden die teuerste Möglichkeit, Ware beim Einzelhändler zu kaufen. Sinnvoller ist es, zuerst zu sparen und sich erst dann für den Kauf zu entscheiden. Selbst ein Anschaffungsdarlehen von der Bank ist in der Regel billiger als ein Abzahlungsgeschäft.

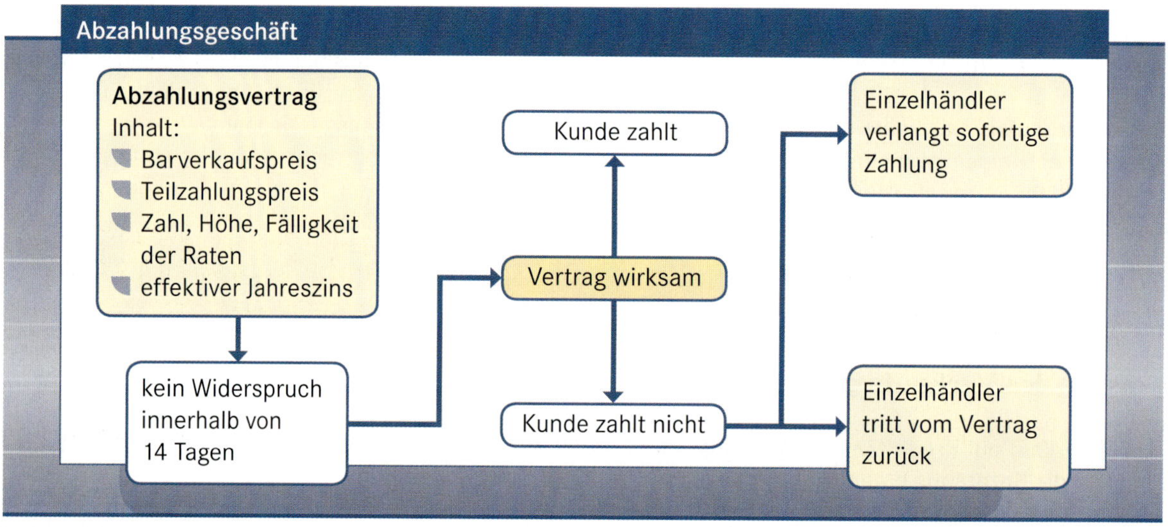

3

Eigentumsvorbehalt

Zur Sicherung seiner Ansprüche verlangt der Einzelhändler beim Abzahlungsgeschäft in der Regel vom Kunden, dass er im Kaufvertrag einen Eigentumsvorbehalt bis zur restlosen Bezahlung der Ware anerkennt. Der Kunde ist damit zunächst nur Besitzer der Ware. Dadurch sichert sich der Verkäufer gegenüber dem Käufer

- das Rücktrittsrecht, wenn der Kaufpreis nicht bezahlt wird,
- das Aussonderungsrecht, falls der Käufer zahlungsunfähig wird (im Insolvenzverfahren),
- den Anspruch auf Freigabe, falls die betreffende Ware durch Dritte gepfändet wurde.

Zu beachten ist, dass der Eigentumsvorbehalt untergeht, wenn der Käufer die Sache verarbeitet (der Schneider verarbeitet den Stoff) oder wenn ein gutgläubiger Dritter sie käuflich oder als Pfand erwirbt oder vernichtet. Es empfiehlt sich daher, den Eigentumsvorbehalt auch auf die Kaufpreisforderung auszudehnen, d. h., der Einzelhändler verlangt von dem Käufer die Abtretung der Forderung, falls dieser die noch nicht bezahlte Ware an einen Dritten weiterveräußert (= verlängerter Eigentumsvorbehalt).

Die Klausel „Die Ware bleibt bis zur vollständigen Bezahlung unser Eigentum“ bedeutet aber im Normalfall, dass der Käufer erst dann Eigentümer der Ware wird, wenn er den letzten Cent bezahlt hat.

2.4.3 Haustürgeschäfte

Beim Kauf an der Haustüre hat der Käufer das gleiche Rücktrittsrecht wie beim Abzahlungsgeschäft. Er kann innerhalb von zwei Wochen durch schriftliche Erklärung vom Vertrag zurücktreten. Wie beim Abzahlungsgeschäft muss der Kunde gegen Unterschrift über sein Rücktrittsrecht informiert werden. Dies gilt auch für Einkäufe bei sogenannten „Kaffeefahrten“.

Das Rücktrittsrecht ist erloschen, wenn die gekaufte Ware sofort bar bezahlt wurde und der Kaufpreis 40,00 € nicht übersteigt (Gesetz über den Widerruf von Haustür- und ähnlichen Geschäften).

2.4.4 Fernabsatzverträge

Erfolgt eine Bestellung ohne gleichzeitige körperliche Anwesenheit von Käufer und Verkäufer, beispielsweise per E-Mail, Tele- und Mediendienste, Telefon, Brief, Katalog, gelten die Bestimmungen über Fernabsatzverträge.

Danach haben die Vertragsparteien folgende Rechte und Pflichten:

Einzelhändler: Pflichten nach § 312 BGB	Verbraucher: Rechte nach § 355 ff. BGB

Informationspflicht vor Vertragsabschluss über:
- seine Identität und Anschrift,
- wesentliche Merkmale der Ware oder Dienstleistung,
- Bedingungen über das Zustandekommen des Vertrages,
- Mindestlaufzeit des Vertrages bei wiederkehrenden Leistungen,
- Hinweis auf das Widerrufs- und Rückgaberecht,
- Bedingungen des Widerrufs- und Rückgaberechts,
- Bruttoverkaufspreis der Ware,
- Lieferungs- und Zahlungsbedingungen,
- Kosten, die dem Verbraucher durch Fernkommunikation entstehen,
- Gültigkeitsdauer bei befristeten Angeboten,
- Kundendienst,
- geltende Gewährleistungs- und Garantiebedingungen.
	- Widerrufs- und Rückgaberecht innerhalb von 14 Tagen
	  - Beginn: mit Erfüllung der Informationspflicht des Einzelhändlers
	  - Ende: spätestens nach 6 Monaten nach Vertragsabschluss
	- Widerrufsrecht besteht nicht bei:
	  - Sonderanfertigungen nach Kundenwunsch,
	  - Waren, die wegen ihrer Beschaffenheit nicht zur Rücksendung geeignet sind,
	  - Waren, die schnell verderben können bzw. deren Verfallsdatum überschritten würde,
	  - Audio- und Videoaufzeichnungen und Software, die nicht mehr versiegelt sind,
	  - Zeitungen, Zeitschriften, Illustrierten,
	  - Versteigerungen, besonders im Internet,
	  - Wett- und Lotteriedienstleistungen.
	- Pflicht: trägt die Rücksendekosten

Diese Bestimmungen gelten nicht für Fernunterricht, Bank- und Finanzgeschäfte, Veräußerung von Grundstücken, Lieferung von Lebensmitteln, Getränken oder Haushaltsgegenständen des täglichen Bedarfs und bei Warenautomaten.

3 Kasse

3.1 Kassensysteme

Die Zeiten, in denen der Verkäufer noch von Hand einen Kassenzettel ausschrieb, sind weitgehend vorbei. Heute dagegen wird entweder der Preis auf dem Etikett an der Ware in die Kasse eingetippt oder, wenn ein Strichcode vorhanden ist, mit dem Scanner eingegeben. Das beschleunigt den Kassiervorgang und spart dem Einzelhändler Personalkosten.

Die Elektronik hat es möglich gemacht, dass auch kleinere Unternehmen mit Registrierkassen arbeiten. Welche Kasse die richtige ist, ergibt sich aus dem innerbetrieblichen Informationsbedarf.

3

- Was soll die Kasse alles leisten, was ist nicht erforderlich?
- Welches Betriebssystem haben die schon vorhandenen Computer, passt die neue Kasse dazu? (= Kompatibilität)
- Müssen viele Daten gespeichert werden, z. B. für sehr viele Artikel und Preise, ist eine große Festplatte nötig. Werden viele Daten im Tagesbetrieb verarbeitet, ist ein großer Arbeitsspeicher notwendig.

Die elektronische Registrierkasse hat inzwischen ihre Vorgängerin, die elektromechanische Registrierkasse, völlig verdrängt.

Sie ist leistungsfähiger, sie arbeitet leiser und sie ist billiger. Die Eingabe der Preise erfolgt manuell über die internationale Zehnertastatur. Die Speicherwerke erfassen die Umsätze der einzelnen Warengruppen, die Kundenzahl, die Umsätze je Verkäufer, die Arten der Zahlungsmittel und die Umsatzsteuer. Diese Werte können jederzeit abgefragt und ausgedruckt werden. Bei Geschäftsschluss liefert die Kasse die gesamte Tagesabrechnung.

Die Daten- oder Computerkasse (Point-of-Sale-Terminal = POS) ist eine elektronische Kasse, die nicht nur die Preise, sondern auch die Artikelnummern registriert. Sie ist mit gleichartigen Kassen im Haus zu einem System zusammen- und an die zentrale Datenverarbeitung angeschlossen. Alle Warenbewegungen werden schon an der Kasse erfasst. Zu jedem Zeitpunkt kann so z. B. der Lagerbestand jeder einzelnen Ware (ausgenommen gestohlener Ware) von einem Bildschirm abgelesen werden. Die Kassiererin kann Artikelnummern und Preise manuell eingeben. Häufig genügt es, die Artikelnummer auf dem Preisschild mit einem elektronischen Lesestift abzutasten. Der Rechner ermittelt dann in Sekundenschnelle den dazugehörigen Preis. Damit werden Manipulationen an der Kasse erschwert und die Kassiergeschwindigkeit erhöht sich.

Die Grenzen zwischen der elektronischen Registrierkasse und der Computerkasse im Verbundsystem sind fließend. An elektronische Registrierkassen können z. B. Lesepistolen angeschlossen werden, mit deren Hilfe codierte Etiketten automatisch gelesen werden (siehe LF 11, Europäische Artikelnummerierung = EAN).

Bei einem anderen System zieht das Kassenpersonal die Waren über einen „Ableseschlitz" **(Scanner).** Einfachere Datenkassen zeichnen die Informationen auf einer angeschlossenen Magnetbandkassette auf. Sie wird dann entweder in der hauseigenen EDV oder in einem Rechenzentrum ausgewertet.

Inzwischen gibt es auch Kassen (z. B. bei Ikea, Real, C&A), an denen der Kunde seine Ware selbst scannen kann. Dann bezahlt er mit Karte. Bargeldzahlung ist nicht möglich.

- **POS-Kasse** = Point-of-Sale-Kasse, Kasse mit direkter Verkaufsdatenerfassung im Verkaufsbereich
- **PLU (Price-lock-up)** = Die Kasse ruft nach der EAN-Nummer den Preis und die Artikelbezeichnung direkt aus dem Zentralrechner ab.
- **Barcode** = Der Lichtstrahl eines Lichtlesegerätes tastet den Strichcode oder die maschinenlesbare Schrift ab und überträgt sie in den Rechner.
- **Scanner** = mit der Kasse verbundene Leseeinrichtung zum Einlesen von Strichcodes, meist mit PLU verbunden

Schematische Darstellung der Kassenfunktion

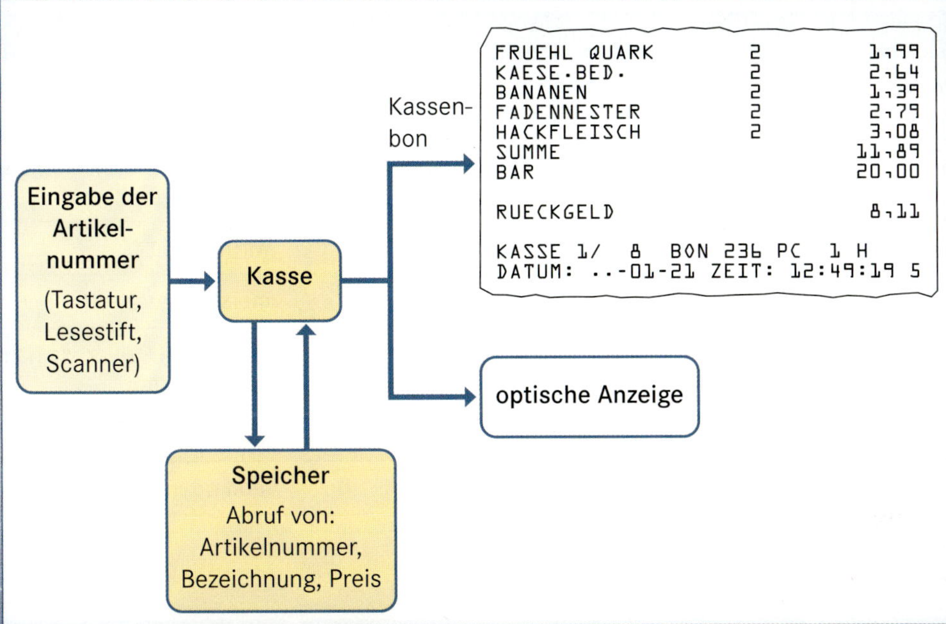

3.2 Kassiervorgang

Ganz gleich, für welches Kassensystem sich der Einzelhändler entschieden hat, der Kassiervorgang ist im Wesentlichen gleich geblieben. Kommt der Kunde an die Kasse, so sind vom Verkäufer folgende Tätigkeiten vorzunehmen:

1. Kunden freundlich ansehen
2. Sichtprüfung der Etiketten, ggf. Berichtigung
3. Einzelbeträge in die Kasse eingeben, Kasse ermittelt Kaufsumme
4. Kaufsumme wird vom Kassenpersonal laut genannt
5. vom Kunden erhaltenen Geldbetrag laut wiederholen (Scheidemünzen müssen nur bis maximal 50 Münzen angenommen werden)
6. Geldbetrag **nicht** in die Kasse legen
7. Wechselgeld herausgeben (von der Kaufsumme nach oben zählen) und Kassenbeleg übergeben
8. beim Kunden freundlich bedanken und verabschieden
9. erhaltenen Geldbetrag erst jetzt in die Kasse legen

Hinweis: Die Punkte 5.–7. entfallen bei Kartenzahlung. Stattdessen wird die Karte eingelesen und der Beleg ggf. vom Kunden unterschrieben (siehe Kap. 4.3.4 Zahlung mit Karte [Plastikgeld]).

3.3 Betrügereien an der Kasse

Falschgeld

Über die Deutsche Bundesbank oder die Europäische Zentralbank, beide in Frankfurt/Main, kann man Informationen über die Echtheitsmerkmale unserer Geldscheine und Münzen erhalten.

3

Sicherheitsmerkmale bei Scheidemünzen:

Merkmale	Beschreibung	Fälschung
1 Klangprobe	beim Werfen auf harte Fläche hört man einen vollen, reinen Klang	klingt dumpfer oder heller als echte Münze
2 Biegeprobe	nicht verbiegbar	lassen sich verbiegen, da häufig aus Blei oder Zinn
3 Metallfarbe	verändert sich nicht	wird fleckig
4 Magnetprobe	bis 50 Cent nicht magnetisch	meist magnetisch
5 Schreibprobe	schreiben nicht auf Papier	schwärzen Papier, da häufig aus Blei oder Zinn
6 Münzbild	klar, glatt, deutlich abgegrenzt	unsauber, verschwommen
7 Randprägung	ab 10 Cent vorhanden	fehlt oder unsauber

Sicherheitsmerkmale bei Banknoten:

Merkmale	Beschreibung	Fälschung
1 Spezialpapier	aus reiner Baumwolle, deshalb fest und griffig, „raschelt“	weich, lappig, greift sich schnell ab
2 besondere Drucktechnik	Farbe steht erhaben auf dem Papier, fühlt sich rau an	glatt, Bild nicht so klar, Fehler in der Abbildung
3 Wasserzeichen	im unbedruckten Feld, Schein gegen das Licht halten	meist aufgedruckt, also immer sichtbar
4 Durchsichtsregister	im weißen Feld unvollständige Form, gegen das Licht gehalten ergibt sich vollständige Zahl	Bruchstücke decken sich meist nicht.
5 Sicherheitsfaden	in das Papier eingearbeitet, durchbrochen mit Wertziffer und €	meist aufgedruckt bzw. nicht durchbrochen
6 Hologramm	schillerndes, silbernes Spezialfolienelement bzw. schillernder, silberner Spezialfolienstreifen, durchbrochen, zeigt Wertzahl und Motiv bzw. €-Symbol	oft nur silbernes Feld bzw. nicht durchbrochen
7 optisch variable Farbe	Ziffer auf der Rückseite wechselt beim Kippen die Farbe von Purpurrot zu Braun oder Olivgrün (bei 50- bis 500-Euro-Scheinen)	einfarbig
8 Mirkroschrift	an verschiedenen Stellen nur mit Lupe lesbare Schrift	meist nicht vorhanden oder nur Linien
9 Fluoreszenz	unter ultraviolettem Licht leuchten Teilbereiche des Scheines	ganzer Schein leuchtet gleichmäßig
10 Glanzstreifen	beim Kippen leuchtet auf der Rückseite ein Streifen mit der Wertziffer und Euro (bei 5- bis 20-Euro-Scheinen)	häufig nicht vorhanden

Sicherheitsmerkmale – Vorderseite 50-Euro-Schein

Sicherheitsmerkmale – Rückseite – Glanzstreifen, nur bei schräg einfallendem Licht sichtbar

3

Wechselfallenschwindler

Sie treten meist zu zweit auf. Während der Erste bei der Zahlung an der Kasse versucht, die Kassiererin durch immer neue Geldwechselwünsche zu verwirren, beschwert sich der Zweite weiter hinten in der Schlange laut über die langsame Bedienung. Dadurch soll die Kassiererin nervös gemacht werden. So ist es dem ersten Betrüger möglich, sowohl Wechselgeld als auch den zum Wechseln hingegebenen Schein zu behalten. Hiergegen hilft nur erhöhte Wachsamkeit und Ruhe bewahren.

Telefonnummerntrick

Auch diese Betrüger treten zu zweit auf. Der Erste bezahlt z. B. mit einem 200-Euro-Schein, auf den er eine Telefonnummer geschrieben hat. Etwas später taucht der Zweite an der Kasse auf und bezahlt z. B. mit einem 50-Euro-Schein. Nach dem Herausgeben behauptet er, er hätte mit einem 200-Euro-Schein bezahlt. Er könne es auch beweisen, da er sich darauf eine Telefonnummer notiert habe. Ein Gegenbeweis gelingt hier nur mit einem Kassensturz.

3.4 Kassensturz

Durch solche betrügerische Ereignisse kann das Kassenpersonal gezwungen werden, einen Kassensturz durchzuführen. Es handelt sich dabei um eine außerplanmäßige Kassenkontrolle.

Zunächst sind weitere wartende Kunden an eine andere Kasse zu bitten. Ein erfahrener Kollege ist sicherheitshalber hinzuzuziehen. Durch Vergleich des Betrages, den die Kasse auswirft, mit dem tatsächlich in der Kasse vorhandenen Geldbetrag kann festgestellt werden, ob falsch herausgegeben wurde. Ist das der Fall, muss man sich bei dem Kunden entschuldigen. Ein kleines Werbegeschenk versöhnt den Kunden sicher für das Versehen.

3.5 Kassenbericht

Die im Einzelhandel täglich anfallenden Bargeschäfte werden über die Ladenkasse abgewickelt. Das heißt, dass das Bargeld für Barverkäufe in die Kasse kommt und das Geld für bare Zahlungen aus der Kasse entnommen wird. Nach Geschäftsschluss werden diese Zahlungsvorgänge in einem Kassenbericht zusammengefasst. In der Ladenkasse werden darüber hinaus auch Schecks gesammelt, mit denen Kunden ihre Einkäufe bezahlt haben. Diese Schecks werden in einer eigenen Abrechnung gesondert erfasst und bei der Bank eingereicht.

WarenHaus Gaby Kern KG Nürnberg — Maxplatz 30, 90403 Nürnberg

Kassenbericht Nr. 13 vom 17. Jan. 20..

		€		€
1.	Kassenbestand (am Abend)			14.280,00
2.	Ausgaben (lt. Beleg)			
	Schaufensterreinigung (1)	180,00		
	Zustellentgelt (2)	10,00		
	Summe	190,00	+	190,00
3.	Sonstige Einnahmen (lt. Beleg)			
	Garagenmiete (3)	140,00		
	Summe	140,00	−	140,00
4.	Privatentnahme (Bargeld lt. Beleg 4)		+	600,00
5.	Wechselgeld		−	300,00
6.	Barverkauf (Tageslosung)			14.630,00

Zahl der Belege: 4

Müller
Unterschrift Kassenbevollmächtigte(r)

- Summe der am Abend nach Geschäftsschluss in der Kasse enthaltenen Bargeldbestände
- Barausgabe gegen Beleg im Laufe des Tages = den Einnahmen zuzurechnen
- sonstige Bareinnahmen (nicht Warenverkäufe) = von Einnahmen abzuziehen
- privat entnommenes Bargeld = den Einnahmen zuzurechnen
- vor Geschäftsbeginn vorhanden = von Einnahmen abzuziehen
- Barverkäufe des Tages = Tageslosung

Die Tageslosung ist die Summe der an einem Tag gegen Barzahlung verkauften Waren. Sie ergibt sich nach der Formel: Tageslosung = Kassenbestand + Barausgaben + Privatentnahmen von Bargeld − sonstige Bareinnahmen − Wechselgeld

4 Zahlungsverkehr

4.1 Barzahlung

Trotz aller modernen Erleichterungen mit dem Hilfsmittel Computer bleibt die Barzahlung vor allem an der Kasse die wichtigste Zahlungsart im Einzelhandel. Die Vorteile, dass der Betrieb sofort den Zahlungsbetrag vom Kunden erhält und damit ein langwieriges Mahnverfahren entfällt, überwiegen die Nachteile (höhere Personalkosten und Risiken beim Umgang mit Bargeld).

Es gibt folgende Möglichkeiten der Barzahlung:

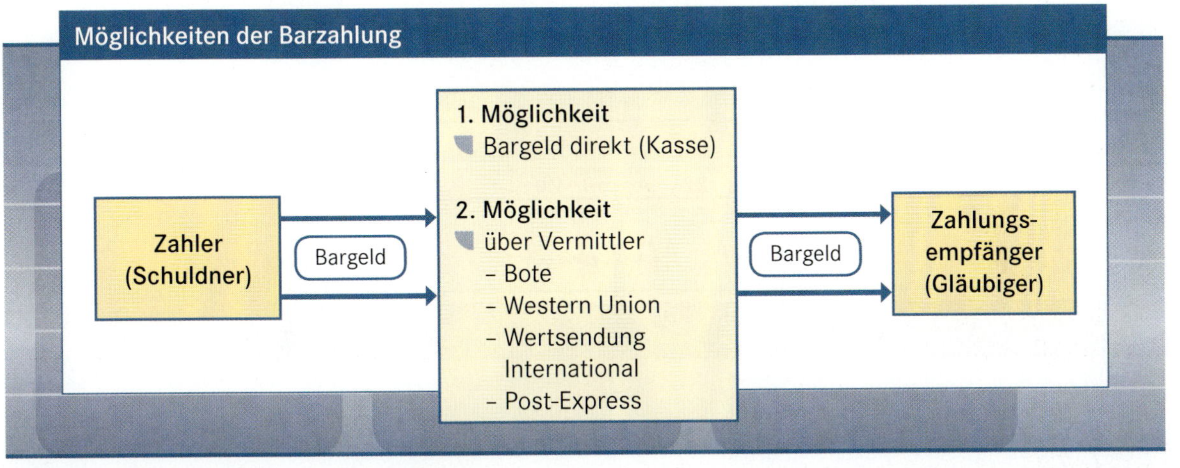

4.1.1 Persönliche Geldübergabe an der Kasse

Eine wesentliche Rolle spielt nach wie vor die persönliche Geldübergabe. Der Kunde bezahlt an der Kasse mit Bargeld und erhält im Gegenzug die gewünschte Ware ausgehändigt (siehe Kap. 3.2 Kassiervorgang).

4.1.2 Zahlung an Boten

Wird dem Kunden die Ware durch Boten zugestellt, wird er – z. B. ein Auszubildender – häufig ermächtigt, Geld in Empfang zu nehmen (Inkassovollmacht). Der Betrag wird im Beisein des Kunden nachgezählt und dann quittiert. Das kann durch einen Quittungsvermerk auf der überbrachten Rechnung geschehen.

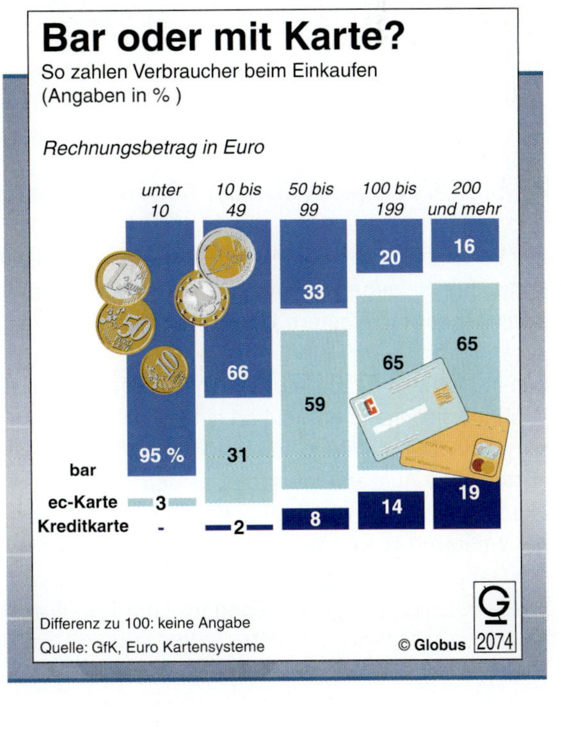

Anderenfalls stellt man dem Kunden auf einem mitgebrachten Quittungsblock eine Quittung aus. Das Original erhält der Kunde, die Durchschrift wird als Beleg im Büro abgegeben.

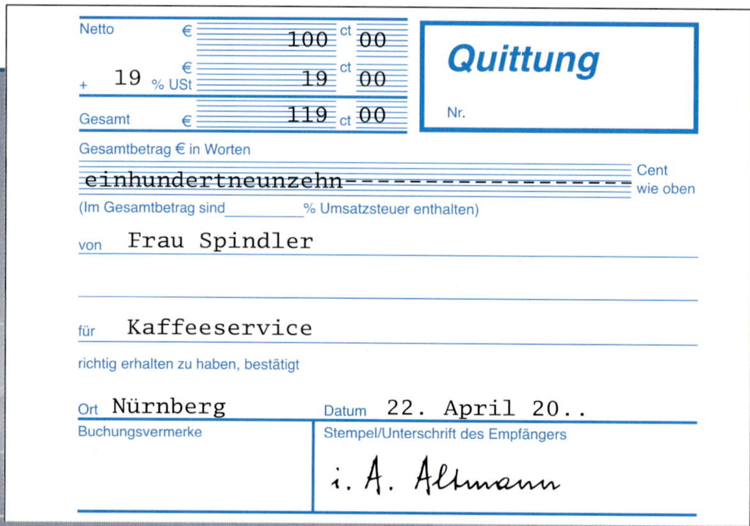

Netto € 100 ct 00
+ 19 % USt € 19 ct 00
Gesamt € 119 ct 00

Quittung
Nr.

Gesamtbetrag € in Worten
einhundertneunzehn------------------ Cent wie oben
(Im Gesamtbetrag sind ______ % Umsatzsteuer enthalten)

von Frau Spindler

für Kaffeeservice

richtig erhalten zu haben, bestätigt

Ort Nürnberg Datum 22. April 20..
Buchungsvermerke
Stempel/Unterschrift des Empfängers
i. A. Altmann

Quittung

Einer Quittung sollte man folgende Angaben entnehmen können:

- das Wort Quittung
- Betrag in Zahlen und Buchstaben
- Name des Zahlers
- Zahlungsgrund
- Zahlungsbestätigung („erhalten zu haben, bestätigt“)
- Ort und Datum
- Unterschrift des Zahlungsempfängers

Auf Quittungen mit höheren Beträgen als 100,00 € muss der Mehrwertsteuerbetrag getrennt ausgewiesen werden, wenn der Käufer das wünscht (z. B. Quittung an einen Handwerker oder Gastwirt).

4.1.3 Western Union Money Transfer

Zur Versendung von Bargeld arbeiten z. B. die Postbank, die Reisebank, American Express und die Sparkassen mit Western Union Financial Services zusammen. Damit kann der Zahler – allerdings nur in Notfällen (z. B. bei Krankheit oder Unfall) – in Minutenschnelle Bargeld an einen Zahlungsempfänger in Deutschland, aber auch weltweit übermitteln. Die Auszahlung erfolgt in Deutschland bei allen Filialen der genannten Partner, im Ausland bei Western Union oder ausländischen Agenturen. Die Gebühren sind sehr hoch. Sie werden nicht von Western Union festgelegt, sondern vom jeweiligen Partner.

Zahlungsablauf:

1. Zahler füllt Zahlungsformular aus (mit Durchschlag für Zahler). Siehe Ausschnitt Formular 1.
2. Zahler zahlt entsprechenden Geldbetrag bar ein. Eine Höchstgrenze besteht theoretisch nicht. Da die Zahlungsart jedoch nur für Notfälle gedacht ist, muss ab 6.500,00 € der Zahlungsgrund angegeben werden, der von Western Union überprüft wird.
3. Zahler erhält Money Transfer Control Number (MTCN), eine Suchnummer, und vereinbart eventuell ein Codewort (bis 500,00 € möglich).
4. Zahler informiert Zahlungsempfänger telefonisch, dass Geldbetrag eingezahlt wurde, und informiert ihn über MTCN und ggf. das Codewort.

5. Zahlungsempfänger füllt Auszahlungsformular mit MTCN und ggf. Codewort aus (mit Durchschlag für Zahlungsempfänger). Siehe Ausschnitt Formular 2. Personalausweis oder Reisepass ist vorzulegen.
6. Zahlungsempfänger erhält Bargeld (in Ausnahmefällen auch Scheck) in Landeswährung (in einigen Ländern in US-Dollar) gegen Vorlage seines Ausweises.

Bitte füllen Sie den Auftrag in Druckbuchstaben aus. * = Pflichtfelder
Please complete the form in block letters. * = Mandatory fields

Geldversand To send Money
Postbank
WESTERN UNION GELDTRANSFER
Geldversand mit Western Union Financial Services GmbH, Frankfurt am Main

Kartennummer/Card Number:
Nur für Western Union Karteninhaber: Western Union Karteninhaber tragen bitte ihre Kartennummer ein.
For Western Union card holders: Please fill in your Card number.
Betrag Amount
Betrag: Euro, Cent* 1.000,00
Betrag in Buchstaben Amount in words* Eintausend
Empfänger Receiver
Name Last name* Kern
Vorname First name* Thomas
Straße, Hausnummer Street, number* Brunnenwiesenstr. 38
Postleitzahl Postal Code* 8093 Ort City, town* Zürich
Land Country* Schweiz
Codewort codeword (max. 15 Zeichen) Hunger
Absender Sender
Name Last name* Kern
Vorname First name* Gaby
Straße, Hausnummer Street, number* Marxplatz 30
Postleitzahl Postal Code* 90403 Ort City, town* Nürnberg
Land Country* Deutschland
E-Mail Adresse E-mail address
Mobil-Nr.: (optinal) Mobile No.: (optinal) Vorwahl Area Code Rufnummer Number
Legitimation durch Mitarbeiter
Art und Nummer des Ausweises
Ausstellende Behörde
Ausstellungsdatum Ausstellungsort
Geburtsdatum Date of birth Geburtsort Place of birth
Staatsangehörigkeit Nationality

Western Union, Formular 1

Bitte füllen Sie den Auftrag in Druckbuchstaben aus. * = Pflichtfelder
Please complete the form in block letters. * = Mandatory fields
Geldempfang
To receive Money
Geldempfang mit Western Union Fin…
Geldtransferkontrollnummer 1234567890
Hinweis
Die Auszahlung kann ohne Kenntnis der Geldtransferkontrollnummer erfolgen.
Empfänger Receiver
Name Last name* Kern
Vorname First name* Thomas
Straße, Hausnummer Street, number* Brunnenwiesenstr. 38
Postleitzahl Postal Code* 8093 Ort City, town* Zürich
Absender Sender
Name Last name* Kern
Vorname First name* Gaby
Land Country* Deutschland
Erwarteter Betrag: Expectedamount:* Betrag in EUR Amount in EUR:* 1.000,00
Bitte die nachfolgenden Felder nicht ausfüllen. Do not write in this area.
Rückzahlung an Absender
Storno
Legitimation durch Mitarbeiter
Art und Nummer des Ausweises
Ausstellende Behörde
Ausstellungsort
Ausstellungsdatum

Western Union, Formular 2

4.1.4 Wertsendung International

Innerhalb Deutschlands hat die Deutsche Post AG die Wertsendung abgeschafft. Dagegen gibt es sie im internationalen Bereich noch mit einigen Ländern. Hiermit kann Bargeld bis 500,00 € als Brief oder Paket verschickt werden. Zu den üblichen Brief- und Paketgebühren kommt zusätzlich die hohe Wertgebühr.

4.1.5 Post-Express

Per Post-Express kann Bargeld bis max. 500,00 € als Brief oder Paket verschickt werden. Die Sendung ist automatisch bis 500,00 € versichert. Die Deutsche Post AG berechnet hierfür sehr hohe Gebühren.

4.2 Halbbare Zahlung

Zur Abwicklung der halbbaren Zahlung benötigt man immer die Hilfe eines Kreditinstitutes (Banken, Sparkassen oder Postbank), da je nach Zahlungsart der Zahler oder der Zahlungsempfänger ein Konto benötigt. Die eine Hälfte des Zahlungsvorganges läuft also wie bisher bar ab, während die andere Hälfte eine Veränderung eines Kontobestandes bewirkt. Im letzteren Fall ändert sich also in den „Büchern“ der Bank der Kontostand; es kommt zur Veränderung des Buchgeldes.

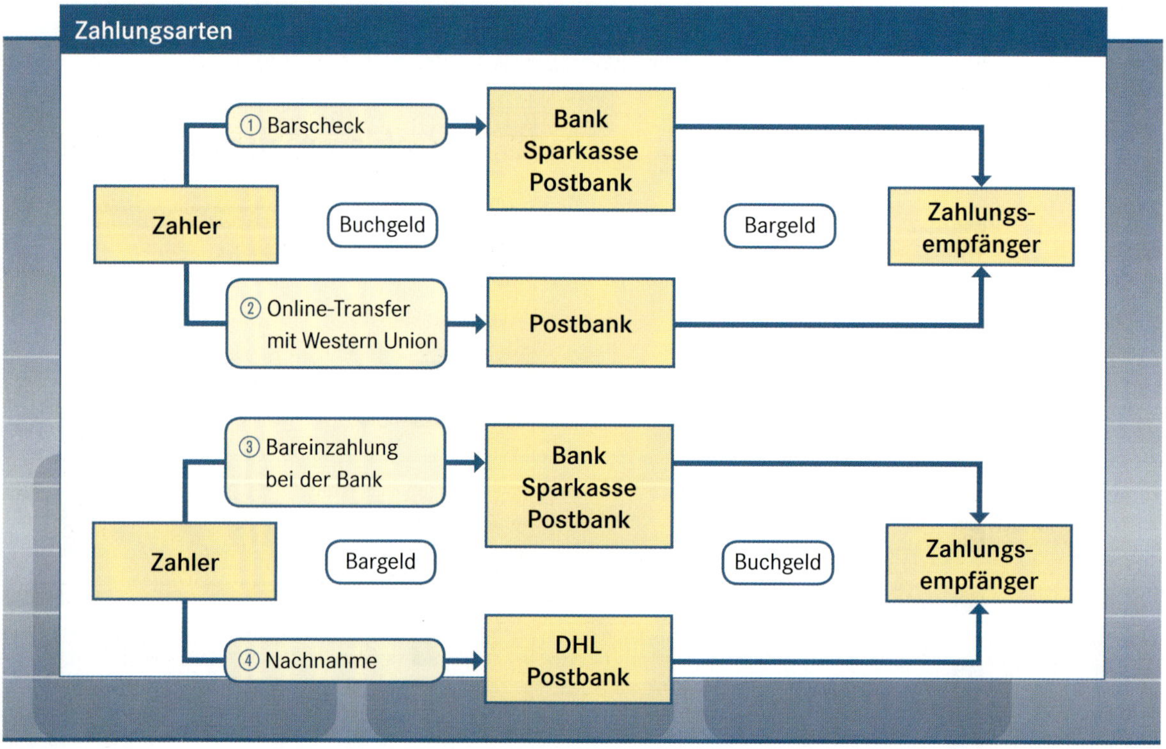

Diese vier Zahlungsarten werden im Folgenden ausführlich erläutert.

4.2.1 Zahlung mit Barscheck

Wer einen Scheck ausstellen will, muss bei einer Bank, Sparkasse oder der Postbank ein Giro- oder Kontokorrentkonto unterhalten. Das Gehaltskonto ist ein typisches Girokonto - ein Guthabenkonto, das innerhalb des engen, persönlichen Kreditrahmens überzogen werden kann. Überziehungszinsen sind jedoch sehr hoch, weshalb man eine Überziehung stets vermeiden sollte. Betriebe haben in der Regel ein Kontokorrentkonto, bei dem Schulden (bis zu einer maximalen, mit der Bank vereinbarten Höhe) und Guthaben häufig wechseln.

Zur **Kontoeröffnung** ist der Personalausweis mitzubringen. Der Antrag wird schriftlich bei der Bank auf einem vorbereiteten Formular gestellt. Dabei geben die über das Konto Verfügungsberechtigten ihre Unterschrift ab. Sie erhalten im Gegenzug von der Bank ihre Kontonummer und die Bankleitzahl (BLZ) des betreffenden Kreditinstituts. Die BLZ ist eine 8-stellige Zahl, die sich wie folgt zusammensetzt:

Zusammensetzung Bankleitzahl

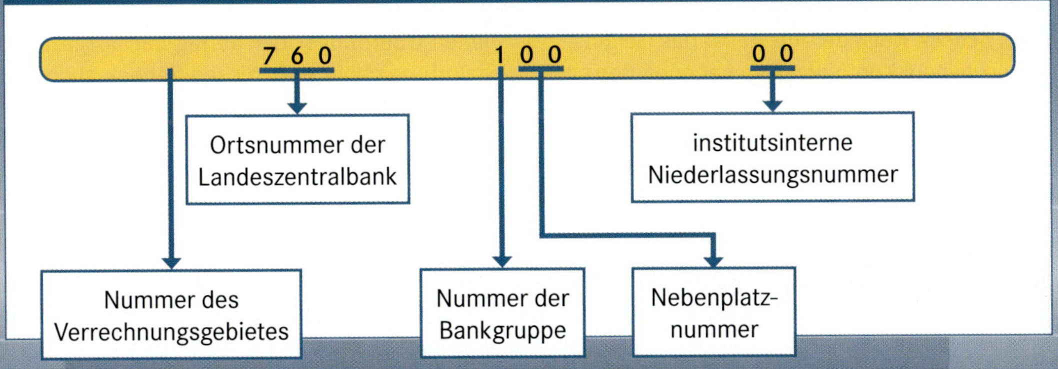

Der neue Bankkunde erhält eine Bankkarte (evtl. mit PIN) und auf Wunsch auch Scheckkarte. Sie sind bei allen Kreditinstituten gleich aufgebaut und weisen gesetzliche und kaufmännische Bestandteile auf.

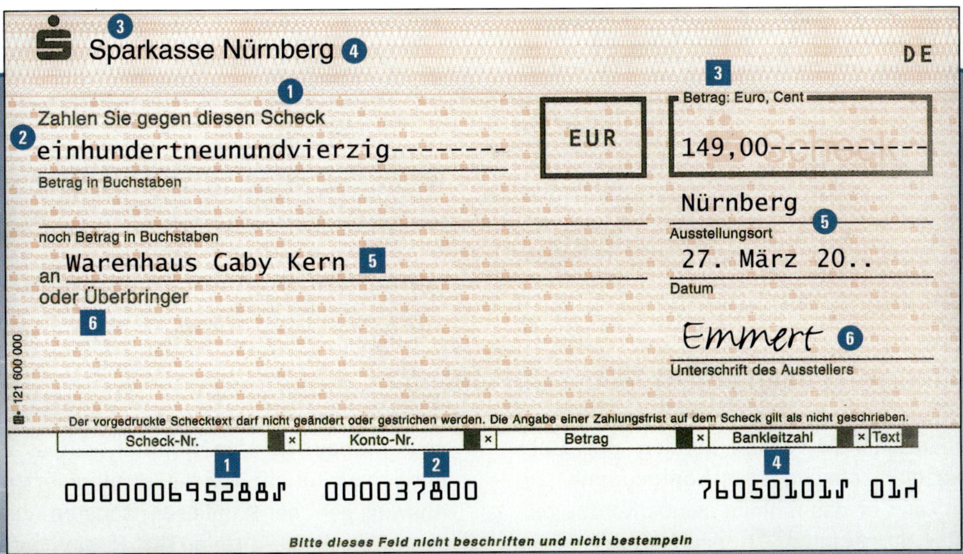

Barscheck

Die gesetzlichen Bestandteile

1. das Wort „Scheck“
2. Zahlungsaufforderung mit Betrag in Buchstaben
3. Name der bezogenen Bank
4. Ort der bezogenen Bank
5. Ort und Tag der Ausstellung
6. Unterschrift des Ausstellers

Die kaufmännischen Bestandteile

1. Schecknummer
2. Kontonummer
3. Betrag in Ziffern und Währungsangabe
4. Bankleitzahl
5. Zahlungsempfänger
6. Überbringerklausel

Weg des Barschecks

Durch den Scheck weist der Aussteller das Geldinstitut an, von seinem Konto den angegebenen Betrag an den Überbringer zu bezahlen. Der Scheck muss durch ein entsprechendes Guthaben gedeckt sein. Nach Überprüfung (Unterschrift und Kontostand des Ausstellers) wird von der bezogenen Bank an jeden Überbringer der Betrag bar ausgezahlt. Deshalb bezeichnet man diesen Scheck auch als Inhaberscheck, weil ihn jeder Inhaber einlösen kann, auch wenn er auf einen anderen Namen lautet. Der vorgedruckte Schecktext darf nicht geändert oder gestrichen werden.

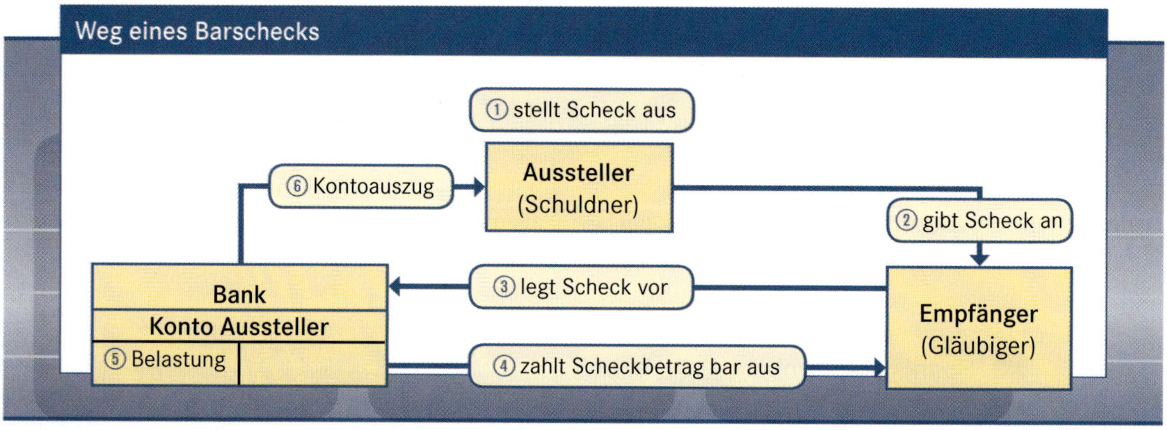

Geht ein Scheck verloren, muss sofort gehandelt werden, da die Banken keine Haftung für verloren gegangene Schecks übernehmen. Deshalb umgehend:

- Verlust der Bank melden,
- Scheck sperren lassen,
- beim Amtsgericht Kraftloserklärung beantragen.

4.2.2 Online-Transfer mit Western Union

Muss der Einzelhändler einem Kunden eine Gutschrift auszahlen, ohne dessen Kontonummer zu kennen, so kann er das mithilfe seines Kontos bei der Postbank durchführen. Er beauftragt die Postbank, online oder telefonisch mit Western Union den Gutschriftbetrag bar zu übermitteln. Dafür erhält er eine **Money-Transfer-Nummer,** die er an seinen Kunden weitergibt. Mit dieser Nummer und seinem Ausweis geht der Kunde zur nächsten Auszahlungsstelle von Western Union (i. d. R. die Postbank) und erhält den Betrag bar ausbezahlt.

4.2.3 Bareinzahlung bei der Bank

Will ein Kunde seine Schulden z. B. bei einem Versandhaus bar bezahlen, so kann er das direkt am Bankschalter mit Zahlschein erledigen.
Zahlungsablauf:

- Schuldner füllt Zahlschein aus,
- gibt ihn mit der entsprechenden Bargeldsumme am Bankschalter ab,
- Gläubiger muss Bankkonto besitzen,
- Bank schreibt Geldbetrag dem Konto des Gläubigers gut.

Bei manchen Großbanken entfällt der Zahlschein. Der Kunde erhält dafür vom Kassenterminal der Bank einen Einzahlungsbeleg.

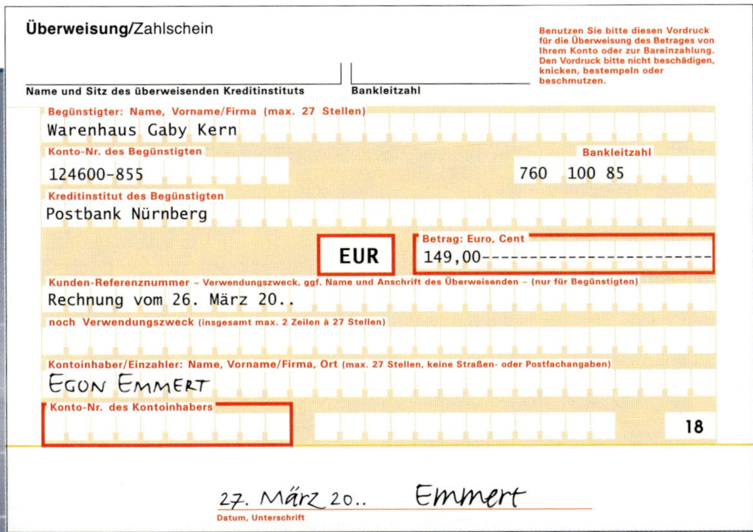
Überweisung/Zahlschein

Benutzen Sie bitte diesen Vordruck für die Überweisung des Betrages von Ihrem Konto oder zur Bareinzahlung. Den Vordruck bitte nicht beschädigen, knicken, bestempeln oder beschmutzen.

Name und Sitz des überweisenden Kreditinstituts | Bankleitzahl

Begünstigter: Name, Vorname/Firma (max. 27 Stellen)
Warenhaus Gaby Kern

Konto-Nr. des Begünstigten: 124600-855 | Bankleitzahl: 760 100 85

Kreditinstitut des Begünstigten
Postbank Nürnberg

EUR | Betrag: Euro, Cent: 149,00-----------------------

Kunden-Referenznummer - Verwendungszweck, ggf. Name und Anschrift des Überweisenden - (nur für Begünstigten)
Rechnung vom 26. März 20..

noch Verwendungszweck (insgesamt max. 2 Zeilen à 27 Stellen)

Kontoinhaber/Einzahler: Name, Vorname/Firma, Ort (max. 27 Stellen, keine Straßen- oder Postfachangaben)
EGON EMMERT

Konto-Nr. des Kontoinhabers | 18

27. März 20.. Emmert
Datum, Unterschrift

Zahlschein

4.2.4 Nachnahme

Die Nachnahme ist ein Inkassoverfahren der Deutschen Post AG. So kann der Einzelhändler eine Nachnahmesendung an den Empfänger einer Ware verschicken, der dann Schuldner des entsprechenden Warenwertes ist. Letzterer erhält die Sendung nur ausgeliefert, wenn er dem Paketboten von DHL den Nachnahmebetrag bar bezahlt. Die Post überweist den bar erhaltenen Betrag auf ein beliebiges Konto des Einzelhändlers (= Gläubiger). Vor allem Versandgeschäfte nutzen diese Zahlungsart.

Der Höchstbetrag für Nachnahmesendungen beträgt beim Brief 1.600,00 €, beim Paket 3.500,00 € (national) bzw. 8.400,00 € (international). Nachnahmesendungen sind jedoch nicht in alle Länder möglich.

DHL Päckchen und Paket Deutschland

Absender
WARENHAUS
GABY KERN
MAXPLATZ 30
90403 NÜRNBERG
Postleitzahl Ort
Deutschland

Empfänger
FRAU
URSULA GÖLLING
Postnummer (bei Versand an eine DHL PACKSTATION)
AM STEINBERG 10
Straße und Hausnummer oder DHL PACKSTATION (kein Postfach)
91217 HERSBRUCK
Postleitzahl Ort
Deutschland

PAKETMARKE Deutschland
Sendungsnummer
JJD14.10 400 734 135
bis 10 kg
JJD14.10 400 734 135

Wünschen Sie zusätzliche Services? Bitte hier Servicemarken aufkleben.
Weitere Informationen: Siehe Rückseite.

NN 35 619 468 5DE 300
NACHNAHME (Remboursement)
Deutsche Post
Betrag: 162,00 EUR
Kto.-Nr.: 124600-855
BLZ: 760 100 85
NN 35 619 468 5DE 300

Nachnahme

Inkasso-Beleg zur Geldübermittlung

Begünstigter: Name, Vorname/Firma (max. 27 Stellen)
Warenhaus Gaby Kern
Konto-Nr. des Begünstigten
124600-855
Bankleitzahl
760 100 85
Kreditinstitut des Begünstigten
Postbank Nürnberg
EUR
Betrag: Euro, Cent
160,00
Kunden-Referenznummer – Verwendungszweck, ggf. Name und Anschrift des Empfängers der Nachnahme-Sendung – (nur für Begünstigten)
Bestellung vom 10. Juli 20..
noch Verwendungszweck (insgesamt max. 2 Zeilen à 27 Stellen)
Nachnahme
51
Bitte dieses Feld nicht beschriften und nicht bestempeln

Zahlungsbeleg

Die unterschiedlichen Beträge auf dem Zahlungsbeleg und dem Paketschein errechnen sich wie folgt:

3

Beispiel:

Warenwert		
+ Beförderungsentgelt + Nachnahmeentgelt	}	Postgebühren, die der Absender (= Einzelhändler) bei Einlieferung der Sendung entrichtet
= Zahlscheinbetrag	=	Eintrag in oberen Abschnitt (erhält der Einzelhändler gutgeschrieben)
+ Zahlscheingebühr		
Nachnahmebetrag	=	Eintrag in unteren Abschnitt

4.3 Bargeldlose Zahlung

Die bargeldlose Zahlung erfolgt immer durch Umbuchung des Zahlungsbetrages vom Konto des Zahlers (Schuldners) auf das Konto des Zahlungsempfängers (Gläubigers).

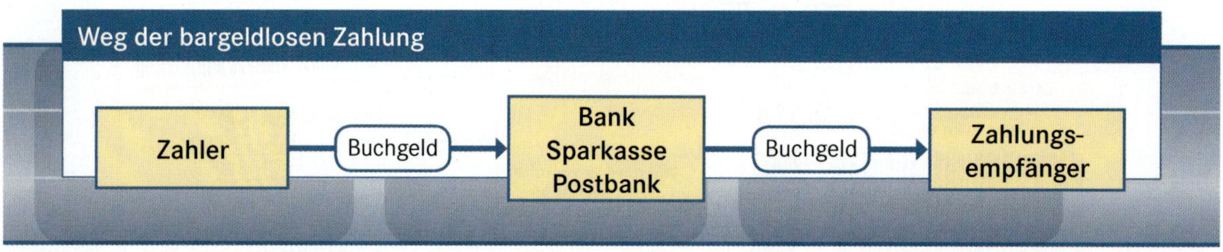

Wenn Schuldner und Gläubiger ihr Konto bei verschiedenen Geldinstituten haben, muss eine Verbindung zwischen ihnen hergestellt werden. Die Banken am gleichen Ort führen zu diesem Zweck gegenseitig Konten. Mit anderen Geldinstituten wird der bargeldlose Zahlungsverkehr über 5 Gironetze abgewickelt, die auch untereinander verbunden sind.

4.3.1 Überweisung

Der Bank-, Sparkassen- oder Postbankkunde erteilt seinen Auftrag auf einem i. d. R. zweiteiligen Vordruck, der bei allen Kreditinstituten vereinheitlicht ist.

Die Durchschrift behält der Zahler für seine Unterlagen. Über Datenleitung wird die Zahlung an die Bank des Empfängers weitergegeben und der Betrag seinem Konto gutgeschrieben. Überweisungen sind auch online möglich.

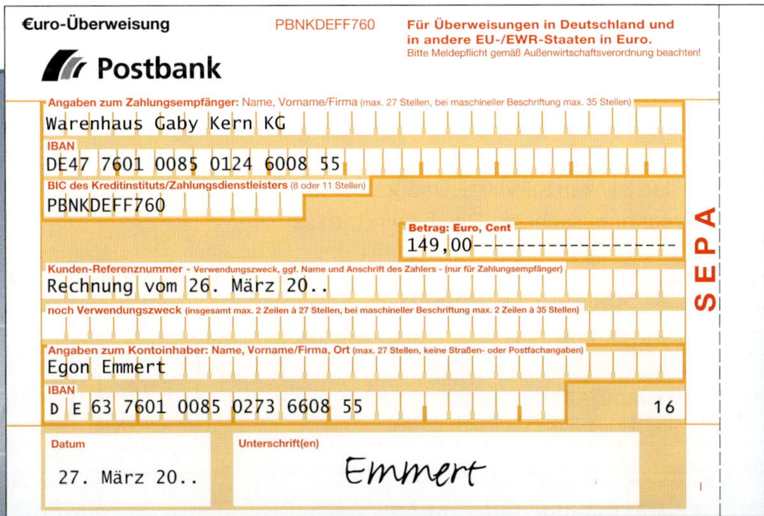
€uro-Überweisung PBNKDEFF760
Für Überweisungen in Deutschland und in andere EU-/EWR-Staaten in Euro.
Bitte Meldepflicht gemäß Außenwirtschaftsverordnung beachten!
Postbank
Angaben zum Zahlungsempfänger: Name, Vorname/Firma (max. 27 Stellen, bei maschineller Beschriftung max. 35 Stellen)
Warenhaus Gaby Kern KG
IBAN
DE47 7601 0085 0124 6008 55
BIC des Kreditinstituts/Zahlungsdienstleisters (8 oder 11 Stellen)
PBNKDEFF760
Betrag: Euro, Cent
149,00
Kunden-Referenznummer - Verwendungszweck, ggf. Name und Anschrift des Zahlers - (nur für Zahlungsempfänger)
Rechnung vom 26. März 20..
noch Verwendungszweck (insgesamt max. 2 Zeilen à 27 Stellen, bei maschineller Beschriftung max. 2 Zeilen à 35 Stellen)
Angaben zum Kontoinhaber: Name, Vorname/Firma, Ort (max. 27 Stellen, keine Straßen- oder Postfachangaben)
Egon Emmert
IBAN
DE63 7601 0085 0273 6608 55 16
SEPA
Datum
27. März 20..
Unterschrift(en)
Emmert

Überweisung (im Inland)

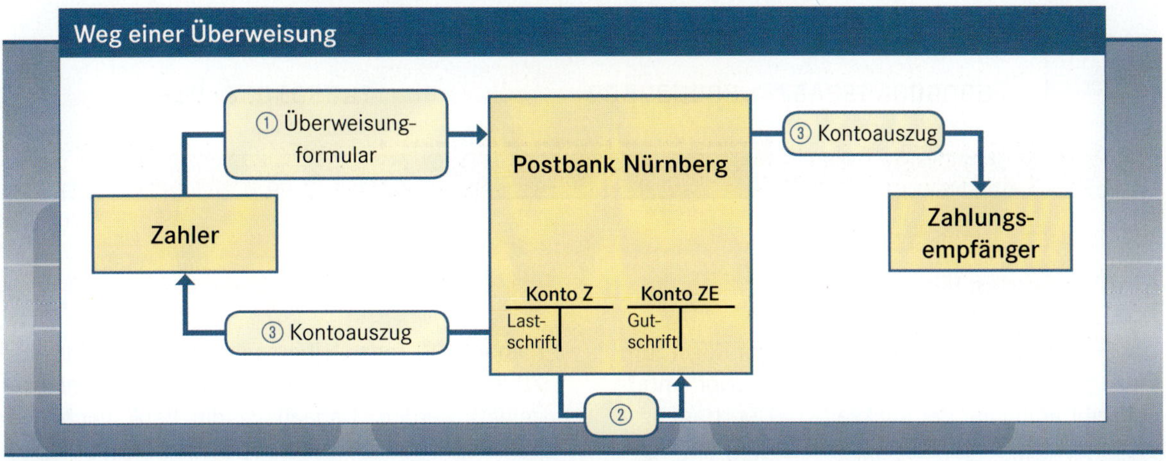

Hinweis: Wir haben hier die Überweisung mit den europaweit einheitlichen Kontoidentifikationsmerkmalen IBAN und BIC (anstelle Kontonummer und Bankleitzahl) eingeführt. Durch die Standardisierung soll der bargeldlose inländische und grenzüberschreitende Zahlungsverkehr vereinfacht und vereinheitlicht werden. Ziel ist die Schaffung eines einheitlichen Zahlungsverkehrsraumes in Europa, der sog. **S**ingle **E**uro **P**ayment **A**rea **(SEPA)**.

IBAN steht für **I**nternational **B**ank **A**ccount **N**umber, hat in Deutschland 22 Stellen und setzt sich zusammen aus dem Länderkennzeichen (zwei Stellen), einer Prüfziffer (zwei Stellen), der Bankleitzahl (acht Stellen) und der Kontonummer (zehn Stellen).

BIC ist die Abkürzung für **B**ank **I**dentifier **C**ode und hat maximal 11 Stellen, dem Bankkürzel (vier Stellen), dem Länderkennzeichen (zwei Stellen) und der Filialkennung (zwei bis fünf Stellen).

4.3.2 Verrechnungsscheck

Auf einen Barscheck wird der Vermerk „Nur zur Verrechnung“ links oben quer geschrieben (zwei Schrägstriche sind offiziell nicht erlaubt, werden aber meist von den Banken toleriert). Dadurch erhält man einen Verrechnungsscheck. Das bewirkt, dass der Scheck nicht bar ausgezahlt werden kann, sondern nur dem Konto des Zahlungsempfängers gutgeschrieben wird. Ein Missbrauch bei Verlust ist somit ausgeschlossen.

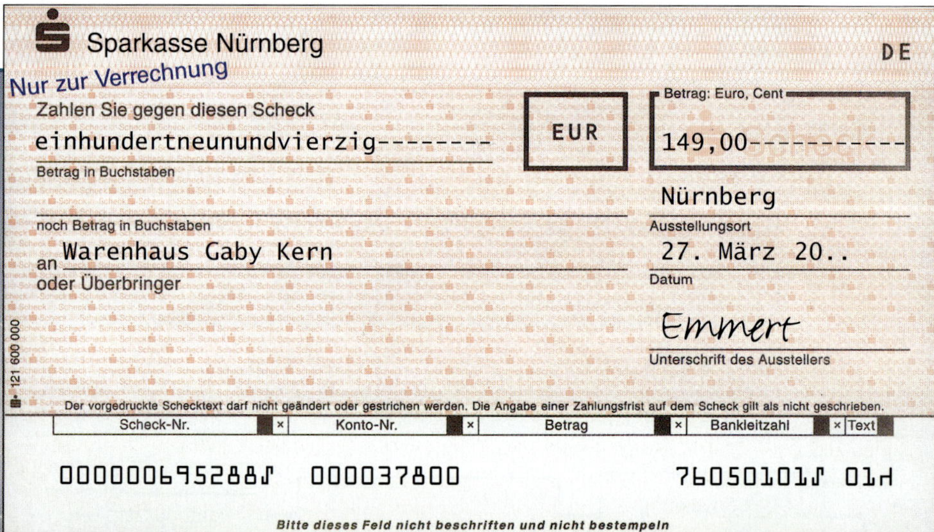
Sparkasse Nürnberg
DE
Nur zur Verrechnung
Zahlen Sie gegen diesen Scheck
einhundertneunundvierzig--------
Betrag in Buchstaben
EUR
Betrag: Euro, Cent
149,00----------
noch Betrag in Buchstaben
Nürnberg
Ausstellungsort
an Warenhaus Gaby Kern
oder Überbringer
27. März 20..
Datum
Emmert
Unterschrift des Ausstellers
121 600 000
Der vorgedruckte Schecktext darf nicht geändert oder gestrichen werden. Die Angabe einer Zahlungsfrist auf dem Scheck gilt als nicht geschrieben.
Scheck-Nr. | Konto-Nr. | Betrag | Bankleitzahl | Text
0000006952884 000037800 76050101 01
Bitte dieses Feld nicht beschriften und nicht bestempeln

Verrechnungsscheck

Einlösung des Schecks

Der Einzelhändler gibt den Scheck in der Regel **zum Einzug** an sein Kreditinstitut weiter. Zuvor **unterschreibt** er ihn auf der Rückseite (= Übertragungsvermerk). Die Bank schreibt den Betrag im Allgemeinen seinem Konto sofort E. v. gut (Eingang vorbehalten) und gibt den Scheck an die bezogene Bank (Bank des Ausstellers) weiter. Ein Scheck soll **innerhalb von acht Tagen** (Auslandsschecks innerhalb von 20 Tagen, Überseeschecks innerhalb von 70 Tagen) ab Ausstellungsdatum eingereicht (vorgelegt) werden. Danach ist die Bank nach dem Scheckgesetz nicht mehr zur Einlösung verpflichtet. Sie kann ihn aber noch einlösen, falls der Aussteller ihn nicht inzwischen widerruft. Eine **Vordatierung** des Schecks ist zwecklos und unwirksam, weil auch vordatierte Schecks bei Vorlage fällig sind.

Rückgabe eines nicht eingelösten Schecks

Bevor die bezogene Bank einen Scheck auszahlt oder gutschreibt, prüft sie, ob ein Guthaben oder eine Kreditberechtigung in Höhe des Scheckbetrages vorhanden ist, d.h., ob der Scheck gedeckt ist. Ferner prüft sie, ob die Unterschrift des Ausstellers echt und ob die Laufzeit noch nicht verstrichen ist.

Wird der Scheck innerhalb der gesetzlichen Frist bei der bezogenen Bank zur Zahlung vorgelegt, aber von ihr nicht eingelöst, kann sich der Vorleger die Nichteinlösung bescheinigen lassen. Die Bank setzt den sogenannten Bankvermerk auf den Scheck: „Vorgelegt, aber nicht eingelöst". Der Vorleger muss dann den Aussteller von der Nichteinlösung benachrichtigen.

Weg eines Verrechnungsschecks

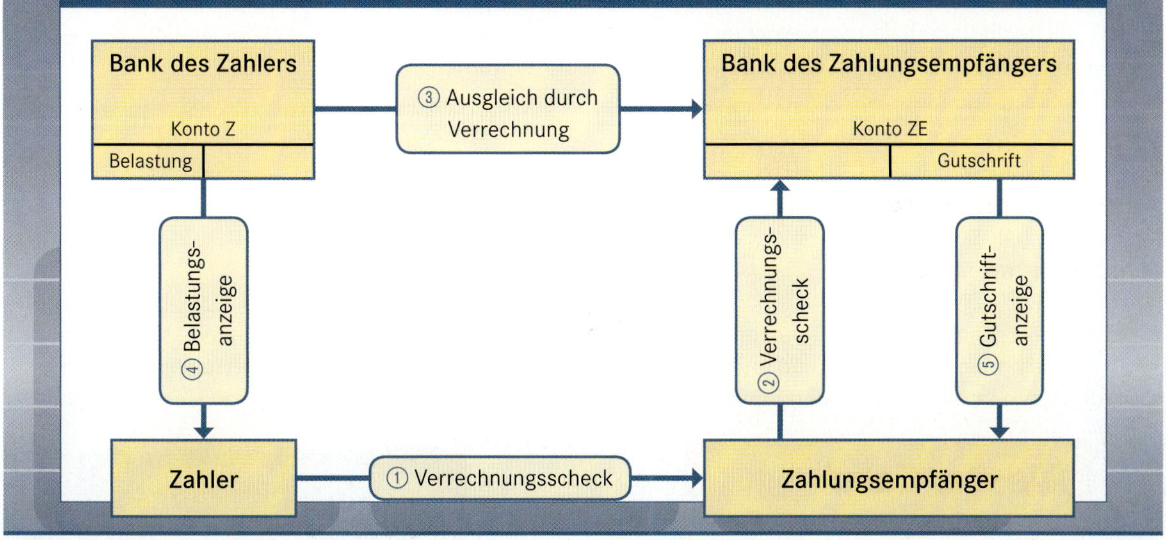

Rückgabe eines nicht eingelösten Schecks

Bevor die bezogene Bank einen Scheck auszahlt oder gutschreibt, prüft sie, ob ein Guthaben oder eine Kreditberechtigung in Höhe des Scheckbetrages vorhanden ist, d.h., ob der Scheck gedeckt ist. Ferner prüft sie, ob die Unterschrift des Ausstellers echt und ob die Laufzeit noch nicht verstrichen ist.

Wird der Scheck innerhalb der gesetzlichen Frist bei der bezogenen Bank zur Zahlung vorgelegt, aber von ihr nicht eingelöst, kann sich der Vorleger die Nichteinlösung bescheinigen lassen. Die Bank setzt den sogenannten Bankvermerk auf den Scheck: „Vorgelegt, aber nicht eingelöst". Der Vorleger muss sodann den Aussteller von der Nichteinlösung benachrichtigen.

4.3.3 Zahlungsvereinfachungen

Dauerauftrag

Bei regelmäßig zu zahlenden Beträgen in gleicher Höhe (z.B. Mieten, Rundfunkgebühren usw.) erteilt der Kunde seinem Kreditinstitut einen Dauerauftrag. Die fälligen Beträge werden dann regelmäßig – bis auf Widerruf – zu den angegebenen Terminen an die Empfänger überwiesen.

Lastschriftverfahren

Das Lastschriftverfahren gewinnt in der Praxis zunehmend an Bedeutung, da es sehr bequem, sicher und mit geringem Verwaltungsaufwand durchgeführt werden kann. Auf diesem Weg können regelmäßig zu zahlende Beträge in unterschiedlicher Höhe (z. B. Stromabrechnung, Telefonrechnung) vom Konto abgebucht werden.

Man unterscheidet zwei Verfahren:

Einzugsermächtigung	und Abbuchungsauftrag
Der **Zahler** erteilt dem **Zahlungsempfänger** eine schriftliche Einzugsermächtigung. Der Kontoinhaber hat das Recht, innerhalb von 6 Wochen ohne Angabe von Gründen die Rückbuchung zu verlangen	Der **Zahler** gestattet seiner **Bank**, Lastschriften eines bestimmten Zahlungsempfängers einzulösen. Bereits abgebuchte Beträge können nicht widerrufen werden.

3

4.3.4 Zahlung mit Karte (Plastikgeld)

Kreditkarten

Kreditkartenorganisationen, z. B. MasterCard, American Express, Diners Club, Visa und andere, geben Kreditkarten in Verbindung mit den Banken heraus. Voraussetzungen beim Kunden sind meist ein bestimmtes Alter, ein Mindesteinkommen und die Akzeptierung einer Dauer-Einzugsermächtigung.

MasterCard-Kreditkarte

American-Express-Kreditkarte

Bei der Bezahlung im Einzelhandel legt der Kunde seine Kreditkarte vor. Der Einzelhändler überprüft die Gültigkeitsdauer und vergleicht die Unterschrift auf der Kreditkarte mit der auf dem Zahlungsbeleg. Der Rest wird online und bargeldlos abgewickelt.

Vorteile		Nachteile	
für den Kunden	**für den Einzelhändler**	**für den Kunden**	**für den Einzelhändler**
- bequem - sicher - zinsfrei bis zur Abrechnung - auch in ausländischer Währung - weltweit einsetzbar	- Zahlungsgarantie - mehr Spontankäufe - mehr internationale Kunden - weniger Bargeld, d. h. sicherer	- Grundpreis für die Karte - Hemmschwelle beim Einkauf sinkt (Überschuldung) - Gefahr der Kontoüberziehung	- Abzug von 2,5 %–5 % Provision - Kosten für technische Ausstattung - Gutschrift erst später nach freier Wahl (meist wöchentlich)

Electronic Cash, POS (Point of Sale)

Der Kunde erhält von seiner Bank eine Bankkarte mit PIN (Personal Identification Number). Bei der Zahlung an der Kasse tippt der Kunde diese Geheimnummer ein. Dadurch erfolgt online ein direkter Zugriff auf das Girokonto. Der Einzelhändler hat durch die Online-Abfrage bei der Bank des Kunden eine Zahlungsgarantie. Die Umbuchung erfolgt bargeldlos. Die PIN ist unbedingt geheim zu halten und nicht aufzuschreiben, da ein hohes Betrugsrisiko besteht.

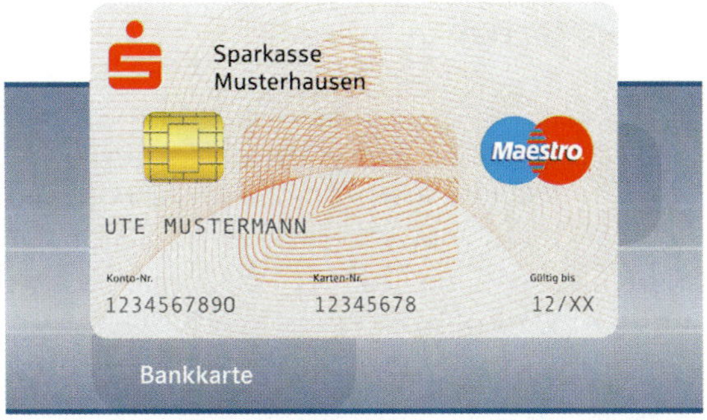

Vorteile		Nachteile	
für den Kunden	**für den Einzelhändler**	**für den Kunden**	**für den Einzelhändler**
- bequem - besonders sicher (PIN) - für In- und Ausland	- Zahlungsgarantie - mehr Spontankäufe - weniger Bargeld	- Kosten für EC-Karte - Hemmschwelle beim Einkauf sinkt - Verlustrisiko	- Servicegebühren - Onlinegebühren - Kosten für technische Ausstattung

Electronic Cash, ELV (elektronisches Lastschriftverfahren)

Der Kunde kann mit seiner Karte ohne PIN zahlen. An der Kasse erteilt er dem Einzelhändler durch Unterschrift auf dem Händler-Beleg eine einmalige Einzugsermächtigung. Bei diesem Verfahren hat der Einzelhändler keine Zahlungsgarantie. Ist das Konto des Kunden überzogen, zahlt die Bank nicht.

Vorteile		Nachteile	
für den Kunden	**für den Einzelhändler**	**für den Kunden**	**für den Einzelhändler**
- bequem - sicher - keine PIN merken - Widerspruch bei mangelhafter Ware ohne Probleme	- mehr Spontankäufe - weniger Bargeld	- Missbrauch durch Kartendiebe leichter möglich - Hemmschwelle beim Einkauf sinkt	- keine Zahlungsgarantie - Kosten für technische Ausstattung - höherer Arbeitsaufwand durch elektronisches Lastschriftverfahren

Geldkarte

Diese Karte erhält der Kunde gegen eine geringe Gebühr von seiner Bank. Auf einem zusätzlichen Chip kann man an Automaten Bargeld „laden“. Damit ist diese Karte als Kleingeldersatz für Fahrscheine, Parkgebühren u. Ä. anzusehen.

Vorteile		Nachteile	
für den Kunden	**für den Einzelhändler**	**für den Kunden**	**für den Einzelhändler**
- bequem - anonym (ohne PIN und Unterschrift) - immer passendes Kleingeld	- weniger Bargeld - sicher	- Risiko bei Verlust - kein Überblick über Guthaben	- Servicegebühren - Kosten für technische Ausstattung - nur für Kleinkäufe

Kundenkarten

Größere Unternehmen geben häufig ihre eigenen Kundenkarten heraus (z. B. Wöhrl, Adler). Es besteht aber auch die Möglichkeit, dass Organisationen (z. B. Payback) für eine Reihe von Einzelhändlern eine gemeinsame Kundenkarte ausgeben (Payback-Partner: Kaufhof, Real, Europcar, Apollo-Optik usw.). Beide sind in der Regel für den Kunden kostenlos.

Die Ausstattung ist sehr unterschiedlich. Folgende Möglichkeiten sind bekannt: mit und ohne Zahlungsfunktion, Möglichkeit des Ratenkaufs, mit und ohne Rabatt, Ansammeln von Bonuspunkten, Ausstattung mit besonderen Serviceleistungen usw.

eigene Kundenkarte

Payback-Kundenkarte

Vorteile		Nachteile	
für den Kunden	für den Einzelhändler	für den Kunden	für den Einzelhändler
- keine Kartengebühr - höhere Serviceleistungen	- hohe Kundenbindung - genaue Kenntnis der Kaufgewohnheiten des Kunden - keine Provision	- eingeschränkte Verwendungsmöglichkeit - weniger Preisvergleich - moralischer Kaufzwang - evtl. Haftung bei Verlust	- Kosten bei Einführung

5 Gebräuchliche Rechenverfahren

5.1 Dreisatz

Beim Dreisatz wird mit drei bekannten Größen eine vierte, unbekannte Größe berechnet. Zwei der bekannten Größen bilden eine Behauptung, die dritte bekannte Größe und der gesuchte Wert die Frage.

Die Bedeutung dieses Rechenverfahrens liegt darin, dass mithilfe dieser Methode eine Vielzahl anderer kaufmännischer Rechenarten gelöst werden kann.

5.1.1 Einfacher Dreisatz mit geradem Verhältnis (proportionale Abhängigkeit)

3

Beispiel 1:

Ein Einzelhändler kauft 5 Kleider für 900,00 €. Wie viel kosten dann 3 Kleider?

Ansatz:
① 5 Kleider = 900,00 €
② 3 Kleider = x €
③ ④ ③

① Behauptung
② Frage
③ gleiche Benennungen immer untereinander
④ Die gesuchte Größe x muss immer rechts stehen.

Lösung 1:
① 5 Kleider kosten 900,00 €.
② **1 Kleid** kostet den fünften Teil.
③ 3 Kleider kosten 3-mal so viel.

① $\frac{900 \cdot}{}$ ② $\frac{900 \cdot}{5}$ ③ $\frac{900 \cdot 3}{5}$

Lösung 2:
③ ①
5 Kleider = 900,00 €
⊟ ⊟
3 Kleider = x €

① Zahl über dem x kommt **auf** den Bruchstrich. $\frac{900 \cdot}{}$
② Je **weniger**, desto **weniger** ⊟→⊟
→ **gerades** Verhältnis
→ **schräg** multiplizieren $\frac{900 \cdot 3}{}$
③ durch die verbleibende Zahl teilen $\frac{900 \cdot 3}{5}$

Ergebnis: $x = \frac{900 \cdot 3}{5} = \underline{\underline{540{,}00}}$

Beispiel 2:

Ein Haushaltswarengeschäft kauft 200 Gläser für insgesamt 1.200,00 € ein.
Welchen Betrag muss es ansetzen, wenn 500 gleich teure Gläser bestellt werden?

Lösung:
③ ①
200 Gläser = 1.200,00 €
⊞ ⊞
500 Gläser = x €

① Zahl über dem x kommt **auf** den Bruchstrich. $\frac{1.200 \cdot}{}$
② Je **mehr**, desto **mehr** ⊞→⊞
→ **gerades** Verhältnis
→ **schräg** multiplizieren $\frac{1.200 \cdot 500}{}$
③ durch die verbleibende Zahl teilen $\frac{1.200 \cdot 500}{200}$

Ergebnis: $x = \frac{1.200 \cdot 500}{200} = \underline{\underline{3.000{,}00}}$

5.1.2 Einfacher Dreisatz mit ungeradem Verhältnis (umgekehrt proportionale Abhängigkeit)

Beispiel 1:

Zu einer bestimmten Arbeit benötigen 5 Arbeiter 900 Minuten. Wie lange brauchen 3 Arbeiter?

Ansatz:
① 5 Arbeiter = 900 Min.
② 3 Arbeiter = x Min.
③ ④ ③

① Behauptung
② Frage
③ gleiche Benennungen immer untereinander
④ Die gesuchte Größe x muss rechts stehen.

Lösung 1:
① 5 Arbeiter brauchen 900 Minuten.
② **1 Arbeiter** braucht 5-mal so lange.
③ 3 Arbeiter brauchen den dritten Teil.

Lösung 2:

①
5 Arbeiter = 900 Min.
[−] ↓ ②(waagrecht) ↓ [+]
3 Arbeiter = x Min.
③

① Zahl über dem x kommt **auf** den Bruchstrich. — $\frac{900 \cdot}{}$
② Je **weniger**, desto **mehr** [−]→[+] — $\frac{900 \cdot 5}{}$
→ **ungerades** Verhältnis
→ **waagrecht** multiplizieren
③ durch die verbleibende Zahl teilen — $\frac{900 \cdot 5}{3}$

Ergebnis: $x = \frac{900 \cdot 5}{3} =$ <u>1 500 Minuten</u>

3

Beispiel 2:

Für die Inventur benötigen 6 Verkäufer 12 Stunden. Wie lange brauchen 8 Verkäufer?

Lösung:

①
6 Verkäufer = 12 Std.
[+] ↓ ②(waagrecht) ↓ [−]
8 Verkäufer = x Std.
③

① Zahl über dem x kommt **auf** den Bruchstrich. — $\frac{12 \cdot}{}$
② Je **mehr**, desto **weniger** [+]→[−] — $\frac{12 \cdot 6}{}$
→ **ungerades** Verhältnis
→ **waagrecht** multiplizieren
③ durch die verbleibende Zahl teilen — $\frac{12 \cdot 6}{8}$

Ergebnis: $x = \frac{12 \cdot 6}{8} =$ <u>9 Stunden</u>

5.1.3 Zusammengesetzter Dreisatz

Beispiel:

Bei der Inventur im letzten Jahr zählten 6 Verkäuferinnen in 3 Stunden 900 Teile.
Wie lange brauchen in diesem Jahr voraussichtlich 2 Verkäuferinnen zum Zählen von 600 Artikeln?

Ansatz:
① 6 VK = 900 Art. = 3 Std.
② 2 VK = 600 Art. = x Std.
③ ③ ④ ③

① Behauptung
② Frage
③ gleiche Benennungen untereinander
④ x nach rechts schreiben

Lösung: a) in zwei (oder mehrere) einfache Dreisätze zerlegen

6 VK = 3 Std.
2 VK = x Std.

900 Art. = 3 Std.
600 Art. = x Std.

b) Lösung wie einfacher (gerader bzw. ungerader) Dreisatz

$x = \frac{3 \cdot 6}{2}$

$x = \frac{3 \cdot 600}{900}$

c) auf einen Bruchstrich schreiben
d) Zahl über x erscheint im Ansatz nur einmal.

Ergebnis: $x = \frac{3 \cdot 6 \cdot 600}{2 \cdot 900}$ = **6 Stunden**

3

5.2 Durchschnittsrechnung

Soll aus mehreren Einzelwerten ein Mittelwert (= Durchschnittswert) errechnet werden, wendet man die Durchschnittsrechnung an. Man unterscheidet zwei Arten:

- einfacher Durchschnitt (= ungewogenes arithmetisches Mittel)
- gewogener Durchschnitt (= gewogenes arithmetisches Mittel)

5.2.1 Einfacher Durchschnitt

Beispiel:

In einem Einzelhandelsbetrieb erreichten die Verkäuferinnen folgende Tagesumsätze: Verkäuferin A 8.000,00 €, Verkäuferin B 6.000,00 € und Verkäuferin C 7.000,00 €. Wie hoch war der durchschnittliche Tagesumsatz je Verkäuferin?

Ansatz mit Lösung:

	Einzelposten		Anzahl	
A	8.000,00 €		1	
B	6.000,00 €		1	
C	7.000,00 €		1	
	21.000,00 €	:	3	= **7.000,00 €**

Merke:

$$\textbf{Einfacher Durchschnitt} = \frac{\text{Summe der Einzelposten}}{\text{Anzahl der Einzelposten}}$$

5.2.2 Gewogener Durchschnitt

Beispiel:

Auf einem Sondertisch sollen drei Artikel zum gleichen Preis verkauft werden, und zwar 20 Stück von Ware A zum ursprünglichen Preis von 2,50 €, 30 Stück von Ware B zu je 2,00 € und 50 Stück von Ware C zu je 1,80 €. Wie viel Euro beträgt der Durchschnittspreis je Stück?

Ansatz mit Lösung:

	Einzelmengen		Einzelpreise	
A	20 Stück	·	2,50 €	= 50,00 €
B	30 Stück	·	2,00 €	= 60,00 €
C	50 Stück	·	1,80 €	= 90,00 €
	100 Stück			= 200,00 €
200,00 € :	100 Stück	=	**2,00 €**	

Merke:

$$\textbf{Gewogener Durchschnitt} = \frac{(\text{Einzelmengen} \cdot \text{Einzelpreise})}{\text{Gesamtmenge}}$$

3

5.3 Prozentrechnung

Um Veränderungen von Zahlen (Mehrungen, Minderungen) miteinander vergleichen zu können, bedient man sich der Prozentrechnung. Dabei bezieht man die veränderten Zahlenwerte auf die Vergleichszahl 100. Daher stammt auch der Name dieses Rechenverfahrens: pro centum (lateinisch) = vom Hundert (v. H. = %).

Die Prozentrechnung hat im täglichen Leben wie in der kaufmännischen Praxis große Bedeutung, z. B. bei Gehaltserhöhungen, Preisveränderungen, Rabatten, Skonti, Provisionen, Steuersätzen, Beiträgen zur Sozialversicherung, Abschreibungssätzen, Gewinnen usw.

Beispiel:

Andrea erhält auf ihr bisheriges Gehalt von 500,00 € eine Erhöhung von 10 %. Das sind 50,00 €.

① Ausgangswert der Veränderung	Grundwert (GW)	500,00 €
② Vergleichsmenge	Vergleichszahl (VZ)	100 %
③ Veränderungswert	Prozentwert (PW)	50,00 €
④ Veränderung je 100,00 €	Prozentsatz (PS)	10 %

Mithilfe des geraden Dreisatzes lässt sich nun jeder dieser vier Werte errechnen.

5.3.1 Berechnung des Grundwertes

Grundwert = Ausgangswert für eine Veränderung (Mehrung oder Minderung) durch einen prozentualen Aufschlag oder Abschlag bei der Prozentrechnung vom Hundert.

Beispiel:

- Gehalt **vor** einer Gehaltserhöhung (s. u.)
- Preis **vor** einer Preissenkung oder Preiserhöhung
- Betrag **vor** dem Abzug von Rabatt oder Skonto
- Gehalt **vor** dem Abzug von Lohnsteuer und Sozialversicherung

Berechnung des Gehaltes vor einer Gehaltserhöhung:
Nach einer Gehaltserhöhung um 5 % findet Sabine auf ihrem Gehaltsauszug eine Steigerung um 30,00 €. Wie hoch war ihr Gehalt vor der Erhöhung?

Lösung: ① **gegeben:** Prozentwert (Erhöhung in €), Prozentsatz (Steigerung in %) — VZ (100 %)
gesucht: Grundwert (früheres Gehalt in €)

② Ordnen Sie die beiden Wertepaare der Prozentrechnung wie beim Dreisatz an:

PS (%)	PW (€)
100 (%)	GW (€)

→

5 % = 30,00 €
100 % = x €

$$x = \frac{30 \cdot 100}{5} = \underline{\underline{600{,}00\ €}}$$

3

5.3.2 Berechnung des Prozentwertes

Prozentwert = Wert der Erhöhung bzw. Verminderung, der sich aus der prozentualen Veränderung des Ausgangswertes (Grundwertes) ergeben hat. Differenz des alten und des neuen Wertes.

Beispiele:

- Steigerung des Gehaltes durch eine Gehaltserhöhung (s. u.)
- Preissteigerung bzw. Preissenkung (Differenz alter Preis – neuer Preis)
- Betrag, der bei Rabattgewährung vom Preis abgezogen wird
- Lohnsteuerbetrag, der vom Bruttogehalt einbehalten wird

Berechnung der Gehaltserhöhung:
Sabine erhält eine Gehaltserhöhung von 5 %. Ihr bisheriges Gehalt betrug 600,00 €.
Wie viel Euro beträgt die Erhöhung?

Lösung: ① **gegeben:** Grundwert (Ausgangswert in €), Prozentsatz (Steigerung in %) — VZ (100 %)
gesucht: Prozentwert (Steigerung in €)

② Ordnen Sie die beiden Wertepaare der Prozentrechnung wie beim Dreisatz an:

100 (%)	GW (€)
PS (%)	PW (€)

→

100 % = 600,00 €
5 % = x €

$$x = \frac{600 \cdot 5}{100} = \underline{\underline{30{,}00\ €}}$$

5.3.3 Berechnung des Prozentsatzes

Prozentsatz = Wert der Erhöhung bzw. Verminderung (in %), der sich ergibt, wenn man die Veränderung auf die Vergleichszahl 100 bezieht.

Beispiele:

- Steigerung je 100,00 € des Gehaltes (Vergleichswert; s. u.)
- um diesen Betrag würde ein Preis von 100,00 € erhöht/gesenkt.
- Betrag, der sich als Rabatt je 100,00 € des Preises ergibt.

Berechnung der prozentualen Erhöhung:
Sabine erhält eine Gehaltserhöhung von 30,00 €. Ihr bisheriges Gehalt betrug 600,00 €.
Wie viel Prozent beträgt die Erhöhung ihres Gehaltes?

Lösung:

① **gegeben:** Grundwert (Ausgangswert in €), Prozentwert (Veränderung in €) — VZ (100 %)
gesucht: Prozentsatz (Steigerung in %)

② Ordnen Sie die beiden Wertepaare der Prozentrechnung wie beim Dreisatz an:

GW (€)	100 (%)
PW (€)	PS (%)

→

600,00 € = 100 %
30,00 € = x %

$$x = \frac{100 \cdot 30}{600} = \underline{\underline{5\ \%}}$$

3

5.3.4 Prozentrechnung mit vermehrtem und vermindertem Grundwert

Da der Grundwert bei der Prozentrechnung immer der Ausgangswert für eine Veränderung (Erhöhung, Verminderung) ist, können wir bei den folgenden Fällen nicht mit der normalen Prozentrechnung vom Hundert rechnen. Er wird in beiden Beispielen gesucht. Bekannt ist vielmehr der um den Prozentwert erhöhte bzw. verminderte Grundwert.

Prozentrechnung mit vermehrtem Grundwert (= Prozentrechnung auf Hundert, a. H.)

Beispiel:

Nach einer Gehaltserhöhung um 6 % verdient eine Verkäuferin jetzt 1.908,00 €.
Wie hoch war ihr Gehalt früher?

Lösung: ① **Lösungsschema:**

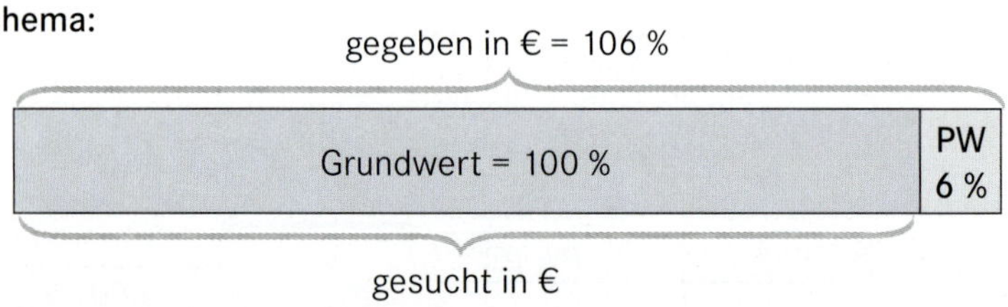

② **gegeben:** vermehrter GW (neues Gehalt in €) VZ (100 %)
Prozentsatz (Steigerung in %)
gesucht: Grundwert (früheres Gehalt in €)

③ Ordnen Sie die beiden Wertepaare der Prozentrechnung wie beim Dreisatz an:

VZ + PW (%)	erh. GW (€)
100 (%)	GW (€)

→

106 % = 1.908,00 €
100 % = x €

$$x = \frac{1.908 \cdot 100}{106} = \underline{\underline{1.800,00\ €}}$$

Prozentrechnung mit vermindertem Grundwert (= Prozentrechnung im Hundert, i. H.)

Beispiel:

„Preissenkung 10 %! Jetzt nur noch 270,00 €."
Wie teuer war die Ware vor der Preissenkung?

Lösung: ① **Lösungsschema:**

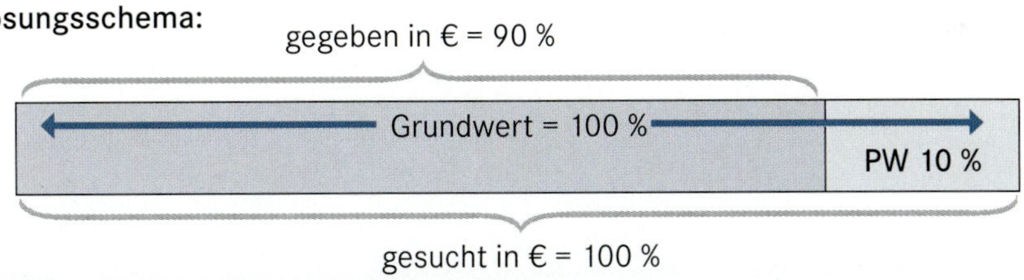

② **gegeben:** verminderter GW (neuer Preis in €) VZ (100 %)
Prozentsatz (Preissenkung in %)
gesucht: Grundwert (alter Preis in €)

③ Ordnen Sie die beiden Wertepaare der Prozentrechnung wie beim Dreisatz an:

VZ – PW (%)	verm. GW (€)
100 (%)	GW (€)

→

90 % = 270,00 €
100 % = x €

$$x = \frac{270 \cdot 100}{90} = \underline{\underline{300,00\ €}}$$

5.3.5 Promillerechnung

Die Promillerechnung ist eine Sonderform der Prozentrechnung. Vergleichszahl ist nicht mehr die Zahl 100, sondern die Zahl 1 000. Daher kommt auch der Name: pro mille (lateinisch) = vom Tausend (‰).

Bekanntester Fall der Promillerechnung ist der Promillegehalt von Alkohol im Blut (Promillegrenze).

Aber auch Versicherungen berechnen häufig ihre Prämien in ‰ vom Versicherungswert.

In der Promillerechnung gelten ansonsten alle Regeln der Prozentrechnung.

Beispiel:

Die Wohnungseinrichtung einer Familie hat einen Gesamtwert von 180.000,00 €. Die Hausratversicherung verlangt 2 ‰ davon als Versicherungsprämie pro Jahr. Wie viel Euro sind zu bezahlen?

Lösung:

① **gegeben:** Grundwert (Ausgangswert in €) VZ (100 ‰)
Promillesatz (in ‰)
gesucht: Promillewert (in €)

② Ordnen Sie die beiden Wertepaare der Prozentrechnung wie beim Dreisatz an:

100 (‰)	GW (€)
PS (‰)	PW (€)

→

1 000 ‰ = 180.000,00 €
5 ‰ = x €

$$x = \frac{180.000 \cdot 2}{1\,000} = \underline{\underline{\mathbf{360{,}00\ €}}}$$

3

Waren präsentieren

1 Ladengestaltung

2 Warenplatzierung

3 Informationen zur Ware

4 Präsentation im Schaufenster

1 Ladengestaltung

1.1 Grundsätze der Warenpräsentation

Das Sichtbarmachen der Waren im Verkaufsraum, dem Schaufenster usw. bezeichnen wir als Warenpräsentation.

Dieses Sichtbarmachen muss unter verschiedenen Gesichtspunkten betrachtet werden.

Grundsätze der Warenpräsentation

Es werden drei Möglichkeiten unterschieden:

warengerechte Präsentation	kundengerechte Präsentation	verkaufsgerechte Präsentation
- Präsentation muss der Funktion der Ware entsprechen. - Präsentation muss den Eigenschaften der Ware entsprechen.	- Gewährleistung eines raschen Überblicks über das Sortiment - ausreichende Informationen über die angebotene Ware - schneller Zugriff zur gewünschten Ware - Schaffung von Einkaufserlebnissen	- verkaufsfördernde Darbietung der Ware - verkäufergerechte Präsentation

4

Beispiele für Warenpräsentation

Warengerechte Präsentation

Sieht der Kunde eine Ware in ihrer praktischen Funktion, z. B. Geschirr auf einem Tisch dekoriert oder Bekleidung von einer Schaufensterpuppe getragen – , kann er sich sofort ein besseres Bild von der Ware machen. Wichtig ist, dass die Warendarbietung den Verwendungszwecken der Ware entspricht.

Ebenso müssen bestimmte Eigenschaften der Ware berücksichtigt werden: tiefgefrorene Speisen gehören in die Tiefkühltruhe, offene Lebensmittel (z. B. Salate, Torten, Frischfleisch) in die Kühltheke.

Kundengerechte Präsentation

Der Kunde wünscht sich schon beim Betreten des Geschäftes einen schnellen Überblick nach dem Motto „Wo finde ich was?". Dieser Grundsatz gilt auch für die Präsentation der einzelnen Artikel. Dinge, die zusammengehören oder sich ergänzen, möchte der Kunde schnell erreichen. Das Entnehmen der Ware vom jeweiligen Standort soll ohne Verzögerung und Gefährdung möglich sein. Vor allem im Selbstbedienungsbereich wünscht sich der Kunde umfangreiche Informationsmöglichkeiten zur Ware.

Das Einkaufen muss für den Kunden zum Erlebnis werden. Die Atmosphäre, die ihn im Geschäft umgibt, ist nicht zuletzt mit ausschlaggebend für den Verkaufserfolg.

kundengerechte Präsentation

4

Verkaufsgerechte Präsentation

Die Präsentation wird durch verschiedene Aktionen verkaufsfördernd ausgerichtet. Die Schaffung von Erlebniszonen, Sonderverkäufen, hervorgehobenen Platzierungen sind sowohl für den Kunden als auch für den Verkäufer von Bedeutung.

Verkäufergerechte Präsentation bedeutet, dass der Verkäufer im Bedienungsgeschäft die gewünschte Ware schnell und unkompliziert erreichen kann.

1.2 Ziele der Warenpräsentation

Mit der erfolgreichen Realisierung der Grundsätze der Warenpräsentation erreicht der Einzelhändler folgende Ziele:

- Mit einer verkaufsfördernden Einrichtung werden beim Kunden Bedürfnisse geweckt und Kaufentscheidungen sollen ausgelöst werden.
- Durch eine kundenfreundliche Einrichtung bekommt der Kunde einen raschen Überblick und wird mit den notwendigen Informationen über die Waren versorgt.
- Der Kunde wird durch das gesamte Geschäft geführt (siehe Kundenlaufstudien, Kap. 1.5, Seite 176).
- Die Ware ist so einfach wie möglich eingeräumt, d. h., die Einrichtung sollte arbeitserleichternd sein.
- Die Einrichtung soll so sein, dass Diebstähle erschwert und weitgehend verhindert werden.
- Die Einrichtung muss zur Ware passen, die Ware soll sachgemäß präsentiert werden, z. B. sollte hochwertiger Schmuck in Vitrinen präsentiert werden oder Blusen werden auf Kleiderständern hängend präsentiert.

1.3 Visual Merchandising

Der Begriff „Visual Merchandising" kommt aus dem Lateinischen/Französischen/Englischen/Amerikanischen; visual = etwas optisch oder bildlich so betonen und herausstellen, dass es Aufmerksamkeit erregt und merchandising = die Gesamtheit der absatzpolitischen und verkaufsfördernden Maßnahmen. Visual Merchandising heißt also, die Waren auf optisch ansprechende Weise darzustellen. Der Kunde soll zum Kauf angeregt werden, ohne dass ein Verkaufsgespräch stattgefunden hat.

Visual Merchandising existiert, seit die Menschen begannen zu handeln, indem der Händler seine Waren so präsentierte, dass sie für den Kunden ansprechend und attraktiv aussahen, z. B. wenn der Bauer die größten und schönsten Äpfel oben in den Korb gelegt hat, damit der Kunde sie anfassen und sehen kann.

4

Heute ist **Visual Merchandising** umfassender, anspruchsvoller und höher entwickelt, als nur die Waren schön anzuordnen. Erfolgreich angewandt, stellt Visual Merchandising die gestalterische Umsetzung der Philosophie eines Unternehmens dar. Die Grundregeln der Warenpräsentation (Kundenlaufstudien, Regalzonen, ...) werden von jedem Unternehmen beachtet, aber immer mehr wird die visuelle Präsentation zu einem Instrument der Differenzierung zum Wettbewerb.

Ziele des Visual Merchandisings

- das Geschäft so ausstatten und gestalten, dass vor allem der Sehsinn der Kunden angesprochen wird
- durch ansprechende Gestaltung des Geschäftes eine gute Kaufstimmung schaffen und somit beim Kunden Bedürfnisse wecken
- mit der angenehmen und attraktiven Gestaltung der Verkaufsräume hohe Umsätze erzielen

Umsetzung des Visual Merchandisings

Alle Sinne der Kunden sollen angesprochen werden unterstützt durch Beleuchtung, Farben, Dekoration, Musik, Aktionen.

Beleuchtung

Die richtige Beleuchtung spielt eine sehr große Rolle bei der Warenpräsentation, denn durch Beleuchtung wird eine gute Atmosphäre geschaffen und die Aufmerksamkeit der Kunden wird auf die Waren gelenkt. Die Beleuchtung sollte dem Tageslicht sehr ähnlich sein, damit bestimmte Waren wie Bekleidung oder Möbel nicht „im falschen Licht" erscheinen.

Die Wirkung von Waren kann auch durch entsprechende Lichtquellen wie Effektstrahler oder sogenannte Spots gesteigert werden.

Durch verschiedene Lichtstärken kann man den Kunden optisch durch den Verkaufsraum führen und einzelne Waren oder Präsentationen besonders hervorheben, deshalb ist es ungünstig, das gesamte Geschäft gleichmäßig auszuleuchten.

Farben

Die Farbwirkung steht im engen Zusammenhang mit der Beleuchtung, denn bei Kunstlicht ändern sich die Farben, wenn es in seiner Zusammensetzung nicht dem natürlichen Licht entspricht.

Farben wirken nicht nur auf das Auge, sondern auch auf die Sinnesorgane. Diese Erkenntnis wird nicht nur in der Medizin, sondern auch bei der Warenpräsentation oder in der Werbung genutzt. Bei den meisten Waren spielt die Farbe bei der Kaufentscheidung eine wesentliche Rolle.

Der Mensch verbindet mit den verschiedenen Farben ganz bestimmte Vorstellungen (siehe auch LF 5, Kap. 1.6).

Farbe	Farbwirkungen	Farbassoziationen
Rot	warm, aktivierend, erregend, warnend	Liebe, Feuer, Gefahr, Blut, Sonnenuntergang Rosen, Tomaten
Violett	kühl, distanzierend, festlich	Festlichkeiten, Eifersucht, Samt, Zwielicht/Dämmerung, Veilchen

(Forts. Tabelle der Farbwirkungen und -assoziationen)

Blau	kalt, fern, frisch	Wasser, Himmel, Treue, Weite, Vergissmeinnicht
Grün	beruhigend, erfrischend, kühl	Wiese, Gemüse, Natur, Frühling, Hoffnung
Gelb	strahlend, warm, sonnig, anregend	Sonne, Sommer, Sand, Sonnenblume, Zitrone

Farbkombinationen, die verkaufsfördernd wirken.
Mehr zum Thema Farben finden Sie unter: www.ipsi.fraunhofer.de/~crueger/farbe/index.html

Musik

Musik wird häufig im Hintergrund eingesetzt, um eine angenehme Atmosphäre zu schaffen und bei den Kunden Emotionen auszulösen, die die Kaufbereitschaft positiv beeinflussen.

Dekoration

Durch zusätzliche Dekoration hat der Einzelhändler die Möglichkeit, dem Kunden mehr Einkaufserlebnis zu bieten, Kaufwünsche auszulösen, Zusatzverkäufe zu steigern und sich von der Konkurrenz abzuheben.

Eine gute Möglichkeit, dem Kunden Unterhaltung und Erlebnis mithilfe von Dekoration zu bieten, ist das Gestalten von Warenlandschaften oder Bedarfsbündeln. Hier werden die Waren so angeboten und präsentiert, wie sie ge- und verbraucht werden. Nicht nur die Kunden ziehen Nutzen aus dieser Form der Präsentation, indem sie mehr Informationen erhalten und eine bessere und schnellere Vorauswahl treffen können, auch der Einzelhändler hat dadurch höhere Absatzchancen.

Beispiele:

„Sommerurlaub“: Sonnenstuhl mit Strandlaken, Sonnenhüten, Sonnenschutzmittel, ...

„Kindergeburtstag“: Einladungskarten, Kerzen, kleine Geschenkartikel, Luftballons, ...

Aktionen

Auch hier ist es das Ziel, das Unternehmen und seine Ware stärker bekannt zu machen, Kaufstimmung und Kauferlebnisse zu schaffen und umsatzschwache Zeiten zu beleben. Anlässe für Aktionen können sein: Jubiläum, Umbau, Sortimentserweiterung, lokale Ereignisse (Stadtfest), Feiertage, Urlaubszeit, Jahreszeiten (Frühjahr – Gartenzeit), Modenschauen, Hochzeitsmessen, Mal-, Bastelwettbewerb, ... Im Rahmen dieser verschiedenen Aktionen wird dementsprechend die Ware präsentiert und der Geschäftsraum gestaltet.

Düfte

Meist unbewusst stimulieren Düfte das Käuferverhalten. Unterschungen zeigen, dass bestimmte Düfte von vielen als angenehm empfunden werden und den Umsatz steigern.

Beispiele:

Duft von frischen Brötchen, Blumenduft, Ledergeruch in Schuhgeschäften, Kräuter.

Durch die Kenntnis der positiven Wirkung verschiedener Düfte auf die Kaufentscheidung werden Düfte gezielt eingesetzt. Das geschieht z. B. durch Raumbeduftungsgeräte oder Klimaanlagen. So kann z. B. eine Dekoration zum Thema „ Sommerurlaub" durch Meeresduft unterstützt werden.

Raumklima

Auch ein angenehm empfundenes Raumklima trägt zum Wohlbefinden der Kunden bei. Dazu gehört die Abstimmung von Temperatur, Belüftung, Entlüftung und Luftfeuchtigkeit.

1.4 Innere Ladengestaltung

4

Jedes Unternehmen entscheidet entsprechend seiner Unternehmensphilosophie und seinen Voraussetzungen, welche Varianten der Warenpräsentation es anwendet.

Wir unterscheiden zwei Möglichkeiten der Präsentation:

Sortimentspräsentation	Artikelpräsentation
warengruppenorientiert	liegend
verwendungsorientiert	stehend
zielgruppenorientiert	hängend
erlebnisorientiert	geschüttet

Sortimentspräsentation

- **warengruppenorientiert**
  Im Kühlregal für Molkereiprodukte können wir folgende Gruppierung beobachten: Frischmilch, Butter, Joghurt, Quark, Käse. Hier wird das Angebot nach Warengruppen sichtbar gemacht.
- **verwendungsorientiert**
  An der Fleischtheke wird das Angebot häufig nach dem Verwendungszweck präsentiert: Fleisch zum Kochen, Fleisch zum Braten.
- **zielgruppenorientiert**
  Sehr beliebt sind beim Kunden zielgruppenorientierte Angebote, die zu Bedarfsbündeln zusammengestellt werden, wie z. B. „Diabetikersortiment", „Alles für den Hobbygärtner" oder „Für Ihre Schönheit". Hier findet der Kunde auf konzentrierter Fläche alle Artikel seines Bedarfs. Es erspart ihm aufwendiges Zusammensuchen einzelner Artikel. Für den Handelsbetrieb kann sich aufgrund des konzentrierten Angebotes der Vorteil von Spontankäufen ergeben.
- **erlebnisorientiert**
  In größeren Geschäften oder Warenhäusern werden die Waren zunehmend erlebnisorientiert hervorgehoben mit dem Ziel, die Kaufbereitschaft der Kunden zu erhöhen. Von der Dekoration über die Gestaltung bis hin zur Musik und eventuell Verkaufspersonal in entsprechender Kleidung ist alles einer Thematik untergeordnet.

Beispiel: Fußball-WM

Auf einer Verkaufsfläche wird durch aufwendige Dekoration eine authentische Fußballatmosphäre geschaffen. Sowohl Fußballfans als auch sportmodebewusste Kunden sollen in eine Erlebniswelt eintauchen, die auf das Sportereignis einstimmt.

Artikelpräsentation

- **hängend**
  Beispiele für Waren, die hängend präsentiert werden, finden sich vor allem im Bereich Bekleidung, wie z. B. Blusen, oder auch Teppiche können hängend präsentiert werden.
- **liegend**
  Die meisten Waren werden liegend präsentiert, wie z. B. Schreibwaren oder viele Lebensmittel.
- **stehend**
  Große Waren, wie z. B. Möbel, Waschmaschinen oder Kühlschränke, werden stehend präsentiert.
- **geschüttet**
  Waren, die man nicht einsortieren kann, wie z. B. Bonbonmischungen oder Tomaten, werden geschüttet präsentiert.

hängend

liegend

stehend

geschüttet

Neben der Sortiments- oder Artikelpräsentation können Sie Waren auch nach anderen Gesichtspunkten gruppieren:

- nach Farben, wie z. B. Blusen oder Tischdecken
- nach Größen, z. B. Bekleidung, Schuhe
- nach dem Verwendungszweck, z. B. Farbe für innen und Farbe für außen
- nach dem Rohstoff, z. B. Biber-Bettwäsche und Seersucker-Bettwäsche
- nach dem Hersteller, z. B. Hausmarken, Markenhersteller
- nach den Preislagen, z. B. hohe, mittlere, niedrige Preislage
- nach dem Alphabet, z. B. Bücher, CDs
- nach den Formen, z. B. runde Tischdecken, eckige Tischdecken

1.5 Kundenlaufstudien

Für die Warenplatzierung innerhalb des Geschäftes und der Warenträger sind außer den betriebswirtschaftlichen Überlegungen des Unternehmers auch die Lauf- und Sehgewohnheiten der Kunden zu berücksichtigen.

Laufstudien haben herausgefunden, dass Kunden

a) einen „Rechtsdrall" haben, d. h., sie blicken und greifen bevorzugt nach rechts;

b) beim Einkaufen die kürzesten Wege nehmen und deshalb die Ecken aussparen;

c) die Eingangszonen relativ schnell, die mittlere Zone ruhiger, die letzte Zone zur Kasse schneller durchlaufen.

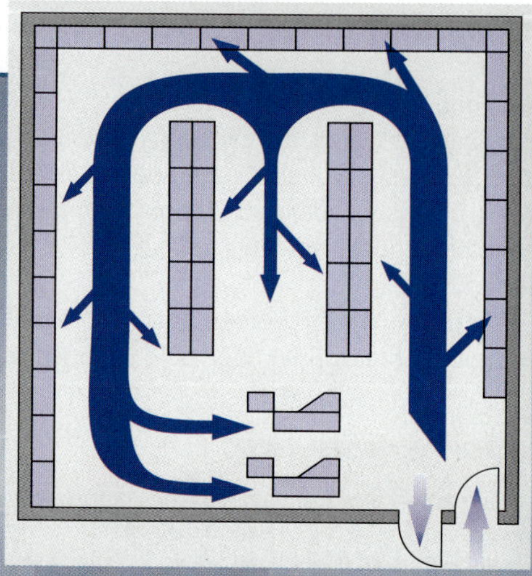

Kundenstrom und hauptsächliche Blickrichtung der Kunden

1.6 Zoneneinteilung im SB-Geschäft

Durch die Laufgewohnheiten der Kunden ergeben sich verkaufsstarke und verkaufsschwache Plätze im Geschäft:

verkaufsstarke Zonen	verkaufsschwache Zonen
- rechts in Kundenlaufrichtung - an den Stirnseiten der Warenträger - an den Außenseiten einer Abteilung - „Anlaufpunkte", an denen sich der Kunde neu orientieren muss - die Kassenzone	- links in Kundenlaufrichtung - Mittelgänge (werden wenig begangen) - Eingangszone (wird rasch durchlaufen)

Aufgrund dieser Studien wird der Einzelhändler sich überlegen, wo er seine Waren am günstigsten platziert. Gut kalkulierte Artikel und Sonderangebote wird er an verkaufsstarken Stellen platzieren. Die sogenannten „Such- oder Brauchartikel" wie Mehl, Zucker, Salz usw. wird er an verkaufsschwachen Stellen unterbringen, um den Kunden automatisch auch zu diesen Plätzen zu führen. Bei gut überlegten Platzierungsstrategien wird der Einzelhändler aber auch an verkaufsschwachen Stellen Aktionsartikel aufbauen, damit der Kunde wirklich die gesamte Fläche des Geschäftes durchläuft.

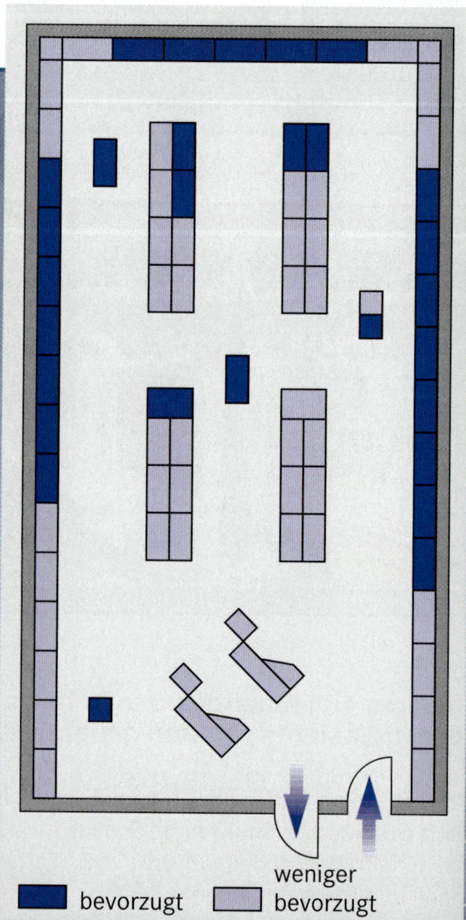

verkaufsstarke und verkaufsschwache Zonen

Beispiel: Zonen in einem Supermarkt

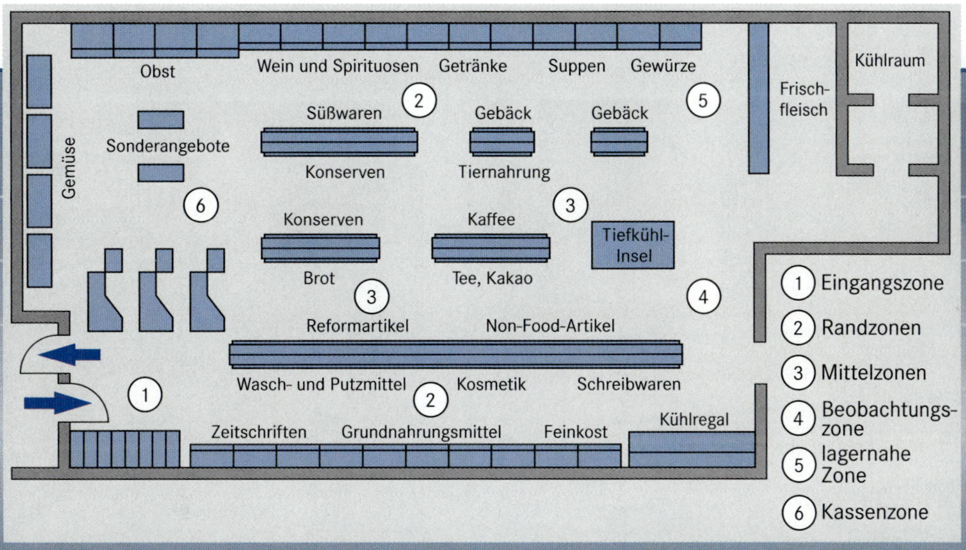

Eingangszone

Die Eingangszone wird von den meisten Kunden rasch durchschritten. Deshalb muss der Einzelhändler versuchen, den Kundenstrom zu verlangsamen, indem er in der Eingangszone Sonderangebote oder andere verlockende Angebote platziert.

Randzone

Randzonen sind die Zonen bzw. Regale, die in der Blickrichtung des Kunden sind, und deshalb sind sie besonders verkaufsstark. Hier sollten vor allem Waren präsentiert werden, die gut kalkuliert sind, oder Waren, die der Kunde nicht gezielt sucht, also keine „Such- oder Brauchartikel“.

Mittelzone

Die Mittelzone ist eine verkaufsschwache Zone, deshalb sollten hier vorwiegend Suchartikel und Waren des täglichen Bedarfs präsentiert werden, wobei zusätzliche attraktive Angebote den Kundenstrom verlangsamen können.

Beobachtungszone

Die Beobachtungszone kann der Verkäufer entweder vom Büro oder auch von der Kasse aus gut einsehen und beobachten, deshalb bietet es sich hier an, diebstahlgefährdete und hochwertige Waren zu platzieren.

Lagernahe Zone

In der lagernahen Zone werden Waren präsentiert, die kühl gelagert werden müssen, oder große Waren, die nur in geringer Zahl als Muster im Verkaufsraum vorhanden sind.

Kassenzone

Die Kassenzone ist eine verkaufsstarke Zone und eignet sich zum Platzieren von kleinen Impulsartikeln oder aber auch für Aktionen oder Sonderveranstaltungen.

1.7 Einflussfaktoren von Betriebs- und Verkaufsform

Die Gestaltung der Verkaufsräume und die Warenpräsentation werden sehr stark von der jeweiligen Verkaufs- und Betriebsform beeinflusst.

Warenpräsentation im Bediengeschäft

Warenpräsentation im Selbstbedienungsgeschäft

Betriebsformen (siehe im Einzelnen LF 1, Kap. 3.4)

Jede Betriebsform verfolgt verschiedene Ziele und spricht unterschiedliche Zielgruppen an, was sich unter anderem auch in der Warenpräsentation und der Ladeneinrichtung widerspiegelt. So sind Discountgeschäfte sehr einfach ausgestattet, wogegen Fach- oder Spezialgeschäfte über sehr hochwertige und besondere Einrichtung verfügen. Die Warenpräsentation richtet sich in der jeweiligen Betriebsform nach der Verkaufsform (z. B. Bedienungsgeschäft, Vorwahlgeschäft, Selbstbedienungsgeschäft, Automatenverkauf).

Verkaufsformen (siehe im Einzelnen LF 1, Kap. 3.4.2)

Die Warenpräsentation im **Bedienungsgeschäft** wird vor allem verkäufergerecht gestaltet. Die Ware ist so eingeräumt, dass umsatzstarke Artikel für den Verkäufer leicht und problemlos zu erreichen sind.

Die Ware ist für die Kunden nicht direkt zugänglich, sie befindet sich hinter dem Ladentisch oder in warentypischen Behältern. Der Kunde hat aus verschiedenen Gründen keinen Kontakt zur Ware:

- Hygiene (Fleisch- und Wurstwaren, Käse), die Ware befindet sich in Kühltresen.
- Sicherheit (Waffen), die Ware befindet sich in abschließbaren Vitrinen.
- Diebstahlgefahr (Uhren und Schmuck), die Ware befindet sich in Vitrinen.
- Beratung (Handy)

Die Ware im **Vorwahlgeschäft** wird vor allem kundengerecht präsentiert. Der Kunde soll einen Überblick über das Sortiment bekommen und die Ware in die Hand nehmen und testen können. Die Ware befindet sich auf Kleiderständern, in Regalen und ähnlichen Warenträgern. Bei Beratungsbedarf steht Verkaufspersonal zur Verfügung.

Im **Selbstbedienungsgeschäft** hat der Kunde freien Zugang zur Ware. Die Ware wird übersichtlich und griffbereit in Regalen, Gondeln, auf Ständern und speziellen Warenträgern angeboten. Hinweise an Regalen, Verpackung und Warenetiketten enthalten Informationen über die Eigenschaften der Ware. Da keine Beratung vorgesehen ist, muss die Ware problemlos und verpackt sein.

Zu den Sonderformen bei den Verkaufsformen zählt z. B. der **Automatenverkauf.** Hier ist die Ware durch ein Fenster sichtbar oder es befinden sich Abbildungen des Inhalts auf dem Automaten.

2 Warenplatzierung

2.1 Regalzonen

Ein weiterer wichtiger Gesichtspunkt der Warenplatzierung sind die Anordnungsregeln im Warenträger:

- **Reckzone (über 1,60 m)**
  Platzierung von leichten, nicht besonders verkaufs-, aber preisintensiven Waren;
- **Sichtzone (1,20 m–1,60 m)**
  Platzierung von gut kalkulierten Artikeln, sehr günstig auch für Impuls- und Zusatzartikel;
- **Greifzone (0,80 m–1,20 m)**
  Sehr verkaufsintensive Zone, wird auch zur besonderen Verkaufsförderung genutzt;
- **Bückzone (bis 0,80 m)**
  Wird für schwere Waren, aber auch für niedrig kalkulierte Waren sowie die Such- und Brauchartikel genutzt.

Die Waren im Regal können vertikal oder horizontal präsentiert werden:

- **horizontale Platzierung**
  Die Waren werden nebeneinander im Regal eingeräumt.
- **vertikale Platzierung**
  Die Waren werden untereinander platziert, was für den Kunden übersichtlicher ist, auch werden mit dieser Form der Platzierung Impulskäufe gefördert.

4

2.2 Warenträger

Warenträger erfüllen folgende Aufgaben:

- **warengerechte Aufbewahrung**
  - Kühlung bei Quark, Joghurt
  - Vitrinen bei Schmuck
  - Kleiderständer für Blusen oder Jacken
- **verkaufsfördernde Darbietung**
  - die Waren sollen so präsentiert werden, dass sie zum Kauf anregen,
  - wertvolle Waren in besonderen Warenträgern wie Vitrinen,
  - Waren in Gondeln, damit der Kunde gleich erkennt, dass er etwas Besonderes kauft oder ein Schnäppchen macht.

Wir unterscheiden verschiedene Warenträger:

- **Regale**
  vermitteln Übersichtlichkeit, sind für viele verschiedene Waren geeignet
- **Kleiderständer**
  Schutz vor Knittern, übersichtlich bei Bekleidung, wie Blusen, Hemden oder Jacken
- **Vitrinen**
  für wertvolle Waren, Schutz vor Diebstahl
- **Gondeln**
  stehen frei im Verkaufsraum, geeignet, um besondere Aufmerksamkeit beim Kunden zu wecken, sind von allen Seiten zu bestücken
- **Tische**
  besonders geeignet für die Warenvorlage, auch für die Präsentation von Stoffen oder bei Aktionen
- **Theken**
  im Bedienungsgeschäft, für beratungsbedürftige Waren oder aus hygienischen Gründen (Backwaren)
- **Kühltheken**
  für Waren, die kühl gelagert werden müssen

Eine besondere Form der Warenträger sind **Displays,** da sie nicht dauerhaft im Geschäft sind. Sie bestehen meist aus Karton oder Kunststoff, sind farbig bedruckt und werden von den Herstellern kostenlos oder kostengünstig angeboten. Sie sind auf die Produkte direkt zugeschnitten und mit „Werbung“ versehen.

Je nachdem, wie die Warenträger arrangiert sind, unterscheiden wir Längsplatzierung und Querplatzierung.

In großen Geschäften werden Längs- und Querplatzierung kombiniert, wenn es die Räumlichkeiten erlauben. Die Kombination kann jedoch schnell unübersichtlich wirken.

- **Längsplatzierung**
  - guter Überblick für Verkäufer
  - Kundenbeobachtung gut möglich
  - geringe Diebstahlsrate
  - kostensparender

- **Querplatzierung**
  - schlechter Überblick für Verkäufer
  - abwechslungsreiche Warenpräsentation
  - Impulskäufe
  - mehr Atmosphäre

Vitrinen

Gondeln

4

Kombination verschiedener Warenträger

3 Informationen zur Ware

3.1 Warenkennzeichnung

Die Warenkennzeichnung hat den Zweck, Waren unterscheiden zu können. So können vor allem die Hersteller ihre Waren von den Konkurrenzprodukten abheben.

Waren oder deren Verpackungen können außer dem Preis und der Verkaufseinheit verschiedene Angaben enthalten.

Kennzeichnung durch den Hersteller

Einen wesentlichen Beitrag zur Kennzeichnung und Erklärung der Waren leisten die einzelnen Zeichen, mit denen sie vom Hersteller versehen werden. Wir unterscheiden folgende Möglichkeiten:

Warenzeichen

dienen der Unterscheidung der Waren eines Herstellers von denen eines anderen Herstellers. Warenzeichen können als Wort-, Bild-, Zahlen- oder Kombinationszeichen auftreten. Durch die Eintragung in die Zeichenrolle des Deutschen Patentamtes wird das Warenzeichen geschützt und darf von keinem Zweiten verwendet werden. Das Warenzeichengesetz regelt alle Umgangsbestimmungen für diese Zeichen.

Gütezeichen

werden vom Deutschen Institut für Gütesicherung und Kennzeichnung (RAL) vergeben.

Sie stehen für gleichbleibend hohe Qualität der Erzeugnisse. Der Hersteller ist bereit, sich Güte- und Prüfbestimmungen von Gütegemeinschaften zu stellen und Fremdkontrolle zu dulden.

Prüfzeichen

erhalten Waren, die den Ansprüchen der DIN-Normen des TÜV (Technischer Überwachungs-Verein) oder auch des VDE (Verband der Elektrotechniker) genügen. Hier wird dem Verbraucher die Einhaltung konkreter Sicherheitsbestimmungen garantiert.

Testzeichen

werden z. B. von der „Stiftung Warentest" vergeben und veröffentlicht. Mehrere Produkte der gleichen Art von unterschiedlichen Herstellern werden aufgrund ihrer Qualitätsmerkmale miteinander verglichen und geprüft. Dem Kunden kann die Einschätzung eines solchen Tests als Orientierung für sein Kaufverhalten helfen. Der Hersteller wird das Ergebnis eventuell zur Grundlage für sein weiteres Arbeiten nehmen.

Umweltzeichen

erhalten Produkte, die durch ihre Zusammensetzung als umweltfreundlich bezeichnet werden können. Diese Zeichen werden entweder von deutschen Jurys oder der Europäischen Gemeinschaft vergeben. Sie können sowohl einzelne Teile der Ware wie auch den gesamten Warenkreislauf von der Herstellung bis zur Entsorgung als umweltfreundlich bezeichnen.

Warenzeichen | Gütezeichen | Prüfzeichen | Testzeichen | Umweltzeichen

Bedienungs- und Pflegezeichen

sollen den Kunden in die Lage versetzen, den Nutzen seiner Ware lange genießen zu können. Sie helfen ihm bei Handhabung und Pflege der Ware die richtige Entscheidung zu treffen (siehe Kap. 3.2, S. 184).

Bio-Siegel

Die aktuellen Bestimmungen der EG-Öko-Verordnung setzen den Standard für den ökologischen Landbau. Die Verordnung schreibt vor, wie Ökoprodukte erzeugt und hergestellt werden müssen und welche Produkte überhaupt den Namen Bio bzw. Öko tragen dürfen - das sind solche, bei denen mindestens 95 % der Zutaten landwirtschaftlichen Ursprungs aus dem ökologischen Landbau stammen.

Dafür steht das Bio-Siegel. Das Bio-Siegel garantiert dem Verbraucher, dass die mit ihm gekennzeichneten Produkte frei von künstlichen Farbstoffen, künstlichen und naturidentischen Aromen sowie synthetischen Süßstoffen sind.

Der Einsatz von gentechnisch veränderten Organismen ist ebenso tabu wie die Behandlung mit ionisierenden Strahlen.

Woran man Bio-Produkte auch noch erkennen kann: Aufbauend auf der EG-Öko-Verordnung haben die deutschen Bio-Anbauverbände eigene Standards mit zusätzlichen Anforderungen definiert. Sie sind mit eigenen Zeichen im Markt vertreten.

Bio-Siegel

Gefahrensymbole

sollen dem Kunden oder dem Verkäufer die Gefahren, die von einigen Waren oder Inhaltsstoffen ausgehen, deutlich machen.

Kennzeichnung von Gefahrstoffen nach der Gefahrstoffverordnung

Rechtliche Vorschriften

Im Bereich des Handels und der Warenkennzeichnung gelten wie überall zum Schutz der Verbraucher eine Reihe von rechtlichen Vorschriften. Sie sollen einerseits den Kunden vor gesundheitlichen Schäden bewahren, andererseits aber auch seine Rechte auf Information durchsetzen helfen. Der Kunde will z. B. die Gewissheit haben, dass er sich durch den Genuss von Lebensmitteln nicht den Magen verdirbt. Kunden wollen vor ihrer Kaufentscheidung oft auch den genauen Preis oder die Zusammensetzung des Gesamtpreises einer Ware wissen, um evtl. Preisvergleiche vornehmen zu können. Nicht unberücksichtigt dürfen die Sicherheitsbestimmungen im Umgang mit den Waren bleiben. Sie müssen sowohl von den Kunden als auch von den Verkäufern beachtet werden. Nachstehend eine Übersicht zu den wichtigsten rechtlichen Vorschriften im Zusammenhang mit der Warenkennzeichnung:

- Lebensmittel- und Bedarfsgegenständegesetz (LMBG)
- Textilkennzeichnungsgesetz
- Gesetz gegen den unlauteren Wettbewerb (UWG)
- Lebensmittelkennzeichnungs-Verordnung

Das LMBG stellt die allgemeine Rechtsgrundlage der Lebensmittelgesetzgebung dar, es enthält wichtige Bestimmungen zum Verbraucherschutz. Ziel des Gesetzes ist es, den Verbraucher vor gesundheitlichen Schäden und vor Täuschung zu schützen. Aufgrund dieses Gesetzes wurde die Lebensmittelkennzeichnungs-Verordnung erlassen. Die Vorschriften der Lebensmittelkennzeichnungs-Verordnung gelten grundsätzlich für alle verpackten Lebensmittel. Verpackte Ware ist von allen Seiten umschlossene Ware, wie z. B. Dosen, Flaschen, Beutel, Netze usw. Manche Lebensmittel sind jedoch von der Kennzeichnungspflicht ausgenommen, obwohl sie in einer Verpackung angeboten werden, u. a. gehören dazu Kakao und Kakaoerzeugnisse, Perlwein, Weinessig, Honig und Zucker.

Auf jeder Verpackung muss ein Etikett mit den folgenden Angaben sein:

- Verkehrsbezeichnung (Name des Lebensmittels)
- Füllmenge nach Gewicht (Bei festen Lebensmitteln wird das Gewicht in Gramm oder Kilogramm angegeben, flüssige Lebensmittel werden mit dem Volumen wie Liter oder Milliliter gekennzeichnet; die Füllmenge kann auch in Stückzahlen angegeben werden.)
- Name oder Firma und Anschrift des Herstellers
- Zutatenverzeichnis (Besteht ein Lebensmittel aus mehr als einer Zutat, ist ein Zutatenverzeichnis erforderlich; die Bestandteile werden in absteigender Reihenfolge ihres Mengenanteils angegeben.)
- Mindesthaltbarkeitsdatum (Es gibt den Zeitpunkt an, bis zu dem das Lebensmittel bei richtiger Aufbewahrung seine typischen Eigenschaften mindestens behält; MHD entspricht nicht dem Verfallsdatum; bei einer Haltbarkeit bis zu drei Monaten müssen Tag und Monat angegeben werden, danach Monat und Jahr, und hält das Lebensmittel länger als 18 Monate, braucht nur das Jahr genannt zu werden.)

Natürlich darf der Hersteller auch zusätzliche Angaben auf der Verpackung nennen, wie z. B. Warenzeichen (Öko-Lebensmittel), Zubereitungshinweise, Brennwertangaben usw.

Textilkennzeichnungsgesetz

Nach dem Textilkennzeichnungsgesetz dürfen für die Kennzeichnung des in Textilien enthaltenen Materials nur amtlich zugelassene Bezeichnungen (z. B. „Polyester“ oder „Baumwolle“) verwendet werden, des Weiteren verpflichtet das Gesetz Hersteller oder Handel, die Rohstoffzusammensetzung von Textilien zu kennzeichnen. Die Materialkennzeichnung muss deutlich erkennbar eingewebt oder eingenäht sein, bei Kleinartikeln genügt die Angabe auf der Verpackung.

Eine freiwillige Kennzeichnung, die aber fast immer vom Hersteller gemacht wird, ist die Pflegekennzeichnung. Wie bei den Lebensmitteln erfolgen auch andere Angaben freiwillig, wie Qualitätshinweise, z. B. „Reine Schurwolle“.

Gesetz gegen den unlauteren Wettbewerb (UWG)

Das Gesetz gegen den unlauteren Wettbewerb verbietet irreführende Angaben über Beschaffenheit, Herstellungsart, Preis und Bezugsbedingungen der angebotenen Waren.

3.2 Warenpflege

Hat der Kunde eine seinen Vorstellungen genügende Ware erworben, möchte er natürlich auch lange Freude an dem neuen Besitz haben. Er erwartet vom Verkäufer, dass er ihm entsprechende Hinweise zum Umgang und zur Pflege gibt, damit der Gebrauchswert lange erhalten bleibt. Im Verkaufsgespräch wird der Verkäufer auf die Möglichkeiten der Pflege hinweisen. Über seine vorhandene Warenkenntnis hinaus kann er sich von den Pflegesymbolen und Herstellerhinweisen zum Transport und zur Lagerung der Waren Informationen beschaffen. Viele dieser Hinweise sind inzwischen durch international gültige Symbole dargestellt, sodass Kunde und Verkäufer auch bei ausländischen Produkten keine Probleme des Erkennens der Hinweise haben.

4

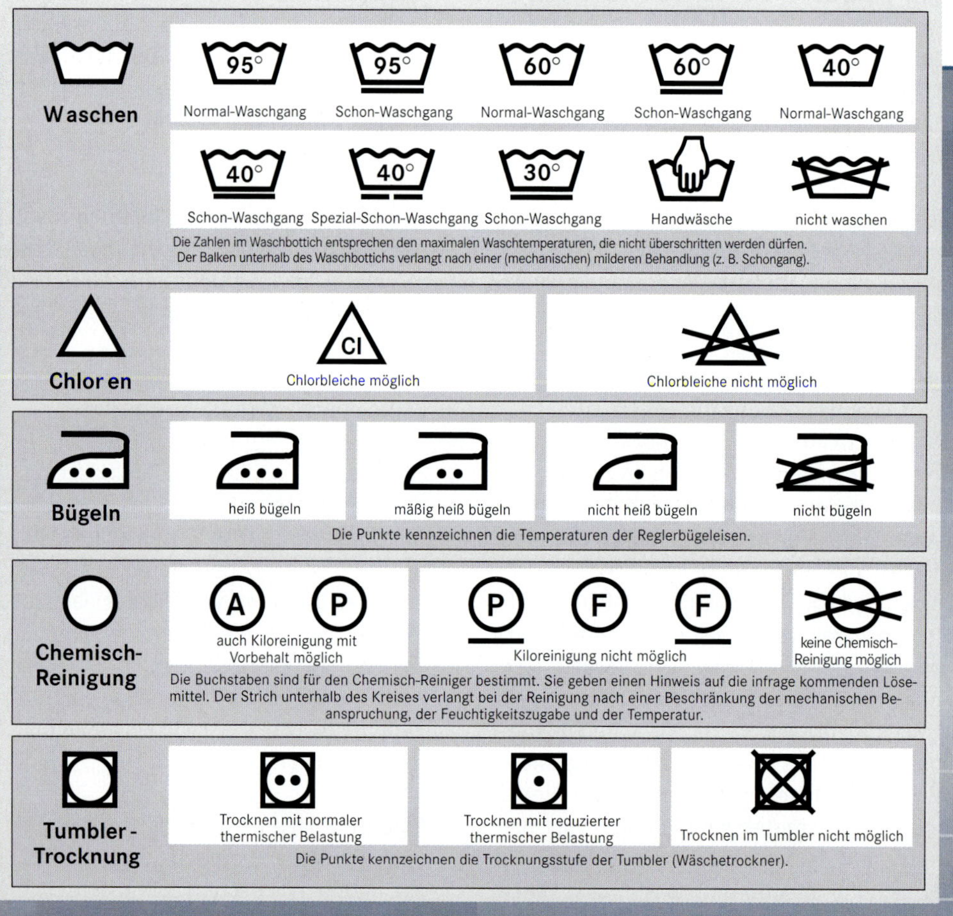

Internationale Pflegesymbole

Transport- und Lagerhinweise

Wartung und Pflege sind nur ein Teil von dem, was der Kunde beachten muss, wenn er ungetrübte Freude an der Ware haben möchte. Selbstverständlich ist die richtige Handhabung mit eine der Grundvoraussetzungen für eine lange Gebrauchsfähigkeit der Ware. Bei vielen technischen Geräten ist die Bedienungsanleitung oftmals für den Laien ein schwierig zu verstehendes Papier. Der geübte Verkäufer kann hier mit viel Geschick dem Kunden eventuell vorhandene Ängste vor der Technik nehmen. Er wird durch kurze, einfache Wortwahl in Verbindung mit gekonnter Warenvorführung den Kunden von der Handhabbarkeit der Ware überzeugen. Je nach Kundenmentalität wird er den Käufer mehr oder weniger aktiv in das Verkaufsgespräch mit einbeziehen und dessen Kenntnisse mit nutzen.

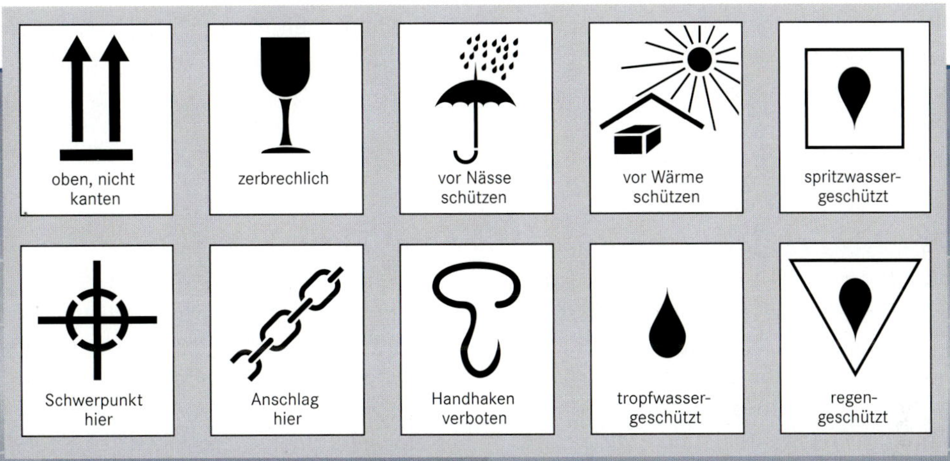

Transport- und Lagersymbole

Warenschäden

Zu einer wirkungsvollen Warenpräsentation gehören vor allem auch saubere Warenträger und einwandfreie Ware. Weisen Waren Mängel auf, wie z. B. verfaultes Obst oder beschädigte Verpackungen, wirkt es sehr abschreckend auf den Kunden und kann für das Geschäft Umsatzeinbußen bedeuten. Es ist also eine wichtige Aufgabe für den Verkäufer, Warenschäden zu verhindern. Das bedeutet, dass jede Ware ihren Eigenschaften gemäß gepflegt wird und der Verkäufer mögliche Gefahren kennt und weiß, was er vorbeugend tun kann.

Beispiele für Gefahrenquellen und mögliche Warenschäden:

Gefahrenquellen	häufige Warenschäden
Frost/Kälte	Zellwände bei Kartoffeln und Obst werden zerstört.
Hitze	Verdunsten von Flüssigkeiten, Schmelzen von Schokolade, Platzen von Behältern, Verderb von Lebensmitteln, die gekühlt werden müssen
hohe Luftfeuchte	Verklumpen von Salz und Zucker
geringe Luftfeuchte	Austrocknen von Fleisch und Gemüse, Brüchigwerden von Leder
Licht	Ausbleichen von Textilien, Zerstörung von Vitaminen oder Wirkstoffen in kosmetischen Produkten
Druck, Stoß, Erschütterung	Zerdrücken von Verpackungen, Druckstellen bei Obst und Gemüse, Glasbruch, Verformungen

Die Pflege der Waren ist abhängig vom Sortiment. So wird der Verkäufer im Lebensmittelbereich hauptsächlich das Mindesthaltbarkeitsdatum überwachen, wohingegen der Textilverkäufer darauf achtet, dass die Ware sauber ist und keine Fehler (aufgeplatzte Nähte, abgerissene Knöpfe, ...) hat, und der Verkäufer in der Haushaltswarenabteilung legt sein Augenmerk darauf, dass keine Waren gesprungen oder zerbrochen sind.

In jedem Bereich aber ist es notwendig, laufend Warenkontrollen - vom Wareneingang bis zum Warenausgang - durchzuführen und dann eventuell Regale oder Waren zu entstauben oder zu reinigen, verdorbene Waren auszulesen, beschädigte Teile auszutauschen, Bekleidung aufzubügeln, Grifflücken zu lassen usw.

3.3 Preisauszeichnung

Die Preise im Einzelhandel sind bis auf Ausnahmen (Zeitungen, Zeitschriften) nicht gebunden. Der Einzelhändler kann also seine Preise frei gestalten, jedoch hat er laut Preisangabenverordnung die Grundsätze der Preiswahrheit und Preisklarheit einzuhalten.

Weder Kunde noch Mitbewerber am Markt dürfen von Preisangaben unsachlich beeinflusst oder benachteiligt werden. Der Einzelhändler ist verpflichtet, Waren mit Sonderpreisen aus Werbeangeboten im Geschäft vorrätig zu haben. Auch darf er diese Waren nicht teurer verkaufen. Kennzeichnet er Waren z. B. mit „Sonderpreis“, verlangt aber den normalen Verkaufspreis, ist das ebenfalls unzulässig.

Der Einzelhändler ist nach der **Preisangabenverordnung** verpflichtet, seine Waren auszuzeichnen. In der Preisangabenverordnung ist die Auszeichnungspflicht von Waren mit Preisen festgehalten. Das gilt für Waren, die innerhalb oder außerhalb des Verkaufsraumes, in Schaufenstern oder in Schaukästen ausgestellt werden oder nach Musterbüchern, Katalogen oder Warenlisten angeboten werden. Ebenso sind die gültigen Ausnahmeregelungen von der Preisauszeichnungspflicht (z. B. Antiquitäten, Sammlerstücke, Kunstgegenstände, Waren, die in Warenvorführungen angeboten werden, wenn der Preis genannt wird) aufgeführt.

Die Preise müssen den Waren sichtbar zugeordnet und deutlich lesbar sein.

Das Preisschild muss folgende Angaben enthalten:
- Bezeichnung der Ware
- Bruttopreis (einschließlich Umsatzsteuer)
- Gütebezeichnung
- Verkaufseinheit (m, l, kg, Stückpreis, ...)

4 Präsentation im Schaufenster

4.1 Schaufenster als Werbemittel

Der Kunde registriert das Schaufenster eines Unternehmens als Visitenkarte, er erhält sozusagen eine Einladung, die Handelseinrichtung aufzusuchen. Das Schaufenster ist eines der wichtigsten Werbemittel des Einzelhändlers. Mit der Schaufensterdekoration hat der Einzelhändler die Möglichkeit, den Kunden einen Überblick über das Sortiment und die Leistungsfähigkeit des Geschäftes zu geben. Im Gegensatz zu anderen Werbemitteln ist es kostensparend. Ein weiterer Vorteil ist, dass der Kunde die Waren gleich im Geschäft kaufen, kann und der Einzelhändler hat die Möglichkeit, die Ware im Original zu zeigen.

Der Unternehmer verfolgt drei große Ziele mit der Präsentation im Schaufenster:
- Die Kunden sollen auf das Geschäft aufmerksam gemacht werden.
- Die Kunden erhalten Informationen über die Ware.
- Die Kunden werden zum Eintreten in das Geschäft angeregt.

4.2 Arten der Schaufenster

Wir unterscheiden je nach baulicher Voraussetzung drei Arten von Schaufenstern:

geschlossenes Fenster	offenes Fenster	halb offenes Fenster
Schaufenster mit Rückwand Blick in den Verkaufsraum nicht möglich gute Dekorationsmöglichkeiten	keine Rückwand durchgehender Blick in den Verkaufsraum begrenzte Dekoration möglich	niedrige Rückwand Durchblick ins Ladeninnere

4.3 Gestaltungsmöglichkeiten

Nach gestalterischen Grundgedanken gibt es drei Arten von Schaufenstern:

Übersichtsfenster

Übersichtsfenster geben dem Kunden einen Überblick über das Sortiment des Geschäftes.

Stapelfenster

Bei dieser Art der Schaufenstergestaltung werden große Mengen einer Ware im Schaufenster aufgestapelt und dennoch wirkungsvoll dekoriert. Es soll auf diese Art und Weise die Fülle des Angebotes und die Leistungsfähigkeit des Unternehmens verdeutlicht werden.

Übersichtsfenster

Stapelfenster

Fantasiefenster

Die Dekoration steht unter einem bestimmten Thema oder Motto. Es werden nur wenige Artikel aus dem Sortiment in einem Verwendungs- und Bedarfszusammenhang gezeigt.

Fantasiefenster

Egal, welche Art von Schaufenster der Einzelhändler gestaltet, gibt es einige grundlegende Regeln, die beachtet werden sollen:

- Präsentieren Sie nur so viel Ware, wie der Kunde in wenigen Sekunden erfassen kann.
- Wechseln Sie regelmäßig die Warenauslage, in den ersten zehn Tagen ist die Aufmerksamkeitswirkung am größten und fällt dann stark ab.
- Ordnen Sie die Waren so, dass zusammengehörige Artikel Bedarfsbündel bilden, somit ist es übersichtlicher für den Kunden.
- Kontrollieren Sie täglich das Schaufenster und sorgen Sie dafür, dass es ordentlich und sauber ist und alle Waren und Dekorationsgegenstände noch den richtigen Platz haben.
- Beachten Sie die Preisangaben-Verordnung und versehen Sie alle Waren, die Sie verkaufen, mit dem Preis.
- Waren, die durch die Schaufensterauslage (z. B. Sonnenlicht) Schaden erleiden können, versuchen Sie durch Attrappen zu ersetzen.
- Um die Waren, die Sie präsentieren, besonders zu betonen, gibt es verschiedene Hilfsmittel, wie z. B. Sockel, Beleuchtung, Farben, Plakate, Schaufensterpuppen, Bewegung (elektrische Eisenbahn).
- Setzen Sie einen Blickfang ein, um die Kunden auf die Schaufenstergestaltung aufmerksam zu machen.

4.4 Verkauf aus dem Schaufenster (siehe auch LF 3, Kap. 2.4.1)

Ist die im Schaufenster dargestellte Ware im Geschäft nicht mehr vorrätig, kommt es zum Verkauf aus dem Schaufenster. Meistens ist der Verkauf aus dem Schaufenster mit erheblichem Aufwand verbunden. Einerseits ist es Zeit- und Arbeitsaufwand, dadurch kann es zu längeren Wartezeiten der anderen Kunden kommen, und andererseits wird eventuell die Dekoration zerstört.

Folgende Möglichkeiten gibt es, den Verkauf von Schaufensterware zu vermeiden:

- Reservieren Sie die Ware für den Kunden (bitten Sie eventuell um eine kleine Anzahlung), nach der Neudekoration erhält er dann die Ware; führen Sie dazu ein Buch, um Doppelverkäufe zu vermeiden.
- Entfernen Sie nicht mehr vorrätige Ware aus dem Schaufenster.

Werben und den Verkauf fördern

1 **Werbung im Einzelhandel**

2 **Verkaufsförderung im Einzelhandel**

3 **Verpackung der Ware**

4 **Kundenbindung im Einzelhandel**

5 **Warenzustellung im Einzelhandel**

1 Werbung im Einzelhandel

> **Werbung ist ein Bereich der Kommunikationspolitik. Kommunikationspolitik ist neben der Sortiments-, Produkt-, Preis- und Distributionspolitik ein weiteres Element im Marketingmix. Als Marketingmix wird die optimale Zusammenstellung dieser Marketingmaßnahmen bezeichnet (siehe Lernfeld 12).**

Ziel ist der Aufbau einer bestmöglichen Beziehung des Einzelhandelbetriebes zum Kunden. Kundenorientierung ist der rote Faden innerhalb aller Marketingaktivitäten. Sie muss vor, während und nach der Verkaufsaktivität erfolgen. Die Kommunikationspolitik umfasst sämtliche Maßnahmen eines Einzelhandelbetriebes, die das Verhalten aktueller und potenzieller Käufer beeinflussen sollen.

Potenzielle Käufer werden informiert, aktiviert, von der Vorteilhaftigkeit eines Angebotes überzeugt und zum Kauf angeregt. Mithilfe der Kommunikationspolitik soll ein bestimmtes Image und der Bekanntheitsgrad des Produkts aufgebaut oder gesteigert werden.

Für den Einzelhandel relevante Bereiche der Kommunikationspolitik sind vor allem

- Werbung,
- Verkaufsförderung,
- Public Relations,
- Sponsoring.

1.1 Aufgaben der Werbung

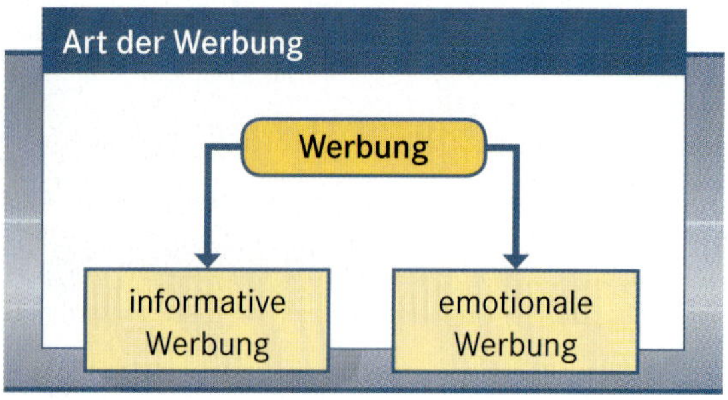

„Werbung ist die Kunst, den Leuten das Geld aus der Tasche zu ziehen."

> **Werbung umfasst alle Maßnahmen, die darauf ausgerichtet sind, den Absatz der Produkte zu fördern. Sie wendet sich an die möglichen Konsumenten der Produkte, Dienst- oder Serviceleistungen. Deshalb ist Werbung vorwiegend Absatzwerbung. Werbung kann Kenntnisse und Wissen vermitteln (Information), anregen (Motivation) und beeinflussen (Manipulation). Werbung kostet das Unternehmen immer Geld.**

Besteht der Inhalt der Werbebotschaft vor allem aus tatsächlich prüfbaren Aussagen oder Tatsachen, spricht man von informativer Werbung („Unser Glasputzmittel garantiert streifenfreien Durchblick.").

Werden hingegen durch Werbung Gefühle übermittelt oder Empfindungen der Konsumenten gezielt hervorgerufen, spricht man von emotionaler Werbung. Die übermittelten Gefühle sind zumeist positiv besetzt, z. B. Liebe, Glück, Geborgenheit, Freiheit, Abenteuer, Frische, Natur, Entspannung usw. („Ein Teil des Erlöses kommt dem Umweltschutz zugute.").

Der Kunde erhält durch Werbung Informationen, die ihn schließlich zum Kauf der Waren veranlassen sollen. Sie soll die Kaufentscheidung des Kunden beeinflussen. Sie findet immer in räumlicher Distanz zum Verkaufsort statt.

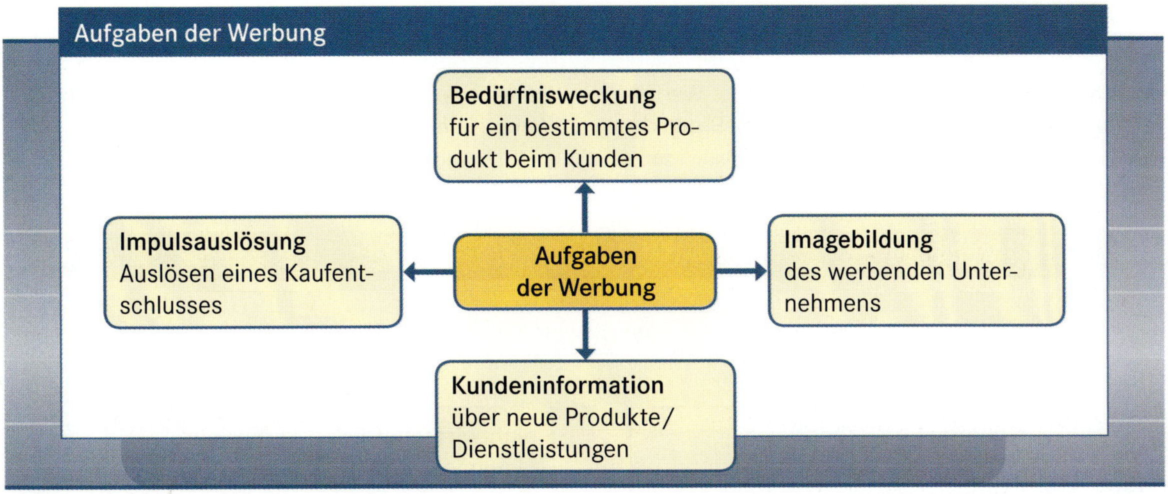

Die Aufgaben der Werbung können sich am Produktlebenszyklus orientieren.

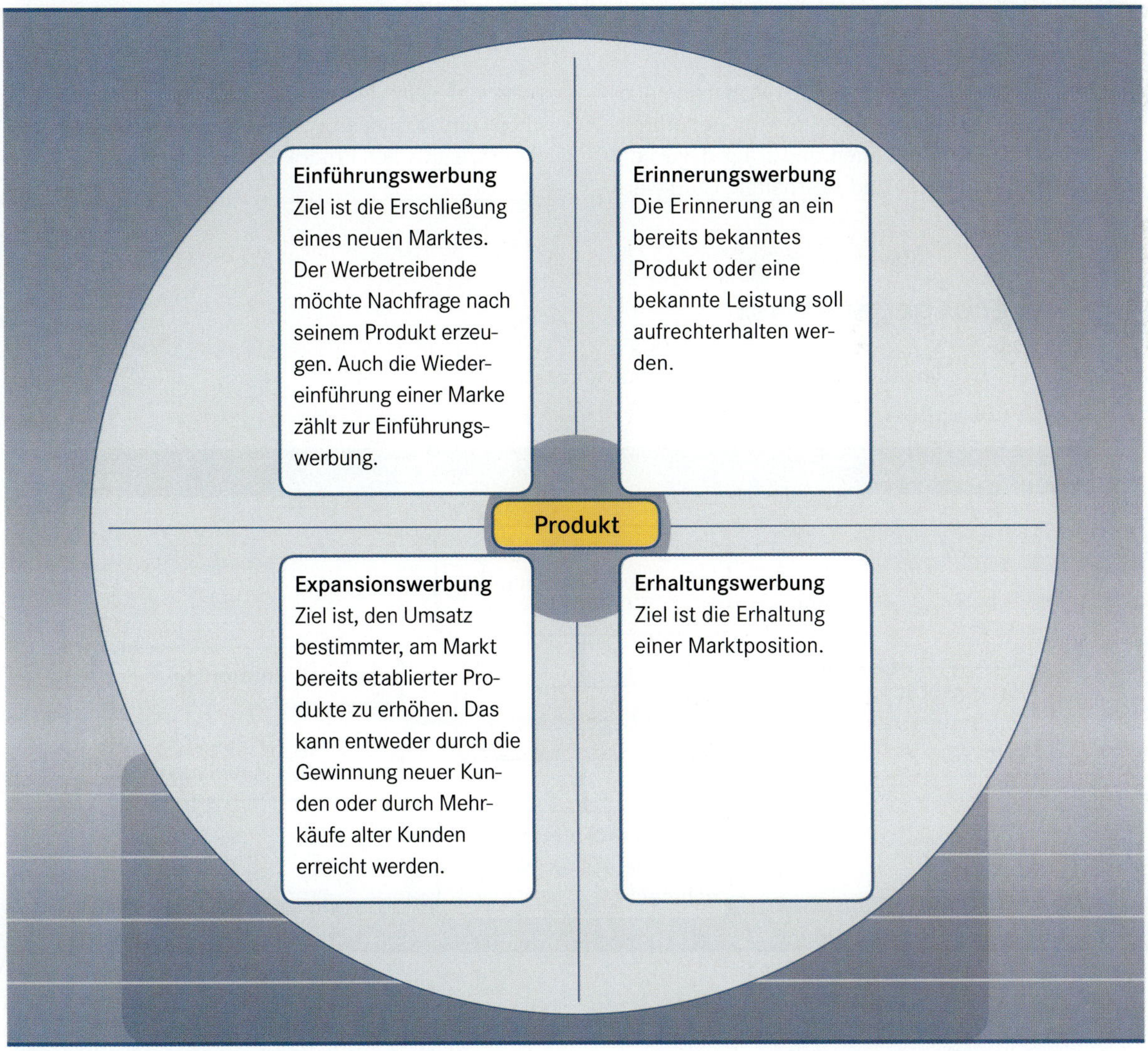

5

1.2 Ziele der Werbung

Jeder werbende Einzelhandelsbetrieb stellt Werbeziele auf, mit denen er den Absatz seiner Produkte gezielt unterstützt.

Es gibt wirtschaftliche und nichtwirtschaftliche Werbeziele.

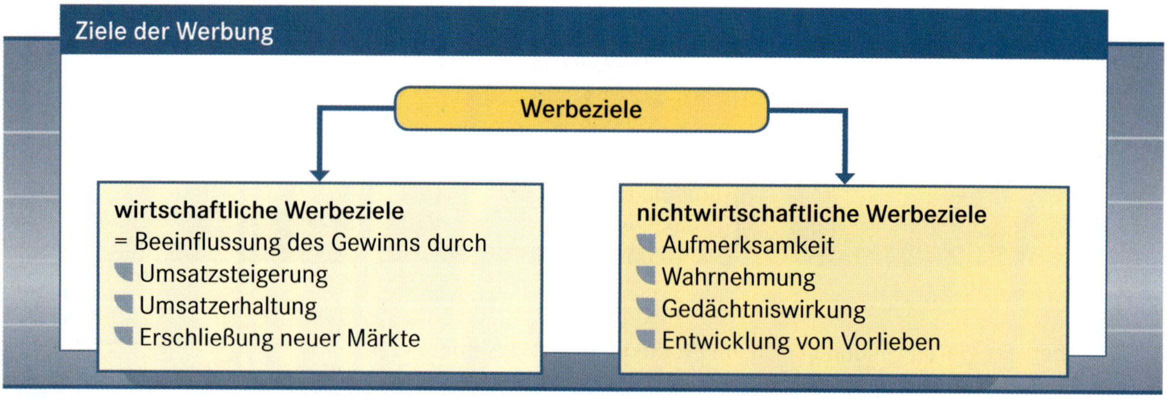

Werbung erfüllt viele Funktionen für Menschen und Wirtschaft. Sie informiert, regt zum Kauf an, erhöht den Umsatz der Unternehmen und trägt dazu bei, Arbeitsplätze zu schaffen und zu erhalten. Gute Werbung hat klare Botschaften. Sie gibt den Verbrauchern die Möglichkeit, Angebote zu vergleichen und den Nutzen eines Produkts zu entdecken.

1.3 Werbegegenstand

In der Werbung werden folgende Werbegegenstände unterschieden:

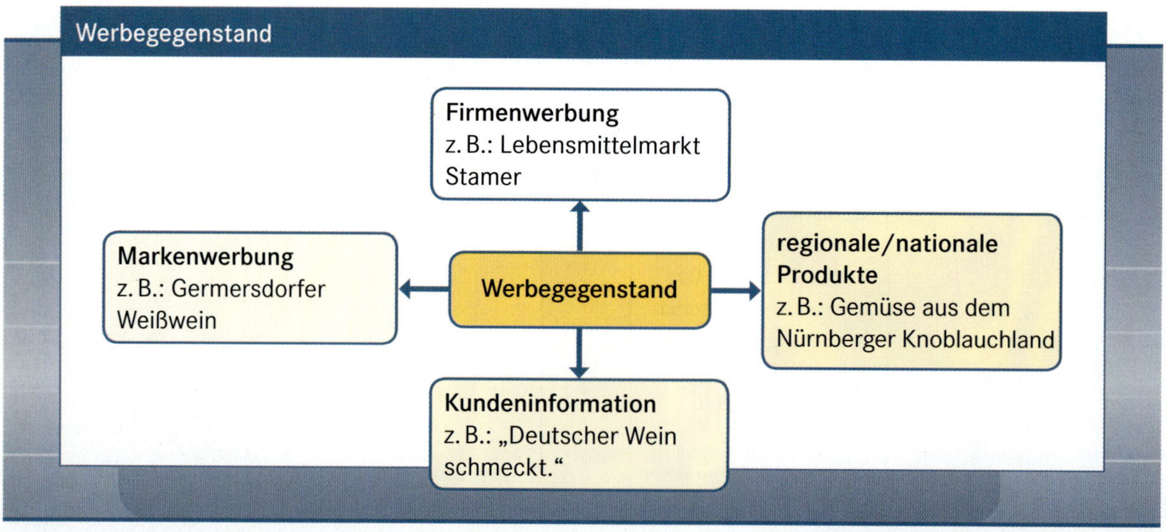

1.4 Werbemittel und Werbeelemente

Werbemittel sind Gestaltungsformen, mit denen die Werbebotschaft an den Kunden herangebracht wird. Ein Werbemittel ist die Zusammenfassung verschiedener Werbeelemente. So besteht z. B. ein Fernsehspot (Werbemittel) aus den Werbeelementen Ton, Wort, Farbe, Aktion. Ob ein Kunde von einem Produkt überzeugt wird, optisch angesprochen wird oder sich zu dem Produkt hingezogen fühlt, hängt von der Verwendung einzelner Werbeelemente ab. Die Werbung versucht, ihre Ziele durch den Einsatz von Werbeelementen zu erreichen.

Es gibt folgende Werbelemente:
- Wort (einprägsame, sprachlich gute Formulierung)
- Ton (musikalische Untermalung)
- Licht (Leuchttafeln, Lichtbilder)
- Farbe (künstlerische Farbgebung)
- Form (stilvolles Design)
- Aktion (Preisausschreiben, Sonderpreise, Veranstaltungen)

Es ist sinnvoll, verschiedene Werbelemente zu verbinden. Jeder Kunde wird durch die Werbeelemente auf unterschiedliche Weise angesprochen. Um die Aufmerksamkeit der erwünschten Zielgruppe zu erlangen, sollten zielgruppenspezifische Werbelemente eingesetzt werden.

Beispiel:

Der Getränkehersteller Frankenquelle bringt einen neuen Energydrink für Jugendliche auf den Markt. Dazu wird ein Fernsehspot ausgestrahlt.

Wort: „Der neue Energydrink von Frankenquelle bringt den richtigen Groove in euer Leben."
→ Identifikationspotenzial mit der Jugendsprache

Ton: Hip-Hop
→ Ausdruck eines Lebensgefühls

Farbe: grell und leuchtend
→ auffällig, schräg

5

Die einzelnen Werbeelemente werden zusammengesetzt zu den Werbefaktoren.

Werbefaktoren				
Sprache	Schrift	Bild	Ware	Vergünstigungen
- Verkaufsgespräch - Werbefunk - Werbevorführungen	- Zeitungsanzeige - Werbebrief - Kundenzeitschrift - Leuchtschrift - Prospekt	- Plakat - Katalog - Werbefernsehen	- Schaufenster - Verpackung - Verkaufsraumgestaltung	- Sonderangebote - Werbegeschenke - Kundendienst - Preisnachlässe

1.5 Werbeträger

Werbeträger sind die Medien, die die Werbung transportieren.

Die Auswahl des Werbeträgers ist wesentlich vom Werbemittel, dem Inhalt der Werbung und von der zu umwerbenden Zielgruppe bestimmt.

War früher Rundfunkwerbung der absolute Renner, so gewinnt heute die Werbung per Internet immer mehr Aufmerksamkeit. Mittlerweile existieren bewegte Bilder und vieles andere im Internet, um den Kunden anzusprechen.

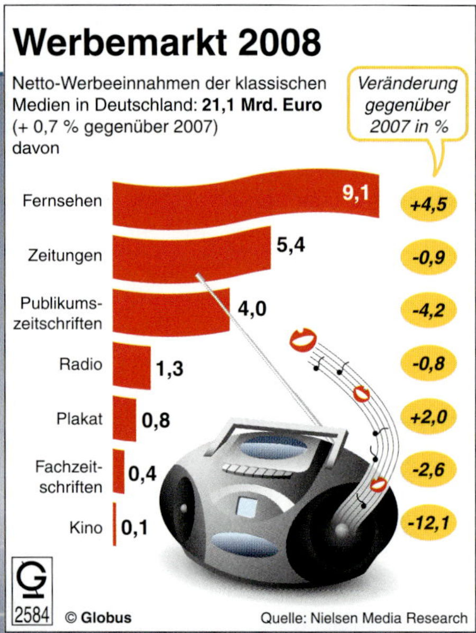

Printmedien

- **Zeitung** (Tageszeitungen haben eine hohe Reichweite. Leser empfinden Werbung in Tageszeitungen als besonders glaubwürdig.)
- **Zeitschrift** (große Auswahl nach Zielgruppen möglich)
- **Buch** (ansprechende Gestaltung des Covers, um Käufer anzusprechen)
- **Telefonbücher** (regionale bzw. überregionale Werbung, kostenlose Zustellung an viele Haushalte)
- **Rückseiten von Eintrittskarten** (z. B. Kinokarten, Karten für ein Fußballspiel und Bäckereitüten)

Elektronische Medien

- **Rundfunk** (Vor allem private Radiosender nutzen die Möglichkeit, Werbung über ihre Sender auszustrahlen. Merkmal: häufige Wiederholung des Produktnamens)
- **Fernsehen** (Mittlerweile gibt es eigene Werbesender, die 24 Stunden am Tag, sieben Tage die Woche Werbesendungen ausstrahlen.)
- **Internet** (z. B. Bannerwerbung: Auf der Website des Werbeträgers wird ein Werbebanner dargestellt. Klickt ein Besucher des Werbeträgers auf das Banner, gelangt er zur Homepage des Werbenden.)

Außenwerbung

- **Litfaßsäule**
- **Plakatwand** (Vor allem an stark befahrenen Straßen oder in U-Bahn-Stationen beliebt. Autofahrer, die im Stau stecken, oder Pendler, die auf die Bahn warten, streifen Werbeplakate, vor allem diejenigen, die sehr ins Auge springen.)

Außenwerbung

- **Stadion-Bande** (z. B. AOL-Arena in Hamburg, Allianz-Arena in München)
- **Verkehrsmittel** (Bus, Straßenbahn, Flugzeug, Taxi)
- **Heißluftballon**

Sonstige Medien

- **Post** (z. B. Postwurfsendungen)
- **Messen**
- **Schaufenster** (Es soll als Blickfang dienen und die Aufmerksamkeit auf sich ziehen. Kaufwünsche sollen geweckt und die Passanten veranlasst werden, das Geschäft zu betreten.)
- **Papier- und Tragetaschen**

Auch **Personen** können als Werbeträger dienen (z. B. tragen die deutschen Skispringer Skianzüge einer bekannten deutschen Schokoladenmarke).

Daneben dienen zahlreiche Objekte, vom Bierglas bis zum Schlüsselanhänger, als Werbeträger, vor allem in ihrer Eigenschaft als Werbegeschenk.

1.6 Gestaltungselemente der Werbung

1.6.1 Farben

Es heißt immer „Das Auge isst mit" - genauso kann man sagen „Das Auge kauft mit". Das gilt vor allem für die farbliche Gestaltung von Werbung. Werbepsychologen sprechen geschickt alle Sinne an. Dabei spielen Farben eine wichtige Rolle. In jedem Supermarkt stehen Tausende von Artikeln in den Regalen.

Der Augenkontakt des Verbrauchers zu den einzelnen Produkten ist meistens sehr kurz. Eine Produktverpackung muss also eine große Signalwirkung haben, um die Aufmerksamkeit und das Interesse des Kunden zu gewinnen. Dieses Interesse soll ja schließlich zum Kauf des Produkts führen.

Im Lebensmittelbereich finden sich viele warme Farben. Dabei sollen vor allem die Farben Gelb, Orange und Rot den Appetit anregen. Es ist sicher kein Zufall, dass sich diese Farben u.a. in den Logos und im Produktdesign nebenstehender Firmen wiederfinden.

Bei Hygiene und Reinigung herrschen dagegen kühle Farben vor: Grün, Weiß und Blau. Das verbinden die meisten mit Frische und Sauberkeit. Farben, die nicht nur die Verpackung, sondern auch das Produkt selbst bekommt.

Beispiele:

Domestos, Somat, Persil, Ariel, o.b.

Folgende Assoziationen werden mit diesen Farben verbunden:

Farbe	Assoziation
Weiß	Unschuld, Sauberkeit, Weisheit, Reinheit, Wahrheit unantastbar, kalt, leicht, klinisch, vollkommen Beispiele: Reinigungs- und Hygieneprodukte
Gelb	Licht, Sonne, Blüten, Helligkeit heiter, lustig, freundlich Geschmack: lecker, sauer Beispiele: Nudelprodukte, Margarine, zitronenfrische Reinigungsprodukte
Orange	Wärme, Abendsonne, Feuer, Erotik, Fruchtbarkeit, Erntedank aktiv, warm, reif, laut, jugendlich, gesellig, leidenschaftlich, freudig, leuchtend Geschmack: warm und herzhaft Beispiele: Fruchtsaft, Duschgel, Kekse
Rot	Energie, Liebe, Erotik, Feuer, Willenskraft, Mut, Gefahr, Macht aktiv, heiß, stark, wirksam, temperamentvoll Geschmack: süß, kräftig, scharf und würzig Beispiel: Coca-Cola
Rosa	Reinheit, Unbeflecktheit, Unschuld, geistige und körperliche Gesundheit Fürsorge, Zärtlichkeit, Mütterlichkeit zart, scheu, mädchenhaft, fein, leise, mild Geschmack: leicht und süßlich, mild Beispiel: bebe

(Forts. Tabelle der Farbassoziationen)

Farbe	Assoziation
Blau	Ruhe, Weite, Tiefe, Himmel, Luft, Wasser, Sehnsucht, Träume, Kühle Geschmack: süß, leicht und geruchlos Beispiel: Schoeller, iglu, Frosta, vivil
Grün	Natur, Wachstum, Harmonie, Leben, Frieden, Sympathie, Zufriedenheit, Frische Geschmack: kühl und sauer-saftig Beispiel: ökologische Produkte (z. B. „Frosch“-Produkte)
Schwarz	Nacht, Rückzug, Erotik, Geheimnis, Macht, Verbotenes schlicht Beispiel: teure Kosmetikprodukte (z. B. Chanel)
Gold	Sonne, Glück, edel, warm, kostbar, wertvoll Beispiele: Kosmetik (z. B. Yves Saint Laurent), Süßwaren (z. B. Rocher) Goldene Verpackungen liegen preislich meist höher als andere Verpackungen.

1.6.2 Bilder und Figuren

Der Einsatz von Bildern spielt in der Werbung eine große Rolle. Bilder haben eine größere Anziehungskraft als gedruckte Worte und sie sind für jeden „lesbar“.

Ganz gleich, ob es sich um Fernseh- oder Kinospots, um Anzeigen in Zeitschriften, Bannerwerbung oder Flyer handelt: Das wichtigste Mittel der Werbung - sieht man von der Radiowerbung ab - ist das Bild.

- Bilder gehen Menschen näher, als es Radioberichte oder Zeitungsartikel je könnten. Bilder werden besser erinnert als Sprache und sie transportieren Botschaften schneller und für jeden verstehbar. Man muss sich nicht anstrengen, um sie zu verstehen, muss nicht zuhören oder sich konzentrieren. Bilder sind für die „Berieselung“ bestens geeignet. Bilder werden schneller als Texte erkannt und durch Bilder vermittelte Informationen werden besser behalten.
- Bilder werden wie die Wirklichkeit aufgenommen.

Beispiele:

Wenn man ein Bild von einem Apfel sieht, bekommt man direkt Lust reinzubeißen. Das Wort Apfel hingegen ist ein abstraktes Zeichen, das kaum imstande ist, diese Lust zu wecken.

- Bilder transportieren Gefühle besser als Sprache.

Beispiele:

Limonade wird häufig im Zusammenhang mit glücklichen Menschen gezeigt. Diese Verknüpfung setzt sich langsam, aber sicher in den Köpfen der Verbraucher fest. Das funktioniert besser, als wenn man versucht, die „Vorteile“ von Limonade sachlich zu erklären: Limonade hat viel Zucker und schmeckt daher sehr gut!

Für viele Marken werden Symbolfiguren geschaffen. Die Marke wird dann mit der Symbolfigur gleichgesetzt. Figuren können Menschen (Frau Antje, Herr Kaiser), Tiere (Milka-Kuh) oder Comicfiguren (Meister Propper) sein. Ein Vorteil dieser Werbefiguren ist, dass die Verbraucher die Marke sofort mit der Werbefigur verbinden. Problematisch können die Symbolfiguren aber dann werden, wenn sie im Laufe der Zeit an Aktualität verlieren und in den Augen der Verbraucher als altmodisch gelten.

1.7 Werbesprache

Die Werbesprache ist grammatisch nicht immer korrekt. Teilweise werden bewusst Fehler gemacht, um eine höhere Aufmerksamkeit zu erlangen. („... da werden Sie geholfen"). Die Werbesprache ist in der Regel an die Alltagssprache angelehnt. Gleichzeitig beeinflusst Werbesprache auch die Alltagssprache. Aus der Werbung bekannte Redewendungen gehen manchmal in den Sprachgebrauch über (z. B. „Nicht immer, aber immer öfter").

Die Texte in der Werbung sollten kurz, schnell, einprägsam und originell sein. Es gilt, in aller Kürze Situationen sprachlich (und bildlich) zu inszenieren, packende (emotionale, witzige) Geschichten zu erzählen. Hilfreich sind dabei vor allem Wort- oder Sprachspiele.

1.8 Werbetechniken

Die Werbung verwendet folgende Techniken, um die Zielgruppe zu überzeugen, ein Produkt zu kaufen:

Werbetechniken	Beispiele
Wiederholung Häufige Wiederholung fördert das Erinnerungsvermögen an das beworbene Produkt.	„Müller Milch, Müller Milch, Müller Milch die schmeckt"
Siegeszug Andeutung, dass das Produkt allgemein verwendet wird. Auf diese Weise sollen mögliche Kunden zum „Einstieg in den Siegeszug" bewogen werden.	„... schon vier Millionen zufriedene Kunden ..."
Zeugenaussagen Bekundungen von Normalverbrauchern oder Experten sollen Glaubwürdigkeit verleihen.	„Drei von vier Zahnärzten empfehlen ..."
Druck Es wird versucht, die Menschen schnell, ohne lange Überlegung wählen zu lassen und zum schnellen Kauf zu ermuntern.	„Ausverkauf, schlagen Sie jetzt zu!"
Assoziation Das Produkt soll mit wünschenswerten Sachen verbunden werden, damit mit dem Kauf des Produkts der Wunsch erfüllt wird.	Gebrauch von attraktiven Modellen, malerischen Landschaften und ähnlichen Darstellungen
Humor Verwendung von Wortspielen, z. B. durch Kombination von fremdsprachigem und deutschsprachigem Wortmaterial	„Los Wochos" (McDonald's)
Personifizierung, Visualisierung abstrakter Begriffe	Verunreinigungen werden durch Fleckenzwerge dargestellt.

5

1.9 Werbearten

Werbearten unterscheidet man nach der Zahl der Werbenden und der Zahl der Umworbenen.

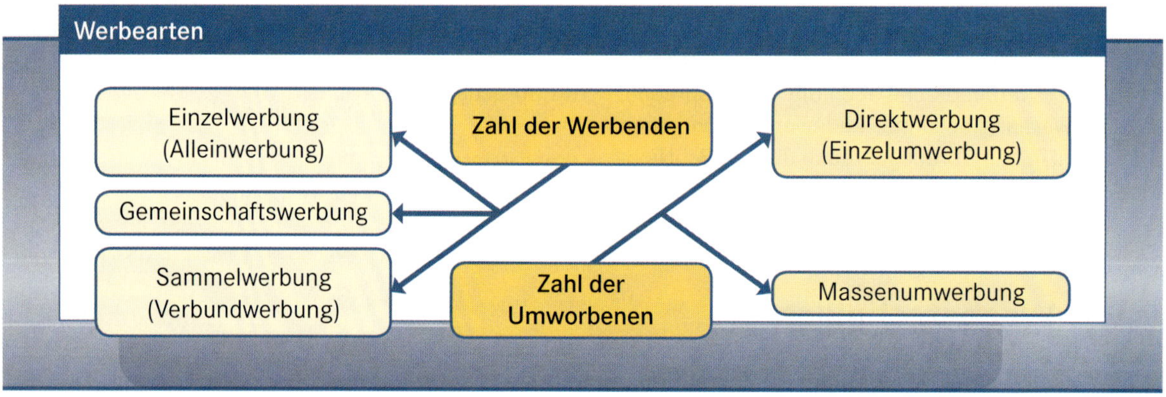

Einzelwerbung (Alleinwerbung)

5

Bei der Einzelwerbung wirbt nur ein Anbieter für seine Ware. Dabei ist es uninteressant, ob der Anbieter namentlich in Erscheinung tritt oder nicht.

Beispiel:

Ein Einzelhändler wirbt für sein Sortiment.

Vorteile:
- individueller Bezug auf das Unternehmen/Produkt
- Abgrenzung von der Konkurrenz

Gemeinschaftswerbung

Bei der Gemeinschaftswerbung schließen sich Anbieter einer Branche zusammen und werben für ihre Produkte bzw. Dienstleistungen. Dabei werden Firmen- oder Markennamen der einzelnen Beteiligten nicht erwähnt.

Beispiele:
- öffentlicher Personennahverkehr (siehe nebenstehendes Foto)
- „Trinkt deutschen Wein!" (Gemeinschaftswerbung der deutschen Winzer)

Vorteile:
- Kostenersparnis durch Kostenverteilung
- Finanzschwache Unternehmen haben die Möglichkeit zu werben.

Gemeinschaftswerbung öffentlicher Personennahverkehr

Sammelwerbung (Verbundwerbung)

Branchenfremde Unternehmen schließen sich für eine gemeinsame Werbeaktion zusammen. In solchen Fällen ist das Bindeglied nicht die gleiche Produkt- oder Dienstleistungsgruppe, sondern eine andere Gemeinsamkeit, z. B. der geografische Standort der Werbungtreibenden oder der Verwendungszusammenhang der angebotenen Güter.

Beispiel:

Kommen Sie in das Einkaufszentrum A. Dort finden Sie die Geschäfte B und C.

Vorteile:

- Produkt steht im Vordergrund
- Kostenaufteilung

Direktwerbung (Einzelumwerbung)

Bei der Direktwerbung wird die Werbebotschaft in Form eines Werbemittels direkt, d. h. ohne die Vermittlung eines Werbeträgers, an die Umworbenen übermittelt. Am weitesten verbreitet ist dabei die Brief- bzw. Drucksachenwerbung durch die Post (Mailing). Für die Zustellung der Werbebotschaft werden auch Telefon oder E-Mails genutzt.

Zu den Werbemitteln der Direktwerbung zählen neben Werbebriefen und Drucksachen außerdem persönliche Gespräche, Prospekte, Broschüren, Kataloge, Flugzettel, Preislisten, Bestellscheine, Warenproben usw.

Beispiel:

Werbebrief

Vorteile:

- zielgruppengenaue Werbeansprache
- Herstellung eines persönlichen Kontakts, um so die Grundlage für gute und ausbaufähige Beziehungen zu schaffen

Möbel Müller
Fürther Straße 26
90455 Nürnberg

Möbel Müller • Fürther Straße 26 • 90455 Nürnberg

Herrn
Max Mustermann
Erlenallee 133
90455 Nürnberg

Jeden Samstag im Oktober
Fun für Ihre Kids:
* Große Kinderhüpfburg
* Lustiges Ballonmodellieren

Happy Birthday

2 Jahre Möbel Müller, Nürnberg!

Sehr geehrter Herr Mustermann,

wir haben allen Grund zu feiern: Zwei Jahre Möbel Müller, Nürnberg. Das ist ein toller Erfolg, der ohne Sie nicht möglich wäre. Dies ist der beste Beweis, dass wir mit unseren trendigen Wohnideen zu kleinen Preisen ganz auf Ihrer Linie liegen.

Wir sagen „Dankeschön“ und möchten mit Ihnen ganz groß unseren Geburtstag feiern. Wir möchten Sie gerne zu einem besonderen Highlight, einer Cocktailparty, einladen. Unsere Cocktailparty findet am

kommenden Samstag in der Zeit von 15 bis 20 Uhr statt.

Weil wir schon immer etwas gegen teure Möbel hatten, gibt es jede Menge sensationelle Happy-Birthday-Preise und weitere supergünstige Angebote. Lassen Sie sich diese Gelegenheit nicht entgehen.

Als treuer Möbel Müller-Fan erhalten Sie außerdem 30,00 € Preisnachlass auf das ganze Sortiment und gegen den Hunger zwei Portionen Krabbencocktail für nur je 2,00 €. Klingt doch verlockend!

Also, kommen Sie doch mit Ihrer Familie vorbei und feiern Sie mit.

Wir freuen uns auf Ihren Besuch.

Möbel Müller
Siegfried Müller
Siegfried Müller,
Geschäftsführer

Werbebrief

Voraussetzung für erfolgreiche Direktwerbung sind Informationen über die Zielgruppe und entsprechende Adressen, die über Spezialfirmen eingekauft werden können. Ziel ist es, den Kunden zu einer Reaktion bzw. Rückmeldung zu bewegen. Die Rückläufer werden in einer Datenbank erfasst und stehen für eine weitere Bearbeitung (Nachfassaktion, Folgeangebote, Reaktivierung) bereit.

Als sittenwidrig nach Paragraf 1 UWG gilt der unaufgeforderte Anruf potenzieller Kunden zu Werbezwecken oder die unaufgeforderte Werbung per Fax oder E-Mail.

Massenumwerbung

Bei der Massenumwerbung wird eine große anonyme Masse angesprochen. Die Massenumwerbung bedient sich in erster Linie der Massenmedien. Massenwerbung ist z.B. Werbung in Tageszeitungen, Fernsehen oder durch Postwurfsendungen. Die gezielte Massenumwerbung richtet sich an bestimmte Berufs-, Alters- oder ähnliche Gruppen.

Beispiel:

Eine Kosmetikfirma wirbt in Zeitschriften und im Fernsehen für ihr Produkt.

Vorteile:

- Ansprechen vieler Konsumenten möglich
- keine individuelle Kundenansprache notwendig

1.10 Werbegrundsätze

5

Bei der Planung, Gestaltung und Durchführung von Werbung müssen feste Grundregeln beachtet werden.

Werbegrundsätze	
Wahrheit	Werbung muss sachlich richtig informieren. Werbung darf nicht täuschen oder irreführen.
Klarheit	Die Werbeaussage darf keine falschen Angaben über das Produkt machen. Sie muss klar und leicht verständlich sein.
Wirtschaftlichkeit	Die Kosten der Werbung müssen in einem vernünftigen Verhältnis zum Werbeerfolg stehen.
Wirksamkeit	Die Werbeaussage und die eingesetzten Werbemittel müssen so gewählt werden, dass sie die Verbraucher beeinflussen, und zwar in Übereinstimmung mit dem beabsichtigten Zweck. Dabei müssen die finanziellen Aufwendungen angemessen sein.
Orginalität	Werbung sollte so gestaltet sein, dass sie die Aufmerksamkeit der Zielgruppe erhält. Werbung sollte sich in Text, Bild und Ton deutlich von der Werbung der Konkurrenz unterscheiden.

1.11 Werbeplanung

Wenn Werbung erfolgreich sein soll, darf sie nicht nur gelegentlich betrieben werden, sondern sie muss planmäßig erfolgen. Der Einzelhandel gibt durchschnittlich 2 %–5 % vom Umsatz für Werbemaßnahmen aus. Vor dem Einsatz dieser Geldmittel wird ein Werbeplan aufgestellt.

Zu Beginn der Werbeplanung steht eine Situationsanalyse des Unternehmens. Dabei wird die bisherige Werbetätigkeit, deren Wirkung und das Verhalten der Zielgruppe unter die Lupe genommen.

Bevor der Einzelhändler eine Werbemaßnahme durchführt, erstellt er einen Werbeplan. In dem Werbeplan legt er seine Werbestrategie fest.

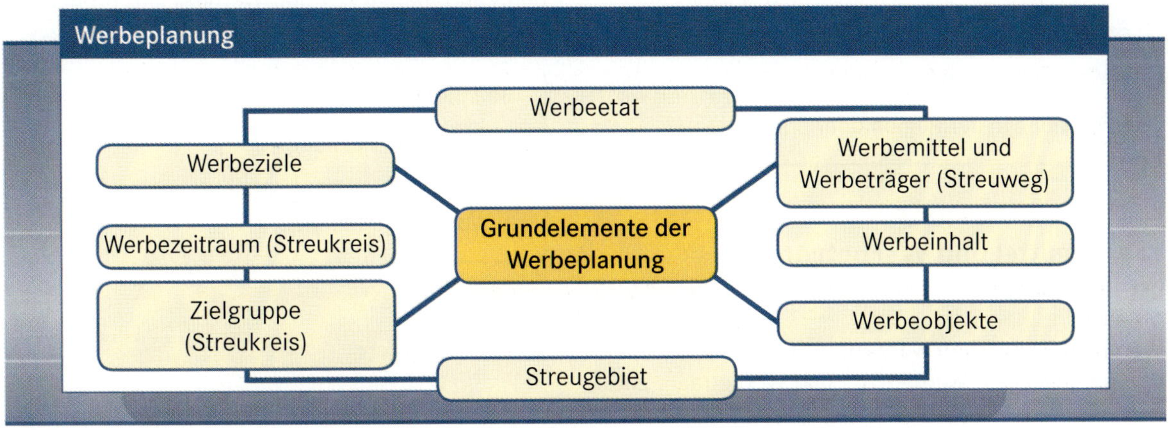

Werbeziele

Was soll mit Werbung erreicht werden?
Die Werbeziele (siehe Kap.1.2) orientieren sich an anderen übergeordneten Marketingzielen. Werbeziele bilden die Grundlage für die Werbeplanung.

Beispiele:
- Information (Information über Produkte, Neuerungen und Qualitätsmerkmale)
- Motivation (Werbung soll den Kunden motivieren, ein Produkt zu erwerben oder sich näher mit dem Produkt auseinanderzusetzen.)

Werbeetat

Wie viel Geld soll für Werbung ausgegeben werden?

Als Werbeetat bezeichnet man die Summe der finanziellen Mittel, die für Werbung innerhalb eines bestimmten Zeitraumes ausgegeben werden kann.

Die Höhe des Werbeetats eines Einzelhandelsbetriebes sollte sich nach den zuvor festgelegten Werbezielen richten. Die gesetzten Ziele sollen mit geringstmöglichen Kosten erreicht werden. Die Höhe des Werbeetats richtet sich häufig nach dem erzielten Gewinn des Vorjahres.

Beispiele:
- Vorjahresbetrag (evtl. plus Zuschlag)
- Betrag des Branchendurchschnitts

Zielgruppe (Streukreis)

Wen möchte ich mit meiner Werbung ansprechen?
Um Werbung erfolgreich planen zu können, muss die Zielgruppe festgelegt werden, die umworben werden soll.

Beispiele:
- Energydrink für Jugendliche
- Bioprodukte für Gesundheitsbewusste
- Pulsuhren für Sportler

Streugebiet

Wo soll geworben werden?
Die Festlegung des Streugebiets legt das geografische Gebiet fest, in dem geworben werden soll. Damit die Werbung auch bei der Zielgruppe ankommt, muss ein Einzelhandelsbetrieb wissen, wo die Grenzen des Einzugsgebiets liegen

und aus welchen Gebieten die Kunden verstärkt kommen.

Beispiele:

- Werbung nur im Geschäft?
- Werbung in der Region oder überregional?

Werbemittel und Werbeträger (Streuweg)

Womit soll geworben werden?
Es sind diejenigen Werbemittel und Werbeträger zu wählen, die die Zielgruppe am wirksamsten ansprechen. Dabei sollen die gewählten Werbemittel die Zielgruppe durch Schrift, Bild, Ton, Farbe und Bewegung überzeugen. Aber: Ein kleines Streugebiet schließt weitreichende Medien aus (z. B. Fernsehen).

Beispiele:

- Software wird im Internet über Bannerwerbung beworben.
- Plakate mit einem neuen Auto auf Litfaßsäulen

5

Werbezeitraum (Streuzeit)

Wann soll geworben werden?
Unter Werbezeit versteht man die Auswahl des Zeitraums, zu dem die Werbung erfolgen soll. Die Werbewirkung hängt nicht zuletzt von einer sinnvollen Verteilung der Werbung im Zeitablauf ab. Damit sich Konsumenten am besten an ein Produkt erinnern, sollte Werbung gleichmäßig „gestreut“ werden. Ob jedoch im Einzelfall derart verfahren werden kann, hängt von den Werbezielen, Produkten, Konsumenten, Konkurrenten usw. ab.

Beispiele:

- einmalige Werbung
- regelmäßige Werbeaktionen (pro Tag, pro Woche, pro Monat)

Werbeobjekte

Was will ich bewerben?
Als Werbeobjekte bezeichnet man diejenigen Güter und Dienstleistungen, für die Werbung getrieben wird. Es sind Güter und Dienstleistungen, die an Kunden abgesetzt (Absatzwerbung) oder für das werbende Unternehmen beschafft werden sollen (Beschaffungswerbung). Werbeobjekte können Produkte wie z. B. Markenartikel sein, Dienstleistungen, aber auch Wirtschaftsunternehmen (Firmenwerbung, institutionelle Werbung) und Normen und Werte.

Beispiele:

- Werbung für die Körperlotion einer bestimmten Marke (Produktwerbung)
- Werbung für das Geschäft Feinkost Tischner (Firmenwerbung)
- Werbung einer Bank für ihr Wertpapiergeschäft (Dienstleistungswerbung)
- Kampagne gegen Gewalt der Hamburger Polizei (Werbung für Normen und Werte)

1.12 Werbewirkung

Unter Werbewirkung versteht man das Erreichen eines gewünschten Verhaltens beim Verbraucher durch Werbung. Die Werbewirkung ist abhängig vom beabsichtigten Ziel.

Die Reaktion der Konsumenten auf Werbung ist mehr als nur der Kauf (Umsatz) des beworbenen Produkts. Umsatz ist nur eine von vielen Reaktionen der Zielgruppe auf Werbeaktivitäten. Weitere Reaktionen sind z. B. Imagebildung, Sympathiegewinn und Bekanntheitsgrad.

Werbung wirkt, wenn sie beim Konsumenten eine festgelegte Abfolge von Gemütszuständen auslöst: **Attention** (Aufmerksamkeit) – **Interest** (Interesse) – **Desire** (Kaufwunsch) – **Action** (Kaufakt).

AIDA-Formel:

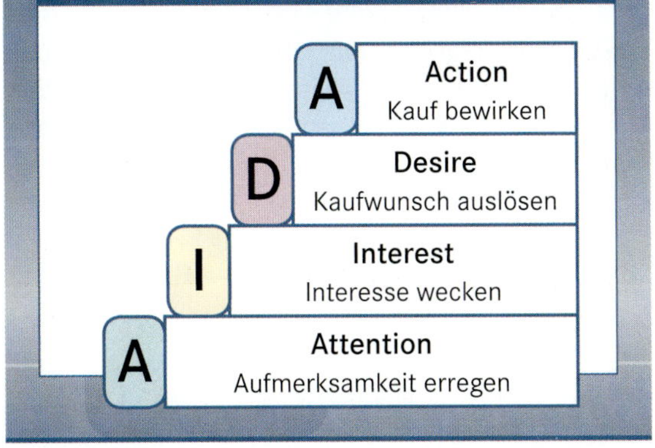

Beispiele:

- Bestellscheine, Befristung der Angebote, Anfahrtsskizzen
- Warendemonstrationen, Kostproben
- Fachinformationen, Slogans
- niedliche Tiere, Kinder, grelle Farben, große Sprüche

Attention

Werbung muss bei der Zielgruppe Aufmerksamkeit erregen, damit sich die Zielgruppe mit der Werbebotschaft beschäftigt. Werbung muss also provokativ, aktuell, widersprüchlich sein. Sie muss Schlüsselreize (Augen, Sexualsymbole, Kindchenschema, ...) bieten.

Beispiel:

Attention wird erzeugt, indem der potenzielle Konsument das Produkt (z. B. Eis) zum ersten Mal wahrnimmt, sei es durch einen Fernsehspot oder ein Plakat am Straßenrand. Bei häufiger Begegnung mit dem Spot setzt zwangsläufig eine gewisse Gedächtnisfunktion ein, er behält das Produkt in seinem Gedächtnis.

Interest

Werbung muss Interesse für das Thema wecken. Die Zielgruppe muss Interesse gewinnen, ein Produkt dieser Produktkategorie zu kaufen. Hierzu dienen Informationen über die Produktkategorie und Nutzenmöglichkeiten sowie das Herausstellen von Vorteilen gegenüber ähnlichen Produkten.

Beispiel:

Der Konsument hat die Eiswerbung seit Tagen im Fernsehen gesehen und fährt mit seinem Auto an einem heißen Sommertag durch die Innenstadt, geplagt von Appetit. So kann es vorkommen, dass er beim Erblicken eines Plakates, das eben dieses Produkt (Eis) bewirbt, konkret daran interessiert ist (Interest).

Desire

Werbung muss schließlich den Wunsch nach dem beworbenen Produkt wecken. Es muss sich von ähnlichen Konkurrenzprodukten abgrenzen. Werbung muss dazu Informationen über das Unternehmen sowie Informationen zur Abgrenzung von Konkurrenzprodukten (Vorteile des eigenen Produkts, Nachteile von Konkurrenzprodukten) bieten.

Beispiel:

Der potenzielle Konsument läuft an einem Geschäft vorbei, auf dem er wiederum ein Aushängeschild oder Ähnliches mit Hinweis auf dieses Eis sieht. Das führt aufgrund seines geweckten Bedürfnisses zu dem Wunsch, sich das Eis zu kaufen.

Action

Werbung muss eine Handlung auslösen. Dies kann je nach beabsichtigter Werbewirkung der Kauf des Produkts oder auch nur eine Kontaktaufnahme mit dem Werbenden sein.

Beispiel:

Er betritt den Laden, evtl. noch skeptisch, da es sich um ein neues Produkt handelt, und kauft das Eis.

1.13 Werbeerfolgskontrolle

Werbung kostet das Einzelhandelsunternehmen viel Geld. Deshalb ist es für den Einzelhandelsbetrieb wichtig, zu wissen, ob sich die teuren Werbemaßnahmen auch lohnen. Er muss wissen, ob er mit seiner Werbung Erfolg gehabt hat oder ob das Geld „zum Fenster hinausgeworfen“ wurde. Mit der Werbeerfolgskontrolle kann der Einzelhandelsbetrieb prüfen, ob und in welchem Umfang die gesetzten Werbeziele erreicht wurden.

Die Werbeerfolgskontrolle gibt Aufschluss über den möglichen Erfolg oder Misserfolg zukünftiger Werbeaktionen. Das Einzelhandelsunternehmen kann mithilfe der Werbeerfolgskontrolle feststellen, welche Werbemittel bzw. Werbeträger besonders Erfolg versprechend waren bzw. zukünftig erfolgreich sein könnten.

Der Werbeerfolg kann sich an zwei Zielgrößen orientieren (siehe Kap. 1.2):

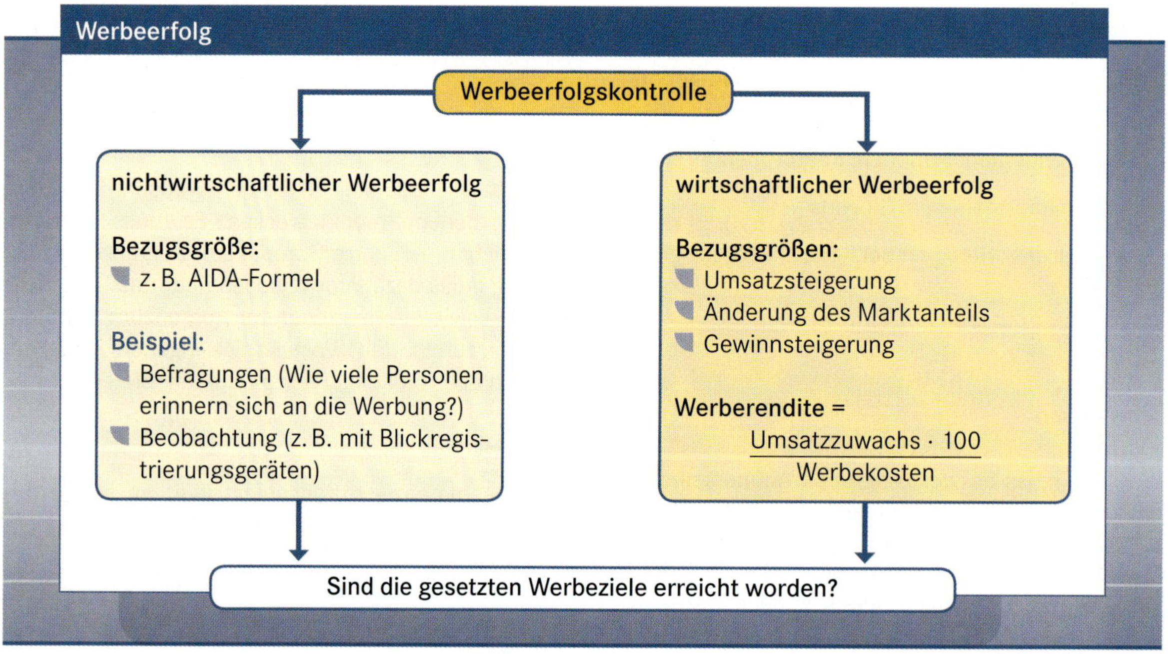

Die Hauptprobleme der Werbeerfolgskontrolle bestehen darin, dass sich

- der Beitrag der Werbung zur Erzielung des Unternehmenserfolgs schwierig exakt bestimmen lässt. Das liegt vor allem an der Vielfalt der Einflussfaktoren.
- die Werbekosten nicht klar von anderen Kosten im Betrieb abgrenzen lassen.
- neben der Werbung auch andere Faktoren (z. B. Jahreszeit) zu einem Anstieg des Produktkaufes führen können.

Die Werbeerfolgskontrolle muss sich häufig mit Schätzungen und Vermutungen zufriedengeben. Einigermaßen zuverlässig kann die Werbeerfolgskontrolle nur auf einem Testmarkt durchgeführt werden. Dieser Testmarkt muss allerdings mit dem tatsächlichen Gesamtmarkt übereinstimmen.

1.14 Grenzen der Werbung

Aufgrund der freiheitlichen Ordnung unserer Marktwirtschaft sind die Unternehmen einem großen Wettbewerb ausgesetzt. Jedes Unternehmen muss sich auf dem Markt behaupten und von den Wettbewerbern unterscheiden. Das geschieht zum Teil durch Werbung.

Der Kampf um den Kunden kann auch zum Missbrauch der wirtschaftlichen Freiheit führen, z. B. durch:
- bewusst falsche Angaben
- übertriebene Versprechungen
- irreführende Angaben
- Lästigkeit
- verunglimpfende Werbung
- ästhetisch abzulehnende Darstellungen

1.14.1 Rechtliche Grenzen der Werbung

Bei allen Maßnahmen, die den Verkaufserfolg fördern sollen, muss der Einzelhandelsbetrieb darauf achten, dass es nicht zu wettbewerbswidrigen Maßnahmen kommt, die die Konkurrenten behindern oder einschränken.

Mitbewerber sollen nach dem Gesetz gegen den unlauteren Wettbewerb (UWG) vor verfälschtem Wettbewerb geschützt werden. Dasselbe gilt für die Kundschaft. Verboten sind Irreführung und übertriebenes Anlocken.

Vergleichende Werbung

Vergleichende Werbung ist Werbung, anhand derer Erzeugnisse oder Dienstleistungen von einem Mitbewerber erkennbar sind. Zur vergleichenden Werbung zählen auch werbliche Anspielungen ohne namentliche Nennung, wenn aus dem Zusammenhang mit der Werbung eine Identifizierung des Mitbewerbers möglich ist.

Formen vergleichender Werbung sind:

Formen vergleichender Werbung		
persönlicher Vergleich	**anlehnender Vergleich**	**kritisierender Vergleich**
Vergleich mit der Person des Wettbewerbers	Aufzeigen der Ähnlichkeit des eigenen Produkts mit dem der Konkurrenz. Der Ruf des anderen (in der Regel des Marktführers oder jemanden mit hohem Marktanteil) wird für eigene Zwecke ausgenutzt.	Hier werden ein oder mehrere Konkurrenten schlechtgemacht.
	Beispiel: Produkt 1 wird in seiner Gestaltung und Werbung dem bekannten Produkt 2 so angenähert, dass der Verbraucher denkt, er hätte Produkt 2 vor sich.	

Zentrale Vorschrift ist der § 6 UWG. Vergleichende Werbung ist unter folgenden Voraussetzungen zulässig:
- Sie vergleicht Waren oder Dienstleistungen für den gleichen Bedarf oder Zweck.
- Sie vergleicht bedeutsame, nachprüfbare und typische Eigenschaften oder den Preis dieser Waren und Dienstleistungen.
- Sie führt nicht zu Verwechslungen zwischen dem Werbenden und einem Mitbewerber oder beider Waren (z. B. Marke, Geschäftsname, geografische Herkunftsangaben).
- Von einem Mitbewerber verwendete Kennzeichen (Marke, Geschäftsname, geografische Herkunftsangabe) werden nicht ausgenutzt oder beeinträchtigt.
- Waren, Dienstleistungen, Tätigkeiten, die persönlichen oder geschäftlichen Verhältnisse eines Mitbewerbers werden nicht herabgesetzt oder beleidigt.
- Vergleichende Werbung darf keine irreführenden Angaben über Beschaffenheit, Ursprung, Herstellungsart oder die Preise einzelner Waren enthalten.
- Der Vergleich darf sich nicht auf Imitationen oder Nachahmungen einer Ware oder Dienstleistung mit geschützter Marke oder geschütztem Handelsnamen beziehen.

Beispiele:

Testergebnis
Wirbt ein Kaufmann für seine Produkte oder Leistungen mit dem Ergebnis eines Tests, so handelt es sich um vergleichende Werbung.

Die Werbung mit Testergebnissen ist zulässig. Es muss sich um den Test einer neutralen Institution (z. B. Stiftung Warentest) handeln.

Mit dem Testurteil „SEHR GUT“ darf uneingeschränkt geworben werden.

Preisvergleich
Preise dürfen miteinander verglichen und die Konkurrenz beim Namen genannt werden.

Irreführende Werbung

Irreführende Werbung ist nach § 5 UWG verboten. Das heißt, jede Werbung muss wahr und klar sein.

Irreführend ist eine Werbeaussage bereits dann, wenn sie auch nur von einem kleinen Teil der Angesprochenen missverstanden werden kann. Maßgebend ist der jeweilige Eindruck, den die Werbung beim Publikum erweckt.
Unzulässig sind

- unwahre Werbeaussagen („Dieses Hautöl ist Natur pur für Ihre Haut“, wenn das Hautöl überwiegend aus synthetischen Stoffen hergestellt wurde).
- wahre Werbeaussagen, sofern sie von den Angesprochenen falsch verstanden werden.
- unvollständige Angaben, wenn es sich um Angaben handelt, die für den Kaufentschluss erforderlich sind (z. B. das Verschweigen, dass es sich um ein Auslaufmodell oder um „2.-Wahl-Ware“ handelt).
- Werbung mit Selbstverständlichkeiten (z. B. „Bei uns bekommen Sie zwei Jahre Garantie.“) – Wenn nur die gesetzliche Gewährleistungspflicht gemeint ist, ist die besondere Betonung und Hervorstellung, dass es sich um einen zusätzlichen Vorteil für den Käufer handelt, irreführend.

Beispiel:

Wirbt ein Schuhfachgeschäft damit, in den Oktoberwochen auf alle Leistungen 3 % Rabatt zu geben, liegt kein Wettbewerbsverstoß vor. Wirbt es aber damit, ein Sportkaufhaus zu sein, obwohl das nicht zutrifft, liegt eine Irreführung und damit ein Verstoß gegen das UWG vor.

Auch Blickfangwerbung ist irreführend. Unter Blickfangwerbung versteht man Werbung, deren Werbeaussage drucktechnisch besonders auffallend hervorgehoben ist, aber die für die Richtigkeit und Zulässigkeit der Aussage erforderliche, ergänzende Information nur klein und schwer leserlich zu erkennen ist (z. B. Gewinnspielwerbung, bei der groß und deutlich auf die Teilnahme mittels teurer 0900-Telefonnummer hingewiesen wird und die alternative Teilnahmemöglichkeit durch Postkarte oder E-Mail, die für die Zulässigkeit erforderlich ist, nur in kleinsten Buchstaben um 90 Grad gedreht am Rand der Anzeige aufgezeigt wird).

Bildliche Darstellungen, die ausdrückliche Werbeaussagen ersetzen, sind genauso zu behandeln wie ausdrückliche Werbeangaben.

Beispiel:

Die Darstellung von frei laufenden Hühnern auf einem Bauernhof ist unzulässig, wenn es sich um Eier aus Legehennenbatterien handelt.

Die Verwendung von Begriffen wie „natürlich", „naturrein" oder „Bio" ist nur dann zulässig, wenn das Produkt wirklich ganz oder nahezu ausschließlich aus natürlichen Stoffen besteht. Bei der Werbung mit dem Umweltzeichen („Blauer Engel") muss angegeben werden, weshalb das Umweltzeichen verliehen worden ist.

Im Alltag ist die Vorspiegelung qualitativer Eigenschaften eines Produkts von Bedeutung; Angaben wie „Markenqualität" oder „Spitzenerzeugnis" sollen ein Produkt von der Masse vergleichbarer Produkte abheben. Allerdings darf von „Markenqualität" nur gesprochen werden, wenn es sich tatsächlich um Markenware handelt. Und ein „Spitzenerzeugnis" muss zu der Spitzengruppe aller in Deutschland hergestellten Waren dieser Gattung gehören.

Die Kaufentscheidung des Kunden wird auch dann in unlauterer Weise beeinflusst, wenn der Verkäufer irreführende Angaben über den Preis des Produkts macht. Schlagworte wie „Fabrikpreis", „Discountpreis" oder „sensationell preisniedrig" sind bestens geeignet, die Käufer anzusprechen. Auch in diesen Fällen sind der Werbung enge Grenzen gesetzt. So sind beispielsweise unbestimmte Preisangaben wie „bis zu 40 % herabgesetzt" nur dann zulässig, wenn das gesamte beworbene Sortiment im Preis herabgesetzt ist. Ist nur ein geringer Teil des Sortiments um 40 % reduziert, liegt ein Verstoß vor.

Jede Form der Irreführung gibt dem Kunden das Recht, vom abgeschlossenen Vertrag zurückzutreten. Das Rücktrittsrecht erlischt sechs Monate nach dem Kauf.

Lockvogelwerbung

Folgende Arten der Lockvogelwerbung werden unterschieden:

Besonders preisgünstige Angebote

Bei der Lockvogelwerbung werden einzelne Produkte besonders preisgünstig verkauft und beworben. Das soll dazu führen, dass Verbraucher überhaupt in das entsprechende Ladenlokal gehen. Diese preisgünstigen Angebote sollen beim Verbraucher den Eindruck erwecken, dass das gesamte Sortiment extrem preisgünstig sei. In Wirklichkeit sind die übrigen Artikel normal kalkuliert und nicht preisgünstiger als anderswo.

Unzureichende Mengen

Laut UWG ist es irreführend, für eine Ware zu werben, die nicht in angemessener Menge zur Befriedigung der Nachfrage vorrätig ist. Wer mit Sonderangeboten wirbt, muss die angepriesene Ware auch für einen angemessenen Zeitraum im Regal haben. Der Händler muss also für einen Warenvorrat sorgen, der ausreicht, die normalerweise zu erwartende Nachfrage abzudecken.

Der Verkäufer kann eine solche Irreführung allerdings ausschließen, indem er seine Werbung mit dem Hinweis „Abgabe nur, solange der Vorrat reicht" versieht.

Hat ein Einzelhandelsbetrieb einen sehr geringen Vorrat (z. B. nur vier PCs), sollte er nicht in Zeitungsbeilagen werben. Stattdessen sollte diese Ware nur im Ladenlokal als Einzelangebot hingestellt werden. Ein längerer Vorrat muss vorhanden sein, wenn die Werbung so gestaltet ist:

- Prospekt „gültig von ... bis ...“ - dann muss die Ware auch so lange vorrätig sein.
- Gemeinschaftsprospekt mehrerer Filialen - Ware muss in allen Filialen vorrätig sein, es sei denn, es wird ausdrücklich darauf hingewiesen, dass bestimmte Produkte in bestimmten Filialen nicht erhältlich sind.
- Monatsprospekt - Vorrat für mindestens eine Woche
- Versandkatalog „Frühjahr/Sommer“ - Ware sollte während des überwiegenden Teils der Gültigkeitsdauer des Katalogs vorhanden sein.

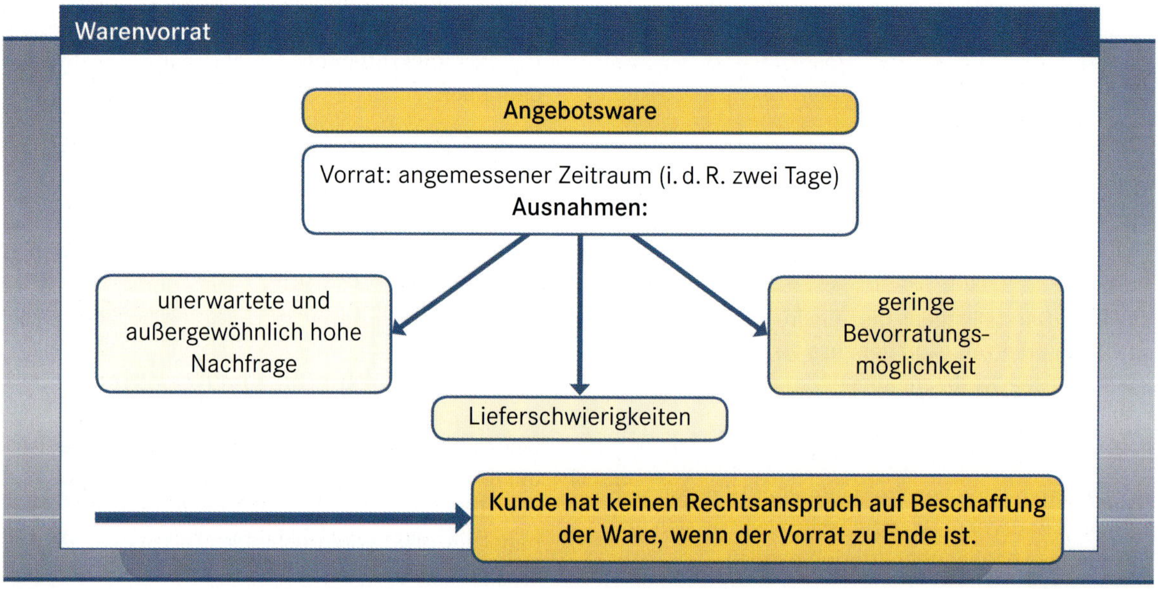

Eine Nachbeschaffung der Ware ist in den meisten Fällen gar nicht möglich, beispielsweise wenn es sich um einen Restposten handelt. Der Kunde hat auch keinen Anspruch darauf, dass ihm ein vergleichbares Produkt zum Preis der angebotenen Ware verkauft wird.

Ob das Unternehmen dem Kunden eine Nachbestellung oder den Verkauf eines vergleichbaren Produkts zu Sonderkonditionen verweigert, muss im Einzelfall jedes Unternehmen selbst entscheiden. Eine Verweigerung kann allerdings dazu führen, dass das Unternehmen diesen Kunden verliert. Ein solches Verhalten kann sich auch unter den Kunden herumsprechen. Auf jeden Fall ist es nicht zulässig, den Kunden auf ein teureres Alternativmodell zu verweisen.

Mondpreise

Im UWG steht, dass bei einer Werbung mit Preisherabsetzungen der vorherige Preis eine angemessene Zeit lang gefordert werden musste. Was angemessen ist, lässt sich schwer sagen. Die Angemessenheit hängt sehr stark von der jeweiligen Branche ab. So wird bei verderblicher Ware der vorherige Preis nur eine recht kurze Zeit gefordert werden können, bei Möbeln oder anderen hochwertigen und langlebigen Gütern kann der ursprüngliche Preis mehrere Wochen oder Monate gefordert werden.

Durchgestrichene Preise, die nie oder nur ganz kurz gefordert worden sind, darf es nicht geben. Bei jeder Werbeaktion müssen die allgemeinen Grenzen der lauteren Werbung eingehalten werden

1.14.2 Ethische und emotionale Grenzen der Werbung

Werbung vermittelt neben Informationen auch moralische, ästhetische oder religiöse Werte.

Das Ausnutzen und Erzeugen von Angst- oder Mitleidgefühlen zur Steigerung des Absatzes ist nicht erlaubt. Das werbende Unternehmen darf mit Provokationen nicht zu weit gehen, andere verletzten oder auf Kosten bestimmter Personengruppen gehen.

Beispiel:

Die reißerischen Werbeplakate des Textilherstellers BENETTON.

Dieses Motiv wurde am 3. April 1994 vom OLG Frankfurt/Main als sittenwidrig nach § 1 UWG erklärt. Das Argument war das Fehlen des Zusammenhangs mit dem beworbenen Produkt (Textilien).

Sittenwidrige Werbung

Emotionale Grenzen der Werbung sind z. B. werbliche Hinweise auf bevorstehende Geldentwertung, Umweltgefahren sowie u. U. auf den wohltätigen Zweck eines Angebotes.

Beispiel:

- „Ich verpflichte mich, 1 % des Kaufpreises für die Krebshilfe abzuführen."
- „Wenn Sie bei uns kaufen, erhalten Sie die Arbeitsplätze unserer Firma."
- „Unser Waschmittel ist garantiert 100 % umweltfreundlich. Waschen Sie mit uns und Sie halten die Gewässer für Ihre Nachkommen sauber."

Will ein Einzelhändler sich nicht zuerst an den Deutschen Werberat wenden, sondern direkt gegen solche Verstöße vorgehen, so kann er Unterlassung und Schadensersatz verlangen. In besonders schweren Fällen, z. B. bei unwahren Angaben oder bei Verleumdung, können auch Freiheitsstrafen verhängt werden.

Zunächst sind die Einigungsstellen zur Beilegung von Wettbewerbsstreitigkeiten bei den Industrie- und Handelskammern zuständig, dann die Kammer für Handelssachen beim Landgericht. Die missbräuchliche Forderung, eine bestimmte Werbung zu unterlassen, ist verboten.

1.15 Deutscher Werberat

Der Deutsche Werberat wurde 1972 gegründet. Er ist ein Organ zur Selbstkontrolle der Werbewirtschaft.

Der Deutche Werberat wirkt in drei Bereichen.

Werbegrundsätze	
1. Beschwerden	Er behandelt Beschwerden aus der Bevölkerung über Werbemaßnahmen der Wirtschaft. Solche Beschwerden kommen von einzelnen Verbrauchern, von Politikern, Journalisten, Verbraucherorganisationen und von Mitbewerbern.
2. Verhaltensregeln	- keine Aufforderung zum schädlichen Konsum von alkoholischen Getränken - kein Ausnutzen der Unerfahrenheit und Leichtgläubigkeit Jugendlicher - keine Diskriminierung von Personen wegen ihres Geschlechts, ihrer Abstammung, ihrer Rasse, ihrer Sprache, ihrer Herkunft, ihres Glaubens, ihrer politischen Anschauung, ihres Alters oder ihres Aussehens - Werbung für Autoreifen darf nicht dazu führen, dass der Autofahrer diejenigen Fahreigenschaften vergisst, die bei Regen, Nebel, Schnee oder Glatteis allein Sicherheit versprechen (verboten: „Sichere Fahrzeugbeherrschung auf Schnee- und Eisglätte wird garantiert.“). - keine Einblendung von Martinshörnern, Bremsgeräuschen usw. in Hörfunkspots, um die Verkehrssicherheit nicht zu gefährden. - Bilder und/oder Namen von Menschen dürfen nur mit deren Zustimmung verwendet werden. Werden diese Regeln nicht befolgt, kann der Deutsche Werberat eine Strafe verhängen. Das Fehlverhalten kann abgemahnt werden. Die schwerste Strafe ist eine öffentliche Rüge mit namentlicher Nennung des uneinsichtigen Unternehmens.
3. Information	Information der Öffentlichkeit über Auffassungen, Leitlinien, Forderungen und Entwicklungen in Werbung und Verbraucherpolitik

5

Der einzelne Verbraucher ist nicht berechtigt, gegen wettbewerbswidriges Verhalten vorzugehen. Er kann sich aber an den Deutschen Werberat wenden.

Auf europäischer Ebene beschäftigt sich die EASA (European Advertising Standards Alliance) mit Sitz in Brüssel mit allen Fragen der Werbeselbstkontrolle. Diese Institution geht grenzüberschreitenden Beschwerdefällen nach und ergänzt somit die Arbeit der nationalen Einrichtungen der Werbeselbstkontrolle.

2 Verkaufsförderung im Einzelhandel

2.1 Aufgaben der Verkaufsförderung (Salespromotion)

Unter Verkaufsförderung versteht man alle Maßnahmen, die neben der klassischen Werbung den Absatz fördern und zur Steigerung des Umsatzes dienen. Verkaufsförderung wird auch als nichtklassische Werbung bezeichnet.

Verkaufsförderung ist die Einflussnahme von Herstellern und Einzelhändlern auf den Verkauf. Verkaufsfördernde Maßnahmen unterscheiden sich von sonstigen alltäglichen Maßnahmen. Verkaufsförderung ist z. B. das Aufstellen von Displays durch den Hersteller im Verkaufsraum des Einzelhändlers.

Werbung und Verkaufsförderung ergänzen einander gegenseitig. Die durch Werbung erzielte positive Einstellung der Konsumenten soll durch verkaufsfördernde Maßnahmen zum Kauf des Produkts führen.

Werbung und Verkaufsförderung unterscheiden sich vor allem in der zeitlichen Dauer der Maßnahme. Werbemaßnahmen und deren Zielsetzungen sind meist langfristig. Verkaufsfördernde Maßnahmen sind eher kurzfristiger Natur und zeitlich befristet.

Verkaufsförderung findet meist unmittelbar am Verkaufsort (point of purchase) statt.
Mithilfe der Verkaufsförderung sollen vor allem folgende Ziele erreicht werden:

- Bekanntheit eines Produkts erhöhen (z. B. bei Neueinführung)
- Auslösen von Spontankäufen
- Versuchskäufer/Erstkäufer gewinnen
- Motivation zum Wechsel vom Konkurrenzprodukt
- Ausnutzung saisonaler oder anderer Vorteile
- neue Verpackung bekannt machen
- direkter Kontakt des Verbrauchers zum Produkt (z. B. Produktproben)
- Auseinandersetzung des Verbrauchers mit dem Produkt (z. B. durch Beantwortung von Fragen in einem Preisausschreiben)

2.2 Zielgruppen der Verkaufsförderung

Verkaufsfördernde Maßnahmen richten sich an **drei Zielgruppen**:

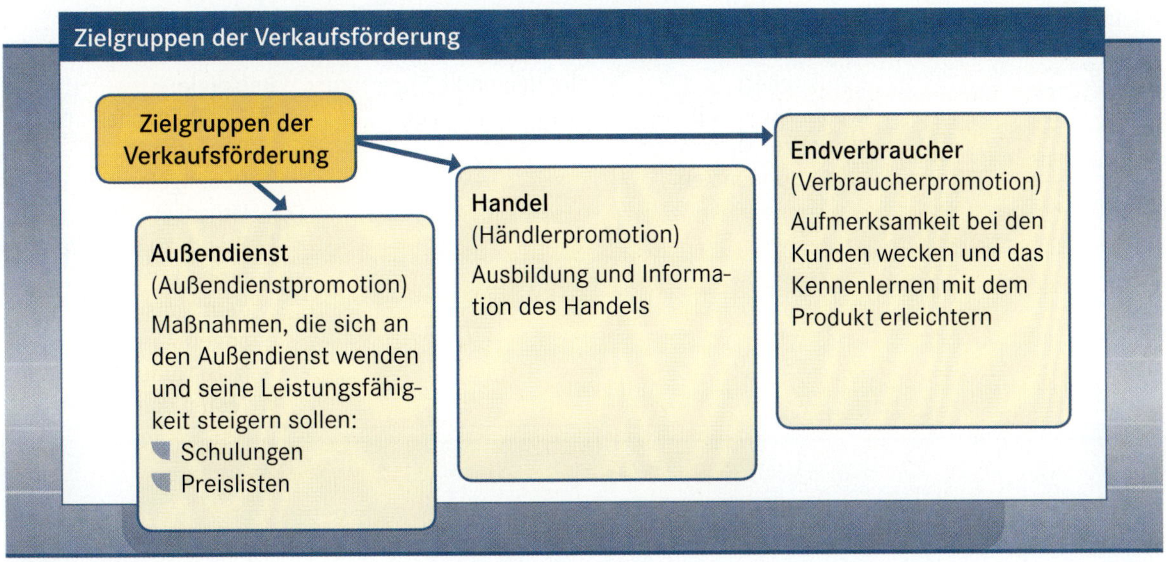

2.3 Instrumente der Verkaufsförderung im Einzelhandel

Im Einzelhandel richtet sich die Verkaufsförderung meistens vom Hersteller des Produkts direkt an den Einzelhändler oder vom Einzelhändler an den Endverbraucher.

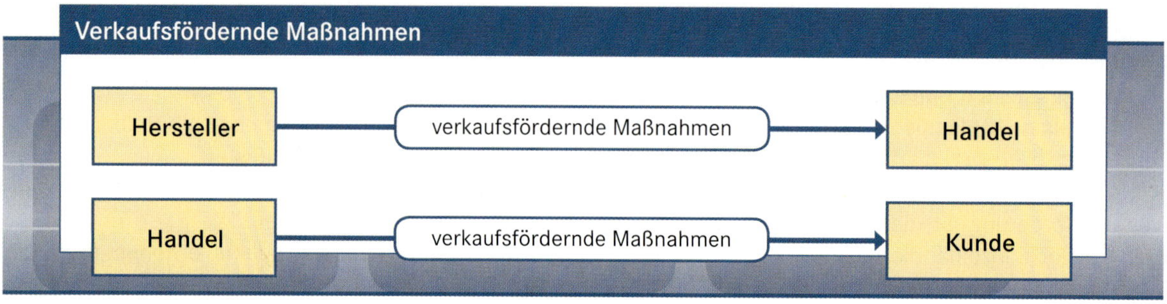

Hersteller und Einzelhändler müssen sich im Zeitalter der Reizüberflutung eine Menge einfallen lassen, um sich Gehör und Blicke zu verschaffen.

Folgende verkaufsfördernde Maßnahmen wenden sich vom Hersteller des Produkts direkt an den Einzelhändler:

Information	Material	Multimedia	Warenproben
Merkmal: Der Einzelhändler wird durch den Hersteller über neue Produkte informiert. **Beispiele:** - Schulungen/Seminare - Informationsschriften	**Merkmal:** Der Einzelhändler erhält Material, das er im Laden aufstellen oder zur Dekoration benutzen kann. **Beispiele:** - Displays (z. B. Tür- und Fensteraufkleber, Warenständer, Aufsteller) - aufblasbares Badeboot zur Dekoration von Sonnenölen	**Merkmal:** Durch bewegte Bilder bleibt das Produkt besser in Erinnerung. Der Einzelhändler erhält vom Hersteller ein Video, das er im Verkaufsraum vorführen kann. **Beispiel:** im Baumarkt Tipps zum Laminatverlegen	**Merkmal:** Das zum Hersteller gehörende Personal verkauft die Ware nicht. Es bietet nur die Proben an. So kann der Einzelhändler auch den durch die verkaufsfördernde Maßnahme zusätzlichen Umsatz machen. **Beispiele:** - Käsehäppchen im Supermarkt - Duschgelproben im Fitnessstudio - Stand, an dem Warenproben gekocht und dem Konsumenten angeboten werden (z. B. Nudelsoße) - Testen von Kosmetika

Folgende Maßnahmen richten sind vom Einzelhändler an den Endverbraucher:

Sonderverkäufe

Merkmal:
Einführungspreise bei neuen Produkten oder Preisermäßigungen bei Jubiläen usw.

Beispiele:
- „Auf alle Sommersachen 30 % Preisnachlass“
- „Feiern Sie mit – die Mutter aller Schnäppchen wird 55“

Preisausschreiben

Merkmal:
Der Mitspieler muss eine Leistung bringen (Lösungswort ermitteln), um am Preisausschreiben teilnehmen zu können.

Beispiele:
- Teilnahmescheine in Zeitungen und Zeitschriften
- Faltblätter

Lautsprecherdurchsagen

Merkmal:
Lautsprecherdurchsagen erregen Aufmerksamkeit beim Kunden. Wahlweise wird die Lautsprecherdurchsage mit Musik untermalt.

Beispiel:
Hinweis auf Sonderangebote

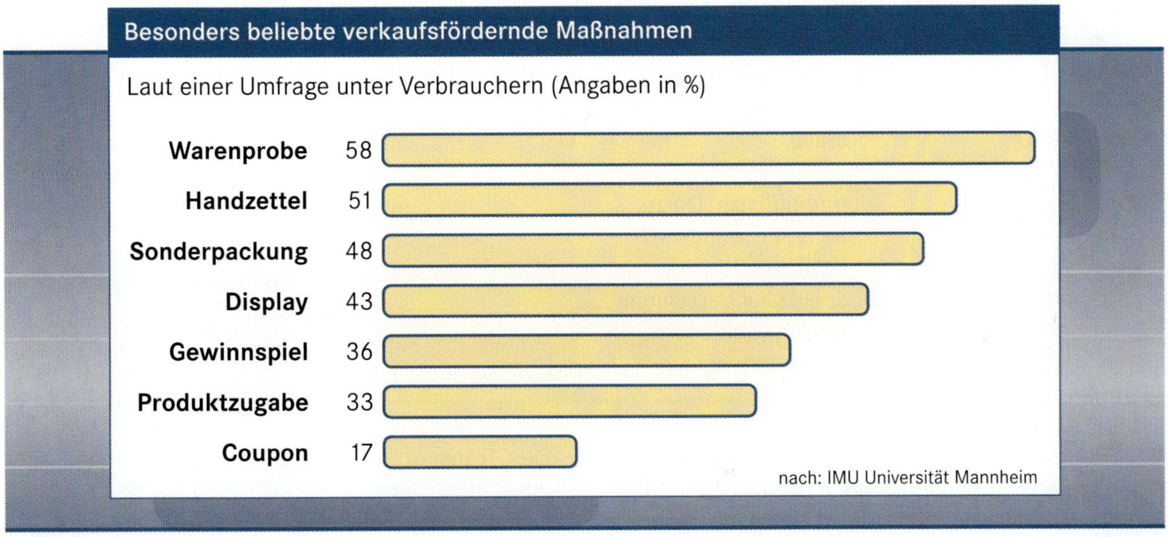

Auch die Verkaufsförderung unterliegt einer Erfolgskontrolle. Ähnlich der Werbeerfolgskontrolle wird geprüft, ob die gesetzten Ziele erreicht wurden. Häufig werden die Verkaufsdaten, z. B. der Absatz bzw. Umsatz, vor, während und nach der Aktion gemessen. Bei Gutscheinen gibt die Einlösequote Aufschluss über den Erfolg der Maßnahme.

5

3 Verpackung der Ware

Verpackung ist die gezielt angebrachte Umhüllung eines Produkts. Die Verpackung soll das Produkt schützen, die einfache Lagerung und den Transport ermöglichen.

Viele Produkte, insbesondere Lebensmittel wie Reis, Butter oder Milch, können ohne Verpackungen nicht gelagert, verteilt oder verkauft werden.

Im Verkauf dient die Verpackung gegenüber dem Kunden zur Identifikation des Produkts sowie als Träger von werblichen Informationen.

3.1 Funktionen der Verpackung

Verpackung hat folgende Funktionen:

Informationsfunktion über die Ware	Schutzfunktion	Lagerfunktion	Transportfunktion
• Herkunft • Herstellung • Inhaltsstoffe • Kalorien • Allergikerinformationen • Verwendungszweck • Haltbarkeit • Zusatzstoffe • Gebrauchsanweisung	• Schutz vor Verlust, Beschädigung, Diebstahl • Schutz vor Temperatureinflüssen (Hitze, Kälte, Feuchtigkeit, Licht usw.) • Schutz vor Verschmutzungen (Gebrauchswerterhaltung)	Raum sparende Lagerung durch Stapelbarkeit	• schadenfreier Transport der Ware • leichte Verpackung • Bildung von Ladeeinheiten

5

Der Schutz der Ware und der Schutz der Umwelt vor der Ware stellen besondere Anforderungen an die Festigkeit, Beständigkeit und Dichtigkeit von Transportverpackungen.

Die Verpackungen müssen so stabil sein, dass die Seitenwände der Verpackung nicht unter dem Gewicht der aufliegenden Ware zusammenbrechen. Ist die Verpackung nicht stabil genug, kann das verheerende Folgen für die transportierten und gelagerten Waren haben: Flüssigkeiten laufen aus, Glasprodukte zerbrechen usw.

Die Stapelbarkeit von Verpackungen führt zu einer Kostenersparnis, denn Lagerraum ist teuer.

Der Transport der Ware kann eine andere oder zusätzliche Verpackung erfordern als die Lagerung. Der schnelle Umschlag der Waren wird durch die Bildung von Ladeeinheiten (Zusammenfassung von Einzelverpackungen auf einer Palette) gewährleistet. Verpackungen sind möglichst auf die Abmessungen und die Tragfähigkeit von Standardpaletten und -containern abzustimmen.

Schwere Waren sind grundsätzlich in Verpackungen unterzubringen, die einer mechanischen Behandlung (z. B. durch Gabelstapler) gut zugänglich sind. Beispielsweise müssen Paletten durch Gabelstapler unterfahrbar sein.

3.2 Arten der Verpackung

Etwa die Hälfte des in Deutschland anfallenden Hausmülls stammt aus Verpackungsabfällen. Um die Müllberge nicht noch weiter anwachsen zu lassen, erließen Bund und Länder die Verpackungsordnung.

Darin werden drei Arten der Verpackung unterschieden:

Transportverpackungen	Umverpackungen	Verkaufsverpackungen
Verpackungen, die die Waren auf dem Weg vom Hersteller bis zum Händler vor Schäden bewahren oder die den Transport der Ware sicherer machen. Die Hersteller haben die Verpflichtung, diese Verpackungen zurückzunehmen. **Beispiele:** Kartonagen, Fässer, Kisten und Paletten (Außenverpackungen), aber auch Füllmaterial aus Holzwolle, Schaumstoffen oder Papier (Innenverpackung)	Folien, Kartons oder ähnliche Umhüllungen, die dazu bestimmt sind, als zusätzliche Verpackungen um Verkaufsverpackungen die Abgabe von Waren im Wege der Selbstbedienung zu erleichtern oder die Möglichkeit des Diebstahls zu erschweren, zu verhindern oder überwiegend der Werbung dienen. Der Kunde muss diese Verpackungen im Geschäft lassen können. Häufig stellt der Handel entsprechende Abfallsysteme auf. **Beispiele:** Faltschachteln um Tuben oder Dosen bei kosmetischen Produkten, Geschenkkartons für Spirituosen, Verpackungen um Becher oder Metalldosen im Lebensmittelbereich	Geschlossene oder offene Behältnisse und Umhüllungen, die vom Endverbraucher zum Transport oder bis zum Verbrauch der Waren verwendet werden. Verkaufsverpackungen muss der Händler grundsätzlich zurücknehmen. Durch die Teilnahme am Dualen Entsorgungssystem („Grüner Punkt“) kann er sich von dieser Rücknahmepflicht befreien. **Beispiele:** Beutel, Dosen, Flaschen, Kanister, Kartons, Schalen oder Tragetaschen

3.3 Verpackungsmaterial

Karton

Der Begriff Karton bezeichnet ein papierähnliches Produkt. Kartons können in verschiedenen Stärken und Größen hergestellt werden. Für besonders empfindliche Waren oder Güter wird zu deren besonderem Schutz hauptsächlich Wellpappe verwendet.

Karton ist ein variantenreiches und höchst anspruchsvolles Produkt, das im täglichen Leben unverzichtbar geworden ist. Aufgrund der Allgegenwärtigkeit fällt es oftmals nicht mehr bewusst auf, wie vielfältig in Form, Farbe und Gestaltung Kartonverpackungen hergestellt werden.

Vor allem Lebensmittel, Medikamente und Zigaretten werden durch Kartonverpackungen geschützt und beworben.

Kartonagen sollten, wie andere Papiersorten auch, nicht in den Restmüll geworfen, sondern im Rahmen der Mülltrennung dem Recycling zugeführt werden.

Eine besondere Variante von Kartonverpackungen ist der Faltkarton (z. B. von Tetrapak).

Faltkartonverpackungen sind leicht, platzsparend und umweltschonend. Keine 30 Gramm Verpackungsmaterial werden gebraucht, um einen Liter Milch abzufüllen. Mittlerweile schützen die Faltkartons aber nicht nur flüssige Lebensmittel, sondern auch trockene Produkte wie Hülsenfrüchte, Zucker, Salz, Kekse und Pasta.

Sie sind leicht, bruchsicher, praktisch zu handhaben und in kleinen Formaten optimal für unterwegs geeignet. Durch Wiederverschlüsse sind sie komfortabel zu öffnen und wieder zu verschließen.

In Bezug auf den Transport ist Karton besonders effizient, da das Material in Rollen ausgeliefert wird. Für die Lieferung von einer Million Verpackungen wird nur eine Lastwagenladung benötigt. Um beispielsweise dieselbe Menge Glasflaschen zu transportieren, braucht es dagegen ca. 58 Lastwagen.

Gebrauchte Kartons lassen sich auf 6 % ihres ursprünglichen Volumens zusammenfalten und komprimieren, was eine geringere Belastung beim Einsammeln und bei der Abfallbewirtschaftung ergibt.

Glas

Glasverpackungen sind aus dem heutigen Leben nicht mehr wegzudenken.

Durch den Einsatz von Altglas in der Glasproduktion werden Ressourcen geschont, Energie gespart und auch die Abgasbelastung der Luft reduziert.

Nur bei Glasverpackungen können keine Fremdstoffe von außen in die Lebensmittel gelangen. Glasverpackungen können keine unerwünschten Stoffe an das Nahrungsmittel abgeben.

Glasverpackungen sind
- geschmacksneutral und geruchlos.
- völlig undurchlässig. Das Eindringen von Fremdstoffen in das Nahrungsmittel ist unmöglich.
- widerstandsfähig gegen alle Chemikalien.
- dicht wiederverschließbar.

Durchsichtigkeit ist die wohl augenfälligste Eigenschaft von Glas. Sie ermöglicht unmittelbares Erkennen des Inhaltes der Packung hinsichtlich Menge, Farbe und Beschaffenheit. Schutz gegen unerwünschten Lichteinfall, zum Beispiel durch UV-Strahlung, bieten braune oder auch grüne Glasflaschen, in besonderen Fällen durch zusätzliche Einfärbung bzw. Ummantelung.

Kunststoff

Kunststoffverpackungen haben ein sehr geringes Gewicht. Das ist beim Transport ein sehr großer Vorteil. Zugleich ist ein optimaler Produktschutz beim Transport und Verkauf gewährleistet. Außerdem bleibt das verpackte Produkt von allen Seiten sichtbar und die Verpackung kann mehrfach vom Verbraucher genutzt werden.

Viele Getränke werden inzwischen in PET-Flaschen angeboten. Vor allem preisbewusste und innovationsfreudige, jüngere Konsumenten greifen gerne zur leichten PET-Flasche.

Der Kunststoff PET gilt als sicheres und widerstandsfähiges Material. PET ist ein Kunststoff mit guten Eigenschaften: federleicht, bruchsicher und bequem zu transportieren. PET hat aber auch einen Nachteil: Der Stoff ist nicht geschmacksneutral.

Ungefähr 800 Mio. PET-Flaschen (1,5 l, 1 l und 0,5 l) sind pro Jahr in Deutschland im Umlauf.

Inzwischen gibt es Kunststoffe, die von der Umwelt abgebaut werden können.

Metall

Viele Hersteller unterschiedlichster Branchen nutzen modern gestylte Dosen aus Weißblech als Verpackung für ihre Produkte. Folgende Metallverpackungen sind vor allem im Einzelhandel von Bedeutung:
- Alu- und Konservendosen
- Tierfutterdosen
- Metalltuben
- Metallverschlüsse
- Joghurtbecherdeckel
- Alufolien

Metallverpackungen sind gut transportier- und lagerbar. Außerdem sind sie unzerbrechlich und bruchsicher. Die Dose ist absolut licht- und sauerstoffundurchlässig.

Getränkedosen aus Aluminium oder Weißblech sind ökologisch nachteilig. Sie sind biologisch nicht abbaubar, nicht nachfüllbar, nicht wiederverschließbar und an den scharfen Kanten kann man sich verletzen.

3.4 Verpackungskosten

Die Kosten der Versandverpackung werden dem Einzelhändler vom Lieferer meist getrennt berechnet, allerdings mit Rückgaberecht und Vergütung eines Teils des Verpackungspreises.

Der Preis für die Umverpackung und Verkaufsverpackung ist dagegen schon im Einkaufspreis der Ware enthalten. Kosten entstehen dem Einzelhändler für die zusätzliche Verpackung, die er dem Kunden meist kostenlos mitgibt. Eine Ausnahme ist die in vielen Supermärkten erfolgte Berechnung von 10 bis 15 Cent für die Plastiktüte zum Heimtragen.

3.5 Gesetzliche Grundlagen

Verpackungsverordnung

Laut „Verordnung über die Vermeidung von Verpackungsabfällen" (Verpackungsverordnung) sind Verpackungsabfälle zu vermeiden. Verpackungen sollten möglichst wiederverwendet sowie stofflich verwertet werden. Die Verpackungsverordnung verpflichtet alle Hersteller und Vertreiber, die Verkaufsverpackungen in Umlauf zu bringen, sich einem flächendeckenden Versorgungssystem (z. B. „Grüner Punkt") anzuschließen. Eine Kennzeichnung der Verpackung, wie z. B. mit dem „Grünen Punkt", ist dazu allerdings nicht erforderlich.

Folgende Punkte sind in der Verpackungsverordnung geregelt:

- Hersteller und Händler sind verpflichtet, Transportverpackungen nach Gebrauch zurückzunehmen und einer erneuten Verwendung oder einer Verwertung zuzuführen.
- Händler sind verpflichtet, Umverpackungen bei der Warenabgabe an den Endverbraucher zu entfernen. Es kann ihm aber auch Gelegenheit zur Entfernung und unentgeltlichen Rückgabe der Umverpackung in der Verkaufsstelle oder auf dem Verkaufsgelände gegeben werden (z. B. durch Aufstellen von Abfallbehältern).
- Hersteller und Händler sind zur kostenlosen Rücknahme gebrauchter Verpackungen verpflichtet. Die zurückgenommenen Verpackungen sind zu verwerten.
  Ausnahme: Hersteller oder Händler sind an einem Verwertungssystem, wie zum Beispiel dem Dualen System Deutschland („Der Grüne Punkt") beteiligt, das eine regelmäßige Abholung gebrauchter Verpackungen beim privaten Endverbraucher oder in dessen Nähe gewährleistet.
- Für Einweggetränkeverpackungen (siehe Kap. 3.8, Seite 219) sowie für Verpackungen von Wasch- und Reinigungsmitteln und von Dispersionsfarben muss Pfand erhoben werden.

Der Erfolg der Verpackungsverordnung zeigt sich vor allem im Rückgang des Verbrauchs an Verpackungen und der stark gestiegenen Verwertungsquote.

Die Europäische Verpackungsrichtlinie

Die „Richtlinie über Verpackungen und Verpackungsabfälle" hat das Ziel, die unterschiedlichen Maßnahmen der Mitgliedstaaten im Bereich der Verpackungen und der Verpackungsabfallbewirtschaftung anzupassen. Die Richtlinie enthält Bestimmungen über

- die Vermeidung von Verpackungsabfällen,
- die Wiederverwendung von Verpackungen und
- die Verwertung von Verpackungsabfällen.

Die EU-Mitgliedstaaten werden verpflichtet, bestimmte Recyclingquoten für Verpackungen zu erreichen.

5

3.6 Verpackungskennzeichnung

Gefährliche Stoffe müssen auf der Verpackung besonders gekennzeichnet werden. Sie muss informieren über

- die chemische Bezeichnung des Stoffes,
- die Gefahrensymbole mit den zugehörigen Gefahrenbezeichnungen,
- besondere Gefahren,
- zutreffende Sicherheitsvorkehrungen,
- den Namen des Herstellers, Importeurs oder Händlers.

3.7 Verpackung und Umweltschutz

Verpackungsmaterialien belasten die Umwelt. Bei und vor allem nach deren Verwendung muss auf Umweltverträglichkeit geachtet werden. Ziel ist es, den Anteil des verwendeten Verpackungsmaterials am Hausmüll möglichst gering zu halten. Müllverbrennung oder Deponierung („Entsorgung") sollen vermieden werden. Ein größtmöglicher Anteil des Abfalls muss wieder in den Wirtschaftskreislauf zurückgeführt werden.

5

Das geschieht auf folgende Weise:

Abfallvermeidung (Verzicht auf aufwendige Verpackung)

Auf Verpackungen sollte verzichtet oder zumindest die Verpackung reduziert werden. Immer häufiger begegnet man unverpackter Ware (z. B. Bücher ohne Folie, Stifte ohne Schachteln). Natürlich kann man nicht grundsätzlich auf die Verpackung von Waren verzichten. Gründe für die Warenverpackung sind das Selbstbedienungssystem, die Frischhaltung von Waren oder Erfordernisse der Hygiene.

Wiederverwendung von Verpackungen (Mehrwegbehälter)

Wenn man auf Verpackung nicht verzichten kann, sollte der Wiederverwendung der Verpackungen der Vorzug vor der Weiterverwertung gegeben werden. Das Pfandsystem bei Getränken hat sich langfristig bewährt und wird inzwischen ausgeweitet. Aber auch andere Beispiele für die Wiederverwendung lassen sich finden, wie die Verwendung von Jutetaschen anstelle von Plastiktüten.

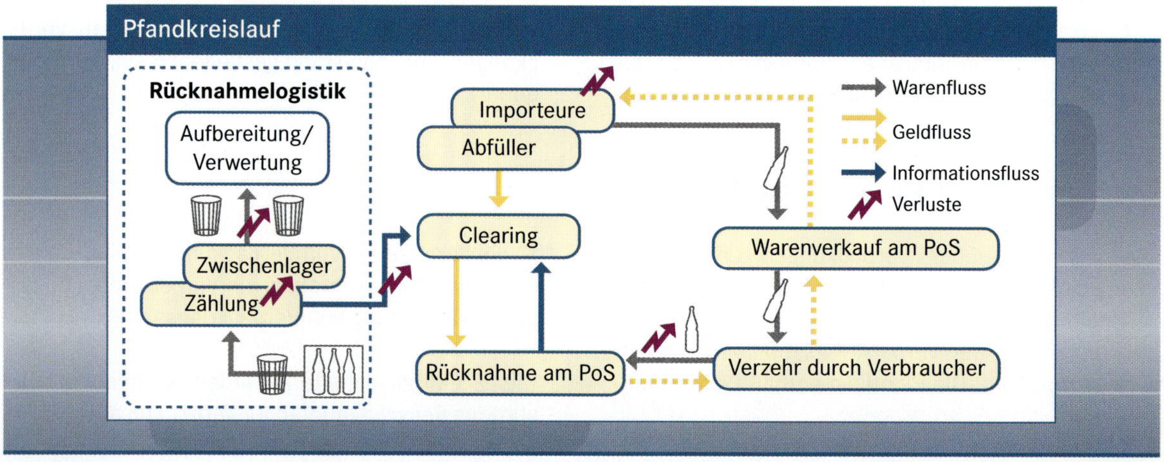

Recycling von Verpackungsmaterial („Grüner Punkt“)

Die Einführung der Rücknahmeverpflichtung von Verpackungsmaterial durch die Verpackungsverordnung veranlasste die Wirtschaft, das „Duale System“ zu gründen. Erkennungszeichen ist der „Grüne Punkt“.

Ziel ist es, durch Sammeln, Sortieren und Verwerten gebrauchter Verpackungen die Abfallmengen in Deutschland zu verringern. Dazu gehört das Sammeln von Glas, Papier, Kunststoffen, Aluminium, Metallen und Verbundmaterialien. Zu diesem Zweck werden den Haushalten gelbe Tonnen oder gelbe Säcke (Wertstofftonnen/-säcke) zur Verfügung gestellt.

Der „Grüne Punkt“ ist kein Umweltzeichen wie der „Blaue Engel“, er kennzeichnet lediglich Wertstoffe, die in die gelbe Tonne gehören. Die Kosten des Dualen Systems werden durch Preisaufschläge auf die Ware, die den „Grünen Punkt“ trägt, gedeckt.

Verpackungsoptimierung

Einen weiteren Beitrag zum Umweltschutz können Hersteller leisten, wenn die Verpackungen ihrer Waren weniger aufwendig gestaltet werden, was vor allem durch Nachfüllsysteme möglich ist. Auch die Verwendung natürlicher Ausgangsmaterialien, die biologisch abbaubar sind, sollte noch gesteigert werden. Papier, Pappe, Holz, Leder, Jute als Verpackungsmaterial gehört der Vorzug vor Kunststoffverpackungen.

3.8 Einwegpfand (Dosenpfand)

Im Vergleich zu Mehrwegverpackungen verursachen Einwegverpackungen deutlich mehr Abfall. Einwegverpackungen verbrauchen bei Produktion und Entsorgung mehr Energie und tragen stärker zum Treibhauseffekt bei.

Die Verordnung über die Vermeidung und Verwertung von Verpackungsabfällen (Verpackungsverordnung) enthält Regelungen über die Pfanderhebung- und Rücknahmepflicht von Einweggetränkeverpackungen (sog. Dosenpfand). Demnach muss für folgende Getränke in Einweggetränkeverpackungen mit einem Füllvolumen von 0,1 Liter bis 3 Liter ein Pflichtpfand erhoben werden:

- Bier (auch alkoholfreies Bier und Mischgetränke wie Cola-Weizen oder Bier mit Wodka, aromatisiertes Bier)
- alle Wasser-Getränke: Mineralwasser, mit und ohne Kohlensäure, Quellwasser, Heilwasser, Tafelwasser und andere Wässer
- kohlensäurehaltige Erfrischungsgetränke: neben Cola und Limonaden auch Mischungen von Fruchtsaft und kohlensäurehaltigem Mineralwasser (Schorle), Sportgetränke, Energydrinks, Tee- oder Kaffeegetränke
- Erfrischungsgetränke ohne Kohlensäure, wie Mischungen von Fruchtsaft oder Tees mit kohlensäurefreiem Mineralwasser, Sportgetränke, Energydrinks und Tee- oder Kaffeegetränke ohne Kohlensäure
- alkoholhaltige Mischgetränke

Ausgenommen von der Pfandpflicht sind Säfte, Wein, Spirituosen und Milch und grundsätzlich auch Getränke in sogenannten „ökologisch vorteilhaften“ Einwegverpackungen (Getränkekartons, Polyethylen-Schlauchbeutel, Folien-Standbodenbeutel) sowie diätetische Getränke im Sinne der Diätverordnung.

Das Pfandsystem soll die ökologisch vorteilhafteren Mehrwegsysteme stärken. Mithilfe des Rücknahmesystems soll der Vermüllung von Landschaft, Straßen und Plätzen entgegengewirkt werden.

Das Pfand ist grundsätzlich von jedem zu erheben, der pfandpflichtige Getränke in Einweg-Verpackungen verkauft, also vom Getränkeabfüller im Inland bis zum Handel (z. B. auch Tankstellen, Kioske, Bäckereien). Einweg-Getränkeverpackungen sind vom Händler zurückzunehmen, der sie verkauft hat. Die Rückgabe ist jedoch auch bei allen anderen Händlern möglich, die solche Einweggetränkeverpackungen derselben Materialart verkaufen. So muss ein Händler, der nur PET-Einwegflaschen anbietet, keine Dosen oder Glasflaschen zurücknehmen. Er muss jedoch PET-Flaschen unabhängig von ihrer Größe, Form oder Marke zurücknehmen.

Ausnahme: Bei einer Verkaufsfläche von unter 200 m² beschränkt sich die Rücknahmeverpflichtung ausschließlich auf Einwegverpackungen der Marken, die der Händler im Angebot hat.

Auch wenn die Einweggetränkeverpackungen beschädigt sind, muss der Einzelhändler sie zurücknehmen. Der Händler muss allerdings erkennen können, dass die Verpackung der Pfandpflicht unterliegt.

Beim Einwegpfand können die Produkte nach ihrer Rücknahme in ihre Grundbestandteile zerlegt und weiterverarbeitet werden. Im Gegensatz dazu wird beim Mehrwegpfand das Gefäß gereinigt und dann wieder der Produktion zugeführt.

3.9 Verpackungsgestaltung

Tagtäglich treffen Millionen Verbraucher vor den Supermarktregalen aus einer Vielzahl – häufig ähnlicher Produkte – ihre persönliche Wahl. Ob eine Ware im Einkaufskorb des Konsumenten landet oder unbeachtet im Regal stehen bleibt, darüber entscheidet oft der erste Eindruck – ihn vermittelt die Verpackung.

Besonders Bilder auf Verpackungen spielen eine wichtige Rolle. Die Verpackung von Lebensmitteln hat neben der Schutzfunktion eine zusätzliche Bedeutung bekommen und sich zum regelrechten Marketinginstrument entwickelt.

Die bunten Hüllen in den Supermärkten locken mit farbenfrohen und auffälligen Markenzeichen. Dabei spielen Form, Farbe und Aufmachung eine große Rolle. Ländliche Idylle auf Lebensmittelverpackungen, grüne Wiesen und Bäume, Hühner und Kühe in freier Natur, umgeben von einer wunderschönen Landschaft – wer zu diesen Lebensmitteln greift, soll denken, dass sie direkt vom Bauernhof kommen.

Im Lebensmittelbereich haben Farben eine besondere Bedeutung. Sie müssen originell sein und dem Kunden gefallen. Ihre Botschaft ist einfach und lautet: „Nimm mich!"

Farbigkeit oder der metallische Glanz von Aluminiumfolie kann Kaufanreize herstellen. Der metallische Glanz wertet das Produkt auf: Man denke an hochwertige Flaschenhalsfolien für Sekt und Bier oder an Pralinen und Schokohasen.

Im Geschäft erfolgt der erste Kontakt des Kunden mit einer Ware über die Verpackung. Sie soll Sympathie wecken und den Kaufimpuls steigern. Verpackungen sollen auffallen, begeistern, überzeugen und merkfähig sein. Mit dem Verwenden bedruckter Verpackungen erhöht sich beim Empfänger der Wiedererkennungseffekt.

Nach diesen Kriterien arbeiten Designer, Psychologen und Werbefachleute, wenn sie ein neues Produkt „einwickeln". Durch Form, Farbe und Label soll die Verpackung vor allem vertraute positive Assoziationen hervorrufen.

4 Kundenbindung im Einzelhandel

4.1 Kundenzufriedenheit und Kundentreue

Zufriedene Kunden sind die beste Werbung. Ein Unternehmen kann nur dann langfristig überleben, wenn es ihm gelingt, die Kunden mit seinen Leistungen zufriedenzustellen und zum Wiederkauf von Produkten oder der erneuten Inanspruchnahme von Dienstleistungen zu bewegen. Kundenzufriedenheit trägt maßgeblich zum Unternehmenserfolg bei. In der heutigen Zeit gleichen sich die Produkte immer mehr. Daher sollte das Unternehmen die Möglichkeit der Abgrenzung und Unterscheidung gegenüber Wettbewerbern über den Service nutzen.

Das Bemühen um den Kunden darf nicht mit dem Verkaufsabschluss enden. In jedem Fall gilt: Service und Dienstleistungsqualität werden zu einem wichtigen Wettbewerbs- und Erfolgsfaktor der Zukunft.

Im Idealfall ist ein Verbraucher zufrieden und kauft erneut beim selben Anbieter. Er wirbt bei Freunden und Bekannten für diesen Anbieter. Ist der Verbraucher unzufrieden, reagiert er je nach Stärke seiner Produkttreue mit Abwanderung oder Beschwerde. Er teilt seine Unzufriedenheit anderen mit.

Erst zufriedene Kunden führen zu einer Kundenbindung. Die Kundenbindung steigt mit zunehmender Zufriedenheit. Umgekehrt ist jedoch nicht jeder „treue“ Kunde zufrieden, sondern hat u. U. keine Alternativen bei der Produktauswahl, da es keine anderen bzw. besseren Anbieter gibt oder er aufgrund psychologischer, wirtschaftlicher oder vertraglicher Gründe kein anderes Produkt wählen kann.

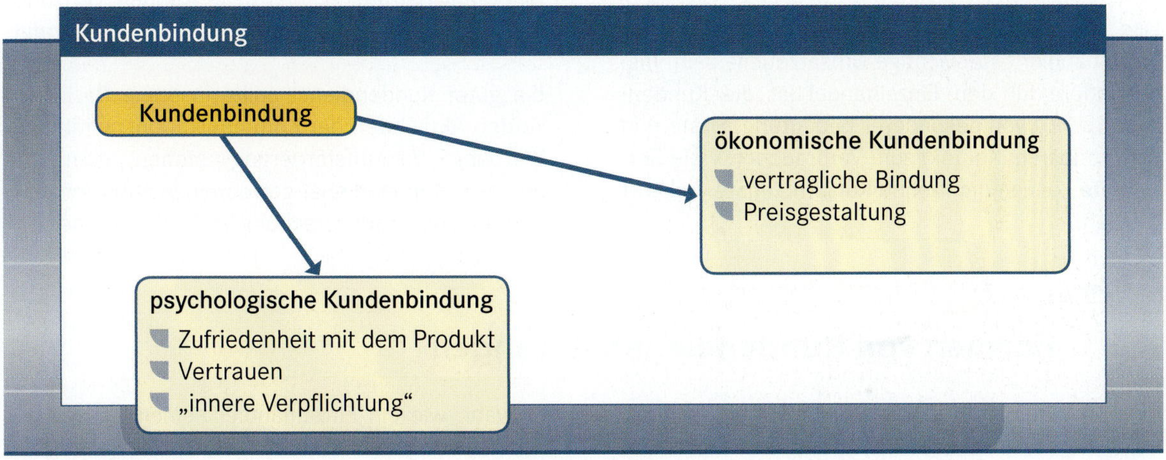

5

Zufrieden ist ein Kunde, wenn er aus Überzeugung ein Produkt wiederholt gekauft hat (z. B., weil er in der Vergangenheit mit der Nutzung sehr zufrieden war) und dieses Produkt auch in Zukunft wieder kaufen möchte.

Konsumenten verhalten sich häufig Produkten und Marken gegenüber treu. Bei vielen Gütern des täglichen Bedarfs, wie z. B. Waschmittel, Zigaretten oder Kaffee, kaufen sie immer wieder die gleichen Produkte, weil sie wissen, dass sie ihren Anforderungen entsprechen.

Falls nicht gravierende Qualitätsmängel auftreten, gibt es normalerweise keinen Grund, den Anbieter zu wechseln.

4.2 Kundendienstpolitik im Einzelhandel (Service)

Kundendienstpolitik ist die Gesamtheit aller Entscheidungen, die die Nebenleistungen eines Einzelhändlers (z. B. Information, Beratung, Transport, Reparatur u. Ä.) betreffen. Im Rahmen der Kundendienstpolitik legt der Einzelhandelsbetrieb fest, inwieweit Kunden bei der Kaufentscheidung fachkundig unterstützt werden. Er muss auch planen, welche Nebenleistungen notwendig sind, um einen reibungslosen Ge- oder Verbrauch der angebotenen Ware zu ermöglichen. Dazu zählt auch die reibungslose Entsorgung der angebotenen Ware.

Kundendienstleistungen nehmen in ihrer Bedeutung immer mehr zu. Das liegt vor allem an dem steigenden Anspruch der Kunden. Weitere Gründe sind die zunehmende Gleichheit der Produkte und die immer komplizierter werdenden Produkte. Die Kunden legen beim Kauf eines Produkts zunehmend Wert auf die angebotenen Dienstleistungen.

5

Das Angebot von Dienstleistungen kann für einen Einzelhändler eine wichtige Umsatzquelle sein. Insbesondere für den Einzelhandel ist die Kundendienstpolitik von besonderer Bedeutung. Er steht in unmittelbarem Kontakt zum Verbraucher. Viele Sortimente können nicht ohne Kundendienste verkauft werden.

Kundenorientierung im Einzelhandel bedeutet
- es dem Kunden leicht machen (Servicebereitschaft),
- individuelle Reaktion auf Kundenwünsche,
- Einhaltung von Zusagen,
- freundlicher, respektvoller und aufmerksamer Kundenkontakt,
- dauerhafte Kundenzufriedenheit.

Das Serviceprogramm hängt eng mit der Betriebsform zusammen. So erwartet der Verbraucher von discountorientierten Betriebsformen im Handel kein umfangreiches Serviceprogramm. Umgekehrt verbindet er mit exklusiven Fachgeschäften die Forderung nach einer größeren Serviceauswahl.

Durch die Kundendienstpolitik wird die Schaffung eines Vertrauensverhältnisses zwischen Kunden und Einzelhandel begünstigt. Das ist eine wichtige Grundlage für die Bildung von Dauerkundenverhältnissen. Der funktionierende Kundendienst ist ein Marketinginstrument, das beim Kunden Vertrauen erweckt und ihn zu Wiederholungskäufen ermutigt.

Ein guter Kundendienst sollte in enger Beziehung zu den Aktivitäten der Kommunikationspolitik (z. B. Werbung, Verkaufsförderung) stehen, damit die aus dem Kundendienst gewonnenen Marktinformationen in die Marktforschung einfließen können.

4.3 Formen von Kundendienstleistungen

Eine Orientierung am Kunden ist z. B. das Schaffen einer angenehmen Einkaufsatmosphäre. Dem Kunden sollte ein gutes Gefühl beim Einkauf vermittelt werden. Wenn ein Kunde ein Geschäft betritt, nimmt er wahr, wie ein Einzelhändler seinen Betrieb aus Kundensicht führt und durch welche Maßnahmen er sich dem Kunden hinwendet.

Es werden kaufmännische und technische Kundendienstleistungen unterschieden.

kaufmännische Kundendienstleistungen	technische Kundendienstleistungen
Einkaufserleichterungen	Reparatur
Beratungs- und Informationsdienste	Wartungsverträge
Zustelldienste	Instandhaltung
Entsorgung	
Zahlungsmodalitäten	
sonstige Gefälligkeiten	

Diese Kundendienstleistungen kosten den Einzelhändler Geld. Werden Kundendienstleistungen angeboten, die nicht in Anspruch genommen werden, kostet es den Einzelhandel unnötig Geld. Der Einzelhandelsbetrieb sollte seine Kundendienstleistungen in regelmäßigen Abständen auf Wirtschaftlichkeit hin überprüfen. Maßstab für diese Entscheidung können Aktionen der Mitbewerber, eigene Anreize und Ideen oder geänderte Kundenansichten sein.

Kundendienstleistungen können sich auf vorhandene Produkte beziehen.

Beispiel:

Ein Juwelier bietet die Uhrenreparatur an.

Kundendienstleistungen können aber auch das Sortiment ergänzen.

Beispiel:

Kostenloser Sehtest, den ein Optiker seinen Kunden anbietet.

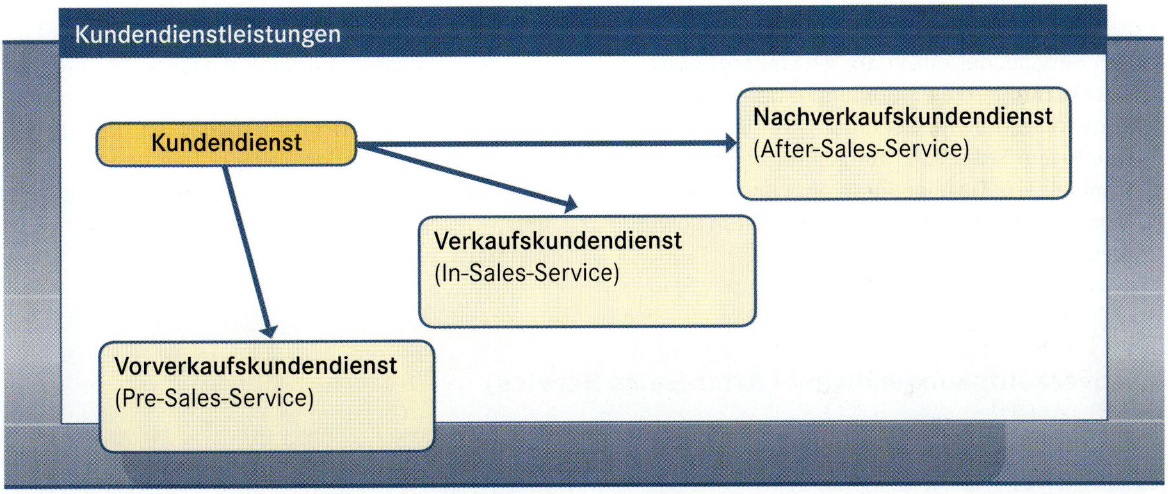

Vorverkaufskundendienst (Pre-Sales-Service)

Der Vorverkaufskundendienst umfasst alle Dienstleistungen, die den Verkäufer bei der Auftragsgewinnung unterstützen bzw. die zu einem Kauf führen. Aus Anfragen, Aufforderungen zur Angebotsabgaben usw. erhält der Verkäufer Informationen, was der Kunde wünscht. Der Verkäufer muss durch gezielte Fragestellungen herausfinden, was der Kunde will und welche Erwartungen er an das Produkt hat (siehe LF 2).

Zum Vorverkaufskundendienst gehört die kompetente und verständliche Beratung bei allen Dingen rund um das Produkt bzw. die Dienstleistung: Ziel ist es, den Kunden vor dem Kauf so umfassend zu beraten, dass er eine gute Entscheidungsbasis für den Erwerb des Produkts oder der Dienstleistung hat.

Beispiel:

Der Kunde will einen Bohrer kaufen. Er benötigt den Bohrer, um ein Loch in die Wand zu bohren und ein Bild aufzuhängen. Gelingt es dem Verkäufer, diese Details und Hintergründe herauszufinden (Art und Umfang des Bildes, Beschaffenheit der Wand usw.), kann er dem Kunden ein passendes Bohrerangebot unterbreiten. Und wenn er geschickt ist, kann er auch noch Schrauben, Dübel und Bildbefestigung im Set anbieten.

Auch die Zusendung von Auswahlsendungen für vertrauenswürdige Kunden gehört zum Vorverkaufskundendienst. Dem Kunden werden mehrere Artikel zur Auswahl ins Haus geschickt, damit er dort z. B. Farbe, Design, Muster mit der übrigen Einrichtung vergleichen kann.

Beispiele:

Teppiche, Lampen, Bilder, Tapeten, Gardinenstoffe

Auch einkaufserleichternde Leistungen wie die Zurverfügungstellung von kostenlosen Parkplätzen und Einkaufswagen (für Erwachsene, für Kinder, Babyaufsatz) gehören zum Vorverkaufskundendienst.

Kleinere Serviceleistungen im Vorverkaufskundendienst (z. B. Kaufberatung) werden meist kostenlos angeboten.

Verkaufskundendienst (In-Sales-Service)

Als Verkaufskundendienst bezeichnet man den Service, der direkt am Verkaufsort stattfindet. Zum Verkaufskundendienst gehört die kundenfreundliche Gestaltung der Geschäftsräume durch die Schaffung einer angenehmen Atmosphäre. Dazu gehören eine angenehme Musik, Beleuchtung, Sitzgelegenheiten sowie Fahrstühle und Rolltreppen.

Neben der Schaffung einer angenehmen Einkaufsatmosphäre sind auch einkaufserleichternde Leistungen wichtig. Dazu gehören beispielsweise die Einrichtung von Kinderspielecken, Ruhezonen (evtl. mit ausliegenden Zeitschriften und Tageszeitungen), die Möglichkeit der bargeldlosen Bezahlung, Geschenkgutscheine, Klubkarten und Kundenmagazine.

Nachverkaufskundendienst (After-Sales-Service)

Der Nachverkaufskundendienst umfasst alle Serviceleistungen, die das Unternehmen nach dem Kauf des Produkts erbringt.

Um eine optimale Kundenbindung zu erreichen, ist gerade der Bereich des After-Sales-Service ein Bereich mit wachsender Bedeutung für Marketingbemühungen des Einzelhandels. Durch einen umfassenden Nachverkaufskundendienst kann sich ein Unternehmen einen entscheidenden Vorteil gegenüber der Konkurrenz verschaffen und Kunden dauerhaft an sich binden.

Das Engagement des Einzelhändlers sollte nicht mit der Warenübergabe bzw. Inanspruchnahme der Dienstleistung enden. Zum After-Sales-Service gehört z. B. das Einpacken der Ware, aber auch die Zustellung der Ware und der sogenannte Drive-in. Er ist z. B. in Baumärkten vorhanden.

Beispiel:

Anstatt den schweren Zementsack aus dem Geschäft über den Parkplatz zum Auto zu tragen, kann man beim Drive-in mit dem Auto bis ans Regal in der Holz- und Baustoffabteilung heranfahren und dort seine Einkäufe direkt aufladen.

Zum Nachverkaufskundendienst gehören auch Änderungen. Sie sind häufig beim Verkauf von Oberbekleidung erforderlich. Die Änderungen werden zum Selbstkostenpreis berechnet. Weiterhin gehört auch das Beschwerdemanagement zum Nachverkaufskundendienst. Beschwerden werden als Verbesserungschance gesehen, um die Kunden zufriedenzustellen und sie so an das Unternehmen zu binden.

Für Elektrogeräte wird ein laufender Kundendienst angeboten, z. B. für Elektroherde, Wasch- und Trockengeräte, Rundfunk, Fernseher, DVD-Rekorder.

Die Kundendienstleistungen erbringen dabei häufig die Hersteller, die in den Großstädten entsprechende Werkstätten unterhalten.

Dabei unterscheidet man personen-, waren- und zahlungsbezogenen Service:

	personenbezogener Service	warenbezogener Service	zahlungsbezogener Service
Vorverkaufskundendienst (Pre-Sales-Service)	Einkaufswagen Parkplätze (für Pkws und Zweiräder)	Beratung Zusendung von Waren zur Auswahl/Probe Vorführung zur Demonstration der Produktleistung Zurverfügungstellung von Informationen auf einer Homepage	Erstellung von Kostenvoranschlägen
Verkaufskundendienst (In-Sales-Service)	Kundenzeitschriften Ruhezonen Tragetaschen	Gestaltung der Geschäftsräume Rolltreppen	Akzeptanz von bargeldlosen Zahlungsmethoden
Nachverkaufskundendienst (After-Sales-Service)	Kundenkarte Kundenklub	Reparaturdienst Änderungsdienst Einpackservice Umtausch Leihgeräteservice	Inzahlungnahme von Altgeräten Transportservice

5

Bei der Festlegung der Zielgruppe ist zu überlegen, ob einzelne Serviceleistungen allen oder nur bestimmten Kunden angeboten werden sollen. Dabei ist zu beachten, dass sich Kunden zwar recht schnell an zusätzliche Serviceleistungen gewöhnen, auf deren Streichung aber häufig negativ reagieren.

Es sollten Kunden herausgefiltert werden, bei denen sich ein erhöhter Serviceaufwand lohnt. Ein Kunde, der Produkte der niedrigen Preisklasse kauft und oft Servicedienste in Anspruch nimmt, verursacht häufig mehr Kosten, als er Nutzen bringt.

Die Art der angebotenen Serviceleistung hängt vom angebotenen Sortiment, den Serviceerwartungen der Verbraucher sowie vom Serviceangebot der Konkurrenz ab.

5 Warenzustellung im Einzelhandel

Grundsätzlich hat der Käufer keinen Anspruch auf Zustellung der Ware, es sei denn, die Zustellung wurde ausdrücklich vereinbart. Das ist häufig bei Möbelkäufen der Fall. Die Warenzustellung kann gegen Berechnung erfolgen. Ab einem bestimmten Verkaufswert ist sie aber häufig kostenlos und somit ein wichtiger Kundendienst.

Beim Versand von Ware sollte darauf geachtet werden, dass die Versandverpackung nicht beschädigt ist, dass die Kundenanschrift richtig ist und dass der vereinbarte Liefertermin eingehalten wird.

5.1 Firmeneigene und firmenfremde Zustellung

Bei der Warenzustellung im Einzelhandel unterscheidet man die firmeneigene und firmenfremde Zustellung.

firmeneigene Zustellung	firmenfremde Zustellung
Durch Boten und werbewirksam bemalte Fahrzeuge wird bestellte Ware an den Kunden überbracht.	Warenzustellung durch Frachtführer - Deutsche Post AG - private Paket- und Briefdienste - Deutsche Bahn AG - Speditionen
Aushändigung der Ware mittels Lieferschein	
Haftung: Der Verkäufer haftet für Beschädigungen der Ware bis zur Übergabe an den Kunden (= Gefahrenübergang).	**Haftung:** unterschiedliche Haftungsregelungen der Frachtführer

Beispiele:

Lieferung von Lebensmitteln an Alte und Kranke, Auslieferung von Getränken zu einem Fest

Beispiel:

Lieferung einer neuen Geschäftseinrichtung über eine Spedition

5.2 Versand über die Deutsche Post AG

Die Deutsche Post AG gehört neben DHL (Logistik und Versand) sowie der Postbank (Finanzen) zur Deutschen Post World net.

Von der Postbeförderung ausgeschlossen sind Sendungen, deren Inhalt oder Beförderung gegen strafrechtliche Bestimmungen, das öffentliche Wohl oder die Sittlichkeit verstößt. Es dürfen auch keine Sendungen befördert werden, durch die Personen verletzt werden oder die Sachschäden hervorrufen (Sprengstoffe, leicht entzündliche Stoffe, ätzende Stoffe und Gifte usw.).

Einige Sendungsarten können besonders befördert werden. Für diese Dienstleistung erhebt die Deutsche Post AG neben dem Beförderungsentgelt weitere Entgelte.

Sie sind je nach Art der Versendungsform unterschiedlich:

Standardsendungen	
Briefe	Sendungen bis 1 000 g, ins Ausland bis 2 kg, Formen: Standardbrief (bis 20 g), Kompaktbrief (bis 50 g), Großbrief (bis 500 g), Maxibrief (bis 1 000 g), normaler Brief: keine Haftung
Postkarten	begrenzte Mitteilungsfläche, keine Haftung
Infopost	format- und inhaltsgleiche Sendung, Mindestmenge erforderlich, keine Haftung
Infobrief	inhalts-, formatgleiche und gewichtsgleiche Sendungen Mindestmenge: 50 Sendungen
Warensendungen	offene Umhüllung, zum Versand von Proben, Mustern usw., Höchstgewicht: 500 g, keine Haftung
Blindensendungen	offene Briefsendung, Versand von Schriftstücken in Blindenschrift, gebührenfrei, keine Haftung
Büchersendungen	offene Briefsendungen, zum Versand von Büchern, Broschüren usw., keine Haftung
Päckchen	verschlossene Sendung, Höchstgewicht: 2 kg, keine Haftung
Pakete	Höchstgewicht : 31,5 kg, Haftung bis 500,00 €
Online Frankierung	Pakete und Päckchen können auch online frankiert und bezahlt werden. Die Abholung kann dazu gebucht werden.

Besondere Sendungen	
Einschreiben	Bestätigung für den Versand oder Empfang von Briefen, Postkarten, Päckchen, Haftung bis max. 25,00 € Einschreiben Einwurf: Bestätigung der Zustellung durch Unterschrift des Zustellers Einschreiben Eigenhändig: Empfänger muss persönlich unterschreiben. Einschreiben Rückschein: Empfangsbestätigung wird an Versender zurückgesandt.
Expresssendungen	Expressbriefe und -pakete werden am Tag nach der Einlieferung zugestellt; gegen Aufpreis Zustellung auch sonn- und feiertags; Transportversicherung möglich
Nachnahme	Aushändigung der Sendung nur gegen Bezahlung der Ware; das Geld wird abzüglich Gebühren auf das Konto des Absenders überwiesen. Haftung in Höhe des Nachnahmebetrags, Haftung bis 1.600,00 € bei fehlerhaftem Geldeinzug oder falscher Übermittlung

5

Haftungsausschluss der Deutschen Post bei
- Schäden, die durch den Absender verursacht wurden (z. B. durch schlechte Verpackung),
- Schäden, die durch höhere Gewalt entstanden sind (aufgrund eines starken Sturms ist ein Lkw umgekippt),
- verspätete oder gar keine Schadensmeldung an die Deutsche Post,
- fehlender Einlieferungsbeleg des Absenders.

Die Deutsche Post AG liefert auch ins Ausland. Europabriefe werden zum gleichen Entgelt wie im Inland versendet. Bei Weltbriefen kann zwischen Land- und Luftbeförderung unterschieden werden. Die Ländergruppe „Welt“ umfasst alle außereuropäischen Länder und Gebiete, soweit sie nicht der Ländergruppe „Europa“ zugeordnet sind.

Die Deutsche Post AG bietet in ihrer Broschüre „Leistungen und Preise“ weitere Informationen und Preise der einzelnen Versandarten.

5.3 Bedeutung privater Paketdienste

Päckchen und Pakete können nicht nur bei der „gelben Post“ aufgegeben werden, sondern auch in zahlreichen Geschäften des täglichen Lebens wie Kioske, Lottostellen, Bäckereien und Tankstellen. Möglich machen das private Paketdienste wie Hermes, GLS und PickPoint, die ihre Annahmestellen in solchen Geschäften eingerichtet haben. Inzwischen gibt es mehr Annahmestellen privater Paketdienste als Filialen der Deutschen Post.

Während die Deutsche Post immer mehr Filialen in dünn besiedelten Gebieten schließt, sind Zweigstellen privater Paketdienste auch in kleinen Orten zu finden. In Städten gibt es Paketshops an fast jeder Ecke. Sie haben in der Regel längere Öffnungszeiten als die Filialen der Deutschen Post. Beim Versand merkt der Kunde kaum einen Unterschied: Die Versanddauer von Paketen beträgt bundesweit zwischen einem und drei Werktagen. Die aufgedruckten Sendungsnummern ermöglichen die digitale Sendungsverfolgung. Darüber hinaus sind alle Sendungen versichert.

Auch die Preise sind ein Argument für private Paketshops: Sie sind in der Regel günstiger als beim Versand mit DHL. Das Preissystem der Paketshops ist nicht direkt mit dem der Deutschen Post vergleichbar. Bei der Deutschen Post wird das Porto nach dem Gewicht berechnet, beim privaten Paketdienst entscheidet vor allem die Größe des Paketes über den Preis. Das eigentliche Gewicht ist dabei unwichtig, solange nicht das Maximalgewicht überschritten wird.

Private Paketshops haben zudem den Vorteil, dass die Kunden ihre Pakete direkt an diese Geschäfte adressieren und sie später von dort abholen können. Dieser Service ist vor allem für Kunden interessant, die tagsüber selten zu Hause sind oder die Pakete nicht zu den Öffnungszeiten der Postfiliale abholen können. Die PickPoints nehmen alle Sendungen in Empfang, egal ob privat oder geschäftlich. Hierfür ist eine einmalige Registrierungsgebühr zu zahlen. Bei Abholung wird eine Gebühr pro Sendung berechnet.

5.4 Güterbeförderung durch die Deutsche Bahn AG

Für den Stückguttransport wird die Güterbeförderung durch die ABX Logistics durchgeführt. Stückgüter sind Güter, die aufgrund ihrer Menge und ihres Gewichtes stückweise befördert werden können, wie z. B. Kisten, Kartons, Fässer und Paletten. Als Sammelladung bezeichnet man die Zusammenfassung von mehreren Ladeeinheiten zu einem Sammeltransport.

Der Versender schließt mit der Deutschen Bahn AG einen Frachtvertrag. Ein Frachtvertrag ist ein gegenseitiger Vertrag zwischen dem Frachtführer und dem Absender über die Beförderung von Gütern gegen Entgelt.

Der Frachtbrief hat vier Bestandteile:
- Versandblatt für den Versandbahnhof
- Frachtbriefdoppel für den Absender
- Empfangsblatt für den Bestimmungsbahnhof
- Frachtbrief für den Empfänger

Zahlt der Empfänger die Fracht, wird der Zahlungsvermerk „unfrei“ angekreuzt. Zahlt der Absender die Fracht, wird der Zahlungsvermerk „frei“ angekreuzt. Solange der Frachtbrief dem Empfänger noch nicht ausgehändigt ist, kann der Absender noch über die Ware verfügen (siehe Beispiel).

Die Höhe der Fracht hängt vom Gewicht der Sendung, der Entfernung, von der Art des Gutes und von der Art des Versandes (Stückgut oder Sammelladung) ab.

Die Deutsche Bahn AG haftet für den Schaden, der durch Verlust oder Beschädigung des Gutes in der Zeit von der Annahme bis zur Beförderung entsteht. Sie hat in diesem Fall den vollen Schaden zu ersetzen.

Haftungsausschluss bei

- Schäden, die durch höhere Gewalt passieren (z.B. Hochwasser),
- mangelhafter Verpackung,
- Verderb oder Schwund der Ware.

Bei Verlust oder Minderung des Gutes wird die Entschädigung nach dem Börsenpreis, Marktpreis, Handelswert oder nach dem gemeinen Wert der Güter berechnet. Hinzugerechnet werden Fracht, Zoll und sonstige Kosten, die bereits gezahlt wurden oder noch zu zahlen sind.

Äußerlich erkennbare Schäden müssen sofort bei der Bahn geltend gemacht werden. Sind die Warenschäden nicht sofort erkennbar, muss man sie spätestens bis zum Ablauf einer Woche nach der Ablieferung beanstanden.

Beispiel:

Versender: Kd.-Nr.:
SB Großhandelszentrale
Rheinallee 15
56075 Koblenz
Referenz UST-ID-Nr.:

Empfänger: Kd.-Nr.:
Georg Neumann
Kölner Straße 11
53111 Bonn
Referenz UST-ID-Nr.:

Besondere Anweisung:

ABX LOGISTICS (Deutschland) GmbH
Hamburger Straße 99
90451 Nürnberg - Hafen
Telefon : 0911 64258 - 0
Telefax : 0911 64258 - 237

ABX LOGISTICS

Speditions-auftrag

Sendungsnr. 90 6847599 7

Auftrags-Datum

☐ = ABXX ☐ = ABX24 ☒ = FRACHT ☐ = EUROCARGO

Frankatur: ☐ = frei Haus ☒ = frei dt. Grenze ☐ = unfrei ☐ = Rechnung an Dritte

Zur Verfügung an - Notify Frankaturbesonderheiten

Zeichen und Nummer	Anzahl	Rauminhalt dm³	Verpackung	Inhalt (bei Gefahrgut Klassifizierung)	Gewicht kg
GZK 439/448	10		Kisten	Elektrogeräte	430,50

Frachtzahler:

Warenwert EURO: HRS 2000 Europa Plus ☐ HRS 2000 Haus zu Haus ☐

keine Speditionsversicherung ☐ Versender – Nachnahme EURO: bar ☐ Verrechnungsscheck ☐ Auslieferung nur gegen unwiderrufliche Bankbestätigung ☐

Beladestelle: Intrastat-Anmeldung: ☐ ja ☐ nein

Angabe des Bestimmungszollamtes: Gefahrgut: ☐ ja ☐ nein

Wir benötigen: ☐ Ausfuhrbescheinigung / ☐ Verbringungsnachweis
☐ FCR -fach
Anlagen: ☐ Ausfuhranmeldung ☐ Rechnung ☐ Warenverkehrsbescheinigung

Lademittel-Hinweis für den Empfänger: Empfänger gibt leer zurück: Lademittel-Hinweis für den Versender bei Direktpartien: Versender erhielt leer: Bestätigung des Fahrers:
EUR-Flachpaletten
EUR-Gitterboxpaletten

1. Güterunstimmigkeiten und äußerlich erkennbare Schäden sind sofort auf diesem Formular zu vermerken. Äußerlich nicht erkennbare Schäden sind innerhalb von 7 Tagen schriftlich bei ABX LOGISTICS anzumelden.
2. Empfangsquittung beinhaltet Ware und Lademittel.
3. Rückgabe der Lademittel bestätigen lassen.
4. Rückgabe der Lademittel binnen 5 Arbeitstagen. Bei Überschreitung können wir Entgelte berechnen.
5. Es gelten die Allgemeinen Bedingungen für den Tausch der EUR–Flach– sowie -Gitterboxpaletten mit der ABX LOGISTICS (Deutschland) GmbH. (aktuelle Fassung)

Vorstehende Sendung vollzählig und äußerlich einwandfrei erhalten: Datum · Uhrzeit Firmenstempel und Unterschrift
Name in Druckschrift:

Information zu: IC-Kurierdienst SERVICE-LINE 01 80-5 34-15 25
Landverkehr, See- und Luftfracht SERVICE-LINE 01 80-5 20-22 22

Original – ABX LOGISTICS Leitstand
1. Kopie – Datenerfassung
2. Kopie – Kunde/Absender

5

2. Ausbildungsjahr
Lernfelder 6–10

Lernfeld 6:	**Waren beschaffen**
Lernfeld 7:	**Waren annehmen, lagern und pflegen**
Lernfeld 8:	**Geschäftsprozesse erfassen und kontrollieren**
Lernfeld 9:	**Preispolitische Maßnahmen vorbereiten und durchführen**
Lernfeld 10:	**Besondere Verkaufssituationen bewältigen**

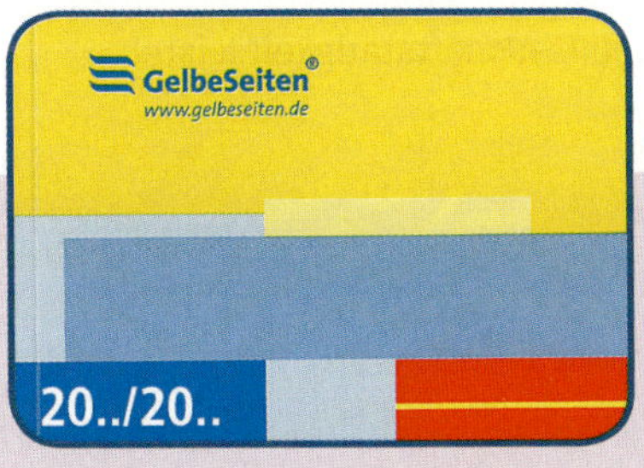

Waren beschaffen

1 Planung der Warenbeschaffung

2 Beschaffungsprozess

3 Kaufvertrag mit dem Lieferer

4 Schriftverkehr im Einzelhandel

1 Planung der Warenbeschaffung

„Im Einkauf liegt der halbe Gewinn!“ Dieser Satz zeigt die Wichtigkeit der ersten Stufe im Leistungsprozess des Einzelhandelsunternehmens. Nur wenn ein sorgfältig geplanter Beschaffungsprozess stattfindet, können die beiden folgenden Leistungsstufen Lager und Absatz ihren eigenen Beitrag zu einer erfolgreichen Geschäftstätigkeit leisten.

1.1 Warenbedarf

Unter dem Bedarf versteht man die Art und Menge der Waren, die der Betrieb nach Einschätzung aller äußeren und inneren Einflüsse zur Erhaltung der Verkaufsbereitschaft benötigt.

6

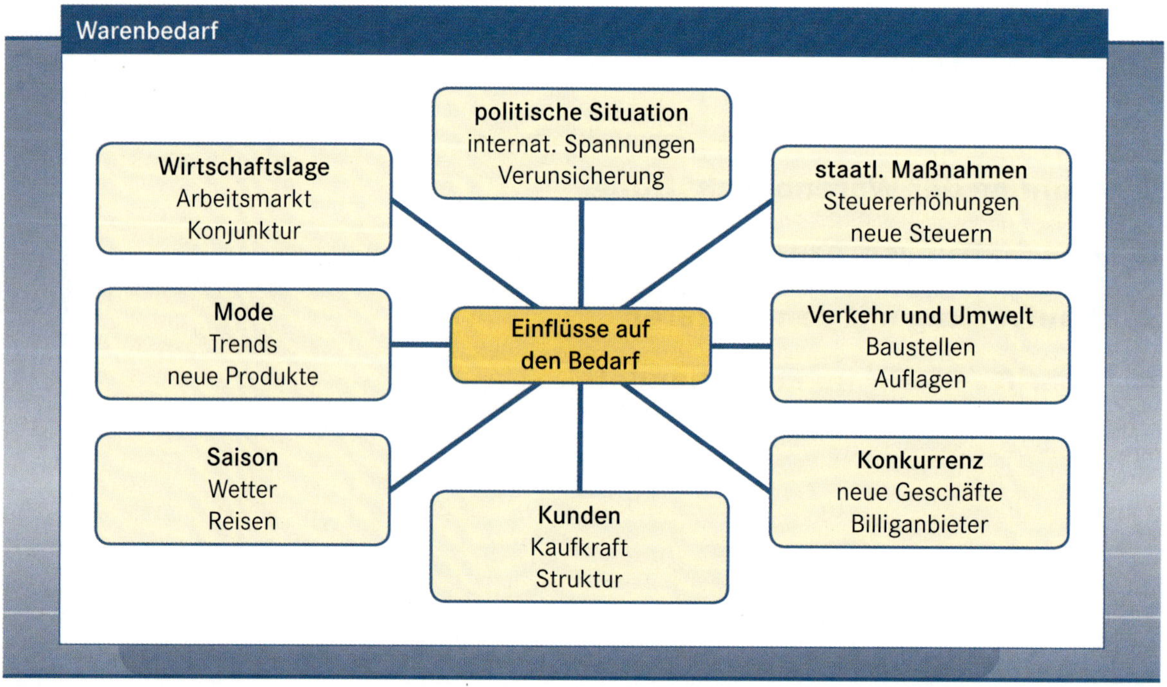

Alle diese Einflüsse sollte der Einzelhändler nach Möglichkeit bei der Bedarfsplanung in seine Überlegungen einbeziehen und durch vorsichtige bzw. optimistische Planung darauf reagieren.

Neben der Planung der reinen Warenmenge (siehe Kap. 1.2) muss immer auch die Optimierung des Sortiments im Blick behalten werden. Verließ sich der Kaufmann dabei früher auf die Analyse der Verkaufsdaten, die ihm seine Verkaufsstatistik geliefert hat, so gibt ihm heute ein **Warenwirtschaftssystem** schnellere und aussagekräftigere Dispositionsunterlagen (siehe LF 11, Kap. 10). Insbesondere die Listen der verkaufsstarken Artikel („Renner“) und der verkaufsschwachen Artikel („Penner“) sowie die Lagerbestandslisten liefern ihm Aufschlüsse über die derzeitige Zusammensetzung seines Sortiments. Darauf aufbauend ergibt sich der künftige kundengerechte Aufbau des Warenangebotes (siehe LF 1, Kap. 3.4.1 und LF 12, Kap. 3.1).

1.2 Planung der Einkaufsmenge

Steht die Zusammensetzung des Sortiments fest, kann die genaue Berechnung der Bestellmengen erfolgen. Da es sich um Mengendispositionen handelt, orientiert man sich an den Stückzahlen (Absatz) bei der Berechnung, erst bei der Festlegung des Mitteleinsatzes stützt man sich auf die Umsatzzahlen (Warenwert).

	Vorjahreszahlen	⇦ aus der Mengenstatistik des Warenwirtschaftssystems
±	Absatzentwicklung	⇦ Einschätzung der zukünftigen Entwicklung
=	**Planabsatz**	⇦ Diesen Warenabsatz möchte das Unternehmen erreichen.
–	Lagerbestand	⇦ Bestandsliste des Warenwirtschaftssystems
–	offene Bestellungen	⇦ Bestellmengenliste des Warenwirtschaftssystems
=	**Bestellmenge**	⇦ errechneter Bedarf für das Geschäftsjahr

Auswirkungen auf die Bestellmengen ergeben sich, wenn man einen Teil des Sortiments ausgliedert, z. B. durch die Vermietung von Regalflächen an einen sogenannten Regalgroßhändler (Rackjobber), da dessen Waren aus dem eigenen Bedarf entfallen.

1.3 Zeitpunkt der Warenbeschaffung

Die Berechnung der Bestellmenge gibt dem Einkäufer die Grenzen vor, innerhalb denen er nun versuchen muss, die Bestellungen zeitlich so zu verteilen, dass immer Ware zum Verkauf zur Verfügung steht, auf der anderen Seite aber keine zu hohen Lagerbestände entstehen. Die Verteilung der Bestellungen über das Jahr richtet sich zudem nach einer ganzen Reihe von Bedingungen, die der Einkäufer zu beachten hat.

6

- **Saisonartikel:** Beschaffung in größeren Zeitabständen, größere Mengen (Mode)
- **Lagersortiment:** kurzfristige Beschaffung möglich, kleine Bestellmengen (Lebensmittel)
- **Lagerfähigkeit:** Sind Waren verderblich oder über längere Zeit lagerbar?
- **Lagerkapazität:** Reicht der Lagerraum aus, um auch größere Mengen günstig zu beschaffen?
- **Lagerumschlag:** Wie schnell können die Waren umgesetzt werden?
- **Preisentwicklung:** Sind Preiserhöhungen/Preissenkungen zu erwarten?
- **Verfügbares Limit:** Stehen für Wareneinkäufe ausreichend Mittel zur Verfügung?

Zur Unterstützung des Einkäufers dienen Meldungen aus dem Verkaufsbereich bzw. dem Lager, wenn Nachbestellungen notwendig werden. Für jede Ware ist ein **Meldebestand** festgelegt. Sobald er erreicht ist, muss nachbestellt werden.

> Meldebestand = Ø Tagesabsatz · Wiederbeschaffungszeit + Mindestlagerbestand

Ein **Mindestlagerbestand** (eiserner Bestand) sollte nach Möglichkeit stets vorhanden sein, um die Verkaufsbereitschaft zu erhalten, falls doch einmal unerwartete Lieferengpässe auftreten sollten (siehe LF 7, Kap. 3.6).

Arbeitet der Betrieb mit einem Warenwirtschaftssystem, dann vereinfacht sich die Überwachung der Bestände, da sie immer aktuell verfügbar sind. Das Programm meldet regelmäßig Beschaffungsvorschläge, auf die sich der Einkäufer stützen kann oder die er nach seinen Vorgaben, z. B. zur Sortimentspflege, abwandelt (siehe LF 11, Kap. 10).

1.4 Finanzierung der Warenbeschaffung (Limitrechnung)

Nicht nur die Einkaufsmenge muss sorgfältig errechnet werden, auch die Finanzierung ist sorgsam vorzubereiten.

Das Instrument für die Ermittlung der dem Einkäufer zur Verfügung stehenden Mittel, das Limit, ist die Limitrechnung.

Während bei der Ermittlung der Einkaufsmenge der Warenabsatz (Stückzahlen) als Grundlage dient, werden jetzt die jeweiligen Umsatzzahlen herangezogen. Wichtig ist dabei, dass die Umsatzzahlen auf die Beschaffungswerte zurückgerechnet werden, indem man den Warenrohgewinn (Handlungskosten, Gewinn und Umsatzsteuer) abzieht. Erhebliche Auswirkungen auf den Einsatz der Geldmittel hat ferner der Lagerumschlag. Je häufiger das Warenlager im Jahr umgesetzt wird, desto weniger Kapital muss eingesetzt werden, je länger die Waren im Lager bleiben, desto höher ist die Kapitalbindung.

Limitrechnung

Planbasis	Umsatz der vorausgehenden Planungsperiode	600.000,00 €
± Planvorgabe	erwartete Veränderung des Umsatzes (+ 5 %)	+ 30.000,00 €
Umsatzziel	angestrebter Bruttoumsatz	630.000,00 €
– Rohgewinn	Handlungskosten, Gewinn und Umsatzsteuer	– 310.000,00 €
Wareneinsatz	Planumsatz zu Einstandspreisen (Bezugspreisen)	320.000,00 €
: Lagerumschlag	Umschlagshäufigkeit des Lagers (LUG 4)	: 4
Bruttolimit	Einkaufsmenge ohne Lagerbestände	80.000,00 €
± Lageran-/-abbau	Lagerbestände und laufende Bestellungen	– 5.000,00 €
Nettolimit	geplanter Kapitaleinsatz	75.000,00 €
– Limitreserve	Limitreserve (10 % - 30 %)	20 %
freies Limit	freies Limit (Mittel für Wareneinkauf)	60.000,00 €

Das freie Limit steht dem Einkauf zur Beschaffung von Waren zur Verfügung. Dieser Gesamtbetrag muss nun zeitlich über die ganze Planperiode verteilt werden.

Daneben bedarf die Verwendung der Mittel durch die Limitkontrolle einer ständigen Überwachung. Das geschieht durch die Ermittlung des Restlimits:

Restlimit = freies Limit – Wareneinkäufe

Für besondere Beschaffungsmöglichkeiten steht daneben noch die Limitreserve zur Verfügung, deren Verwendung in der Regel jedoch genehmigt werden muss.

6

2 Beschaffungsprozess

Sobald die Entscheidungen für die Warenbeschaffung gefallen sind, muss der eigentliche Beschaffungsprozess eingeleitet werden. Es gilt zunächst, die günstigste Bezugsquelle ausfindig zu machen, die Einkaufskonditionen sind sodann mit dem Lieferer zu klären und schließlich ist der günstigste Weg der Ware bis in das Geschäft festzulegen.

2.1 Ermittlung der Bezugsquellen des Einzelhändlers

Die einfachste Bezugsquellenwahl ist es, immer wieder bei dem gleichen Lieferer zu bestellen. Die heutige Wettbewerbssituation zwingt den Kaufmann jedoch dazu, auch den kleinsten Einkaufsvorteil auszunutzen. Im Einkauf wird um jeden Cent gerungen. Deshalb ist es von erheblicher Bedeutung, die günstigste Bezugsquelle ausfindig zu machen.

Die nächstliegende Informationsmöglichkeit über Lieferer bietet der eigene Betrieb (interne Informationsquellen, z. B. Warenwirtschaftssystem, im Betrieb vorliegende Angebote und Unterlagen), aber auch außerhalb des Betriebes findet man eine Fülle von Informationen (externe Informationsquellen, z. B. Adressbücher, Messen).

Warenwirtschaftssystem

Im Warenwirtschaftssystem sind die bestehenden Beziehungen zu Lieferern in zweifacher Weise gespeichert. Die spezielle **Liefererdatei** sammelt Informationen über das Warenangebot, die Angebotsbedingungen und Liefermöglichkeiten der Geschäftspartner sowie zusätzliche Informationen, z. B. über deren Zuverlässigkeit und Entgegenkommen in besonderen Beschaffungssituationen. Daneben gibt auch die **Artikeldatei** Hinweise auf die Lieferer der dort erfassten Artikel. Der Vorteil einer sorgfältig aufgebauten, gut gepflegten und immer aktuellen Liefererdatei liegt im schnellen Zugriff zu den Daten und Möglichkeiten der Lieferer (siehe LF 11, Kap. 10).

Lieferer

Die Hersteller oder Zwischenhändler von Waren haben natürlich großes Interesse daran, den Einzelhändlern ihr Warenangebot nahezubringen. Das kann durch die Zusendung von Warenangeboten, Warenproben, Preislisten, Katalogen oder Prospekten geschehen, aber auch auf persönlichem Weg durch den Besuch von Firmenvertretern im Geschäft des Einzelhändlers.

Branchenadressbücher

Sucht ein Einkäufer Lieferernamen zu bestimmten Waren, kann er sich besonders einfach in den sogenannten Branchenadressbüchern informieren. Das sind nach Waren angeordnete Liefereradressen. Meistens sind sie heute nicht mehr in gebundener Form verfügbar, sondern man findet sie im Internet (www.gewusst-wo.de oder „Wer liefert was?“ unter der Internetadresse www.wlwonline.de oder das „Deutsche Branchenadressbuch“ unter www.branchenbuch.de).

Fachzeitschriften

Die Fachzeitschrift ist ein unentbehrliches Hilfsmittel des Einzelhändlers, bietet sie ihm doch eine Fülle von Informationen fachlicher und betriebswirtschaftlicher Art. Ganz nebenbei wird er auf Lieferer aufmerksam, die er bisher noch nicht kannte, und er kann auf einfache Art und Weise mit ihnen in Kontakt treten, da oftmals eine E-Mail-Adresse, eine Internetadresse oder zumindest eine Faxnummer für die schnelle Kommunikation angegeben ist. Sollte der Einzelhändler keine passende Fachzeitschrift kennen, listet ihm das Internet unter www.fachzeitschriften-portal.de mehr als 2 500 Titel von Fachzeitschriften auf, zum Teil mit einem direkten Link zur Internetseite des Warenanbieters.

Messen und Ausstellungen

Gelegenheit zum direkten Kontakt mit den Ausstellern erhält der Einzelhändler durch den Besuch von Fachmessen, Firmenpräsentationen oder Ausstellungen zu Fachthemen.

2.2 Bezugsquellen des Einzelhandels

Bezugsquellen für den Einzelhandel sind
- der Großhandel (Binnen- und Außenhandel),
- Einkaufsvereinigungen (Einkaufsgenossenschaften, freiwillige Ketten),
- die Hersteller (Industrie, Handwerk, Landwirtschaft).

2.2.1 Großhandel

Der Großhändler hält ein umfassendes Sortiment des jeweiligen Fachzweiges bereit. Er übernimmt für den Einzelhändler weitgehend die **Lagerhaltung** und kann daher die Bestellungen des Einzelhändlers kurzfristig ausführen.

Beim **Cash-and-carry-System** (Selbstbedienung im Großhandel) holt der Einzelhändler die Ware selbst ab und bezahlt sie sofort an der Kasse des Großhändlers.

Schnell verderbliche Ware, wie Obst und Gemüse, wird vom **Großmarkt** (Markthalle) bezogen.

Regalgroßhändler (Rackjobber) erhalten im Verkaufsraum Regalflächen auf eigene Rechnung (häufig im Supermarkt mit Non-Food-Artikeln, z. B. Schreibwaren, Batterien).

6

2.2.2 Einkaufsvereinigungen (Kooperationen)

Der Anschluss an eine Einkaufsvereinigung ist für die mittelständischen Betriebe des Einzelhandels notwendig, um sich gegenüber der Konkurrenz der Großbetriebe (Filialunternehmen, Kauf- und Warenhäuser) behaupten zu können. Durch den Zusammenschluss sichern sie sich ähnlich günstige wirtschaftliche Bedingungen wie diese.

Vorteile dieser Einkaufsvereinigungen sind:
- günstiger Einkauf
- gemeinsame Werbung
- Beratung, Verkäuferschulung
- Finanzierungshilfen
- Handelsmarken
- zentrales Rechnungswesen
- Unterstützung bei der Ladengestaltung
- Dekorationshilfen

Einkaufsvereinigungen finden sich heute in Deutschland in fast allen Branchen und in unterschiedlichen Formen. Im Zentralverband gewerblicher Verbundgruppen sind nahezu 400 verschiedene Gruppierungen erfasst (www.zgv-online.de), die einen Jahresumsatz von über 70 Mrd. € erzielen.

Einkaufsgenossenschaften und Einkaufsverbände

Einkaufsgenossenschaften und Einkaufsverbände sind Zusammenschlüsse von rechtlich selbstständigen Einzelhändlern zum gemeinsamen Wareneinkauf und weiteren Maßnahmen zur Verbesserung ihrer wirtschaftlichen Leistungsfähigkeit.

Die **Einkaufsgenossenschaft** ist die älteste Art der überbetrieblichen Zusammenarbeit von Einzelhändlern. So wurde z. B. EDEKA bereits 1907 als genossenschaftliche Vereinigung gegründet, 1927 folgte dann die Gründung von REWE. Einkaufsgenossenschaften haben als Ziel nicht die Erzielung von Gewinn, sondern vorrangig die Aufgabe, die Leistungskraft der Mitgliedsbetriebe zu stärken. Erzielte Gewinne werden an die Genossen rückvergütet (Bonus).

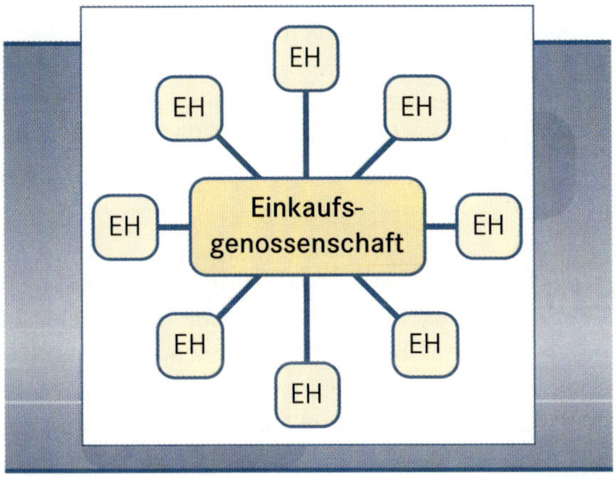

Einkaufsverbände verfolgen ähnliche Ziele wie die Einkaufsgenossenschaften, geben sich dafür aber eine andere Rechtsform. Sie sind als Aktiengesellschaft, GmbH oder Kommanditgesellschaft anzutreffen. Die Einzelhändler sind hier nicht Genossen, sondern Teilhaber des Unternehmens. Gewinne werden wieder investiert oder an die Gesellschafter ausgeschüttet.

Beispiele für Genossenschaften und Verbände:

EDEKA, REWE, Interfoto, Vedes, Schuhpartner.

2.2.3 Franchising

Unter Franchising versteht man die langfristige vertragliche Zusammenarbeit zwischen einem Franchisegeber und rechtlich selbstständigen Franchisenehmern (Einzelhändler, Baumärkte, Gastronomie). Dem Franchisenehmer wird gegen die Zahlung von Franchisegebühren ermöglicht, die Leistungen des Franchisegebers in Anspruch zu nehmen.

Der Schwerpunkt der Franchiseleistungen liegt im einheitlichen Auftritt der angeschlossenen Geschäfte: Die einzelnen Partner sollen sich sowohl in der Ladengestaltung als auch im Warenangebot nur wenig voneinander unterscheiden. Oft sind sie nach außen nicht als selbstständige Unternehmen zu erkennen. Als Musterbeispiele sind hier OBI, WMF oder Salamander anzuführen, die nach außen oft wie Filialbetriebe wirken, tatsächlich aber selbstständige Unternehmen sind. Der Franchisegeber verlangt in der Regel neben einer Eintrittsgebühr jährlich anfallende Lizenzgebühren.

Beispiele für Franchiseunternehmen:

McDonald's oder BurgerKing, OBI Heimwerkermarkt, PC-Spezialist, Ihr Platz, Apollo Optik, Tchibo. Weitere Beispiele unter www.franchise-portal.de.

Freiwillige Ketten

Freiwillige Ketten sind Zusammenschlüsse von rechtlich und wirtschaftlich selbstständigen Groß- und Einzelhändlern auf vertraglicher Basis.

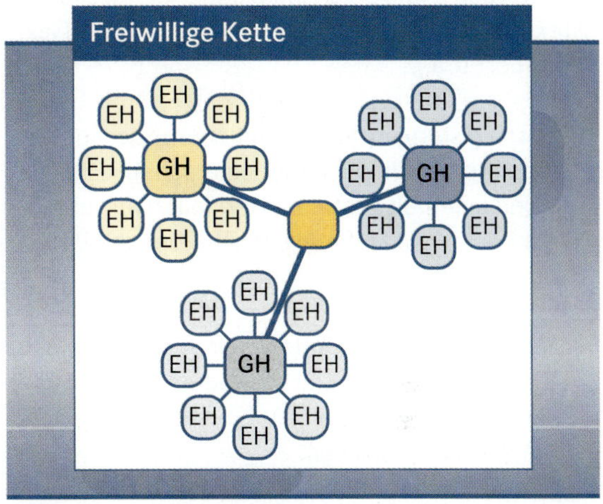

Während Genossenschaften und Einkaufsverbände Zusammenschlüsse von Einzelhändlern sind, geht die Idee der freiwilligen Ketten vom Großhandel aus, der seinen Vertragspartnern ähnliche Leistungen bietet wie die Genossenschaften. Die erste freiwillige Kette wurde 1932 in Holland unter der Bezeichnung SPAR gegründet. Die Kettengroßhändler sind ihrerseits in einer gemeinsamen Zentrale zusammengeschlossen.

Beispiele für freiwillige Ketten:

SPAR, Intersport, Musterring, Kaufgut.

2.2.4 Einkauf beim Hersteller

Für die Warenhersteller wird der direkte Vertrieb ihrer Waren an den Einzelhandel immer bedeutsamer. Während das in einer Reihe von Branchen schon lange üblich ist (z. B. Möbel, Glas und Porzellan), werden andere Bereiche immer stärker für das Direktmarketing der Industrie erschlossen (Textilien, Sport u. a.).

Von den Leistungen der Hersteller profitiert der Einzelhandel dabei direkt durch eine schnelle Belieferung und eine weit gestreute Herstellerwerbung und indirekt durch die Lieferung von Werbe- und Präsentationsmaterial.

Neben dem direkten Kontakt durch eigene Marketingeinreichungen benutzt die Industrie eine Reihe von Veranstaltungen, um den Kontakt zum Facheinzelhandel zu ermöglichen:

Messen sind zeitlich begrenzte Veranstaltungen, die in erster Linie für Fachbesucher geöffnet sind. Dort stellt die Industrie ihre Produkte den Fachhändlern vor und versucht Kaufanbahnungen durch besondere Messerabatte zu unterstützen. Fachmessen wenden sich in aller Regel an Fachleute aus einem oder wenigen Fachbereichen, so wendet sich z. B. die photokina an alle, die mit Fotografieren und Video zu tun haben. Einen Überblick über die Vielzahl von Fachmessen und Messeorten finden Sie im Internet unter www.auma.de. Oft wird an den letzten Tagen auch den Endverbrauchern ermöglicht, die Messe zu besuchen.

Ausstellungen wenden sich im Gegensatz zu Messen an die Allgemeinheit. Während Messen meistens internationale Fachausstellungen sind, sind Ausstellungen regionale Ereignisse mit einem Mix aus vielen Warenbereichen. Sie sind deshalb gegen Eintrittsgebühren für jedermann zugänglich.

Präsentationen und **Musterungen** wenden sich wiederum ausschließlich an Facheinzelhändler in einem regional begrenzten Bereich. Ein Hersteller lädt hierzu seine Kunden ein, um ihnen sein Warenangebot und vor allem die Neuheiten anzubieten.

Manche Einzelhändler bieten ihrer Kundschaft Waren aus fairem Handel (Fair Trade) an, die dem Produzenten der Waren einen angemessenen Verkaufspreis garantieren.

Für gerechte Preise aus Entwicklungsländern setzen sich internationale Organisationen wie die UNESCO, kirchliche Organisationen (z. B. Brot für die Welt) oder gemeinnützige Vereinigungen (z. B. TransFair) ein. Die Kunden akzeptieren bei Fair-Trade-Produkten einen höheren Kaufpreis als für vergleichbare Produkte.

2.2.5 Einkaufskonditionen

Es genügt nicht, die geeignete Bezugsquelle ausfindig gemacht zu haben, es ist jetzt das Geschick des Einkäufers gefordert, möglichst günstige Einkaufskonditionen zu erzielen. Unter Konditionen versteht man die Bedingungen, die man für das eigene Unternehmen bei den Verhandlungen über einen Wareneinkauf erreichen kann.

Hierzu zählen:
- günstige Listenpreise des Herstellers ausfindig machen
- Preisnachlässe aushandeln
- ein möglichst langes Zahlungsziel erreichen
- die Transportkosten möglichst auf den Lieferer abwälzen
- Werbematerial des Herstellers erhalten
- Sonderaktionen des Lieferers ausnutzen
- weitgehende Garantieleistungen erhalten

2.3 Organisation der Warenbeschaffung (Logistik)

Der Begriff „Logistik" stammt aus dem militärischen Sprachgebrauch. Man versteht darunter den lückenlosen Transport von der Beschaffungsquelle zum Regal des Einzelhändlers.

Dabei sind die Beschaffungswege auch davon abhängig, bei wem die Ware gekauft wurde. Der Warentransport ist komplizierter, wenn die Ware von einem Hersteller in China stammt, als wenn sie z. B. von einem Großhändler in der näheren Umgebung bezogen wird.

Besonders bedeutsam ist die Logistik geworden, seit man durch den Einsatz von Warenwirtschaftssystemen schnelle Entscheidungen treffen kann und durch den elektronischen Datenaustausch mit den Lieferern den Warenfluss beschleunigen und dadurch die Lagerbestände reduzieren kann.

Bei der schnellen Warenbeschaffung bestehen beträchtliche Einsparungsmöglichkeiten, da dadurch weniger Waren auf Lager genommen werden müssen. Durch den Wegfall aufwendiger Warenlagerung werden Raum- und Personalkosten gespart sowie Überbestände und Ladenhüter weitgehend vermieden. Die Kapitalbindung durch hohe Lagerbestände ist dadurch ebenfalls geringer.

Eine besondere Form der Logistik ist die **Just-in-time-Belieferung,** das heißt, die Ware soll genau zum richtigen Zeitpunkt geliefert werden, nämlich dann, wenn sie im Verkaufslager nachgefüllt werden muss. Das ist vor allem dann erforderlich, wenn als einzige Lagerfläche der Verkaufsraum zur Verfügung steht. Möglich wird das durch häufige Anlieferungen relativ kleiner Mengen

- aus einem Zentrallager bei Filialunternehmen oder Warenhäusern,
- von Großhändlern bei Handelsketten,
- durch die Einkaufsgenossenschaft.

6

3 Kaufvertrag mit dem Lieferer

3.1 Kaufanbahnung (Anfrage)

Die Anfrage des Einzelhändlers bei einem Lieferer dient ausschließlich seiner Information und ist deshalb **grundsätzlich unverbindlich.** Der anfragende Kaufmann kann also jederzeit eine Anfrage an mehrere Lieferer senden, um vergleichbare Angebote zu erhalten.

Die Anfrage ist an keine bestimmte Form gebunden und kann brieflich, telefonisch, per Telefax, E-Mail oder auch durch eine SMS erfolgen.

Anfrage

Die Anfrage dient der Anbahnung von Geschäftsbeziehungen.

allgemeine Anfrage
- allgemeine Informationen über Preise und Liefermöglichkeiten
- Anforderung von Preislisten, Katalogen oder Prospekten
- „Bitte übersenden Sie mir Ihren Warenkatalog über ..."
- „Ich möchte eine neue Abteilung für ... eröffnen und bitte deshalb um Übersendung ..."

bestimmte Anfrage
- spezielle Informationen über Preise und Liefermöglichkeiten
- Anfordern eines Angebotes über einen bestimmten Artikel"
- „Im Auftrag eines Kunden suche ich folgenden Artikel ..."
- „Bitte übersenden Sie mir ein Angebot über die Ware XXL."

Die Anfrage ist grundsätzlich unverbindlich

3.2 Angebot des Lieferers

Das Angebot ist die Willenserklärung eines Anbietenden, unter bestimmten Bedingungen dem Empfänger eine Ware zu liefern oder eine Dienstleistung zu übernehmen. Das Angebot muss immer an eine bestimmte Person gerichtet sein. Es ist an keine bestimmte Form gebunden, aus Gründen der Rechtssicherheit wird man aber darauf achten, dass ein Angebot schriftlich abgegeben wird. Ein mündlich (telefonisch) abgegebenes Angebot wird man in der Regel schriftlich bestätigen.

Im Gegensatz zum Angebot stellt das **Anpreisen** von Waren oder die **Präsentation** von Waren im Schaufenster **kein Angebot** dar, weil es sich nicht an eine bestimmte Person, sondern an die Allgemeinheit richtet.

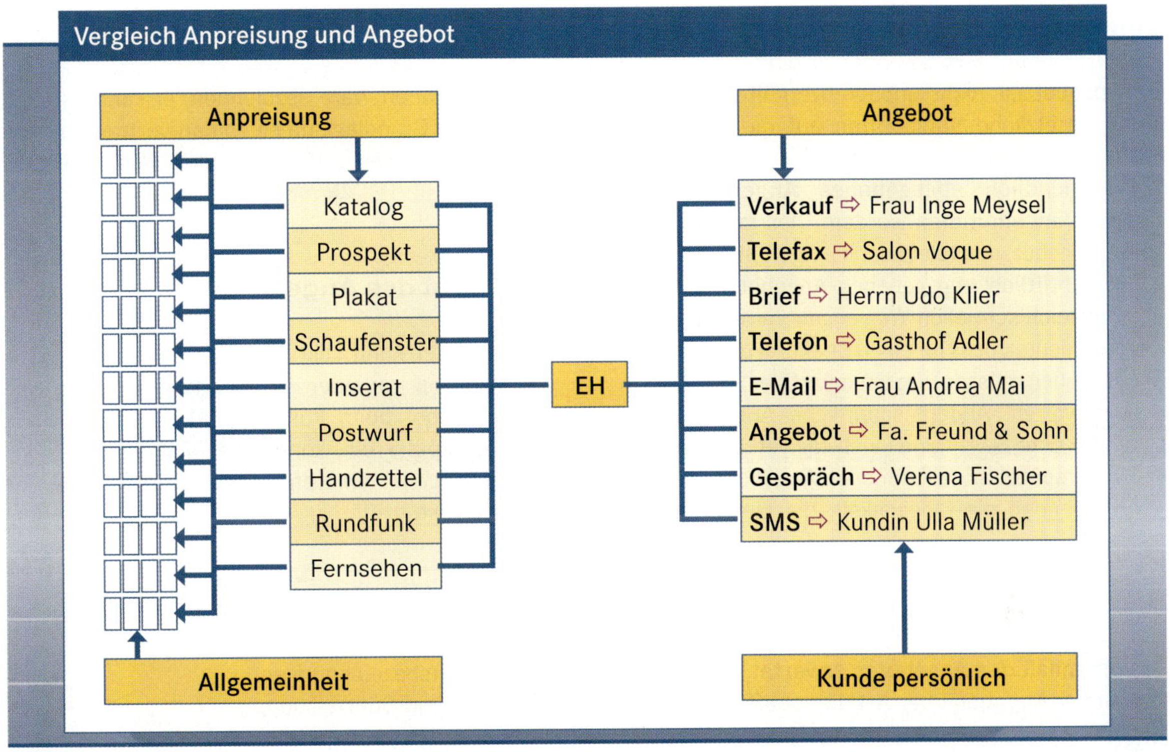

3.2.1 Verbindlichkeit des Angebotes

Ein Angebot ist verbindlich, wenn aus seinem Inhalt nichts anderes hervorgeht. Dies bedeutet, dass durch die rechtzeitige Annahme eines verbindlichen Angebotes ein Vertrag zustande kommt.

Durch den Angebotstext können Angebote in der Verbindlichkeit teilweise oder ganz eingeschränkt werden. Ein Angebot kann also, entsprechend dem Angebotstext,

- **verbindlich** für seinen gesamten Inhalt abgegeben werden,
- in bestimmten Teilen **eingeschränkt verbindlich** sein (teilweise unverbindlich),
- inhaltlich völlig **unverbindlich** („freibleibend") bleiben.

Derartige Einschränkungen der Verbindlichkeit einer Angebotsbestimmung nennt man „Freizeichnungsklausel".

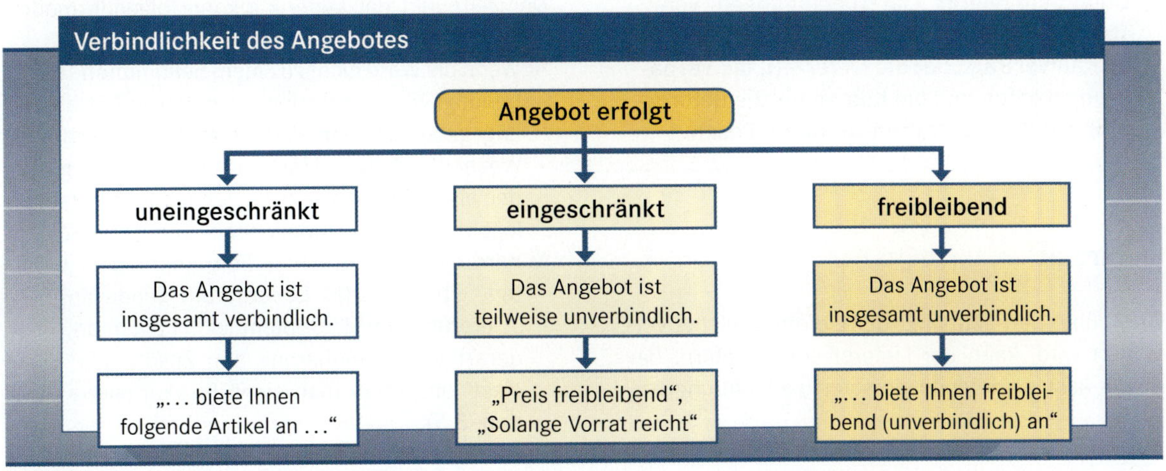

Gültigkeitsdauer des Angebotes

Ein Angebot ist nicht unbegrenzt gültig, sondern durch gesetzliche Vorschriften auf die folgenden Fristen festgelegt:

- Ein **mündlich abgegebenes Angebot muss sofort angenommen** werden. Dies gilt auch für ein Angebot, das telefonisch eingeholt wird.
- Ein **schriftlich** abgegebenes Angebot muss auf dem **gleich schnellen Weg** angenommen werden, das bedeutet, dass für einen Brief drei bis fünf Tage ausreichen müssen, um ein derartiges Angebot zu beantworten. Andere schriftliche Angebote wie Telefax oder E-Mail sind einen Tag verbindlich.
- Ein **verspätet** angenommenes Angebot gibt dem Anbietenden die Möglichkeit, die Lieferung der angebotenen Ware abzulehnen, er kann es aber auch als Grundlage für einen Kaufvertrag verwenden, falls seine Liefermöglichkeit noch gegeben ist.

Widerruf des Angebotes

Der Anbieter kann sein Angebot widerrufen, wenn der Widerruf vor oder spätestens gleichzeitig mit dem Angebot beim Kunden eintrifft. Trifft dieser dagegen später ein, kommt der Vertrag zustande, da das Angebot eine empfangsbedürftige Willenserklärung ist.

3.2.2 Inhalt des Angebotes

Vom Inhalt des Angebotes erwartet der Einzelhändler Angaben über Art, Beschaffenheit und Güte sowie den Preis der angebotenen Ware.

6

Die **Art** der Ware wird durch die handelsübliche Bezeichnung oder die genaue Beschreibung möglichst unzweideutig festgelegt, eventuell auch durch Artikelnummern, Katalognummern oder Bestellnummern.

Die **Beschaffenheit** der Ware kann festgestellt werden durch

- Muster oder Proben,
- Handelsklassen, Standards oder Typen,
- Herkunftsbezeichnungen,
- Waren- und Gütezeichen,
- Abbildungen und genaue Beschreibungen.

Der **Preis** der Ware bezieht sich entweder auf die gesetzlichen Maßeinheiten (Liter, Hektoliter, Kilogramm, Meter) oder auf handelsübliche Warenmengen (Stück, Dutzend, Sack, Kiste). Ist der Angebotspreis als Nettopreis angegeben, ist noch die Umsatzsteuer zu berücksichtigen, die beim Wareneinkauf anfällt.

3.2.3 Lieferbedingungen

Unter dem Begriff „Lieferbedingungen" versteht der Kaufmann die Vereinbarungen, die im Kaufvertrag über die Lieferzeit, die Verpackungskosten und die Kosten für die Beförderung der Ware getroffen werden müssen.

Lieferzeit

Wenn über den Zeitpunkt der Lieferung nichts vereinbart wird, kann der Lieferer sofort liefern, der Käufer kann seinerseits die sofortige Lieferung verlangen.

Der Zeitpunkt der Lieferung kann folgendermaßen vereinbart werden:

- Wenn die Ware nicht zu einem bestimmten Termin benötigt wird, kann nur ein ungefährer Zeitrahmen angegeben werden, z. B. „Lieferung innerhalb 4 Wochen", „Anfang Mai", „auf Abruf". Häufig werden als Liefertermine die Kalenderwochen festgelegt, z. B. „23. Kalenderwoche" oder „KW 22".
- Wird die Ware zu einem Zeitpunkt sicher benötigt, gibt man das Lieferdatum genau an, z. B. „Lieferung am 1. September". Fügt man einer derartigen Vereinbarung den Zusatz „fix" oder „fest" an, erhält man einen Fixkauf (siehe auch Kap. 3.5).

Kosten der Versandverpackung

Werden in einem Kaufvertrag Vereinbarungen über die Verpackungskosten getroffen, ist damit die Transportverpackung gemeint.

Die Kosten der Warenverpackung gehen immer zulasten des Käufers, wenn im Kaufvertrag nichts anderes vereinbart wurde **(= gesetzliche Regelung).**
In Kaufverträgen sind folgende Vereinbarungen über die Verpackungskosten zu finden:

- **Preis netto einschließlich Verpackung:** Der Käufer bezahlt lediglich den Preis für die Ware, die Kosten der Versandverpackung übernimmt der Verkäufer (= **günstigste Regelung** für den Einzelhändler).
- **Preis netto ausschließlich Verpackung:** Der Käufer zahlt den Preis für die Ware und hat zusätzlich die Kosten der Versandverpackung zu übernehmen (= **gesetzliche Regelung).**
- **Preis brutto einschließlich Verpackung:** Hierbei wird der Preis vom Gesamtgewicht einschließlich Verpackung (Rohgewicht) berechnet, d. h., die Verpackung wird wie Ware berechnet **(= brutto für netto).**
- **Preis brutto ausschließlich Verpackung:** Der Käufer hat neben dem Warenwert noch die normale Warenverpackung zu bezahlen und zusätzlich eine Bezahlung für spezielle Transportverpackungen (z. B. Paletten) zu übernehmen. Der Preis für diese Spezialverpackung wird vom Lieferer nach Rückgabe wieder gutgeschrieben.

Beförderungskosten

Ist im Kaufvertrag über die Kosten für die Beförderung der Ware vom Lieferer zum Geschäft des Einzelhändlers nichts vereinbart, sind sie vom Käufer der Ware zu übernehmen, denn „Warenschulden sind Holschulden!".

Ein Großteil der vom Einzelhandel bezogenen Waren werden heute durch Lastwagen transportiert. Derartige Transporte erfolgen entweder in Fahrzeugen des Verkäufers (Herstellers, Großhändlers) oder durch Speditionen. Bei kleineren Paketsendungen kommen noch die Dienste von Paketdiensten und der Post hinzu. Grundsätzlich gilt hier, dass der Käufer den Transport der Ware zu bezahlen hat, außer er hat beim Vertragsabschluss bessere Bedingungen erreicht. So kann er die gesamte Kostenübernahme durch den Verkäufer oder eine Teilung der Versandkosten (Versandanteil) aushandeln.

Auch beim Versand per Bahn gilt die gesetzliche Regelung. Durch die Tatsache, dass die Waren aber mehrfach umgeladen werden müssen (Verkäufer – Bahnhof – Bahnhof – Geschäft), gibt es hier auch mehr Möglichkeiten, die Beförderungskosten zu teilen. Diese Teilung der Beförderungskosten wird durch sogenannte Handelsklauseln festgelegt: „ab Werk", „unfrei", „frachtfrei", „frei Haus".

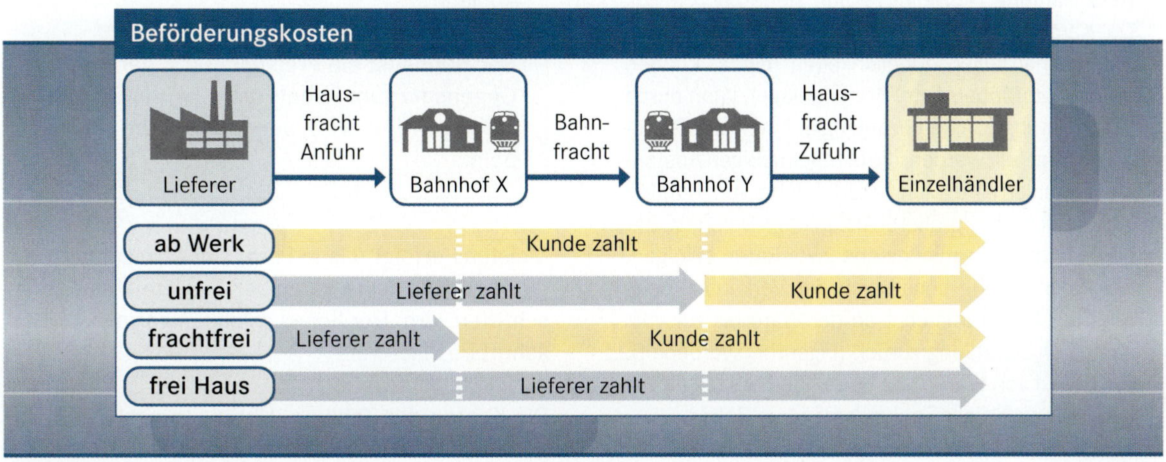

3.2.4 Zahlungsbedingungen

Wurde im Kaufvertrag nichts oder nichts anderes vereinbart, muss der Käufer sofort nach der Übergabe (Lieferung) der Ware den Kaufpreis bezahlen („Zahlung Zug um Zug“). Meist werden jedoch zwischen Käufer und Verkäufer besondere Zahlungsbedingungen vereinbart.

- **Vorauszahlung** (Vorkasse) bei Sonderbestellungen, Sonderanfertigungen oder zeitlich versetzter Lieferung: Im Einzelhandel kommen Vorauszahlungen häufig als Anzahlungen für zurückgelegte Waren oder bei zur Ansicht gegebenen Artikeln vor.
- **Barkauf** (Zahlung Zug um Zug, gesetzliche Regelung): Der Barkauf ist die im Verkauf vorherrschende Art der Zahlung, bei der Ware gegen Geld (Kreditkarte) „getauscht“ wird. Im Wareneinkauf ist diese Art der Zahlungsvereinbarung ebenfalls vorherrschend, die Vereinbarung im Kaufvertrag heißt dann z. B. „Zahlung netto Kasse“, „gegen Nachnahme“ oder „sofortige Zahlung ohne Abzug“. Diese Vereinbarung wird vom Lieferer auf der Rechnung erneut angegeben, um den Kunden an die umgehende Zahlung des Kaufpreises zu erinnern.
- **Zielkauf** (Kreditkauf): Im Wareneinkauf hat es sich eingebürgert, dass der Lieferer seinem Kunden Zeit für den Verkauf der Ware einräumt, um erst dann die Zahlung zu fordern. Er setzt dem Kunden ein Ziel für die Kaufpreiszahlung. Die Vereinbarung im Kaufvertrag lautet dann „zwei Monate Ziel“ oder „zahlbar innerhalb vier Wochen“. Um seinem Kunden einen Anreiz für vorzeitige Zahlung zu geben, räumt der Verkäufer meistens das Recht auf Skontoabzug ein („Zahlung innerhalb vier Wochen, bei Zahlung innerhalb zehn Tagen 2 % Skonto“).
- **Ratenzahlung** (Abzahlungskauf; siehe auch LF 3): Der Kaufpreis für eine Ware, deren Kauf die momentanen finanziellen Möglichkeiten eines Kunden übersteigt (Möbel, Auto, Stereoanlage), kann durch Vereinbarung von Ratenzahlung auf mehrere Teilbeträge aufgeteilt werden, die in regelmäßigen Abständen zu zahlen sind. Man verlangt dabei vom Kunden gewöhnlich eine größere Anzahlung. Der Rest der Zahlung muss in mindestens zwei Raten erfolgen. Bei Ratenzahlung behält sich der Verkäufer meistens das Eigentumsrecht an der Ware bis zur vollständigen Bezahlung zurück (Eigentumsvorbehalt). Beim Kauf von Waren des Einzelhändlers bei einem Lieferer spielt diese Zahlungsart keine Rolle.

6

Preisnachlässe

Besondere Aufmerksamkeit bei den Vereinbarungen über Zahlungsbedingungen sollte den **Preisnachlässen** gelten. Zu unterscheiden sind hier Skonto, Rabatt und Bonus.

Skonto ist ein Abzug bei vorzeitiger Zahlung einer Rechnung. Er soll den Kunden zur schnellen Zahlung der Rechnung bei einem Zielverkauf anregen.

Die Vereinbarung dazu kann lauten: „Zahlung innerhalb 4 Wochen, bei Zahlung innerhalb einer Woche 3 % Skonto“. Jeder Kaufmann bemüht sich, das Skonto bei einer Rechnung auszunutzen, da er dadurch viel Geld sparen kann.

Rabatt ist ein vereinbarter Preisnachlass als Abzug vom Listenpreis einer Ware.

Er wird meistens aus einem bestimmten Grund gewährt als

- Mengenrabatt bei Abnahme größerer Warenmengen,
- Treuerabatt für Stammkunden, die über lange Zeit Firmentreue bewiesen haben,
- Wiederverkäuferrabatt als Nachlass für Händler bei Festpreisangeboten,
- Personalrabatt beim Verkauf an Mitarbeiter,
- Messerabatt beim Kauf am Messestand eines Anbieters.

Der Bonus ist ein Preisnachlass, der im Gegensatz zum Rabatt nicht beim Kauf der Ware gewährt wird, sondern erst im Nachhinein.

Meistens erfolgt das in Form einer Umsatzrückvergütung, wenn eine vereinbarte Umsatzhöhe überschritten wird. Der Bonus erfolgt in Form einer Gutschrift des Lieferers.

Die **Kosten der Zahlung** (Überweisungskosten) hat grundsätzlich der Käufer zu tragen, denn „Geldschulden sind Bringschulden“.

3.3 Auswahl des günstigsten Angebotes

Voraussetzung für die Auswahl einer Ware ist zunächst die Prüfung, ob das angebotene Produkt dem Anforderungsprofil des Sortiments entspricht (qualitative Angebotsanalyse). Wie diese Analyse durchgeführt wird, ist jeweils von der Art der Ware abhängig. Die beste Entscheidungshilfe wird die Prüfung der Ware selbst in Form von Mustern oder Proben sein.

Liegen für eine Ware mehrere Angebote vor, gilt es, das günstigste davon sorgfältig auszusuchen, denn nicht immer ist das Angebot am besten, das im ersten Moment so erscheint.

3.3.1 Bezugskalkulation

Um mehrere Angebote vergleichbar zu machen, ist es notwendig, einen **Vergleichspreis** zu berechnen. Voraussetzung ist natürlich, dass die angebotenen Waren auch nach Art und Beschaffenheit vergleichbar sind. Für den Kaufmann ist nicht der Listenpreis maßgeblich, sondern der Preis für die Ware beim Eingang in sein Geschäft, zu dem er die Ware bezieht. Deshalb bezeichnet man diesen Preis als den **Bezugspreis** der Ware oder als ihren **Einstandspreis.** Er ergibt sich, wenn man vom Listenpreis des Verkäufers zunächst den vereinbarten Rabatt und anschließend das vom Lieferer eingeräumte Skonto abzieht. Werden danach noch die Verpackungs- und Beförderungskosten hinzugerechnet, ergibt sich der Bezugspreis.

Bezugskalkulation

Listenpreis	240,00 €	Angebotspreis des Verkäufers
– Rabatt 5 %	12,00 €	z. B. Mengenrabatt, Treuerabatt
= Zieleinkaufspreis	228,00 €	Preis bei Ausnutzung des Zahlungszieles
– Skonto 2,5 %	5,70 €	Nachlass für vorzeitige Zahlung
= Bareinkaufspreis	222,30 €	Preis nach Skontoabzug
+ Bezugskosten	25,00 €	Verpackungs- und Beförderungskosten
= Bezugspreis	247,30 €	Einstandspreis/Vergleichspreis

Vergleicht der Einzelhändler seine Bezugskalkulation mit der späteren Rechnung des Lieferers, wird er zwei Abweichungen feststellen:

1. Der Händler hat ihm noch **Umsatzsteuer** berechnet, die er nicht in seine Berechnung einbezogen hat, da er in seine Kalkulation des Verkaufspreises ja den Listenpreis des Lieferers einsetzt und bis zum Verkaufspreis neu kalkuliert. Die vom Lieferer berechnete Umsatzsteuer geht als Vorsteuer in die Buchführung ein.
2. Der Lieferer hat in seiner Rechnung das vereinbarte **Skonto** nicht berücksichtigt. Das durfte er auch nicht, denn der Einzelhändler kann ja erst nach Erhalt der Rechnung entscheiden, ob er Skonto abziehen will oder das Zahlungsziel ausnutzen möchte. Eine Differenz beim Skontoabzug zwischen der Skontoermittlung in der Bezugskalkulation und dem tatsächlichen Skontoabzug ergibt sich, da der tatsächlich abziehbare Skontobetrag nicht vom Zieleinkaufspreis (ohne Umsatz-

steuer), sondern vom Rechnungspreis (inkl. Umsatzsteuer) erfolgt. Bei der Bezugskalkulation kann diese Differenz vernachlässigt werden, da es nicht um den tatsächlich anfallenden Skontoabzug geht, sondern um den Vergleich von Angeboten auf dem gleichen Rechenweg.

3.3.2 Angebotsvergleich

Beim Angebotsvergleich geht es zunächst nur darum, das rechnerisch günstigste Angebot zu ermitteln. Vergleichsbasis ist immer der **Bezugspreis** der Ware, d. h. der Preis, zu dem die Ware in das Geschäft kommt (Einstandspreis).

Angebotsvergleich

Angebot 1

Ihre Anfrage
Vielen Dank für Ihr Interesse an unserem Produkt.

Wir können Ihnen heute anbieten:

Ware XY Listenpreis/St. 4,90 €

Hierauf räumen wir Ihnen gerne einen Neukundenrabatt von 5 % ein.

Ziel 30 Tage, innerhalb 1 Woche 1,5 % Skonto.

Für Fracht und Verpackung müssen wir 1,40 € pro Stück berechnen.

Ihrem Auftrag sehen wir gerne entgegen und sichern Ihnen eine umgehende sorgfältige Ausführung zu.

Angebot 2

Sehr geehrter Herr Müller,
vielen Dank für Ihre E-Mail vom . . . .

Der Preis unserer Ware XY hat sich gegenüber Ihrer letzten Bestellung nur leicht verändert. Sie kostet jetzt pro Stück 5,80 €.

Zahlungsziel 4 Wochen, bei Zahlung innerhalb 10 Tagen gewähren wir Ihnen wie immer 3 % Skonto. Die Lieferung erfolgt frei Haus, einschließlich Verpackung.

Mit kollegialen Grüßen

Der Einzelhändler kalkuliert mit dem Bezug von 10 Stück der angebotenen Ware.

LISTENPREIS	49,00 €	58,00 €	LISTENPREIS
- Rabatt 5 %	- 2,45 €	0,00 €	- Rabatt 0 %
ZIELEINKAUFSPREIS	46,55 €	58,00 €	ZIELEINKAUFSPREIS
- Skonto 1,5 %	- 0,70 €	- 1,74 €	- Skonto 3 %
BAREINKAUFSPREIS	45,85 €	56,26 €	BAREINKAUFSPREIS
+ Bezugskosten	+ 14,00 €	0,00 €	+ Bezugskosten
BEZUGSPREIS	59,85 €	**56,26 €**	BEZUGSPREIS

Angebotsdifferenz insgesamt 3,59 €
Angebotsdifferenz je Stück 0,359 €

Nicht immer wird sich der Einzelhändler für das so ermittelte günstigste Angebot entscheiden können. Es spielt auch der mögliche Lieferzeitpunkt eine Rolle, wenn die Ware im Geschäft dringend benötigt wird und einer der Anbieter sofort liefern kann, auch wenn sein Angebot nicht das günstigste war. Für die Kaufentscheidung könnte auch die Markentreue der Kundschaft eine Rolle spielen.

3.4 Bestellung des Einzelhändlers

Hat sich ein Einzelhändler für eine Ware entschieden, übermittelt er dem Lieferer seine Bestellung. In der Praxis spricht man auch von einem Auftrag oder von einer Order.

Form

Die Bestellung ist an keine bestimmte Form gebunden, sie kann mündlich, telefonisch, per E-Mail, Telefax oder über das Internetportal (Intranetportal) des Verkäufers erfolgen.

Inhalt

Eine Bestellung **muss enthalten:** Menge, Art und Preis der Ware. Darüber hinaus **sollten** alle wichtigen Bestandteile des Angebotes wiederholt werden (Lieferzeitpunkt, Lieferungs- und Zahlungsbedingungen).

3.4.1 Verbindlichkeit der Bestellung

- Eine Bestellung ist **grundsätzlich verbindlich,** es sei denn, sie ist durch den Anbietenden rechtzeitig widerrufen worden.
- Rechtzeitig widerrufen wurde eine Bestellung, wenn sie **vor** oder spätestens **gleichzeitig** mit der Bestellung beim Lieferer eintrifft.
- Liegt der Bestellung kein oder ein unverbindliches Angebot zugrunde, kann der Lieferer die Annahme der Bestellung verweigern. Das gilt auch, wenn die Angebotsbedingungen abgeändert wurden.

3.4.2 Bestellungsannahme (Auftragsbestätigung)

Bei Bestellungen, in denen das Angebot als verbindliche Willenserklärung vorliegt, kommt ein Kaufvertrag erst zustande, wenn der Lieferer ausdrücklich seinen Willen erklärt, die erhaltene Bestellung anzunehmen. Das geschieht durch die Bestellungsannahme. Normalerweise erfolgt sie durch das Zusenden einer Auftragsbestätigung. Aber auch durch eine tatsächliche Lieferung der bestellten Waren wird der Auftrag rechtsgültig angenommen (konkludente Handlung). Daneben gibt es einige Situationen, in denen es die kaufmännische Vernunft empfiehlt, dem Bestellenden ebenfalls eine Auftragsbestätigung zu senden.

Eine Bestellungsannahme **muss** erfolgen, wenn
- der Bestellung **kein Angebot** vorausging,
- das Angebot **freibleibend** (unverbindlich) abgegeben worden war,
- der Besteller das Angebot **abgeändert** hat.

Eine Bestellungsannahme **kann** erfolgen, wenn
- ein neuer Kunde bestellt hat,
- eine außergewöhnlich große Menge bestellt wird,
- die Lieferung erst später erfolgen soll.

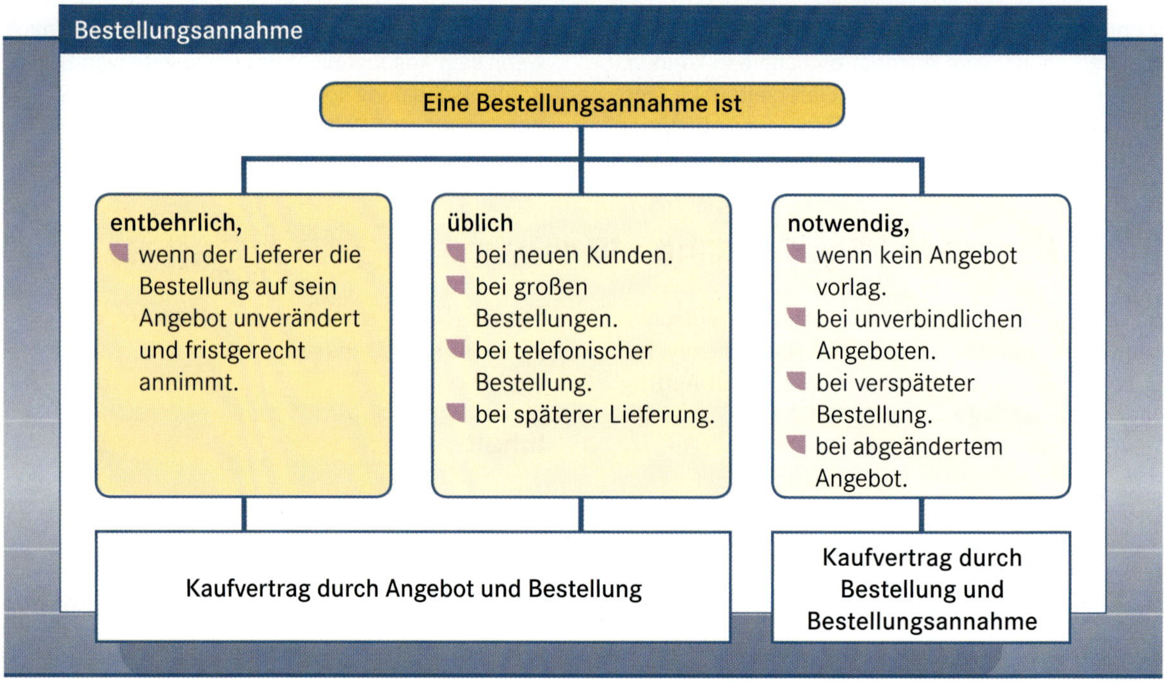

3.4.3 Zweiseitiger Handelskauf (Abschluss und Erfüllung des Kaufvertrages mit dem Lieferer)

Ein Handelskauf liegt immer dann vor, wenn ein im Handelsregister eingetragener Kaufmann an einem Handelsgeschäft beteiligt ist. Voraussetzung ist dabei, dass das Geschäft im Rahmen seiner Geschäftstätigkeit erfolgt. Je nachdem, ob der andere Vertragspartner ein Privatmann ist oder ebenfalls ein Kaufmann, unterteilt man den Handelskauf in zwei Arten.

- **Einseitiger Handelskauf: Verkäufer ist Kaufmann, Käufer ist Privatmann. Hierbei handelt es sich um das typische Einzelhandelsgeschäft, den Verkauf von Waren.**
- **Zweiseitiger Handelskauf: Käufer und Verkäufer sind Kaufleute. Diese Art von Verträgen gilt für den Wareneinkauf des Einzelhändlers bei seinen Lieferern.**

Kauft hingegen ein Kaufmann Möbel für seine Wohnung, ist das für ihn kein Handelskauf, sondern eine private Erwerbung (bürgerlicher Kauf).

Rechtlich gesehen besteht der Kaufvertrag aus zwei voneinander unabhängigen Rechtsgeschäften, dem eigentlichen Kaufabschluss (**Verpflichtungsgeschäft**) und der tatsächlichen Ausführung der eingegangenen Vereinbarungen (**Erfüllungsgeschäft**). Beim zweiseitigen Handelskauf gilt für beide Vertragspartner das HGB, für den Privatmann gilt hingegen ausschließlich das BGB.

Abschluss

Wie jeder Vertrag kommt auch der zweiseitige Handelskauf durch zwei übereinstimmende Willenserklärungen zustande, durch Antrag und Annahme. Je nach Situation kann dabei der Antrag sowohl vom Käufer (Einzelhändler) als auch vom Verkäufer (Lieferer) ausgehen. Der Vertrag entsteht im Normalfall durch Angebot und Bestellung, im Ausnahmefall durch Bestellung und Auftragsbestätigung.

Erfüllung

Das Erfüllungsgeschäft betrifft die tatsächliche Ausführung der im Vertrag versprochenen Leistungen (Ware, Geld). Bei dem Verkauf von Ware im Ladengeschäft des Einzelhändlers fallen diese beiden

Rechtsgeschäfte zusammen. Der Kunde äußert seinen Kaufwunsch, wird vom Verkäufer beraten und stimmt dem Geschäft zu (Verpflichtungsgeschäft), danach geht er zur Kasse, bezahlt und erhält die Ware sofort ausgehändigt (Erfüllungsgeschäft). Bei einem zweiseitigen Handelskauf fallen dagegen beide Vertragsteile deutlich auseinander: Der Lieferer unterbreitet ein Angebot, woraufhin der Einzelhändler Waren bestellt (Verpflichtungsgeschäft), erst später erfolgt die Lieferung der Ware und wiederum später dann die Zahlung des Kaufpreises (Erfüllungsgeschäft).

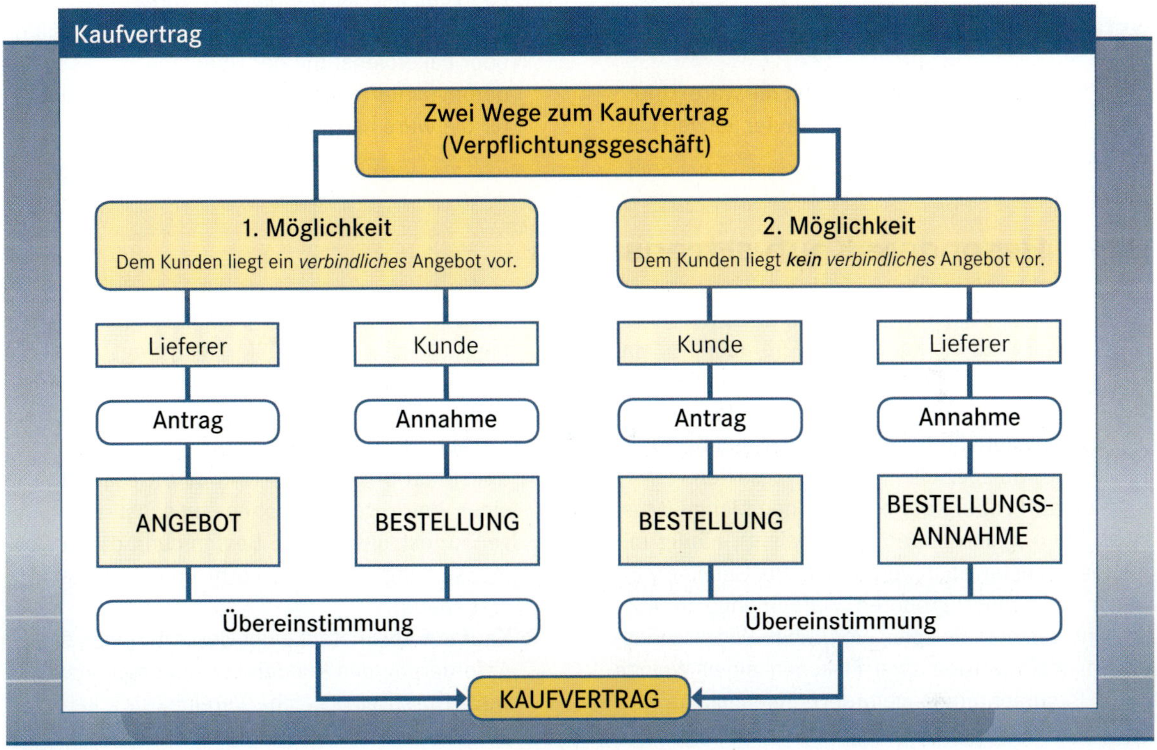

Pflichten

Im Kaufvertrag verpflichten sich die beiden Vertragspartner zu bestimmten Leistungen. Sie bezeichnet man auch als Kaufvertragspflichten (Erfüllungsgeschäft).

- Pflichten des Lieferers:
  1. die Ware ordnungsgemäß (mangelfrei) zu liefern
  2. das Eigentum an der Ware auf den Käufer zu übertragen
- Pflichten des Einzelhändlers:
  1. die gelieferte Ware anzunehmen
  2. den Kaufpreis rechtzeitig zu bezahlen

Die Eigentumsübertragung erfolgt in der Regel stillschweigend durch die Aushändigung oder Lieferung der Ware an den Kunden. Nur in besonderen Fällen wird das Eigentum an der Ware ausdrücklich zurückbehalten. Das geschieht vor allem dann, wenn der Kaufpreis für die Ware erst später fällig wird (Eigentumsvorbehalt).

Erfüllungsort und Gerichtsstand

Aus den Kaufvertragspflichten ergeben sich auch die Festlegungen von Erfüllungsort und Gerichtsstand. Der Erfüllungsort ist der Ort, an dem die Leistungen erbracht werden müssen. Bei einem einfachen Handelskauf gibt es somit zwei Erfüllungsorte. Für die Ware ist das der Wohnort/Geschäftssitz des Verkäufers, für die Geldschuld ist es der Wohnort des Käufers **(gesetzlicher Erfüllungsort).**

Diese Regelung gilt auch für den zweiseitigen Handelskauf, wenn im Vertrag nichts anderes bestimmt wurde. Häufig legt der Lieferer den Erfüllungsort in seinen Allgemeinen Geschäftsbedingungen oder im Angebot fest, indem er schreibt: „Erfüllungsort und Gerichtsstand für beide Teile ist X-Stadt" **(vertraglicher Erfüllungsort).** Eine von der gesetzlichen Regelung abweichende Vereinbarung ist nur im zweiseitigen Handelskauf unter Kaufleuten zulässig.

Der gesetzliche oder vertragliche Erfüllungsort legt zugleich den Ort fest, an dem eine nicht erbrachte Leistung eingeklagt werden kann **(Gerichtsstand).** Der Gerichtsstand für den Verbraucher ist grundsätzlich das für seinen Wohnort zuständige Gericht.

Gefahrenübergang

Am Erfüllungsort geht die Gefahr für die Ware (Untergang, Verschlechterung) vom Verkäufer auf den Käufer über. Die Art des zugrunde liegenden Geschäftes entscheidet dabei über den Ort, an dem die Verantwortung für die Ware auf den Käufer übergeht:

- bei einem Ladenverkauf mit der Übergabe der Ware an den Kunden (Geschäft)
- bei der Warenzustellung mit einem firmeneigenen Fahrzeug mit der Übergabe (Wohnort)
- bei einer Versendung mit Post, Bahn, Spedition oder Paketdienst mit der Übergabe an das Beförderungsunternehmen (das dann bis zum Kunden für die Ware haftet)

3.5 Besondere Kaufvertragsarten

Der Normalfall des Kaufvertrages sind die drei Arten bürgerlicher Kauf als Kauf unter Verbrauchern, einseitiger Handelskauf als Kauf eines Verbrauchers bei einem Kaufmann und zweiseitiger Handelskauf als Kauf unter Kaufleuten. Daneben gibt es aber noch eine Reihe von speziellen Kaufvertragsarten.

- **Kauf zur Probe:** Kauf einer kleinen Menge (Muster) zum Ausprobieren (zur Ansicht), häufig mit einem Musterrabatt verbunden. Bei Gefallen wird der Kauf einer größeren Warenmenge in Aussicht gestellt. Beispiel: Von einer Winzergenossenschaft werden zwei Flaschen eines Weines zur Begutachtung angefordert. Eine Flasche wird zum Probieren geöffnet, die zweite zu Vergleichszwecken aufbewahrt.
- **Kauf nach Probe:** Auf der Grundlage einer vorliegenden Warenprobe wird beim Lieferer eine größere Warenmenge bezogen. Die gelieferte Ware muss genau dem Muster entsprechen.
- **Kauf auf Probe:** Der Kunde erhält ein Rückgaberecht eingeräumt, falls ihm die Ware nach der Erprobung nicht zusagen sollte, z. B. ein Fernsehgerät. Im Unterschied zu einem eingeräumten Umtausch darf der Kunde die Ware für die vereinbarte Zeit nutzen.
- **Fixkauf:** Der Termin für die Warenlieferung wird taggenau („kalendermäßig") festgelegt und durch die Hinzufügung von „fix" oder „fest" zusätzlich als Fixkauf kenntlich gemacht, z. B. „Lieferung am 15. Mai fix".
- **Spezifikationskauf:** Es wird eine Gesamtmenge einer Ware gekauft, ohne zunächst die Ware genau festzulegen. Die Bestimmung der Zusammenstellung nach Art, Form und Größe erfolgt erst später.
- **Kauf auf Abruf:** Kauf einer Gesamtmenge, die auf Anforderung des Kunden in Teilmengen geliefert wird. Durch eine solche Vereinbarung kann der Einzelhändler auf der einen Seite sein Lager entlasten, auf der anderen Seite auch günstigere Einkaufskonditionen aushandeln.
- **Kommissionsgeschäft:** Der Lieferer gibt Waren bei einem Einzelhändler „in Kommission", d. h., er stellt ihm die Ware zum Verkauf zur Verfügung, ohne dass der Einzelhändler die Ware kaufen muss, sie bleibt aber weiterhin Eigentum des Lieferers. Verkauft der Einzelhändler die Ware, darf er einen Anteil am Warenwert (Provision) behalten, kann er die Ware nicht verkaufen, hat er das Recht, sie an den Lieferer zurückzugeben.

4 Schriftverkehr im Einzelhandel

Aufgaben des Schriftverkehrs

Die Verwendung von Vordrucken und die Vorzüge persönlicher Verständigung über das Telefon haben den Umfang des kaufmännischen Schriftverkehrs wesentlich vermindert. Dennoch müssen noch zahlreiche Geschäftsbriefe geschrieben werden, z. B. Mitteilungen an Kunden, Mahnungen, Bestellungen und Reklamationen, oder es müssen mündliche Vereinbarungen schriftlich bestätigt werden. Auch im Verkehr mit Behörden, Banken und Versicherungen kann auf das geschriebene Wort mit seiner Klarheit und Beweiskraft nicht verzichtet werden.

Behandlung der ein- oder ausgehenden Schriftstücke

Die eingehende Post kommt als E-Mail, als Fax oder wird vom Briefzusteller gebracht oder durch Boten vom Postamt aus dem Postschließfach abgeholt. Alle eingehende Post wird sofort mit einem **Eingangsstempel** versehen. Der Eingangsstempel kann als wichtiges Beweismittel dienen (z. B. bei Verzug, Kündigung).

§ 257 HGB; § 147 AO Aufbewahrungspflicht:

6 Jahre	müssen alle empfangenen Handelsbriefe und die Durchschläge oder Kopien der abgesandten Briefe aufbewahrt werden. Die Originale können auch durch Mikrofilme oder andere Datenträger ersetzt werden.
10 Jahre	müssen Handelsbücher, Inventare, Bilanzen und Buchungsbelege aufbewahrt werden.

Schriftgutablage (Registratur)

Die Schriftgutablage ist das Gedächtnis des Betriebes. Oft muss man beim Bearbeiten von Geschäftsvorfällen auf den früheren Schriftwechsel mit den Geschäftsfreunden zurückgreifen.

- In Prozessen können die Geschäftspapiere wichtige **Beweismittel** werden.
- Für die Buchhaltung sind sie **Belege** (Rechnungen, Quittungen, Gutschriftsanzeigen, Bankauszüge usw.).
- Für die Besteuerung des Betriebes sind sie wichtige **Unterlagen,** die bei Betriebsprüfungen der Finanzämter vorgelegt werden müssen.

Form und Inhalt des Geschäftsbriefes

Die äußere Form ist mitentscheidend für den Erfolg eines Briefes. Im kaufmännischen Schriftverkehr wird daher ein sog. **Einheitsbrief** verwendet (Normblatt DIN 5008). Auch die Größe der Briefbogen ist festgelegt. Folgende Formate sind üblich:

- A4 210 x 297 mm = Ganzbrief
- A5 148 x 210 mm = Halbbriefblatt
- A6 105 x 148 mm = Postkarte

Diese Formate entstehen aus dem Ausgangsformat A0 durch wiederholtes Halbieren.
A0 = 841 x 1 189 mm = 1 m^2.

Die Briefumschläge sind in der Reihe DIN C genormt. Die übliche Normalgröße trägt die Bezeichnung C6 (passend zu A6). Die Längshüllen (110 x 220 mm) mit und ohne Fenster tragen die Bezeichnung DL = Deutscher Langbrief.

DIN heißt: Deutsches Institut für Normung.

Zu Beginn des Briefes schreiben Sie ein Stichwort als Inhaltsangabe. Dahinter steht kein Satzzeichen (sogenannte Betreffzeile).

Der Inhalt muss in Satzbau, Rechtschreibung und Zeichensetzung fehlerlos sein. Schreiben Sie klar, deutlich, kurz und lebendig.

Gliedern Sie den Inhalt durch Einfügen von Leerzeilen in einzelne Abschnitte.

Heben Sie Wichtiges hervor, möglichst durch Einrücken.

6

Als Anrede schreiben Sie: „Sehr geehrter Herr X“/„Sehr geehrte Frau Y“. Ist der Empfänger nicht namentlich bekannt, schreiben Sie: „Sehr geehrte Damen und Herren“.

Am Briefende schreiben Sie als Grußformel: „Mit freundlichem Gruß“ oder „Mit freundlichen Grüßen“ oder förmlicher „Hochachtungsvoll“.

Das Datum kann im Brief in zwei unterschiedlichen Schreibweisen angegeben werden:
- in der **numerischen Schreibweise** (z. B. in der Bezugszeichenzeile) in der Form Jahr-Monat-Tag, z. B. 2010-02-25 oder 10-02-25 für den 25. Februar 2010. Diese Regelung gilt europaweit. Tag und Monat werden dabei immer zweistellig geschrieben; die Unterteilung erfolgt durch Trennstriche.
- in der **alphanumerischen Schreibweise,** wie bisher, Tag/Monat/Jahr, z. B. 3. Dezember 2010 oder 3. Dez. 2010.

Briefanschrift

Für die Anschrift stehen 9 Zeilen zur Verfügung. Sie besteht aus folgenden Teilen:
- posttechnische Angaben (drei Zeilen)
- Empfängerbezeichnung (zwei Zeilen)
- Postfach- oder Wohnungsangabe (Straße und Hausnummer)
- Postleitzahl, Bestimmungsort
- Bestimmungsland bei Schreiben an Empfänger im Ausland

Die früher übliche oberhalb der Anschrift des Empfängers gesetzte besondere Versendungsform ist nicht mehr erforderlich, sie wird durch ein am Postschalter erhältliches Barcode-Label ersetzt, das auf den Briefumschlag geklebt wird. Darauf wird die gewünschte Versendungsform angekreuzt.

Einschreiben Einwurf: Der Brief wird in den Briefkasten des Empfängers geworfen, der Postbote dokumentiert die Zustellung auf einem Formular, das ggf. als Beweismittel dient (zusätzliches Entgelt).[1]

Einschreiben: Der eingeschriebene Brief (zusätzliches Einschreibeentgelt) wird nur gegen Quittung ausgehändigt, bei Abwesenheit des Empfängers auch an erwachsene Angehörige. Die Post behält die Quittung als Beleg.

In Verbindung mit Einschreiben

Eigenhändig: Der Vermerk „Eigenhändig“ bürgt dafür, dass der Brief nur dem Empfänger oder einer Person, die vom Empfänger besonders bevollmächtigt wurde, ausgehändigt wird (zusätzliches Entgelt).[1]

Rückschein: Durch das Verlangen „Mit Rückschein“ wird dem Absender die Quittung des Empfängers auf dem Rückschein zugestellt (zusätzliches Entgelt).[1]

Nachnahme: siehe LF 3, Kap. 4.2.4 und LF 5, Kap. 5.2.

Außerdem muss bei diesen Angaben ein **Einlieferungsbeleg** ausgefüllt werden, auf dem dieselben Versendungsformen angekreuzt werden müssen.

Beispiele für Briefanschriften:

•	•	Mit Luftpost
•	•	•
•	•	•
Firma	Fremdenverkehrsverein	Dr. Karl Grossmann
Gebr. Schreiber	Wiesenstraße 75	c/o John T. Harris
Postfach 1 31	A-5700 ZELL AM SEE	498 Second Avenue
01069 Dresden	ÖSTERREICH	WAYNESBURG, PA
•	•	USA
•	•	•

1 Besorgen Sie sich beim nächsten Postamt das Heft „Leistungen und Preise“ oder fragen Sie bei einem alternativen Dienstleister und stellen Sie die dort üblichen Entgelte fest.

Einteilung des Briefblatts A4 (verkleinert)

- Briefkopf
- Heftrand
- Absender
- Anschriftfeld
- Bezugszeichen mit Datum
- Faltmarke
- Betreffzeile
- Anrede
- Brieftext
- Lochmarke
- Grußformel
- Firma und Unterschrift
- Faltmarke
- Warnzeichen
- Geschäftsangaben

Hausrat-Winkler · München

Fachgeschäft für Glas, Porzellan, Eisenwaren und Haushaltsartikel

Isarstraße 24
81924 München

Hausrat-Winkler • Isarstraße 24 • 81924 München

Herrn
Bernhard Riedel
Feichthofstraße 21
81247 München

Ihr Zeichen, Ihre Nachricht vom	Unser Zeichen, unsere Nachricht vom	Telefon, Name	Datum
	w-a	089 24391-237 Herr Schneider	20..-09-30

Reparatur

Sehr geehrter Herr Riedel,

Ihr Rasensprenger Modell „Gartenfreund“, den Sie mir vor 14 Tagen zur Reparatur brachten, ist heute eingetroffen. Er liegt zur Abholung bereit. Das Lieferwerk ist uns entgegengekommen und hat die beschädigte Spritzdüse kostenlos erneuert. Das Gerät arbeitet nun wieder einwandfrei.

Ich freue mich, dass ich Ihnen so schnell behilflich sein konnte.

Mit freundlichen Grüßen

HAUSRAT-WINKLER

i. A. Schneider

Telefon: 089 24391-0
Telefax: 089 24391-23
E-Mail: info@winkler-wvd.de
Internet: www.winkler-wvd.de
Kontoverbindungen:
Stadtsparkasse München, IBAN DE24 7015 0000 0000 0077 88, BIC SSKMDEMM
Postbank München, IBAN DE34 7001 0080 0069 3278 08, BIC PBNKDEFF700

6

Waren annehmen, lagern und pflegen

1 Warenannahme

2 Störung des Kaufvertrages durch den Lieferer

3 Lagerhaltung

1 Warenannahme

Das Einzelhandelsunternehmen erhält die beim Lieferer bestellte Ware durch Speditionsunternehmen, Post, Paketdienste oder per Eisenbahn. Es ist aus rechtlichen Gründen notwendig, die eingetroffene Ware **unverzüglich zu prüfen**[1]. Kaufleute haben die Pflicht, die bei der Prüfung der Ware eventuell festgestellten Mängel **unverzüglich beim Lieferer zu reklamieren** (siehe Kap. 2.2 Schlechtleistung). Der Wareneingang ist im Tätigkeitsfeld des **Lagers** (siehe Kap. 3 Lagerhaltung) anzusiedeln und findet in der Warenannahme des Einzelhandelsunternehmens statt. Einer Warenlieferung liegt stets eine Bestellung als Abschluss des Warenbeschaffungsvorgangs zugrunde (siehe LF 6). Die gelieferte Ware wird anhand der **Warenbegleitpapiere** zunächst einer **äußeren Prüfung** unterzogen, dann einer **inhaltlichen Prüfung.**

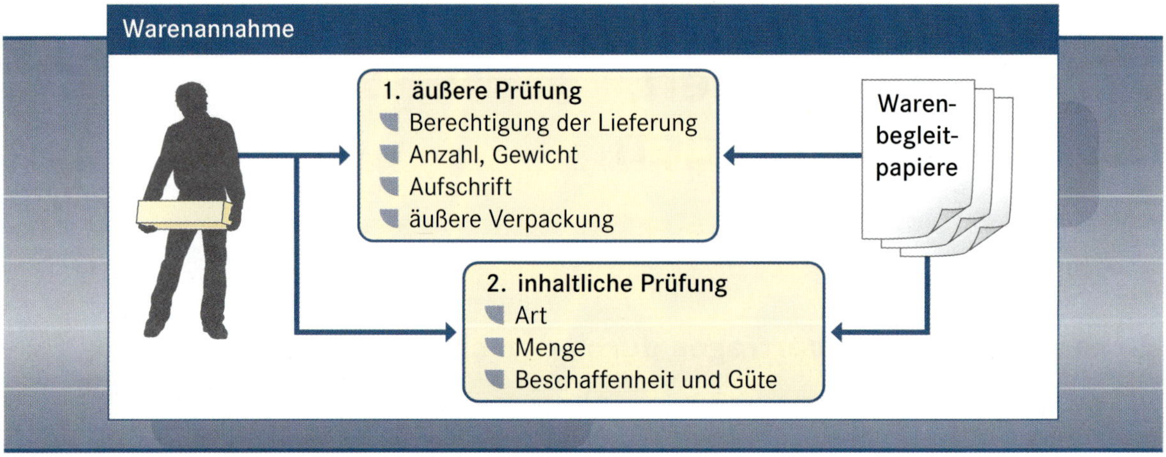

7

1.1 Äußere Prüfung

Noch während der Überbringer der Sendung (Spediteur, Postbote, Fahrer) **anwesend** ist, wird sie **sofort** einer Prüfung unterzogen. Geprüft wird, ob

- die **Lieferung berechtigt ist:** Mithilfe der Warenbegleitpapiere (siehe Kap. 1.3 Warenbegleitpapiere) wird ausgeschlossen, dass die Ware irrtümlich an uns gesendet wurde oder dass es sich um eine **unverlangte Warensendung** handelt. Dazu wird geprüft, ob die Anschrift des Absenders und des Empfängers auf dem Lieferschein zutreffend sind und ob bei uns eine Bestellung für die Warensendung vorliegt.
- die **Anzahl** und das **Gewicht** der Versandstücke mit den Angaben in den Begleitpapieren übereinstimmen.
- die **Aufschrift, Zeichen und Nummern** der Versandstücke mit den Warenbegleitpapieren übereinstimmen.
- die **äußere Verpackung bzw. die Ware selbst Beschädigungen aufweist,** wenn sie unverpackt ist.

Ergeben sich dabei Mängel bezüglich der Stückzahl, des Gewichts, der Aufschrift oder auch Beschädigungen der Verpackung, lassen wir uns sie **durch den Überbringer** der Warensendung **schriftlich bescheinigen.** Wird die Ware trotz der Mängel angenommen, erklärt der Käufer, dass er sich „alle Rechte vorbehält“ bzw. die Ware nur „unter Vorbehalt“ annimmt.

Damit behält sich der Käufer weitere rechtliche Schritte gegen den Lieferer vor (siehe Kap. 2.2 Schlechtleistung). Dem Einkauf ist eine Meldung über Abweichungen zu machen.

1 unverzüglich = Prüfung hat nach ordnungsmäßigem Geschäftsgang so schnell wie möglich zu erfolgen, also ohne schuldhafte Verzögerung.

1.2 Inhaltliche Prüfung

Der **Inhalt** der Sendung muss nun ebenfalls **unverzüglich** geprüft werden. Dabei ergeben sich folgende Arbeitsgänge:

- **Die Verpackung wird sorgfältig geöffnet,** damit die Ware nicht beschädigt wird. Wegen einer besseren Beweisbarkeit ist es ratsam, dass das Öffnen der Versandstücke und das Auspacken von zwei Beschäftigten vorgenommen wird (Vier-Augen-Prinzip).
- **Die Art, Menge, Beschaffenheit und Güte** der Ware wird genau geprüft und mit den Unterlagen verglichen (Packzettel, Versandanzeige, Rechnung, Durchschlag der Bestellung, Proben, Muster). Bei größeren Warensendungen kann eine Prüfung auch stichprobenartig erfolgen.
- **Festgestellte Mängel** und Abweichungen werden in der Regel schriftlich beanstandet. Die Mängel müssen **genau beschrieben** werden; allgemeine Angaben genügen nicht (siehe Kap. 2.2 Schlechtleistung). Die Mängel und Abweichungen werden auf dem Lieferschein notiert und dem Einkauf gemeldet, sodass er seiner Rügepflicht nachkommen kann.
- **Die Packmittel** werden sorgfältig weggeräumt und der Entsorgung zugeführt (siehe Kap. 1.4 Entsorgung der Verpackung).

1.3 Warenbegleitpapiere

Wichtigstes Hilfsmittel bei der Prüfung der gelieferten Ware sind die **Warenbegleitpapiere.** Sie umfassen mindestens den **Lieferschein,** unter Umständen den **Frachtbrief,** Zollpapiere, Packschein, Unfallmerkblätter oder eine **Rechnung.** Die Warenbegleitpapiere sind der Sendung beigefügt bzw. werden vom Überbringer übergeben.

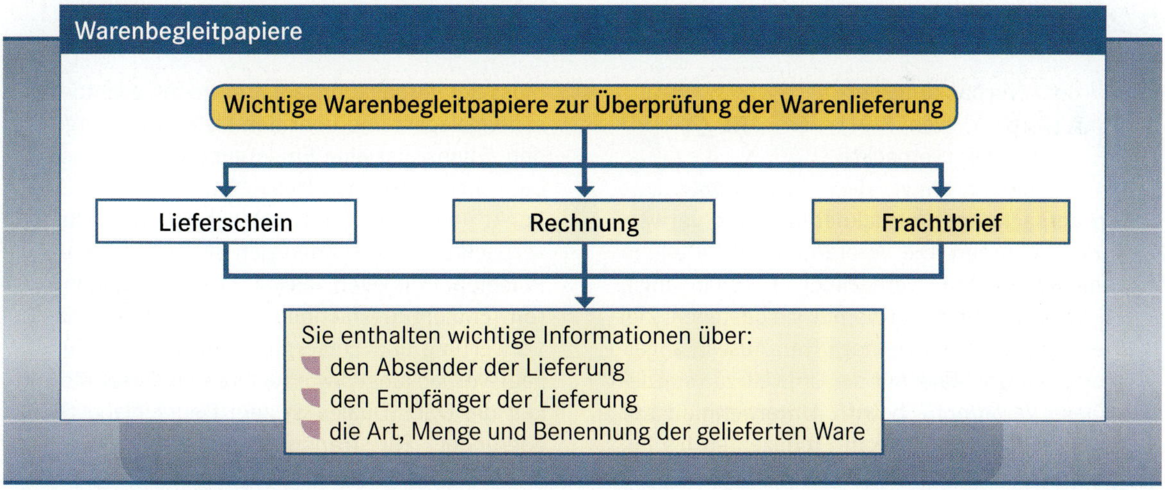

Lieferschein

Der Lieferschein (siehe Seite 261) ist das wichtigste Papier und enthält mindestens die folgenden Angaben:

- Absender der Warenlieferung
- Empfängeradresse
- Datum der Ausstellung
- Lieferscheinnummer
- Art, Menge und Benennung der Ware

Weitere Angaben (AGB, Zahlungsbedingungen, Gerichtsstand usw.) müssen nicht angegeben werden, weil einem Lieferschein meist ein Kaufvertrag zugrunde liegt. Auf dem Lieferschein bestätigt der Empfänger einer Warensendung schriftlich den **mangelfreien Empfang der Ware.**

Frachtbrief

Der Frachtbrief (siehe Seite 262) ist das Warenbegleitpapier im **Güterverkehr.** Der Frachtbrief enthält:

- Adressen des Absenders und Empfängers
- Adresse des Transporteurs oder der Spedition
- Belade- und Abladestelle
- Datum, Art der Ware, Menge der Versandstücke und ihre Form
- Bezifferung oder Kennzeichnung der Packstücke
- Einzel- und Gesamtgewicht der Sendung
- Angaben zur Verpackung und Transportschäden

Der Frachtbrief wird in vierfacher Ausfertigung erstellt. Das Original begleitet die Ware bis zum Versandort. Dieses Original dient dem Transporteur als Abrechnungsgrundlage mit dem Auftraggeber und verbleibt bei ihm. Eine Ausfertigung erhält der Empfänger für seine Unterlagen. Auf dem Frachtbrief **bescheinigt der Empfänger** einer Warensendung, dass die **Sendung vollzählig und äußerlich einwandfrei** entgegengenommen wurde.

Rechnung

Anhand einer **Rechnung** (siehe Seite 263) als Warenbegleitpapier kann ebenfalls die Überprüfung der Warensendung (Absender, Menge und Art der Ware) erfolgen. Damit eine Rechnung als solche anerkannt wird, muss sie folgende Bestandteile enthalten:

- Name und Anschrift des leistenden und des empfangenden Unternehmers
- Ausstellungsdatum
- Rechnungsnummer
- Menge, Art und Bezeichnung der gelieferten Ware
- Höhe des Entgelts und den auf das Entgelt entfallenden Umsatzsteuerbetrag
- Steuernummer oder Umsatzsteuer-Identifikationsnummer

1.4 Entsorgung der Verpackung

Nach der **Verpackungsverordnung** (VerpackV von 1991) muss jeder, der verpackte Waren in Verkehr bringt, die **leeren Verpackungen zurücknehmen und verwerten bzw. entsorgen.** Die Verordnung gilt für alle in Verkehr gebrachten Verpackungen, unabhängig davon, wo sie anfallen und woraus sie bestehen. Ziel der Verordnung ist es, die negativen Auswirkungen der Verpackungsabfälle auf die Umwelt zu reduzieren. Diese Verordnung **betrifft Unternehmen auf allen Wirtschaftsstufen** (vom Produzenten bis hin zum Einzelhändler). Um die gesamte Entsorgung und stoffliche Wiederverwertung von Verpackungen aus Papier und Pappe zu garantieren, wurde 1991 RESY (Organisation für Wertstoffentsorgung GmbH) gegründet. Mit Aufbringen des RESY-Symbols werden die Vorgaben der Verpackungsverordnung erfüllt.

Die bei der Warenannahme anfallenden **Transportverpackungen** sind nach Gebrauch bzw. bei der nächsten Warenlieferung durch den **Lieferer zurückzunehmen.** Die Packmittel dürfen nicht selbst, wie z. B. über den Hausmüll, entsorgt werden, vielmehr muss der Verpackungsabfall getrennt, eventuell zwischengelagert und über den Lieferer entsorgt werden. Ebenso ist eine Entsorgung der Transportverpackungen über das Duale System (DSD/„Grüner Punkt") verboten. Die Hersteller und Vertreiber von verpackter Ware können sich allerdings von diesen Pflichten freistellen lassen, wenn sie einen **Dritten** (Entsorgungsfachbetrieb) mit der Rücknahme, Verwertung und Entsorgung beauftragen. Für Verkaufsverpackungen wurde aufgrund dieser Möglichkeit die DSD (Duales System Deutschland GmbH) gegründet. Für **Transportverpackungen** gibt es mehrere Systeme, wie Interseroh, VfW, GEBR und andere. Dadurch entsteht u. a. kein zusätzlicher Transportaufwand für den Transport der leeren Verpackungen zum Lieferer, sondern die Entsorgung kann ortsnah erfolgen.

Die **Kosten für die Rücknahme** und Entsorgung der Verpackungen muss der Lieferer der Ware übernehmen. Die Rücknahmekosten sind erheblichen Schwankungen unterworfen (grober Richtwert: Non-Food-Bereich ca. 0,1 % und Food-Bereich ca. 0,3 % des jeweiligen Warenwertes).

1.5 Erfassung des Wareneingangs

Entgegengenommene Ware muss bestandsmäßig erfasst werden, um stets einen Überblick über den aktuellen Warenbestand, eventuelle Rücksendungen oder Rückstände zu haben. Vor der Einlagerung der Ware muss daher zunächst die **Buchung der Bestandserhöhung erfolgen.** Diesen Vorgang bezeichnet man auch als „Ware vereinnahmen" oder „Lieferschein vereinnahmen". Gemeint ist die buchungstechnische Erfassung im Warenbuchungssystem (z. B. **Warenwirtschaftssystem,** siehe LF 11) des Einzelhandelsunternehmens. Als Beleg für diese Zubuchung dient der Lieferschein oder ein zusätzlich zu erstellender Wareneingangsschein (auf Grundlage der Bestellung und des Lieferscheins). Die richtige Verbuchung der Ware beim Wareneingang ist Grundvoraussetzung für eine **korrekte Bestandsführung.**

SB Großhandelszentrale • Koblenz

Rheinallee 15
56075 Koblenz

Tel.: 0261 31547-0
Fax: 0261 31547-12

SB Großhandelszentrale • Rheinallee 15 • 56075 Koblenz

Elektrohandel
Georg Neumann
Kölner Straße 11
53111 Bonn

Kunden-Nr.: 1 487
Auftrags-Nr.: 478
Datum: ..-07-05

Lieferschein-Nr. 705-15

Pos.	Menge	Artikelbezeichnung
1	4	Videobeamer
2	12	DVD-Player, Surrey

Ware in einwandfreiem Zustand erhalten

Bonn, 9. Juli 20.. Georg Neumann

Ort **Datum** **Unterschrift**

Lieferschein

7

Ⓐ **Absender** – Name und Postanschrift
SB Großhandelszentrale Koblenz
Rheinallee 15
56075 Koblenz

Ⓑ **Versandort** 56075 Koblenz
Beladestelle Rheinallee 15

Ⓝ **Frachtbrief**
für den gewerblichen Güterverkehr national
LKW Nr.

Ⓒ **Empfänger** – Name und Postanschrift
Elektrohandel
Georg Neumann
Kölner Straße 11
53111 Bonn

Ⓓ **Bestimmungsort** 53111 Bonn
Entladestelle Kölner Straße 11

Ⓞ Entfernung km

Lieferschein-Nr. 705-15

Ⓔ Grenzübergang:

Ⓕ Weitere Beladestellen im Versandort

Ⓖ **Erklärungen, Vereinbarungen**
(ggf. Hinweise auf Spezialfahrzeuge):

Ⓗ Weitere Entladestellen im Bestimmungsort

Amtliches Kennzeichen
LKW:
Anh.:

Nutzlast in t
LKW: | Anh.:

Fahrzeugführer

Begleiter

Ⓘ **Bezeichnung der Sendung**

Anzahl, Art Verpackung	Zeichen, Nr.	Inhalt (tarifgemäße Bezeichnung)	Güterart-Nr.	Bruttogewicht kg
4		Videobeamer		20
12		DVD-Player, Surrey		60

Gefahrgut ADR 2003	Benennung	Nr. Gefahrgutzettel	Verpackungsgruppe (VG)
UN			

BELADUNG
Fahrzeug bereitgestellt Tag Stunde
Beladung beendet Tag Stunde

ENTLADUNG
Fahrzeug bereitgestellt Tag Stunde
Entladung beendet Tag Stunde

Ⓚ Freivermerk

Ⓛ Nachnahme EURO

Ⓜ Ort und Tag der Ausstellung
________, den ________
Unterschrift des Absenders

Ⓢ Empfang der Sendung bescheinigt
Bonn, den 9. Juli 20..
Neumann
Unterschrift des Empfängers

Ⓟ Gut und Frachtbrief übernommen
Tag: Stunde:
Anschrift und Unterschrift des Unternehmers

Vorbehalte bei Übernahme:
(kurze Begründung)
Ort Datum Unterschrift

Frachtberechnung Gewicht kg	errechnete Fracht/netto EURO	vereinbarte Fracht/netto EURO	Summe/netto EURO

Absender	Anzahl	Empfänger	Anzahl
Euro-Paletten		Euro-Paletten	
Gitterbox-Paletten		Gitterbox-Paletten	
Einfach-Paletten		Einfach-Paletten	
getauscht		getauscht	
nicht getauscht		nicht getauscht	
Unterschrift ▸		Unterschrift ▸	
Datum		Datum	

Nebenleistungen
Zwischensumme
minus Provision
= Nettoentgelt
+ Umsatzsteuer
Beförderungsentgelt

SVG

Für den Absender: weiß · Für den Empfänger: rot · Für den Unternehmer: gelb

Frachtbrief

SB Großhandelszentrale • Koblenz

Rheinallee 15
56075 Koblenz

Tel.: 0261 31547-0
Fax: 0261 31547-12

SB Großhandelszentrale • Rheinallee 15 • 56075 Koblenz

Elektrohandel
Georg Neumann
Kölner Straße 11
53111 Bonn

Kunden-Nr.: 1 487
Auftrags-Nr.: 478
Datum: ..-07-05

Rechnung-Nr. 705

Pos.	Menge	Artikelbezeichnung	Einzelpreis	Gesamtpreis
1	4	Videobeamer	275,00 €	1.100,00 €
2	12	DVD-Player, Surrey	105,00 €	1.260,00 €
				2.360,00 €
		+ 19 % Umsatzsteuer		448,40 €
				2.737,60 €

Zahlung fällig ..-07-26 rein netto
Bei Zahlung bis .. 07-12 gewähren wir 3 % Skonto.

E-Mail: info@sb-grosshandel-wvd.de
Internet: www.sb-grosshandel-wvd.de
USt-IdNr.: DE 384 256 123
St.-Nr. 142/3427/3561

Sparkasse Koblenz
Konto-Nr. 100 257 876
BLZ 570 501 20
IBAN: DE73 5705 0120 0100 2578 76
BIC: MALADE51KOB

Deutsche Bank, Koblenz
Konto-Nr. 247 158 765
BLZ 570 700 24
IBAN: DE42 5707 0024 0247 1587 65
BIC: DEUTDEDB570

Rechnung

7

2 Störung des Kaufvertrages durch den Lieferer

Mit Abschluss des Kaufvertrages verpflichtet sich der Lieferer, seinem Kunden die Ware **mangelfrei** und **rechtzeitig** zu liefern. Kommt der Lieferer einer dieser Pflichten nicht oder nicht vollständig nach, dann liegt eine Störung des Kaufvertrages durch den Lieferer vor:

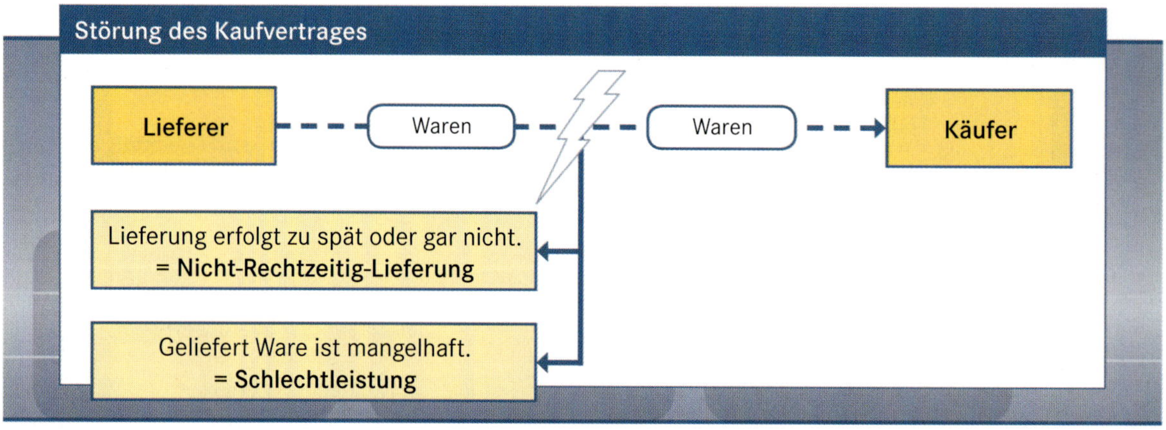

2.1 Nicht-Rechtzeitig-Lieferung (Lieferungsverzug)

Erhält der Einzelhändler die Lieferung nicht zum vereinbarten Liefertermin, sollte er beim Lieferer sofort das Ausbleiben der Sendung anmahnen. Zusätzliche Ansprüche – dazu gehört auch der Rücktritt vom Vertrag – können gegenüber dem Lieferer erst geltend gemacht werden, wenn er sich mit der Lieferung der Ware in **Verzug** befindet.

2.1.1 Voraussetzungen

Der Lieferer von Waren kommt unter folgenden Voraussetzungen in Verzug:

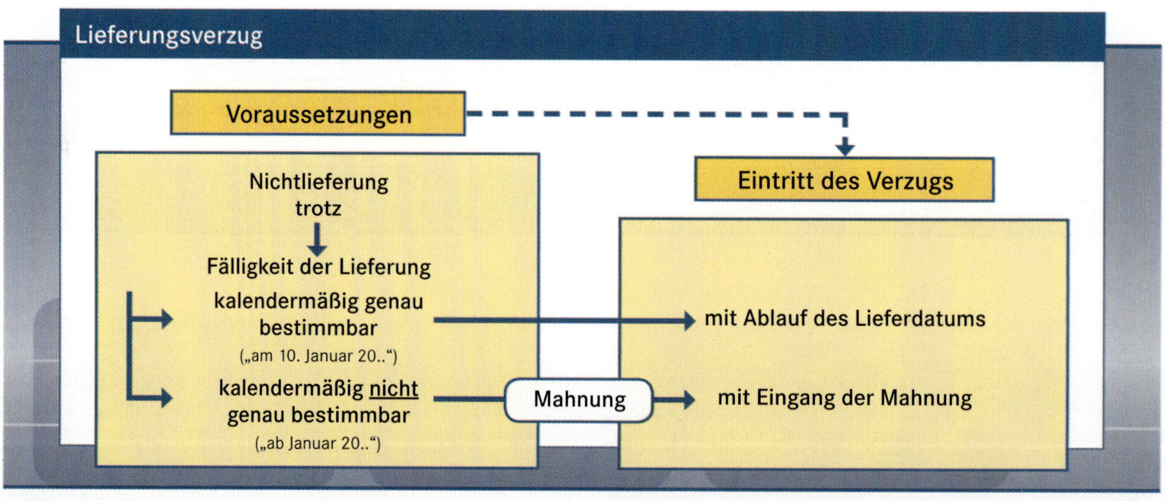

Nichtlieferung

Der Lieferer muss die **Verspätung** oder **Nichtlieferung** verantworten, wenn die Warenlieferung durch **fahrlässiges** oder **vorsätzliches** Verhalten des Verkäufers oder eines seiner Mitarbeiter (Erfüllungsgehilfe) unterbleibt.

- **Vorsätzlich** handelt ein Lieferer oder sein Erfüllungsgehilfe, wenn er genau weiß, dass sein Handeln rechtswidrig ist und er den Eintritt eines Schadens möchte.

> **Beispiel:**
>
> Der Auslieferungskraftfahrer missachtet wissentlich die Lenkungs- und Ruhezeiten und schläft am Steuer ein. Er verursacht einen Verkehrsunfall, bei dem die zu liefernde Ware zerstört wird.

- **Fahrlässig** handelt ein Lieferer dann, wenn er die erforderliche Sorgfalt außer Acht lässt.

> **Beispiel:**
>
> Ein Lieferer vergisst versehentlich die Lieferung.

- **Höhere Gewalt** (z. B. Streiks, Verkehrsstockungen, Naturkatastrophen) schließt demnach ein Verschulden aus. Der Lieferer kommt nicht in Verzug, solange die Lieferung wegen eines Umstandes unterbleibt, den er nicht zu vertreten hat.

> **Beispiel:**
>
> Ein Lieferer kann seiner Lieferverpflichtung nicht nachkommen, da sein Werk bestreikt wird.

Fälligkeit der Lieferung

Die Lieferung muss **fällig** sein, d. h. vom Käufer verlangt werden können:

- Ist die **Lieferzeit kalendermäßig genau bestimmt** („Lieferung bis spätestens 15. Juli“ oder „fix am 15. Oktober 20..“) und es wird nicht zum vereinbarten Liefertermin geliefert, dann kommt der Lieferer auch **ohne besondere Mahnung** des Käufers in Verzug (§ 284 Abs. 2 BGB).
- Ist die **Lieferzeit kalendermäßig nicht genau bestimmt** („Lieferung frühestens am 10. September 20..“ oder „Lieferung erfolgt ab Januar 20..“), kommt der Lieferer erst durch die Mahnung des Käufers in Verzug.

7

2.1.2 Rechte des Käufers

Der Käufer hat bei **Nicht-Rechtzeitig-Lieferung** verschiedene Rechte, die wahlweise anwendbar sind:

Der Käufer kann

- **auf die (nachträgliche) Lieferung bestehen** und außerdem **Schadensersatz** wegen verspäteter Lieferung verlangen (§§ 280, 286 BGB) **oder**
- nach Ablauf einer **„angemessenen“ Nachfrist** die **Lieferung ablehnen** und vom **Vertrag zurücktreten** (§ 326 BGB) **oder/und**
- nach Ablauf der Nachfrist die Lieferung ablehnen und **Schadensersatz statt Lieferung** (§ 281 BGB) **oder** den **Ersatz vergeblicher Aufwendungen** (§ 284 BGB) verlangen.

Eine **Nachfrist** ist dann angemessen, wenn der Lieferer die Möglichkeit hat, die Ware zu liefern, ohne sie erst zu beschaffen oder erst herstellen zu müssen. Eine **Nachfrist braucht nicht gesetzt** zu werden,

- wenn der Lieferer erklärt, dass er nicht leisten (liefern) will,
- wenn der Käufer kein Interesse mehr an der Lieferung hat (Zweckkauf), z. B. wenn die Zeit für den Absatz vorüber ist (Spielwaren für Weihnachten, Glückwunschkarten für Neujahr, Wintersportartikel).

Rücktritt vom Vertrag: Bei der Inanspruchnahme des Gestaltungsrechts „Rücktritt“ kann der Kunde nach Ablauf der gesetzten Nachfrist auch dann vom Vertrag zurücktreten, wenn den Lieferer **kein Verschulden** an der verspäteten Lieferung (oder Nicht-Lieferung) trifft.

Rechte des Käufers bei Nicht-Rechtzeitig-Lieferung

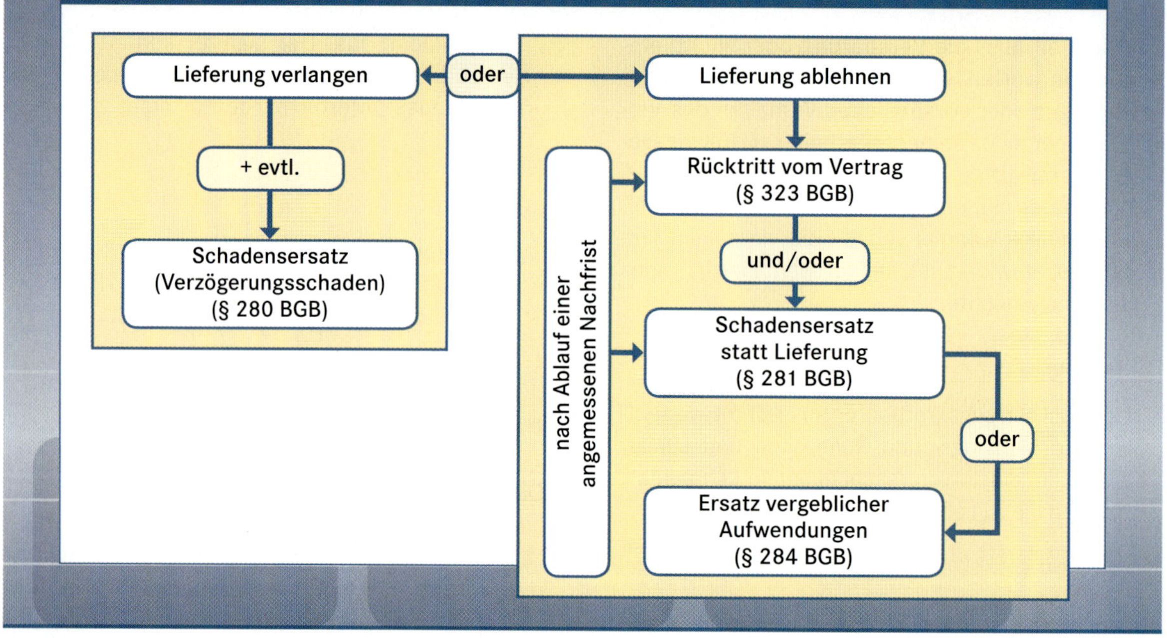

Von welchem Recht macht der Käufer in den einzelnen Fällen Gebrauch?
Der Käufer hat grundsätzlich die Wahlmöglichkeit, ob er weiterhin auf Lieferung besteht oder ob er sie ablehnen möchte. Nachstehende Übersicht zeigt, unter welchen betriebswirtschaftlichen Gründen der Käufer von welchem Gestaltungsrecht Gebrauch machen sollte:

7

Gestaltungsrechte des Käufers

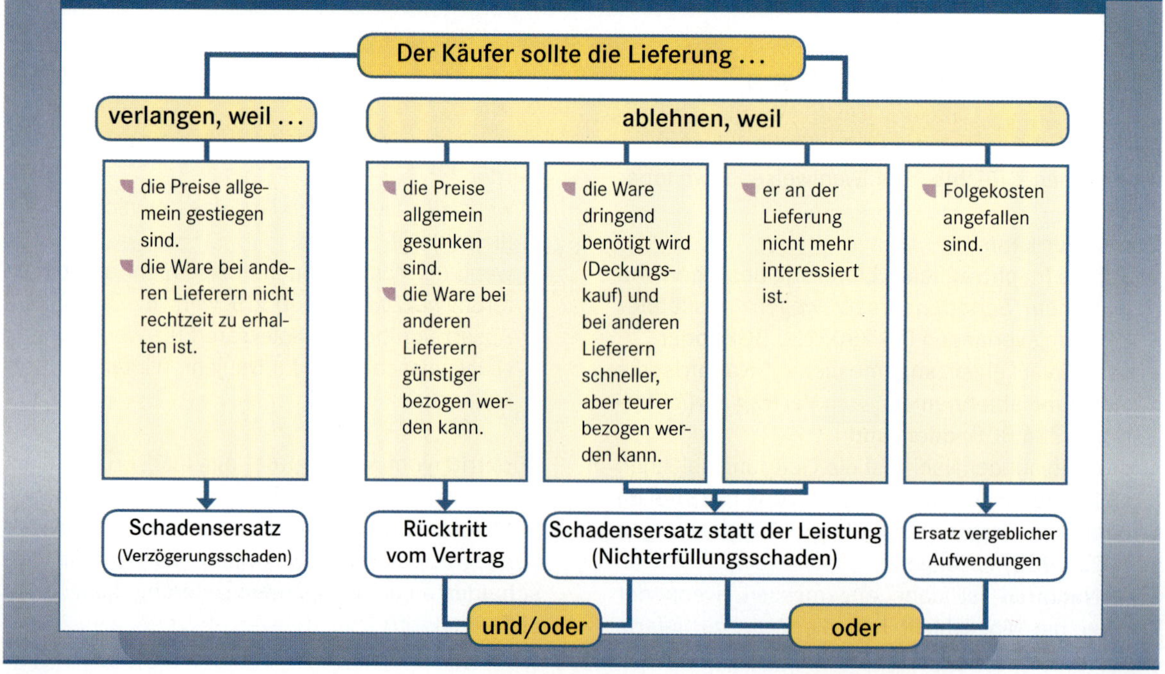

2.1.3 Anmahnung der Lieferung

Für die Anmahnung der Lieferung ist keine besondere Form vorgeschrieben. Zur besseren Beweisbarkeit ist die Schriftform (E-Mail, Brief) allerdings zu empfehlen. In dem Schreiben zur Anmahnung der Lieferung sollen folgende Punkte berücksichtigt werden:

1. Hinweis auf die eigene Bestellung oder auf die Auftragsbestätigung des Lieferers,
2. Hinweis, dass die Lieferfrist verstrichen ist,
3. Aufzählung der Nachteile, die durch den Lieferungsverzug erwachsen sind,
4. Setzen einer **angemessenen Nachfrist**, da bestimmte Rechte des Käufers erst danach geltend gemacht werden können (siehe Rechte des Käufers); die Nachfrist entfällt beim Fixkauf oder wenn eine spätere Lieferung sinnlos ist,
5. Ankündigung des Anspruchs, der geltend gemacht werden soll.

Von: <max.schubert@kernkg.de>
An: <verkauf@elektrogeraetefabrik-wvb.de>
Gesendet: Montag, 18. Oktober 20.. 11:21
Betreff: Nichtlieferung bestellter Radiogeräte

Sehr geehrte Damen und Herren,

nach Ihrem Angebot und Ihren Bedingungen hatten wir 25 verschiedene Elektrogeräte bestellt. Sie hatten uns die Lieferung binnen vier Wochen zugesagt. Mittlerweile sind aber fast fünf Wochen verstrichen, ohne dass Sie uns den Grund für die Verzögerung mitgeteilt haben.

Wir benötigen die Geräte dringend für das Weihnachtsgeschäft und bitten Sie, uns die Sendung sofort zugehen zu lassen. Als letzte Frist setzen wir den 25. Oktober 20.. . Falls Sie diese Nachfrist überschreiten, werden wir Sie für alle uns entstandenen Schäden haftbar machen.

Mit freundlichen Grüßen

Warenhaus Gaby Kern KG
Max Schubert

Telefon: 0911 24685
Telefax: 0911 24686
E-Mail: kernkg@wvb.de
Internet: www.kernkg-wvb.de

2.1.4 Ermittlung des Schadensersatzes

Die Berechnung des Schadensersatzes bei der Nicht-Rechtzeitig-Lieferung kann folgendermaßen ermittelt werden:

Berechnung Schadensersatz

Schadensersatz

konkrete Schadensberechnung	abstrakte Schadensberechnung
Preisunterschied	erzielbarer Verkaufspreis
+ Kosten	– Einkaufspreis
= Schadensersatzforderung	= entgangener Gewinn

- **Konkrete Schadensberechnung:** Benötigt der Käufer die Waren dringend und muss sie anderweitig zu einem höheren Preis beschaffen **(Deckungskauf)**, verlangt er den Ersatz des Schadens, den er **genau** nachweisen kann. Die Schadensersatzforderung, ergibt sich demnach aus dem **Preisunterschied (Mehrpreis) zuzüglich der Kosten.**
- **Abstrakte Schadensberechnung:** Ist der Käufer an der Lieferung nicht mehr interessiert, weil er die Ware nicht mehr absetzen kann, umfasst der zu ersetzende Schaden auch den **entgangenen Gewinn.** Hierzu berechnet der Käufer dem Lieferer den Gewinn, der unter normalen Umständen erzielt worden wäre (Differenz zwischen dem vertraglich festgelegten Einkaufspreis mit dem Lieferer und dem erzielbaren Verkaufspreis).
- **Konventionalstrafe:** Um Streitigkeiten bei der Berechnung des Schadens von vornherein zu vermeiden, wird häufig eine Konventionalstrafe (Vertragsstrafe) vertraglich vereinbart.

2.2 Schlechtleistung

Der Verkäufer einer Ware hat im Kaufvertrag die Verpflichtung übernommen, seinem Kunden **einwandfreie Ware** zu liefern. Die Ware muss vor allem frei von **Sach- und Rechtsmängeln** sein. Das ist in der Praxis nicht immer der Fall, in vielen Fällen ist die gelieferte Ware mangelhaft.

2.2.1 Mängelarten

Die auftretenden Mängel können im Hinblick auf die **Sache** (Sachmangel), auf die **Rechte** (Rechtsmangel) und auf die **Erkennbarkeit** unterschieden werden:

Mängelarten

Mängelarten im Hinblick auf ...

... die Sache (Sachmangel)
- Fehlen vereinbarter Beschaffenheit
- nicht sachgemäße Montage
- mangelhafte Montageanleitung
- Mangel in der Art oder Menge

... die Rechte (Rechtsmangel)
- Verkäufer ist nicht Eigentümer der Ware.
- Die Ware ist mit fremden Rechten belastet.

... die Erkennbarkeit
- offener Mangel
- versteckter Mangel
- arglistig verschwiegener Mangel

7

Sachmangel

Ein Sachmangel liegt vor bei	
dem Fehlen der **vereinbarten Beschaffenheit** der Ware: Die tatsächliche Beschaffenheit der Ware weicht von der vereinbarten Beschaffenheit der Ware ab. Als einwandfrei ist eine Ware anzusehen, wenn sie sich für die vorgesehene Verwendung eignet und die Eigenschaften aufweist, die der Käufer nach Art der Ware erwarten kann. Diese Erwartung kann sich auch auf die Aussage eines Herstellers in seiner **Produktwerbung** beziehen. Aussagen aus der Werbung sind also ausnahmslos verbindlich!	**Beispiel:** Ein Hersteller wirbt mit spülmaschinenfestem Geschirr. Aber schon nach dem ersten Spülgang verblasst die Farbe des Geschirrs.
nicht sachgemäßer Montage der Kaufsache: Die vereinbarte Montage wird unsachgemäß durchgeführt, egal ob vom Verkäufer selbst oder von einem Erfüllungsgehilfen.	**Beispiel:** Ein geliefertes Verkaufsregal ist als solches zwar intakt, wurde aber vom Monteur nicht waagrecht aufgestellt.
einer **fehlerhaften Montageanleitung** (sogenannte IKEA-Klausel): Dem Käufer gelingt es wegen der fehlerhaften Anleitung nicht, die gekaufte Sache zu montieren, zusammenzubauen oder einzubauen.	
einem **Mangel in Art oder Menge:** Der Verkäufer liefert eine andere Ware oder eine falsche Menge.	

Rechtsmangel

Ein Rechtsmangel liegt vor, wenn	
der **Verkäufer nicht Eigentümer der Ware** ist.	**Beispiel:** gestohlene Ware, Eigentumsvorbehalt
die Ware mit **fremden Rechten** belastet ist.	**Beispiel:** Pfand

Erkennbarkeit

Nach der Erkennbarkeit werden folgende Mängelarten unterschieden:	
Ein **offener Mangel ist** bei der Eingangsprüfung der Ware klar zu erkennen.	**Beispiel:** Das Gehäuse eines gelieferten Fernsehers ist verkratzt.
Versteckte Mängel sind auf den ersten Blick nicht zu erkennen.	**Beispiel:** Der Inhalt einiger Konservendosen ist verdorben.
Ein **arglistig verschwiegener Mangel** liegt vor, wenn der Verkäufer einen ihm bekannten Mangel absichtlich verheimlicht.	**Beispiel:** Ein Computer wird als fabrikneu verkauft, obwohl er bereits bei einem Kunden zur Probe gelaufen ist.

2.2.2 Pflichten des Käufers

Der Käufer hat je nach seiner rechtlichen Stellung bei der Warenannahme verschiedene Pflichten:

Pflichten des Käufers

Käufer ist ...

Unternehmer
- **zweiseitiger Handelskauf**
  Unternehmer kauft von Unternehmer.
- **einseitiger Handelskauf**
  Unternehmer kauft von Privatperson.

Nichtkaufmann
- **bürgerlicher Kauf**
  Privatperson kauft von Privatperson.
- **einseitiger Handelskauf**
  Privatperson kauft von Unternehmer. **(Verbrauchsgüterkauf;** § 474 BGB)

Käufer ist Unternehmer

Käufer ist Unternehmer beim einseitigen oder zweiseitigen Handelskauf:

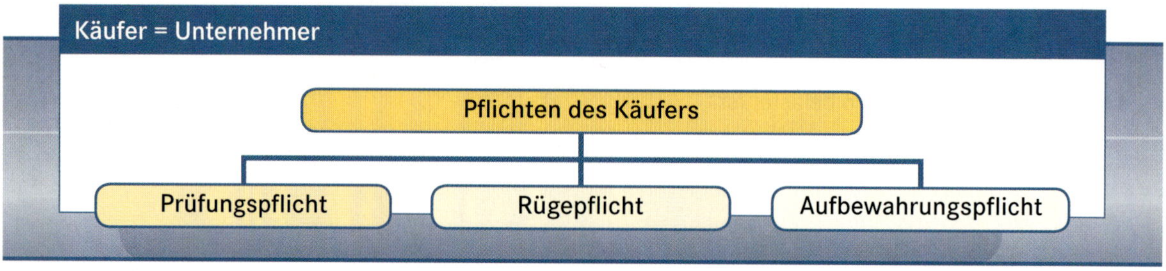

- **Prüfungspflicht:** Der Käufer muss die Ware **unverzüglich** auf Güte, Menge und Art prüfen. Sind die Mängel bereits bei der Übergabe sichtbar, kann die **Annahme verweigert** werden. Erfolgt trotz der Mängel eine Abnahme, muss sich das Recht aus der Mängelrüge sofort vorbehalten werden, z. B. durch einen Vermerk auf dem Lieferschein (siehe Kap. 1 Warenannahme).
- **Rügepflicht:** Grundsätzlich muss der Käufer jeden Mangel nach der Entdeckung **unverzüglich** rügen. Die Mängel müssen in der Rüge **genau bezeichnet** werden (siehe Kap. 2.2.5 Mängelrüge). Dabei sind folgende **Verjährungsfristen** zu beachten:
  - **Offene Mängel** sind unverzüglich nach der Eingangsprüfung zu rügen.
  - Die Rüge eines **versteckten Mangels** ist nur innerhalb der gesetzlichen Gewährleistungsfrist von zwei Jahren nach dem Zeitpunkt der Lieferung möglich. Diese Frist kann vertraglich verlängert werden (Garantie).
  - Wird ein **Mangel arglistig verschwiegen,** gilt die allgemeine Verjährungsfrist von drei Jahren (beginnend mit Ablauf des Jahres, in dem der Mangel entdeckt wurde).
  - Bei **gebrauchten Sachen** kann eine Verjährungsfrist von einem Jahr vereinbart werden.
- **Aufbewahrungspflicht:**
  - beim **Platzkauf:** Die mangelhafte Ware kann sofort zurückgeschickt werden.
  - beim **Distanzkauf:** Ware kann aufbewahrt werden, um Transportkosten zu vermeiden. Die Lagerung muss ordnungsgemäß erfolgen und die Lagerkosten können dem Verkäufer in Rechnung gestellt werden.
  - beim **Notverkauf:** Ist die Ware dem Verderb ausgesetzt oder Gefahr in Verzug, kann der Käufer die Ware verkaufen lassen.

Käufer ist Nichtkaufmann

Käufer ist Nichtkaufmann beim einseitigen Handelskauf **(Verbrauchsgüterkauf)** oder bürgerlichen Kauf. Verkauft ein Einzelhändler Ware an seine privaten Kunden, gelten einige **abweichende Regelungen:**

- Der Käufer muss die Ware **nicht unverzüglich prüfen.**
- Mängel müssen **nicht unverzüglich gerügt** werden. Die Rüge bei offenen und versteckten Mängeln kann innerhalb der Gewährleistungsfrist vorgenommen werden.
- Innerhalb der ersten sechs Monate liegt bei einem Mangel die Beweispflicht beim Verkäufer. Der Verkäufer muss also dem reklamierenden Kunden beweisen, dass der Mangel erst nach der Übergabe der Ware eingetreten ist. Nach Ablauf von sechs Monaten hat der Kunde seinerseits zu beweisen, dass der Mangel bereits beim Kauf vorlag **(Beweislastumkehr).**

Nachfolgende Übersicht zeigt zusammenfassend die Reklamationsfristen:

	offener Mangel	versteckter Mangel	arglistig verschwiegener Mangel
Käufer ist Unternehmer - einseitiger Handelskauf - zweiseitiger Handelskauf	unverzüglich nach Eingangsprüfung	- unverzüglich nach der Entdeckung - spätestens innerhalb der Gewährleistungsfrist (in der Regel zwei Jahre)	- unverzüglich nach Entdeckung - innerhalb von drei Jahren (Beginn: Ende des Jahres nach Entdeckung)
Käufer ist Nichtkaufmann - bürgerlicher Kauf - einseitiger Handelskauf (Verbrauchsgüterkauf)	- innerhalb der Gewährleistungsfrist (in der Regel zwei Jahre)		- innerhalb von drei Jahren (Beginn; Ende des Jahres nach der Entdeckung)

2.2.3 Rechte des Käufers

Liefert ein Verkäufer eine Sache, die einen der aufgeführten Mängel aufweist, gibt der Gesetzgeber dem Käufer eine Reihe von Rechten. Diese Rechte sind in **zwei Stufen** anzuwenden:

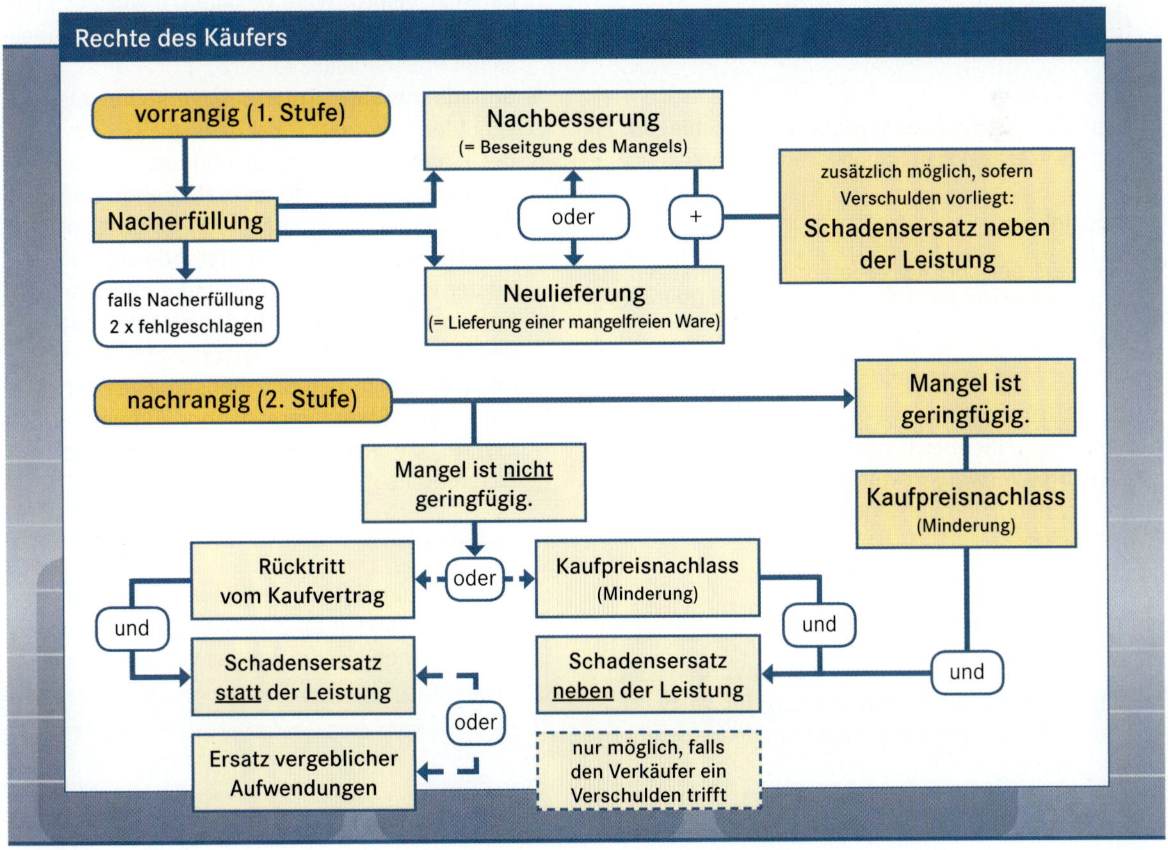

Vorrangige Rechte (1. Stufe)

Die **Nacherfüllung** räumt dem Verkäufer die Möglichkeit ein, den vorliegenden Mangel zu beseitigen. Hierzu hat der Käufer ein Wahlrecht zwischen der Mängelbeseitigung **(Nachbesserung)** und der **Neulieferung.** Es ist dabei bedeutungslos, ob ein Verschulden (Vorsatz, Fahrlässigkeit) des Verkäufers vorliegt.

- **Mängelbeseitigung (Nachbesserung):** Beseitigung des Mangels durch Reparatur

> **Beispiel:**
>
> Die gekaufte elektronische Kasse ist defekt. Der Hersteller schickt einen Kundendienstmitarbeiter, der die Kasse vor Ort repariert.

- **Neulieferung:** Lieferung einer mangelfreien Sache (Ersatzlieferung)

> **Beispiel:**
>
> Fünf von 50 gelieferten Herrenoberhemden hatten einen Webfehler. Der Lieferer liefert fünf mangelfreie Hemden nach.

7

Die verlangte Nacherfüllung gilt als **fehlgeschlagen**:

- nach zwei erfolglosen Nachbesserungsversuchen;

> **Beispiel:**
>
> Die elektronische Kasse ist trotz zweimaligem Reparaturversuch des Kundendienstmitarbeiters immer noch defekt.

- wenn die **Nachbesserung/Neulieferung vom Verkäufer verweigert** wurde, weil sie unmöglich ist oder mit unverhältnismäßig hohen Kosten verbunden ist.

Handelte der Verkäufer schuldhaft (Vorsatz, Fahrlässigkeit), kann der Käufer zusätzlich neben der Nacherfüllung einen **Schadensersatzanspruch** geltend machen. Ist die Nachbesserung fehlgeschlagen, kann der Käufer auf die nachrangigen Rechte zurückgreifen.

Nachrangige Rechte (2. Stufe)

Die nachrangigen Rechte setzen voraus, dass eine **Nacherfüllungsfrist** erfolglos blieb und die vorliegenden Mängel nicht geringfügig sind. Die Nachfrist ist entbehrlich, wenn der Verkäufer die Nacherfüllung verweigert oder sie zweimal fehlgeschlagen ist bzw. unzumutbar erscheint. Bei einem Fixkauf oder einem Zweckkauf ist eine Nachfrist für die Nacherfüllung ebenfalls entbehrlich.

- **Rücktritt vom Vertrag:** Der Käufer gibt die mangelhafte Ware zurück und erhält einen eventuell bereits bezahlten Kaufpreis (Anzahlung) zurück. Der Rücktritt vom Vertrag ist nur möglich, wenn es sich um einen nicht geringfügigen Mangel handelt.

> **Beispiel:**
>
> Die Registrierkasse hat einen kleinen Kratzer auf dem Display. Ein Rücktritt vom Vertrag ist hier nicht möglich.

- **Minderung des Kaufpreises:** Möchte der Käufer die mangelhafte Ware behalten, bleibt der Kaufvertrag bestehen, er kann aber einen angemessenen Preisnachlass fordern.
- **Schadensersatz:** Trifft den Verkäufer ein Verschulden (Vorsatz, Fahrlässigkeit), so kann der Käufer zusätzlich zur Minderung des Kaufpreises einen **Schadensersatz neben der Leistung** (kleiner Schadensersatz) fordern, falls ein nachweisbarer Schaden entstanden ist. Tritt der Käufer vom Vertrag zurück und ihm entstanden Kosten, so kann er **Schadensersatz statt der Leistung** (großer Schadensersatz) fordern.
- Anstelle des großen Schadensersatzes kann der Käufer den **Ersatz vergeblicher Aufwendungen** fordern, die er im Vertrauen auf den Erhalt der Ware bereits gemacht hat.

> **Beispiel:**
>
> Ein Einzelhändler hat bereits eine Werbeanzeige für das Produkt in Tageszeitungen geschaltet. Die entstandenen Kosten hat der Verkäufer zu übernehmen.

2.2.4 Rückgriff des Unternehmens auf seinen Lieferer

Nimmt ein Lieferer aufgrund einer Mängelrüge des Einzelhändlers bzw. ein Einzelhändler aufgrund einer Mängelrüge eines Kunden eine Ware zurück oder mindert den Kaufpreis, kann der Einzelhändler jeweils auf seinen Lieferer zurückgreifen. In diesem Fall kann er seine Rechte sofort geltend machen, ohne erst eine Mahnung mit Fristsetzung abgeben zu müssen. Außerdem kann er Ersatz seiner Aufwendungen fordern. Jedem Lieferer innerhalb der Lieferkette stehen diese Rechte zu. Für die Geltendmachung seiner Ansprüche hat jeder innerhalb dieser Kette jeweils zwei Monate Zeit. Die Verjährung wird um diesen Zeitraum hinausgeschoben (gehemmt).

2.2.5 Mängelrüge

Obwohl für die Mängelrüge keine bestimmte Form vorgeschrieben ist, sollte man immer schriftlich reklamieren. Der Brief, das Telefax oder die E-Mail an den Lieferer enthält die

1. **Empfangsbestätigung** der Sendung,
2. **genaue Beschreibung des Mangels** (Ein allgemeiner Hinweis wie „Ware mangelhaft" genügt nicht!),
3. **Ansprüche,** die aus der mangelhaften Erfüllung des Kaufvertrages abgeleitet werden,
4. **Bitte an den Lieferer,** sich zu äußern.

Von: <eva.strobel@kernkg.de>
An: <service@georgholzmann-wvb.de>
Gesendet: Montag, 10. November 20 . . 09:24
Betreff: Mangelrüge zu Auftrag Nr. 6 234

Sehr geehrte Damen und Herren,

gestern erhielt ich Ihre Sendung verschiedener Pralinen. Die gelieferten Markenfabrikate sind einwandfrei. Jedoch die

200 Packungen „Flieder" – 250 g

stimmen nicht mit dem angebotenen Muster überein. Im Gegensatz zu der von Ihrem Vertreter, Herrn Backmann, vorgezeigten Musterpackung wirken die Farben auf den gelieferten Schachteln blass und verwaschen. Gerade bei Pralinen ist jedoch eine attraktive Verpackung für die Verkaufsfähigkeit besonders wichtig.

Ich habe die 200 Packungen „Flieder" ausdrücklich nach Muster bestellt und bin nicht bereit, die gelieferte Ware zu dem in Rechnung gestellten Preis von 3,80 € je Packung zu übernehmen. Eine Absatzmöglichkeit besteht allenfalls als „Sonderangebot" zu einem besonders niedrigen Preis.

Daher schlage ich Ihnen vor, mir für die beanstandeten Pralinenpackungen einen Preisnachlass von 12 % einzuräumen. Andernfalls müsste ich Ihnen die Ware wieder zur Verfügung stellen.

Ich erwarte Ihren baldigen Bescheid.

Mit freundlichen Grüßen
Warenhaus Gaby Kern KG
Eva Strobel

Telefon: 069 3575420
Telefax: 069 3578422
E-Mail: kernkg@wvb.de
Internet: www.kernkg-wvb.de

3 Lagerhaltung

Die angelieferte Ware wird nach der Warenannahme in den seltensten Fällen sofort und vollständig verkauft. Vielmehr muss die Ware bis zum Verkauf eingelagert werden. Das Lager ist also der Ort, wo der Einzelhändler die Ware auf Vorrat aufbewahrt.

Im Lager liegt ein beträchtlicher Teil des Betriebsvermögens in Form der eingelagerten Ware fest, weshalb die richtige Lagerhaltung eine wichtige Voraussetzung für den Verkaufserfolg darstellt.

3.1 Aufgaben der Lagerhaltung

Die Kunden erwarten, dass sie beim Einkaufen immer ein volles Sortiment vorfinden. Ein Einzelhandelsunternehmen kann trotz moderner Informationssysteme (WWS) niemals genau voraussehen, welche Waren zu welchem Zeitpunkt und in welcher Menge verkauft werden. Das Lager des Einzelhändlers soll zeitliche und mengenmäßige Unterschiede zwischen dem Wareneinkauf und dem Warenverkauf ausgleichen. Die Lagerhaltung im Einzelhandel erfüllt folgende Aufgaben:

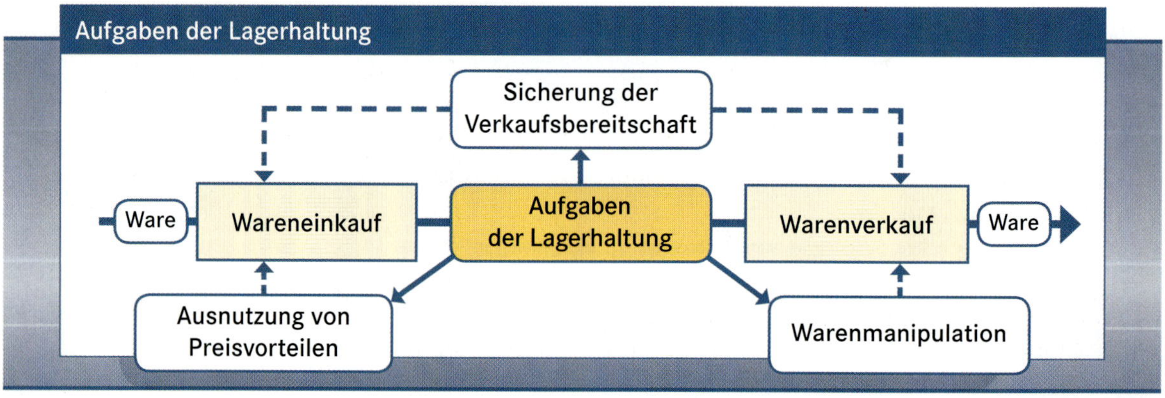

- **Sicherung der Verkaufsbereitschaft:** Bis zur nächsten Lieferung muss das volle Sortiment verkaufsbereit sein. Es dürfen keine Verkaufslücken entstehen, weil sonst die Gefahr des Umsatzverlustes besteht, da die Kunden zur Konkurrenz wechseln. **Zeitliche Unregelmäßigkeiten** bei der Warenlieferung (z. B. Lieferverzögerungen, Transportschwierigkeiten) müssen überbrückt werden. Auf **saisonbedingte Schwankungen** der Nachfrage muss man vorbereitet sein, z. B. müssen Badeartikel oder Regenschirme schon vor dem Bedarf bereitliegen.
- **Ausnutzung von Preisvorteilen:** Größere Mengen können meist preisgünstiger eingekauft werden (Großeinkauf). Durch Mengenrabatte und durch geringere Versand- und Verpackungskosten können auf diese Weise **Preisschwankungen** ausgeglichen werden. Für günstige **Gelegenheitseinkäufe** muss auch noch Platz im Lager vorhanden sein.
- **Warenmanipulation:** Der Einzelhändler stellt die Ware erst verbrauchergerecht zusammen, z. B. durch Umpackung in kleinere Mengen, durch Zusammenstellen von zusammengehörenden Teilen (Rock, Bluse, Jacke), durch Umfüllen und Lagern bis zur Reife (Wein, Obst).

3.2 Lagerarten

Im Einzelhandel sind hauptsächlich zwei Lagerarten anzutreffen:

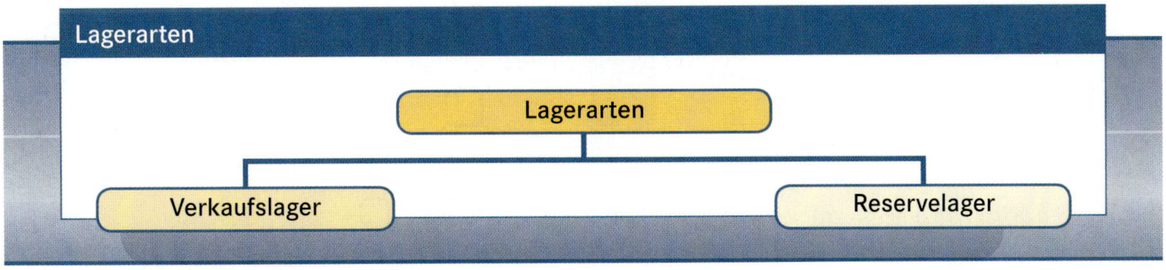

Ladenraum

Nebenraum

Das Verkaufslager ist der Ladenraum. Im Ladenraum werden die Artikel verkaufsbereit gehalten. In kleinen Einzelhandelsgeschäften, aber auch in Discountgeschäften und Verbrauchermärkten wird die hereinkommende Ware meist sofort in das Verkaufslager einsortiert.

Das Reservelager oder Vorratslager befindet sich zweckmäßigerweise in Nebenräumen unmittelbar neben dem Verkaufsraum. Die Größe des Reservelagers ist von der Betriebsform und Betriebsgröße abhängig. Die Ware wird dort angenommen, ausgepackt, geprüft, ausgezeichnet und gelagert, bis sie im Verkaufslager benötigt wird. Manchmal ist wegen hoher Mietkosten das Reservelager auch in einer billigeren Lage außerhalb untergebracht.

Aufgabe des Reservelagers ist es, das Verkaufslager übersichtlich zu halten und damit die Warenpräsentation des Sortiments nicht zu beeinträchtigen. Das Reservelager dient vor allem der Aufnahme von Waren, die

- als Verkaufsreserve dienen und nicht im Verkaufslager gelagert werden können,
- erst noch verkaufsbereit gemacht werden müssen (Auspacken, Prüfen, Auszeichnen),
- saisonbedingt nicht nachgefragt werden,
- nur selten verlangt werden und nicht im Verkaufsraum vorrätig gehalten werden,
- von Kunden zurückgegeben wurden,
- für Kunden extra bestellt wurden.

Bei **Filialunternehmen** (z. B. Lebensmitteldiscounter) oder bei **Kooperationen** (z. B. Einkaufsgenossenschaften, siehe LF 6 Kap. 2.2.2) lassen sich zwei weitere wichtige Lagerarten hinsichtlich des **Standortes** unterscheiden:

- Im **Zentrallager** werden Waren zur Bevorratung für die Belieferung von Filialen, Niederlassungen und Großkunden eingerichtet.
- **Dezentrale Lager** befinden sich in Kundennähe und dienen der Bevorratung der Ware für die Kundschaft. Die dezentralen Lager entsprechen den oben erwähnten **Reservelagern.**

Beispiel:

Ein Lebensmitteldiscounter lässt seine Waren an die insgesamt 16 Filialen über drei Regionallager ausliefern. Für die A-, B-, und C-Region ist jeweils ein Zentrallager zuständig. Jede der 16 Filialen verfügt über einen kleineren Lagerraum (dezentrales Lager als Reservelager).

Zentrale/dezentrale Lagerhaltung

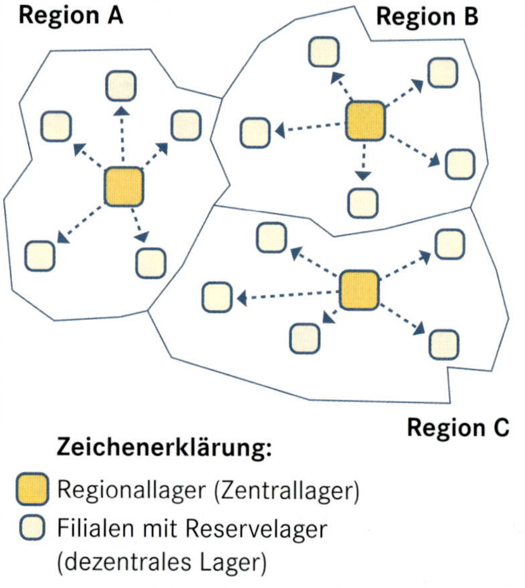

Nachfolgende Übersicht zeigt aus Sicht des Einzelhändlers die Vor- und Nachteile einer zentralen und dezentralen Lagerhaltung.

	zentrale Lagerhaltung	dezentrale Lagerhaltung
Vorteile	■ geringer Grundstücks- und Gebäudebedarf ■ insgesamt geringere Bestände durch Zusammenfassung von Sicherheitsbeständen ⇨ geringere Kapitalbindungskosten ■ gute Ausnutzung der Lagereinrichtungen ■ gute Lagerorganisation, z. B. durch automatisierte Hochregallager ■ weniger und effektiverer Personaleinsatz ■ Sammelbestellungen möglich (Mengenrabatte, niedrigere Bestellkosten)	■ Verbrauchernähe ■ bessere Berücksichtigung von Kundenwünschen ■ schnelle Sortimentsanpassung an regionale Bedürfnisse ■ geringerer Dispositionsaufwand ■ bessere warenspezifische Lagerung möglich (z. B. Kühlung) ■ kurze Informationswege
Nachteile	■ längere Transportwege ■ hohe Frachtkosten ■ schlechterer Kontakt zu den Bedarfsträgern ■ hoher Dispositionsaufwand	■ insgesamt höhere Lagerfläche ■ höherer Verwaltungsaufwand ■ weniger effiziente Lagerorganisation ■ (evtl.) höhere Kapitalbindung ■ höherer Personaleinsatz

3.3 Lagereinrichtung

Damit die Aufgaben der Lagerhaltung optimal erfüllt werden können, müssen bei der Einrichtung des Lagers bestimmte Grundsätze beachtet werden. Das Lager muss hinsichtlich Raumbedarf, Raumaufteilung und Einrichtung dem Sortiment, den Bedürfnissen der Kunden sowie der Organisation im Einzelhandelsunternehmen entsprechen.

Verkaufslager

In Geschäften mit Vorwahl oder Selbstbedienung ermöglicht das Verkaufslager dem Kunden einen unmittelbaren Zugriff auf die Ware. Bei der Ausstattung und Einrichtung der **Verkaufsräume** sind daher die Grundsätze der **Warenpräsentation und Ladengestaltung** zu beachten, da gerade hier der Kunde mit der Ware in engen Kontakt kommt (siehe LF 4).

Reservelager

Eine aufwendige verkaufsfördernde Ausstattung ist hier nicht erforderlich. Die Einrichtung des Reservelagers wird in erster Linie von der zweckmäßigen Aufbewahrung der Waren bestimmt.

Neben den zur Lagerung notwendigen Einrichtungen wie Regale, Schränke, Ständer, Kühlanlagen usw. gehören noch **wichtige Hilfsmittel** zur Beförderung der Waren wie z. B. Transportbänder, Gabelstapler und Aufzüge. Ferner werden Waagen und Messgeräte benötigt.

Grundsätzlich sollten von jedem Lager und den erforderlichen Einrichtungen folgende **Anforderungen** erfüllt werden:

Lageranforderungen

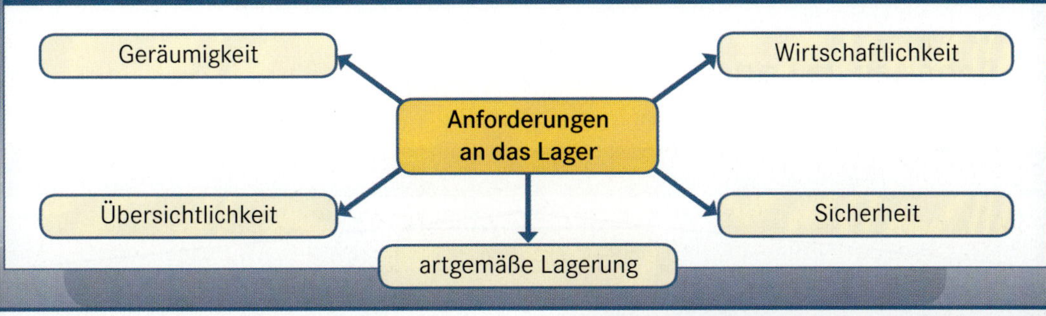

Geräumigkeit: Es muss ausreichend Platz vorhanden sein, damit bei Spitzenbelastungen der innerbetriebliche Transport durch herumstehende Waren nicht gefährdet wird. Im Einzelhandel werden im Reservelager die Waren angenommen, ausgepackt und geprüft. Ein zu kleines und enges Lager verursacht durch Zeitverlust zusätzliche Lagerkosten.

Übersichtlichkeit: Im Rahmen einer sinnvollen **Lagerorganisation** muss das Lager übersichtlich gehalten werden. Unter dem Begriff „Lagerorganisation" versteht man die Zuordnung der Ware auf die Lagerplätze im Lager.

Hierbei werden zwei Ansätze unterschieden:

- Beim **chaotischen System** wird die Ware im Reservelager auf freie Lagerplätze verteilt. Diese Lagerorganisation erfordert nahezu immer ein EDV-gesteuertes System, um die Ware schnell wieder auffinden zu können.

Lagerplan der Elektroabteilung

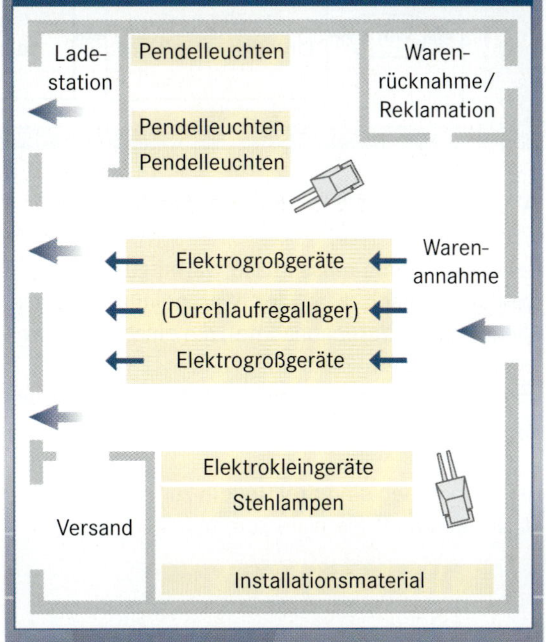

7

- Beim **Festplatzsystem** wird dem einzulagernden Artikel ein fester Platz zugeordnet. Mithilfe eines genauen **Lagerplans** wird dieser Platz eindeutig und fest dem Artikel zugeordnet. Der Vorteil liegt in der guten Wiederauffindbarkeit und der Möglichkeit der Sortierung nach Art und Umschlagshäufigkeit (häufig benutzte Güter werden z. B. am Anfang gelagert). Auch ungeschultes Personal findet sich im Lager zurecht und beim Einordnen und Ausgeben wird nicht unnötig Zeit vertan.

Artgemäße Lagerung: Die Art der Lagerung richtet sich nach dem zu lagernden Produkt. Das Lager muss so zweckmäßig eingerichtet sein, dass produktabhängig z. B. der Schutz vor Feuchtigkeit, Trockenheit oder Licht ebenso möglich ist wie vor Hitze oder Kälte. Das Lager muss der Art, Güte und dem Wert der Ware entsprechen.

Wirtschaftlichkeit: Die Kosten der Lagerhaltung sind hoch (siehe Kap. 3.6 Kosten der Lagerhaltung). Um die Kosten so gering wie möglich zu halten, sollten die gelagerte Menge, die Lagerdauer und der Verwaltungsaufwand so gering wie möglich gehalten werden.

Sicherheit: Durch bestimmte Vorsorge- und Sicherungsmaßnahmen kann im Lager die Gefahr eines Brandes, eines Diebstahls oder eines Unfalls vermindert werden. Die Arbeitsbedingungen im Lager müssen den Vorschriften des Arbeitsplatzschutzes entsprechen (siehe Kap. 3.5 Sicherheitsvorkehrungen).

3.4 Arbeiten im Lager

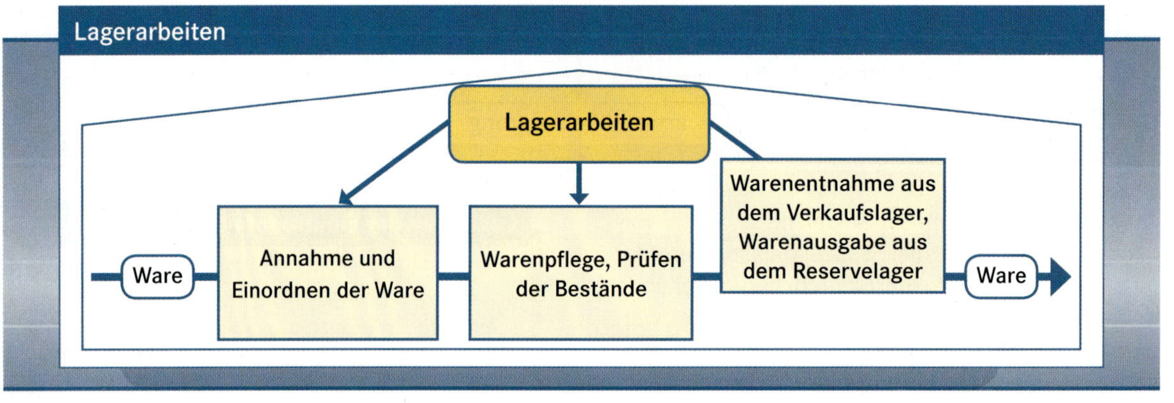

Annahme und Einordnen der Waren

Bei der Annahme müssen alle Waren genau geprüft werden. Danach wird der Wareneingang erfasst (siehe Kap. 1 Warenannahme), die einzelnen Waren werden mit dem Preis ausgezeichnet (siehe LF 9) und je nach Bedarf in das Verkaufs- oder Reservelager einsortiert.

Beim Einordnen sind **drei Regeln** zu beachten:
- Nur einwandfreie Ware kommt ins Lager.
- Jede Ware hat ihren bestimmten festen Platz **(Festplatzsystem).**
- Neue (frische) Ware kommt hinter (unter) die alte, damit die alte Ware zuerst verkauft wird („FIFO"-Regel – **f**irst **in**, **f**irst **o**ut). Umgekehrt wird bei der „LIFO"-Regel verfahren (**l**ast **in**, **f**irst **o**ut). Hierbei wird die neue Ware zuerst verkauft (häufig im Discountbereich).

7

„FIFO"-Regel

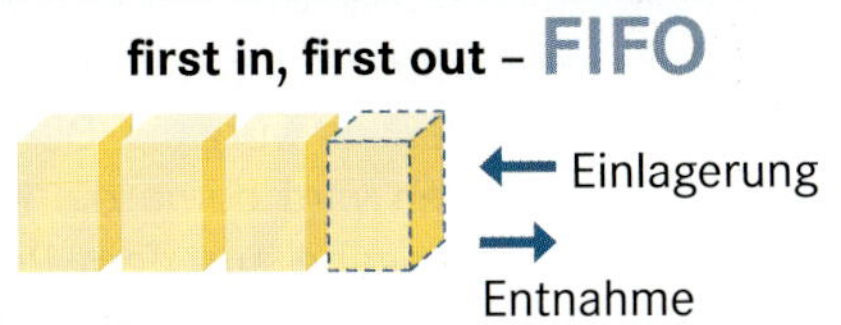

„LIFO"-Regel

Warenpflege und Prüfen der Warenbestände

Während der Lagerhaltung haben die Mitarbeiter die Aufgabe, die **Waren zu pflegen** und die **Warenbestände** zu **prüfen.**

Wenn sich die Ware stets in einwandfreiem Zustand befinden soll, muss das Lager einer dauernden Pflege und Überwachung unterliegen. Empfindliche Waren müssen regelmäßig gepflegt werden, damit sie nicht verstauben (Wäsche, Kleider usw.) und durch Schädlinge (Motten, Mäuse, Schimmel) oder durch unsachgemäße Lagerung (Bombieren von Konserven) unbrauchbar und unverkäuflich werden. Manche Waren verlangen eine besondere Behandlung bei der Lagerung.

Beispiel:

vor Feuchtigkeit schützen	Metallwaren (einfetten), Holzwaren, Zucker, Salz, Seife, Mehl, Gips
kühl lagern	Fleischwaren, Fette, Obst, Gemüse, Konserven, Weine, Fische
nicht zu trocken lagern	Tabakwaren, Gummiwaren, Lederwaren (bestimmter Feuchtigkeitsgehalt der Luft)
vor starker Lichteinwirkung und Sonnenbestrahlung schützen	Papier, Bücher, weiße und bunte Stoffe, Kleider, Farben, Süßwaren, Fette, Obst
vor Geruchseinwirkung durch andere Waren schützen	Kaffee, Kakao, Schokolade, Tee, Tabakwaren (nicht neben Käse, Fischen, Seifen, Parfümerien lagern). Petroleum darf wegen seines Geruchs nicht mit Lebensmitteln in Berührung kommen. Schnittkäse muss unter einer Glocke, Röstkaffee in gut verschlossenen Büchsen aufbewahrt werden.
vor Staub schützen	Wäsche, Kleider, Bücher, Schmuckwaren, Apparate, Instrumente, Maschinen
vor Motten schützen	Wollwaren, wollhaltige Kleidungsstücke, Teppiche, Pelze
vor Insekten schützen	offene Lebensmittel, Delikatessen, Süßwaren
vor starken Erschütterungen sichern	Uhren, optische Apparate, Instrumente, Lampen, Glas, Porzellan

7

Beim regelmäßigen Prüfen der Warenbestände werden kontrolliert:

- die **Menge der Ware** (z. B. Stückzahl, Menge, Gewicht), um Diebstähle festzustellen und Ladenhüter zu vermeiden. Durch zusätzliche, in unregelmäßigen Zeitabständen erfolgende Kontrollen soll Unredlichkeiten des Personals vorgebeugt werden.

- die **Beschaffenheit der Ware** (z. B. Zustand, Eigenschaften, Aufmachung, Verpackung, Verfalldaten) zur Feststellung von Verderb und Beschädigungen. Bei Lebensmitteln aller Art ist diese Kontrolle besonders wichtig. Stichprobenkontrollen durch die Lebensmittelüberwachung werden neben der Eigenkontrolle von Zeit zu Zeit zum Schutz des Verbrauchers durchgeführt.

Hilfsmittel für das Prüfen der Warenbestände sind Lagerverzeichnisse, Lagerbuch bzw. Lagerkartei, Lagerfachkarten und Lagerstatistik (= Lagerbuchführung). Im Rahmen eines computergestützten Warenwirtschaftssystems (siehe LF 11) wird das Prüfen der Warenbestände permanent durchgeführt.

Warenentnahme

Die **Warenentnahmen aus dem Verkaufslager** entstehen durch den Verkaufsvorgang. Der Verkauf der Ware an den Kunden wird durch die Kasse registriert. Die **Warenausgabe aus dem Reservelager** an den Verkauf darf nur gegen Beleg erfolgen, z. B. gegen einen Warenentnahmeschein. Der Warenabgang ist auf jeden Fall zu erfassen und ggf. in einer Bestandskartei oder dem Warenwirtschaftssystem zu verbuchen. Weiterhin ist festzustellen, ob durch den Abgang der jeweiligen Ware der Bestand so weit vermindert wurde, dass eine Nachbestellung erfolgen muss (siehe Lagerbestandsarten).

3.5 Sicherheitsvorkehrungen im Lager

Der Feuerschutz ist in erster Linie Aufgabe der Geschäftsleitung.

- Feuerlöschgeräte müssen bereitgestellt sein.
- Alarmzeichen müssen bekannt und erprobt sein.
- Im Lager sind grundsätzlich Rauchen und offenes Feuer verboten.
- Notausgänge müssen in größeren Betrieben vorhanden und gekennzeichnet sein.
- Feueralarmordnungen regeln das Verhalten bei Ausbruch eines Brandes.

7

Die Unfallverhütung wird im Handel häufig nicht mit der nötigen Sorgfalt wahrgenommen. Auch in den Betrieben des Einzelhandels ereignen sich immer wieder vermeidbare Unfälle **im Lager** (durch schadhafte Werkzeuge und Leitern, herausstehende Nägel, schlechte Beleuchtung, Unachtsamkeit im Umgang mit Maschinen, Missachtung von Betriebsschutzvorschriften) und **im Laden** (durch Bodenglätte, Einfallen von Warenstapeln, Ungeschicklichkeit beim Verpacken).

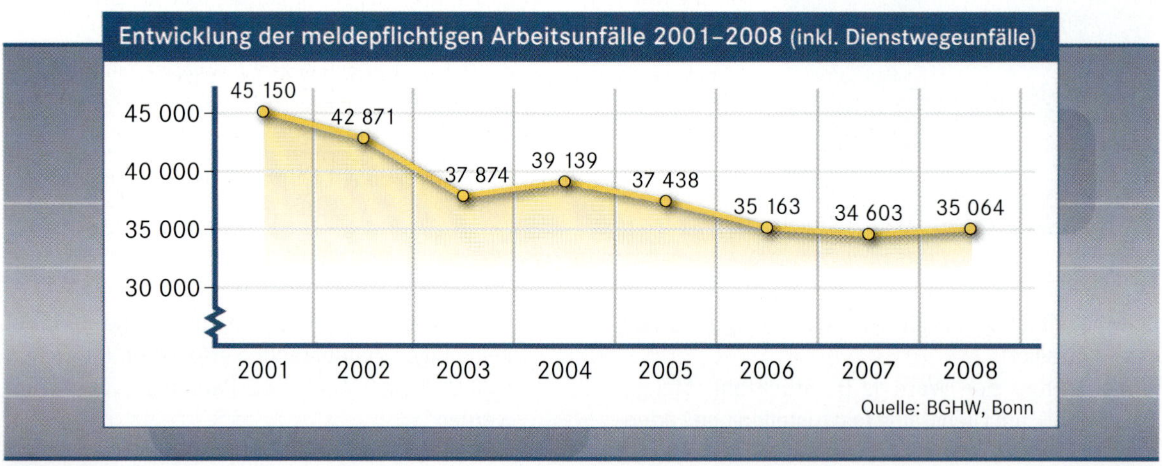

Das **Arbeitsschutzgesetz** verpflichtet den Einzelhändler zur Verhütung von Arbeitsunfällen und zum Gesundheitsschutz der Arbeitnehmer, Vorkehrungen nach den geltenden Arbeitsschutz- und Unfallverhütungsvorschriften zu treffen. Die Abbildung auf Seite 280 zeigt die Entwicklung der bei der **Berufsgenossenschaft Handel und Warendistribution (BGHW)** meldepflichtigen Arbeitsunfälle von 2001 bis 2008.

Nachfolgende Tabelle listet die häufigsten unfallauslösenden Gegenstände (Stand 2008) auf.

unfallauslösende Gegenstände	Anzahl	Anteil
1 Fußböden	5 255	15,2 %
2 Messer	4 194	12,1 %
3 Behälter, Flaschen, Container	2 466	7,1 %
4 Treppen	1 731	5,0 %
5 Aufschnittschneidemaschinen	1 656	4,8 %
6 Türen, Tore	1 161	3,4 %
7 Rollbehälter	1 318	3,8 %
8 Menschen	1 011	2,9 %
9 Paletten	1 224	3,5 %
10 Haushaltsgeräte, Hausrat, Haushaltsgegenstände	1 519	4,4 %
11 Leitern	1 100	3,2 %
12 Hubwagen	1 005	2,9 %
Sonstiges	10 992	31,7 %
Summe der meldepflichtigen Arbeitsunfälle	34 632	100 %

Quelle: BGHW, Bonn

Gerade die **Gefährdungen** des Mitarbeiters im Lagerbereich sind vielseitig:

- An- und Wegfahren der Lieferer auf dem Betriebsgelände
- Be- und Entladen der Lieferfahrzeuge an der Rampe
- Transport der Ware mit Transportmitteln im Unternehmen (Gabelstapler, Hubwagen)
- Lagern der Ware in Regal- und Lagereinrichtungen (Gefahr der Überlastung, Bruch und Durchbiegung)
- Umgang mit Lagergeräten (z. B. Arbeiten mit dem Kartonmesser, Leitern)
- falsches Hochheben von schweren Lasten usw.

Gegen Schadensfälle ist der Einzelhändler in der Regel versichert. Trotzdem ist die sorgfältige Beachtung der Unfallverhütungs- und Feuerschutzvorschriften erforderlich.

Gegen Unfälle am Arbeitsplatz sind alle Arbeitnehmer versichert. Die **Berufsgenossenschaft** überwacht zusammen mit dem Gewerbeaufsichtsamt die Einhaltung der Sicherheitsvorkehrungen. Die Berufsgenossenschaften haben entsprechende Vorschriften erlassen, die für die Mitarbeiter deutlich sichtbar ausgehängt sein müssen.

Merkblätter für den Umgang mit Maschinen, Lagereinrichtungen, Gefahrenstoffen usw. können von der **BGHW** (Internetadresse: www.bghw.de) bezogen werden. Ebenfalls kann man hier weiterführende Informationen zur Arbeitssicherheit und zum Unfallschutz im Einzelhandelsbetrieb erhalten.

3.6 Kosten und Risiken der Lagerhaltung

Die Lagerung der Ware verursacht erhebliche Kosten:

Kosten der Lagerhaltung für ...		
Lagereinrichtung	**Lagerverwaltung**	**Lagervorräte**
- Lagereinrichtung - Miete - Energie (Heizung, Strom) - Reinigung - Abnutzung der Lagereinrichtung - Instandhaltung - Transportgeräte - u. a.	- Löhne und Gehälter des Lagerpersonals - Sozialabgaben - Sachkosten für Büromaterial - u. a.	- Pflege der Ware - Kosten zur Sicherung der Ware - Lagerbewegungen - u. a.

Die **Höhe der Lagerhaltungskosten steigt mit der Größe der Lagerhaltung.** Ein wichtiges Ziel der Lagerwirtschaft ist es, die Lagerkosten so gering wie möglich zu halten: Durch eine Warenbeschaffung (siehe LF 6), die sich in mengenmäßiger und zeitlicher Hinsicht am tatsächlichen Verkauf orientiert, lassen sich die Lagerhaltungskosten reduzieren bzw. vermeiden. Die Lagerhaltungskosten sollten immer durch die Handelsspanne abgedeckt sein.

Jede Lagerhaltung ist mit Risiken verbunden (Lagerrisiko):

wirtschaftliche Risiken	sonstige Risiken
- Geschmack- oder Modewandel - wetter- und saisonabhängige Waren - Verschlechterung der wirtschaftlichen Lage (Konjunktureinbrüche) - technischer Fortschritt (gelagerte Artikel sind veraltet)	- Feuer - Einbruch - Wasserschaden - Bruch, Beschädigung - Schwund - Verderben - Diebstahl

7

Die wirtschaftlichen Risiken können durch genaue Marktbeobachtungen minimiert werden. Zur Vermeidung der sonstigen Risiken hilft der Abschluss von entsprechenden Versicherungen sowie das Treffen von Sicherheitsvorkehrungen im Lager.

3.7 Lagerkontrolle

3.7.1 Optimaler Lagerbestand

Wenn auch der Einzelhändler oft nur über einen begrenzten Lagerraum verfügt, ist es wichtig, einen ausreichenden Lagerbestand zu halten. Hier besteht aber ein **Konflikt** zwischen einem **zu hohen** und einem **zu niedrigen Lagerbestand.**

Ein **zu hoher Lagerbestand** verursacht hohe Lagerkosten, bindet Kapital, das im Unternehmen sinnvoller eingesetzt werden könnte, und es besteht die Gefahr des Veraltens, des Schwundes und des Verderbs der Waren.

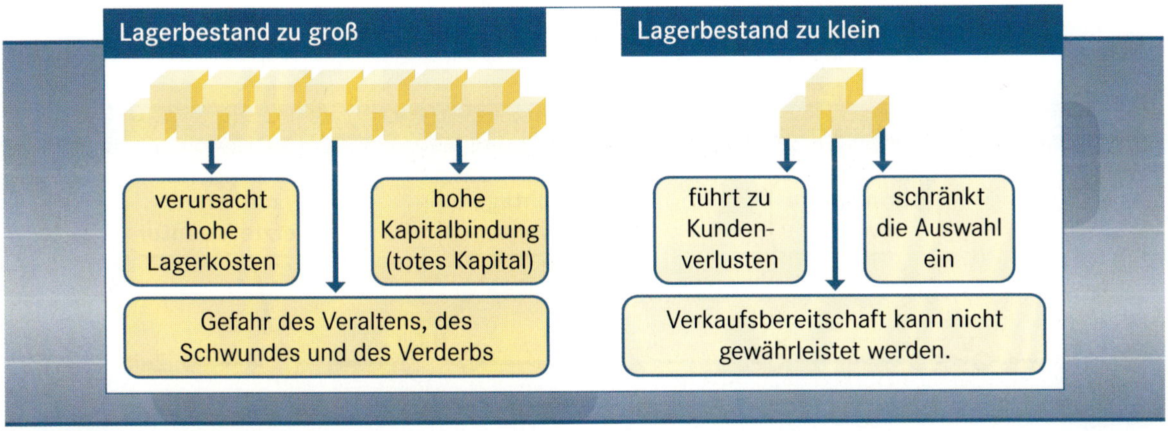

Bei einem **zu niedrigen Lagerbestand** hingegen ist die Verkaufs- bzw. Lieferfähigkeit nicht gewährleistet, die Auswahl ist eingeschränkt, was zu Kundenverlust führt.

Der **„richtige" (optimale) Lagerbestand** lässt sich nicht genau berechnen, weil das Einzelhandelsunternehmen nie die genaue Bedarfsmenge kennt bzw. nur schwer voraussagen kann, wie viel es von einer bestimmten Ware verkaufen wird. Die Lagerhaltung sollte daher so wirtschaftlich wie möglich geplant werden. Eine regelmäßige **Kontrolle der Lagerbestände** sowie die **Kennzahlen der Lagerhaltung** können beim Finden des „richtigen" Lagerbestandes helfen.

3.7.2 Inventur

Die Kontrolle der Lagerbestände erfolgt in regelmäßigen Zeitabständen in Form der sogenannten **Inventur.** Jeder Kaufmann ist nach dem Handelsgesetzbuch (HGB) verpflichtet, zum Ende des Geschäftsjahres sein Vermögen und seine Schulden in einem Bestandsverzeichnis festzustellen (§ 240 HGB).

Dieses Bestandsverzeichnis wird als Inventar bezeichnet und dient als Grundlage zur Erstellung der Bilanz (siehe LF 8).

Bevor jedoch das Inventar erstellt werden kann, muss zunächst eine Bestandsaufnahme aller Vermögensteile und Schulden des Unternehmens erfolgen. Diese Bestandsaufnahme bezeichnet man als Inventur.

Die im Verkaufs- und Reservelager befindlichen Warenbestände (auch Warenauslagen, wie z. B. im Schaufenster) gehören zum Vermögen des Einzelhändlers und werden unter anderem bei der Inventur durch **Zählen, Messen** und **Wiegen** genau erfasst. Das mengenmäßige Ergebnis wird nach Warengruppen gegliedert in Listen eingetragen.

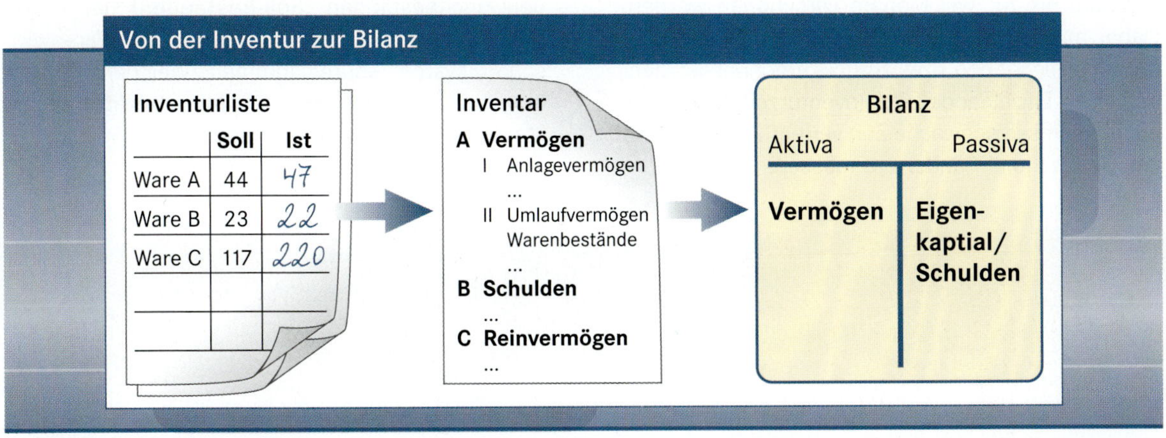

Nach dem Durchführungszeitpunkt der Inventur unterscheidet man drei Inventurarten:

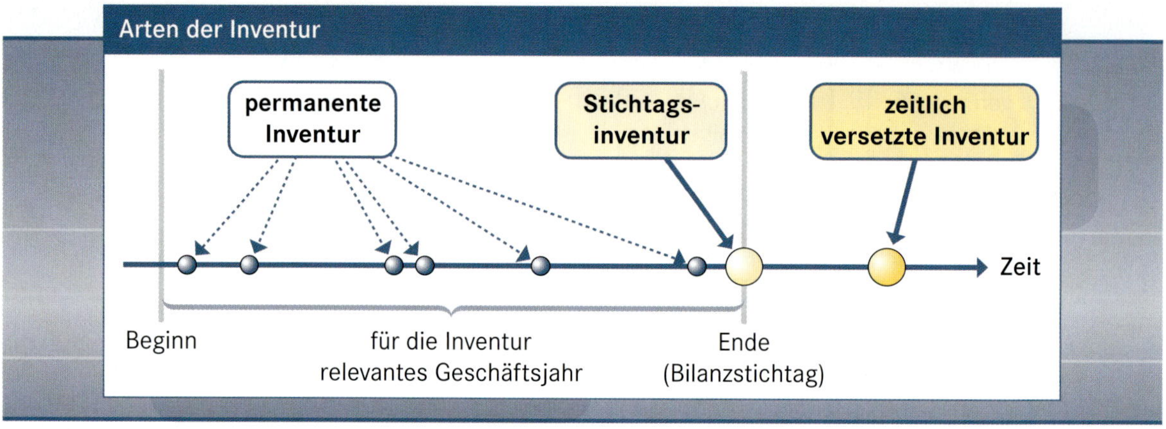

Stichtagsinventur (gesetzliche Regelung)

Die körperliche Erfassung der Vermögensgegenstände durch Zählen, Wiegen, Schätzen zu einem bestimmten Zeitpunkt nennt man Stichtagsinventur.

Die Inventur erfolgt zum Ende des Geschäftsjahres (= Bilanzstichtag). Zulässig ist dabei eine Ausdehnung der Inventur auf bis zu 10 Tage vor oder nach dem Bilanzstichtag. Die Stichtagsinventur ist im Einzelhandel oft mit erheblichen Störungen des Geschäftsbetriebes verbunden, da – je nach Sortiment – ein erheblicher Zählaufwand getrieben werden muss.

7

Zeitlich versetzte Inventur

Die Inventur kann um bis zu drei Monate vorverlegt bzw. um bis zu zwei Monate verschoben werden. Dabei müssen Inventurwerte auf den Bilanzstichtag fortgeschrieben bzw. zurückgerechnet werden. Vorteil im Einzelhandel: Der Inventurzeitpunkt kann auf eine umsatzschwache Zeit verlegt werden, ohne das Geschäftsjahr ändern zu müssen.

Permanente Inventur

Bei der permanenten Inventur werden die Bestände an Waren regelmäßig fortgeschrieben und können deshalb jederzeit den Büchern (Lagerbuchführung) entnommen werden.

Voraussetzung ist heute in den meisten Fällen das Vorhandensein eines Warenwirtschaftssystems, mit dessen Hilfe die Bestandsfortschreibung erfolgt. Einmal im Jahr (= keine Bindung an den Bilanzstichtag) müssen die Buchbestände aus dem Warenwirtschaftssystem durch eine körperliche Bestandsaufnahme überprüft werden. Vorteil im Einzelhandel: Die Inventur kann über einen größeren Zeitraum verteilt und getrennt nach Abteilungen vorgenommen werden.

Das Ergebnis der Inventur zeigt an, ob die wirklichen Bestände **(Ist-Bestände)** mengenmäßig mit den Buchbeständen **(Soll-Beständen)** der Lagerbuchführung bzw. den Beständen im Warenwirtschaftssystem übereinstimmen. Weichen sie voneinander ab, spricht man von **Inventurdifferenzen.** Mögliche Ursachen können sein:

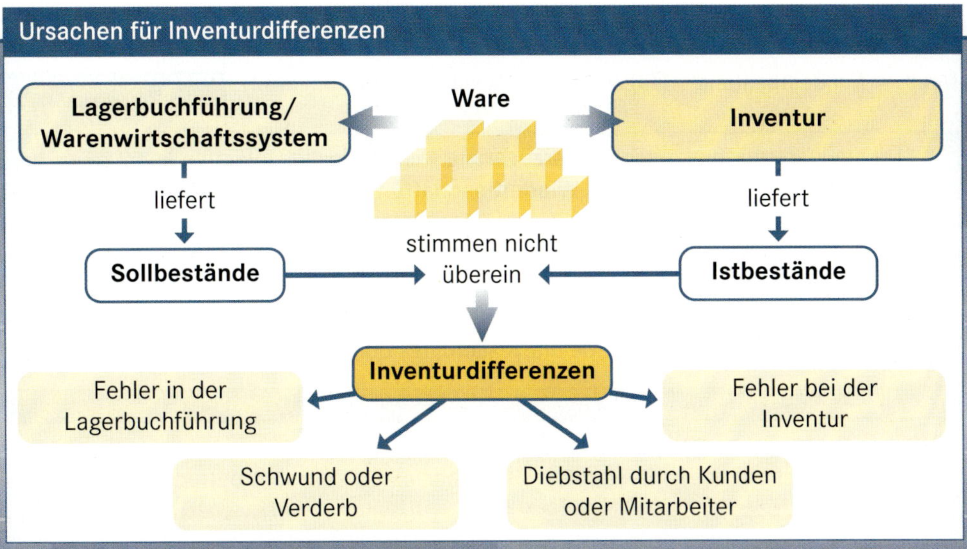

3.7.3 Lagerbestandsarten

Ein weiteres Hilfsmittel der Bestandskontrolle im Lager ist das Festlegen von **Mindest-, Höchst- und Meldebeständen** der im Einzelhandelsbetrieb geführten Ware. Gerade die mengenmäßig und zeitlich richtige Lagerergänzung stellt ein schwierig zu lösendes Problem dar (siehe auch LF 6). In der Praxis wird häufig erst dann der Vorrat einer Ware ergänzt, wenn der tatsächliche Lagerbestand einen vorher festgelegten Bestand (Mindestbestand) erreicht hat.

Mindestbestand

Von jedem Standardartikel muss ein Mindestbestand als Reserve vorhanden sein. Dieser **„eiserne Bestand"** darf nur auf ausdrückliche Anweisung der Geschäftsleitung angegriffen werden. Das kann z. B. bei Lieferungsverzögerungen oder bei unvorhergesehener Nachfrage der Fall sein. In der Regel wird ein Erfahrungswert angesetzt, z. B. drei Tagesumsätze oder 10 % des Monatsumsatzes. 7

Höchstbestand

Höchstbestand = Mindestbestand + Bestellmenge

Der Höchstbestand ist der Bestand, der nicht überschritten werden soll. Er wird erreicht, wenn die bestellte Ware eingetroffen ist. Der Höchstbestand ist abhängig von der Bestellmenge (siehe LF 6) sowie dem im Lager verfügbaren Platz.

Meldebestand

Der Meldebstand ist der Lagerbestand, bei dem für die Ware der Bestellvorgang ausgelöst werden muss (siehe LF 6), damit der Mindestbestand (eiserner Bestand) nicht angegriffen wird.

Meldebestand = Mindestbestand + (Tagesumsatz · Wiederbeschaffungszeit)

Da die Ware nur mit zeitlicher Verzögerung wiederbeschafft werden kann, muss bei der Festlegung des Meldebestands die **Wiederbeschaffungszeit** berücksichtigt werden. Die Wiederbeschaffungszeit umfasst nicht nur die Lieferzeit, sondern auch die Zeit, die für die Aufgabe der Bestellung im Betrieb und der Warenannahme anfällt. Durch den Einsatz eines modernen Warenwirtschaftssystems kann allerdings die im Einzelhandelsbetrieb benötigte Zeit für die Bestellung drastisch minimiert werden. Die Bestellung erfolgt automatisiert unmittelbar nach Erreichen des Meldebestands (Bestellfreigabe muss allerdings durch den Einzelhändler erfolgen).

Der Zusammenhang zwischen diesen Bestandsgrößen über einen Zeitraum betrachtet kann grafisch veranschaulicht werden:

Beispiel:

Ein Einzelhändler verkauft täglich 50 Stück einer bestimmten Ware (Tagesumsatz). Als Mindestbestand (eiserne Reserve) wurden 100 Stück festgelegt. Die Wiederbeschaffungszeit (Bestellbearbeitung, Lieferzeit) beträgt 5 Tage. Die Bestellmenge beträgt 500 Stück und am Morgen des ersten Verkaufstages ist eine neue Bestellung dieser Ware eingegangen.

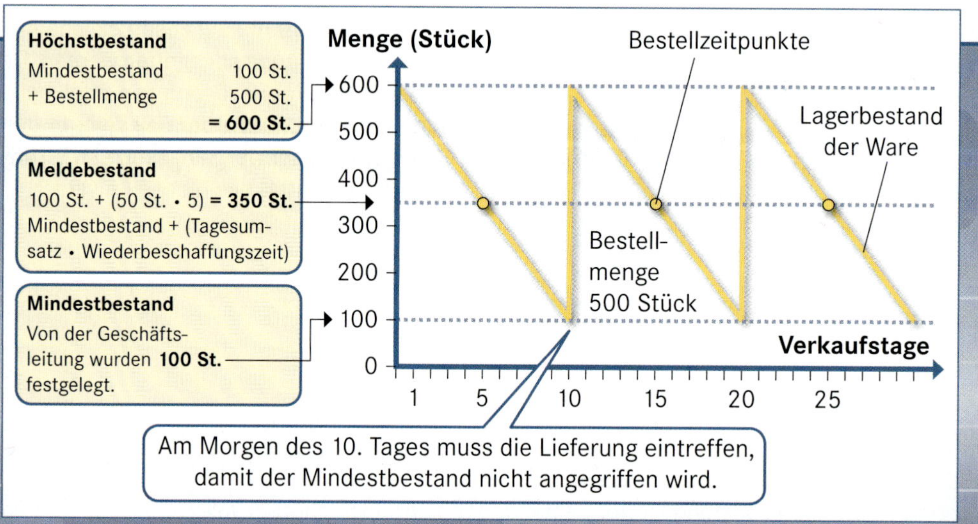

3.7.4 Lagerkennzahlen

Ware, die im Lager liegt, ist für den Einzelhändler totes Kapital. Damit die Lagerdauer so kurz wie möglich und damit auch die Kapitalbindung im Lager so gering wie möglich ist, wird mithilfe von **Lagerkennziffern die Wirtschaftlichkeit der Lagerhaltung** überwacht.

Durchschnittlicher Lagerbestand

In einem Einzelhandelsunternehmen werden laufend Waren gekauft und verkauft. Daher ergeben sich im Zeitraum betrachtet ständig unterschiedliche Lagerbestände der Ware im Verkaufs- bzw. Reservelager.

Es gibt zwei Methoden zur Berechnung des Lagerbestands:

durchschnittlicher Lagerbestand (DLB)	
ungenauere Methode	genauere Methode
$DLB = \frac{\text{Anfangsbestand} + \text{Endbestand}}{2}$	$DLB = \frac{\text{Anfangsbestand} + 12\ \text{Monatsbestände}}{13}$

Der durchschnittliche Lagerbestand ist ein Mittelwert, der Auskunft darüber gibt, wie viel sich von einer bestimmten Ware innerhalb eines Zeitraums durchschnittlich im Lager befindet. Die **Genauigkeit** dieser Kennziffer hängt davon ab, wie viele Bestandsdaten für die Berechnung herangezogen werden können:

Wird das Lager nur einmal im Jahr im Rahmen einer Stichtagsinventur überprüft, stehen nur der **Anfangsbestand** und der **Endbestand** zur Verfügung. Erfolgt die Bestandskontrolle regelmäßiger, z. B. monatlich, können für die Berechnung der Anfangsbestand sowie die **12 Monatsbestände** herangezogen werden.

Der durchschnittliche Lagerbestand kann als reine **Mengenkennziffer** (das Ergebnis ist dann in Stückzahl ausgedrückt) oder als **Wertkennziffer** (das Ergebnis ist dann in Geldwert ausgedrückt) berechnet werden. Beim durchschnittlichen Lagerbestand als Wertkennziffer wird der Warenbestand zu **Einstandspreisen** bewertet.

Beispiel:

Für eine Ware ergaben sich folgende Bestandszahlen:

Anfangsbestand am 1. Jan. 20..: 340 Stück

12 Monatsbestände (in Stück):

Jan.	Febr.	März	April	Mai	Juni	Juli	Aug.	Sept.	Okt.	Nov.	Dez.
421	360	212	417	325	259	112	430	384	295	254	236

Der Einstandspreis der Ware war konstant und betrug 8,00 € je Stück.

$$DLB = \frac{340 + 421 + 360 + 212 + 417 + 325 + 259 + 112 + 430 + 384 + 295 + 254 + 236}{13} = \underline{\underline{311{,}15\ \text{St.}}}$$

durchschnittlicher Lagerbestand als …

Mengenkennziffer
311,15 Stück

(311,15 Stück · 8,00 €)

Warenmanipulation
2.489,20 €

Der durchschnittliche Lagerbestand sagt aus, wie viel Stück einer Ware durchschnittlich vorrätig sind (als Mengenkennziffer) bzw. welcher Warenwert zu Einstandspreisen durchschnittlich auf Lager ist (als Wertkennziffer).

In dieser Höhe ist ständig Kapital des Unternehmens gebunden. Daher sollte der durchschnittliche Lagerbestand möglichst niedrig gehalten werden!

Umschlagshäufigkeit

Die Umschlagshäufigkeit ist die Geschwindigkeit, mit der ein Lager in einem Jahr umgesetzt wird.

Die Umschlagshäufigkeit hängt ab von der **Branche**, von der **Art der Ware**, von dem **Standort** und von dem **Ruf** (Image) des Geschäftes. Zur Berechnung dieser Kennzahl wird der **durchschnittliche Lagerbestand** benötigt.

Je nachdem, ob der durchschnittliche Lagerbestand als Mengen- oder Wertkennziffer vorliegt, verwendet man folgende Formeln:

Umschlagshäufigkeit	
durchschnittlicher Lagerbestand als Mengenkennzahl	durchschnittlicher Lagerbestand als Wertkennzahl (zu Einstandspreisen bewertet)
$\frac{\text{Jahresabsatz (Stück)}}{\text{durchschnittlicher Lagerbestand (Stück)}}$	$\frac{\text{Wareneinsatz (€)}}{\text{durchschnittlicher Lagerbestand (€)}}$
Beispiel: Ein Einzelhandelsunternehmen hat innerhalb eines Jahres 4 050 Stück einer Ware verkauft. Der durchschnittliche Lagerbestand betrug 450 Stück. **Umschlagshäufigkeit** $= \frac{4\,050 \text{ Stück}}{450 \text{ Stück}} = 9$	**Beispiel:** Der durchschnittliche Lagerbestand eines Artikels betrug 5.000,00 €. Der Wareneinsatz betrug 40.000,00 €. **Umschlagshäufigkeit** $= \frac{40.000{,}00 \text{ €}}{5.000{,}00 \text{ €}} = 8$

Durch die Umschlagshäufigkeit erfährt man, wie **oft sich der durchschnittliche Lagerbestand im Jahr umgesetzt hat.** Dadurch weiß man, wie lange das Kapital durchschnittlich im Lager gebunden ist. Eine **niedrige Umschlagshäufigkeit** bedeutet eine **hohe Kapitalbindung.**

Lagerdauer

$$\text{durchschnittliche Lagerdauer} = \frac{\text{360 Tage}}{\text{Umschlagshäufigkeit}}$$

Aus der Umschlagshäufigkeit lässt sich die **durchschnittliche Lagerdauer** (ausgedrückt in Tagen) einer bestimmten Ware ermitteln.

Beispiel:

Die Umschlagshäufigkeit eines Artikels hat sich von 5 auf 6 erhöht:

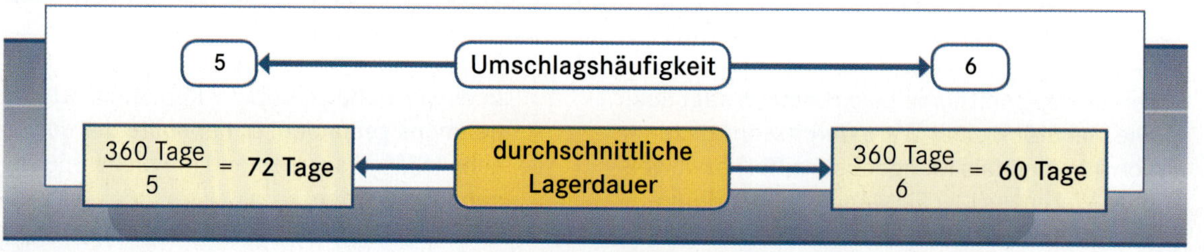

Die **Lagerdauer** gibt an, wie viele Tage eine Ware durchschnittlich vom Wareneingang **bis zum Verkauf bevorratet wird.** Durch die Ausgabe von Auswertungen der Artikel mit hoher/niedriger Lagerdauer hat man ein Mittel der **Sortimentsbeurteilung.** Artikel, die nur kurz im Lager sind, die also häufig verkauft werden, heißen **„Schnelldreher“** oder **„Renner“**, Artikel, die sich nur langsam umsetzen, werden als **„Schleicher“** oder **„Penner“** bezeichnet. „Renner“ werden im Sortiment erweitert, „Penner“ werden unter Umständen aus dem Sortiment genommen. Die Lagerdauer sollte möglichst **gering** sein. Durch Verringerung der durchschnittlichen Lagerdauer wird die **Umschlagshäufigkeit erhöht** und die **Kapitalbindung** im Lager **gesenkt.**

Lagerzinssatz

$$\text{Lagerzinssatz} = \frac{\text{Marktzinssatz [\%]} \cdot \text{durchschnittliche Lagerdauer [Tage]}}{\text{360 [Tage]}}$$

Der Einzelhändler musste für die Warenbeschaffung zunächst Kapital investieren. Solange die Ware nicht verkauft wird und sich im Lager befindet, spricht man auch vom sogenannten „toten Kapital“, da man mit dem investierten Geld keinerlei Rendite erzielt. Der Einzelhändler hätte das Kapital nämlich anstatt in die Ware zu investieren auch bei einer Bank zum marktüblichen Zinssatz anlegen können. Um die Kosten des in dem Lager gebundenen Kapitals zu erfassen, berechnet man zunächst den Lagerzinssatz.

Der Lagerzinssatz zeigt also an, wie viel Prozent Zinsen das im durchschnittlichen Lagerbestand gebundene Kapital während der durchschnittlichen Lagerdauer kostet.

Lagerzinsen

7

$$\text{Lagerzinsen} = \frac{\text{Lagerzinssatz [\%]} \cdot \text{durchschnittlicher Lagerbestand [€]}}{100}$$

Mit dem errechneten Lagerzinssatz können nun die Lagerzinsen ermittelt werden. Der Lagerzins zeigt den Geldbetrag an, wie viel das im durchschnittlichen Lagerbestand gebundene Kapital während der durchschnittlichen Lagerdauer kostet.

Beispiel:

$$\text{Lagerzinssatz} = \frac{4{,}0 \cdot 45}{360} = 0{,}5\ \%$$

$$\text{Lagerzinsen} = \frac{0{,}5\ \% \cdot 150.000{,}00\ €}{100} = 750{,}00\ €$$

In einem Einzelhandelsunternehmen beträgt die durchschnittliche Lagerdauer 45 Tage, der durchschnittliche Lagerbestand 150.000,00 €. Der marktübliche Zinssatz beträgt 4,0 % pro Jahr.

Lernfeld 8

Geschäftsprozesse erfassen und kontrollieren

1 **Erfassen von Geschäftsprozessen durch die Buchführung**

2 **Inventar (Bestandsverzeichnis)**

3 **Bilanz**

4 **Bestandskonten**

5 **Buchungssatz**

6 **Erfolgskonten**

7 **Belege in der Buchführung**

8 **Kontrolle von Geschäftsprozessen – Einführung in die Betriebsstatistik**

8

1 Erfassen von Geschäftsprozessen durch die Buchführung

Zwischen dem Einzelhändler und den Kunden sowie dem Lieferanten bestehen zahlreiche Informations-, Geld- und Wertflüsse. Sie werden von der Buchführung erfasst.

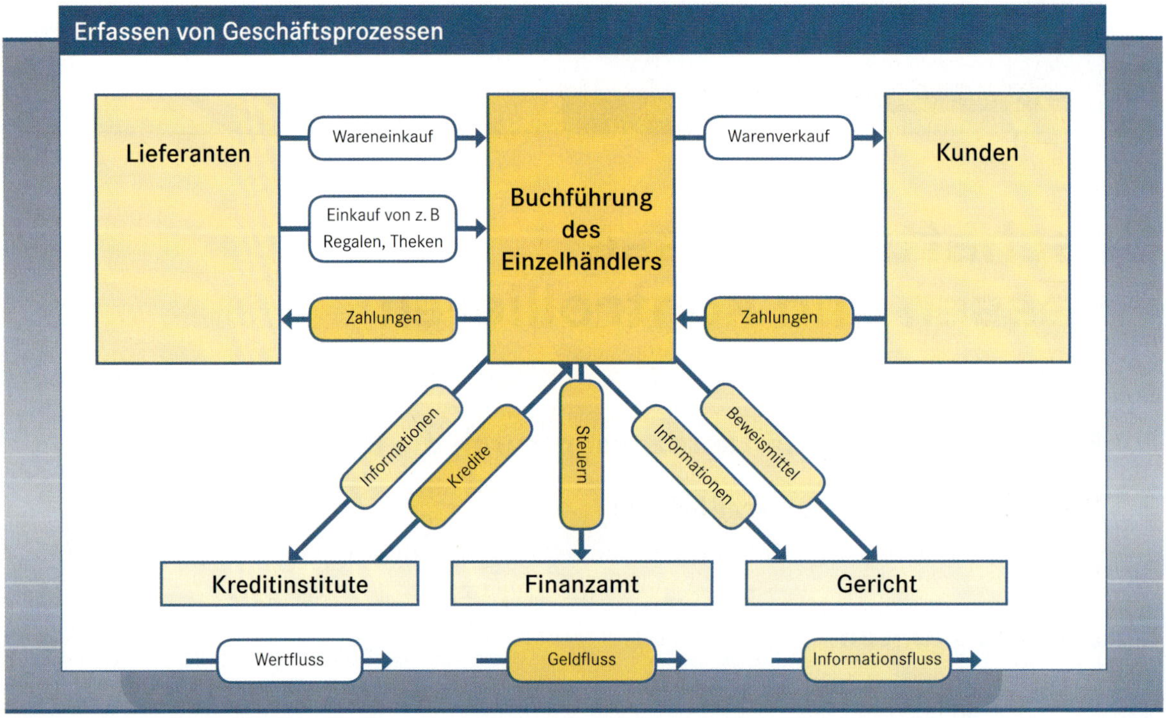

8

Das Ziel jedes Einzelhändlers ist es, möglichst viele Waren an seine Kunden zu verkaufen. Für diesen Wertfluss gehen beim Einzelhändler Zahlungen der Kunden ein (Geldfluss). Die Waren, die der Einzelhändler verkaufen will, muss er zunächst bei seinen Lieferanten einkaufen und bezahlen. Um ein Geschäft betreiben zu können, braucht der Einzelhändler nicht nur Waren, sondern z. B. auch Regale, Theken usw. Auch sie muss er sich von Lieferanten beschaffen. Will der Einzelhändler eine größere Anschaffung tätigen, z. B. in ein neues Kassensystem investieren, und verfügt nicht über genügend Eigenkapital, kann er einen Kredit bei seiner Geschäftsbank aufnehmen. Voraussetzung dafür ist, der Bank belegen zu können, dass in seinem Betrieb solide gewirtschaftet wird. Auch zwischen dem Finanzamt und dem Einzelhändler bestehen Geld- und Informationsflüsse. So zahlt der Einzelhändler Steuern und Abgaben und liefert durch die Buchführung die nötigen Informationen. Falls es zu Streitigkeiten vor Gericht kommen sollte, besitzen die Aufzeichnungen aus der Buchführung Beweiskraft.

Um all diese Geschäftsvorgänge erfassen zu können, reicht das Fassungsvermögen des menschlichen Gedächtnisses nicht aus, man braucht ein Hilfsmittel und das ist die Buchführung.

1.1 Aufgaben der Buchführung

Die Buchführung ist das Zahlengedächtnis eines Betriebes und dient als solches

- der **Aufzeichnung aller wertmäßig erfassbaren Geschäftsvorgänge,**
- dem Überblick über **Vermögen und Schulden,**
- der Ermittlung von **Gewinn und Verlust,**
- als Grundlage für die **Preisermittlung** (Kalkulation),
- als Grundlage für **innerbetriebliche Entscheidungen** und **Kontrollen** sowie
- als Grundlage für die **Steuerermittlung.**

1.2 Rechtsgrundlagen der Buchführung

Wegen der großen Bedeutung der Buchführung ist sie einer Reihe von Vorschriften unterworfen, die sich aus verschiedenen Rechtsvorschriften ergeben.

Sie finden sich im Handelsrecht und Steuerrecht.

Handelsrecht	Steuerrecht
Handelsgesetzbuch (HGB) Einkommensteuergesetz Umsatzsteuergesetz Körperschaftsteuergesetz Aktiengesetz GmbH-Gesetz	Abgabenordnung (AO) (insbes. §§ 141, 146, 147, 158, 162) Steuerrichtlinien und Steuerdurchführungsverordnungen

§ 238 HGB

„Jeder Kaufmann ist verpflichtet, Bücher zu führen und in diesen seine Handelsgeschäfte und die Lage seines Vermögens **nach Grundsätzen ordnungsgemäßer Buchführung** ersichtlich zu machen."

§ 239 Abs. 3 HGB

„Die Eintragungen [...] müssen vollständig, richtig, zeitgerecht und geordnet vorgenommen werden."

8

Aufbewahrungspflicht für Buchführungsunterlagen

Die Aufbewahrungspflicht von Belegen dient vor allem der steuerlichen Nachprüfbarkeit der Buchhaltung. Das Finanzamt führt in unregelmäßigen Abständen Betriebsprüfungen durch, die nur auf der Grundlage der vollzähligen und geordneten Aufbewahrung der Belege erfolgen kann. Die Belege werden in der Registratur des Betriebes entweder im Original, auf Mikrofilmen oder heute zunehmend auch in elektronisch gespeicherter Form aufbewahrt.

Für die Dauer der Aufbewahrung schreibt das HGB im § 257 folgende Fristen vor:

Aufbewahrungsfristen	
10 Jahre	6 Jahre
Bilanzen Gewinn- und Verlustrechnungen Handelsbücher (Konten) Inventare und Buchungsbelege	erhaltene Handelsbriefe Wiedergabe der abgesandten Handelsbriefe (Kopie, Datenträger, Mikrofilm)

Von Handelsbriefen spricht man, wenn der durchgeführte Schriftverkehr aus erhaltenen und abgeschickten Briefen ein Handelsgeschäft zur Grundlage hat.

1.3 Grundsätze ordnungsmäßiger Buchführung

Wegen der großen Bedeutung der Buchhaltung von Unternehmen wurden durch den Gesetzgeber Regeln geschaffen, zu deren Einhaltung jeder zur Buchführung verpflichtete Kaufmann gezwungen ist. Dadurch wird erreicht, dass ein sachkundiger Dritter (Steuerberater, Steuerprüfer) in der Lage ist, alle in der Buchhaltung erfassten Vorgänge nachzuvollziehen.

Die Grundsätze ordnungsmäßiger Buchführung (§ 238 HGB, § 145 Abgabenordnung):

- Die Buchführung muss **klar und übersichtlich** erfolgen.
- Sie muss **fortlaufend geordnet und sachlich richtig** sein,
- in **zeitlich richtiger Reihenfolge** geführt werden,
- sich jeweils auf **ein Geschäftsjahr** beziehen und
- für **jede Buchung einen Beleg** aufweisen (**„Keine Buchung ohne Beleg!“**).
- Die Buchungen müssen **fortlaufend nummeriert** erfolgen.
- Sie dürfen **keine leeren Zwischenräume** enthalten sowie
- keine **Ausbesserungen** und **nachträgliche Veränderungen** aufweisen.
- Eine **geordnete Aufbewahrung der Belege und Bücher** muss garantiert sein.

Durch die zunehmende Verwendung von EDV-gestützten Buchführungssystemen (FiBu-Programme) ergeben sich weitere Verpflichtungen. So muss z. B. ein verwendetes Buchhaltungsprogramm ebenfalls zehn Jahre aufbewahrt werden, außerdem muss sichergestellt sein, dass gespeicherte Daten auch bis zum Ende der Aufbewahrungsfrist lesbar bleiben.

8

1.4 Arten der Buchführung

In der Buchführung unterscheidet man grundsätzlich zwei Arten, mit denen die Buchführung praktisch verwirklicht werden kann:

- Einnahmen-/Ausgabenrechnung (Einfache Buchführung)
- Doppelte Buchführung

Einnahmen-/Ausgabenrechnung (Einfache Buchführung)

Nichtkaufleute (Kleingewerbetreibende, Handwerker und Freiberufler) sind nach § 4 Abs. 3 Einkommensteuergesetz berechtigt, ihre Buchführung im System der Einnahmen-/Ausgabenrechnung zu betreiben.

Diese vereinfachte Form gilt nicht für den Einzelhandel in seiner üblichen Form (Ladengeschäfte), wohl aber für kleine Verkaufseinrichtungen wie Kioske, Verkaufsstände und mobile Handelsformen.

Die einfachste Art und Weise, eine Einnahmen/Ausgabenbuchhaltung durchzuführen, ist die Führung eines Zweispaltenbuches, in dem Einnahmen und Ausgaben festgehalten werden. Der Betriebsgewinn ergibt sich dabei als Unterschiedsbetrag zwischen Betriebseinnahmen und Betriebsausgaben im Abrechnungszeitraum. Belege beweisen die Richtigkeit der Aufzeichnungen und müssen geordnet aufbewahrt werden.

Beispiel:

Der Kiosk am Stadtpark hat folgende Einnahmen-/Ausgabenrechnung aufgestellt:

Kiosk am Stadtpark **Einnahmen-/Ausgabenbuch** Monat: Dez. Jahr: 20..

Datum	Beleg	Betriebsvorgang/Geschäftsvorfall	Einnahmen €	Ausgaben €
20.12.		Übertrag	38.758,60	24.682,90
21.12.	12/37	Tageseinnahmen	836,90	
	12/38	Wareneinkauf C&C		828,00
	12/39	Bäckerei Wild		142,00
	12/40	Metzgerei Grau		207,40
	12/41	Tageseinnahmen	522,60	
22.12.	12/42	Einkauf Getränkegroßmarkt		312,10
	12/43	Verkauf Straßenbahnkarten Nov.	410,00	
	12/44	Bäckerei Wild		96,40
	12/45	Tageseinnahmen	630,10	
23.12.	12/46	Tageseinnahmen	242,70	
28.12.	12/47	Metzgerei Grau		72,70
	12/48	Bäckerei Wild		36,80
	12/49	Gärtnerei Sommer		29,40
	12/50	Reparatur Schreinerei Hobel		112,00
	12/51	Tageseinnahmen	533,70	
31.12.	12/52	Provision Kleinfeuerwerk	126,00	
	12/53	Tageseinnahmen	310,30	
		Betriebseinnahmen	42.370,90	26.519,70
		./. Betriebsausgaben	26.519,70	←
		Betriebsgewinn	15.851,20	

8

Doppelte Buchführung

Diese Art der Buchführung hat ihren Namen aus der Tatsache heraus, dass jeder Geschäftsfall eine doppelte Wirkung auslöst: Jeder Soll-Buchung steht eine Haben-Buchung gegenüber, mit dem Ziel, immer gleich große Summen auf beiden Seiten der Bilanz zu erhalten, womit man eine einfache Kontrolle der Buchungsrichtigkeit erhält. Ausgangspunkt der doppelten Buchführung ist immer die Bilanz, aus der die Konten abgeleitet werden (Konteneröffnung) und in die das verarbeitete Zahlenmaterial am Ende des Abrechnungszeitraumes wieder zurückfließt (Abschluss). Die vorwiegende Tätigkeit des Buchhalters besteht darin, den in einem Beleg vorliegenden Geschäftsvorfall buchhalterisch so aufzuarbeiten (Buchungssatz), dass die Zahlen sachgerecht in die Konten übertragen werden können (Buchung).

Speicherbuchführung

Die meisten Betriebe entscheiden sich heute für Buchführung mithilfe des Computers. Eine Vielzahl von Programmen wird hierzu angeboten. Dabei handelt es sich aber nicht um ein neues Buchhaltungssystem – vielmehr wird das Prinzip der einfachen oder doppelten Buchführung gewahrt. Der Vorteil liegt in der einfachen Handhabung und der einfachen Datenverwaltung. Häufig wird die Buchführung von darauf spezialisierten Unternehmen übernommen (z. B. Steuerberater, DATEV).

2 Inventar (Bestandsverzeichnis)

Das Inventar ist das Ergebnis der Inventur. Bei der Inventur werden die Vermögensteile und Schulden des Unternehmens mengen- und wertmäßig erfasst. Nähere Informationen zur Inventur sind im Lernfeld 7 zu finden. Das Ergebnis der Inventur ist das Inventar. Somit erfasst das Inventar alle Vermögens- und Schuldenteile eines Betriebes. Als Differenz zwischen den Vermögens- und Schuldenteilen ergibt sich das Reinvermögen des Unternehmens. Das Reinvermögen bezeichnet man auch als Eigenkapital.

Die Zähllisten der Inventur werden als Anlage zum Inventar aufbewahrt und im Inventar wird („laut Verzeichnis Nr. ...") auf sie verwiesen.

Beispiel:

Warenhaus Gaby Kern
90403 Nürnberg, Maxplatz 30
Inventar zum 30. September 20..

	€	€
A. Vermögen		
I. Anlagevermögen		
1. Grundstücke u. Bauten lt. Verz. 1 . .		340.000,00
2. Ladenausstattung lt. Verz. 2		212.000,00
3. Lagerausstattung lt. Verz. 3		178.000,00
4. Kassensysteme lt. Verz. 4		35.000,00
5. Fuhrpark Pkw N-XY 544	12.800,00	
Lkw N-AB 367	24.600,00	37.400,00
II. Umlaufvermögen		
1. Warenbestände		
Textilien lt. Verz. 5	198.400,00	
Schuhe Leder lt. Verz. 6	52.500,00	
Hartwaren lt. Verz. 7.	138.300,00	
Papierwaren, Geschenkart. lt. V. 8 .	32.190,00	
Lebensmittel lt. Verz. 9.	97.100,00	518.490,00
2. Forderungen aus Lieferungen und Leistungen lt. Verz. 10		16.370,00
3. Kreditinstitute		
Sparkasse Nürnberg	42.300,00	
Postbank Nürnberg	8.240,00	50.540,00
4. Kassenbestand		9.320,00
Summe des Vermögens		**1.397.120,00**
B. Schulden		
1. Langfristige Bankverbindlichkeiten Handelsbank		308.000,00
2. Verbindlichkeiten aus Lieferungen und Leistungen lt. Verz. 11		256.960,00
Summe der Schulden		**564.960,00**
C. Reinvermögen		
Summe des Vermögens		1.397.120,00
– Summe der Schulden		564.960,00
= Reinvermögen (Eigenkapital)		**832.160,00**

Name des Unternehmens
Inventurstichtag

Aufstellung der **Vermögenswerte** (nach Liquidität):
- Anlagevermögen (langfristig im Unternehmen gebunden)
- Umlaufvermögen (kurzfristig im Unternehmen gebunden)

Im Betrieb vorhandene **Fremdmittel:** (nach Laufzeit)
- langfristige Bankverbindlichkeiten
- kurzfristige Verbindlichkeiten gegenüber Lieferanten

Ermittlung des **Eigenkapitals:**
A. Vermögen
– B. Schulden
= C. Eigenkapital (Reinvermögen)

8

3 Bilanz

3.1 Aufbau und Gliederung der Bilanz

Ein in tabellarischer Form erstellter Überblick über den Betrieb, wie wir ihn beim Inventar kennengelernt haben, ist nicht für die laufenden Buchführungsarbeiten geeignet. Deshalb ist der Kaufmann verpflichtet, zu Beginn und am Ende eines Geschäftsjahres eine Bilanz zu erstellen. Formuliert man das Inventarbeispiel aus dem letzten Kapitel um, erhält man folgende Bilanz:

Warenhaus Gaby Kern, Nürnberg

Aktiva	Bilanz zum 30. September 20..		Passiva
I. Anlagevermögen		**I. Eigenkapital**	832.160,00
1. Grundstücke und Bauten	340.000,00	**II. Fremdkapital**	
2. Betr. u. Gesch. aus.	425.000,00	1. Lfr. Bankverbindlichk.	308.000,00
3. Fuhrpark	37.400,00	2. Verbindlichk. a. LL.	256.960,00
II. Umlaufvermögen			
1. Waren (Bestand)	518.490,00		
2. Forderungen a. LL	16.370,00		
3. Guthaben bei Kreditinst.	50.540,00		
4. Kasse	9.320,00		
	1.397.120,00		1.397.120,00

Nürnberg, 30. September 20..

Gaby Kern

Das Wort Bilanz kommt von dem italienischen Wort „bilancia" und bedeutet „Waage", d. h., sie muss ausgeglichen sein. Beide Seiten müssen also die gleiche Euro-Summe ausweisen.

Die linke Bilanzseite nennen wir **Aktivseite.**
Sie erfasst alle Vermögenswerte.
Wir erhalten sie auf die Frage:

Was ist im Betrieb vorhanden? =
Vermögen (= Mittelverwendung)

Die rechte Bilanzseite heißt **Passivseite.**
Sie gibt Auskunft über das Kapital.
Das erhalten wir auf die Frage:

Wem gehört das Vermögen? =
Kapital (= Mittelherkunft)

Aktiva	Bilanz	Passiva
Vermögen → Anlagevermögen, Umlaufvermögen		Kapital → Eigenkapital, Fremdkapital

Wie beim Inventar untergliedert sich das Vermögen in Anlage- und Umlaufvermögen, das Kapital in Eigen- und Fremdkapital.

Aktiva	Bilanz Passiva
I. Anlagevermögen 1. Grundstücke und Bauten 2. Ladenausstattung 3. Lagerausstattung 4. Kassensysteme 5. Büromaschinen 6. Fuhrpark **II. Umlaufvermögen** 1. Waren (Bestände) 2. Forderungen aus Lieferungen und Leistungen 3. Kreditinstitute 4. Kasse	**I. Eigenkapital** **II. Fremdkapital** 1. Langfristige Bankverbindlichkeiten 2. Verbindlichkeiten aus Lieferungen und Leistungen 3. Umsatzsteuer 4. sonstige Verbindlichkeiten
Summe	**= Summe**

Inventar und Bilanz zeigen somit den Wert von Vermögen und Kapital zum gleichen Zeitpunkt. Der Unterschied zwischen beiden ergibt sich aus folgender Tabelle:

Inventar	Bilanz
ausführlich: Darstellung von Menge, Art, Teilwert und Gesamtwert Tabellenform (untereinander)	kurz gefasst: Art und Gesamtwert Kontenform (nebeneinander)

8

3.2 Wertveränderungen in der Bilanz

Die Bilanz wird am Anfang des Geschäftsjahres als Eröffnungsbilanz und am Ende des Geschäftsjahres als Schlussbilanz erstellt. Im Laufe eines Jahres treten jedoch durch den Geschäftsbetrieb viele Ereignisse, sog. **Geschäftsfälle,** ein, die den Wert der einzelnen Bilanzposten verändern. Das geschieht im Einzelhandel z. B. durch Ein- und Verkauf von Waren, aber auch durch Zahlungen für das Personal, für Werbung ebenso wie durch Zahlungseingänge von Kunden. Anhand von vier Beispielen wollen wir die vier Grundarten der Wertveränderungen in der Bilanz kennenlernen. Zum leichteren Verständnis verwenden wir die Hilfskonstruktion der Bilanzwaage.

Folgende Belege hat die Buchhaltung bekommen (aus Gründen der besseren Verständlichkeit wird vorerst die Umsatzsteuer vernachlässigt):

Beispiel:

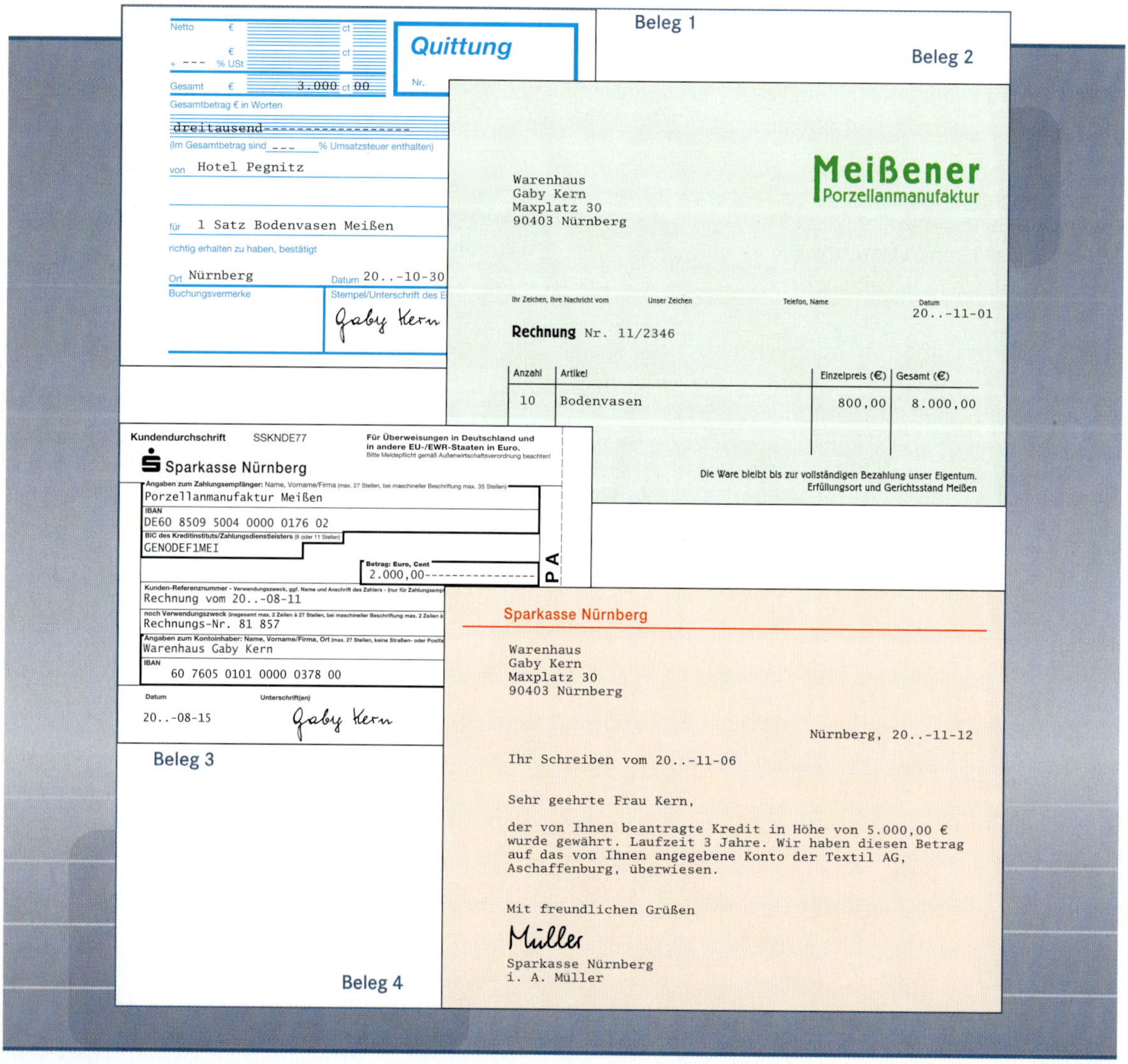

Beleg 1

Quittung

Netto € ct
€ ct
+ --- % USt
Gesamt € 3.000 ct 00
Gesamtbetrag € in Worten
dreitausend
(Im Gesamtbetrag sind --- % Umsatzsteuer enthalten)
von Hotel Pegnitz
für 1 Satz Bodenvasen Meißen
richtig erhalten zu haben, bestätigt
Ort Nürnberg Datum 20..-10-30
Buchungsvermerke
Stempel/Unterschrift des E
Gaby Kern

Beleg 2

Meißener Porzellanmanufaktur

Warenhaus
Gaby Kern
Maxplatz 30
90403 Nürnberg

Ihr Zeichen, Ihre Nachricht vom | Unser Zeichen | Telefon, Name | Datum 20..-11-01

Rechnung Nr. 11/2346

Anzahl	Artikel	Einzelpreis (€)	Gesamt (€)
10	Bodenvasen	800,00	8.000,00

Die Ware bleibt bis zur vollständigen Bezahlung unser Eigentum.
Erfüllungsort und Gerichtsstand Meißen

Beleg 3

Kundendurchschrift SSKNDE77
Sparkasse Nürnberg
Für Überweisungen in Deutschland und in andere EU-/EWR-Staaten in Euro.
Bitte Meldepflicht gemäß Außenwirtschaftsverordnung beachten!
Angaben zum Zahlungsempfänger: Name, Vorname/Firma (max. 27 Stellen, bei maschineller Beschriftung max. 35 Stellen)
Porzellanmanufaktur Meißen
IBAN
DE60 8509 5004 0000 0176 02
BIC des Kreditinstituts/Zahlungsdienstleisters (8 oder 11 Stellen)
GENODEF1MEI
Betrag: Euro, Cent
2.000,00
PA
Kunden-Referenznummer - Verwendungszweck, ggf. Name und Anschrift des Zahlers - (nur für Zahlungsempf
Rechnung vom 20..-08-11
noch Verwendungszweck (insgesamt max. 2 Zeilen à 27 Stellen, bei maschineller Beschriftung max. 2 Zeilen à
Rechnungs-Nr. 81 857
Angaben zum Kontoinhaber: Name, Vorname/Firma, Ort (max. 27 Stellen, keine Straßen- oder Postfa
Warenhaus Gaby Kern
IBAN
60 7605 0101 0000 0378 00
Datum 20..-08-15
Unterschrift(en) Gaby Kern

Beleg 4

Sparkasse Nürnberg

Warenhaus
Gaby Kern
Maxplatz 30
90403 Nürnberg

Nürnberg, 20..-11-12

Ihr Schreiben vom 20..-11-06

Sehr geehrte Frau Kern,

der von Ihnen beantragte Kredit in Höhe von 5.000,00 € wurde gewährt. Laufzeit 3 Jahre. Wir haben diesen Betrag auf das von Ihnen angegebene Konto der Textil AG, Aschaffenburg, überwiesen.

Mit freundlichen Grüßen

Müller
Sparkasse Nürnberg
i. A. Müller

8

Daraus ergeben sich folgende Geschäftsfälle und damit Veränderungen in der Bilanz:

① Warenverkauf bar 3.000,00 €	
Waren	–
Kasse	+
Aktivtausch	

② Wareneinkauf auf Ziel 8.000,00 €	
Waren	+
Verbindlichkeiten a. LL	+
Aktiv-Passiv-Mehrung	

③ Banküberweisung an einen Lieferer 2.000,00 €	
Kreditinstitute	–
Verbindlichkeiten a. LL	–
Aktiv-Passiv-Minderung	

④ Zahlung einer Verbindlichkeit durch Bankkredit 5.000,00 €	
Langfr. Bankverbindlichkeiten	+
Verbindlichkeiten a. LL	–
Passivtausch	

Aktiva — **Bilanz** — **Passiva**

Ladenausst.	Waren	Kreditinstitute	Kasse	Eigenkapital	Lfr. Bankverb.	Verbindlichk. a. LL
25.000,00	80.000,00	17.000,00	3.000,00	77.000,00	28.000,00	20.000,00
	– 3.000,00		+ 3.000,00			
	+ 8.000,00					+ 8.000,00
		– 2.000,00				– 2.000,00
					+ 5.000,00	– 5.000,00
25.000,00	85.000,00	15.000,00	6.000,00	77.000,00	33.000,00	21.000,00

Aktiva	Passiva
131.000,00	131.000,00

An diesem Beispiel können wir sehen, dass

- jeder Geschäftsfall mindestens zwei Posten der Bilanz verändert,
- sich dadurch das Bilanzbild wandelt,
- die Bilanzsumme am Ende auf beiden Seiten wieder gleich ist,
- man vier Arten der Wertveränderung der Bilanz unterscheidet, je nachdem, welche Bilanzseite betroffen ist, nämlich
  - Aktivtausch,
  - Aktiv-Passiv-Mehrung,
  - Aktiv-Passiv-Minderung,
  - Passivtausch.

8

4 Bestandskonten

4.1 Auflösung der Bilanz in Konten

Trägt man alle Geschäftsfälle, die in einem Geschäftsjahr vorkommen, in die Bilanzwaage ein, ergibt sich in der Buchführung zu viel unnötige Schreibarbeit. Außerdem leidet die Übersichtlichkeit darunter. Deshalb führt man für jeden Bilanzposten eine eigene Rechnung. Der Buchhalter sagt, er „löst die Bilanz in Konten auf".

Alle Konten, die von der Aktivseite der Bilanz kommen, nennen wir **aktive Bestandskonten (= Aktivkonten)**, die von der Passivseite der Bilanz stammen **passive Bestandskonten (= Passivkonten).**

Die linke Kontoseite wird mit „Soll", die rechte mit „Haben" bezeichnet.

Das **Bestandskonto** hat die Aufgabe, die in der Inventur ermittelten Vermögens- bzw. Schuldenbestände aufzunehmen und alle Veränderungen dieses Bestandes zu erfassen und fortzuschreiben. Ein Bestandskonto gibt somit immer Auskunft über den Bestand an Vermögenswerten (Bargeld, Bankguthaben, Warenvorräte, Fahrzeuge, Geschäftsausstattung) oder Schulden (Verbindlichkeiten, langfristige Bankschulden).

Aktiva — **Bilanz** — **Passiva**

Aktiva		Passiva	
Ladenausstattung	25.000,00	Eigenkapital	77.000,00
Waren	80.000,00	Lfr. Bankverbindlichkeiten	28.000,00
Kreditinstitute	17.000,00	Verbindlichkeiten a. LL	20.000,00
Kasse	3.000,00		
	125.000,00		125.000,00

S Ladenausstattung H

S		H
AB	25.000,00	

S Eigenkapital H

S	H	
	AB	77.000,00

S Waren H

S		H
AB	80.000,00	

S Lfr. Bankverbindlichk. H

S	H	
	AB	28.000,00

S Kreditinstitute H

S		H
AB	17.000,00	

S Verbindlichkeiten a. LL H

S	H	
	AB	20.000,00

S Kasse H

S		H
AB	3.000,00	

4.2 Buchen in Bestandskonten

Nun stellt sich die Frage, auf welcher Seite die Beträge der einzelnen Bilanzposten in die eröffneten Konten eingetragen werden sollen.

Man hat festgelegt, dass bei allen **Konten,** die von der **linken Bilanzseite (= Aktivseite)** kommen, der jeweilige Betrag als Anfangsbestand auf der linken Kontoseite (= Soll-Seite) eingetragen wird. Auf der gleichen Seite trägt man die Mehrungen ein.

Die Haben-Seite zeigt die Minderungen und den Schlussbestand.

Bei allen **Konten der rechten Bilanzseite (= Passivseite)** erscheint der Anfangsbestand auf der rechten Kontoseite (= Haben-Seite), ebenso die Mehrungen. Die Minderungen und der Schlussbestand stehen hier auf der Soll-Seite.

S (+)	Aktivkonto	(–) H
Anfangsbestand	Minderungen	–
Mehrungen +	Schlussbestand	

S (–)	Passivkonto	(+) H
Minderungen –	Anfangsbestand	–
Schlussbestand +	Mehrungen	+

Unter Anwendung dieser Regeln stellen sich die gezeigten Veränderungen in der Bilanzwaage folgendermaßen dar:

Bilanz

Aktiva			Passiva
Ladenausstattung	25.000,00	Eigenkapital	77.000,00
Waren	80.000,00	Lfr. Bankverbindlichkeiten	28.000,00
Kreditinstitute	17.000,00	Verbindlichkeiten a. LL	20.000,00
Kasse	3.000,00		
	125.000,00		125.000,00

S	Ladenausstattung		H
AB	25.000,00		

S	Eigenkapital		H
		AB	77.000,00

S	Waren		H
AB	80.000,00	1. Ka	3.000,00
2. V. a. LL	8.000,00		

S	Lfr. Bankverbindlichk.		H
		AB	28.000,00
		4. V. a. LL	5.000,00

S	Kreditinstitute		H
AB	17.000,00	3. V. a. LL	3.000,00

S	Verbindlichkeiten a. LL		H
3. KI	2.000,00	AB	20.000,00
4. Lfr. BV	5.000,00	2. Wa	8.000,00

S	Kasse		H
AB	3.000,00		
1. Wa	3.000,00		

8

4.3 Abschluss der Bestandskonten

Um die Schlussbilanz im vorausgehenden Beispiel erstellen zu können, müssen wir noch wissen, wie ein Konto abgeschlossen wird.

Beispiel:

Am Anfang des Geschäftsjahres befanden sich in der Kasse 3.000,00 €, Einnahme 500,00 €, Ausgabe 1.000,00 €, Ausgabe 1.500,00 €, Einnahme 1.200,00 €, Einnahme 300,00 €.

Wie hoch ist der Schlussbestand?

S **Kasse** H

S		H	
AB	3.000,00	Ausgabe	1.000,00
Einnahme	500,00	Ausgabe	1.500,00
Einnahme	1.200,00	SB	2.500,00 ③
Einnahme	300,00	④	
	5.000,00 ①		5.000,00 ② ⑤

① **Größere Seite addieren**
② **Summe auf die kleinere Seite übertragen**
③ **Differenz bilden (= Schlussbestand)**
④ **Leerräume (durch „Buchhalternase“) entwerten**
⑤ **Unterstreichen**
Diesen Vorgang bezeichnet der Buchhalter als „saldieren“.

Beispiel:

Führen wir diesen Kontoabschluss bei allen Konten unseres Beispiels durch, können wir aus allen Schlussbeständen die Schlussbilanz erstellen. Man erhält sie durch Übernahme der Schlussbestände aller Konten.

8

Es ergibt sich folgendes Bild:

Aktiva **Eröffnungsbilanz** Passiva

Aktiva		Passiva	
Ladenausstattung	25.000,00	Eigenkapital	77.000,00
Waren	80.000,00	Lfr. Bankverbindlichkeiten	28.000,00
Kreditinstitute	17.000,00	Verbindlichkeiten a. LL	20.000,00
Kasse	3.000,00		
	125.000,00		125.000,00

S **Ladenausstattung** H

S		H	
AB	25.000,00	SB	25.000,00

S **Eigenkapital** H

S		H	
SB	77.000,00	AB	77.000,00

S	Waren		H
AB	80.000,00	1. Ka	3.000,00
2. V. a. LL	8.000,00	SB	85.000,00
	88.000,00		88.000,00

S	Lfr. Bankverbindlichkeiten		H
SB	33.000,00	AB	28.000,00
		4. V. a. LL	5.000,00
	33.000,00		33.000,00

S	Kreditinstitute		H
AB	17.000,00	3. V. a. LL	2.000,00
		SB	15.000,00
	17.000,00		17.000,00

S	Verbindlichkeiten a. LL		H
3. KI	2.000,00	AB	20.000,00
4. Lfr. BV	5.000,00	2. Wa	8.000,00
SB	21.000,00		
	28.000,00		28.000,00

S	Kasse		H
AB	3.000,00	SB	6.000,00
1. Wa	3.000,00		
	6.000,00		6.000,00

Aktiva	Schlussbilanz		Passiva
Ladenausstattung	25.000,00	Eigenkapital	77.000,00
Waren	85.000,00	Lfr. Bankverbindlichkeiten	33.000,00
Kreditinstitute	15.000,00	Verbindlichkeiten a. LL	21.000,00
Kasse	6.000,00		
	131.000,00		131.000,00

8

① Der Schlussbestand wird in die Schlussbilanz übertragen.

S	Kasse		H
AB	3.000,00	SB	6.000,00
1. Wa	3.000,00		
	6.000,00		6.000,00

A	Schlussbilanz		P
Ka	6.000,00		

② Beim Eintragen in die Konten nummerieren wir die Geschäftsfälle durch und geben das Konto an, auf dem die Gegenbuchung steht.

Übersicht:

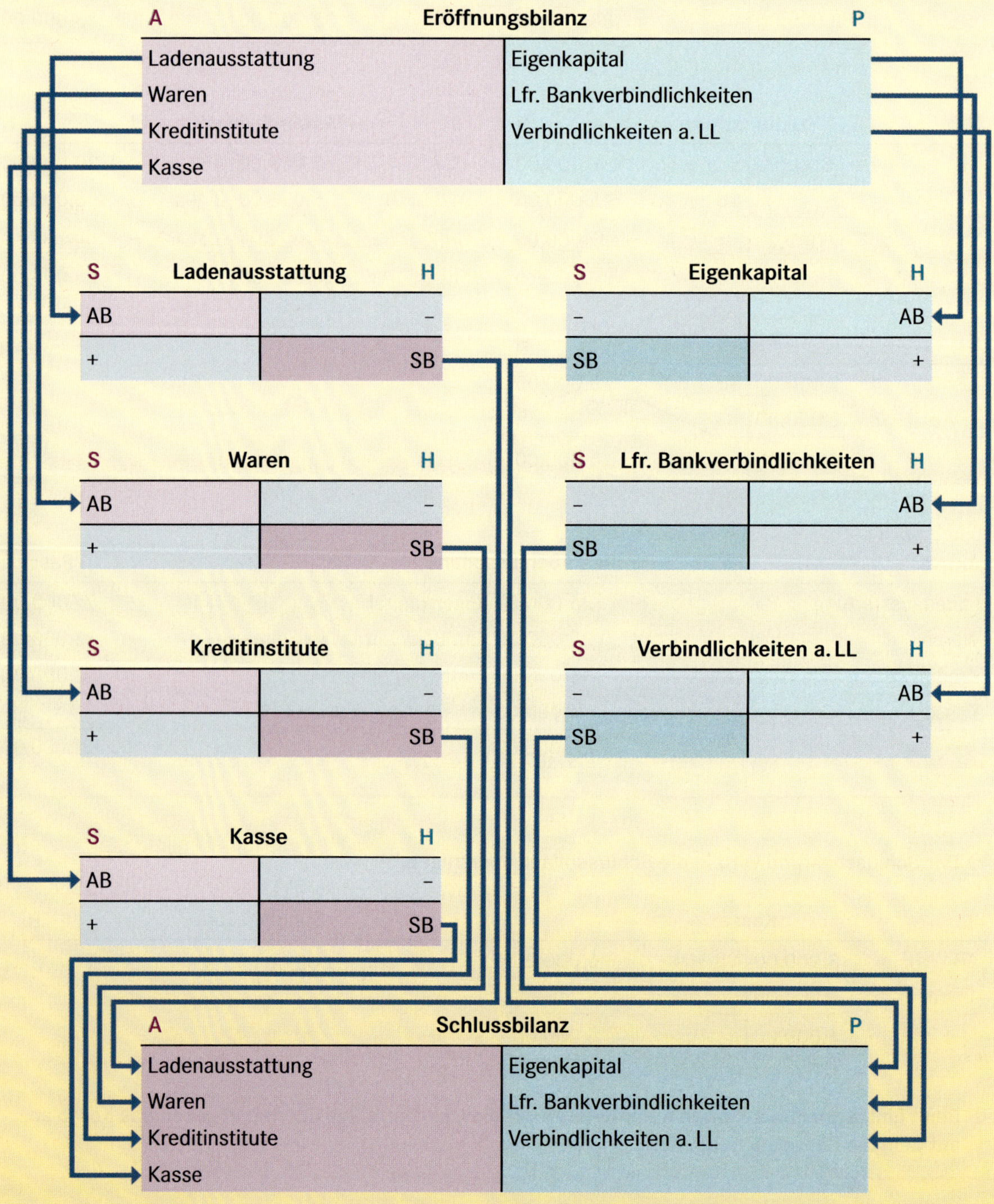
A
Eröffnungsbilanz
P
Ladenausstattung
Waren
Kreditinstitute
Kasse
Eigenkapital
Lfr. Bankverbindlichkeiten
Verbindlichkeiten a. LL
S Ladenausstattung H
AB –
+ SB
S Eigenkapital H
– AB
SB +
S Waren H
AB –
+ SB
S Lfr. Bankverbindlichkeiten H
– AB
SB +
S Kreditinstitute H
AB –
+ SB
S Verbindlichkeiten a. LL H
– AB
SB +
S Kasse H
AB –
+ SB
A
Schlussbilanz
P
Ladenausstattung
Waren
Kreditinstitute
Kasse
Eigenkapital
Lfr. Bankverbindlichkeiten
Verbindlichkeiten a. LL

8

5 Buchungssatz

Da der Buchhalter möglichst einfach, eindeutig und schnell arbeiten möchte, erstellt er zu jedem Geschäftsfall einen Buchungssatz. Der Buchungssatz besteht aus mindestens zwei Konten und es steht mindestens eine Soll-Buchung einer Haben-Buchung gegenüber. Man formuliert ihn nach einem genau festgelegten Schema:

① Welche Konten werden benötigt?
② Um welche Kontengruppen (Aktiv-/Passivkonto) handelt es sich?
③ Liegt eine Mehrung oder Minderung vor?
④ Auf welcher Kontoseite ist deshalb zu buchen?
⑤ Zuerst Konto mit Soll-Buchung, dann das Wort „an“, dann Konto mit Haben-Buchung nennen: **Soll** an **Haben!**

Diesen Buchungssatz trägt der Buchhalter in den Kontierungsstempel auf dem jeweiligen Buchungsbeleg (z. B. einer Rechnung) ein.

5.1 Einfacher Buchungssatz

Werden von einem Geschäftsfall nur zwei Konten berührt, ergibt sich daraus ein einfacher Buchungssatz.

Beispiel:

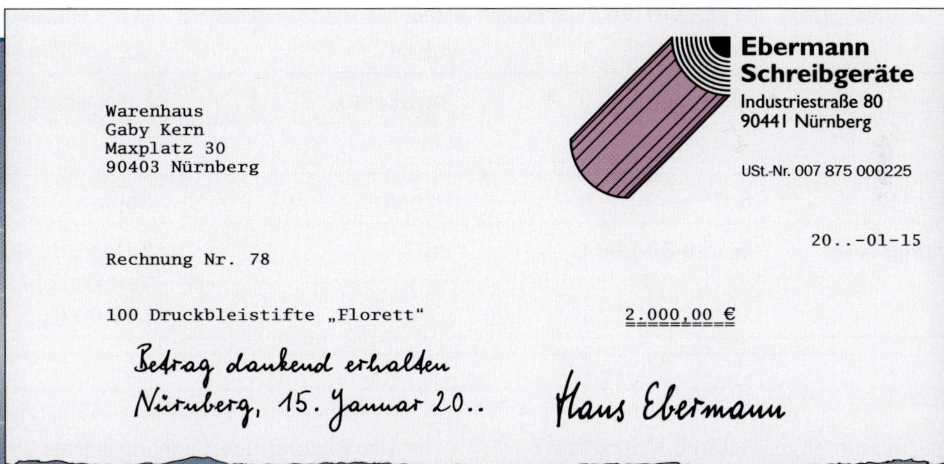
Ebermann Schreibgeräte
Industriestraße 80
90441 Nürnberg

USt.-Nr. 007 875 000225

Warenhaus
Gaby Kern
Maxplatz 30
90403 Nürnberg

20..-01-15

Rechnung Nr. 78

100 Druckbleistifte „Florett“ 2.000,00 €

Betrag dankend erhalten
Nürnberg, 15. Januar 20..
Hans Ebermann

Geschäftsfall	Wir kaufen Waren	bar	2.000,00 €
① Konto?	Waren	Kasse	
② Kontengruppe	Aktivkonto	Aktivkonto	
③ +/–	+	–	
④ Kontenseite	Soll	Haben	
⑤ **Buchungssatz**	**Waren an Kasse**		**2.000,00 €**

8

5.2 Zusammengesetzter Buchungssatz

Bei manchen Geschäftsfällen werden mehr als zwei Konten berührt. Man spricht dann von einem zusammengesetzten Buchungssatz.

Beispiel:

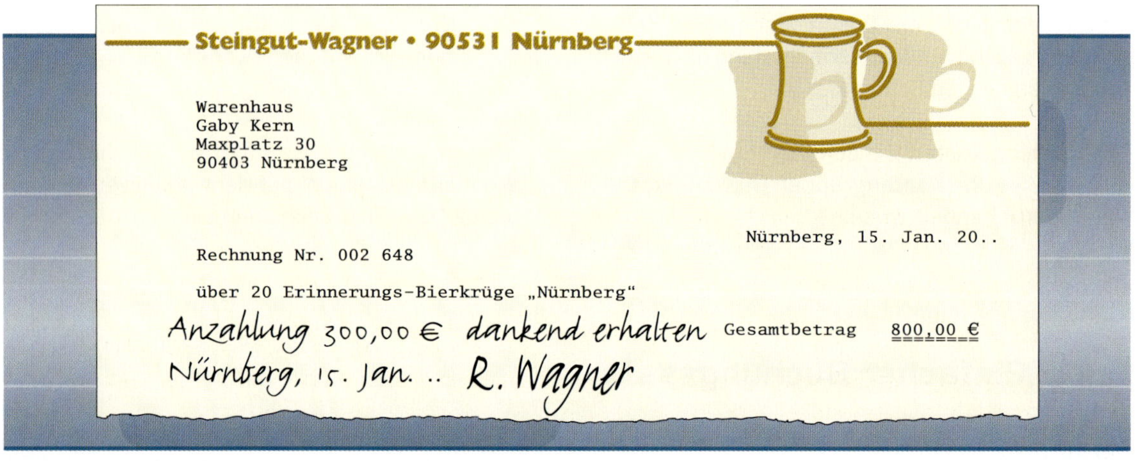

Steingut-Wagner • 90531 Nürnberg

Warenhaus
Gaby Kern
Maxplatz 30
90403 Nürnberg

Nürnberg, 15. Jan. 20..

Rechnung Nr. 002 648

über 20 Erinnerungs-Bierkrüge „Nürnberg"

Anzahlung 300,00 € dankend erhalten Gesamtbetrag 800,00 €

Nürnberg, 15. Jan. .. R. Wagner

Geschäftsfall	Wir kaufen Waren	bar 300,00 €	Rest auf Ziel 500,00 €
① Konto?	Waren	Kasse	Verbindlichkeiten a. LL
② Kontengruppe	Aktivkonto	Aktivkonto	Passivkonto
③ +/–	+	–	+
④ Kontenseite	Soll	Haben	Haben
⑤ **Buchungssatz**	**Waren 800,00 €**	**an**	**Kasse 300,00 € und Verbindlichkeiten a. LL 500,00 €**

8

- **Beim zusammengesetzten Buchungssatz werden die auf einer Seite des Wortes „an" stehenden Konten durch das Wort „und" verbunden.**
- **Summe der Beträge der Soll-Seite = Summe der Beträge der Haben-Seite.**

In der Bildung des Buchungssatzes (= „Vorkontierung") liegt die eigentliche buchhalterische Leistung. Alle folgenden Arbeitsgänge (eigentliche Buchung) können mehr oder weniger schematisch abgewickelt werden. Deshalb werden in der betrieblichen Praxis häufig beide Arbeitsgänge getrennt voneinander durchgeführt. Vor allem der zweite Teil wird heute meistens elektronisch durch die Datenverarbeitungsanlage vorgenommen (Finanzbuchhaltungsprogramm).

6 Erfolgskonten

Bisher beschränkten wir uns auf die Verbuchung von Beständen bzw. Bestandsveränderungen. Das ist jedoch nicht der Grund, weshalb ein Geschäftsinhaber unternehmerisches Risiko auf sich nimmt. Vielmehr möchte er Erfolg haben. Den Erfolg, ob er nun positiv oder negativ ist, erhält man aus der Gegenüberstellung von Aufwand und Ertrag in Form von Gewinn oder Verlust. Ein Gewinn oder ein Verlust bewirkt eine Veränderung des Eigenkapitals.

6.1 Aufwandskonten

Zahlt ein Betrieb z. B. Gehälter und Löhne an seine Mitarbeiter, sind das Aufwendungen. Das trifft auch zu, wenn wir die Miete für unsere Geschäftsräume überweisen.

Aufwendungen sind alle Güter und Leistungen, die im Betrieb ge- oder verbraucht werden. Sie mindern das Kapital. Für jede Aufwandsart, die im Betrieb vorkommt, wird ein eigenes Konto geführt (= Aufwandskonto).

Wichtige Aufwandskonten sind:
- Aufwendungen für Waren (Warenkosten, Bezugskosten, Nachlässe)
- Aufwendungen für Material (z. B. Verpackungs- oder Reinigungsmaterial)
- Aufwendungen für bezogene Leistungen (z. B. Abfallentsorgung, Reinigung)
- Aufwendungen für Rechte und Dienste (z. B. Mieten, Leasinggebühren)
- Aufwendungen für Kommunikation (z. B. Büromaterial, Fachliteratur, Werbung)
- Aufwendungen für Zinsen
- Betriebliche Steuern
- Gehälter

Die Aufwendungen in einem Betrieb schlagen sich in der Kalkulation (siehe LF 9) als Handlungskosten nieder.

6.2 Ertragskonten

Schreibt uns ein Lieferer Provision gut oder überweist uns ein Mieter die Monatsmiete, spricht man von Ertrag.

Erträge sind alle Güter und Leistungen, die der Betrieb Dritten zum Ge- oder Verbrauch zur Verfügung stellt und dafür Zahlungen erhält. Sie mehren das Kapital. Für jede Ertragsart, die im Betrieb vorkommt, wird ein eigenes Konto geführt (= Ertragskonto).

Wichtige Ertragskonten sind:
- Umsatzerlöse für Waren
- Erlöse aus Vermietung und Verpachtung
- Unentgeltliche Entnahme
- Zinserträge
- sonstige Erlöse (z. B. Provisionserträge)

6.3 Buchen in Erfolgskonten

Aufwandskonten

- Sie haben keinen Anfangsbestand.
- Die Mehrungen werden auf die Soll-Seite gebucht.
- Die seltenen Minderungen stehen auf der Haben-Seite.
- Anstelle des Endbestandes ermittelt man beim Kontoabschluss den Saldo.

Ertragskonten

- Sie haben keinen Anfangsbestand.
- Die Mehrungen werden auf die Haben-Seite gebucht.
- Die seltenen Minderungen stehen auf der Soll-Seite.
- Anstelle des Endbestandes ermittelt man beim Kontoabschluss den Saldo.

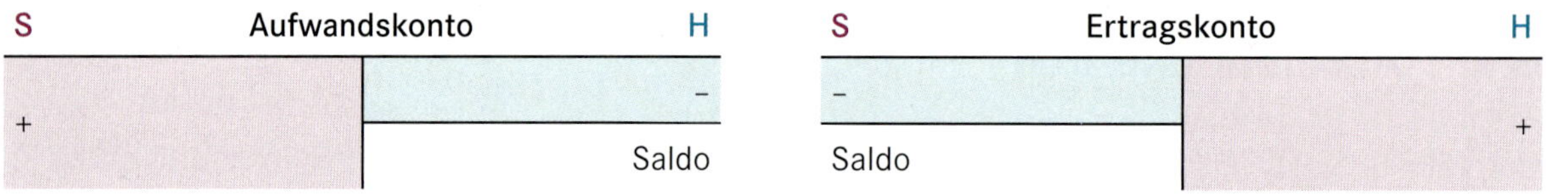

Aufwendungen kommen ins **Soll,** Erträge ins **Haben.**

6.4 Gewinn- und Verlustkonto

Wie oben dargestellt, mehren oder mindern die Erfolgskonten das Eigenkapital. Sie werden jedoch nicht direkt auf dem Eigenkapitalkonto abgeschlossen, vielmehr sammelt man ihre Salden auf dem Konto

Gewinn und Verlust (GuV).

Die Salden der Aufwandskonten werden von deren Haben-Seite auf die Soll-Seite des Kontos „GuV" umgebucht. Die Salden der Ertragskonten bucht man von deren Soll-Seiten auf die Haben-Seite des Kontos „GuV" um. Damit stehen sich im Konto „GuV" Aufwendungen (Soll-Seite) und Erträge (Haben-Seite) gegenüber.

Beim Abschluss des Kontos „GuV" erhält man auf der Soll-Seite den Reingewinn, wenn die Erträge höher sind als die Aufwendungen. Übersteigen die Aufwendungen wertmäßig die Erträge, erhält man den Reinverlust auf der Haben-Seite von GuV.

Das Konto „GuV" wird wie ein Unterkonto des Kontos „Eigenkapital" behandelt, d. h., es wird auf ihm abgeschlossen. Wurde ein Reingewinn erwirtschaftet, erscheint er als Eigenkapitalmehrung auf der Haben-Seite des Kontos „Eigenkapital". Den Reinverlust bucht man als Eigenkapitalminderung auf die Soll-Seite des Kontos „Eigenkapital" um.

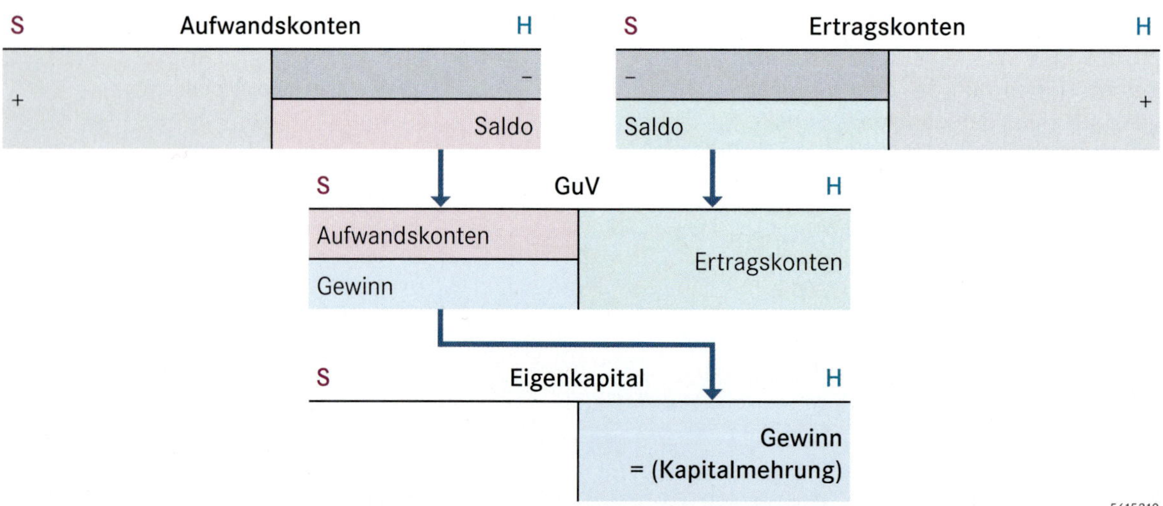

① Aufwands- und Ertragskonten schließt man auf das Konto „Gewinn und Verlust“ ab.
② Das Konto „GuV“ wird auf Eigenkapital abgeschlossen.
③ Erträge > Aufwendungen = Gewinn
④ Erträge < Aufwendungen = Verlust

Beispiel:

Kundendurchschrift SSKNDE77

Für Überweisungen in Deutschland und in andere EU-/EWR-Staaten in Euro.
Bitte Meldepflicht gemäß Außenwirtschaftsverordnung beachten!

Sparkasse Nürnberg

Angaben zum Zahlungsempfänger: Name, Vorname/Firma (max. 27 Stellen, bei maschineller Beschriftung max. 35 Stellen)
Angelika Sommer

IBAN
DE89 7601 0111 0002 7251 17

BIC des Kreditinstituts/Zahlungsdienstleisters (8 oder 11 Stellen)
ESSEDE5F760

Betrag: Euro, Cent
700,00-----------------

Kunden-Referenznummer - Verwendungszweck, ggf. Name und Anschrift des Zahlers - (nur für Zahlungsempfänger)
Gehalt Februar 20..

noch Verwendungszweck (insgesamt max. 2 Zeilen à 27 Stellen, bei maschineller Beschriftung max. 2 Zeilen à 35 Stellen)

Angaben zum Kontoinhaber: Name, Vorname/Firma, Ort (max. 27 Stellen, keine Straßen- oder Postfachangaben)
Warenhaus Gaby Kern

IBAN
60 7605 0101 0000 0378 00 16

SEPA

Datum 20..-02-26
Unterschrift(en) Gaby Kern

Kontoauszug

Kontonummer 0 124 600 855 Auszug 3
Datum 20..-02-15 Blatt 1

Postbank

IBAN DE63 7601 0085 0124 6008 55 BIC PBNKDEFF760

Buch	Wert	PN-Nummer	Vorgang/Buchungsinformation	Umsatz
02-15	02-16	0114	Gutschrift Hausinger Antik Verkaufsprovision	800,00 +

Alter Kontostand in EUR:	8.100,00 +
Zahlungseingänge:	800,00 +
Zahlungsausgänge:	
Neuer Kontostand in EUR	8.900,00 +

Warenhaus
Gaby Kern KG
Maxplatz 30
90403 Nürnberg

Bitte beachten Sie den Text auf der Rückseite

Postbank Nürnberg, 90403 Nürnberg, BLZ: 760 100 85
Für Privatkunden 7 x 24 Std. erreichbar: Direkt-Service: Tel.: 0180 3040500; Telefon-Banking: Tel.: 0180 3040700
Telefax: 0180 3040800; E-Mail: direkt@postbank.de; Internet: http://www.postbank.de
Für Geschäftskunden Mo.-Sa. 8 – 21 Uhr: Business-Center: Tel.: 0180 4440400; Telefon-Banking: Tel.: 0180 3040700
Telefax: 0180 3040999; E-Mail: business@postbank.de

8

Geschäftsfall	Buchungssatz	Soll	Haben
① Wir überweisen an eine Mitarbeiterin Gehalt 700,00 €	Gehälter	700,00	
	an Kreditinstitute		700,00
② Ein Lieferer überweist uns Provision 800,00 €	Kreditinstitute	800,00	
	an sonstige Erlöse		800,00
③ Abschluss des Kontos „Sonstige Erlöse" 800,00 €	Sonstige Erlöse	800,00	
	an GuV		800,00
④ Abschluss des Kontos „Gehälter" 700,00 €	GuV	700,00	
	an Gehälter		700,00
⑤ Abschluss des Kontos „GuV" 100,00 €	**GuV**	100,00	
	an Eigenkapital		100,00

S — Sonstige Erlöse — H

S		H	
③ GuV	800,00	② KI	800,00

S — Gehälter — H

S		H	
① KI	700,00	④ GuV	700,00

S — Kreditinstitute — H

S		H	
② sonst Erl.	800,00	① Geh.	700,00

S — GuV — H

S		H	
④ Gehälter	700,00	③ sonst Erl.	800,00
⑤ Gewinn	100,00		
	800,00		800,00

S — Eigenkapital — H

S		H	
		⑤ GuV	100,00

8

Übersicht:

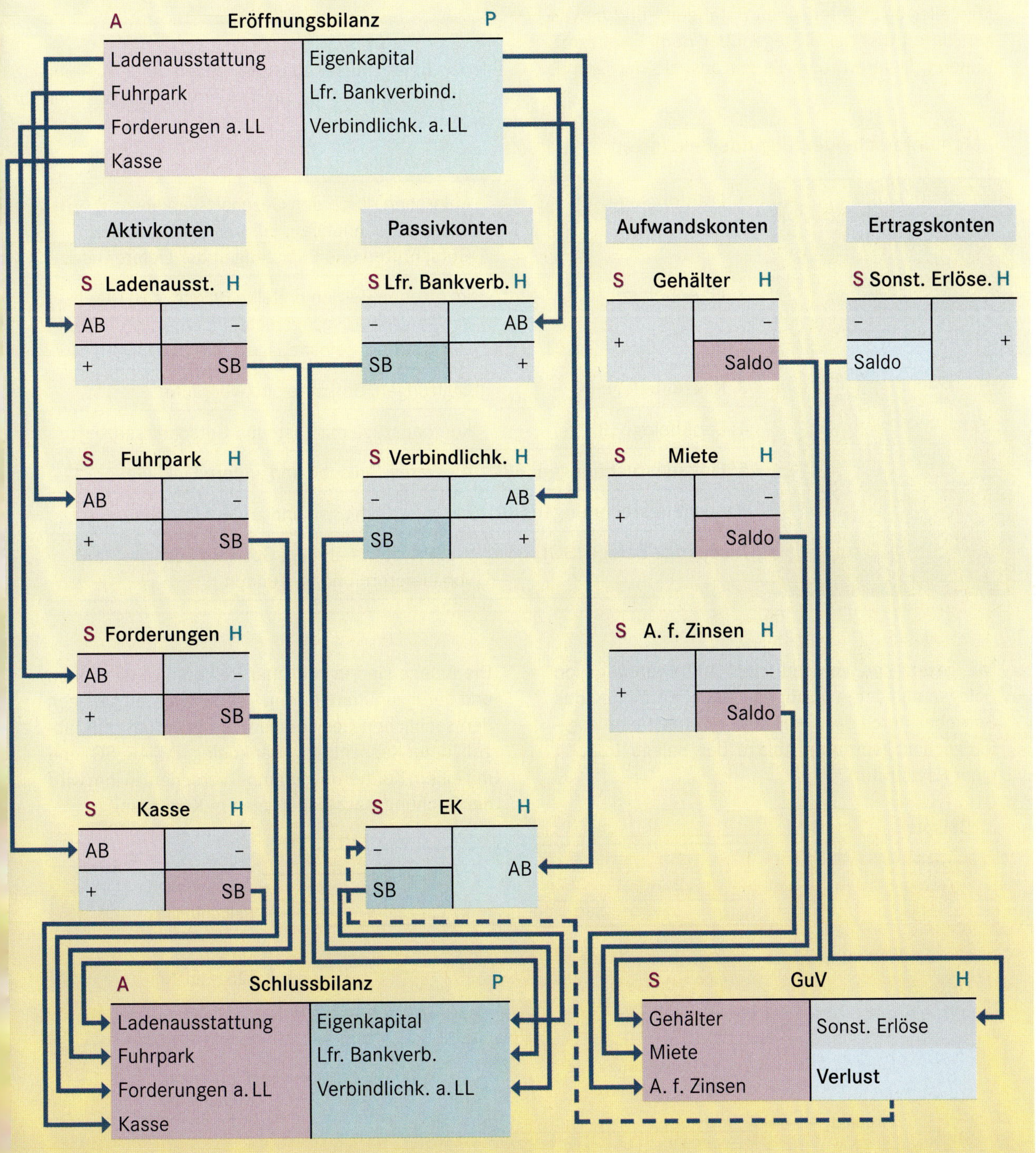
A Eröffnungsbilanz P
Ladenausstattung
Fuhrpark
Forderungen a. LL
Kasse
Eigenkapital
Lfr. Bankverbind.
Verbindlichk. a. LL
Aktivkonten
Passivkonten
Aufwandskonten
Ertragskonten
S Ladenausst. H
AB
–
+
SB
S Lfr. Bankverb. H
S Gehälter H
Saldo
S Sonst. Erlöse. H
S Fuhrpark H
S Verbindlichk. H
S Miete H
S Forderungen H
S A. f. Zinsen H
S Kasse H
S EK H
A Schlussbilanz P
Ladenausstattung
Fuhrpark
Forderungen a. LL
Kasse
Eigenkapital
Lfr. Bankverb.
Verbindlichk. a. LL
S GuV H
Gehälter
Miete
A. f. Zinsen
Sonst. Erlöse
Verlust

7 Belege in der Buchführung

Schriftliche Unterlagen (Belege) sind die Grundlage aller buchhalterischen Betätigung und beweisen deren Richtigkeit gegenüber dem Finanzamt, Kunden, Lieferern usw. Es gilt deshalb der Grundsatz:

Keine Buchung ohne Beleg (= Belegzwang)

Jeder Beleg muss Auskunft geben über Art und Grund, Zeitpunkt und Wert der buchhalterischen Veränderung.

Man unterscheidet folgende Belegarten:

Unterscheidung nach der Ausfertigung	**1. Fremdbelege**	entstehen durch den Geschäftsverkehr, z. B. Eingangsrechnungen, erhaltene Quittungen, Gutschriften und Belastungen der Lieferer usw.
	2. Eigenbelege	im eigenen Betrieb erstellte Belege, z. B. Durchschläge von Ausgangsrechnungen, Lastschriften, Gutschriften, selbst ausgestellte Quittungen usw.
Unterscheidung nach dem Inhalt	**3. Kassenbelege (K)**	Quittungen, Barkäufe und -verkäufe
	4. Bankbelege (B)	Kontoauszüge mit Last- und Gutschriftsanzeigen
	5. Eingangsrechnungen (ER)	für Waren, Anlagen und andere Einkäufe
	6. Ausgangsrechnungen (AR)	für Waren, Anlagen und andere Verkäufe
	7. sonstige Belege (SO)	z. B. Privatentnahmen, Gut- und Lastschriften von Lieferern und an Kunden

Die gesetzliche Vorschrift zur Aufbewahrung von Belegen und deren Verfügbarkeit bei Prüfungen des Betriebes durch das Finanzamt erfordert eine sorgfältige und geordnete Ablage der Belege (z. B. in einer Registratur).

8

Die Belege sind in zeitlicher Reihenfolge zu ordnen und durchzunummerieren. Danach werden sie nach den sachlichen Gesichtspunkten geordnet (z. B. abgebildeter Kassenbeleg, Bankbeleg, ER, AR, SO) und mit einem Kontierungsstempel versehen. In ihm wird der Buchungssatz eingetragen (= Kontierung).

Beispiel:

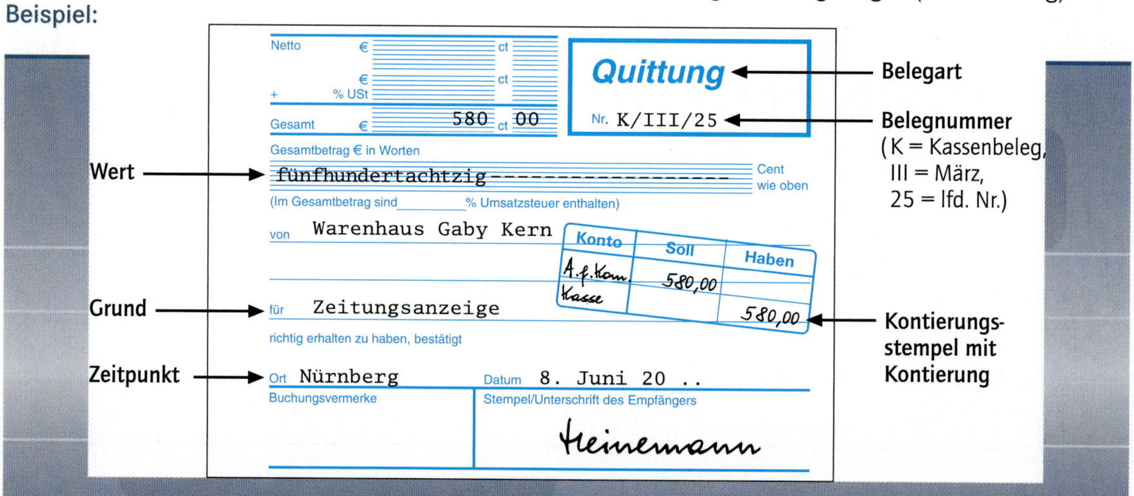
Netto € ct
€ ct
+ % USt
Gesamt € 580 ct 00
Quittung
Nr. K/III/25
Gesamtbetrag € in Worten
fünfhundertachtzig------------------ Cent wie oben
(Im Gesamtbetrag sind ____ % Umsatzsteuer enthalten)
von Warenhaus Gaby Kern
für Zeitungsanzeige
richtig erhalten zu haben, bestätigt
Ort Nürnberg Datum 8. Juni 20 ..
Buchungsvermerke
Stempel/Unterschrift des Empfängers
Heinemann

Konto	Soll	Haben
A.f.Kom.	580,00	
Kasse		580,00

8 Kontrolle der Geschäftsprozesse – Einführung in die Betriebsstatistik

Aus der Gewinn- und Verlustrechnung erkennt ein Einzelhändler, wie erfolgreich er gewirtschaftet hat. Das Warenhaus Gaby Kern erzielte in diesem Jahr einen Gewinn von 434.500,00 €. War das Warenhaus nun erfolgreich oder nicht? Um den Gewinn beurteilen zu können, muss man ihn in ein Verhältnis setzen, z. B. zum letzten Jahr oder zu einem anderen vergleichbaren Unternehmen. Es müssen also Zeitvergleiche oder Betriebsvergleiche durchgeführt werden.

Das Zahlenmaterial für die Betriebsstatistik erhält der Einzelhändler

- aus der Buchführung,
- aus dem Warenwirtschaftssystem
- sowie aus der Kosten- und Leistungsrechnung (siehe Lernfeld 11).

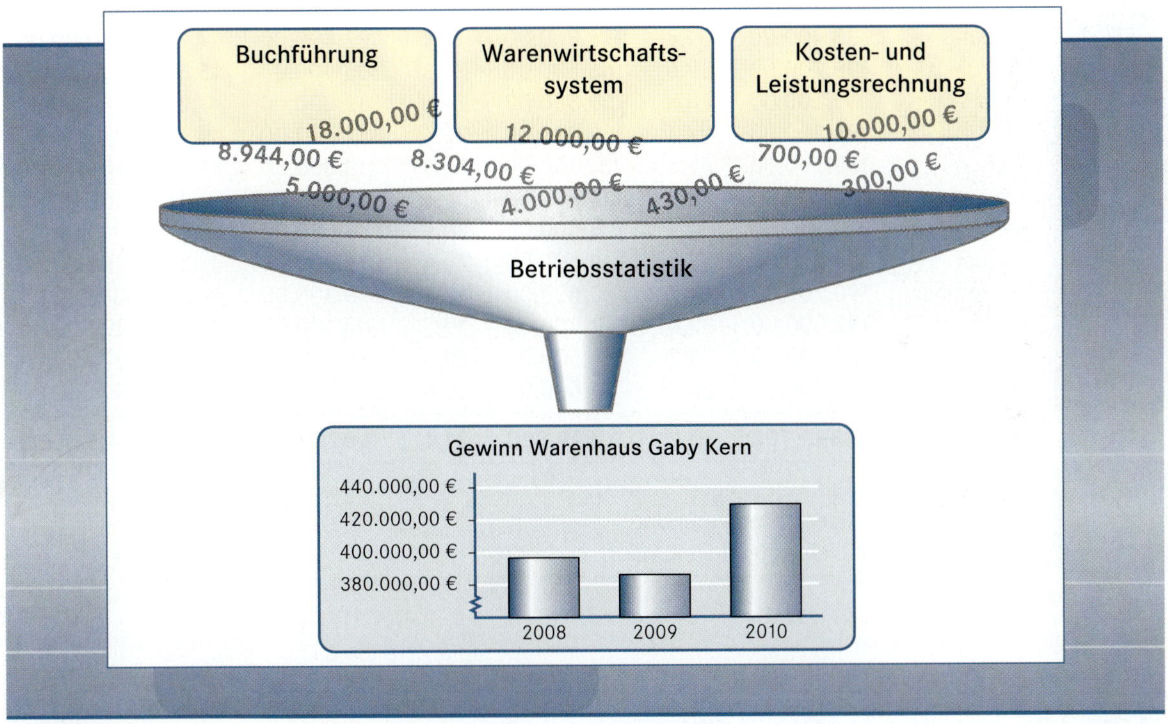

Das gesammelte statistische Ausgangsmaterial ist in der Urform selten aussagekräftig, es muss deshalb in Form gebracht werden. Hierfür stehen drei Möglichkeiten zur Verfügung:

- Erstellen von Tabellen,
- Gestalten von Diagrammen,
- Bildung von Kennzahlen.

Es muss die Darstellungsform gewählt werden, die das vorhandene Zahlenmaterial optimal aufbereitet.

8

8.1 Tabellen

Sind die in der Datenerhebung gewonnenen Zahlen von sich aus aussagekräftig, genügt zumeist deren übersichtliche Anordnung in Tabellenform. Auf engem Raum lässt sich ein Maximum an Informationen darstellen, da sich mit Zahlen auch die größtmögliche Genauigkeit der Aussage erreichen lässt.

Einfache Tabellen kann man direkt im Textverarbeitungsprogramm erstellen, für umfangreiche und komplizierte Tabellen setzt man besser ein Tabellenkalkulationsprogramm ein, das eine Vielzahl von Gestaltungsmöglichkeiten und Funktionen zur Verfügung stellt.

Grundsätzlich ist eine Tabelle so aufgebaut:

Tabellenkopf	Umsatz nach Abteilungen Geschäftsjahr 20..							Warenhaus Kern Nürnberg
		Textil		**Lebensmittel**		**Hartwaren**		**Gesamt**
	Monat	€	%	€	%	€	%	€
Tabellenrumpf	Januar	233.400,00	31,8	176.800,00	24,1	322.400,00	44,1	732.600,00
	Februar	198.700,00	29,6	166.500,00	24,8	305.900,00	45,6	671.100,00
	März	191.300,00	28,8	159.300,00	24,0	312.800,00	47,2	663.400,00
	April	188.200,00	28,1	150.800,00	22,4	332.700,00	49,5	671.700,00
	Mai	189.300,00	29,6	132.100,00	20,6	318.600,00	49,8	640.000,00
	Juni	190.800,00	30,0	124.800,00	19,6	321.300,00	50,4	636.900,00
	Juli	187.700,00	31,1	125.500,00	20,9	288.600,00	48,0	601.800,00
	August	189.300,00	32,3	119.400,00	20,4	276.900,00	47,3	585.600,00
	September	190.200,00	31,2	120.600,00	19,8	298.300,00	49,0	609.100,00
	Oktober	192.500,00	30,6	121.400,00	19,3	316.100,00	50,1	630.000,00
	November	201.600,00	29,7	139.500,00	20,6	336.400,00	49,7	677.500,00
	Dezember	242.700,00	30,4	162.600,00	20,4	392.500,00	49,2	797.800,00
	Summe	**2.395.700**	**30,2**	**1.699.300**	**21,4**	**3.822.500**	**48,3**	**7.917.500**
Tabellenfuß	Warenumsätze nach Abteilungen Zahlen auf Hunderterstellen gerundet Barverkäufe inkl. Lieferungen an Kunden							

8.2 Geschäftsgrafiken (Diagramme)

Die Umsetzung von Zahlen in Schaubilder kann durch die Verwendung geeigneter Computerprogramme (Textverarbeitung, Publishingprogramme, Präsentationsprogramme) auf einfache Art und Weise erfolgen. Die dem Programm vorgegebenen Zahlenreihen werden auf Knopfdruck vom Programm in aussagekräftige Diagramme (Charts) umgewandelt und können meistens noch von Hand nachbearbeitet werden. Durch die Verwendung eines Präsentationsprogramms können derartige Darstellungen auch automatisiert und animiert (belebt) werden.

Auch die Gestaltung in dreidimensionalen Bildern kann die Aussagekraft unterstützen.

Eine besondere Rolle innerhalb der Vielzahl von Darstellungsmöglichkeiten der anschaulichen Umsetzung von Zahlen in Grafiken spielen die folgenden drei Gruppen:

- Kreisdiagramme
- Säulen- oder Balkendiagramme
- Linien- und Flächendiagramme

Kreisdiagramm

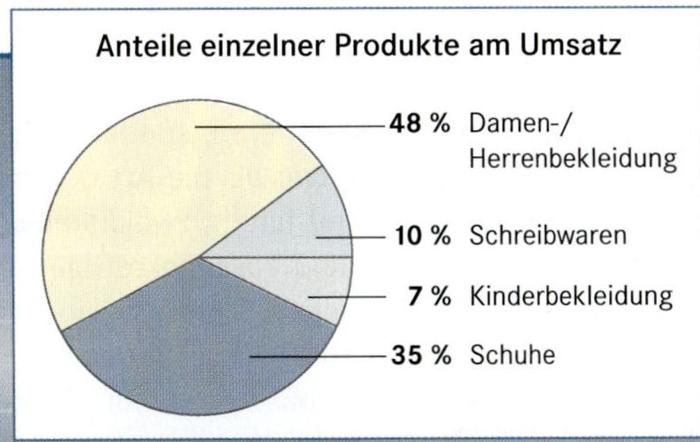

Im Kreisdiagramm sollen nur wenige Zahlen dargestellt werden. Vor allem die Veranschaulichung eines Ganzen und dessen Aufteilung in seine einzelnen Bestandteile lässt sich durch die Umsetzung in ein Kreisdiagramm sehr anschaulich darstellen. Je mehr Teile ein Ganzes umfasst, desto stärker sinkt die Aussagekraft des Kreisdiagramms. Soll ein einzelner Anteil besonders hervorgehoben werden, kann man diesen Anteil aus dem Ganzen etwas herausziehen, wie ein Stück einer Torte, weshalb diese Art der Darstellung auch gelegentlich als Tortendiagramm bezeichnet wird.

Beispiele:

Anteile einzelner Produkte am Umsatz; Anteil der Gesellschafter am Kapital; Umsatz nach Quartalen; Filialumsätze.

Balken- oder Säulendiagramm

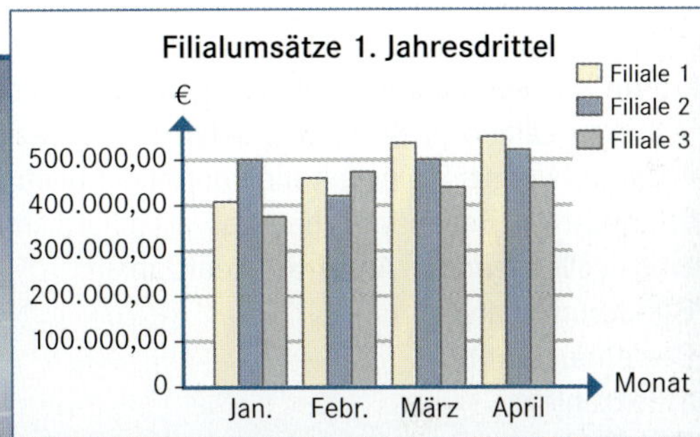

Im Balken- oder Säulendiagramm kann eine Rangfolge von Objekten mit einem Blick erkannt werden. Die einzelnen Bezugsgrößen werden als unterschiedlich lange Balken nebeneinander oder übereinander angeordnet und zeigen somit das Verhältnis der Zahlen auf einen Blick an. Es können auch mehrere Balkengruppen nebeneinander angeordnet werden. Eine weitere Differenzierung ist möglich, wenn die Balken zusätzlich in der Höhe unterteilt werden.

Beispiele:

Umsätze verschiedener Filialen eines Unternehmens nach Quartalen geordnet. Umsätze mehrerer Filialen nach Quartalen und Abteilungen differenziert.

Liniendiagramm

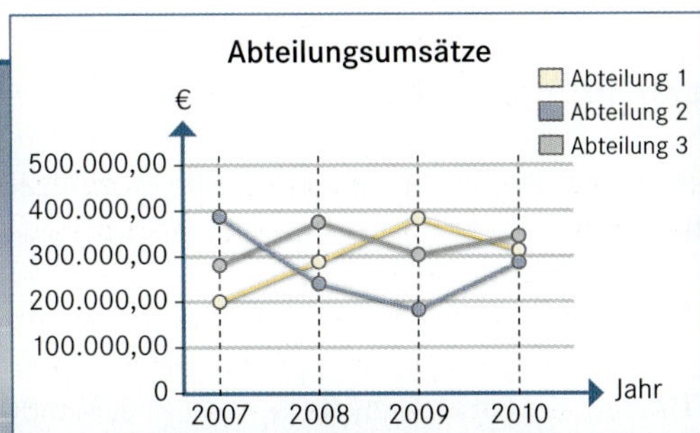

Im Liniendiagramm sollen vor allem Entwicklungen einer Zahlenreihe in Abhängigkeit von der Zeit dargestellt werden (sogenannte Zeitreihen), entweder als einzelne Zeitreihe zur Darstellung eines langfristigen Trends oder als überlagertes Liniendiagramm zum Vergleich verschiedener Entwicklungen von einzelnen Produktlinien. Zu viele Linien in einem Diagramm verwirren den Betrachter und führen zu einem „Spaghetti-Diagramm“.

Beispiele:

Abteilungsumsätze im Geschäftsjahr; Verkaufszahlen pro Artikel; Entwicklung von Aktienkursen.

Grundsätze für die Gestaltung von Schaubildern

Diagramme sollen nicht illustrieren, sondern informieren. Der Inhalt ist wichtiger als die Art der grafischen Darstellung. So sind häufig zweidimensionale Darstellungen klarer und aussagekräftiger als dreidimensionale, diese sehen allerdings in den meisten Fällen wesentlich eindrucksvoller aus.

- Sorgfältige Analyse der Zahlen: „Was will ich dem Betrachter vermitteln?“
- Welche Darstellungsart ist für meine Zwecke am hilfreichsten?
- Begrenzung der Informationsmenge in einem Schaubild, das Dargestellte soll mit einem Blick erfasst werden können.
- Jedes Diagramm muss eine eindeutige Überschrift erhalten.
- Beschriftungen dürfen nicht zu klein gewählt sein und damit unleserlich werden.
- Legenden ordnen das Dargestellte eindeutig und helfen dem Betrachter, das Schaubild zu verstehen.
- Achten Sie darauf, ob der Ausgangswert einer Reihe bei null beginnt oder einen hohen Anfangswert besitzt, die getroffene Aussage kann dadurch wesentlich verfälscht werden.

8.3 Bildung von Kennzahlen

Statistische Zahlen sind selten von sich aus aussagekräftig, sie werden erst interessant, wenn man sie zu anderen Zahlen in Beziehung setzt. Diese Beziehungen und Vergleiche erzielt man durch die Bildung von Kennzahlen. Besonderes betriebswirtschaftliches Interesse gilt folgenden Arten von Kennzahlen:

- Gliederungszahlen
- Beziehungszahlen
- Indexzahlen
- Durchschnittszahlen

8

Gliederungszahlen

Gliederungszahlen haben als Ergebnis eine Prozentzahl. Sie unterteilen eine Gesamtmenge in ihre prozentualen Teilmengen.

Beispiel:

Das Warenhaus Gaby Kern hat folgenden Umsatz nach Abteilungen erzielt:

	Umsatz	in %
Abteilung Textil	2.395.700,00 €	30,26 %
Abteilung Lebensmittel	1.699.300,00 €	21,46 %
Abteilung Hartwaren	3.822.500,00 €	48,28 %
Gesamt	**7.917.500,00 €**	**100,00 %**

Beziehungszahlen

Beziehungszahlen haben ebenfalls eine Prozentzahl als Ergebnis. Sie berechnen die Beziehung zu einem andersartigen Wert.

Beispiel:

Umsatz der Firma Gaby Kern 8.300.000,00 € = 100 %
Gewinn der Firma 434.500,00 € = x
x = 5,2 %, d. h., der Anteil des Gewinns am Umsatz beträgt 5,2 %.

Indexzahlen (Indices)

Indexzahlen (Indices) werden auf eine bestimmte Basiszahl bezogen. Durch die Indexzahlen können Entwicklungen über einen längeren Zeitraum gut vergleichbar gemacht werden. Das Basisjahr (2006) wird mit 100 % festgelegt.

Beispiel:

Entwicklung des Umsatzes des Warenhauses Gaby Kern in der Zeit von 2006 bis 2010

Umsatzentwicklung des Warenhauses Gaby Kern		in %
2006	7.917.500,00 €	100 %
2007	8.000.000,00 €	101,04 %
2008	8.100.200,00 €	102,3 %
2009	7.800.000,00 €	98,5 %
2010	8.300.000,00 €	104,8 %

Im Jahr 2010 ist eine Steigerung von 4,8 Prozentpunkten zu verzeichnen.

Durchschnittszahlen

Durchschnittszahlen ermitteln aus mehreren Einzelwerten einen Durchschnittswert. Man unterscheidet den einfachen und den gewogenen Durchschnitt (siehe Lernfeld 3).

Beispiel:

Aus dem Warenwirtschaftssystem entnimmt Gaby Kern, dass am 12. November 20.. 537 Bons an Kunden ausgestellt wurden. Der Tagesumsatz beläuft sich auf 45.000,00 €. Wie viel Umsatz entfällt durchschnittlich auf einen Kunden?

durchschnittl. Umsatz pro Kunde = Tagesumsatz : Zahl der Bons.
= 45.000,00 : 537 = 83,80 €/Kunde

8.4 Betriebliche Kennzahlen

8.4.1 Wareneinsatz

Der Wareneinsatz ist der Preis der verkauften Ware, zu dem sie „in das Geschäft kommt", d. h. der Teil des Warenpreises, der anfällt, bevor betriebliche Leistungen (Lagerung, Pflege, Einkauf, Werbung, Verkauf) erbracht werden (= verkaufte Ware zu Bezugspreisen).

Beispiel:

Ein Textileinzelhändler verkauft 80 Herrenanzüge, die er zum Listeneinkaufspreis von 12.000,00 € eingekauft hat. Der Hersteller gewährt ihm 15 % Rabatt und 2 % Skonto. An Verpackungskosten und Versandkosten fallen 404,00 € an.

Rechnerisch ergibt sich der Wareneinsatz nach folgender Berechnung:

Listeneinkaufspreis der verkauften Ware		12.000,00 €
–	Rabatt	– 1.800,00 €
–	Skonto, Bonus	– 204,00 €
+	Bezugskosten	+ 404,00 €
=	**Wareneinsatz = Bezugpreis**	**= 10.400,00 €**

8.4.2 Roh-, Reingewinn

Rohgewinn

Der Rohgewinn, auch Warenrohgewinn genannt, ergibt sich, indem man von den Umsatzerlösen für Waren die entsprechenden Aufwendungen für Waren abzieht.

Rohgewinn = Umsatzerlöse[1] – Aufwendungen für Waren[2]

Oder mit den Begriffen der Kalkulation ausgedrückt:

Rohgewinn = Barverkaufspreis – Bezugspreis

Bezugspreis (BP)
\+ Handlungskosten
= Selbstkosten
\+ Gewinn
= **Barverkaufspreis (BVP)**

→ **BVP – BP = Rohgewinn**

1 In den Zahlen für die Umsatzerlöse sind die entsprechenden Erlösberichtigungen bereits enthalten.

2 In den Zahlen für die Aufwendungen für Waren sind die entsprechenden Bezugskosten bereits enthalten.

Reingewinn

Der Reingewinn ergibt sich, vereinfacht gesagt, indem man vom Rohgewinn die entstandenen Handlungskosten (= laufende Kosten wie Personalkosten, Miete, Werbekosten usw.) abzieht.

Reingewinn = Rohgewinn – Handlungskosten

Oder mit den Begriffen der Kalkulation ausgedrückt:

Reingewinn = Barverkaufspreis – Selbstkosten

Bezugspreis
+ Handlungskosten
= **Selbstkosten (SK)**
+ Gewinn
= **Barverkaufspreis (BVP)**

→ **BVP – SK = Reingewinn**

Beispiel:

Die Stiebler OHG bezieht einen Motorroller zum Bezugspreis von 2.500,00 €. Die Firma kalkuliert mit 30 % Handlungskosten und 20 % Gewinn. Wie hoch sind der Roh- und der Reingewinn?

Rohgewinn:

Bezugspreis	**2.500,00 €**
+ Handlungskosten 30 %	+ 750,00 €
= Selbstkosten	**= 3.250,00 €**
+ Gewinn 20 %	+ 650,00 €
= Barverkaufspreis	**= 3.900,00 €**

3.900,00 € – 2.500,00 € = 1.400,00 €
(BVP – BP = Rohgewinn)

Reingewinn:

Bezugspreis	**2.500,00 €**
+ Handlungskosten 30 %	+ 750,00 €
= Selbstkosten	**= 3.250,00 €**
+ Gewinn	+ 650,00 €
= Barverkaufspreis	**= 3.900,00 €**

3.900,00 € – 3.250,00 € = 650,00 €
(BVP – SK = Reingewinn)

8

8.4.3 Umsatzkennziffern (Umsatzstatistik)

Der Umsatz spielt im betriebswirtschaftlichen Denken des Kaufmanns eine zentrale Rolle, er ist Ausgangpunkt für alle seine Planungen. Grundlage hierfür ist eine sorgfältig geführte Umsatzstatistik. Ausgangspunkt einer Umsatzstatistik ist jeweils der Vorjahresumsatz, daraus entwickelt der Einzelhändler als Ergebnis einer erwarteten Umsatzsteigerung seinen Planumsatz. Der tatsächlich erreichte Umsatz (Ist-Umsatz) muss nun zu den Zahlen des Vorjahres und des Planumsatzes in Beziehung gesetzt werden.

Im folgenden Beispiel werden zusätzlich jeweils die aufgelaufenen Monate zusammengefasst und in die Umsatzbeurteilung mit einbezogen.

Beispiel:

Monate + *aufgelaufene Monate*	Vorjahr = Basisjahr	Planumsatz			Ist-Umsatz	Abweichung zum Plan		Abweichung zum Vorjahr	
	T€	T€	%	Index	T€	T€	%	T€	%
01 Januar	682	710	9,0	107,6	708	- 2	- 0,3	26	3,8
02 Februar	670	690	8,7	104,5	686	- 4	- 0,6	16	2,4
01-02	1.352	1.400	17,7		1.394	- 6	- 0,4	42	3,1
03 März	655	680	8,6	103,0	679	- 1	-0,1	24	3,7
01-03	2.007	2.080	26,3		2.073	- 7	- 0,3	66	3,3
04 April	648	670	8,5	101,5	667	- 3	- 0,4	19	2,9
01-04	2.655	2.750	34,7		2.740	- 10	- 0,4	85	3,2
05 Mai	622	650	8,2	98,5	648	- 2	- 0,3	26	4,2
01-05	3.277	3.400	42,9		3.388	- 12	- 0,4	111	3,4
06 Juni	605	630	8,0	95,5	627	- 3	- 0,5	22	3,6
01-06	3.882	4.030	50,9		4.015	- 15	- 0,4	133	3,4
07 Juli	595	620	7,8	93,9	620	0	0,0	25	4,2
01-07	4.477	4.650	58,7		4.635	- 15	- 0,3	158	3,5
08 August	580	610	7,7	92,4	612	2	0,3	32	5,5
01-08	5.057	5.260	66,4		5.247	- 13	- 0,2	190	3,8
09 September	608	630	8,0	95,5	633	3	0,5	25	4,1
01-09	5.665	5.890	74,4		5.880	- 10	-0,2	215	3,8
10 Oktober	598	620	7,8	7,8	626	6	1,0	28	4,7
01-10	6.236	6.510	82,2		6.506	- 4	- 0,1	243	3,9
11 November	662	680	8,6	8,6	687	7	1,0	25	3,8
01-11	5.925	7.190	90,8		7.193	3	0,0	268	3,9
12 Dezember	712	730	9,2	9,2	742	12	1,6	30	4,2
01-12	7.637	7.920	100,0	100,0	7.935	15	0,2	298	3,9
∅ Monat	**636**	**660**	**8,3**	**8,3**	**661**	**1**	**0,2**	**25**	**3,9**

8

Umsatzverlauf

Die regelmäßige Beobachtung des Umsatzes (Bruttoumsatz) nach Tages-, Wochen- und Monatsumsatz ergibt bereits eine aussagefähige Aufstellung, die **Umsatzstatistik**. Die Überwachung der Umsätze ist erforderlich, um Fehlentwicklungen rechtzeitig erkennen und ihnen gegensteuern zu können. Je besser die Umsatzstatistik gegliedert ist (z. B. nach Warengruppen, Filialen, Abteilungen, Kostenstellen), desto besser kann man Fehlentwicklungen im Betrieb erkennen.

Umsatzentwicklung (kurzfristige Umsatzanalyse)

Die in der Umsatzstatistik von Seite 322 erkannten Entwicklungen sieht man am leichtesten, wenn man eine der Bezugsgrößen (Vorjahreswert) berechnet. Die Abweichung von ihr kann sich dann in folgenden Entwicklungen vollziehen:

- Bezugsgröße < Umsatz → Wachstum (positive Entwicklung des Umsatzes)
- Bezugsgröße = Umsatz → Stagnation (Stillstand des Umsatzzuwachses)
- Bezugsgröße > Umsatz → Rückgang (negative Umsatzentwicklung)

$$\text{Umsatzentwicklung} = \frac{(\text{Umsatz lfd. Periode} - \text{Umsatz Vorjahresperiode}) \cdot 100}{\text{Umsatz Vorjahresperiode}}$$

$$= \frac{(627 - 605) \cdot 100}{605} = \mathbf{+\ 3{,}64\ \%}$$

$$\text{Soll-Ist-Vergleich} = \frac{(\text{Istumsatz} - \text{Planumsatz}) \cdot 100}{\text{Planumsatz lfd. Periode}}$$

$$= \frac{(627 - 630) \cdot 100}{630} = \mathbf{-\ 0{,}48\ \%}$$

$$\text{Umsatzindex} = \frac{\text{Umsatz lfd. Jahr} \cdot 100}{\text{Umsatz Basisjahr}}$$

$$= \frac{627 \cdot 100}{605} = \mathbf{103{,}64\ \%}$$

Die in der Tabelle enthaltenen Kennziffern ergeben sich durch die Anwendung der Formeln (am Beispiel der Zahlen des Monats Juni).

8

Umsatzstruktur

Neben der Beobachtung der allgemeinen Umsatzentwicklung muss auch laufend überwacht werden, womit der Umsatz gemacht wird, d. h., welche Warenbereiche wie stark am Umsatz beteiligt waren.

$$\text{Umsatzanteil (Warengruppe)} = \frac{\text{aktueller Umsatz (Warengruppe)} \cdot 100}{\text{Gesamtumsatz (laufende Periode)}}$$

Überwacht man den Umsatzanteil der Warengruppen regelmäßig, können sich hieraus Konsequenzen für eine Warengruppe bei der Raumzumessung, der Personalbesetzung und eventuell auch bei der Sortimentszusammensetzung ergeben.

Umsatzschwankungen

Umsatz hängt von vielen äußeren Einflüssen ab, schon allein das Wetter kann sich positiv oder negativ bemerkbar machen. Saisonale Schwankungen sind in jedem Einzelhandelsbereich normal, man denke dabei zum Beispiel an die Zeit vor Weihnachten.

Umsatzschwankungen müssen bereits in den Planzahlen berücksichtigt werden. Zu beachten bleibt, dass der Anteil der Monatsumsätze am Gesamtumsatz (Jahresumsatz) nicht außergewöhnlich abweicht.

$$\text{Umsatzanteil Jahresumsatz} = \frac{\text{Monatsumsatz} \cdot 100}{\text{Jahresumsatz}}$$

$$= \frac{627 \cdot 100}{7.935} = \mathbf{7{,}9\ \%}$$

$$\text{Umsatzrhythmus} = \frac{\text{Monatsumsatz} \cdot 100}{\varnothing\ \text{Jahresumsatz}}$$

$$= \frac{627 \cdot 100}{661} = \mathbf{94{,}9\ \%\ (Juni)}$$

$$= \frac{742 \cdot 100}{661} = \mathbf{112{,}3\ \%\ (Dezember)}$$

Die in der Tabelle enthaltenen Kennziffern ergeben sich durch die Anwendung der Formeln (am Beispiel der Zahlen des Monats Juni).

Wie kann der Einzelhändler auf Umsatzeinbußen oder Umsatzstagnationen reagieren? Folgende zwei Wege stehen für Umsatzkorrekturen zur Verfügung:

- Gewinnung zusätzlicher Kunden oder
- Erhöhung des Umsatzanteils je Kunde.

Während sich die Zahl der Käufer automatisch aus der Zahl der Bons (Warenwirtschaftssystem) ergibt, muss der Umsatzanteil je Kunde ermittelt und überwacht werden:

$$\varnothing\ \text{Tagesumsatz je Kunde} = \frac{\text{Tagesumsatz}}{\text{Zahl der Bons}}$$

Beide Ziele müssen durch geeignete Maßnahmen verfolgt werden, wie Werbung, Sonderangebote, Warenplatzierung, Trading up oder durch eine entsprechend gestaltete Preispolitik.

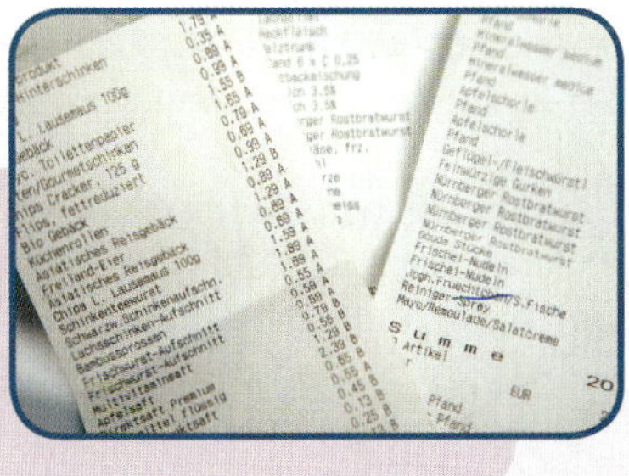

Preispolitische Maßnahmen vorbereiten und durchführen

1 **Preisangabenverordnung**

2 **Preispolitik**

3 **Warenkalkulation**

9

1 Preisangabenverordnung

Jeder, der Letztverbrauchern gewerbs- und geschäftsmäßig Waren und Dienstleistungen anbietet oder damit wirbt, ist verpflichtet, die Vorschriften der Preisangabenverordnung zu beachten.

Der Gesetzgeber schützt den Letztverbraucher, der dadurch eindeutige Aussagen über die Preise von Waren und Dienstleistungen erhält. Außerdem fördert er den Wettbewerb zwischen den Anbietern durch vergleichbare Preise.

Oberste Grundsätze hierbei sind
- die Preiswahrheit,
- die Preisklarheit,
- die allgemeine Verkehrsauffassung, d. h., was im Handel üblich ist.

1.1 Preisbestandteile

Preise für Waren und Dienstleistungen müssen folgende Bestandteile im Angebot oder in der Werbung enthalten:

Waren	Dienstleistungen
• den **Endpreis** (Bruttoverkaufspreis) = Preis der Ware inkl. Umsatzsteuer und sonstiger Preisbestandteile • Liefer- und Versandkosten (bei Fernabsatz) • zusätzlich: den **Grundpreis** = Preis je Mengeneinheit (d. h. je Kilogramm, Liter, Meter, Quadratmeter, Kubikmeter) • wenn üblich: Gütebezeichnung, Lieferfristen (von mehr als 4 Monaten Änderungsvorbehalt möglich)	• den **Endpreis** (Bruttoverkaufspreis) = Preis der Leistung inkl. Umsatzsteuer und sonstiger Preisbestandteile • Liefer- und Versandkosten (bei Fernabsatz) • Stundensätze, Kilometersätze und sonstige Verrechnungssätze (brutto) • wenn üblich: Leistungseinheit, Gütebezeichnung, Leistungsfristen (von mehr als 4 Monaten Änderungsvorbehalt möglich)

9

1.2 Arten der Preisauszeichnung

Hierbei ist zu beachten, dass sich der Endverbraucher jederzeit problemlos über die Preise informieren kann. So muss der Einzelhändler dafür sorgen, dass die Preise
- leicht erkennbar und
- deutlich lesbar oder sonst gut wahrnehmbar sind.

Im Einzelnen kennt die Verordnung folgende Möglichkeiten:
- **Preisschilder oder Beschriftung der Ware**
  - bei Waren, die der Kunde selbst entnehmen kann (z. B. bei Selbstbedienung),
  - bei Waren, die im Schaufenster oder in Schaukästen (innerhalb oder außerhalb des Verkaufsraumes) ausgestellt werden,
  - bei Waren, die an Verkaufsständen angeboten werden,
  - bei Waren, die vom Kunden nicht selbst entnommen werden können. Hier ist auch die Auszeichnung am Behältnis (Regal, Theke usw.) möglich oder der Anbieter hängt ein Preisverzeichnis aus.

- **Preisverzeichnis**
  - bei Musterbüchern: Die Preisangabe auf dem jeweiligen Muster ist möglich.
  - bei Angeboten über Katalog oder Bildschirm: als zweite Möglichkeit gilt die Preisangabe unmittelbar bei der Abbildung bzw. der Artikelbeschreibung.
  - bei Leistungen: Preisverzeichnis bereitstellen oder im Geschäft, Schaufenster oder Schaukasten anbringen oder auf dem Bildschirm anzeigen.
- **Sonderfälle**
  - Tankstellen: Der Preis muss bei der Anfahrt deutlich lesbar sein.
  - Energie- und Wasserversorgung: Im Preis je Mengeneinheit müssen Umsatzsteuer und Verbrauchsteuern enthalten sein.
  - Banken: Bei der Vergabe von Krediten ist der Prozentsatz der Gesamtkosten pro Jahr anzugeben (= effektiver Jahreszins).
  - Gaststätten und Beherbergungsgewerbe: Preisverzeichnis erforderlich, in Speisekartenpreisen ist das Bedienungsgeld enthalten. Übernachtungspreise beinhalten z. B. die Kurtaxe.

1.3 Ausnahmen von der Preisangabenverordnung

Die Bestimmungen der Verordnung gelten nicht,

- wenn der Käufer die Ware für gewerbliche bzw. behördliche Nutzung kauft,
- wenn Waren bei Versteigerungen angeboten werden,
- für Kunstgegenstände, Sammlerstücke und Antiquitäten,
- für Waren, die in Werbevorführungen angeboten werden, wenn der Preis genannt wird,
- bei Blumen und Pflanzen vom Freiland bzw. Treibhaus,
- bei Kleinstmengen (unter 10 Gramm oder 10 Milliliter),
- bei kleinen Einzelhandelsgeschäften mit Bedienung, sofern die Ware nicht über Vertriebsorganisationen bezogen wird,
- bei Getränke- und Verpflegungsautomaten,
- bei kosmetischen Mitteln und Parfüms,
- bei leicht verderblichen Lebensmitteln, wenn der Endpreis wegen drohendem Verderb herabgesetzt wird,
- bei künstlerischen, wissenschaftlichen und pädagogischen Leistungen.

9

2 Preispolitik

2.1 Preis

Für den Verbraucher spielt der Preis der angebotenen Waren eine erhebliche Rolle. Deshalb werben die Einzelhändler in umfangreichen Zeitungsinseraten und -beilagen, aber auch in anderen Werbeträgern vor allem mit dem Preis. Er ist die einfachste, schnellste und wirksamste Möglichkeit des Einzelhändlers, seinen Absatz positiv zu beeinflussen. Er muss alle entstandenen Kosten abdecken und darüber hinaus den Unternehmer für seine Arbeitskraft und das eingesetzte Kapital entschädigen. Nur über den Verkaufspreis hat er die Möglichkeit,

- die ihm entstandenen Aufwendungen (Warenbezugskosten, Miete, Personalkosten, Sachkosten für Werbung, Verwaltung, Raumkosten, Abschreibungen u. a.),
- die vom Staat geforderten Steuern (Gewerbesteuer, Umsatzsteuer) und
- einen angemessenen Gewinn (Unternehmerlohn, Kapitalverzinsung und Risikoprämie für eventuelle Kapitalverluste)

zu erwirtschaften.

Außerdem kann der Einzelhändler über den Preis das Image des Geschäftes beeinflussen. Besonders günstige Preise sprechen preisbewusste Käuferschichten an, gewollte Hochpreispolitik erschließt vor allem finanzkräftige Kunden.

2.2 Festsetzung der Preise

Grundsätzlich erfolgt die Preisermittlung durch die Kalkulation, wobei der Listenpreis des Herstellers und die Zahlen des Vorjahres als Ausgangspunkt dienen (= **passive Preispolitik**).

Betriebsinterne Einflüsse spielen hier die Hauptrolle, z. B.

- die betriebliche Kostensituation: vor allem Personalkosten, Miete,
- die Zusammensetzung des Sortiments: Massenware oder Markenartikel,
- die Betriebsgröße: höhere Rabatte für größere Bestellmengen im Großbetrieb, aber auch
- der Ladendiebstahl, der in den Preis einkalkuliert wird.

So ergeben sich folgende Preise:

- kalkulierte Preise: Sie erhält man direkt aus der Kalkulation.
- empfohlenene Preise: Das sind vom Hersteller angegebene Richtpreise, die für den Einzelhändler jedoch nicht bindend sind. Je nach seinem Kalkulationsergebnis kann er sie über- oder unterschreiten.
- gebundene Preise (z. B. bei Büchern, Zeitschriften, Medikamenten): Sie müssen übernommen werden und sind in der Regel vom Hersteller so großzügig kalkuliert, dass jeder Einzelhändler sie übernehmen kann, ohne Verlust zu machen.

Ein anderer Ansatzpunkt besteht darin, die Rentabilität des eingesetzten Kapitals und das Prinzip der Gewinnmaximierung in den Vordergrund zu stellen. Die Frage lautet hier: Welchen Preis kann ich auf dem Markt durchsetzen (= **aktive Preispolitik**)? Nicht mehr die Kostendeckung steht im Vordergrund, sondern eine möglichst hohe Gewinnerwartung des Unternehmers.

Hier wirken sich besonders **betriebsexterne Einflüsse** stärker aus, wie z. B.

- die Marktstruktur: Zahl der Anbieter (Konkurrenz) und Nachfrager auf dem Markt
- der Standort: Art der Bevölkerungsstruktur, örtliche Gegebenheiten
- verfügbare Einkommen der Nachfrager: je nach Bevölkerungsstruktur und allgemeiner wirtschaftlicher Lage
- die Markttransparenz der Nachfrager: Inwieweit informieren sich die Kunden vor dem Einkauf auf dem Markt?

- das Kaufverhalten der Nachfrager: Erkennen von Kauftrends, z. B. Trend zu Markenartikeln oder zu Biokost
- die Gesetzgebung: vor allem Preisangabenverordnung, Gesetz gegen den unlauteren Wettbewerb, Kartellgesetz (Verbot von Preisabsprachen), § 138 BGB (sog. Wucherparagraf)

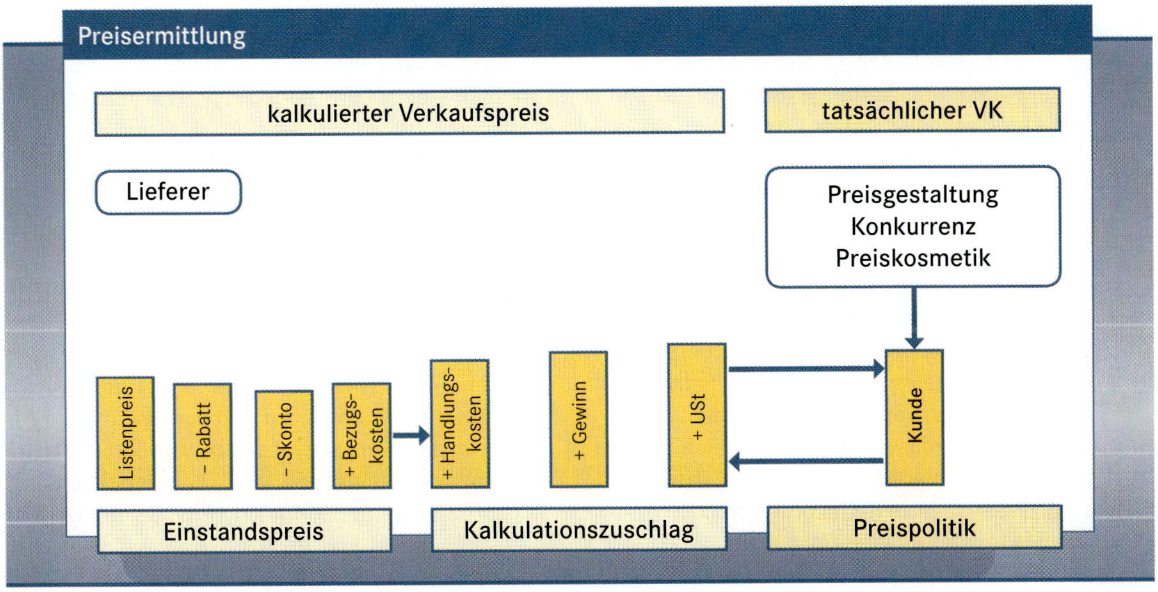

2.3 Möglichkeiten preispolitischer Entscheidungen

2.3.1 Mischkalkulation (Ausgleichskalkulation)

Der Kunde hat beim Preisvergleich meist nur die Preise bestimmter geläufiger Artikel im Kopf. Diese Artikel nennt man „Indikatorartikel". Der Einzelhändler muss deshalb die Indikatorartikel besonders niedrig kalkulieren. Zum Ausgleich ist es dann erforderlich, dass andere Artikel aus dem Sortiment höher kalkuliert werden.

Bei der Mischkalkulation findet man nebeneinander im Sortiment

- Artikel mit besonders niedrigem Verkaufspreis:
  - Indikatorartikel, deren Preise der Verbraucher häufig vergleicht
  - „Schnäppchen", die besonders auffällig herausgestellt werden
  - Aktionspreise, zum Beispiel „Französische Wochen"
- Artikel mit normalem Verkaufspreis:
  - Standardsortiment
  - Sortiment mit hoher Kundendichte
- Artikel mit höherem Verkaufspreis:
  - Zubehörartikel
  - Mitnahmeartikel
  - exklusiv geführte Artikel
  - Luxus- und Modellartikel

9

Durch eine ausgeklügelte Mischung dieser unterschiedlich kalkulierten Preise kann ein erheblich besseres Betriebsergebnis erzielt werden als durch das ausschließlich angewandte Kostendeckungsprinzip.

2.3.2 Preisdifferenzierung

Unter Preisdifferenzierung versteht man die Tatsache, dass für die gleiche Ware unterschiedliche Preise gefordert werden. Im Einzelhandel spielen fünf Arten der Preisdifferenzierung eine Rolle:

- **räumliche Preisdifferenzierung**
  Häufig wird in Geschäftszentren die gleiche Ware teurer angeboten als in Randbezirken oder aber in anderen Geschäftszentren. Besonders überregional tätige Filialunternehmen und Kaufhauskonzerne nehmen diese Möglichkeit wahr. Der Grund hierfür liegt in der unterschiedlichen Kostensituation und in den jeweiligen Wettbewerbsverhältnissen.
- **zeitliche Preisdifferenzierung**
  Die Preise für eine bestimmte Ware unterscheiden sich je nach Jahreszeit. So kosten Pelze und Skier im Sommer weniger als im Winter. Auch für Obst und Gemüse gilt dieser zeitlich differenzierte Preisunterschied. Oftmals wechselt hier der Preis sogar innerhalb der Woche: Zum Wochenende steigen die Preise, am Wochenanfang sinken sie spürbar.
- **mengenmäßige Preisdifferenzierung**
  Durch Bündelung in größere Abgabemengen zu günstigeren Preisen steigert man den Umsatz. Dieses Prinzip ist vor allem im Lebensmitteleinzelhandel sehr verbreitet, z. B. Verpackung von Orangen in Netze, kartonweise Abgabe von Wein, sackweiser Verkauf von Kartoffeln.
- **Produktvariation**
  Hierbei wird gleiche bzw. ähnliche Ware durch unterschiedliche Verpackung zu unterschiedlichen Preisen angeboten. Musterbeispiel ist hierfür der Lebensmitteleinzelhandel, der neben Markenartikeln die gleiche Ware als Eigenmarke und sogar als „No-Name-Artikel“ führen kann.
- **personelle Preisdifferenzierung**
  Verkauft der Einzelhändler seine Waren an einen gewerblichen Kunden, bekommt dieser sehr häufig den sog. Wiederverkäuferrabatt. Auch ist es üblich, dem Personal, wenn es im eigenen Geschäft kauft, auf den normalen Verkaufspreis den Personalrabatt zu gewähren. Beziehungskäufe hingegen, d. h., das Personal kauft für einen Betriebsfremden verbilligt ein, werden nicht sehr gern gesehen.

2.3.3 Sonderangebote

Zu einer geschickten Preispolitik gehört es, dass durch Sonderangebote beim Verbraucher der Eindruck besonderer Kaufvorteile erweckt wird. Ein Sonderangebot liegt dann vor, wenn einzelne Waren für einen begrenzten Zeitraum günstiger angeboten werden; d. h., die Zahl der angebotenen Waren ist im Verhältnis zum Gesamtsortiment gering.

Die Zeitspanne darf nicht unangemessen kurz sein und der Wettbewerb darf nicht beeinträchtigt werden. Zudem müssen Sonderangebote in angemessener Menge vorhanden sein (siehe UWG).

Die Gründe für den Einsatz von Sonderangeboten sind:

- Sie sollen Kunden in das Geschäft locken.
- Die Leistungsfähigkeit des Betriebes soll unter Beweis gestellt werden.
- „Penner“-Artikel sollen schnell abgesetzt werden.
- Im Lager gebundenes Kapital soll schnell freigesetzt werden.
- Der Umsatz soll erhöht werden.

2.3.4 Markenartikel

Markenartikel sind Waren, die unter einer bekannten Marke überall erhältlich sind. Das Markenzeichen besteht entweder aus dem Markennamen (Schriftzug), dem Markenzeichen (Symbol) oder beidem zusammen, z. B. Persil, Coca-Cola, BOSS. Markenzeichen sind meist durch Eintragung in die Warenzeichenrolle beim Patentamt geschützt.

Kennzeichen des Markenartikels sind

- das Markenzeichen selbst,
- die gleichbleibende Qualität,
- die gleiche Aufmachung,
- die Herstellerwerbung, vor allem zur Imagepflege,
- der hohe Bekanntheitsgrad,
- die Nachkaufgarantie.

Für den Einzelhändler ergeben sich Vorteile, wenn er viele Markenartikel im Sortiment führt. So ist ein langfristiger Absatz durch die Markentreue der Kunden gewährleistet, es besteht ein guter Schutz vor geringwertigen Imitationen und die Gewinnspanne ist durch die relativ hohen empfohlenen Preise des Herstellers größer. Allerdings hat sich in der Praxis gezeigt, dass ein häufiges Unterschreiten der empfohlenen Preise dazu führt, dass der Markenartikelhersteller den Einzelhändler nicht mehr beliefert. Die Möglichkeit des schnellen Reagierens auf preispolitische Maßnahmen der Konkurrenz wird also eingeschränkt.

2.3.5 Psychologische Preisgestaltung

Nicht immer wird der Einzelhändler den ermittelten Preis auf dem Preisschild angeben. So haben sich „runde Preise“ als Verkaufshemmnis erwiesen. Günstiger ist es, diesen Preis durch eine geringfügige Unterschreitung oder Erhöhung anzupassen. Dieser Vorgang wird auch als „Preisoptik“ oder „Preiskosmetik“ bezeichnet. Ein Preis von 305,00 € für einen Anzug ist schwerer zu erzielen als der Preis von 298,00 € für die gleiche Ware. Ebenso findet man im Lebensmitteleinzelhandel regelmäßig Preise wie 0,98 €, 1,98 € oder 9,98 € statt 1,00 €, 2,00 € oder 10,00 €.

2.3.6 Preisunterbietung

Große Einzelhandelsbetriebe wie z. B. Fachmärkte, Verbrauchermärkte oder Kaufhäuser setzen sehr häufig dieses preispolitische Mittel ein. Man spricht hier auch von Preiskampf. Dabei wird der Preis des Konkurrenten grundsätzlich unterboten, um dem Kunden die eigene Leistungsfähigkeit zu beweisen. Jedoch zahlt der Letztverbraucher dafür bei anderen Artikeln mehr, da der Einzelhändler gezwungen ist, von der Mischkalkulation Gebrauch zu machen.

3 Warenkalkulation

3.1 Vorwärtskalkulation

Bezieht der Einzelhändler von seinem Lieferer Ware, muss er i. d. R. den Preis, mit dem er sie im Verkauf auszeichnet, neu berechnen. Aus dem Kaufvertrag ergeben sich Abzüge (z. B. Rabatt) und Zuschläge (z. B. Transportkosten). Der Buchführung entnimmt er die anfallenden Kosten (z. B. Geschäftsmiete, Personalkosten).

Daraus ergibt sich folgendes Kalkulationsschema:

Einkaufskalkulation	Listenpreis	LP	laut Preisliste bzw. Rechnung des Lieferers ohne Umsatzsteuer, da der Einzelhändler vorsteuerabzugsberechtigt ist
	– Rabatt	R	im Kaufvertrag vereinbarter Preisnachlass, z. B. für größere Abnahmemengen
	= Zieleinkaufspreis	ZEP	zu bezahlen, wenn Zahlungsziel in Anspruch genommen wird
	– Skonto	S	im Kaufvertrag vereinbart für vorzeitige Zahlung
	= Bareinkaufspreis	BEP	zu diesem Preis steht die Ware beim Lieferer abholbereit
	+ Bezugskosten	BK	Transport- und Verpackungskosten lt. Rechnung
	= Bezugspreis (= Einstandspreis)	BP (EP)	zu diesem Preis wird die Ware beim Einzelhändler angeliefert
	+ Handlungskosten	HK	alle Kosten, die durch den Geschäftsbetrieb anfallen
Verkaufskalkulation	**= Selbstkostenpreis**	SKP	würde zu diesem Preis verkauft, hätte der Einzelhändler weder Gewinn noch Verlust
	+ Gewinn	G	Unternehmensziel des Kaufmanns
	= Nettoverkaufspreis	NVP	Verkaufspreis ohne Umsatzsteuer
	+ Umsatzsteuer	USt	Anteil des Staates
	= Bruttoverkaufspreis	BVP	Preis, mit dem die Ware ausgezeichnet wird

9

Sowohl im Bereich der Einkaufs- als auch im Bereich der Verkaufskalkulation ist es möglich, dass Zu- bzw. Abschläge in der Praxis entfallen. Das trifft z. B. dann zu, wenn der Einzelhändler beim Einkauf von seinem Lieferer keinen Rabatt erhält bzw. er ihm keinen Skonto für vorzeitige Zahlung gewährt. Es kann auch vorkommen, dass der Einzelhändler trotz Skontovereinbarung erst nach Ablauf des Zahlungszieles die Rechnung bezahlt, da er momentan nicht über genügend Mittel für die vorzeitige Zahlung verfügt.

Gewährt ein Einzelhändler einem Kunden einen prozentualen Preisnachlass (Rabatt oder Skonto), mindert das den Gewinn des Einzelhändlers, da er in der Verkaufskalkulation nicht erfasst wird.

Beispiel:

Dem Warenhaus Gaby Kern liegt nachfolgendes Angebot vor. Welchen Bruttoverkaufspreis erhalten wir, wenn wir mit 90 % Handlungskosten, 10 % Gewinn und 19 % Umsatzsteuer kalkulieren?

GROSSTEX AG
Am Main 10
63741 Aschaffenburg

Warenhaus
Gaby Kern KG
Maxplatz 30
90403 Nürnberg

Ihr Zeichen, Ihre Nachricht vom	Unser Zeichen	Telefon, Name	Datum
K/S ..-07-29			20..-08-12

Angebot

Sehr geehrte Frau Kern,

Für Ihre Anfrage danken wir und bieten entsprechend unserer Preisliste an:

Skianzüge Snowstar zu 400,00 €/Stück

Bei einer Mindestabnahme von 40 Stück gewähren wir 20 % Rabatt, Zahlungsziel 3 Monate, bei Rechnungsausgleich innerhalb 14 Tagen 2 % Skonto. Für Transport- und Verpackungskosten ergibt sich ein Zuschlag von 4,40 €/Stück.

Wir freuen uns auf Ihre Bestellung.

Mit freundlichen Grüßen

Kaltenbach

Handelsregister
Aschaffenburg,
HRB 2760

Ansatz:

	Listenpreis		400,00 €
–	Rabatt	20 %	80,00 €
	Zieleinkaufspreis		320,00 €
–	Skonto	2 %	6,40 €
	Bareinkaufspreis		313,60 €
+	Bezugskosten		4,40 €
	Bezugspreis		318,00 €
+	Handlungskosten	90 %	286,20 €
	Selbstkostenpreis		604,20 €
+	Gewinn	10 %	60,42 €
	Nettoverkaufspreis		664,62 €
+	Umsatzsteuer	19 %	126,28 €
	Bruttoverkaufspreis		**790,90 €**

① ⟶ ② ③ ⟶

Lösungsweg:

① Kalkulationsschema aufstellen.

② Angaben aus der Aufgabenstellung übernehmen.

③ Teilergebnisse mithilfe der Prozentrechnung errechnen.
Jedes Zwischenergebnis sofort runden.

④ Bruchzahlen als Dezimalbruch mit allen Kommastellen in den Taschenrechner eingeben.

9

3.2 Rückwärtskalkulation

In der Praxis geschieht es sehr häufig, dass der Hersteller dem Einzelhändler den Bruttoverkaufspreis seiner Ware in Form eines empfohlenen Richtpreises vorgibt. Außerdem ist der Einzelhändler bei Einführung neuer Artikel gezwungen, mithilfe der Bruttoverkaufspreise der Mitbewerber und des Listenpreises seines Lieferanten zu errechnen, ob er konkurrenzfähig sein kann. In solchen Fällen rechnet er das Kalkulationsschema rückwärts, d. h. von unten nach oben durch.

Beispiel:

Das Warenhaus Gaby Kern in Nürnberg erwägt die Aufnahme von Mountainbikes in das Sortiment. Um konkurrenzfähig zu sein, soll der Bruttoverkaufspreis 1.785,00 € nicht übersteigen. Zu welchem Listenpreis darf das Warenhaus beim Hersteller höchstens einkaufen, wenn es mit 19 % Umsatzsteuer, 20 % Gewinn, 66 ²/₃ % Handlungskosten und 71,00 € Bezugskosten rechnen muss? Der Hersteller gewährt 30 % Rabatt und 3 % Skonto.

Ansatz:

				② (rückwärts, von unten nach oben)
	LP		**1.000,00 €**	100 %
–	R	30 %	300,00 €	30 %
	ZEP		700,00 €	100 % → 70 %
–	S	3 %	21,00 €	3 %
	BEP		679,00 €	97 %
+	BK		71,00 €	
	BP		750,00 €	100 %
+	HK	66 ²/₃ %	500,00 €	66 ²/₃ %
	SKP		1.250,00 €	100 % → 166 ²/₃ %
+	G	20 %	250,00 €	20 %
	NVP		1.500,00 €	100 % → 120 %
+	USt	19 %	285,00 €	19 %
	BVP		1.785,00 € ①	119 %

Lösungsweg:

① Angaben in das Kalkulationsschema eintragen
② Vom Bruttoverkaufspreis zum Listenpreis rückwärts kalkulieren
Sofort nach jedem Rechenschritt runden
Bruchzahlen als Dezimalbruch mit allen Kommastellen in den Taschenrechner eingeben
③ Probe: durch Vorwärtskalkulation

3.3 Differenzkalkulation

Durch gelegentliche Konkurrenzgänge sind dem Einzelhändler die Bruttoverkaufspreise seiner Mitbewerber bekannt. Auch unverbindliche Preisempfehlungen der Hersteller beeinflussen die Preisgestaltung des Einzelhändlers. Da er die Nachlässe und Aufschläge seines Lieferers kennt, muss er von Fall zu Fall errechnen, wie hoch der verbleibende Gewinn für einen bestimmten Artikel bei gegebenem Konkurrenzpreis ist. Auch andere Zu- und Abschläge können so berechnet werden.

Beispiel:

Ein Fachgeschäft für Elektrogeräte muss Staubsauger wie die Konkurrenz für 189,00 € verkaufen. Der Inhaber möchte wissen, wie viel Gewinn in Euro und Prozent erzielt wird, wenn der Listenpreis des Lieferers 102,00 € beträgt (Bezugskosten 14,60 €, Rabatt 20 %, Skonto 3 %, Handlungskosten 60 %, Umsatzsteuer 19 %).

Ansatz:

	LP		102,00 €	① ↓		
–	R	20 %	20,40 €			
	ZEP		81,60 €			
–	S	3 %	2,45 €			
	BEP		79,15 €			
+	BK		14,60 €			
	BP		93,75 €			
+	HK	60 %	56,25 €			④
	SKP		150,00 €		= 100 %	$x = \frac{100 \cdot 8{,}82}{150{,}00} = \mathbf{5{,}88\ \%}$
+	G	③	**8,82 €**		= x %	
	NVP		158,82 €	② ↑	100 %	
+	USt	19 %	30,18 €		+ 19 %	
	BVP		189,00 €		119 %	

Lösungsweg:

① Vom Listenpreis zum Selbstkostenpreis vorwärts kalkulieren.
② Vom Bruttoverkaufspreis zum Nettoverkaufspreis rückwärts kalkulieren.
③ Differenz ermitteln = Gewinn in Euro.
④ Differenz in Prozent mithilfe des Dreisatzes errechnen.

9

3.4 Vereinfachung der Kalkulation

Im Bereich der Verkaufskalkulation werden gleichartige Artikel über einen gewissen Zeitraum mit den gleichen prozentualen Aufschlägen (= Handlungskosten, Gewinn, Umsatzsteuer) kalkuliert. Aus Gründen der Arbeitsvereinfachung fasst der Einzelhändler sie in einer einmaligen Rechnung zu einem Prozentsatz zusammen und spart sich somit für alle zukünftigen Kalkulationen mehrere Rechengänge.

Beispiel:

Der Bezugspreis für ein Kellerregal beträgt 100,00 €. Wir kalkulieren mit 50 % Handlungskosten, 20 % Gewinn und 19 % Umsatzsteuer. Wie viel Euro beträgt der Bruttoverkaufspreis?

3.4.1 Kalkulationszuschlag (Kalkulationsaufschlag)

Mithilfe des Kalkulationszuschlags (KZ) ist es dem Kaufmann möglich, in einem Rechenschritt aus dem Bezugspreis den Bruttoverkaufspreis zu errechnen.

Beispiel:

Ein Betrieb kalkuliert mit folgenden Werten: Handlungskosten 50 %, Gewinn 20 %, Umsatzsteuer 19 %. Wie viel Prozent beträgt der Kalkulationszuschlag?

Ansatz:

Kalkulation:

	BP		100,00 €
+	HK	50 %	50,00 €
	SKP		150,00 €
+	G	20 %	30,00 €
	NVP		180,00 €
+	USt	19 %	34,20 €
	BVP		**214,20 €**

① (Pfeil von BP nach BVP)

Vereinfachung mit KZ:

	BP	100 %	100,00 €
+	KZ	114,20 %	114,20 €
	BVP		**214,20 €**

④ rechnen mit dem KZ

Berechnung des KZ:

100,00 € = 100 % ②

(214,20 € – 100,00 €) = x % ③ a)

$$x = \frac{114{,}20 \cdot 100}{100{,}00} = \underline{\underline{114{,}20\ \%}}$$ ③ b)

Lösungsweg:

Berechnung des Kalkulationszuschlags (KZ):

① Vom Bezugspreis zum Bruttoverkaufspreis kalkulieren.

② Bezugspreis: 100,00 € = 100 %.

③ **a)** Mithilfe des Dreisatzes die Euro-Differenz zwischen Bezugspreis und Bruttoverkaufspreis in Prozent umrechnen = KZ.

③ **b)** Aus dem Bruchstrich des Dreisatzes wird die Formel für den KZ abgeleitet:

$$KZ = \frac{(BVP - BP) \cdot 100}{BP}$$

Rechnen mit dem KZ:

④ Vom Bezugspreis (= 100 %) mit ermitteltem KZ (in Prozent) vorwärts zum Bruttoverkaufspreis kalkulieren.

5615336

3.4.2 Kalkulationsfaktor

Drückt man den Kalkulationszuschlag als Multiplikator aus, so erhält man den Kalkulationsfaktor (KF). Man sucht also eine Zahl, die man mit dem Bezugspreis multipliziert, um den Bruttoverkaufspreis zu berechnen.

Beispiel (bei gleicher Ausgangssituation wie Seite 336):

Je nachdem, welche Zahlen bekannt sind, wendet der Kaufmann folgende Formel an:

$KZ = \frac{BVP}{BP}$ oder $KF = \frac{KZ + 100}{100}$

Lösungsweg:

Berechnung des Kalkulationsfaktors (KF):

Mit den Zahlen des Eingangsbeispieles ergibt sich:

$KF = \frac{214{,}20}{100{,}00} = \mathbf{2{,}142}$ oder $KF = \frac{114{,}20 + 100}{100} = \mathbf{2{,}142}$

Rechnen mit dem KF:

Multipliziert man einen beliebigen Bezugspreis mit dem Kalkulationsfaktor, erhält man den Bruttoverkaufspreis.

$BVP = BP \cdot KF$ z. B.: $BVP = 100{,}00 \cdot 2{,}142 = \mathbf{214{,}20\ €}$

- **Der Kalkulationsfaktor erhält keine Benennung.**
- **Ergibt sich kein gerader Wert, sollte mit mindestens drei Nachkommastellen gerechnet werden.**

9

3.4.3 Handelsspanne

Mithilfe der Handelsspanne (HS) ist es dem Kaufmann möglich, in einem Rechenschritt aus dem Nettoverkaufspreis den Bezugspreis zu errechnen.

Beispiel:

Für eine Bandschleifmaschine ermittelt ein Fachmarkt einen Nettoverkaufspreis von 100,00 €. Die Handlungskosten werden mit 66 2/3 %, der Gewinn mit 25 % angesetzt. Wie viel Euro beträgt der Bezugspreis und wie viel Prozent beträgt die Handelsspanne?

Ansatz:

Rückwärtskalkulation:

BP		**48,00 €**
HK	66 2/3 %	32,00 €
SKP	①	80,00 €
G	25 %	20,00 €
NVP		100,00 €

Vereinfachung mit HS:

	NVP	100 %	100,00 €
–	HS	52 %	52,00 €
	BP		**48,00 €**

④ rechnen mit der HS

Berechnen der HS:

100,00 € ≙ 100 % ②
(100,00 € – 48,00 €) ≙ x % ③ a)

$$x = \frac{100{,}00 \cdot 52{,}00}{100} = 52\ \%$$ ③ b)

Lösungsweg:

Berechnung der Handelsspanne (HS):

① Vom Nettoverkaufspreis rückwärts zum Bezugsspreis kalkulieren.

② Nettoverkaufsspreis: 100,00 € = 100 %.

③ a) Mithilfe des Dreisatzes die Euro-Differenz zwischen Nettoverkaufsspreis und Bezugspreis in Prozent umrechnen = HS.

③ b) Aus dem Bruchstrich des Dreisatzes wird die Formel für den HS abgeleitet:

9

$$HS = \frac{(NVP - BP) \cdot 100}{NVP}$$

Rechnen mit der Handelsspanne:

④ Vom Nettoverkaufspreis (= 100 %) mit ermittelter HS (in Prozent) rückwärts zum Bezugspreis kalkulieren.

3.4.4 Kalkulationsabschlag

Mithilfe des Kalkulationsabschlages (KA) ist es dem Kaufmann möglich, in einem Rechenschritt aus dem Bruttoverkaufspreis den Bezugspreis zu errechnen.

Beispiel:

Der Konkurrent eines Wein-Depots bietet den Karton Öko-Wein zum Bruttoverkaufspreis von 96,30 € an. Welchen Bezugspreis kann das Wein-Depot an den Winzer maximal bezahlen, um konkurrenzfähig zu sein (Handlungskosten 60 %, Gewinn 12,5 %, Umsatzsteuer 7 %)?

Ansatz:

Rückwärtskalkulation:

BP		**50,00 €**
HK	60 %	30,00 €
SKP	①	80,00 €
G	12,5 %	10,00 €
NVP		90,00 €
USt	7 %	6,30 €
BVP		**96,30 €**

Vereinfachung mit KA:

	BVP	100 %	96,30 €
–	KA	48,08 %	46,30 €
	BP		**50,00 €**

④ rechnen mit dem KA

Berechnung des KA:

96,30 € ≙ 100 % ②

(96,30 € – 50,00 €) ≙ x % ③ a)

$$x = \frac{100 \cdot 46{,}30}{96{,}30} = 48{,}078\ \% \approx \mathbf{48{,}08\ \%}$$ ③ b)

Lösungsweg:

Berechnen der Kalkulationsabschlages (KA):

① Vom Bruttoverkaufspreis rückwärts zum Bezugspreis kalkulieren.

② Bruttoverkaufspreis: 96,30 € = 100 %.

③ **a)** Mithilfe des Dreisatzes die Euro-Differenz zwischen Bruttoverkaufspreis und Bezugspreis in Prozent umrechnen = KA.

③ **b)** Aus dem Bruchstrich des Dreisatzes wird die Formel für den KA abgeleitet:

$$KA = \frac{(BVP - BP) \cdot 100}{BVP}$$

③ **c)** Sind KZ und KF bekannt, ist es auch möglich, den KA mit folgender Formel zu berechnen:

$$KA = \frac{KZ}{KF}$$

Rechnen mit dem Kalkulationsabschlag:

④ Vom Bruttoverkaufspreis (= 100 %) mit ermitteltem KA (in Prozent) rückwärts zum Bezugspreis kalkulieren.

9

3.4.5 Bezugskostenverteilung

Beim Bezug von Waren hat in der Regel der Einzelhändler die dafür anfallenden Kosten (= Spesen) zu tragen. Enthält eine Lieferung mehrere verschiedene Warenposten, ergibt sich das Problem, dass man für die Kalkulation die Spesen auf die einzelnen Waren aufteilen muss. Das geschieht durch die Bezugskostenverteilung (auch zusammengesetzte Bezugskalkulation genannt).

Man unterscheidet dabei:

Wertspesen	und	Gewichtsspesen
■ Versicherung ■ Provision ■ Zoll ■ Bankspesen Wertspesen werden nach dem Wert der Ware umgelegt.		■ Fracht ■ Verladekosten ■ Hausfracht ■ Verpackung Gewichtsspesen werden nach dem Gewicht bzw. der Stückzahl verteilt.

Beispiel:

Ein Fachgeschäft bezieht von einem Großhändler 50 kg isländische Krabben zu 15,00 € je kg und 100 kg norwegische Krabben zu 12,00 € je kg. Als Fracht und Hausfracht werden 300,00 €, als Transportversicherung 80,00 € in Rechnung gestellt. Wie viel Euro beträgt der Bezugspreis jeder Sorte?

Ansatz:

Vertreilung der Gewichtsspesen: ① a)

	Menge	Teile	Gewichtsspesen	Verteilung
isl. Kr. norw. Kr.	50 kg ② 100kg	1 2	**100,00 €** ← **200,00 €** ←	· 1 · 2
		3 1	300,00 € 300,00 : 3 = 100,00	

Vertreilung der Wertspesen: ① b)

	Menge · Preis = Wert	Teile	Wertspesen	Verteilung
isl. Kr. norw. Kr.	50 kg · 15,00 € = 750,00 € ② 100 kg · 12,00 € = 1.200,00 €	5 8	**30,77 €** **49,23 €**	· 5 · 8
		13 1	80,00 € ③ 80,00 : 13 = 6,15385	

Berechnung des Bezugspreises: ④		**isl. Kronen**	**norw. Kronen**
Bareinkaufspreis		750,00 €	1.200,00 €
+ Gewichtsspesen	} = Bezugs-	100,00 €	200,00 €
+ Wertspesen	kosten	30,77 €	49,23 €
= **Bezugspreis**		**880,77 €**	**1.449,23 €**

9

Lösungsweg:

① Aufteilung der
a) Gewichts- und
b) Wertspesen auf die Waren mithilfe der Verteilungsrechnung.
② Gewichtsspesen werden nach dem Bruttogewicht, Wertspesen nach dem Rechnungspreis (Zieleinkaufspreis) aufgeteilt.
③ **Achtung!** Sind die Spesen nicht ohne Rest teilbar, rechnet man mit 5 Stellen hinter dem Komma weiter.
③ Bareinkaufspreis + Gewichtsspesen + Wertspesen = Bezugspreis

Übersicht:

Warenkalkulation

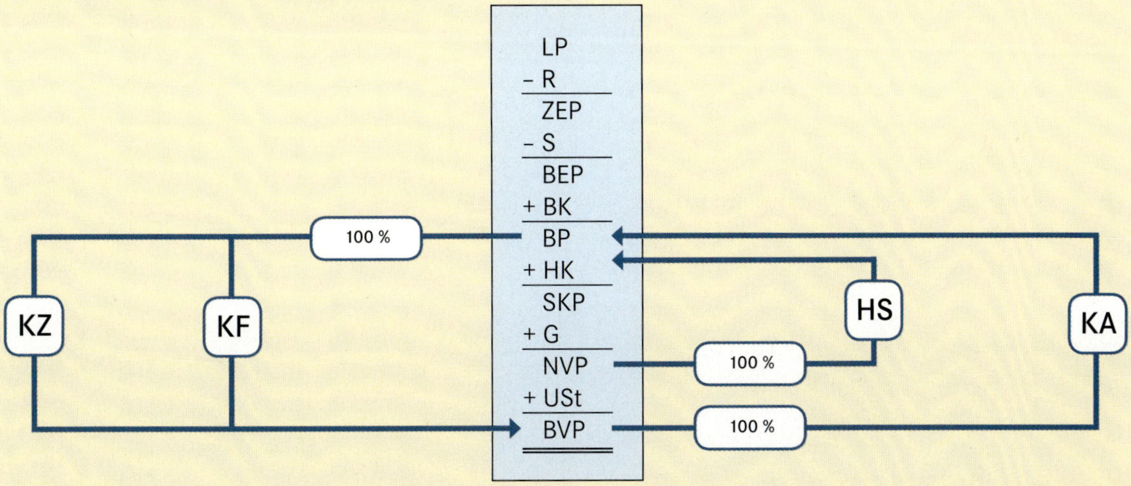

$$KZ = \frac{(BVP - BP) \cdot 100}{BP}$$

$$HS = \frac{(NVP - BP) \cdot 100}{NVP}$$

$$KF = \frac{BVP}{BP} = \frac{KZ + 100}{100}$$

$$KA = \frac{(BVP - BP) \cdot 100}{BVP} = \frac{KZ}{KF}$$

9

Besondere Verkaufssituationen bewältigen

1 Kundenverhalten

2 Kunden in Begleitung

3 Verkauf bei Hochbetrieb und Ladenschluss

4 Besorgungskauf/Geschenkkauf

5 Verkaufsstörungen

6 Ladendiebstahl

7 Gewährleistung/Garantie/Produkthaftung/Kulanz

8 Finanzierungskauf

9 Konfliktlösungsverhalten

1 Kundenverhalten

Um ein möglichst individuelles Verkaufsgespräch führen zu können, ist es wichtig, sich psychologische Kenntnisse über Verhaltensweisen der verschiedenen Kundengruppen anzueignen.

Schon der griechische Arzt Hippokrates von Kos (460–377 v. Chr.) teilte die vorherrschenden Eigenschaften des Gefühls- und Antriebslebens der Menschen in vier Temperamentsarten ein, die die jeweilige Grundlage des Charakters bilden.

- **Choleriker:**
  emotional leicht ansprechbar, reagiert heftig und affektiv, rasch und intensiv, ist schnell beleidigt, aber nicht nachtragend
- **Melancholiker:**
  oft verzagt gestimmt, schwermütig, zeigt langsames Reagieren, erscheint sehr ichbezogen
- **Phlegmatiker:**
  ist emotional schwer ansprechbar, zeigt langsame und ruhige Gefühlsreaktionen, kann sich oft schwer entscheiden
- **Sanguiniker:**
  geringe Gefühlstiefe, lebhafte Beweglichkeit, kontakt- und redefreudig, leicht verstimmbar

Es ist zu bemerken, dass selten ein reines Temperament bei einem Menschen vorherrscht. In der Regel dominiert ein Temperament und situationsbedingt „erscheint" ein anderes Temperament mit.

1.1 Kundengruppen

Sie werden in Ihrer Praxis als Verkäufer merken, dass sich viele Verhaltensweisen wiederholen oder ähnlich sind und dass die Einteilung nach Temperamenten nur eine Möglichkeit der Zuordnung ist. Andere Kriterien sind nachstehende Kundengruppen:

- Männer/Frauen
- Kinder/Jugendliche/Senioren
- Kranke/Behinderte
- Ausländer
- Kunden in Begleitung (siehe Kap. 2)

Innerhalb dieser Gruppen gibt es selbstverständlich Kombinationsmöglichkeiten wie z. B.:

- eine ausländische Frau,
- ein behinderter Senior,
- eine behinderte Frau in Begleitung usw.

1.1.1 Männer/Frauen

- Frauen haben geschlechtsspezifischen Bedarf (z. B. Hygieneartikel, Kosmetika, Kleidungsstücke);
- Hausfrauen kaufen preisbewusst;
- Frauen haben häufig größere Einkaufserfahrung, sie sind wählerisch und sachkundig;
- beim Einkauf von Waren für die Lebensführung fehlt Männern meistens die notwendige Erfahrung;
- Männer haben mehr Erfahrung beim Kauf von technischen Waren.

1.1.2 Kinder/Jugendliche/Senioren

Kinder

- sind unsere Kunden von morgen;
- um Hemmungen und Ängste abzubauen, grüßen wir Kinder freundlich und sprechen sie möglichst mit Vornamen an;
- wir bedienen Kinder in der Reihenfolge (oft werden sie übersehen);
- wir verpacken die Ware sorgfältig und übergeben Kassenbon und Wechselgeld so, dass nichts verloren geht;
- wir sprechen mit dem Kind, z. B. „Wie heißt denn dein Teddy?";
- falls möglich, geben wir kleine Geschenke mit (Bonbon, kleines Spielzeug).

Jugendliche

- kaufen meist preisbewusst
- achten besonders bei Bekleidung auf Markenprodukte
- in der Gruppe oft laut und provokant

Senioren

- fühlen sich besonders wohl, wenn sie merken, dass wir sie verständnisvoll und entgegenkommend behandeln und wenn wir Zeit für sie finden (persönliches Gespräch, namentlich ansprechen);
- wichtige Kaufmotive bei Senioren sind Gesundheit, Bequemlichkeit und soziales Mitgefühl, Sparsamkeit;
- wir helfen, indem wir z. B. eine Sitzgelegenheit anbieten, schwere Taschen abnehmen, zur Tür begleiten;
- günstig für Senioren sind Kleinpackungen oder kleinere Mengen.

1.1.3 Kranke/Behinderte

- behandeln wir wie jeden anderen Kunden mit Respekt, Anstand und Hilfsbereitschaft;
- wir helfen gegebenenfalls beim Türöffnen, bieten einen Sitzplatz an.

1.1.4 Ausländer

- Wir sprechen langsam und deutlich, in kurzen Sätzen und in einwandfreiem Deutsch;
- wir legen sofort die Ware vor, lassen „die Ware sprechen".

1.2 Kundentypen

Wir können Kunden auch nach ihrem Verhalten einteilen und jeder Verkäufer kann durch genaue Beobachtung lernen, auf verschiedene Kundentypen individuell einzugehen.

- **Der Kunde ist gesprächig.**
  Der redselige Kunde ist oft sehr freundlich, erzählt gern und viel, meistens jedoch aber private Dinge, und lässt den Verkäufer kaum zu Wort kommen.
  Verkäuferverhalten: Interesse zeigen, den Kunden erzählen lassen und Sprechpausen nutzen, um durch geschickte Frageführung das Verkaufsgespräch in die richtige Bahn zu lenken, keine persönlichen Fragen stellen, aus Klatsch und Tratsch heraushalten.
- **Der Kunde ist überheblich.**
  Diese Kunden legen übertriebenen Wert auf ihr Äußeres, sie sind von sich sehr überzeugt, wollen die Schönsten, Besten und Klügsten sein.
  Verkäuferverhalten: siehe „Der Prestigebewusste", Kap. 1.3.
- **Der Kunde ist geizig.**
  Diese Kunden erwarten für ihr Geld einen hohen Gegenwert, finden oft den Preis zu hoch und versuchen, den Preis herunterzuhandeln. Meist glauben sie den Artikel in einem anderen Geschäft günstiger zu bekommen.
  Verkäuferverhalten: den Preis mit vorteilhaften Argumenten begründen, Sonderangebote, Waren der unteren Preisklassen, Restposten, Waren mit kleinen Fehlern oder Ratenkauf anbieten.
- **Der Kunde ist unentschlossen.**
  Diese Kunden wissen meist nicht, was sie wollen, und können sich zwischen mehreren Waren nicht entscheiden. Unentschlossene Kunden kann man an ihrem ratlosen Gesichtsausdruck schon äußerlich erkennen.
  Verkäuferverhalten: anschauliche Warendemonstration (aber nicht zu viel Ware vorlegen), Empfehlungen mit Begründung, Hinweis auf Umtauschmöglichkeiten geben.
- **Der Kunde ist misstrauisch.**
  Misstrauische Kunden erkennt man schon an ihrer Mimik. Ihr Blick ist skeptisch, die Lippen sind zusammengepresst und der Blick „wandert". Sie prüfen die Ware sehr genau und reden wenig.
  Verkäuferverhalten: die Ware in die Hand geben, selbst prüfen und ausprobieren lassen, handfeste Verkaufsargumente wiederholen und Hinweis auf Herstellergarantie geben.

- **Der Kunde ist sachverständig.**
  Diese Kunden kennen die Waren ganz genau, stellen fachkundige Fragen, verwenden Fachausdrücke und haben meistens ganz bestimmte Kaufwünsche.
  Verkäuferverhalten: Fachausdrücke verwenden, die Waren kurz und knapp beschreiben, ohne eigene Wertung, Hinweise auf Neuheiten im Sortiment geben.
- **Der Kunde ist rechthaberisch.**
  Diese Kunden wissen alles besser, haben eine vorgefasste Meinung, von der sie nicht loslassen, sie sind leicht reizbar und haben ein übertriebenes Geltungsbedürfnis.
  Verkäuferverhalten: den Kunden reden lassen, viel Zustimmung geben, loben und gegebenenfalls den Kunden um seinen Rat oder seine Meinung fragen.

1.3 Konsumtypen

Seit Beginn der 90er-Jahre werden die Lebensstile in Deutschland in drei Kategorien unterteilt, die sich wie folgt darstellen:

- **traditioneller Lebensstil:** aufgeschlossen-häuslich, bodenständig, bescheiden-pflichtbewusst.
- **moderner Lebensstil:** aufstiegsorientiert, funorientiert-jugendlich, trendbewusst, angepasst, cool, geltungsbedürftig.
- **gehobener Lebensstil:** arriviert, jung-individualistisch, neu-familiär.

Diese „Lifestyle-Beschreibungen" lassen sich natürlich noch weiter detaillieren:

- **der Prestigebewusste**
  Er ist geltungsbedürftig, ist auf gutes Ansehen gegenüber anderen aus. Er kauft gern Teures und Seltenes. Er hat gern Gäste und zeigt diesen und seinen Bekannten, was er Teures gekauft hat. Man muss den Dingen jedoch ansehen, dass sie teuer und luxuriös sind.
  Der Verkäufer kann sich wie folgt verhalten: viel Lob und Anerkennung aussprechen, Komplimente machen, keinen Widerspruch herausfordern und dem Kunden das Exklusivste, Teuerste und Einmalige anbieten.
- **der Gesundheitsbewusste**
  Was er kauft, beurteilt er nach dem Gesichtspunkt der körperlichen Bekömmlichkeit. Er ist empfänglich für alle Argumente, die sich auf Diät, Fitness oder Umweltschutz beziehen.
- **der umweltbewusste Kunde**
  Die eigene Bequemlichkeit darf zwar nicht zu sehr eingeschränkt werden, aber leichte Nachteile (z. B. höhere Preise) nimmt dieser Kunde für umweltschützende Produkte und Maßnahmen in Kauf. Umweltbewusste Kunden kommen in höheren sozialen Schichten und in Familien mit kleinen Kindern überdurchschnittlich häufig vor.
- **der bequeme Kunde**
  Er ist oft nicht grundsätzlich bequem, sondern hat seine Interessen an anderer Stelle. Er ist ganz auf Beruf oder Hobby konzentriert und versucht deshalb, sich von anderen Dingen freizumachen. Kauft alles, was ihm Zeit spart.
- **der Sonderangebotsfanatiker**
  Kauft grundsätzlich Sonderangebote, auch wenn er sie nicht braucht und ohne zu vergleichen. Er ist wenig qualitätsbewusst, typischer Restekäufer und kauft meist spontan, ohne längere Vorplanung. Auf diese Weise fällt er oft herein, weil er schlechte Qualität kauft oder Dinge, die er nicht braucht – neigt damit zur Überbevorratung.

2 Kunden in Begleitung

Beispiel:

Eine Kundin kommt mit ihrer 15-jährigen Tochter in ein Bekleidungsgeschäft. Die Tochter wünscht sich zum Geburtstag eine Jacke für den Winter, und damit die Mutter den Geschmack der Tochter trifft, gehen sie gemeinsam das Geburtstagsgeschenk kaufen. Bei der Auswahl kommt es zu einem Konflikt zwischen Mutter und Tochter.

Mutter: „Für diese Jacke gebe ich nicht so viel Geld aus, die ist ja kaum gefüttert, da wirst du doch frieren."

Tochter: „Alle meine Freundinnen haben solche Jacken, ich möchte nicht so altmodische Sachen anziehen!"

Mutter: „Finden Sie nicht auch, dass die Jacke viel zu dünn ist?"

Verkäuferin: „Ich verstehe Ihre Bedenken, die Jacke erscheint recht dünn. Sie ist jedoch aufgrund des Materials wind- und wasserdicht, so wird Ihre Tochter garantiert nicht frieren. Außerdem ist zurzeit der sogenannte Lagenlook im Trend. Das bedeutet, wenn es sehr kalt ist, kann Ihre Tochter noch ein Kleidungsstück mehr anziehen."

Kommen Kunden mit Begleitung, so bedeutet das für den Verkäufer eine große Herausforderung. Die Bedienung zusammengehöriger Personen ist zeitraubend und schwierig, weil der Verkäufer ständig das Verhalten der Begleitpersonen beobachten und berücksichtigen muss. Warum bringen Kunden Begleitung mit? Hierfür gibt es verschiedene Gründe:

- Familien kaufen gemeinsam, wenn es um langlebige Gebrauchsgüter geht, z. B. Autos.
- Eltern kaufen für ihre Kinder. Um Fehlkäufe zu vermeiden, bringen sie die Kinder mit.
- Familien unternehmen einen gemeinsamen Einkaufsbummel.
- Kunden fürchten, dass ihnen etwas aufgedrängt wird, was sie nicht wollen.

Da sich die Begleitpersonen in ihrem Verhalten unterscheiden, müssen Sie herausfinden, ob sie sich für die Verkaufshandlung interessieren, über wie viel Fachwissen sie verfügen und welchen Einfluss sie auf den Kunden ausüben.

Kunden in Begleitung

Wir unterscheiden vier Arten von Kundeneinkäufen in Begleitung:

- Die Begleitperson ist interessiert.
- Die Begleitperson ist nicht interessiert.
- Die Begleitperson ist sachverständig.
- Ein Kunde kauft für eine Begleitperson ein.

2.1 Am Kauf interessierte Begleitung

Manchmal bringen Kunden bewusst Begleitpersonen mit, weil sie unsicher sind oder misstrauisch gegenüber dem Verkäufer. In diesem Fall nehmen die Begleitpersonen aktiv an der Verkaufshandlung teil. Bei ihnen kann es sich um wirkliche Fachleute oder um Laien handeln. Sie müssen feststellen, wie fachkompetent der Begleiter ist, denn davon hängt ab, wie Sie die Begleitung in die Verkaufshandlung einbeziehen.

2.2 Am Kauf nicht interessierte Begleitung

Desinteressierte Begleitpersonen können Sie an ihrem Verhalten erkennen. Diese Personen wenden sich gleichgültig ab oder beschäftigen sich anderweitig, sie gehen unruhig auf und ab oder erscheinen nervös. Kleinkinder quengeln, schreien oder laufen weg. Durch das störende Verhalten üben sie oft einen negativen Einfluss auf die Verkaufshandlung aus.

Maßnahmen des Verkäufers

- „Versorgen" Sie die Begleitperson, damit der Kunde in Ruhe einkaufen kann.
- Bieten Sie Erwachsenen oder Jugendlichen einen Sitzplatz an und legen Sie Zeitungen oder Zeitschriften bereit.
- Weisen Sie, falls vorhanden, auf die Cafeteria hin.
- Beschäftigen Sie Kinder entsprechend ihrem Alter (Bücher, Spiele, Malbücher usw.).
- Bringen Sie die Kinder in eine Spielecke (falls vorhanden).
- Falls es möglich ist, übergeben Sie Kleinkinder einer Kollegin.

2.3 Sachverständige Begleitung

Die sachverständige Begleitperson können Sie an folgenden Verhaltensweisen erkennen:

- geht sicher mit der Ware um,
- sucht selbst nach geeigneter Ware,
- erläutert dem Kunden Vor- und Nachteile,
- besitzt Material- und Warenkenntnisse,
- bringt sachliche Argumente,
- äußert Fragen oder Einwände,
- verwendet Fachausdrücke.

Verhaltensweisen des Verkäufers

- Sie beziehen die Begleitperson bewusst in das Verkaufsgespräch mit ein, wobei Sie aber den eigentlichen Kunden nicht vernachlässigen dürfen.
- Stellen Sie Ihre eigene Sachkenntnis unter Beweis und zeigen Sie, dass Sie mit der Ware und dem Sortiment vertraut sind.
- Geben Sie dem sachverständigen Begleiter die Gelegenheit, die Ware selbst zu erklären oder zu empfehlen.
- Lassen Sie die Ware sprechen und geben Sie Hinweise auf Neuheiten, Preisunterschiede und Serviceleistungen.

2.4 Kauf für eine Begleitperson

Ein Kunde kauft für eine Begleitperson:
In dieser Situation ist es die Aufgabe des Verkäufers, die Wünsche der Begleitung mit den finanziellen Möglichkeiten und Vorstellungen des eigentlichen Käufers in Einklang zu bringen. Wie Sie am Eingangsbeispiel zum Thema gesehen haben, bestehen häufig grundlegende Meinungsverschiedenheiten in Geschmacksfragen oder Preisvorstellungen (besonders zwischen Eltern und Kindern).

Verhaltensweisen des Verkäufers

- Versuchen Sie die Vorstellungen aller Beteiligten zu berücksichtigen.
- Sprechen Sie bei der Argumentation beide Parteien an, unterstützen Sie geschickt die Partei, die über die besseren Argumente verfügt.
- Kommt es zu Streitigkeiten oder Auseinandersetzungen, halten Sie sich zurück und lassen Sie die Kunden für kurze Zeit allein.

3 Verkauf bei Hochbetrieb und Ladenschluss

3.1 Ursachen für Hochbetrieb

Kunden kaufen nicht gleichmäßig verteilt über den Tag, die Woche oder das Jahr, sondern sie kommen dann, wenn sie die Waren benötigen (z. B. vor den Wochenenden oder Feiertagen) oder Zeit zum Einkaufen haben (nach Arbeitsschluss) oder wenn sie über Geld verfügen (am Gehaltstag). Zu diesen Zeiten herrscht im Geschäft besonders großer Kundenandrang.

Auswirkungen:
- lange Wartezeiten
- Umsatzeinbußen
- verärgerte Kunden
- Diebstahlgefahr

3.2 Vorbereitung auf Kundenandrang

Die Hochbetriebszeiten sind bekannt und werden auch bei der Personalplanung berücksichtigt. Füllen Sie rechtzeitig Waren auf, sorgen Sie für genügend Wechselgeld und ausreichend Verpackungsmaterial. Festigen Sie Ihre Verkaufsfertigkeiten. Bieten Sie den Kunden Serviceleistungen an, die Kundenandrang abbauen helfen: Bestellsystem, Abonnement-Kauf mit Zustellservice usw.

3.3 Verhalten bei Hochbetrieb

Behalten Sie den Überblick – keine Hektik verbreiten. Bleiben Sie freundlich und zuvorkommend, auch wenn Ihre Kunden gereizt und ungehalten sind. Unterlassen Sie alle Nebentätigkeiten und konzentrieren Sie sich ganz auf den Kunden. Achten Sie darauf, dass Sie die Kunden der Reihe nach bedienen. Bedienen Sie schneller als sonst, aber nehmen Sie sich für die Bedienung noch so viel Zeit, dass sie nicht das Gefühl haben, abgefertigt zu werden.

3.4 Mehrfachbedienung

Bedienen Sie nur in Ausnahmefällen mehrere Kunden gleichzeitig. Holen Sie sich dabei die Zustimmung des ersten Kunden ein und bedanken Sie sich dafür. Legen Sie beiden Kunden ausreichend Ware vor und beobachten Sie laufend die Kundensignale. Geben Sie dem ersten Kunden immer den Vorrang.

3.5 Verkaufsablösung/Verkauf bei Ladenschluss

Bei einer Verkaufsablösung ist es wichtig, dass Sie sich auch hier beim Kunden entschuldigen. Informieren Sie Ihren Kollegen im Beisein des Kunden über den Stand des Verkaufsgespräches. Verabschieden Sie sich beim Kunden und danken Sie für das Verständnis.

Naht das Ende der Öffnungszeit, werden in den meisten Geschäften akustische Hinweise auf das baldige Schließen gegeben. In kleineren Unternehmen wird der Kunde persönlich vom Verkäufer auf diesen Umstand aufmerksam gemacht. In jedem Fall sollte der Grundsatz berücksichtigt werden, den Kunden ohne Druck zu Ende zu bedienen. Bei umfangreicheren Kaufabschlüssen (Möbel) kann auch ein weiterer Termin vereinbart werden. Der Kunde wird – z. B. mit Hinweis auf betriebliche Sicherheitssysteme – um Verständnis gebeten.

4 Besorgungskauf/Geschenkkauf

4.1 Unterschiede

Man unterscheidet beim Besorgungs- und Geschenkkauf:

Besorgungskauf	Geschenkkauf
▪ im Auftrag und oftmals konkrete schriftliche Vorgabe des Kaufwunsches ▪ kaum Spielraum hinsichtlich des Preises	▪ meistens ohne Auftrag und konkrete Vorstellung ▪ großzügigeres Verhalten in Bezug auf Preishöhe

4.2 Notwendige Informationen für Geschenkkauf

Beim Geschenkkauf liegen besondere Kaufmotive vor. Für den Verkäufer ist es einfach, wenn der Kunde, der ein Geschenk machen will, genaue Vorstellungen hat. Viele Kunden aber sind bezüglich der auszuwählenden Ware unsicher und erwarten vom Verkäufer, dass er ihnen hilft, ein passendes Geschenk zu finden. Diese besondere Situation erfordert vom Verkäufer Geduld und Einfühlungsvermögen.

Der Kunde weiß, was er schenken möchte.

In diesem Fall führen Sie die Ware vor und beschreiben ihren Nutzen und die Wirkung. Führen Sie den gewünschten Artikel nicht oder haben ihn nicht vorrätig, unterbreiten Sie andere ähnliche Geschenkvorschläge oder bieten dem Kunden an, eine Sonderbestellung durchzuführen.

Beispiel:

„In diesem ‚Knetspaß-Koffer' findet Ihr Kind alles, was es zum Kneten braucht: von Knetmesser, Knetschere, Förmchen bis hin zu verschiedenen Knetarten. Mit diesem Geschenk fördern Sie den Tastsinn und die Fantasie Ihres Kindes."

Der Kunde weiß nicht, was er schenken soll.

10

Der Kunde ist unsicher und erwartet von Ihnen Rat und Hilfe. Um den Kunden richtig beraten zu können, benötigen Sie einige Informationen über den Beschenkten. Zahlreiche Hinweise bekommen Sie schon beim Nennen des Kaufwunsches, ohne dass Sie dem Kunden Fragen stellen müssen.

Beispiel:

(In der Parfümerie) „Ich suche ein Geburtstagsgeschenk für meine Schwester."

Aus der Aussage des Kunden erkennen Sie schon den Anlass und für wen das Geschenk bestimmt ist. Sie können jetzt spezielle Vorschläge machen und anhand der Reaktion des Kunden merken Sie, ob Ihre Vorschläge passend sind.

Informationen, die benötigt werden, um den Kunden informativ zu beraten:

- **Wer wird beschenkt?**
  Wichtige Anhaltspunkte für die Produktauswahl finden Sie, wenn Sie sich nach dem Geschlecht, dem Alter, Geschmack, Hobbys oder Gewohnheiten des Geschenkempfängers erkundigen.
- **Zu welchem Anlass wird geschenkt?**
  Den Anlass erfahren Sie meist schon, wenn der Kunde seinen Kaufwunsch formuliert. Oft suchen Kunden Geschenke zu Geburtstagen, Weihnachten, Hochzeiten oder Jubiläen.

4.3 Verkaufstechnische Umsetzung des Geschenkkaufs

Was Sie beachten sollen

Vermeiden Sie die Frage nach der Preisvorstellung des Kunden. Dadurch bekommen Sie zwar gewisse Anhaltspunkte, engen aber den Verkaufsspielraum ein. Kaufen Kinder bei Ihnen ein, dann sollten Sie nach dem Preis fragen, denn Kinder können den Wert des Geldes oftmals noch nicht richtig einschätzen.

Überhäufen Sie den Kunden nicht mit Fragen und werden Sie nicht indiskret. Zeigen Sie lieber die Ware, auch so können Sie durch die Reaktionen des Kunden weitere Informationen erhalten. Vermeiden Sie Fragen und Aussagen wie:

- „Haben Sie an etwas Bestimmtes gedacht?“
- „Das wird schwierig!“
- „Schauen Sie sich doch einmal um, bei unserer großen Auswahl werden Sie bestimmt etwas Geeignetes finden.“

Das passende Geschenk finden

Zeigt sich der Kunde bei der Kaufentscheidung unsicher, weil er nicht weiß, ob das Geschenk beim Empfänger ankommt oder ob er es schon besitzt, so können Sie ihm die Entscheidung erleichtern, indem Sie folgende Serviceleistungen anbieten:

- Umtauschrecht
- Zustellservice
- Auswahl mitgeben

Findet der Kunde nichts Passendes, bieten Sie ihm einen Geschenkgutschein an. In diesem Fall kann sich der Empfänger selbst einen geeigneten Artikel aussuchen.

4.4 Verpackung von Geschenken

Nach getroffener Auswahl bieten Sie dem Kunden an, die Ware als Geschenk zu verpacken. Entfernen Sie vor dem Verpacken unbedingt die Preisetiketten. Wählen Sie die Geschenkpackung oder das Geschenkpapier gemeinsam mit Ihrem Kunden aus. Bitten Sie den Kunden, den Kassenbon aufzuheben, falls die Ware umgetauscht werden soll.

10

5 Verkaufsstörungen

5.1 Ursachen für Verkaufsstörungen

Es gibt Situationen, durch die ein Verkaufsgespräch unterbrochen wird. In der Regel haben Unterbrechungen des Verkaufsgespräches nur negative Auswirkungen. Der Kundenkontakt wird gestört und meistens sind die Kunden verärgert oder enttäuscht.

Mögliche Störungen des Verkaufsgespräches:
- Ein anderer Kunde wünscht Auskunft.
- Der Verkäufer wird ans Telefon gerufen.
- Ein Kollege oder eine Kollegin möchte etwas wissen.
- betriebliche Störungen wie z. B. Stromausfall oder Computerabsturz

Verkäuferverhalten bei Verkaufsstörungen:
- Entschuldigen Sie sich immer beim Kunden für Störungen.
- Fragen Sie Ihren Kunden, ob Sie kurz das Gespräch unterbrechen dürfen.
- Warten Sie die Antwort des Kunden erst ab, bevor Sie sich anderen Dingen zuwenden.

5.2 Verkaufsstörungen in Ausnahmesituationen

Zwangsläufig wird der Verkäufer gelegentlich auch in kritische Situationen geraten, die nur durch schnelles und überlegtes Handeln gemeistert werden können.

Das setzt allerdings voraus, dass er:
- die möglichen Notfälle und Gefahrenquellen kennt,
- sich rechtzeitig und gründlich mit allen einschlägigen Vorschriften und Einrichtungen seines Betriebes vertraut macht (Vorsorge) und
- weiß, was er im Ernstfall zu tun hat.

Im Einzelnen betrifft dies Unfälle im Betrieb, Feuer und Überfälle.

Unfall

Vorsorge:
- Unfallverhütungsvorschriften
- Vorschriften über „Erste Hilfe"
- Standort des Verbandskastens (Sanitätsraumes)
- Rufnummer eines in der Nähe praktizierenden Arztes
- Notruf

10

Verhalten im Notfall:
- Ruhe bewahren
- für sofortige, sachkundige Erste Hilfe sorgen
- bei schweren Verletzungen unverzüglich den Notarzt verständigen
- erforderlichenfalls den Verletzten auf schnellstem Wege zum Arzt oder ins Krankenhaus bringen (lassen)

Feuer

Vorsorge:
- Brandschutzordnung
- Alarmeinrichtungen und Feuersignal
- Standort und Handhabung von Feuerlöschgeräten
- Lage der Notausgänge und Fluchtwege (die niemals mit Schränken, Regalen oder Waren verstellt werden dürfen)
- innerbetriebliche Maßnahmen zur Brandbekämpfung sowie zum Schutz von Personen und Sachen

Verhalten im Notfall:
- Ruhe bewahren
- sofort Betriebsalarm geben und die Feuerwehr verständigen (klare Meldung, zur Beantwortung von Rückfragen der Feuerwehr am Telefon bleiben!)
- mit vorhandenen Mitteln bis zum Eintreffen der Feuerwehr den Brand bekämpfen
- sofort feststellen, ob Menschenleben in Gefahr sind (Menschenrettung geht vor Brandbekämpfung!)

- nach dem Feuersignal Bedienung einstellen und den Kunden hinausgeleiten (Aufzüge nie als Fluchtwege benutzen!)
- aufgeregte Personen beruhigen und unüberlegte Handlungen (Panik) verhindern
- Anweisungen durch Lautsprecher befolgen
- bei verqualmten Räumen gebückt oder kriechend vorgehen (nasse Tücher vor Mund und Nase)
- Personen mit brennenden Kleidern nicht fortlaufen lassen, sondern in Wolldecken, Mäntel und Tücher hüllen, auf den Boden legen und hin- und herwälzen

Überfall

Vorsorge:
- Standort und Bedienung vorhandener Alarm- und Sicherheitseinrichtungen
- Notruf
- Schweigepflicht über betriebliche Angelegenheiten

Verhalten im Ernstfall:
- Ruhe bewahren (Leben geht vor Geld!)
- wenn möglich Alarm auslösen
- keinerlei Widerstand leisten
- besondere Merkmale der Täter einprägen
- umgehend die Polizei verständigen

6 Ladendiebstahl

6.1 Ursachen für Ladendiebstahl

Die Prozentzahl der Diebstahldelikte nimmt immer mehr zu. Die Täter kommen aus allen Bevölkerungsschichten, wobei die Diebe immer jünger werden ($^1/_3$ Kinder und Jugendliche). Gründe für die Zunahme an Ladendiebstählen können die neuen erlebnisorientierten Präsentationsformen, Personalabbau oder die Änderung gesellschaftlicher Werte sein. Da die Schäden sehr hoch sind, kommt der Verhütung und Bekämpfung von Ladendiebstählen immer größere Bedeutung zu. Die meisten Diebe sind Gelegenheitstäter. Sie stehlen nicht aus wirtschaftlicher Not, sondern aus Leichtsinn, Raffgier oder Neid. Manche Kunden stehlen aus krankhafter Veranlagung, sie werden als Kleptomanen bezeichnet.

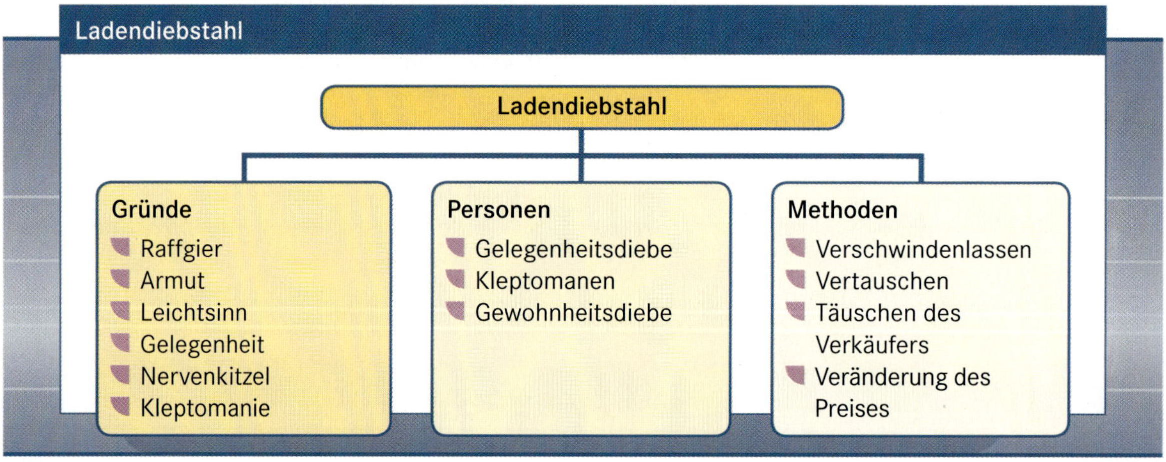

6.2 Diebstahlmethoden

Wenn Sie wissen, mit welchen Methoden Ladendiebe vorgehen, haben Sie gute Möglichkeiten, Ladendiebstahl zu verringern oder zu verhindern.

Wir unterscheiden:

10

geplanter Diebstahl	impulsiver Diebstahl
• Der Dieb hat einen gezielten Plan, er weiß, was und wie er stehlen möchte. • Der Diebstahl wird häufig von mehreren Personen durchgeführt (einer beschäftigt den Verkäufer, der andere greift zu). • Die Diebe stehlen oft nach Auftrag, bevorzugen Waren von hohem Wert.	• Der Kunde wird erst im Laden zum Dieb, er wird durch einen Impuls angeregt, die Ware zu stehlen (Verkäuferin ist beschäftigt und außer Reichweite). • Der Wert des Artikels spielt eine untergeordnete Rolle.

Häufige Methoden bzw. Tricks:

Ablenkmethoden

Mehrere Kriminelle arbeiten zusammen. Einer lenkt den Verkäufer ab (die Methoden sind vielfältig: Reklamation, Streit, Extrawünsche), der andere kann in Ruhe zugreifen und ungestört das Geschäft verlassen.

Versteckmethoden

- Die Diebe verbergen das Diebesgut blitzschnell und unauffällig in Mantel-, Jacken- oder Hosentaschen, im Ärmel- oder Kleiderausschnitt, in Einkaufstaschen oder Handtaschen, in Regenschirmen oder unter der Kopfbedeckung.
- Sie verstecken die Ware im Kinderwagen oder in Zeitungen (kleine, flache Waren).
- Die Diebe haben speziell eingenähte Taschen oder Taschen mit doppeltem Boden.
- Sie wickeln sich Sachen um den Körper.
- Die Diebe ziehen alte Kleidung über neue oder tauschen die Schuhe (alt gegen neu).

Offene Täuschung

Die Kunden reduzieren den Preis der Ware mit Rotstift oder herumliegenden Preisauszeichnungsgeräten.

Sie nehmen unbezahlte Ware und reklamieren erfundene Mängel.

Sie betrügen beim Geldwechseln – der Kassierer wird durch vorgetäuschte Eile und Geldwechselwünsche verwirrt.

Zu welchen Zeiten wird gestohlen?

Diebe kommen zu jeder Geschäftszeit, insbesondere bei Hochbetrieb, zur Mittagszeit, nach Arbeitsschluss, zu Jubiläums- oder Räumungsverkäufen.

6.3 Verkäuferverhalten bei Ladendiebstahl

10

- Beobachten Sie genau, behalten Sie verdächtige Kunden ständig im Auge.
- Stellen Sie die Kunden erst an der Kasse zur Rede, manche Kunden stecken versehentlich Waren ein.
- Sind Sie sicher, dass gestohlen wurde, bitten Sie den Dieb, ins Büro zu kommen, seine persönlichen Daten zu nennen und die Tasche oder Ähnliches zu öffnen. Sorgen Sie dafür, dass ein Zeuge dabei ist.
- Verweigert das der Dieb, rufen Sie die Polizei, bei Kindern oder Jugendlichen die Erziehungsberechtigten.
- Sie sind nicht berechtigt, den Kunden zu durchsuchen.
- Maßnahmen gegenüber Dieben sind Anzeige oder Hausverbot.

6.4 Vorbeugende Maßnahmen

Ladendiebstahl kann vorgebeugt werden durch:

Maßnahmen durch den Verkäufer	Maßnahmen bei der Verkaufsraumgestaltung und Warenpräsentation
- aufmerksam sein, die Kunden im Auge behalten - den Kunden insbesondere bei hochwertiger Ware nur eine begrenzte und überschaubare Anzahl von Waren vorlegen - den Kunden die Ware nur verpackt mitgeben - die Ware erst einpacken, wenn bezahlt ist - mit Kollegen Verkaufsablösung und Überwachung absprechen - nur eine begrenzte Anzahl von Kleidungsstücken zur Anprobe mitgeben (evtl. Marken ausgeben) - darauf achten, dass Kunden Körbe mitnehmen und große Taschen hinterlegen - über Vorgehensweisen von Ladendieben informieren (Schulungen)	- keine toten Winkel und zu hohen Regale - Spiegelsysteme - übersichtliche Warenpräsentation - höherwertige Waren gut sichtbar platzieren - Videoüberwachungsanlagen - abschließbare Vitrinen (Uhren, Schmuck) - ausreichende Beleuchtung - Preisetiketten, die sich nur schwer entfernen lassen - Preisetiketten, die beim Passieren der Kasse Alarm auslösen - hochwertige Kleidungsstücke anketten

Gesetzliche Grundlagen

§ 859 BGB

(1) Der Besitzer darf sich verbotener Eigenmacht mit Gewalt erwehren.

(2) Wird eine bewegliche Sache dem Besitzer mittels verbotener Eigenmacht weggenommen, so darf er sie dem auf frischer Tat betroffenen Täter mit Gewalt wieder abnehmen.

§ 127 StPO (Strafprozessordnung)

(1) Wird jemand auf frischer Tat betroffen oder verfolgt, so ist, wenn er der Flucht verdächtig ist oder seine Identität nicht sofort festgestellt werden kann, jedermann befugt, ihn auch ohne richterliche Anordnung vorläufig festzunehmen. [...]

Im Strafgesetzbuch wird unterschieden zwischen Diebstahl und Betrug.

10

§ 242 StGB (Diebstahl)

(1) Wer eine fremde bewegliche Sache einem anderen in der Absicht wegnimmt sich dieselbe rechtswidrig zuzueignen, wird wegen Diebstahls mit Gefängnis bestraft.

(2) Der Versuch ist strafbar.

Beispiel:

Stehlen von CDs

§ 263 StGB (Betrug)

(1) Wer in der Absicht, sich oder einem Dritten einen rechtswidrigen Vermögensvorteil zu verschaffen, das Vermögen eines anderen dadurch beschädigt, dass er durch Vorspiegelung falscher oder durch Entstellung oder Unterdrückung wahrer Tatsachen einen Irrtum erregt oder unterhält, wird wegen Betruges mit Gefängnis bestraft.

Beispiele:

Preisetiketten austauschen, Umtauschbetrug

7 Gewährleistung/Garantie/Produkthaftung/Kulanz

7.1 Rechtliche Grundlagen

Beispiel:

Ihre Stammkundin Frau Müller steht völlig aufgelöst vor Ihnen. In der einen Hand hält sie das bei Ihnen gekaufte Bügeleisen, in der anderen eine Bluse mit einem eindeutigen Brandfleck in Form eines Bügeleisens. Frau Müller fordert von Ihnen sofortigen Ersatz beider Waren, da sie der Auffassung ist, das Bügeleisen sei defekt und habe sich überhitzt.

Solche oder ähnliche Situationen kennt jeder Verkäufer aus seinem Berufsalltag.

Bei der Lösung des Problems ist zunächst die Rechtslage zu klären.

Gewährleistung	Garantie	Produkthaftung	Kulanz
Unternehmer steht für Mangelfreiheit der verkauften Ware innerhalb der gesetzlichen Frist von 2 Jahren (Neuware) § 437 BGB	Zusicherung des Herstellers von bestimmten Produkteigenschaften über den Gewährleistungszeitraum hinaus § 437 BGB	Hersteller von Waren haftet für Schäden, die auf Fehlern der von ihm produzierten Ware beruhen § 1 ProdHaftG	Umtausch ohne Rechtsgrundlage beruht nur auf dem Entgegenkommen des Unternehmens

Wenn Frau Müller also mit ihrem Bügeleisen samt der verdorbenen Bluse bei Ihnen im Geschäft vorstellig wird, ist zunächst der Tatbestand der **Reklamation = Geltendmachen von Mängeln einer Sache oder eines Rechts** erfüllt.

Die Inhalte der nachfolgenden Gliederungspunkte sollen Ihnen eine Orientierung bei der Behandlung derartiger Probleme geben.

7.2 Gewährleistung/Garantie

Gewährleisung bedeutet, dass der Verkäufer dafür einsteht, dass die gehandelte Ware frei von Sach- und Rechtsmängeln ist.

Der Verkäufer haftet daher für alle Mängel, die schon zum Zeitpunkt des Verkaufs bestanden haben, auch für solche, die sich erst später bemerkbar gemacht haben (sog. versteckter Mangel). Der Zustand der Ware zum Zeitpunkt der Übergabe ist dabei entscheidend. Die gesetzliche Gewährleistung nach § 437 BGB beträgt 24 Monate, sie kann bei Gebrauchtwaren auf 12 Monate verkürzt werden. Bei etwaigen Mängeln muss **immer** beim Händler reklamiert werden.

Eine Garantie ist eine zusätzliche, freiwillige Leistung des Händlers und/oder des Herstellers, sofern der Händler diese Herstellergarantie an den Kunden weitergibt – wozu der Händler aber nicht verpflichtet ist.

10

Die Garantiezusage bezieht sich immer auf die Funktionsfähigkeit bestimmter Teile (oder des gesamten Geräts) über einen bestimmten Zeitraum. Bei einer Garantie spielt der Zustand der Ware zum Zeitpunkt der Übergabe an den Kunden keine Rolle, da ja die Funktionsfähigkeit der besagten Teile (oder des gesamten Geräts) für den Zeitraum **garantiert** wird.

Je nachdem, ob die Garantiezusage gegenüber dem Kunden vom Händler oder vom Hersteller kommt, ist bei Mängeln der Händler oder der Hersteller anzusprechen. Bei der Garantie muss der Garantiegeber nachweisen, dass der vom Käufer beanstandete Mangel bei Übergabe der Ware noch nicht bestand.

Für den Kunden ist zu beachten, dass durch eine Garantiezusage die gesetzliche Gewährleistung in keinem Fall ersetzt oder gar – im Umfang oder der Zeitdauer – verringert werden kann, sondern immer nur neben der bzw. zusätzlich zur gesetzlichen Gewährleistung Anwendung findet.

7.3 Kulanz (Umtausch ohne Rechtsanspruch)

Häufig wollen Kunden Ware umtauschen, ohne dass ein Mangel vorliegt, oder der Verkäufer kann nicht feststellen, durch wen der Mangel an einer Ware entstanden ist. In diesen Fällen können Sie den Umtausch zurückweisen und den Kunden auf die rechtliche Lage aufmerksam machen oder Sie sind großzügig und kommen Ihrem Kunden entgegen. Dieses Eingehen auf den Kunden, ohne dazu verpflichtet zu sein, bezeichnen wir als Kulanz. Kulanz ist eine kundenfreundliche Maßnahme, die sich positiv auf das Image des Geschäftes auswirkt. Wenn Sie Ware ohne Umtauschvereinbarung zurücknehmen, können Sie die Ware gegen eine andere tauschen, einen Gutschein ausstellen oder den Kaufbetrag zurückerstatten.

Beispiel:

Ein Ehemann kauft für seine Frau zum Geburtstag eine goldene Kette ohne Umtauschvereinbarung.

Die Frau trägt lieber Silberschmuck und kann mit der Goldkette nichts anfangen. Der Einzelhändler tauscht die Kette um, obwohl er nicht dazu verpflichtet ist.

Häufige Gründe des Kunden für den Umtausch ohne Rechtsanspruch:

- Die Ware entspricht nicht den Erwartungen des Kunden.
- Die finanzielle Belastung ist zu groß.
- Die Ware gefällt nicht.

In diesen Fällen treten die Kunden meistens anders auf als bei Reklamationen. Sie sind enttäuscht, weil sie die Ware nicht so verwenden können, wie sie es sich vorgestellt haben. Andererseits wissen sie nicht, ob die Ware umgetauscht wird.

Waren, die nicht umgetauscht werden müssen oder dürfen:

gesetzliche Gründe		vertragliche Gründe	
nicht vertretbare Ware (BGB)	Hygienevorschriften (Lebensmittelrecht, Verbraucherschutz)	reduzierte Ware	Räumungs- und Ausverkaufsware
Meterware, Sonderanfertigungen, Tiere	unverpackte Lebensmittel und Getränke, Waren, die mit dem Körper in Berührung gekommen sind, z. B. Kämme, Miederwaren	Ware 2. Wahl, Einzelstücke	Ware aus Sonderaktionen, Reste

In der Regel werden auch folgende Waren nicht umgetauscht:

- Abendkleider (manche Kunden wollen am Abend schick ausgehen und tauschen das Kleid am nächsten Tag wieder um),
- Waren, die zum einmaligen Gebrauch bestimmt sind, z. B. Karnevalsartikel,
- Artikel, deren Wertminderung durch Gebrauch äußerlich nicht zu erkennen ist, wie z. B. Batterien oder CDs.

Der Einzelhändler kann auch Waren, die vom Umtausch ausgeschlossen sind, aus Kulanzgründen zurücknehmen. Allerdings muss er diese Ware vom Wiederverkauf ausschließen.

Kulant kann der Einzelhändler auch in folgenden Fällen sein:

- nach Ablauf der durch Gesetz bestimmten Gewährleistungsfristen,
- nach Ablauf der vertraglich vereinbarten Garantie- oder Umtauschfristen.

Waren, die bei einem Versandunternehmen bestellt werden, können ohne Grund innerhalb einer festgelegten Frist zurückgeschickt werden. Viele Unternehmen handeln heute sehr großzügig und erfüllen aus Gründen der Kundenbindung nahezu alle Umtauschwünsche.

7.4 Produkthaftung

Seit 1. Januar 1990 haften die Hersteller von Waren für Schäden, die auf Fehlern der von ihnen produzierten Sachen beruhen.

§ 1 ProHaftG: „Wird durch den Fehler eines Produkts jemand getötet, sein Körper oder seine Gesundheit verletzt oder eine Sache beschädigt, so ist der **Hersteller des Produkts** verpflichtet, dem Geschädigten den daraus entstandenen Schaden zu ersetzen."

Der Kunde hat also Anspruch auf Schadensersatz, ohne dass er dem Hersteller ein Verschulden nachweisen muss. Dieses **„Prinzip der Verschuldensunabhängigkeit"** schützt den Verbraucher, denn bevor das Produkthaftungsgesetz in Kraft getreten ist, musste immer der Kunde nachweisen, dass der entstandene Schaden ausschließlich durch das Produkt, also durch die gekaufte Ware, verursacht wurde.

Seit das ProdHaftG gilt, muss der Hersteller nachweisen, dass das Produkt beim Verkauf einwandfrei war. Besteht es aus mehreren vorgefertigten Teilen, so haftet der Hersteller des Endproduktes. Er muss sich dann mit den Zulieferern auseinandersetzen.

Beispiel:

Längst verkaufte Autos werden von den Herstellern in die Werkstatt zurückgerufen, wenn sich nachträglich Mängel an einem Teil herausstellen.

Ausgenommen von der Produkthaftung sind landwirtschaftliche Erzeugnisse des Bodens, der Tierhaltung und der Fischerei.

8 Finanzierungskauf

Beispiel:

Familie Lehmann erwartet Familienzuwachs und beschließt deshalb den Umzug in eine größere Wohnung. Allerdings wird es notwendig, für das Kinderzimmer eine neue Einrichtung zu kaufen. Sie entscheiden sich für einen Finanzierungskauf.

Der Finanzierungskauf ist eine günstige Möglichkeit der Kundenbindung. Wenn der Verkäufer im Beratungsgespräch auf diese Möglichkeit der Bezahlung hinweist, entscheidet sich der Kunde oftmals schneller für den Kauf. Er hat dadurch einen besseren finanziellen Spielraum.

Verhaltensregeln für den Verkäufer:

- Sitzplatz in entsprechender Entfernung von anderen Kunden anbieten (Diskretionszone)
- evtl. Begleitperson beschäftigen (z. B. Kinder)
- Vorteile des Finanzkaufes hervorheben
- Geschäftsbedingungen erklären
- Kaufentscheidung einschließlich Finanzkauf positiv einschätzen

9 Konfliktlösungsverhalten

Besondere Verkaufssituationen, wie sie in den Kapiteln 2-7 beschrieben werden, können auch immer Auslöser von Konflikten sein. Das „normale“ Verkaufsgeschehen wird beeinträchtigt und die am Gespräch Beteiligten haben unterschiedliche Betrachtungsweisen zum Vorgefallenen. Damit das Verkaufsgespräch nicht eskaliert und andere sich in der Nähe befindlichen Kunden aufmerksam oder etwa unfreiwillig einbezogen werden, sollte Folgendes beachtet werden:

- Zeigen Sie Verständnis für den Ärger des Kunden, verhalten Sie sich freundlich und bleiben Sie ruhig.
- Suchen Sie einen Ort, an dem Sie ungestört sind, bieten Sie dem Kunden nach Möglichkeit einen Sitzplatz an.
- Ist der Kunde gereizt und aggressiv, geben Sie ihm die Gelegenheit, sich zu entladen. Überhören Sie persönliche und unsachliche Angriffe.
- Hören Sie dem Kunden aufmerksam zu und lassen Sie ihn aussprechen.
- Prüfen Sie sorgfältig und unvoreingenommen, ob Sie umtauschen müssen oder können.
- Entschuldigen Sie sich bei berechtigten Reklamationen für den Fehler.
- Können Sie die Schuldfrage nicht eindeutig klären, bieten Sie dem Kunden unentgeltliche oder preiswerte Reparatur an, Preisnachlass oder dass Sie die Ware an den Hersteller senden.
- Erkennen Sie, dass die Beschwerde unberechtigt ist und die Mängel auf Behandlungsfehler des Kunden zurückzuführen sind, machen Sie dem Kunden keine Vorwürfe.

Um Konflikten, die mit der Ware zusammenhängen, aus dem Weg zu gehen, sollten folgende vorbeugende Maßnahmen eingehalten werden:

Maßnahmen bei der Warenlagerung	Maßnahmen beim Verkauf
▪ Ware beim Wareneingang genau prüfen ▪ Qualitätsüberwachung ▪ Warenpflege ▪ Überwachung des Verfalldatums ▪ tägliches Auffüllen der Warenregale	▪ sorgfältige und ehrliche Beratung des Kunden ▪ beim Kauf auf Einsatz, Bedienung und Pflege aufmerksam machen ▪ Kontrolle der gekauften Ware ▪ kein Kaufzwang ▪ gewissenhafte Berechnung des Preises und sorgfältige Geldrückgabe

10

3. Ausbildungsjahr
Lernfelder 11–14

Lernfeld 11: **Geschäftsprozesse erfolgsorientiert steuern**

Lernfeld 12: **Mit Marketingkonzepten Kunden gewinnen und binden**

Lernfeld 13: **Personaleinsatz planen und Mitarbeiter führen**

Lernfeld 14: **Ein Einzelhandelsunternehmen leiten und entwickeln**

Geschäftsprozesse erfolgsorientiert steuern

1 Warenverkehr eines Einzelhandelsunternehmens

2 Umsatzsteuer

3 Einlage und Entnahme von Betriebsmitteln (Privatkonto)

4 Besondere Buchungen beim Warenverkehr

5 Anlagenwirtschaft

6 Verteilungsrechnung

7 Kosten- und Leistungsrechnung

8 Organisation der Buchführung

9 Überwachung der Unternehmenstätigkeit

10 Warenwirtschaft

1 Warenverkehr eines Einzelhandelsunternehmens

Jeder Einzelhändler betreibt Warenwirtschaft, indem er Waren kauft und verkauft, indem er mit Waren wirtschaftet. Alle warenwirtschaftlichen Prozesse werden gezielt vorgenommen und sind im Wesentlichen Bestandteile der Geschäftspolitik des Einzelhändlers, sie sind seine wesentlichen Instrumente bei der Betriebssteuerung. Sie bedürfen deshalb einer stetigen Kontrolle und Überwachung. Im herkömmlichen Einzelhandelsgeschäft sind das, neben der Erfahrung des Inhabers, die karteimäßigen Aufzeichnungen und die Buchhaltung des Unternehmens. Im modernen Einzelhandelsunternehmen kommt das Warenwirtschaftssystem als Steuerungs- und Kontrollsystem dazu. Während im Warenwirtschaftssystem zunächst die mengenmäßigen Prozesse erfasst und ausgewertet werden, dient die Buchhaltung vorwiegend der wertmäßigen Kontrolle des Betriebes, das Warenwirtschaftssystem dient der laufenden aktuellen Erfassung aller Warenbewegungen, die Buchführung ist immer eine nachträgliche Betrachtung des Betriebsgeschehens. Die Leistungen des Warenwirtschaftssystem werden im Kapitel 12 umfassend dargestellt. Im Folgenden geht es zunächst um die buchhalterische Behandlung der Geschäftsprozesse.

1.1 Buchungen beim Warenverkehr

Den Einkauf von Waren durch den Betrieb verbuchten wir bisher auf der Soll-Seite des Warenkontos als Bestandsmehrung. Wurden Waren verkauft, ergab sich eine Bestandsminderung auf der Haben-Seite dieses Kontos.

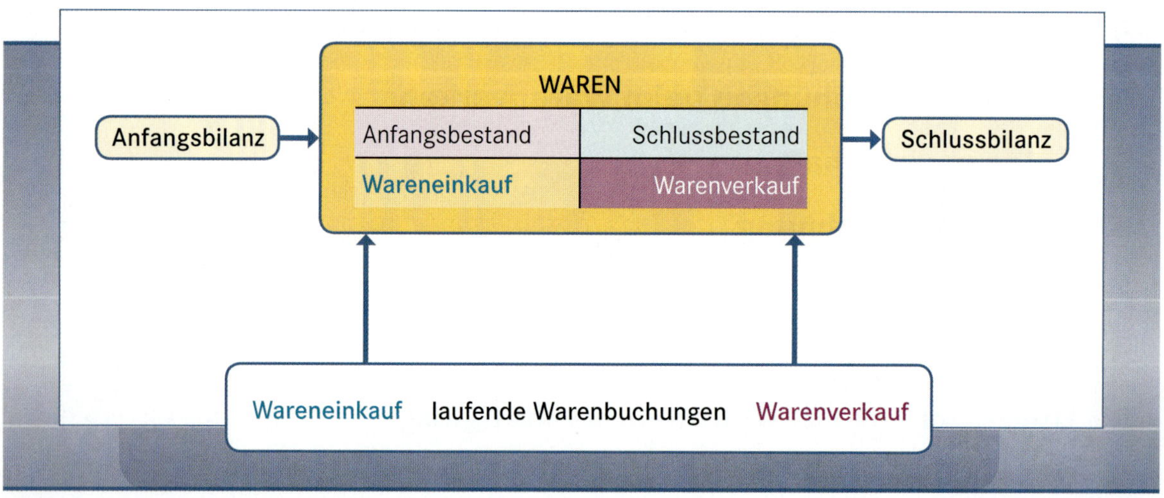

11

Da der Einkauf von Waren ein Aufwand ist, wird die Beschaffung von Waren sinnvoller auf einem Konto „Aufwendungen für Waren“ erfasst. Die Warenverkäufe sind dagegen Erfolgsvorgänge und sollten auf dem Ertragskonto „Umsatzerlöse“ gesammelt werden. Das bisherige Warenkonto bleibt als Konto „Waren (Bestand)“ erhalten und ist ein reines Bestandskonto, auf dem nur bei der Kontoeröffnung und beim Abschluss gebucht wird.

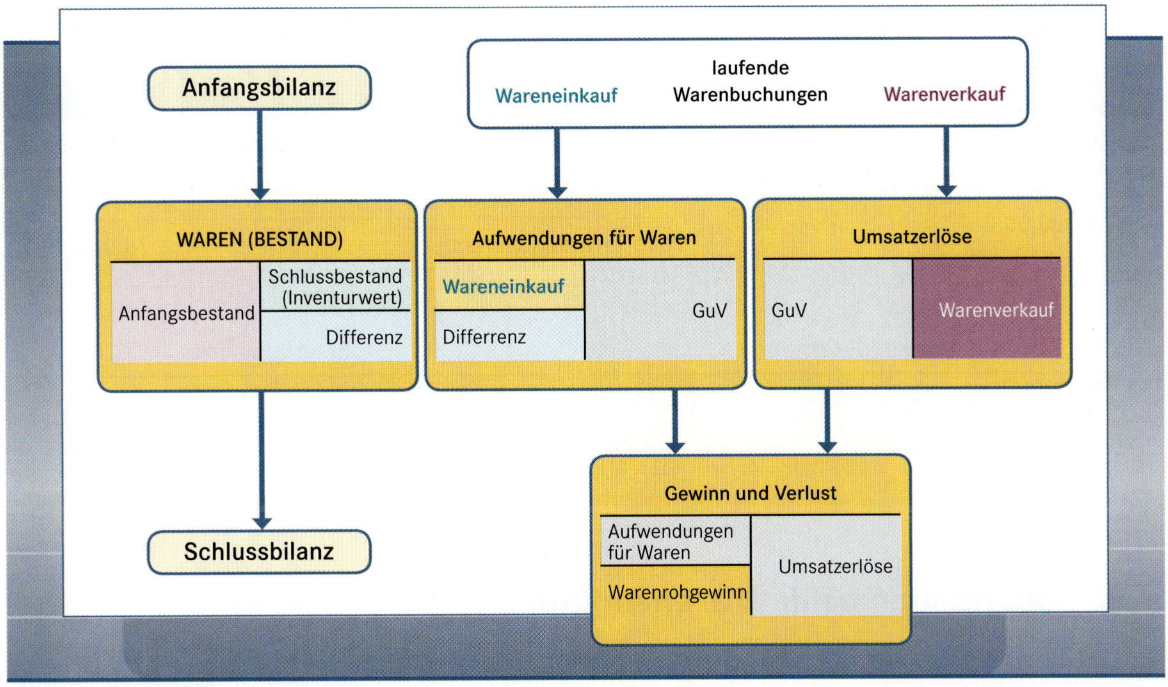

1.2 Bestandskonto „Waren (Bestand)"

Unser bisheriges Konto „Waren" bleibt als aktives Bestandskonto „Waren (Bestand)" erhalten. Es übernimmt zu Beginn des Geschäftsjahres den Anfangsbestand und bleibt dann unberührt.

Am Ende des Geschäftsjahres erhalten wir seinen Schlussbestand aus der Inventur.

Inventurbogen			Tag der Aufnahme: 20..-09-30
Warenbezeichnung	Einzelpreis (EK)	Menge	Gesamtpreis
Anzüge	150,00 €	50	7.500,00 €
Kostüme	200,00 €	40	8.000,00 €
...	...	...	...
Damenschuhe	70,00 €	200	14.000,00 €
Summe			78.500,00 €

11

- Das Konto „Waren (Bestand)" ist ein Aktivkonto.
- Es übernimmt den Anfangsbestand aus der Eröffnungsbilanz.
- Während des Geschäftsjahres bleibt es unberührt.
- Seinen Schlussbestand erhält man aus der Inventur (= Warenendbestand laut Inventur). Er wird in die Schlussbilanz umgebucht.
- Der Warenbestand laut Inventur wird für den Abschluss vorgegeben (= Abschlussangabe).

Buchungen:

Geschäftsfall	Buchungssatz	Soll	Haben
① Anfangsbestand Waren 80.000,00 €		80.000,00 €	
② Warenendbestand laut Inventur 78.000,00 €	Schlussbilanz	78.000,00 €	
	an Waren (Bestand)		78.000,00 €

S	Waren (Bestand)		H
① AB	80.000,00	② SB	78.000,00

A	Schlussbilanz		P
② Waren	78.000,00		

1.3 Buchungen beim Wareneinkauf

Für Wareneinkäufe im Laufe des Geschäftsjahres steht uns das Konto „Aufwendungen für Waren“ zur Verfügung. Es nimmt alle Einkäufe bewertet zum Einstandspreis (= Bezugspreis) auf.

Frischdienst AG
Erlangen

St.-Nr. 008/2345/4617

Warenhaus
Gaby Kern
Maxplatz 30
90403 Nürnberg

Rechnung Nr. 75 138 — 12. März 20..

Anzahl	Einheit	Artikel	Einzelpreis (€)	Gesamt (€)
50	Pck.	Lachs	6,00	300,00
		Lieferung frei Haus, rein netto		

Erfüllungsort und Gerichtsstand für beide Teile Erlangen

Das Konto „Aufwendungen für Waren“ ist ein Aufwandskonto.

Der Saldo des Kontos „Aufwendungen für Waren“ wird auf das Konto „GuV“ gebucht.

Buchungen:

Geschäftsfall	Buchungssatz	Soll	Haben
① Wareneinkauf auf Ziel 300,00 €	Aufw. f. Waren	300,00 €	
	an Verb. a. LL		**300,00 €**
② Abschluss des Kontos „Aufwendungen f. Waren“ 300,00 €	GuV	300,00 €	
	an Auf. f. Waren		**300,00 €**

S Aufwendungen für Waren H

S		H	
① V. a. LL	300,00	② GuV	300,00

S GuV H

S		H	
② AfW	300,00		

S Verbindlichkeiten a. LL H

S		H	
		① AfW	300,00

1.4 Buchungen beim Warenverkauf

Im Konto „Umsatzerlöse“ sind alle Verkäufe von Waren zu Verkaufspreisen zu verbuchen.

Durchschrift

WarenHaus
Gaby Kern KG
Nürnberg

Hotel Merkur
Burgstraße 17
90403 Nürnberg

St.-Nr. 090/2533/1815

Rechnung

Nürnberg, 17. März 20..

Anzahl	Einheit	Artikel	Einzelpreis (€)	Gesamt (€)
40	Garnitur	Tischwäsche	100,00	4.000,00

Wir danken für Ihren Auftrag.

11

- Das Konto „Umsatzerlöse“ ist ein Ertragskonto.

- Der Saldo des Kontos „Umsatzerlöse“ wird auf das Konto „GuV“ gebucht.

Buchungen:

Geschäftsfall	Buchungssatz	Soll	Haben
① Warenverkauf auf Ziel 4.000,00 €	Forderungen a. LL	4.000,00 €	
	an Umsatzerlöse		4.000,00 €
② Abschluss des Kontos „Umsatzerlöse" 4.000,00 €	Umsatzerlöse	4.000,00 €	
	an GuV		4.000,00 €

S — Umsatzerlöse — H

S		H	
② GuV	4.000,00	① F. a. LL	4.000,00

S — GuV — H

S		H	
		② UE	4.000,00

S — Forderungen a. LL — H

S		H	
① UE	4.000,00		

1.5 Abschluss der Warenkonten

Durch die Buchung des Warenendbestandes laut Inventar erhält man im Konto „Waren (Bestand)" eine Differenz als Bestandsminderung bzw. Bestandsmehrung. Sie entsteht dadurch, dass i. d. R. die Höhe des Wareneinkaufs (zu Einstandspreisen bewertet) innerhalb eines Geschäftsjahres nicht der Höhe des Wareneinsatzes (= verkaufte Waren zum Einstandspreis) entspricht. Somit muss aus dem Konto „Waren (Bestand)" der Differenzbetrag auf das Konto „Aufwendungen für Waren" umgebucht werden. Daraus ergibt sich folgender Zusammenhang:

Wareneinkauf + Bestandsminderungen = Wareneinsatz
bzw.
Wareneinkauf – Bestandsmehrungen = Wareneinsatz

Beispiele:

Anfangsbestand	300.000,00 €
– Endbestand	275.000,00 €
= Bestandsminderung	25.000,00 €

Im Laufe des Geschäftsjahres wurden mehr Waren verkauft als eingekauft (Lagerabbau).

Anfangsbestand	280.000,00 €
– Endbestand	310.000,00 €
= Bestandsmehrung	30.000,00 €

Im Laufe des Geschäftsjahres wurden mehr Waren eingekauft als verkauft (Lageraufbau).

S Waren (Bestand) H

AB	300.000,00	SB	275.000,00
		AfW	25.000,00
	300.000,00		300.000,00

S Waren (Bestand) H

AB	280.000,00	SB	310.000,00
AfW	30.000,00		
	310.000,00		310.000,00

S Aufwendungen für Waren H

WA (B)	25.000,00		

S Aufwendungen für Waren H

		WA (B)	30.000,00

Zusammenfassung der Konten:

S Waren H

AB	80.000,00	SB ①	78.000,00
		AfW	2.000,00
	80.000,00		80.000,00

S Aufwendungen für Waren H

V. a. LL	300,00	GuV ③	2.300,00
② Wa (B)	2.000,00		
	2.300,00		2.300,00

S Verbindlichkeiten a. LL H

SB	20.300,00	AB	20.000,00
		AfW	300,00
	20.300,00		20.300,00

S Umsatzerlöse H

GuV ③	4.000,00	F. a. LL	4.000,00

S Forderungen a. LL H

AB	9.000,00	SB	13.000,00
UE	4.000,00		
	13.000,00		13.000,00

S GuV H

AfW	2.300,00	UE	4.000,00

A SB P

① WA (B)	78.000,00		

④ Warenrohgewinn 1.700,00 €

11

① Buchung des Warenendbestandes laut Inventur als Schlussbestand im Konto „Waren (Bestand)"
② Umbuchung der Bestandsveränderung aus Konto „Waren (Bestand)" in Konto „Aufwendungen für Waren"
③ Abschluss der Konten „Aufwendungen für Waren" und „Umsatzerlöse" auf „GuV"
④ Die Differenz im Konto „GuV" zwischen den Beträgen aus Aufwendungen für Waren und den Umsatzerlösen ergibt in diesem Beispiel den **Warenrohgewinn** von 1.700,00 €.
(Sind die Umsatzerlöse niedriger als die Aufwendungen für Waren, so nennt man diesen Unterschied **Warenrohverlust.)**
⑤ Der Reingewinn ergibt sich durch Abzug der übrigen Aufwendungen vom Rohgewinn.

Übersicht:

Buchungen im Warenverkehr bei Bestandsminderungen und Bestandsmehrungen

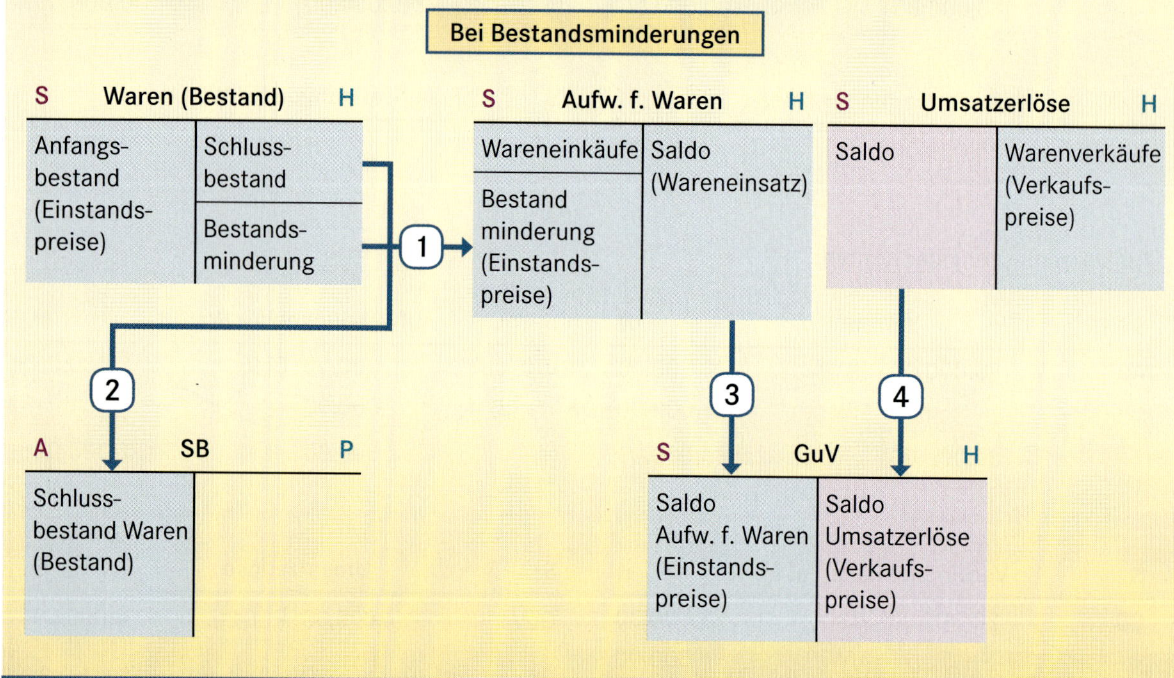

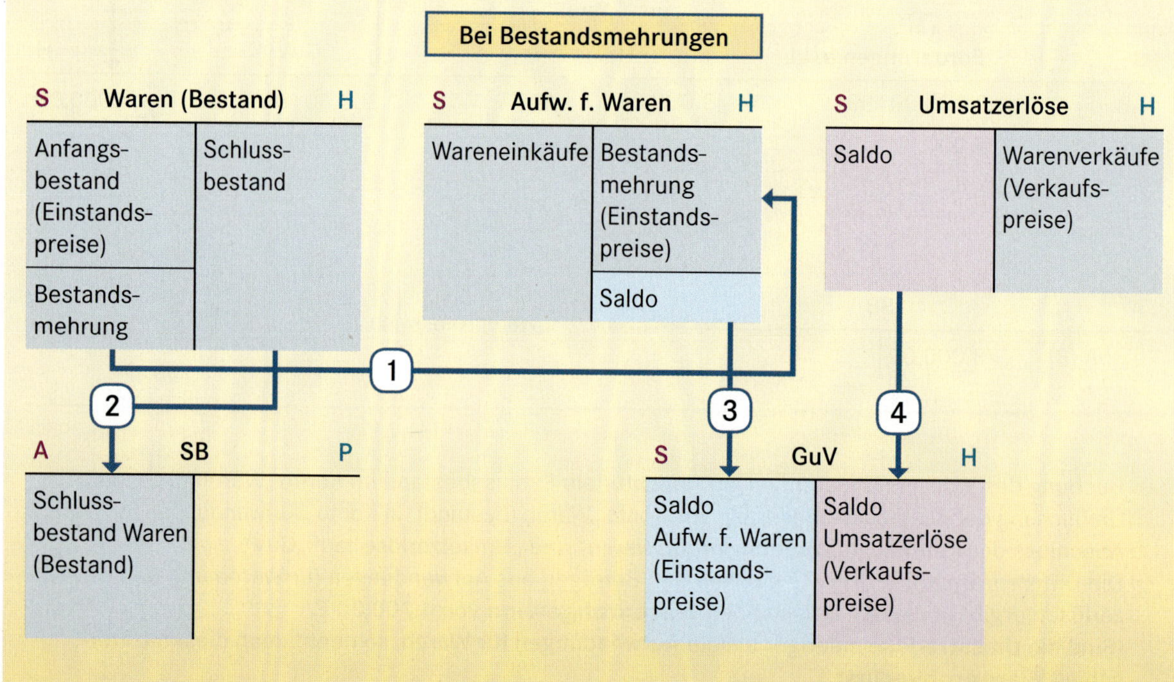

11

① Der Minder- oder Mehrbestand, der auf dem Konto „Waren (Bestand)“ entsteht, wird auf das Konto „Aufwendungen für Waren“ umgebucht.
- Buchung bei Minderbestand (Lagerabbau): Aufwendungen für Waren an Waren (Bestand)
- Buchung bei Mehrbestand (Lageraufbau): Waren (Bestand) an Aufwendungen für Waren

② Der Schlussbestand des Kontos „Waren (Bestand)“ wird auf der Schlussbilanz gegengebucht.
Buchungssatz: Schlussbilanz an Waren (Bestand)

③ Das Konto „Aufwendungen für Waren“ wird auf GuV abgeschlossen.
Buchungssatz: GuV an Aufwendungen für Waren
Diesen Betrag nennt man Wareneinsatz.

④ Das Konto „Umsatzerlöse“ wird auf GuV abgeschlossen.
Buchungssatz: Umsatzerlöse an GuV

2 Umsatzsteuer

2.1 System der Umsatzbesteuerung

Nach dem Umsatzsteuergesetz (UStG) muss der Einzelhändler für folgende Geschäftsfälle Umsatzsteuer (USt) bezahlen:

- beim Einkauf von Waren und Verbrauchsmaterialien
- beim Kauf von Anlagen und Einrichtungsgegenständen
- beim „Kauf" von Dienstleistungen

Der Regelsteuersatz beträgt gegenwärtig 19 %; bei bestimmten Waren (z. B. Lebensmittel, Blumen, Kunst, Bücher, Zeitschriften) nur 7 % (ermäßigter Steuersatz).

Dabei wird nur der Wertzuwachs an der Ware in der jeweiligen Wirtschaftsstufe versteuert. Deshalb spricht man auch vom **Mehrwertsteuersystem.**

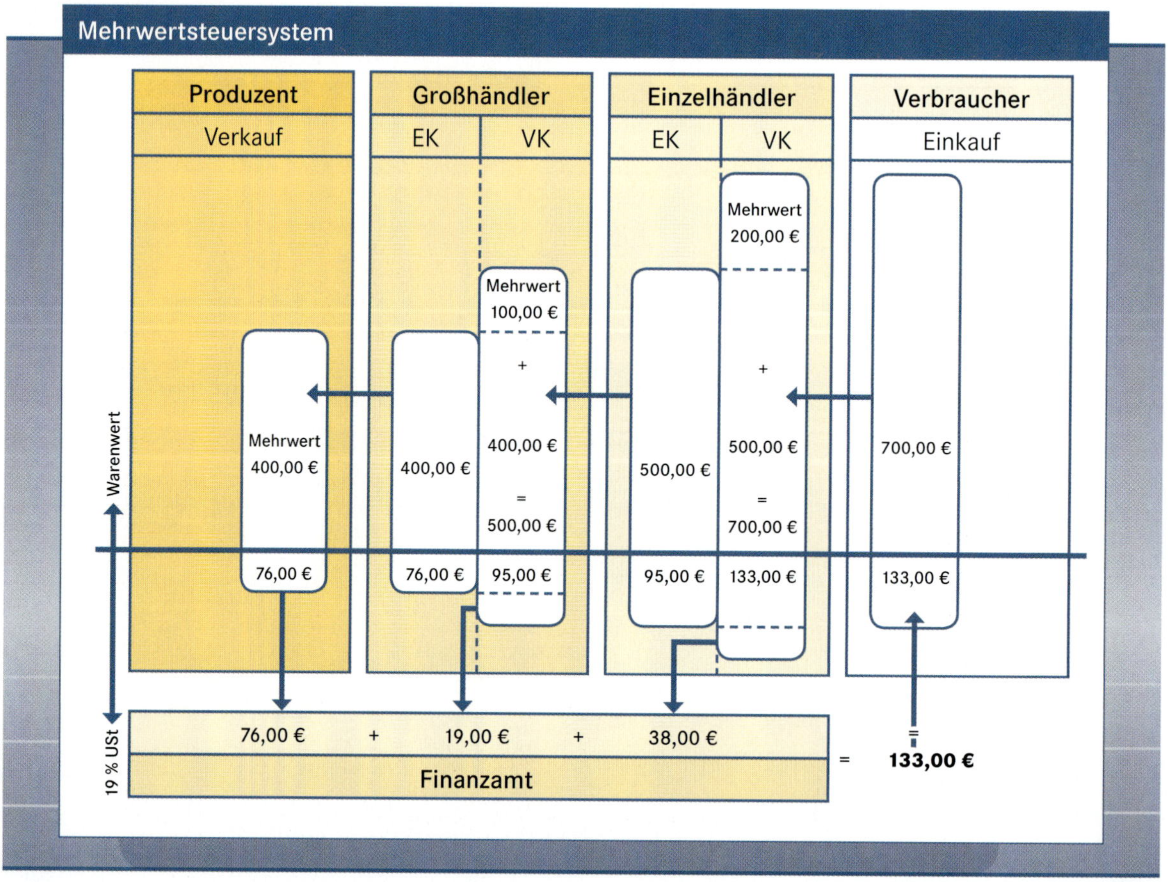

Die gesamte Umsatzsteuer trägt also der Verbraucher. Sie wird in Teilbeträgen von den einzelnen Wirtschaftsstufen der Handelskette an das Finanzamt abgeführt.

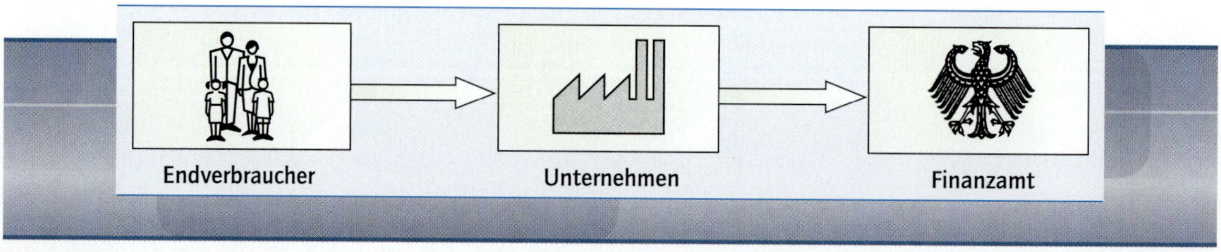

2.2 Vorsteuer

Kauft ein Einzelhändler Waren (bzw. Leistungen) für den Geschäftsbedarf oder zum Weiterverkauf, enthält der Rechnungsbetrag 19 % bzw. 7 % Umsatzsteuer. Der Nettowert der Waren (oder Leistungen) und die Umsatzsteuer sind in der Buchführung getrennt zu erfassen.

Hinweis: Rechnungen, die zum Vorsteuerabzug verwendet werden, müssen die Steuernummer des Unternehmens oder alternativ die Umsatzsteueridentifikationsnummer enthalten. Dies ist aber für die Buchhaltung ohne Belang und bleibt deshalb unberücksichtigt.

Textil AG Aschaffenburg

Empfänger
Warenhaus
Gaby Kern
Maxplatz 30
90403 Nürnberg

St.-Nr. 065/1615/1825

20..-04-05
Ort, Datum

Rechnung Nr. 1 579

Anzahl	Artikel	Stückpreis (€)	Gesamt (€)
1	Mantel		
	(Nachlieferung)		250,00
	+ 19 % USt		47,50
	netto Kasse		297,50

Rechnungsbetrag enthält 19 % USt/Betrag

Die gelieferte Ware bleibt bis zur vollständigen Bezahlung Eigentum des Lieferanten.

N-ergie
Energie- und Wasserversorgung
Nürnberg

Empfänger
Warenhaus
Gaby Kern
Maxplatz 30
90403 Nürnberg

St.-Nr. 090/1257/3189

20..-04-05
Ort, Datum

Rechnung Nr. 30 028

Anzahl	Artikel	Stückpreis (€)	Gesamt (€)
	Abschlagszahlung		
	für Strom		
	2. Quartal 20..		1.200,00
	+ 19 % USt		228,00
			1.428,00
	Zahlbar ohne Abzug		
	Konto-Nr. 22 565 bei		
	Sparkasse Nürnberg		

Rechnungsbetrag enthält 19 % USt/Betrag

Die gelieferte Ware bleibt bis zur vollständigen Bezahlung Eigentum des Lieferanten.

- Beim Einkauf wird mit offenem Umsatzsteuerausweis (= netto) gebucht.
- Die Umsatzsteuer beim Einkauf wird auf das Konto „Vorsteuer" gebucht.

- Das Konto „Vorsteuer" ist ein Unterkonto des Kontos „Umsatzsteuer", d. h., es wird auf dieses abgeschlossen. Man bucht auf ihm wie auf einem Aktivkonto.

11

Buchungen:

Geschäftsfall	Buchungssatz	Soll	Haben
① Wareneinkauf auf Ziel 250,00 € + 19 % USt 47,50 €	A. f. Waren und	250,00 €	
	Vorsteuer	47,50 €	
	an Verb. a. LL		297,50 €

Buchungen:

Geschäftsfall	Buchungssatz	Soll	Haben
② Rechnungseingang Verpackungsmaterial 1.200,00 € + 19 % USt 228,00 €	A. f. Verpackungsm. und	1.200,00 €	
	Vorsteuer	228,00 €	
	an Verb. a. LL		1.428,00 €

S Aufwendungen für Waren H

S	H
① Vorst./V. a. LL 250,00	

S Vorsteuer H

S	H
① AfW 47,50	
② AfV 228,00	

S Aufwendungen für Verpackungsmaterial H

S	H
② Vorst./V. a. LL 1.200,00	

S Verbindlichkeiten LL H

S	H
	① AfW 297,50
	② AfV 1.428,00

§

Ausnahmen: Nach § 4 ff. UStG sind u. a. von der Umsatzsteuer befreit: Vermittlungs-, Kredit- und Wertpapiergeschäfte, Leistungen von Ärzten, Leistungen im sozialen Bereich, Umsätze von Bund, Ländern und Gemeinden (mit Ausnahmen). Hier ist also keine Umsatzsteuer zu buchen.

2.3 Umsatzsteuer

Verkauft ein Einzelhändler Waren, schlägt er seine Kosten und seinen Gewinn auf den Warenwert auf. Aus diesem Betrag ermittelt er die Umsatzsteuer. Warenwert und Umsatzsteuer ergeben dann den Bruttoverkaufspreis, mit dem er die Waren auszeichnen muss.

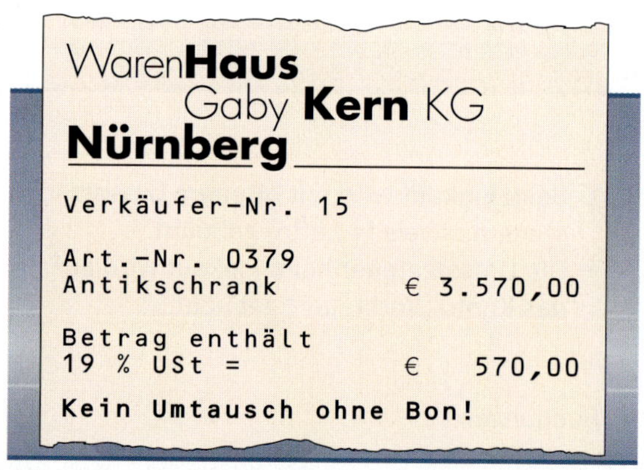
WarenHaus
Gaby Kern KG
Nürnberg

Verkäufer-Nr. 15

Art.-Nr. 0379
Antikschrank € 3.570,00

Betrag enthält
19 % USt = € 570,00

Kein Umtausch ohne Bon!

11

- Beim Warenverkauf wird mit offenem Umsatzsteuerausweis (= netto) gebucht.[1]
- Ist die Umsatzsteuer nicht getrennt auf dem Beleg ausgewiesen, errechnet man sie wie folgt:

$$\text{USt} = \frac{\text{Umsatzerlöse} \cdot 19}{119} = \frac{3.570{,}00 \cdot 19}{119} = 570{,}00\ €$$

- Das Konto „Umsatzsteuer“ ist ein Passivkonto.
- Auch beim Verkauf gebrauchter Betriebsgegenstände wird netto gebucht.

1 Zu unterscheiden ist dieses Nettoabschlussverfahren vom Bruttoverfahren, bei dem einschließlich Umsatzsteuer gebucht wird. Hierbei wird die enthaltene Umsatzsteuer im Nachhinein umgebucht.

Buchungen:

Geschäftsfall		Buchungssatz	Soll	Haben
Warenverkauf bar inkl. 19 % USt	3.570,00 € 570,00 €	Kasse	3.570,00 €	
		an Umsatzerlöse und		3.000,00 €
		an Umsatzsteuer		570,00 €

S	Umsatzerlöse		H
		Ka	3.000,00

S	Umsatzsteuer		H
		Ka	570,00

S	Kasse		H
UE/USt	3.570,00		

2.4 Ermittlung der Zahllast

Beim Wareneinkauf bezahlt der Einzelhändler Vorsteuer an seinen Lieferer. Verkauft er diese Ware zu einem höheren Preis, erhält er vom Verbraucher einen höheren Umsatzsteuerbetrag. Die Differenz zwischen beiden muss er an das Finanzamt abführen. Man nennt sie Umsatzsteuerzahllast.

Kundendurchschrift SSKNDE77

Für Überweisungen in Deutschland und in andere EU-/EWR-Staaten in Euro.
Bitte Meldepflicht gemäß Außenwirtschaftsverordnung beachten!

Sparkasse Nürnberg

Angaben zum Zahlungsempfänger: Name, Vorname/Firma (max. 27 Stellen, bei maschineller Beschriftung max. 35 Stellen)
Finanzamt Nürnberg

IBAN
DE90 7601 0085 0001 9508 50

BIC des Kreditinstituts/Zahlungsdienstleisters (8 oder 11 Stellen)
PBNKDEFF760

Betrag: Euro, Cent
294,50--------------------

Kunden-Referenznummer - Verwendungszweck, ggf. Name und Anschrift des Zahlers - (nur für Zahlungsempfänger)
Umsatzsteuer-Rest März 20..

noch Verwendungszweck (insgesamt max. 2 Zeilen à 27 Stellen, bei maschineller Beschriftung max. 2 Zeilen à 35 Stellen)
(570,00 € - 275,50 € = 294,50 €)

Angaben zum Kontoinhaber: Name, Vorname/Firma, Ort (max. 27 Stellen, keine Straßen- oder Postfachangaben)
Warenhaus Gaby Kern

IBAN
60 7605 0101 0000 0378 00 16

SEPA

Datum 20..-03-15

Unterschrift(en) Gaby Kern

Umsatzsteuer	Steuer aus allen Warenverkäufen	570,00 €
– Vorsteuer	Steuer aus allen Einkäufen und erhaltenen Leistungen	– 275,50 €
= Umsatzsteuerzahllast	Steuerschuld, die an das Finanzamt zu überweisen ist	294,50 €

11

Abschlussbuchungen (am Beispiel der Steuerkonten der vorangegangenen Kapitel):

Geschäftsfall	Buchungssatz	Soll	Haben
① Abschluss des Kontos „Vorsteuer" 275,50 € (47,50 € + 228,00 €)	Umsatzsteuer	275,50 €	
	an Vorsteuer		275,50 €
② Überweisung der USt-Zahllast 294,50 €	Umsatzsteuer	294,50 €	
	an Kreditinstitute		294,50 €

S Vorsteuer H

S		H	
AfM	47,50	① USt	275,50
AfV	228,00		
	275,50		275,50

S Umsatzsteuer H

S		H	
① Vorst.	275,50	Ka	570,00
② KI	294,50		
	570,00		570,00

S Kreditinstitute H

S		H	
		② USt	294,50

Übersicht:

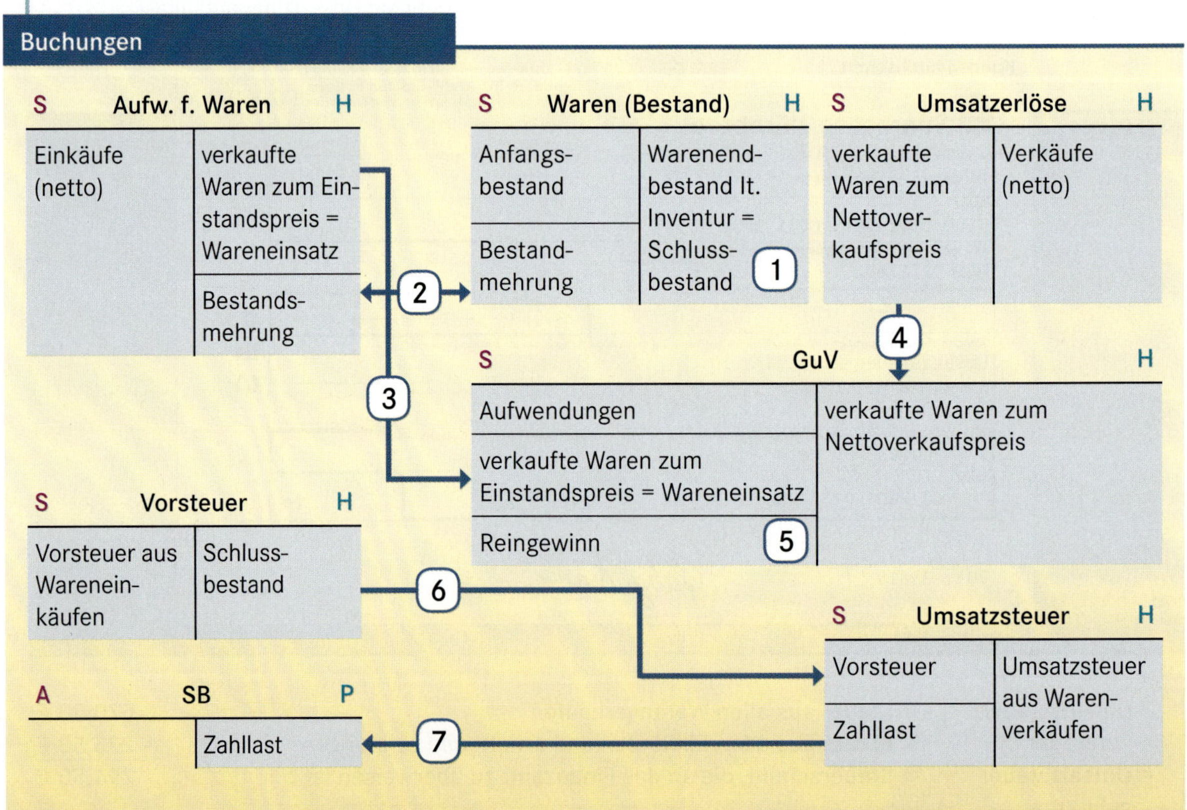

11

① Buchung des Warenbestandes laut Inventur in Konto „Waren (Bestand)“ (= Abschlussangabe)
② Umbuchung des Mehr- bzw. Minderbestandes aus „Waren (Bestand)“ auf „Aufwendungen für Waren“
③ Abschluss des Kontos „Aufwendungen für Waren“ auf „GuV“
④ Abschluss des Kontos „Umsatzerlöse“ auf „GuV“
⑤ Ermittlung des Reingewinns
(Warenrohgewinn = verkaufte Waren zum Nettoverkaufspreis – verkaufte Waren zum Einstandspreis. Er wird im Konto nicht extra ausgerechnet.)
⑥ Abschluss des Kontos „Vorsteuer“ auf „Umsatzsteuer“
⑦ Zahlung der Umsatzsteuerzahllast an das Finanzamt (oder am Bilanzstichtag als Schlussbestand in die Schlussbilanz übernehmen)

3 Einlage und Entnahme von Betriebsmitteln (Privatkonto)

Um seinen Lebensunterhalt bestreiten zu können, darf der Einzelhändler als Geschäftsinhaber dem Betrieb für seinen privaten Bedarf Geld und Waren entnehmen. Man nennt dies **Privatentnahmen.**

Genauso kann es vorkommen, dass er, um beispielsweise das Geschäft zu renovieren, aus seinem privaten Bereich Geld in seinen Betrieb einbringt. Dies nennt man **Privateinlagen.**

Beide Vorgänge betreffen die Passivseite der Bilanz, da sie die Höhe des Eigenkapitals beeinflussen.

3.1 Kapitaleinlage

Kundendurchschrift DEUTDEMM760

Deutsche Bank Nürnberg

Für Überweisungen in Deutschland und in andere EU-/EWR-Staaten in Euro.
Bitte Meldepflicht gemäß Außenwirtschaftsverordnung beachten!

Angaben zum Zahlungsempfänger: Name, Vorname/Firma (max. 27 Stellen, bei maschineller Beschriftung max. 35 Stellen)
Warenhaus Gaby Kern KG

IBAN
DE60 7605 0101 0000 0378 00

BIC des Kreditinstituts/Zahlungsdienstleisters (8 oder 11 Stellen)
SSKNDE77

Betrag: Euro, Cent
1.000,00---------------

Kunden-Referenznummer - Verwendungszweck, ggf. Name und Anschrift des Zahlers - (nur für Zahlungsempfänger)
Erhöhung der Geschäftseinlage

noch Verwendungszweck (insgesamt max. 2 Zeilen à 27 Stellen, bei maschineller Beschriftung max. 2 Zeilen à 35 Stellen)
von G. Kern

Angaben zum Kontoinhaber: Name, Vorname/Firma, Ort (max. 27 Stellen, keine Straßen- oder Postfachangaben)
Gaby Kern

IBAN
15 7607 0024 0000 9735 89 16

SEPA

Datum 20..-04-15

Unterschrift(en) Gaby Kern

- **Privateinlagen bucht man auf das Privatkonto.**
- **Das Konto „Privat" wird wie ein Passivkonto behandelt.**
- **Es ist ein Unterkonto des Kontos „Eigenkapital" und wird auf dieses abgeschlossen.**

Buchungen:

Geschäftsfall	Buchungssatz	Soll	Haben
① Der Inhaber überweist auf das Geschäftskonto 1.000,00 €.	Kreditinstitute	1.000,00 €	
	an Privat		1.000,00 €
② Abschluss des Privatkontos	Privat	1.000,00 €	
	an Eigenkapital		1.000,00 €

S	Privatkonto		H
② EK	1.000,00	① KI	1.000,00

S	Kreditinstitute		H
① Privat	1.000,00		

S	Eigenkapital		H
		② Privat	1.000,00

← Kapitalmehrung

3.2 Kapitalentnahme

ASV NÜRNBERG 1893
Turn- und Sportverein

Gaby Kern
Maxplatz 30
90403 Nürnberg

Nürnberg, 20. April ..

Sehr geehrte Frau Kern,

wie wir unseren Unterlagen entnehmen können, haben Sie Ihren diesjährigen Vereinsbeitrag noch nicht bezahlt. Wir möchten Sie deshalb bitten, diesen in den nächsten Tagen auf unser Konto Nummer 25 836 bei der Sparkass…

Mit freundlichen…

Steinbrecher

Kundendurchschrift SSKNDE77 **Für Überweisungen in Deutschland und in andere EU-/EWR-Staaten in Euro.**
Bitte Meldepflicht gemäß Außenwirtschaftsverordnung beachten!

Sparkasse Nürnberg

Angaben zum Zahlungsempfänger: Name, Vorname/Firma (max. 27 Stellen, bei maschineller Beschriftung max. 35 Stellen)
ASV Nürnberg

IBAN
DE28 7605 0101 0000 0258 36

BIC des Kreditinstituts/Zahlungsdienstleisters (8 oder 11 Stellen)
SSKNDE77

Betrag: Euro, Cent
150,00----------------

Kunden-Referenznummer - Verwendungszweck, ggf. Name und Anschrift des Zahlers - (nur für Zahlungsempfänger)
Vereinsbeitrag 20..

noch Verwendungszweck (insgesamt max. 2 Zeilen à 27 Stellen, bei maschineller Beschriftung max. 2 Zeilen à 35 Stellen)

Angaben zum Kontoinhaber: Name, Vorname/Firma, Ort (max. 27 Stellen, keine Straßen- oder Postfachangaben)
Warenhaus Gaby Kern

IBAN
60 7605 0101 0000 0378 00 16

SEPA

Datum 20..-04-23 **Unterschrift(en)** Gaby Kern

- Privatentnahmen werden auf das Privatkonto gebucht.
- Als Unterkonto des Kontos „Eigenkapital" wird es auf dieses abgeschlossen.

11

Buchungen:

Geschäftsfall	Buchungssatz	Soll	Haben
① Überweisung Vereinsbeitrag Inhaber 150,00 €	Privat	150,00 €	
	an Kreditinstitute		150,00 €
② Abschluss des Privatkontos	Eigenkapital	150,00 €	
	an Privat		150,00 €

S Privatkonto H

S		H	
① KI	150,00	② EK	150,00

S Kreditinstitute H

S		H	
		① Privat	150,00

S Eigenkapital H

S		H	
② Privat	150,00		

← Kapitalminderung

3.3 Entnahme von Sachmitteln

Entnimmt der Unternehmer seinem Betrieb

- Waren (z. B. Lebensmittel, Bekleidung, Geschenke),
- betriebliche Gegenstände (z. B. Kugelschreiber, Schreibpapier) oder nutzt er
- betriebliche Leistungen (z. B. Sekretärin schreibt Privatbrief) und
- betriebliche Gegenstände (z. B. private Nutzung des Geschäfts-Pkw)

für seinen privaten Bereich, sind sie gesondert zu verbuchen.

Diese Geschäftsfälle sind umsatzsteuerpflichtig.

Eigenbeleg — WarenHaus Gaby Kern KG Nürnberg

Geschäftsfall: Privatentnahme von Waren
1 Damasttischdecke

Betrag: 150,00 € + USt 28,50 €

10. Mai 20.. — Datum
Gaby Kern — Unterschrift

Eigenbeleg — WarenHaus Gaby Kern KG Nürnberg

Geschäftsfall: private Nutzung des Geschäftswagens N-NK 407;
gesamte Kosten: 8.000,00 €, davon
25 % privat + USt

Betrag: 2.000,00 € + USt 380,00 €

10. Mai 20.. — Datum
Gaby Kern — Unterschrift

11

Waren- und Leistungsentnahmen für private Zwecke werden auf das Privatkonto gebucht.

Die Gegenbuchung erfolgt auf dem Konto „Umsatzerlöse“.

Buchungen:

Geschäftsfall	Buchungssatz	Soll	Haben
① Privatentnahme von Waren 150,00 € + 19 % USt 28,50 €	Privat	178,50 €	
	an Umsatzerlöse		150,00 €
	und an USt		28,50 €
② Privatnutzung des Geschäftswagens 2.000,00 € + 19 % USt 380,00 €	Privat	2.380,00 €	
	an Umsatzerlöse		2.000,00 €
	und an USt		380,00 €
③ Abschluss des Kontos „Umsatzerlöse“	Umsatzerlöse	2.150,00 €	
	an GuV		2.150,00 €
④ Abschluss des Kontos „Privat“	Eigenkapital	2.558,50 €	
	an Privat		2.558,50 €

S Privatkonto H

S		H	
① EV/USt	178,50	④ EK	2.558,50
② EV/USt	2.380,00		
	2.558,50		2.558,50

S Umsatzerlöse H

S		H	
③ GuV	2.150,00	① Privat	150,00
		② Privat	2.000,00
	2.150,00		2.150,00

S Eigenkapital H

S		H	
④ Privat	2.558,50		

S Umsatzsteuer H

S		H	
		① Privat	28,50
		② Privat	380,00

S GuV H

S		H	
		③ UE	2.150,00

Fallen in einem Geschäft viele Privatentnahmen von Waren an, kann das Konto „Umsatzerlöse“ sehr schnell unübersichtlich werden. In diesem Fall ist es möglich, diese privaten Entnahmen auf einem eigenen Konto „Unentgeltliche Leistungen“ zu sammeln. Das Konto „Unentgeltliche Leistungen“ ist ebenso wie das Konto „Umsatzerlöse“ ein Ertragskonto, da die Entnahme von Waren aus der Sicht des Betriebes einen Ertrag darstellt. Das Konto „Unentgeltliche Leistungen“ wird ebenfalls auf das Gewinn- und Verlustkonto abgeschlossen.

4 Besondere Buchungen beim Warenverkehr

4.1 Wareneinkauf

Wie uns bereits bekannt ist, wird beim Einkauf von Waren das Konto „Aufwendungen für Waren“ verwendet. Kauft ein Einzelhändler beim Lieferer ein und begleicht die Rechnung z. B. durch Banküberweisung, lautet der Buchungssatz

Aufwendungen für Waren und **Vorsteuer an Bank.**

Die buchhalterische Erfassung von Problemen, die durch Mängelrüge, durch Rabatte oder durch Berechnung von Verpackungsmaterial o. Ä. entstehen, soll nun geklärt werden.

4.1.1 Rücksendung von Waren an den Lieferer

Stellt sich in der Warenannahme bei der Überprüfung eingegangener Ware heraus, dass die Sendung des Lieferers Mängel (z. B. zu wenig geliefert, Fehler an der Ware) aufweist, besteht die Möglichkeit, die betreffenden Artikel wieder zurückzusenden.

Durchschrift

WarenHaus
Gaby Kern KG
Nürnberg

Textil GmbH
Wiesenstraße 6
95444 Bayreuth

20..-04-02

Ihre Lieferung vom 30. März 20..

Sehr geehrte Damen und Herren,

am 30. März 20.. traf Ihre Lieferung Damenhosen im Wert von 1.785,00 € inkl. Umsatzsteuer termingerecht bei uns ein. Die Überprüfung ergab, dass 4 Hosen an der Seite mangelhaft genäht sind.

Wir senden Ihnen diese mit gleicher Post zurück und ziehen den Gegenwert von 238,00 € vom Rechnungsbetrag ab.

Mit freundlichen Grüßen
Gaby Kern

11

① Buchung des Wareneinkaufs wie bisher
② Stornobuchung: Der Wert der zurückgesandten Ware muss in der Buchhaltung korrigiert werden. Dies geschieht dadurch, dass die Gegenseite des entsprechenden Kontos angesprochen wird
③ Nettobuchung: Die Vorsteuer wird getrennt korrigiert.

Buchungen:

Geschäftsfall	Buchungssatz	Soll	Haben
① Wareneinkauf auf Ziel 1.500,00 € + 19 % USt 285,00 €	AfW und	1.500,00 €	
	Vorst.	285,00 €	
	an V. a. LL		1.785,00 €
② Rücksendung mangelhafter Ware an den Lieferer Warenwert 200,00 € + 19 % USt 38,00 €	V. a. LL	238,00 €	
	an AfW und		200,00 €
	an Vorst.		38,00 €

S	Aufw. f. Waren		H
① V. a. LL	1.500,00	② V. a. LL	200,00

S	Verb. a. LL		H
② AfW/ Vorst.	238,00	① AfW/ Vorst.	1.785,00

S	Vorsteuer		H
① V. a. LL	285,00	② V. a. LL	38,00

4.1.2 Warenbezugskosten

Im Endpreis einer Liefererrechnung sind neben der Umsatzsteuer i. d. R. auch Warenbezugskosten enthalten. Sie dürfen jedoch nicht im Konto „Aufwendungen für Waren" gebucht werden, da hier nur der

Absender
Kraftverkehr Stapf
90455 Nürnberg
St.-Nr. 145/8357/5429

Empfänger
Warenhaus
Gaby Kern
Maxplatz 30
90403 Nürnberg

20..-03-30
Ort, Datum

Frachtrechnung Nr. 0273

Anzahl	Artikel	Stückpreis (€)	Gesamt (€)
3	Kisten 160 kg		180,00
	+ 19 % USt		34,20
	netto Kasse		214,20

Betrag dankend erhalten
Ehmann

Rechnungsbetrag enthält ____ % USt/Betrag ________

Die gelieferte Ware bleibt bis zur vollständigen Bezahlung Eigentum des Lieferanten

Deutsche Post AG
90411 Nuernberg 110
84042704 20..-02-24

1037
Postwertzeichen ohne Zuschlag
*9,80 EUR A

Bruttoumsatz *9,80 EUR
mehrwertsteuerbefreit A
Nettoumsatz A *9,80 EUR

Steuernummer der Deutschen
Post AG: 5205/5777/1510

Vielen Dank für Ihren Besuch.
Ihre Deutsche Post AG

reine Warenwert erfasst wird. Vielmehr gibt es hierfür ein gesondertes Konto, aus dem man auch die Zahlen für die Kalkulation entnimmt. Warenbezugskosten können sein: Fracht, Hausfracht, Transportversicherung, Verpackung usw.

- **Warenbezugskosten werden auf dem Konto „Bezugskosten“ erfasst.**
- **Das Konto „Bezugskosten“ wird wie ein Aufwandskonto behandelt.**
- **Es ist ein Unterkonto des Kontos „Aufwendungen für Waren“ und wird auf dieses abgeschlossen.**
- **Die Buchung erfolgt netto, also mit offenem Umsatzsteuerausweis.**
  Beachten Sie: Da die Post bei der Beförderung keine Umsatzsteuer verrechnet, entfällt z. B. bei Paketgebühren und unfreien Sendungen die Buchung der Umsatzsteuer.

Buchungen:

Geschäftsfall	Buchungssatz	Soll	Haben
① Hausfracht bar bezahlt 180,00 € + 19 % USt 34,20 €	BezK und	180,00 €	
	Vorst.	34,20 €	
	an Ka		214,20 €
② Paketgebühr (unfreie Sendung) bar bezahlt 9,80 €	BezK	9,80 €	
	an Ka		9,80 €
③ Abschluss des Kontos „Bezugskosten“	AfW	189,80 €	
	an BezK		189,80 €

S	Bezugskosten		H
① Ka	180,00	③ AfW	189,80
② Ka	9,80		
	189,80		189,80

S	Kasse		H
		① BezK/Ka	214,20
		② BezK	9,80

S	Vorsteuer		H
① Ka	34,20		

S	Aufw. f. Waren		H
③ BezK	189,80		

4.1.3 Preisminderungen beim Wareneinkauf

Ergibt sich beim Wareneinkauf eine Minderung des Kaufpreises durch Skonto, Bonus oder Mängelrüge, sind diese auf einem gesonderten Konto zu erfassen. Sofortrabatte, die bereits die Rechnung des Lieferers ausweist, werden buchhalterisch nicht erfasst. Maßgebend für die Buchung ist also der Zieleinkaufspreis.

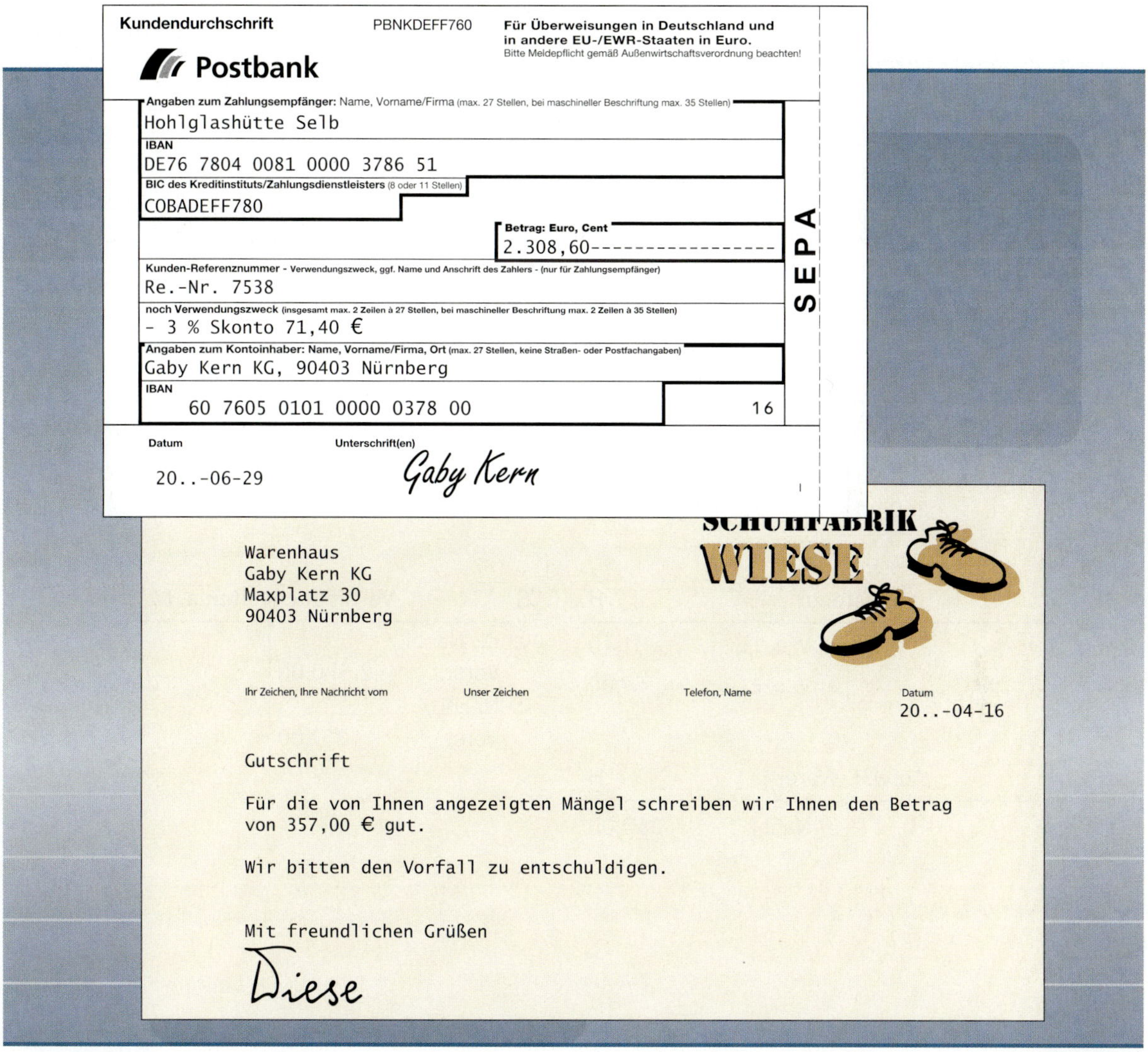

Kundendurchschrift PBNKDEFF760

Postbank

Für Überweisungen in Deutschland und in andere EU-/EWR-Staaten in Euro.
Bitte Meldepflicht gemäß Außenwirtschaftsverordnung beachten!

SEPA

Angaben zum Zahlungsempfänger: Name, Vorname/Firma (max. 27 Stellen, bei maschineller Beschriftung max. 35 Stellen)
Hohlglashütte Selb

IBAN
DE76 7804 0081 0000 3786 51

BIC des Kreditinstituts/Zahlungsdienstleisters (8 oder 11 Stellen)
COBADEFF780

Betrag: Euro, Cent
2.308,60----------------

Kunden-Referenznummer - Verwendungszweck, ggf. Name und Anschrift des Zahlers - (nur für Zahlungsempfänger)
Re.-Nr. 7538

noch Verwendungszweck (insgesamt max. 2 Zeilen à 27 Stellen, bei maschineller Beschriftung max. 2 Zeilen à 35 Stellen)
- 3 % Skonto 71,40 €

Angaben zum Kontoinhaber: Name, Vorname/Firma, Ort (max. 27 Stellen, keine Straßen- oder Postfachangaben)
Gaby Kern KG, 90403 Nürnberg

IBAN
60 7605 0101 0000 0378 00 16

Datum
20..-06-29

Unterschrift(en)
Gaby Kern

SCHUHFABRIK WIESE

Warenhaus
Gaby Kern KG
Maxplatz 30
90403 Nürnberg

Ihr Zeichen, Ihre Nachricht vom | Unser Zeichen | Telefon, Name | Datum 20..-04-16

Gutschrift

Für die von Ihnen angezeigten Mängel schreiben wir Ihnen den Betrag von 357,00 € gut.

Wir bitten den Vorfall zu entschuldigen.

Mit freundlichen Grüßen

Wiese

11

- Kaufpreisminderungen (außer Sofortrabatte) werden auf das Konto „Nachlässe" gebucht.
- Das Konto „Nachlässe" wird wie ein Ertragskonto behandelt.
- Es ist ein Unterkonto des Kontos „Aufwendungen für Waren" und wird auf dieses abgeschlossen.
- Die Buchung erfolgt netto, also mit offenem (= tatsächlichem) Umsatzsteuerausweis.

Buchungen:

Geschäftsfall	Buchungssatz	Soll	Haben
① Banküberweisung an Lieferer Rechnungsbetrag 2.380,00 € abzüglich. 3 % Skonto 71,40 € inkl. USt 11,40 €	V. a. LL	2.380,00 €	
	an KI und		2.308,60 €
	an Nachl. und		60,00 €
	an Vorst.		11,40 €
② Liefererergutschrift wegen Mängelrüge brutto 357,00 € inkl. USt 57,00 €	V. a. LL	357,00 €	
	an Nachl. und		300,00 €
	an Vorst.		57,00 €
③ Abschluss des Kontos „Nachlässe“	Nachl.	360,00 €	
	an AfW		360,00 €

S Nachlässe H

S		H	
③ AfW	360,00	① V. a. LL	60,00
		② V. a. LL	300,00
	360,00		360,00

S Kreditinstitute H

S		H	
		① V. a. LL	2.308,60

S Vorsteuer H

S		H	
		① V. a. LL	11,40
		② V. a. LL	57,00

S Verbindlichkeiten a. LL H

S		H	
① KI/Nachl./Vorst.	2.380,00		
② Nachl./Vorst.	357,00		

S Aufw. f. Waren H

S		H	
		③ Nachl.	360,00

4.2 Warenverkauf

Bei jedem Barverkauf, wie er sich im Einzelhandelsunternehmen laufend wiederholt, buchen wir

Kasse	an	Umsatzerlöse und
	an	Umsatzsteuer.

Durch diesen Buchungssatz sind besondere Problemstellungen wie Rückgabe mangelhafter Ware durch den Kunden, dem Käufer gewährte Nachlässe oder uns durch den Warenverkauf entstehende Versand- bzw. Verpackungskosten nicht erfasst.

4.2.1 Rücksendung von Waren durch den Kunden

Nehmen wir von einem Kunden Ware zurück, sei es aus Kulanz oder wegen einer Mängelrüge, müssen wir diesen Vorgang buchhalterisch erfassen.

WarenHaus Gaby Kern KG Nürnberg

Verkäufer-Nr. 8

Art.-Nr. 32 Pulli	€	59,50
Art.-Nr. 97 Herrenhose	€	119,00
SUMME	€	178,50
Betrag enthält 19 % USt =	€	28,50

Kein Umtausch ohne Bon!

20..-04-16

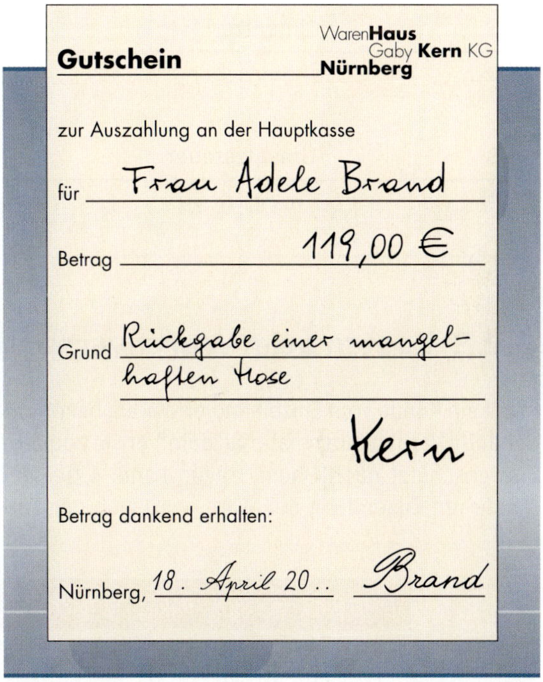
Gutschein — WarenHaus Gaby Kern KG Nürnberg

zur Auszahlung an der Hauptkasse

für Frau Adele Brand

Betrag 119,00 €

Grund Rückgabe einer mangelhaften Hose

Kern

Betrag dankend erhalten:

Nürnberg, 18. April 20.. Brand

① Buchung des Warenverkaufs wie bisher
② Stornobuchung: Rückbuchen des Warenverkaufs durch Buchen auf die Gegenseite des jeweiligen Kontos (Wir drehen den Buchungssatz 1 um.)

③ Auch bei der Stornierung ist netto, also mit offenem Umsatzsteuerausweis, zu buchen.

11

Buchungen:

Geschäftsfall	Buchungssatz	Soll	Haben
① Warenverkauf bar 178,50 € inkl. 19 % USt 28,50 €	Ka	178,50 €	
	an UE und		150,00 €
	an USt		28,50 €
② Rückgabe mangelhafter Ware durch einen Kunden, Barauszahlung 119,00 € inkl. USt 19,00 €	UE und	100,00 €	
	USt	19,00 €	
	an Ka		119,00 €

S	Umsatzerlöse		H
② Ka	100,00	① Ka	150,00

S	Kasse		H
① UE/USt	178,50	② UE/USt	119,00

S	Umsatzsteuer		H
② Ka	19,00	① Ka	28,50

4.2.2 Kosten beim Warenversand

Kauft ein Kunde vom Einzelhändler Waren, bekommt er häufig Verpackungsmaterial, damit er sie bequem und geschützt nach Hause tragen kann. Bittet ein Kunde um Zusendung der Ware, wird sich der Einzelhändler diesem Wunsch nicht entziehen können. Alle diese Vorgänge müssen auf gesonderten Konten erfasst werden.

11

Kundendurchschrift SSKNDE77

Für Überweisungen in Deutschland und in andere EU-/EWR-Staaten in Euro.
Bitte Meldepflicht gemäß Außenwirtschaftsverordnung beachten!

Sparkasse Nürnberg

Angaben zum Zahlungsempfänger: Name, Vorname/Firma (max. 27 Stellen, bei maschineller Beschriftung max. 35 Stellen)
Wellpappe AG, Coburg

IBAN
DE64 7604 0061 0001 5738 07

BIC des Kreditinstituts/Zahlungsdienstleisters (8 oder 11 Stellen)
COBADEFF760

Betrag: Euro, Cent
595,00

Kunden-Referenznummer - Verwendungszweck, ggf. Name und Anschrift des Zahlers - (nur für Zahlungsempfänger)
Re.-Nr. B 348/54

noch Verwendungszweck (insgesamt max. 2 Zeilen à 27 Stellen, bei maschineller Beschriftung max. 2 Zeilen à 35 Stellen)
Öko-Tragetaschen

Angaben zum Kontoinhaber: Name, Vorname/Firma, Ort (max. 27 Stellen, keine Straßen- oder Postfachangaben)
Warenhaus Gaby Kern

IBAN
60 7605 0101 0000 0378 00 16

SEPA

Datum 20..-07-09

Unterschrift(en) Gaby Kern

- Versandkosten werden auf dem Konto „Frachten und Fremdlager“ erfasst.
- Das Konto „Frachten und Fremdlager“ ist ein Aufwandskonto und wird auf das Konto „GuV“ abgeschlossen.
- Verpackungsmaterial bucht man auf das Konto „Aufwendungen für Verpackungsmaterial“.
- Das Konto „Aufwendungen für Verpackungsmaterial“ ist ein Aufwandskonto. Der Abschluss erfolgt über das Konto „GuV“.
- Die Buchungen erfolgen in den beiden neuen Konten netto, also mit offenem Umsatzsteuerausweis.

Buchungen:

Geschäftsfall	Buchungssatz	Soll	Haben
① Barzahlung der Paketgebühr 6,90 €	FuF	6,90 €	
	an Ka		6,90 €
② Banküberweisung für Verpackungsmaterial 595,00 € inkl. 19 % USt 95,00 €	AfVerp und	500,00 €	
	Vorst.	95,00 €	
	an KI		595,00 €

S Frachten und Fremdlager H

S		H	
① Ka	6,90	GuV	6,90

S Kasse H

S		H	
		① FuF	6,90

S Aufw. f. Verp. H

S		H	
② KI	500,00	GuV	500,00

S Kreditinstitute H

S		H	
		② AfVerp/Vorst.	595,00

S Vorsteuer H

S		H	
② KI	95,00		

S GuV H

S		H	
FuF	6,90		
AfVerp	500,00		

11

4.2.3 Preisminderungen beim Warenverkauf

Gewährt ein Einzelhändler einem Kunden Skonto, Bonus oder einen Preisnachlass (z. B. aufgrund einer Mängelrüge), wirkt sich das als Minderung seines Verkaufserlöses aus. Er muss diese Ertragsminderung auf einem besonderen Konto erfassen.

Kontoauszug Kontonummer 0 124 600 855 Datum 20..-04-17 Auszug 213 Blatt 1 Postbank

IBAN DE63 7601 0085 0124 6008 55 BIC PBNKDEFF760

Bitte beachten Sie den Text auf der Rückseite

Buch	Wert	PN-Nummer	Vorgang/Buchungsinformation	Umsatz
04-17	04-18	0114	Gutschrift Egon Kuhn Re.-Nr. 1092 1.190,00 - 2 % Skonto 23,80	1.166,20 +

Alter Kontostand in EUR:	28.100,00 +
Zahlungseingänge:	1.166,20 +
Zahlungsausgänge:	
Neuer Kontostand in EUR	29.266,20 +

Warenhaus
Gaby Kern KG
Maxplatz 30
90403 Nürnberg

Postbank Nürnberg, 90403 Nürnberg, BLZ: 760 100 85 | Für Privatkunden 7 x 24 Std. erreichbar: Direkt-Service: Tel.: 0180 3040500, Telefon-Banking: Tel.: 0180 3040700 | Telefax: 0180 3040800, E-Mail: direkt@postbank.de, Internet: http://www.postbank.de | Für Geschäftskunden Mo.-Sa. 8–21 Uhr: Business-Center: Tel.: 0180 4440400, Telefon-Banking: Tel.: 0180 3040700 | Telefax: 0180 3040999, E-Mail: business@postbank.de

WarenHaus Gaby Kern KG Nürnberg

Durchschrift

Stadt Nürnberg
Beschaffungsamt
Rathausplatz 2
90403 Nürnberg

20..-04-20

Gutschrift

Sehr geehrte Damen und Herren,

aufgrund Ihrer schriftlichen Reklamation vom 10. April d. J. schreiben wir Ihnen 142,80 €, inkl. Umsatzsteuer, gut. Wir bedauern die Lieferung nicht einwandfreier Ware.

Mit freundlichen Grüßen

Gaby Kern

11

- Kommt es beim Warenverkauf zur Minderung des Verkaufspreises, wird sie auf dem Konto „Erlösberichtigungen" gebucht. Bei Sofortrabatten an den Kunden erfasst man den Warenwert abzüglich Rabatt. Dieser Rabatt geht also nicht in die Buchführung ein.

- Das Konto „Erlösberichtigungen" wird wie ein Aufwandskonto behandelt.
- Es ist ein Unterkonto des Kontos „Umsatzerlöse" und wird auf dieses abgeschlossen.
- Die Buchung erfolgt netto, d. h. mit offenem Umsatzsteuerausweis.

Buchungen:

Geschäftsfall	Buchungssatz	Soll	Haben
① Postbankgutschrift von Kunden Rechnungsbetrag 1.190,00 € – 2 % Skonto 23,80 € (inkl. USt 3,80 €)	KI und	1.166,20 €	
	ErlB und	20,00 €	
	USt	3,80 €	
	an F. a. LL		1.190,00 €
② Gutschriftsanzeige an Kunden 142,80 € inkl. 19 % USt 22,80 €	ErlB und	120,00 €	
	USt	22,80 €	
	an F. a. LL		142,80 €
③ Abschluss des Kontos 5001 Erlösberichtigungen	UE	140,00 €	
	an ErlB		140,00 €

S — Erlösberichtigungen — H

S		H	
① F. a. LL	20,00	③ UE	140,00
②	120,00		
	140,00		140,00

S — Kreditinstitute — H

S		H	
① F. a. LL	1.166,20		

S — Umsatzsteuer — H

S		H	
① F. a. LL	3,80		
② F. a. LL	22,80		

S — Forderungen a. LL — H

S		H	
		① KI, ErlB, USt	1.190,00
		② ErlB, USt	142,80

S — Umsatzerlöse — H

S		H	
③ ErlB	140,00		

11

Übersicht:

Besondere Buchungen beim Warenverkehr

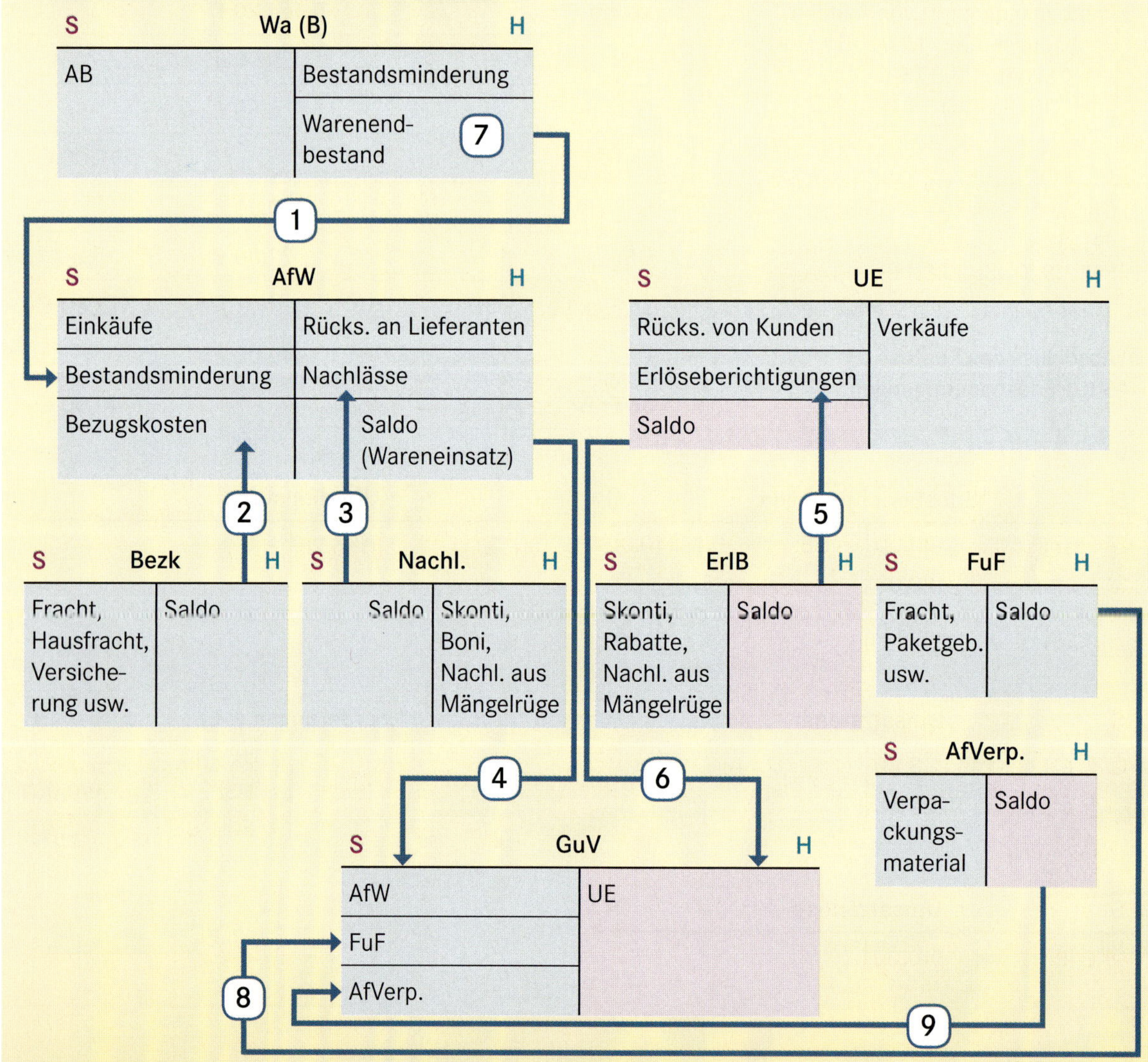

Reihenfolge der Abschlussbuchungen

1	bei Bestandsminderung:	AfW	an	Wa (B)
	(bei Bestandsmehrung:	Wa [B]	an	AfW)

2	AfW	an	BezK		7	SB	an	Wa (B)
3	Nachl.	an	AfW		8	GuV	an	FuF
4	GuV	an	AfW		9	GuV	an	AfVerp.
5	UE	an	ErlB					
6	UE	an	GuV					

Alle Buchungen sind Nettobuchungen, also offener USt-Ausweis.

11

5 Anlagenwirtschaft

Alle Vermögensteile eines Unternehmens, die längerfristig genutzt werden, zählen zu den Anlagegütern. Dies sind vor allem die Grundstücke, Gebäude, Laden-, Lager- und Büroausstattung und der Fuhrpark.

5.1 Berechnung der Anschaffungskosten

Kauft ein Einzelhändler Waren ein, die er später an seine Kunden wieder verkauft, ermittelt er mithilfe des Kalkulationsschemas über die Einkaufskalkulation den Bezugspreis und weiter über die Verkaufskalkulation den Bruttoverkaufspreis. Eine entsprechende Berechnung führt er auch für die Anlagegüter durch. Der Unterschied besteht jedoch darin, dass er, da er diese Güter nicht weiterverkauft, nur eine Art Einkaufskalkulation vornimmt: die Ermittlung der Anschaffungskosten.

Beispiel:

Ein Einzelhändler kauft einen Personal Computer zum Preis von 2.000,00 € netto. Der Lieferer gewährt ihm 10 % Rabatt und 3 % Skonto. Die Frachtkosten belaufen sich auf 70,00 €, die Transportversicherung beträgt 10,00 €. Wie hoch ist der Anschaffungspreis?

Ansatz:

Kaufpreis netto (ohne USt)	2.000,00 €
– Rabatt 10 %	200,00 €
	1.800,00 €
– Skonto 3 %	54,00 €
	1.746,00 €
+ Fracht	70,00 €
+ Transportversicherung	10,00 €
Anschaffungspreis	**1.826,00 €**

Lösungsweg:

Einkaufskalkulation	Ermittlung der Anschaffungskosten		
Listenpreis – Rabatt		**Kaufpreis** (netto = ohne USt)	
	–	**Anschaffungskostenminderungen**	
Zieleinkaufspreis – Skonto		Rabatt Skonto	Bonus sonstige Nachlässe
Bareinkaufspreis + Bezugskosten	+	**Anschaffungsnebenkosten**	
		bei Grundstücken und Bauten	bei beweglichen Anlagegütern
		Notarkosten Grunderwerbsteuer Schätzgebühren Grundbuchgebühren	Planungskosten Fracht Transportversicherung Montagekosten
			Überführungskosten Kfz-Kennzeichen Zulassungsgebühren
= **Bezugspreis**	=	**Anschaffungskosten**	

5.2 Buchung der Anschaffungskosten

Beispiel:

Das Warenhaus Gaby Kern kauft einen neuen Lieferwagen und lässt ihn zu.

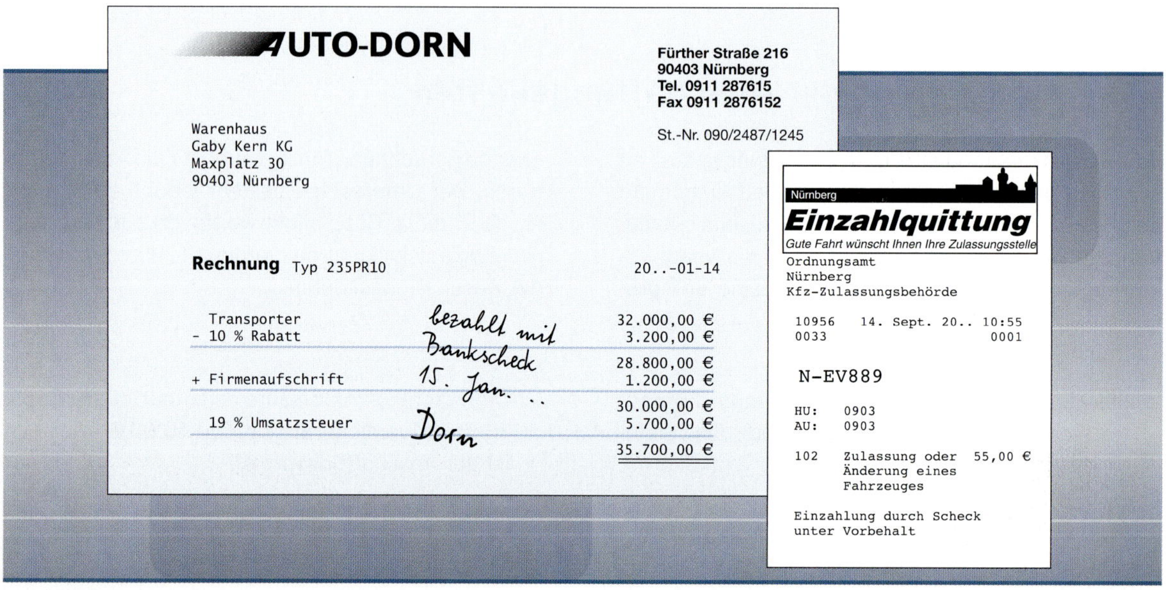

AUTO-DORN

Fürther Straße 216
90403 Nürnberg
Tel. 0911 287615
Fax 0911 2876152

St.-Nr. 090/2487/1245

Warenhaus
Gaby Kern KG
Maxplatz 30
90403 Nürnberg

Rechnung Typ 235PR10 20..-01-14

Transporter	32.000,00 €
- 10 % Rabatt	3.200,00 €
	28.800,00 €
+ Firmenaufschrift	1.200,00 €
	30.000,00 €
19 % Umsatzsteuer	5.700,00 €
	35.700,00 €

bezahlt mit Bankscheck 15. Jan. ..
Dorn

Nürnberg
Einzahlquittung
Gute Fahrt wünscht Ihnen Ihre Zulassungsstelle

Ordnungsamt
Nürnberg
Kfz-Zulassungsbehörde

10956 14. Sept. 20.. 10:55
0033 0001

N-EV889

HU: 0903
AU: 0903

102 Zulassung oder Änderung eines Fahrzeuges 55,00 €

Einzahlung durch Scheck unter Vorbehalt

Die Anschaffungskosten werden auf den entsprechenden Anlagekonten gebucht.

Die Anschaffungskostenminderungen und die Anschaffungsnebenkosten sind ebenfalls auf dem betreffenden Anlagekonto zu buchen.

Buchungen:

Geschäftsfall	Buchungssatz	Soll	Haben
① Kauf eines Lieferwagens gegen Bankscheck netto 30.000,00 € + 19 % USt 5.700,00 €	Fuhrp. und	30.000,00 €	
	Vorst.	5.700,00 €	
	an Kl		35.700,00 €
② Zulassungsgebühr bar bezahlt 55,00 €	Fuhrpark	55,00 €	
	an Ka		55,00 €

11

S	Fuhrpark		H
① Kl	30.000,00		
② Kl	55,00		

S	Kreditinstitute		H
		① Fuhrp., Vorst.	35.700,00

S	Vorsteuer		H
① Kl	5.700,00		

S	Kasse		H
		② Fuhrp.	55,00

5.3 Abschreibung von Anlagegütern

Anlagegüter verlierne durch tägliche Nutzung ständig an Wert. Auch wenn sie nicht in Gebrauch sind, nimmt der Wert allein durch die Alterung ab. Deshalb müssen die Bestände in den Anlagekonten immer wieder auf den neusten, verminderten Wert gebracht werden.

Die Abschreibung erfasst alle gebrauchsbedingten Wertberichtigungen von Anlagegütern. Die Höhe der Wertberichtigung kann nach zwei unterschiedlichen Berechnungsmethoden ermittelt werden.

Dies heschieht in Form der Abschreibung (AfA = Absetzung für Abnutzung).

Beispiel:

Eine Computerkasse mit einem Anschaffungswert von 5.000,00 € netto soll auf fünf Jahre abgeschrieben werden.

Lineare Abschreibung

Bei der linearen Abschreibung wird der Wert eines Anlagegutes gleichmäßig auf die Nutzungsdauer verteilt.

Ansatz:

Gegenstand: Computerkasse
Nähere Bezeichnung: mit Scanner
Hersteller: CompuCash

① linear 20 %

Nutzungsdauer 5 Jahre		Betrag	Abschreibung	Buchwert
20. Jan. 01	Kauf gegen Bankscheck	5.000,00 €	②	
31. Dez. 01	AfA für das 1. Jahr		1.000,00 €	4.000,00 €
31. Dez. 02	AfA für das 2. Jahr		1.000,00 €	3.000,00 €
31. Dez. 03	AfA für das 3. Jahr		1.000,00 €	2.000,00 €
31. Dez. 04	AfA für das 4. Jahr		1.000,00 €	1.000,00 €
31. Dez. 05	AfA für das 5. Jahr		999,00 €	1,00 €
Buchmäßiger Erinnerungswert bis zur Aussonderung				

Lösungsweg:

① jährlicher **Abschreibungssatz**

$$= \frac{100\ \%}{\text{Nutzungsdauer (Jahre)}}$$

$$= \frac{100}{5} = \mathbf{20\ \%}$$

② jährlicher **Abschreibungsbetrag**

$$= \frac{\text{Anschaffungskosten (netto)}}{\text{Nutzungsdauer (Jahre)}}$$

$$= \frac{5.000,00}{5} = \mathbf{1.000,00\ €}$$

11

Degressive Abschreibung

Bei der degressiven Abschreibung wird der Wert eines Anlagegutes in fallenden (= degressiven) Teilbeträgen auf die Nutzungsdauer verteilt. Die Berechnung des Abschreibungsbetrages erfolgt jeweils vom Buchwert.

Für Anlagegüter, die seit dem 1. Januar 2009 angeschafft werden, wurde vom Gesetzgeber eine degressive Abschreibungsmöglichkeit von höchstens 25 %, maximal das 2,5-Fache des linearen Abschreibungsgesetzes geschaffen. Diese Möglichkeit ist auf zwei Jahre befristet, also bis Ende 2010.

Ansatz:

Gegenstand: Computerkasse Nähere Bezeichnung: mit Scanner Hersteller: CompuCash		degressiv 25 %		
Nutzungsdauer 5 Jahre		**Betrag**	**Abschreibung**	**Buchwert**
20. Jan. 01	Kauf gegen Bankscheck	5.000,00 €	①	
31. Dez. 01	AfA für das 1. Jahr		1.250,00 €	3.750,00 €
31. Dez. 02	AfA für das 2. Jahr		937,50 €	2.812,50 €
31. Dez. 03	AfA für das 3. Jahr		703,13 €	2.109,37 €
31. Dez. 04	AfA für das 4. Jahr		527,34 €	1.582,03 €
31. Dez. 05	AfA für das 5. Jahr		1.581,03 € ②	1,00 €
Buchmäßiger Erinnerungswert bis zur Aussonderung →				↑

Lösungsweg:

① vom jeweiligen Buchwert werden mithilfe der Prozentrechnung 25 % ermittelt,
z. B. für das 1. Jahr:

100 % ≙ 5.000,00 €
25 % ≙ x €

$$x = \frac{5.000,00 \cdot 25}{100} = \mathbf{1.250,00\ €}$$

② Im letzten Jahr wird der Restwert ganz abgeschrieben. Es bestünde auch die Möglichkeit, zur linearen Abschreibung überzugehen. (Ein Wechsel von der linearen zur degressiven Abschreibung ist verboten.)

Vergleich: lineare und degressive Abschreibung

lineare Abschreibung	degressive Abschreibung
• erfolgt vom Anschaffungswert • jährlich gleiche Abschreibungsbeträge • Übergang zur degressiven Abschreibung steuerrechtlich nicht möglich	• erfolgt vom Buchwert • jährlich sinkende Abschreibungsbeträge • der Nullwert wird auch am Ende der Nutzungsdauer nicht erreicht, deshalb Abschreibung des Restwertes • Übergang zur linearen Abschreibung steuerrechtlich möglich (um Nullwert zu erreichen)

Geringwertige Wirtschaftsgüter (GWG)

Alle beweglichen, abnutzbaren, selbstständig nutzbaren und bewertbaren Güter des Anlagevermögens, deren Anschaffungs- oder Herstellungskosten

150,00 € netto nicht übersteigen,

dürfen seit 2008 nicht mehr abgeschrieben werden, sondern sind sofort als Betriebsausgabe bzw. **Aufwand** zu buchen.

Für geringwertige Wirtschaftsgüter mit Anschaffungs- bzw. Herstellungskosten von

mehr als 150,00 € bis zu 1.000,00 €

ist ein **Sammelposten pro Jahr** zu bilden, der dann über fünf Jahre gleichmäßig mit **20 % pro Jahr** abgeschrieben wird. Diese Regelungen sollen zur Vereinfachung und damit zur Kostensenkung beitragen. Wird eines dieser Anlagegüter in den fünf Jahren veräußert, zerstört oder gestohlen, bleibt es aus Vereinfachungsgründen in dem Sammelposten und wird weiterhin abgeschrieben.

5.4 Buchung der Abschreibung von Anlagegütern

Buchhalterisch besteht kein Unterschied zwischen der Buchung der linearen und der degressiven Abschreibung.

Beispiel:

Die Buchaltung der Gaby Kern muss zum Ende des Geschäftsjahres die Abschreibung für die Anlagegegenstände nach folgendem Beleg buchen.

CompuCash
moderne Büroeinrichtung

Warenhaus
Gaby Kern KG
Maxplatz 30
90403 Nürnberg

St.-Nr. 090/2235/1234

Rechnung

20..-11-05

1 Computerkasse	5.000,00 €
1 Kassentisch Praktika	350,00 €
1 Taschenrechner SOLAR	10,00 €
	5.360,00 €
+ 19 % Umsatzsteuer	1.018,40 €
	6.378,40 €

Zahlbar sofort, ohne Abzug

- Bei der Abschreibung auf Anlagegüter erfolgt die Wertberichtigung in den Kontengruppen 05 und 08, die Gegenbuchung im Konto „Abschreibungen auf Sachanlagen".
- Geringwertige Wirtschaftsgüter des Anlagevermögens sind Güter, deren Wert mehr als 150,00 € und bis zu 1.000,00 € netto beträgt. Die Erfassung als Anlagegut erfolgt jeweils pro Jahr als Sammelposten im Konto „Sammelposten GWG (2009)". Dieser Sammelposten wird dann über fünf Jahre gleichmäßig mit 20 % jährlich abgeschrieben.
- Beide Abschreibungskonten sind Aufwandskonten und werden auf GuV abgeschlossen.
- Geringwertige Wirtschaftsgüter, deren Wert 150,00 € nicht übersteigt, müssen direkt im entsprechenden Aufwandskonto gebucht werden.

Buchungen:

Geschäftsfall	Buchungssatz	Soll	Haben
① Lineare Abschreibung einer Computerkasse 20 %, Buchwert 5.000,00 €	AbsS	1.000,00 €	
	an Ksys		1.000,00 €
② Abschreibung eines Kassentisches 350,00 € (20 % v. 350,00 €)	AbsGWG	70,00 €	
	an SP GWG (20..)		70,00 €
③ Kauf eines Taschenrechners 10,00 € über Bank	BMat und	10,00 €	
	Vorst.	1,90 €	
	an KI		11,90 €

S	Abschr. auf Sachanlagen		H
① Ksys	1.000,00		

S	Kassensysteme		H
		① AbsS	1.000,00

S	Abschr. geringw. Wirtschaftsg.		H
② gerWG	70,00		

S	Sammelposten GWG (20..)		H
		② AbsGW	70,00

S	Büromaterial		H
③ KI	10,00		

S	Kreditinstitute		H
		③ BMat, Vorst.	11,90

S	Vorsteuer		H
③ KI	1,90		

5.5 Verkauf von Anlagegütern

Selten erfolgt der Verkauf eines Anlagegutes zum Buchwert. Der erzielte Preis richtet sich nicht nach den Zahlen der Buchhaltung, sondern nach den Gesetzen des Marktes.

Beispiel:

Die Gaby Kern KG verkauft drei gebrauchte Fotokopiergeräte, die je einen Buchwert von 1.000,00 € haben (siehe Belege): ① zum Buchwert 1.000,00 € + USt; ② für 800,00 € + USt; ③ für 1.100,00 € + USt.

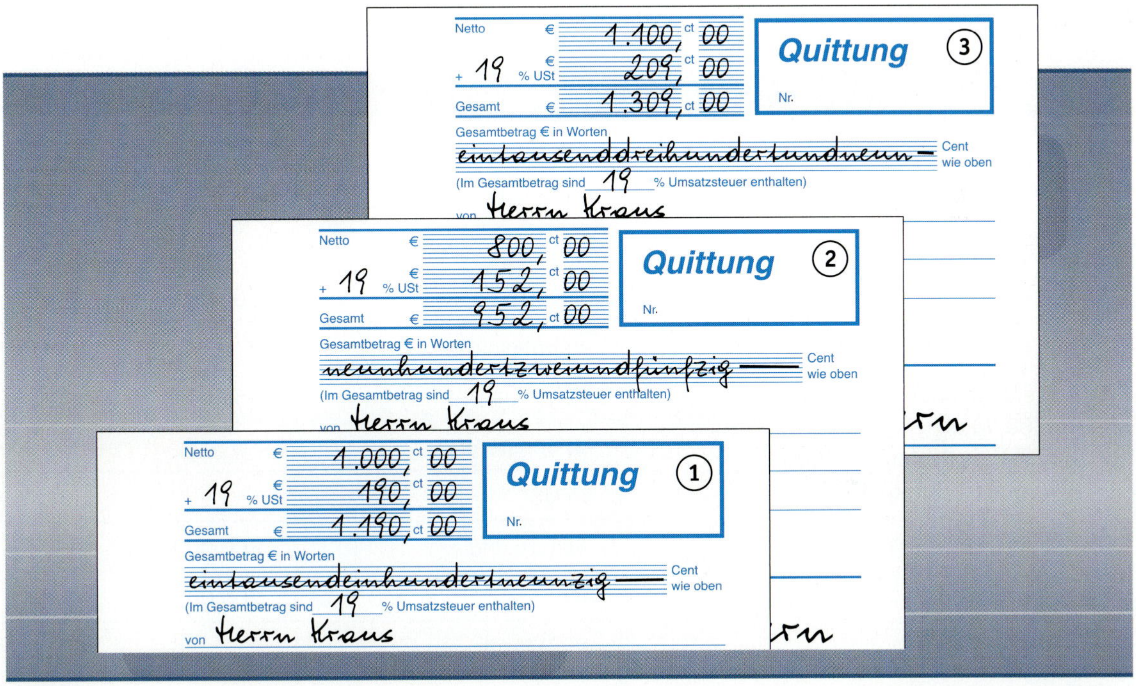
Quittung ③ Nr.
Netto € 1.100, ct 00
+ 19 % USt € 209, ct 00
Gesamt € 1.309, ct 00
Gesamtbetrag € in Worten eintausenddreihundertundneun — Cent wie oben
(Im Gesamtbetrag sind 19 % Umsatzsteuer enthalten)
von Herrn Kraus

Quittung ② Nr.
Netto € 800, ct 00
+ 19 % USt € 152, ct 00
Gesamt € 952, ct 00
Gesamtbetrag € in Worten neunhundertzweiundfünfzig — Cent wie oben
(Im Gesamtbetrag sind 19 % Umsatzsteuer enthalten)
von Herrn Kraus

Quittung ① Nr.
Netto € 1.000, ct 00
+ 19 % USt € 190, ct 00
Gesamt € 1.190, ct 00
Gesamtbetrag € in Worten eintausendeinhundertneunzig — Cent wie oben
(Im Gesamtbetrag sind 19 % Umsatzsteuer enthalten)
von Herrn Kraus

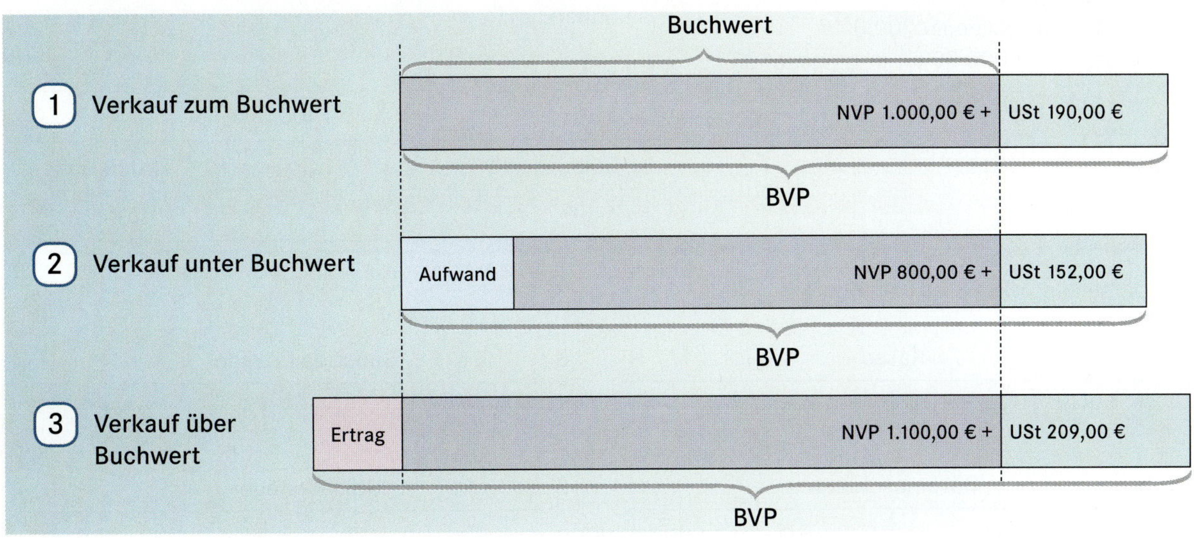

11

- Anlageverkäufe sind umsatzsteuerpflichtig, d. h., die Umsatzsteuer ist auf den Nettoverkaufspreis aufzuschlagen.
- Man bucht zuerst immer den gesamten Verkaufserlös inkl. Steuer. Das geschieht auf dem Konto „Sonstige Erlöse“.
- Anschließend erfolgt die Berichtigung des Buchwertes im entsprechenden Anlagekonto. Die Gegenbuchung nimmt das Konto „Sonstige Erlöse“ als Stornobuchung auf.
- Bei einem Verkauf unter Buchwert werden die Mindereinnahmen im Konto „Andere sonstige betriebliche Aufwendungen“ gebucht. Es ist ein Aufwandskonto und wird auf GuV abgeschlossen.
- Bei einem Verkauf über dem Buchwert wird der erzielte Mehrerlös in das Konto „Andere sonstige betriebliche Erträge“ übernommen. Es ist ein Ertragskonto und wird auf GuV abgeschlossen.

Buchungen:

Geschäftsfall	Buchungssatz	Soll	Haben
① Barverkauf eines Kopierers für 1.000,00 € + 19 % USt 190,00 € (Buchwert 1.000,00 €)	① Ka	1.190,00 €	
	an SonstE und		1.000,00 €
	an USt		190,00 €
	② SonstE	1.000,00 €	
	an BMasch		1.000,00 €
② Barverkauf eines Kopierers für 800,00 € + 19 % Umsatzsteuer 152,00 € (Buchwert 1.000,00 €)	① Ka	952,00 €	
	an SonstE und		800,00 €
	an USt		152,00 €
	② SonstE und	800,00 €	
	AsbA	200,00 €	
	an BMasch		1.000,00 €
③ Barverkauf eines Kopierers für 1.100,00 € + 19 % Umsatzsteuer 209,00 € (Buchwert 1.000,00 €)	① Ka	1.309,00 €	
	an SonstE und		1.100,00 €
	an USt		209,00 €
	② SonstE	1.100,00 €	
	an BMasch und		1.000,00 €
	an AsbE		100,00 €

11

Darstellung des Falles ① in Konten:

S	Kasse		H
① SonstE, USt	1.190,00		

S	Sonstige Erträge		H
② BMasch	1.000,00	① Ka	1.000,00

S	Büromaschinen		H
		② SonstE	1.000,00

S	Umsatzsteuer		H
		① Ka	190,00

6 Verteilungsrechnung

Die Verteilungsrechnung wendet man an, um eine Gesamtmenge (z. B. Gewinn, Kosten, Prämien) nach einem vorgeschriebenen Schlüssel (z. B. Personen, Abteilungen, Warengruppen) aufzuteilen.

Die Gesamtmenge (= Verteilungsbetrag) gibt an, wie viel zu verteilen ist; der Verteilungsschlüssel legt fest, wie zu verteilen ist. Wird der Verteilungsschlüssel gekürzt, erhält man das Verteilungsverhältnis.

6.1 Verteilungsrechnung mit ganzen Anteilen

Beispiel:

An einem Textilgeschäft sind A mit 15.000,00 €, B mit 35.000,00 € und C mit 40.000,00 € beteiligt. Der Gewinn von 12.600,00 € soll den Kapitaleinlagen entsprechend verteilt werden. Welches Verteilungsverhältnis ergibt sich und wie viel Euro erhält jeder?

Ansatz:

Name	Verteilungsschlüssel	Teile	Anteile
A	15.000,00 €	3	· 700,00 € = **2.100,00 €**
B	35.000,00 € → ① →	7 ②	④ · 700,00 € = **4.900,00 €** ⑤
C	40.000,00 €	8	· 700,00 € = **5.600,00 €**
		18	≙ 12.600,00 €
		1	≙ 12.600,00 € : 18 = 700,00 €
		→ ③ →	

Lösung:

① Ermitteln der Teile durch Kürzen (= Verteilungsverhältnis)
② Addieren der Teile
③ Errechnen des Wertes von einem Teil
④ Teile mit Wert eines Teiles multiplizieren
⑤ Probe: Addieren der Anteile

6.2 Verteilungsrechnung nach Bruchteilen

Beispiel:

Vier Freunde gewannen im Lotto 72.000,00 €. Wie viel erhält jeder davon, wenn A $^1/_3$, B $^1/_6$, C $^1/_8$ und D den Rest eingesetzt hat?

Ansatz:

Name	Verteilungsschlüssel	Teile	Anteile
A	$^1/_3 = {^8/_{24}}$	8	· 3.000,00 € = **24.000,00 €**
B	$^1/_6 = {^4/_{24}}$	4	· 3.000,00 € = **12.000,00 €**
C	$^1/_8 = {^3/_{24}}$	3	· 3.000,00 € = **9.000,00 €**
D	Rest = $^9/_{24}$	③ 9	· 3.000,00 € = **27.000,00 €**
	① ②	24	≙ 72.000,00 €
		1	≙ 72.000,00 € : 24 = 3.000,00 €

Lösung:

① gemeinsamen Nenner suchen (24stel)
② Anteil des D errechnen (8 + 4 + 3 + = 15; 24 - 15 = 9)
③ Ermitteln der Teile durch Erweitern der Brüche (= Verteilungsverhältnis)

Beispiel:

Drei Einzelhandelskaufleute gründen einen Betrieb. Von A werden 10.250,00 €, von B $^1/_4$ und von C $^1/_3$ des Kapitals eingebracht. Wie hoch sind die Einlagen von B und C?

Ansatz:

Name	Verteilungsschlüssel	Teile	Anteile
A	$^5/_{12}$	5	· 2.050,00 € = **10.250,00 €**
B	$^1/_4 = {^3/_{12}}$	3	· 2.050,00 € = **6.150,00 €**
C	$^1/_3 = {^4/_{12}}$	③ 4	· 2.050,00 € = **8.200,00 €**
	① ②	12	≙ 24.600,00 €
		④ 1	≙ 10.250,00 € : 5 = 2.050,00 €

11

Lösung:

① gemeinsamen Nenner suchen (12tel)
② Anteil des A errechnen (3 + 4 = 7; 12 - 7 = 5)
③ Ermitteln der Teile durch Erweitern der Brüche (= Verteilungsverhältnis)
④ Einlage des A (10.250,00 €) durch seinen Anteil (5) teilen

7 Kosten- und Leistungsrechnung

Neben der Finanzbuchhaltung wird in der Praxis häufig eine zweite Art der Erfassung betrieblicher Vorgänge durchgeführt:

die Kosten- und Leistungsrechnung.

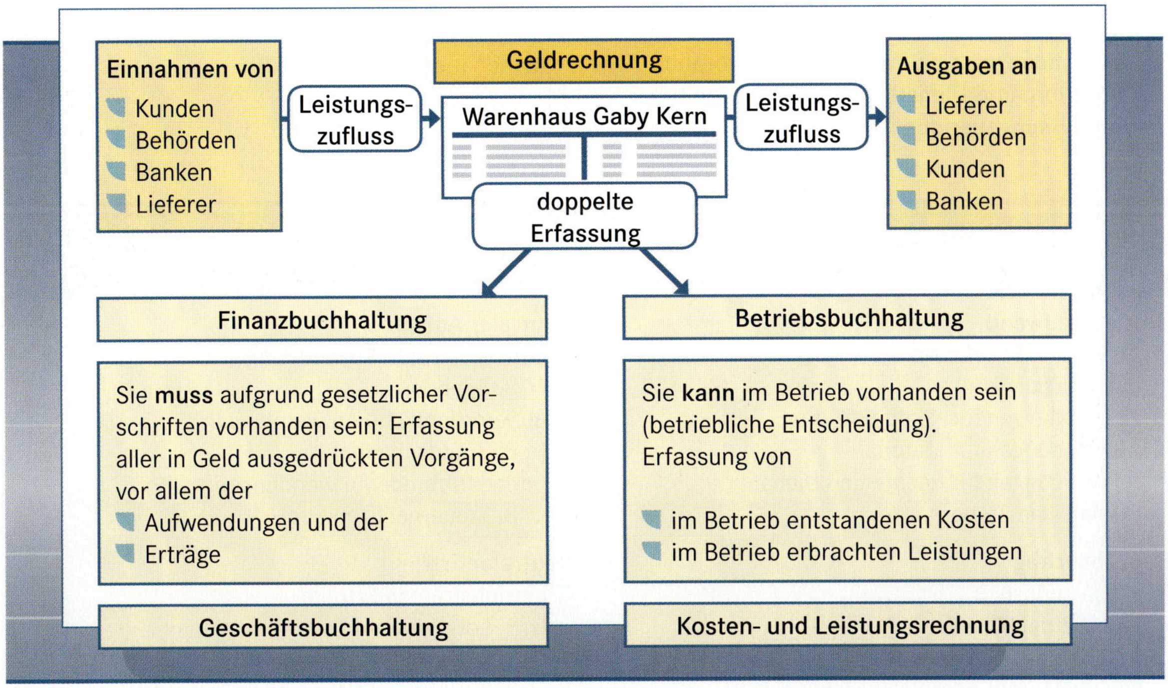

7.1 Grundbegriffe der Kosten- und Leistungsrechnung

Das betriebliche Rechnungswesen umfasst drei Bereiche:

- die Geldrechnung (Liquiditätsrechnung),
- die Ergebnisrechnung (Finanz- bzw. Geschäftsbuchhaltung) und die
- Kosten- und Leistungsrechnung (Betriebsbuchhaltung).

7.1.1 Geldrechnung

Die Geldrechnung (Liquiditätsrechnung) hat die Aufgabe, die Zahlungsfähigkeit des Unternehmens sicherzustellen. Zu diesem Zweck werden Einnahmen und Ausgaben einander gegenübergestellt:

- **Einnahmen** sind Zuflüsse von Mitteln zuzüglich neu entstandener Forderungen (Zielverkäufe) und zuzüglich bereits beglichener Schulden.
- **Ausgaben** sind Abflüsse von liquiden Mitteln zuzüglich Forderungsabgängen (Zahlungen von Kunden) und zuzüglich Schuldenaufnahme (Kreditaufnahme).

Einnahmen und Ausgaben werden durch die Finanzbuchhaltung zum Zeitpunkt der Zahlung erfasst.

7.1.2 Ergebnisrechnung (GuV-Rechnung)

Werden Einnahmen und Ausgaben auf eine bestimmte Abrechnungsperiode, das Geschäftsjahr, bezogen, bezeichnet man sie als **Aufwand** (Aufwendungen) bzw. als **Ertrag** (Erträge). Aufwendungen und Erträge werden in den Kontenklassen 5, 6 und 7 gebucht und geben somit ihre Salden an die Gewinn- und Verlustrechnung ab.

Aufwendungen sind der gesamte Verbrauch an Gütern und Dienstleistungen innerhalb der Abrechnungsperiode.

Erträge sind der gesamte Wertzuwachs durch die betriebliche Leistungserstellung innerhalb einer Abrechnungsperiode.

Zu trennen sind dabei grundsätzlich die Aufwendungen und Erträge, die dem Betriebszweck dienen (Betriebsaufwand) bzw. nicht dem Betriebszweck dienen (neutraler Aufwand).

Betriebliche Aufwendungen und Erträge	Betriebsfremde Aufwendungen und Erträge
Betriebsaufwand - Aufwendungen für Waren - Personalaufwand - Aufwendungen für Kommunikation - Aufwendungen für Material - Aufwendungen für Rechte und Dienste - Betriebliche Steuern u. a. **Betriebsertrag** - Umsatzerlöse - innerbetriebliche Erträge (z. B. Erträge aus Serviceeinrichtungen wie Restaurant oder Schlüsseldienst) - Nebenerlöse (z. B. Provisionen)	**Neutraler Aufwand** - betriebsfremde Aufwendungen (z. B. Spenden) - außerordentliche Aufwendungen (z. B. Brandschaden) - periodenfremde Aufwendungen (z. B. Steuernachzahlung) **Neutraler Ertrag** - betriebsfremde Erträge (z. B. Lottogewinn) - außerordentliche Erträge (z. B. Gewinn aus Grundstücksverkauf) - periodenfremde Erträge (z. B. Steuerrückzahlung)

Ergebnis der Erfolgsrechnung

11 Als Ergebnis der Erfolgsrechnung einer Abrechnungsperiode erhält man entweder einen Gewinn oder einen Verlust. Übersteigen die gesamten Erträge des Unternehmens die Gesamtaufwendungen, ist ein positives Betriebsergebnis (ein Gewinn) erzielt worden; übersteigen dagegen die Gesamtaufwendungen die Gesamterträge, entsteht ein negatives Ergebnis der Abrechnungsperiode (ein Verlust). Volkstümlich wird dies auch als „rote Zahlen schreiben" bezeichnet.

- Gesamtertrag **größer** als Gesamtaufwand ⟶ **Gewinn**
- Gesamtertrag **kleiner** als Gesamtaufwand ⟶ **Verlust**

7.1.3 Kosten- und Leistungsrechnung (KLR)

Aufgabe der Kosten- und Leistungsrechnung (KLR) ist die Erfassung aller Kosten und Leistungen, die sich unmittelbar aus der betrieblichen Tätigkeit entsprechend dem Betriebszweck ergeben. Im Einzelnen umfasst dies die folgenden Aufgabenbereiche:

- Unterlagen für die Preisgestaltung (Kalkulation) erstellen;
- Betriebsüberwachung (Controlling);
- Unterlagen für unternehmerische Entscheidungen (z. B. Investitionen) erstellen.

Die Stellung der Kosten- und Leistungsrechnung im Gesamtzusammenhang der Aufwendungen und Erträge ergibt sich aus der folgenden Übersicht:

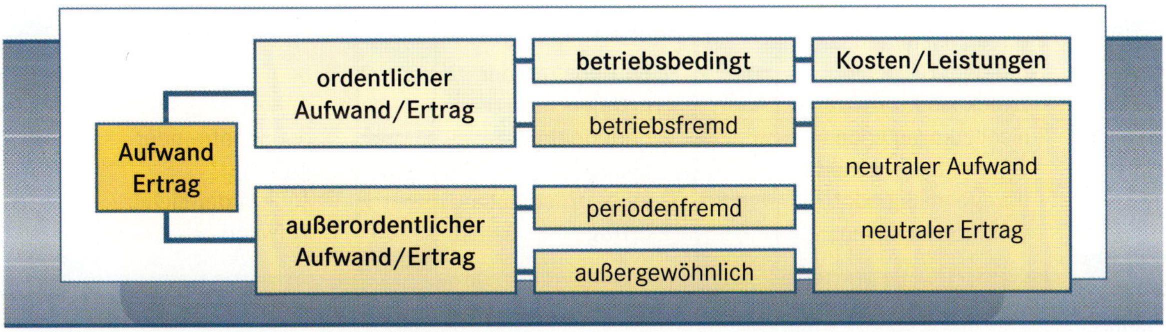

Die Begriffe **„Kosten"** und **„Leistungen"** spielen im Bereich des Rechnungswesens eine erhebliche Rolle. Vor allem die laufende Beobachtung der im Betrieb entstandenen Kosten (in der Praxis oft auch als „Unkosten" bezeichnet) ist wichtig, denn häufig können notwendige Einsparungen nur durch Senkung der Kosten erzielt werden.

Aus der Gegenüberstellung von Kosten und Leistungen ergibt sich das **Betriebsergebnis**. Dabei entsteht ein

- **Betriebsgewinn**, wenn die Leistungen größer sind als die Kosten,
- **Betriebsverlust**, wenn die Kosten höher sind als die erzielten Leistungen.

Die Leistungen kann man auch als **Zweckerträge** bezeichnen, da nur der Teil der Erträge herangezogen werden darf, der sich aus dem Betriebszweck ergeben hat und sich auf die jeweilige Abrechnungsperiode (Geschäftsjahr) bezieht. Dementsprechend kann man die Kosten als **Zweckaufwendungen** bezeichnen, da sie sich ausschließlich aus dem Betriebszweck ergeben, bezogen auf die Abrechnungsperiode.

7.2 Sachliche Abgrenzung des Betriebsergebnisses

Das Betriebsergebnis entspricht nur selten dem Gesamtergebnis des Unternehmens, da ein möglicherweise vorliegender Betriebsverlust durch einen Gewinn aus Anlagenverkäufen oder Wertpapiergeschäften ausgeglichen sein kann. Deshalb sind Aufwendungen und Erträge danach zu trennen, ob sie aus dem Betriebszweck entstanden sind und der Abrechnungsperiode angehören. Ist das nicht der Fall, müssen sie dem sogenannten **Neutralen Ergebnis** zugewiesen werden.

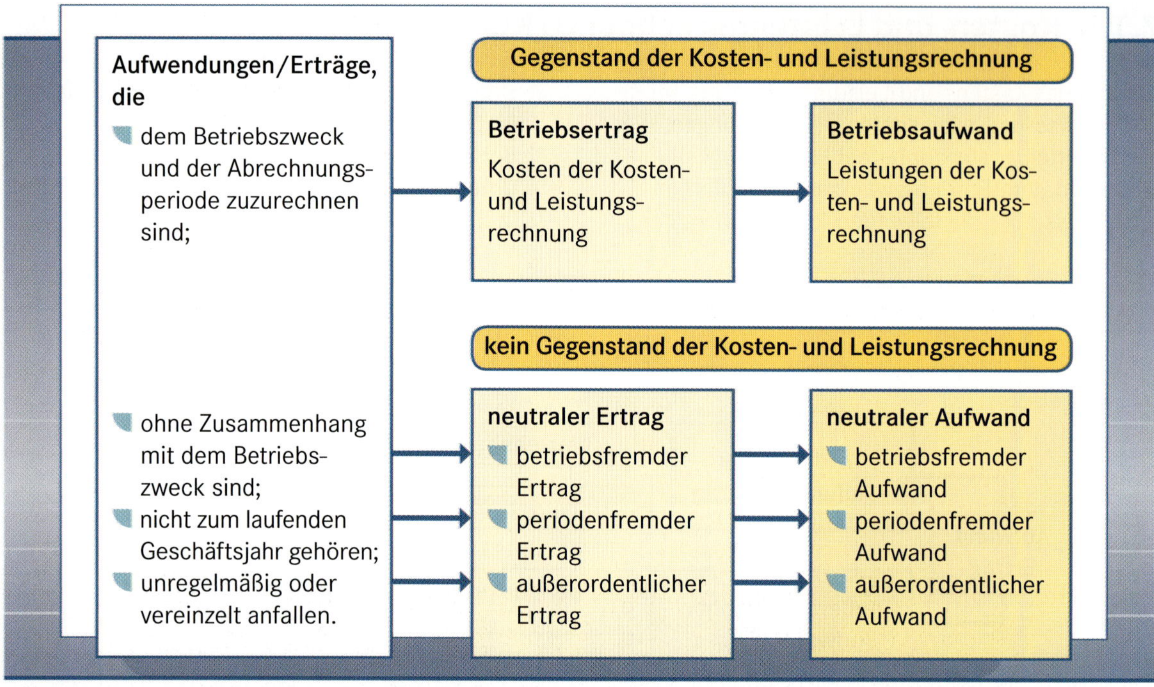

7.3 Kostenarten

Die Kostenartenrechnung hat die Aufgabe, die Entstehung der Kosten zu untersuchen und sie entsprechend zu ordnen. Sinn dieser Maßnahme ist es, die Kostensituation des Betriebes zu überwachen, um Fehlentwicklungen gegensteuern zu können.

Man teilt die Kosten nach drei verschiedenen Gesichtspunkten ein:

- nach ihrer Entstehung,
- nach ihrer Verrechenbarkeit,
- nach ihrer Kapazitätsabhängigkeit.

Einteilung der Kosten nach ihrer Entstehung

In der Kostenerfassung werden die angefallenen Kosten zwei Gruppen zugeordnet (verrechnet):

- **Einzelkosten** sind Kosten, die man den Waren direkt zurechnen kann (z. B. Aufwendungen für Waren, Bezugskosten, Verpackungskosten);
- **Gemeinkosten** sind Kosten, die man nicht unmittelbar auf die einzelnen Waren umlegen kann (z. B. Personalkosten, Miete, Steuern, Verwaltungskosten).

11

Einteilung der Kosten nach der Verrechenbarkeit (kalkulatorische Kosten)

Einzelkosten und Gemeinkosten sind nach ihrer Herkunft zugleich Aufwand im Sinne der Finanzbuchhaltung. Die Kosten- und Leistungsrechnung erfasst zusätzlich eine Gruppe von sogenannten **kalkulatorischen Kosten.** Zum einen werden dabei Kosten angesetzt, denen keine Auszahlung gegenübersteht (Zusatzkosten), zum anderen werden Kosten höher angesetzt, als die tatsächliche Auszahlung betrug (Anderskosten).

Die kalkulatorischen Kosten im Einzelnen:

- **Kalkulatorische Abschreibungen:** Sie sind von den bilanziellen Abschreibungen zu unterscheiden, die gesetzlich vorgeschrieben sind und vom Anschaffungswert vorgenommen werden müssen. Die kalkulatorischen Abschreibungen orientieren sich dagegen am Wiederbeschaffungswert eines Anlagegutes und werden deshalb in der Regel höher angesetzt.
- **Kalkulatorische Zinsen:** In die Finanzbuchhaltung gehen die tatsächlich gezahlten Fremdkapitalzinsen ein, die kalkulatorischen Zinsen beziehen sich hingegen auf das Gesamtkapital bei marktüblichen Zinsen, d.h., auch das Eigenkapital wird wie Fremdkapital verzinst.
- **Kalkulatorische Miete:** Für die Nutzung eigener Gebäude wird in der Kosten- und Leistungsrechnung ein Mietwert angesetzt, während in der Finanzbuchhaltung nur tatsächlich gezahlte Mieten erfasst werden können.
- **Kalkulatorischer Unternehmerlohn:** Die Arbeitsleistung der Eigentümer wird durch Gewinnentnahmen entlohnt. Dafür werden in der Kosten- und Leistungsrechnung entsprechende Gehälter wie für leitende Angestellte als Kosten angesetzt.

Abgrenzung der Kosten und Leistungen (Abgrenzungstabelle)

Beispiel (in T€):

	Gesamtergebnis		Neutrales Ergebnis		Kalkulatorisches Ergebnis		Betriebsergebnis	
	GuV-Rechnung		Neutrales Ergebnis		Kalkulatorische Korrekturen		Kosten- und Leistungsrechnung	
	Aufwand	Ertrag	Neutraler Aufwand	Neutraler Ertrag	(bezahlt) FiBu	(verrechnet) KLR	Kosten	Leistungen
Umsatzerlöse		1.900						1.900
Mietertrag		50		50				
Zinsertrag		100		100				
Spenden	10		10					
A. f. Waren	600						600	
A. f. Verp.	100						100	
Gehälter	250						250	
Arbeitg.-Ant. SV	10						10	
Abschreibung	50				50	70	70	
Versicherung	180				180	80	80	
Kalk. Miete						200	200	
Betr. Steuern	40						40	
Grundsteuer	50		50					
Zinsaufwand	150				150	300	300	
	1.400	2.050	60	150	380	650	1.650	1.900
Gewinn	610		90		270		250	
Summe	2.050	2.050	150	150	650	650	1.900	1.900
	Gesamtgewinn	610	Neutraler Gewinn	90	Kalkulatorischer Gewinn	270	Betriebsgewinn	250

7.4 Kostenstellenrechnung

In der Kostenartenrechnung wurden die im Betrieb entstandenen Kosten nach Einzel- und Gemeinkosten getrennt. Während man die Einzelkosten direkt in die Kalkulation übernehmen kann, müssen die ermittelten Gemeinkosten nach ihrem Entstehungsort verteilt werden. Diese Betriebsteile (z. B. Abteilungen), an denen die Gemeinkosten verursacht werden, sind die **Kostenstellen**, das Verfahren der Umlegung die **Kostenstellenrechnung**.

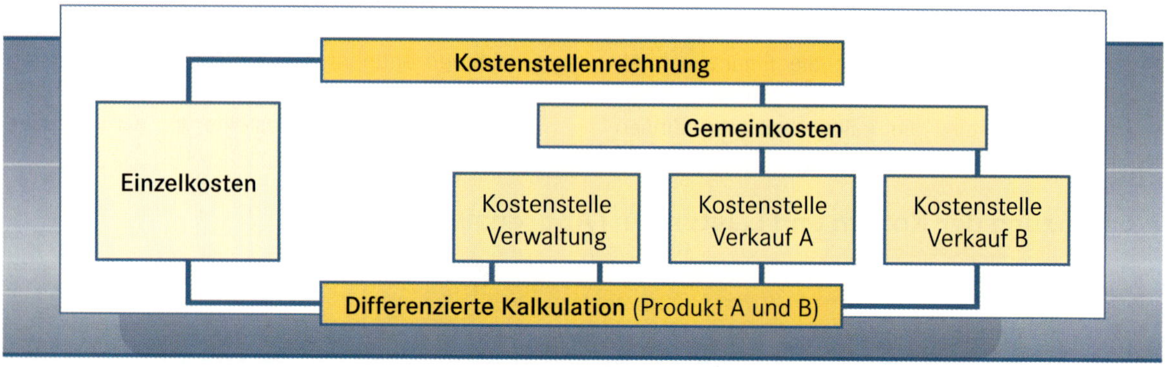

Die Kostenstellenrechnung dient vor allem

- der Kontrolle der Wirtschaftlichkeit der einzelnen Betriebsteile (Abteilungen),
- der Vorbereitung der Kalkulation durch die Umlage der Gemeinkosten auf die Kostenstellen.

Betriebsabrechnungsbogen

In der Praxis bedient man sich für die Umlegung der Gemeinkosten auf die Kostenstellen eines Betriebsabrechnungsbogens.

Gaby Kern	Betriebsabrechnungsbogen	Monat: Jan. 20..				
Kostenarten	Kosten in €	Schlüssel V | L | H | T	Kostenstellen Verwaltung	Lebensmittel	Hartwaren	Textil
Personal	800.000	1 | 1 | 2 | 4	100.000	100.000	200.000	400.000
Raum	144.000	1 | 1 | 2 | 2	24.000	24.000	48.000	48.000
Versand	80.000	1 | 1 | 4 | 2	10.000	10.000	40.000	20.000
Werbung	100.000	1 | 4 | 2 | 3	10.000	40.000	20.000	30.000
Verwaltung	160.000	5 | 1 | 1 | 1	100.000	20.000	20.000	20.000
Steuern	90.000	1 | 0 | 0 | 0	90.000	0	0	0
Versicherung	50.000	4 | 0 | 1 | 0	40.000	0	10.000	0
Summen	**1.424.000**		**374.000**	**194.000**	**338.000**	**518.000**
Umlage Verwaltung		0 | 2 | 3 | 5	↳	74.800	112.200	187.000
Gemeinkosten				**268.800**	**450.200**	**705.000**

Aufgabe des Betriebsabrechnungsbogens (BAB) ist die möglichst genaue Verteilung der den Kostenstellen nicht unmittelbar zurechenbaren Gemeinkosten. Die Kostenstelle **Verwaltung** im obigen vereinfachten Beispiel eines BABs ist eine sogenannte Hilfskostenstelle und wird am Ende der Verteilung selbst auf die Hauptkostenstellen **Lebensmittel, Hartwaren** und **Textil** umgelegt.

Ermittlung des Kalkulationszuschlags

Ein wesentliches Ergebnis des BAB ist die Ermittlung des Handlungskostenzuschlags für die drei Hauptkostenstellen, mit dem Ziel, eine nach diesen drei Abteilungen differenzierte Kalkulation durchführen zu können.

Nimmt man für die drei Abteilungen die folgenden Wareneinsätze (Bezugspreise der Waren) an, erhält man durch eine einfache Dreisatzrechnung (Kosten · 100 : Wareneinsatz) die Kalkulationszuschläge für diese drei Abteilungen.

Lebensmittel:	Wareneinsatz	850.000,00 €;	Kalkulationszuschlag	31,6 %
Hartwaren:	Wareneinsatz	460.000,00 €;	Kalkulationszuschlag	97,9 %
Textilabteilung:	Wareneinsatz	980.000,00 €;	Kalkulationszuschlag	72,9 %

7.5 Kostenträgerrechnung

In der Kostenträgerrechnung sollen die durch die betriebliche Tätigkeit angefallenen Einzel- und Gemeinkosten so auf das Produkt (das Warensortiment) umgelegt werden, dass über den Verkaufspreis die entstandenen Kosten wieder zurückgewonnen werden. In den produzierenden Gewerben können die jeweils entstandenen Kosten in der **Kostenträgerstückrechnung** direkt auf das einzelne Stück aufgeschlagen werden. Da dies im Einzelhandel aufgrund des stark gegliederten Warensortimentes nur schwer möglich ist, berechnet man für die Waren der einzelnen Hauptkostenstellen, d. h. die einzelnen Verkaufsabteilungen, auf der Grundlage der Kostenstellenrechnung jeweils einen eigenen Zuschlagssatz. Dieser **Handlungskostenzuschlag** (HKZ) dient dann der Ermittlung des Selbstkostenpreises. Diese Art der Umlegung der Gemeinkosten bezeichnet man als Kostenträgerzeitrechnung. Die **Kostenträgerrechnung** umfasst somit den Teil der Kalkulation, in der die Handlungskosten auf den Einstandspreis der Waren aufgeschlagen werden.

Handlungskostenzuschlag

Selbstkostenpreis der Ware = Bezugspreis (Einstandspreis) + Handlungskosten (%)

$$\text{HKZ (\%)} = \frac{\text{Handlungskosten} \cdot 100}{\text{Wareneinsatz}}$$

Alle in der Kostenträgerrechnung ermittelten betrieblichen Kosten (Handlungskosten) werden auf die eingesetzte Ware zum Einkaufspreis umgelegt.

Sind der Wareneinsatz und die Handlungskosten bekannt, errechnet sich der Zuschlagsatz nach dieser Formel.

11

Wareneinsatz (Einzelkosten)

Der Wareneinsatz ist der Preis, zu dem die Ware „in das Geschäft kommt“, d.h. der Teil des Warenpreises, der anfällt, bevor betriebliche Leistungen (Lagerung, Pflege, Einkauf, Werbung, Verkauf) erbracht werden. Diese Kosten der Warenbeschaffung können direkt als Einzelkosten erfasst werden und sind als solche in der Buchhaltung gesammelt. Somit kann man diese Zahlen für die Berechnung des Handlungskostenzuschlages (HKZ) direkt übernehmen.

Rechnerisch ergibt sich der Wareneinsatz nach folgender Berechnung:

Listenpreis der Ware	
– Rabatt	(Konto 6000 Aufwendungen für Waren)
– Skonti, Boni	(Konto 6002 Nachlässe)
+ Bezugkosten	(Konto 6001 Bezugskosten)
± Bestandsveränderung	(Konto 2000 Warenbestand)

Um für einzelne Abteilungen eine differenzierte Kalkulation durchführen zu können, müssen in der Finanzbuchhaltung auch die Konten differenziert geführt werden, d.h. für jede Abteilung je ein eigenes Warenbestandskonto, Konto „Aufwendungen für Waren“, Bezugskostenkonto und ein Konto für Nachlässe.

Für drei Abteilungen der Firma Kern ergeben sich somit folgende Zuschlagssätze:

Einzelkosten	Kostenstelle 1 Lebensmittel	Kostenstelle 2 Hartwaren	Kostenstelle 3 Textilabteilung
Wareneinsatz (lt. FiBu)	800.000,00 €	701.000,00 €	893.400,00 €
Handlungskosten (BAB)	520.300,00 €	578.250,00 €	683.450,00 €
Handlungskostenzuschlag (HKZ)	**65 %**	**82,5 %**	**76,5 %**
geplanter Gewinn	5 %	10 %	8 %
Umsatzsteuer	7 %	19 %	19 %
Kalkulationszuschlag	85,4 %	130,9 %	119,2 %
= Kalkulationsfaktor	1,854	2,309	2,192

Kalkulierte Preise

11

Aufgabe der Kostenrechnung ist vor allem die Ermittlung kostendeckender Preise und die Erzielung eines befriedigenden Gewinns unter Berücksichtigung der gesetzlichen Umsatzsteuer. Im vorstehenden Beispiel ist das für die drei Kostenstellen gelungen, wenn die errechneten Zuschlagssätze auch tatsächlich im Warenpreis erzielt werden. Dies ist erreicht, wenn die Bezugspreise mit den jeweiligen Kalkulationsfaktoren multipliziert den Bruttoverkaufspreis der Ware ergeben.

Verkaufspreis der Ware

Nicht immer kann der kalkulierte Preis gleichzeitig auch der Verkaufspreis einer Ware sein. Häufig spielt dabei die Konkurrenzsituation eine erhebliche Rolle, dass der errechnete Preis am Markt nicht erzielt werden kann. Als Ausweg bietet sich hier die Mischkalkulation an, bei der bestimmten Artikeln mit niedrig kalkulierten Preisen entsprechende Artikel mit normalen und höheren Preisen gegenüberstehen. Langfristig muss sichergestellt sein, dass die Kalkulationssätze der Kostenrechnung erreicht oder übertroffen werden (Kostendeckungsprinzip).

8 Organisation der Buchführung

8.1 Kontenrahmen und Kontenplan

Ganz früher galten nur die Grundsätze ordnungsmäßiger Buchführung. Seit 1937 gibt es für den Einzelhandel zusätzlich einen einheitlichen Kontenrahmen. Durch die Einführung eines neuen Industriekontenrahmens (IKR), die Entstehung des DATEV-Kontenrahmens und die Erfordernisse des Bilanzrichtlinien-Gesetzes wurde 1990 ein neuer Einzelhandelskontenrahmen (EKR) benötigt und auch eingeführt.

Der Sinn des Kontenrahmens liegt in der
- Einfachheit (Nummern statt Kontennamen),
- Ausbaufähigkeit (Dezimalsystem),
- Klarheit der Bezeichnungen (keine Zuordnungsprobleme),
- Einheitlichkeit der Bezeichnungen (für Finanzamt und Betriebsvergleiche),
- maschinengerechten Gestaltung (für EDV: Jedes Konto ist 4-stellig als Nummer angebbar).

Der Einzelhandelskontenrahmen wird unterteilt in:

<table>
<tr><th>Rechnungskreis</th><th colspan="3">Kontenklassen</th><th>Erläuterungen</th></tr>
<tr><td rowspan="10">Rechnungskreis I
(für die Finanzbuchhaltung)</td><td>0</td><td rowspan="2">Anlagenvermögen</td><td>Immaterielle Vermögensgegenstände und Sachanlagen</td><td rowspan="10">Jede Kontenklase kann nach Bedarf unterteilt werden in:
- 10 Kontengruppen (z. B. für Klasse 0: 00–09), diese wiederum in
- 10 Kontenarten (z. B. für Gruppe 01: 010–019), diese wiederum in
- 10 Kontenunterarten (z. B. für Kontenarten 010: 0100–0109).</td></tr>
<tr><td>1</td><td>Finanzanlagen</td></tr>
<tr><td>2</td><td>Umlaufvermögen</td><td>Umlaufvermögen und aktive Rechnungsabgrenzung</td></tr>
<tr><td>3</td><td rowspan="2">Passiva</td><td>Eigenkapital und Rückstellungen</td></tr>
<tr><td>4</td><td>Verbindlichkeiten und passive Rechnungsabgrenzung</td></tr>
<tr><td>5</td><td colspan="2">Erträge</td></tr>
<tr><td>6</td><td rowspan="2">Aufwendungen</td><td>Betriebliche Aufwendungen</td></tr>
<tr><td>7</td><td>Weitere Aufwendengen</td></tr>
<tr><td>8</td><td colspan="2">Ergebnisrechnung</td></tr>
<tr></tr>
<tr><td>Rechnungskreis II
(für die Betriebsbuchhaltung)</td><td>9</td><td colspan="2">der Kosten- und Leistungsrechnung vorbehalten</td><td>wird meist getrennt vom Kontenrahmen geführt</td></tr>
</table>

Der EKR ist nach dem Abschlussgliederungsprinzip aufgebaut, d. h., die Konten sind bereits so geordnet, wie sie später abgeschlossen werden.

Folgende Übersicht soll das verdeutlichen:

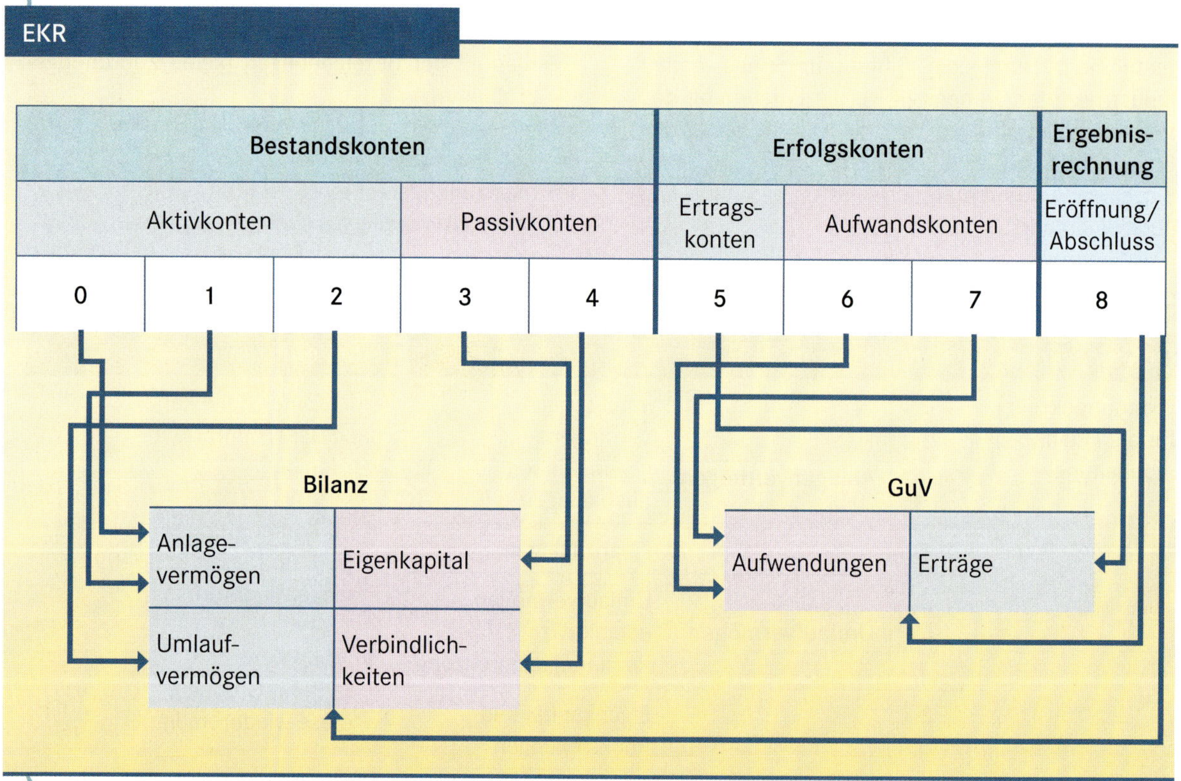

Aus dem allgemeinen EKR kann für jede Branche ein Branchenkontenrahmen entwickelt werden. Zudem benötigt jeder Betrieb nicht alle Konten des EKR bzw. Branchenkontenrahmens. Deshalb entnimmt er daraus die Konten, auf denen bei ihm Buchungen anfallen. Er darf also Konten weglassen. Eine Abänderung der Kontennummern, der Kontenklassen und Kontengruppen ist dabei nicht zulässig. So erhält er
11 seinen individuellen betrieblichen **Kontenplan.**

Beispiel:

1. Das Warenhaus Gaby Kern KG ist an keinem anderen Betrieb finanziell beteiligt. Somit entfällt in ihrem Kontenplan in der Kontenklasse 1 das Konto „1300 Beteiligungen".
2. Aufgrund der Abteilungsgliederung möchte Gaby Kern die Umsätze nach Branchen und Teilbranchen genauer erfassen.

Sie baut deshalb den Kontenplan wie folgt aus:

5	Erträge
50	Umsatzerlöse für Waren
500	Warenart Textil
5000	Warenunterart Damenoberbekleidung
5001	Warenunterart Herrenoberbekleidung
5002	Warenunterart Kinderkonfektion
501	Warenart Lebensmittel
5010	Warenunterart Frischwaren
5011	Warenunterart Trockensortiment
5012	Warenunterart Getränke
502	Warenart Hausrat
5020	usw.
5021	
5022	
usw.	

8.2 Jahresabschluss

Der Jahresabschluss des Unternehmens unterliegt unterschiedlichen Regelungen, je nachdem, welche Art der Unternehmensform vorliegt (Bilanzrichtliniengesetz, BiRiLiG).

Jahresabschluss (nach BiRiLiG)

Einzelunternehmen
Personengesellschaften

① Bilanz
② GuV-Rechnung

Die **Kapitalgesellschaften** teilt man nach dem Bilanzrichtliniengesetz (BiRiLiG) ein in:

- kleine Kapitalgesellschaften
- mittlere Kapitalgesellschaften und
- große Kapitalgesellschaften

nach Bilanzsumme, Umsatz und Zahl der Arbeitnehmer.

① Bilanz
② GuV- Rechnung
③ Anhang
④ Lagebericht

① Die **Bilanz** ist eine Aufstellung aller Vermögenswerte und aller Eigenkapital- und Fremdkapitalwerte, bezogen auf den Zeitpunkt der Bilanzierung (Stichtag). Sie gibt Rechenschaft über die Finanz- und Vermögenslage des Unternehmens.
② Die **Gewinn- und Verlustrechnung** stellt alle Aufwendungen und Erträge des Abrechnungszeitraumes (Geschäftsjahr) zusammen. Sie gibt Rechenschaft über den Erfolg (Gewinn/Verlust) des Unternehmens.
③ Der **Bilanzanhang** hat die Aufgabe, die einzelnen Posten der Bilanz und der GuV-Rechnung zu erläutern.
④ Der **Lagebericht** soll den Geschäftsverlauf so darstellen, dass ein wirklichkeitsgetreues Bild des Unternehmens entsteht.

8.2.1 Kontenrahmen und Jahresabschluss

Die Aufstellung der Bilanz und der GuV-Rechnung erfolgt aus den Zahlen der Buchführung und folgt dabei der Ordnung der Kontenklassen (0–9), die der Kontenrahmen vorgibt:

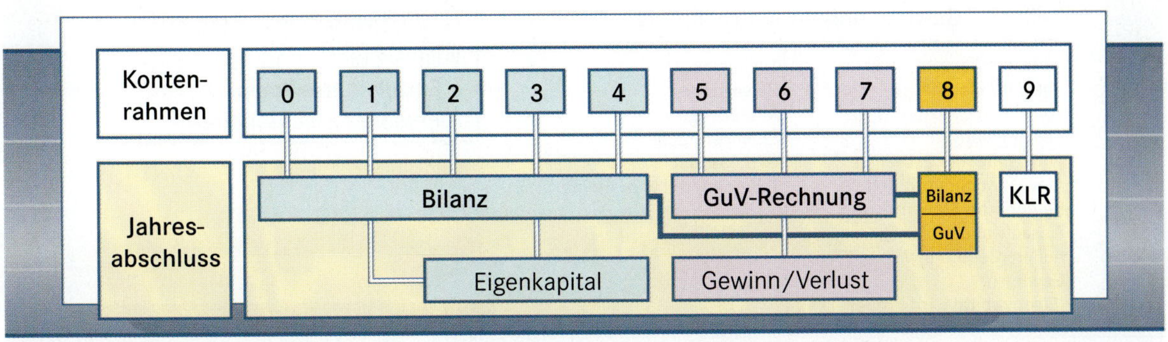

11

8.2.2 Aufstellung der Bilanz (nach §§ 246, 247, 266 HGB)

Rechtsgrundlage für die Aufstellung der Bilanz ist das Handelsgesetzbuch (§§ 246, 247 und 266). Die einzelnen Bilanzpositionen werden aus den Konten der Kontenklasse 0 bis 4 in das Bilanzschema übernommen.

0	1	2	3	4
Immaterielle Vermögensgegenstände Sachanlagen	Finanzanlagen	Umlaufvermögen Aktive Rechnungsabgrenzung	Eigenkapital Rückstellungen	Verbindlichkeiten Passive Rechnungsabgrenzung

Bilanz

Aktiva	Passiva
A. Anlagevermögen I. Immaterielle Vermögensgegenstände II. Sachanlagen III. Finanzanlagen B. Umlaufvermögen I. Vorräte (Waren) II. Forderungen III. Wertpapiere IV. Flüssige Mittel C. Aktive Rechnungsabgrenzung[1]	A. Eigenkapital B. Rückstellungen C. Verbindlichkeiten D. Passive Rechnungsabgrenzung[1]

8.2.3 Aufstellung der Gewinn- und Verlustrechnung in Kontenform

Wie die Bilanz, entsteht auch die Gewinn- und Verlustrechnung aus den Zahlen der Bilanz, nämlich aus den Konten der Kontenklassen 5 bis 7.

5	6	7
Erträge	Betriebliche Aufwendungen	Weitere Aufwendungen

Kontenklasse des Kontenrahmens

Inhalt der Kontenklassen

Gewinn- und Verlustrechnung

Soll	Haben
Aufw. für Waren Aufw. für Material Löhne und Gehälter Abschreibungen Aufw. f. Rechte u. Dienste Aufw. f. Kommunikation Betriebliche Steuern Zinsaufwand Außerordentl. Aufw. **Gewinn** **(Eigenkapital wird größer)**	Umsatzerlöse Zinserträge Mieterträge Eigenverbrauch **evtl. Verlust** **(Eigenkapital wird kleiner)**

GuV-Rechnung in Kontenform zulässig für
- Einzelunternehmen
- Personengesellschaften

11

1 Zur zeitlichen Abgrenzung von Aufwendungen und Erträgen aus dem vergangenen Geschäftsjahr, die aber dem laufenden Geschäftsjahr zuzuordnen sind, führt die Buchführung die Konten „Aktive Rechnungsabgrenzung" (für Ausgaben im Vorjahr) und „Passive Rechnungsabgrenzung" (für Einnahmen im Vorjahr).

Die Gewinn- und Verlustrechnung in Staffelform

Während die Aufstellung der GuV-Rechnung in Kontenform für Einzelunternehmen und Personengesellschaften zulässig und üblich ist, schreibt das HGB in § 275 für die Kapitalgesellschaften für die Gewinn- und Verlustrechnung die Staffelform vor. Hierbei werden Aufwendungen und Erträge nicht mehr einander gegenübergestellt, sondern in einer genau festgelegten Reihenfolge untereinander angeordnet. Ausgangspunkt sind die Umsatzerlöse, die dann um Aufwendungen und Erträge entsprechend dem Schema vermehrt bzw. vermindert werden. Ergebnis ist der Jahresüberschuss (= Gewinn) bzw. der Jahresfehlbetrag (= Verlust).

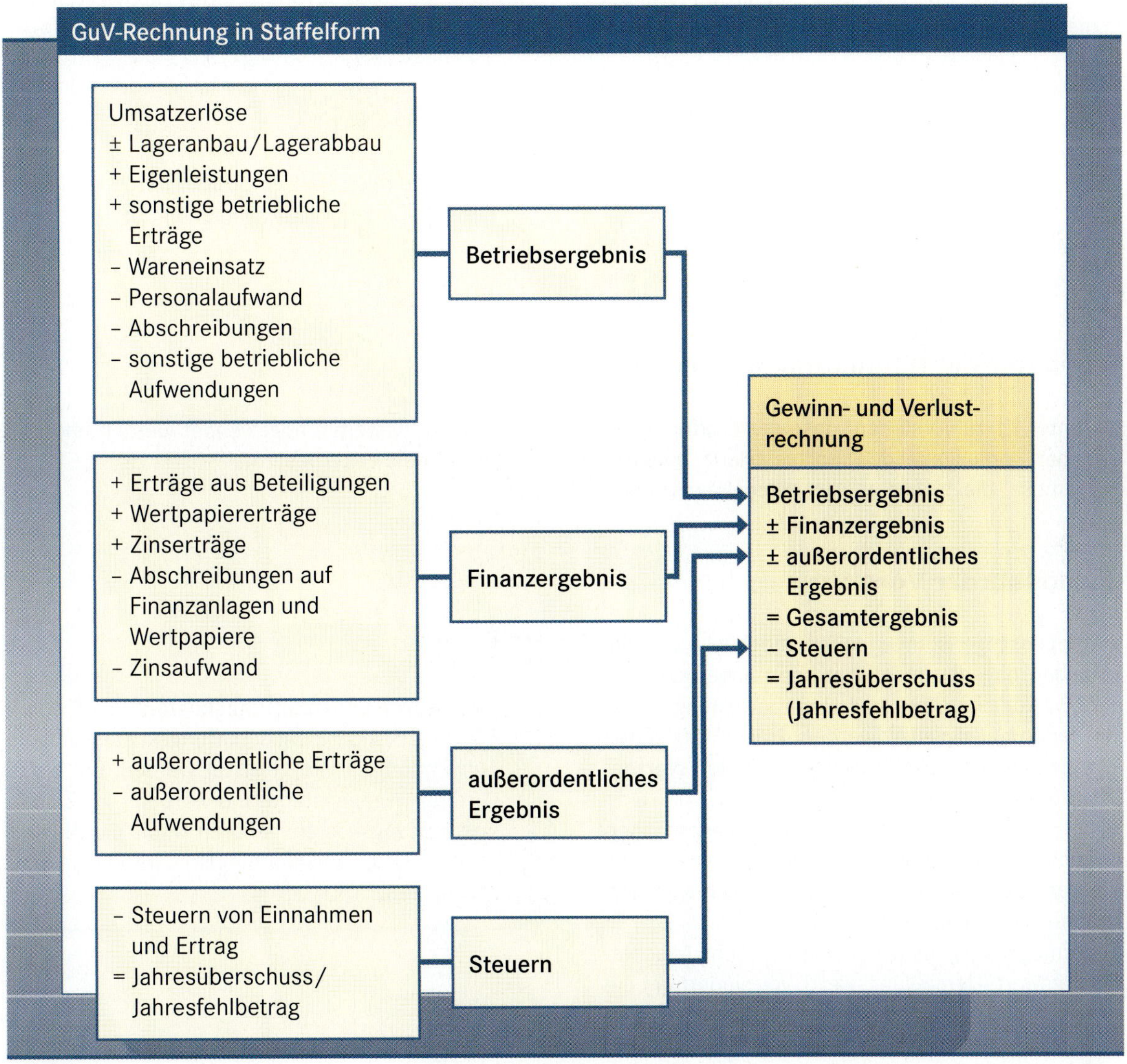

Gewinnverwendung

Nach der Feststellung des Jahresergebnisses ist über die Gewinnverwendung zu entscheiden:

- Erhöhung der Eigenkapitalbasis durch Rücklagenbildung,
- Bildung von Rückstellungen für besondere Vorhaben und Risiken oder
- Entnahme (Ausschüttung) des Gewinns sind möglich.

Bei **Einzelunternehmen und Personengesellschaften** erfolgt die Regulierung der Eigenkapitalhöhe über das Privatkonto. Bei **Kapitalgesellschaften** wird der Bilanzgewinn ermittelt, indem man vom Jahresüberschuss Rücklagen und Rückstellungen abzieht und den Rest an die Kapitaleigner ausschüttet. Bei der Aktiengesellschaft geschieht das in Form von Dividenden auf die Aktien.

8.3 Bewertung der Vermögensgegenstände und Schulden

Nicht alle in einem Unternehmen vorhandenen Bestände (z. B. Warenvorräte) können unmittelbar in die Bilanz übernommen werden, sie bedürfen der Bewertung mit einem Geldbetrag. Unter **Bewertung** versteht man die **Zuordnung eines Geldwertes zum jeweiligen Vermögensgegenstand.**

8.3.1 Bewertungsgrundsätze

§

Das HGB macht die Bewertung der Vermögensgegenstände und Schulden zur Pflicht für alle Kaufleute (§§ 252–256). Dabei werden folgende Bewertungsgrundsätze aufgestellt:

Grundsatz der Kontinuität der Bewertung

Hierunter ist zu verstehen, dass die Eröffnungsbilanz der vorausgehenden Schlussbilanz entsprechen muss, die bisher angewandten Bewertungsgrundsätze weiterhin angewendet werden und das Unternehmen weiterbesteht.

Grundsatz der Vorsicht

Vermögensgegenstände sollen möglichst niedrig, Schulden dagegen möglichst hoch angesetzt werden, willkürliche Über- und Unterbewertungen sollen dadurch vermieden werden. Nach HGB gelten folgende **allgemeinen Grundsätze für den Wertansatz der Bilanzposten:**

- Verbindlichkeiten sind mit dem tatsächlichen Rückzahlungsbetrag anzusetzen.
- Rückstellungen sollen dem tatsächlich erforderlichen Wert entsprechen.
- Vermögensgegenstände sind mit dem Anschaffungswert (Herstellungswert), vermindert um die Abschreibungen, in der Bilanz anzugeben.

§

Der Begriff **„Anschaffungskosten"** wird durch § 251 HGB erklärt: „Anschaffungskosten sind die Aufwendungen, die geleistet werden, um einen Vermögensgegenstand zu erwerben [...]. Zu den Anschaffungskosten gehören auch die Nebenkosten [...], Anschaffungsminderungen sind abzusetzen."

Anschaffungskosten: Listenpreis – Rabatt – Skonto + Bezugskosten = **Einstandspreis**

In der Regel sind die Warenvorräte im Einzelhandel mit dem Einstandspreis (Bezugspreis) in die Bilanz zu übernehmen.

8.3.2 Verwendung des Jahresergebnisses

Ziel aller unternehmerischen Tätigkeit ist das Bestreben, Gewinne zu erzielen (= erwerbswirtschaftliches Prinzip) und damit das Unternehmen langfristig abzusichern. Aufschluss über das Erreichen dieses Zieles gibt das Jahresergebnis in der Form eines Gewinns oder eines Verlustes.

Bei **Einzelunternehmen** und **Personengesellschaften** wird das Eigenkapital in die Bilanz übernommen, nachdem es um Privatentnahmen und Verluste vermindert bzw. durch Privateinlagen oder Gewinne erhöht wurde. Anders hingegen bei den **Kapitalgesellschaften**, da bei ihnen der Gewinn/Verlust nicht mit dem Kapital verrechnet werden darf. Dieses ist stets als „gezeichnetes Kapital“ in der Bilanz auszuweisen.

Deshalb müssen bei einer AG oder GmbH die folgenden Positionen in der Bilanz einzeln angegeben werden.

- **Gezeichnetes Kapital:** Grundkapital der AG bzw. Stammkapital der GmbH;
- **Kapitalrücklagen:** von außen zugeflossene Eigenmittel (Eigenfinanzierung);
- **Gewinnrücklage:** nicht ausgeschüttete Gewinne (Innenfinanzierung).

Für die Verwendung des Gewinns ergibt sich neben der Gewinnentnahme **(Gewinnausschüttung)** die Möglichkeit, durch **Rücklagenbildung** die Eigenkapitalbasis zu vergrößern bzw. durch **Rückstellungen** das Eigenkapital der Höhe nach beizubehalten, aber Geld für besondere Vorhaben oder Risiken bereitzuhalten.

8.4 Auswertung der Bilanz

Die Bilanz ist ein wichtiges Mittel der Unternehmensführung und gibt der Geschäftsleitung wichtige Aufschlüsse über den wirtschaftlichen Stand des Unternehmens. Die betriebswirtschaftliche Auswertung der Bilanz erfolgt in zwei Schritten: Bilanzanalyse und Bilanzkritik.

8.4.1 Bilanzanalyse

Die Daten des Jahresabschlusses (Bilanz, GuV-Rechnung, Geschäftsbericht) werden ausgewertet, um Informationen über die wirtschaftliche Lage des Unternehmens, insbesondere der Vermögens- und Ertragslage zu gewinnen. Diese Informationen erhält man durch die Bildung von **Bilanzkennziffern**.

8.4.2 Bilanzkennziffern

Bilanzkennziffern sind eine rechnerische Auswertung zur Beurteilung der **Kapitalstruktur**, der **Vermögensstruktur** und der **Liquidität** des Unternehmens.

Kapitalstruktur

11

$$\text{Kapitalstruktur} = \frac{\text{Eigenkapital} \cdot 100}{\text{Gesamtkapital}}$$

Diese Kennziffer dient der Beurteilung der Finanzierung des Unternehmens. Als solide finanziert gilt ein Unternehmen mit einem hohen Anteil an Eigenkapital am Gesamtkapital.

Sie ergibt sich nach der sogenannten **„goldenen Bilanzregel“**, die aussagt, dass das Anlagevermögen durch langfristiges Kapital gedeckt sein soll.

$$\text{Kapitalstruktur} = \frac{\text{Eigenkapital} + \text{langfristiges Fremdkapital} \cdot 100}{\text{Gesamtkapital}}$$

Aus diesem Grund bezieht man neben dem Eigenkapital auch das langfristige Fremdkapital in die Betrachtung ein.

Vermögensstruktur

$$\text{Vermögensstruktur} = \frac{\text{Anlagevermögen}}{\text{Umlaufvermögen}}$$

Diese Analyse untersucht die Aktivseite der Bilanz und ermittelt das Verhältnis zwischen Anlagevermögen und Umlaufvermögen. Je höher das Umlaufvermögen im Verhältnis zum Anlagevermögen, desto besser die Gewinnaussichten.

Liquidität

Unter dem Grad der Liquidität eines Unternehmens versteht man dessen Zahlungsfähigkeit. Sie ergibt sich aus dem Verhältnis der kurzfristigen Verbindlichkeiten zu den „flüssigen Mitteln“ des Unternehmens.

$$\text{Liquidität 1. Grades} = \frac{\text{sofort verfügbare Mittel}}{\text{fällige Verbindlichkeiten}}$$

Bei der Liquidität **1. Grades** zieht man die sofort verfügbaren Mittel (Kassenbestand und Bankguthaben) heran und bezieht sie auf die **fälligen** Verbindlichkeiten.

11

$$\text{Liquidität 2. Grades} = \frac{\text{sofort verfügbare Mittel} + \text{kurzfr. Forderungen} + \text{Waren}}{\text{kurzfristige Verbindlichkeiten}}$$

Bei der Liquidität **2. Grades** werden außer den Kassen- und Bankbeständen noch die kurzfristig veräußerbaren Waren und die kurzfristigen Forderungen einbezogen und den **kurzfristigen** Verbindlichkeiten gegenübergestellt.

8.4.3 Bilanzkritik

Die Bilanzkritik bewertet die Bilanz vor allem im Vergleich mit vorausgehenden Perioden, aber auch mit den Bilanzdaten vergleichbarer anderer Unternehmen.

Man unterscheidet dabei die **formelle Bilanzkritik**, die die Untersuchung von Gliederung, Klarheit und Vollständigkeit der Bilanz zum Inhalt hat, und die **materielle Bilanzkritik**, die sich vornehmlich der Kapitalzusammensetzung, der Vermögenszusammensetzung, der Liquidität und dem Unternehmenserfolg widmet.

8.5 Elektronische Buchhaltung (Speicherbuchhaltung)

8.5.1 Entwicklung zur elektronischen Buchhaltung

Ohne Einsatz des Computers ist eine moderne Unternehmensführung heute undenkbar geworden. Auch in die Buchhaltung hat der Computer längst Eingang gefunden und ist heute ein unverzichtbares Hilfsmittel des Buchhalters. Das darf aber nicht darüber hinwegtäuschen, dass sich die eigentliche Buchhaltung dadurch nur wenig verändert hat, man hat den Buchhalter lediglich von einer Reihe schematischer und routinemäßiger Aufgaben entlastet. Seit der Beschreibung der doppelten Buchführung durch Luca Pacioli im Jahr 1494 hat sich das System der Buchführung nur dem jeweiligen Fortschritt angepasst.

Grundsätzlich besteht die Buchführung aus zwei Teilen:

- dem **Grundbuch** (Journal) mit den zeitlich geordneten Buchungssätzen und
- dem **Hauptbuch** (den Konten) mit der sachlichen Zuordnung der Zahlen des Grundbuches.

Die Entwicklung der Buchführung hat sich bis heute in drei Schritten vollzogen.

1. **Manuelle Buchführung:** Alle laufenden Buchungen in Grund- und Hauptbuch erfolgten handschriftlich, der Abschluss musste ebenfalls handschriftlich vorgenommen werden.
2. **Maschinenbuchführung:** Der Buchungssatz wurde vom Buchhalter in der Regel auf dem Beleg in einen Kontierungsstempel eingetragen und dann in einem Arbeitsgang in der Buchungsmaschine in Journal und Sachkonten eingetippt. Der Abschluss erfolgte manuell.
3. **Elektronische Buchführung:** Der Buchungssatz wird vom Buchhalter in eine Bildschirmmaske eingetragen, alle weiteren Verarbeitungsschritte, auch den Kontenabschluss, übernimmt der Computer.

8.5.2 Gesetzliche Grundlagen der Speicherbuchführung

Auch der Gesetzgeber konnte sich der Bedeutung der Datenverarbeitung für die Buchführung nicht verschließen und hat deshalb die „Grundsätze zur ordnungsmäßigen Speicherbuchführung (GoS)" erlassen. Dort wird festgestellt, dass „die nach steuerlichen Vorschriften zu führenden Bücher und sonst erforderlichen Aufzeichnungen auf Datenträgern geführt werden (können), soweit diese Form der Buchführung [...] den Grundsätzen ordnungsmäßiger Buchführung entspricht". Auch in einer automatisierten Buchhaltung kann und darf (mit Ausnahmen) auf den Beleg nicht verzichtet werden, er bleibt Grundlage der Buchhaltung.

Im Einzelnen schreibt die GoS unter anderem vor, dass:

- die Daten jederzeit lesbar gemacht werden können,
- Einzel-, Sammel- oder Dauerbelege vorhanden sind,
- die Geschäftsfälle sachlich und zeitlich zuordenbar gebucht werden,
- bei Änderungen die ursprünglichen Inhalte feststellbar bleiben,
- sie jederzeit von einem sachverständigen Dritten prüfbar bleiben.

8.5.3 Speicherbuchführung und herkömmliche Buchführung

Die Vorteile der Speicherbuchführung gegenüber einer herkömmlichen Buchhaltung sind ohne Weiteres erkennbar.

Der Computer (und sein Buchhaltungsprogramm)
- führt Aufgaben schneller und sicherer durch als der Mensch,
- überträgt die eingegebenen Zahlen automatisch in Grundbuch und Konten,
- erledigt den Abschluss „auf Knopfdruck“,
- wertet die eingegebenen Zahlenmaterialien ohne Aufwand aus.

Als Nachteil könnte man sehen, dass bei der Speicherbuchhaltung die Daten in einem Speicher verschwinden und nicht mehr direkt eingesehen werden können wie bei der herkömmlichen Buchhaltung, bei der man die jeweiligen Konten immer überschaubar vor sich hat. Da nur noch wenige Zahlen in eine Bildschirmmaske einzugeben sind, glaubt man, mit weniger Buchführungskenntnissen auskommen zu können. Dies ist aber ein Trugschluss, da das Buchhaltungswissen vor allem in der Umsetzung des Geschäftsfalles in einen Buchungssatz liegt und diesen Schritt kann der Computer nur bei Routinebuchungen selbst vollziehen.

8.5.4 Buchen am Computer

Journal

Zeitlich geordnete systematische Erfassung der Geschäftsfälle (keine direkte Eingabe)

Dialogfenster

Erfassungsmaske zur Eingabe der Daten des Geschäftsfalles als Buchungssatz

Schaltfläche zum Öffnen von Auswahlfenstern

Befehlsschaltflächen zur Übernahme des Buchungssatzes in den Buchhaltungsstapel bzw. zum Abbruch des Geschäftsfalles

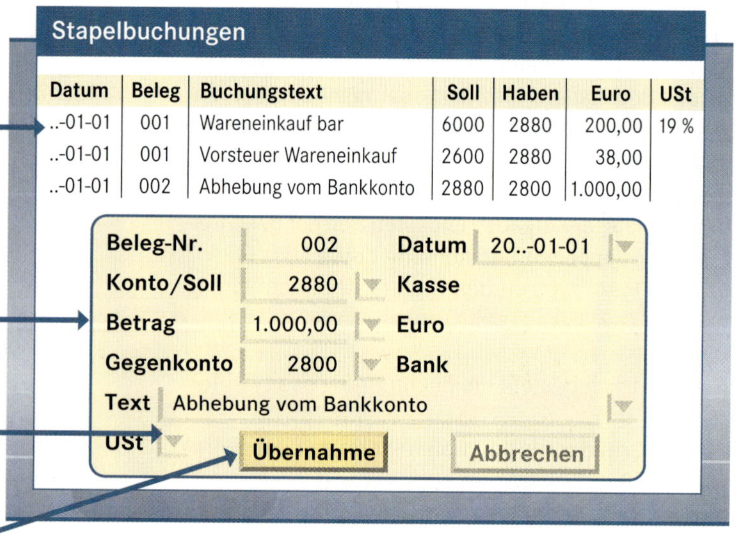

Der Buchhalter hat es in der Regel am Computer mit drei Arten von Buchungen zu tun:
- **Einfache Buchungssätze** können unter einer Belegnummer in die Buchungsmaske eingegeben und so gebucht werden.
- **Zusammengesetzte Buchungssätze** werden in einfache Buchungssätze aufgelöst (gesplittet) und unter der gleichen Belegnummer in mehreren Buchungsvorgängen in das Programm übernommen.
- **Buchung mit Umsatzsteuer.** Hier ist zu beachten, dass sie als einfache Buchungssätze eingegeben werden, das Programm führt das Splitten dann automatisch durch.

8.5.5 Von der Kontoeröffnung zur Bilanz

Kontoeröffnung: Die in der klassischen Buchführung erforderliche Konteneröffnung zum Beginn des Geschäftsjahres ist in der Speicherbuchhaltung nur bei der erstmaligen Eröffnung erforderlich. Für jedes neue Geschäftsjahr werden als Anfangsbestände automatisch die Abschlussbestände aus dem vorausgehenden Geschäftsjahr übernommen.

Stapelbuchführung: Eine nicht zu unterschätzende Hilfe für den Buchhalter liegt in der Möglichkeit, alle Buchungen zunächst auf einem Buchungsstapel abzulegen. Solange dieser Stapel nicht endgültig gebucht ist, können alle Buchungen, die sich in diesem Stapel befinden, noch auf Fehler geprüft und eventuell geändert oder entfernt werden. Nach der endgültigen Buchung sind Änderungen nicht mehr unmittelbar möglich.

Dialogbuchführung: Im Gegensatz zur Stapelmethode wird bei der Dialogbuchführung die Buchung sofort in die Datenbank übernommen. Bei diesem Verfahren sind nachträgliche Änderungen nicht mehr ohne Weiteres möglich. Ist eine Buchung nachträglich als falsch erkannt worden, muss erst die ursprüngliche Buchung durch Gegenbuchung **(Stornobuchung)** erkennbar rückgängig gemacht werden. Danach kann der richtige Buchungssatz eingegeben werden.

Standardbuchungen: Wiederholen sich gleiche Buchungen regelmäßig, können sie in einer Liste erfasst werden und daraus schnell aufgerufen und gebucht werden.

Kontenabschluss: Einer der großen Vorteile der Speicherbuchung ist die automatisierte Erstellung von Gewinn und Verlustkonto und Schlussbilanz. Bevor sie jedoch aufgerufen werden können, sind zunächst die vorbereitenden Abschlussbuchungen vom Buchhalter durchzuführen. Dazu gehören insbesondere die Erfassung der Bestandsveränderungen, Bewertungen, Abschreibungen und Rückstellungen.

Nebenbuchhaltungen: Neben der Finanzbuchhaltung mit Grund- und Hauptbuch umfasst der Leistungsumfang vieler Buchhaltungsprogramme die Übernahme von zusätzlichen buchhalterischen Aufgaben wie

- **Anlagenbuchführung** (Verwaltung des Anlagevermögens und Durchführung und Überwachung der gesetzlichen Abschreibungen),
- **Lagerbuchhaltung** (Aufzeichnungen über Warenbestände sowie Zugänge, Abgänge und Abschreibungen von Waren),
- **Lohn- und Gehaltsbuchhaltung** (Gehaltsabrechnung),
- **Kreditorenbuchhaltung** (Verwaltung der Konten der einzelnen Lieferer und der noch nicht bezahlten Liefererrechnungen),
- **Debitorenbuchhaltung** (Verwaltung der einzelnen Kundenkonten und der noch offenen Kundenforderungen).

Die Kreditoren- und Debitorenbuchhaltung bezeichnet man häufig auch als **Offene-Posten-Buchhaltung**, der aus Gründen der Liquidität des Betriebes eine zentrale Bedeutung zuzuschreiben ist.

9 Überwachung der Unternehmenstätigkeit

Um den Unternehmenserfolg kurz- und langfristig zu sichern, bedarf es einer ständigen Überwachung der Unternehmenstätigkeit (Controllling). Zu diesem Zweck kann sich die Geschäftsleitung einer Reihe von Instrumenten bedienen.

Dazu dienen
- die Betriebsübersicht,
- die Deckungsbeitragsrechnung,
- die kurzfristige Erfolgsrechnung,
- der Betriebsvergleich,
- das Kennziffernsystem.

9.1 Abschlussübersicht als Kontrollinstrument der Betriebsführung

Jeder Kaufmann ist verpflichtet, einmal jährlich zum Ende des Geschäftsjahres einen Abschluss seiner Buchhaltung durchzuführen. Das geschieht durch den Abschluss aller Konten und die Aufstellung der Gewinn- und Verlustrechnung und der Bilanz.

Möchte ein Kaufmann zu einem anderen Zeitpunkt den finanziellen Stand seines Unternehmens ermitteln, kann er das
- durch einen Zwischenabschluss bei der Speicherbuchführung oder
- durch die Aufstellung einer Betriebsübersicht.

In beiden Fällen ist kein Kontoabschluss erforderlich.

Summenbilanz

Bei der Betriebsübersicht wird anstelle des Kontoabschlusses auf jeder Kontoseite die Summe aller Beträge ermittelt und in eine sogenannte Summenbilanz eingetragen. Auf diese Weise übernimmt man aus allen Konten die darin enthaltenen Werte, ohne die Konten abschließen und anschließend wieder eröffnen zu müssen.

S **Kasse** H

	S		H
AB	15.000,00		3.600,00
	2.400,00		4.100,00
	1.080,00		
	420,00		

S **Kreditinstitute** H

	S		H
AB	62.000,00		7.200,00
	17.900,00		16.600,00
	12.850,00		3.100,00
	4.900,00		

S **Eigenkapital** H

	S		H
		AB	86.150,00

S **Aufw. f. Material** H

	S		H
	2.900,00		
	1.300,00		

Summenbilanz

Konto	Soll	Haben
	18.900,00	7.700,00
	97.650,00	26.900,00
	–	86.150,00
	4.200,00	–
Summe	120.750,00	120.750,00

Summen aus den Konten in einer Zahl in die Summenbilanz übernehmen

Betriebsübersicht

Aus der Summenbilanz ergibt sich dann nach mehreren Umformungen die aktuelle Ergebnisbilanz (GuV-Konto) und die Vermögensbilanz, die der Schlussbilanz entspricht. Die Betriebsübersicht entwickelt die Schlussbilanz in insgesamt sechs Spalten:

- Summenbilanz (Kontoinhalt)
- Saldenbilanz I (Differenzen)
- Umbuchungen (Abschlussvorbereitung)
- Saldenbilanz II (Differenz aus Saldenbilanz I und Umbuchungen)
- Schlussbilanz (Bestandskonten)
- Ergebnisbilanz (GuV-Konto, Erfolgskonten)

	Summenbilanz		Saldenbilanz I		Umbuchungen		Saldenbilanz II		Gewinn und Verlust		Schlussbilanz	
Konten	Soll	Haben	Soll	Haben	Soll	Haben	Soll	Haben	Aufwand	Ertrag	Aktiva	Passiva
BGA	42.000		42.000			② 4.200	37.800				37.800	
Waren	85.800		85.800			④ 3.000	82.800				82.800	
F. a. LL	16.400	4.200	12.200				12.200				12.200	
Vorsteuer	5.200		5.200			③ 5.200						
Kreditinstitute	38.700	22.700	16.000				16.000				16.000	
Kasse	12.900	7.700	5.200				5.200				5.200	
Eigenkapital		136.000		136.000	① 5.500			130.500				130.500
Privat	5.500		5.500			① 5.500						
V. a. LL	24.600	32.900		8.300				8.300				8.300
Umsatzsteuer		10.800		10.800	③ 5.200			5.600				5.600
Umsatzerlöse		56.600		56.600				56.600		56.600		
Eigenverbrauch		4.100		4.100				4.100		4.100		
Auf. f. Waren	29.000		29.000		④ 3.000		32.000		32.000			
A. f. Material	4.300		4.300				4.300		4.300			
Gehälter	8.200		8.200				8.200		8.200			
Abschreibungen			0		② 4.200		4.200		4.200			
A. f. Kommunik.	2.400		2.400				2.400		2.400			
Summen	275.000	275.000	215.800	215.800	17.900	17.900	205.100	205.100	51.100	60.700	154.000	144.400
								Gewinn	9.600			9.600
								Verlust	60.700	60.700	154.000	154.000

Alle eröffneten und gebuchten Konten müssen erfasst werden.

Summenbilanz
Übernahme der Bestände der einzelnen Kontenseiten, die beiden Seiten der Summenbilanz müssen gleich groß sein.

Saldenbilanz I
Aus der Summenbilanz entsteht durch Saldieren der beiden Seiten die Saldenbilanz.

Umbuchungen
Vorbereitung des Abschlusses durch Umbuchungen:
① Privatkonto zum Eigenkapital umbuchen.
② Abschreibung auf BGA durchführen.
③ Vorsteuer auf Umsatzsteuer umbuchen.
④ Saldo des Warenbestandkontos (Bestandveränderung) auf das Konto „Aufwendungen für Waren" umbuchen.

Saldenbilanz II
Korrektur der Saldenbilanz I durch die Werte der erfolgten Umbuchungen, man erhält jetzt die endgültigen Abschlusswerte.

Ergebnisbilanz
Die Werte der Erfolgskonten werden in die Ergebnisbilanz (GuV-Rechnung) übernommen. Da die Summen noch nicht ausgeglichen sind, muss noch ein Abschlussschritt folgen, die Ermittlung von Gewinn (Soll) oder Verlust (Haben).

Schlussbilanz
Nach der Umbuchung von Gewinn oder Verlust ergibt sich die Vermögensbilanz. Aktiv- und Passivseite müssen ausgeglichen sein.

11

Die Betriebsübersicht (auch als Abschlussübersicht bezeichnet) hat durch den Einsatz von Finanzbuchhaltungsprogrammen viel an Bedeutung eingebüßt. Die Datenverarbeitung ermöglicht jederzeit einen schnellen und aussagekräftigen Zwischenabschluss.

9.2 Deckungsbeitragsrechnung

Die Deckungsbeitragsrechnung ist als eine besondere Form der „Kurzfristigen Erfolgsrechnung (KER)" ein **Kontrollinstrument der Geschäftsleitung**. Damit können Entscheidungen im Rahmen der Personalpolitik sowie der Sortiments- und Preispolitik vorbereitet und unterstützt werden.

Man teilt dabei die im Betrieb entstandenen Kosten (z. B. nach Abteilungen) danach auf, ob sie

- direkt zurechenbar oder
- nicht direkt zurechenbar sind.

Zu den direkten Kosten zählen dann die Personalkosten der Abteilung, Heizung, Beleuchtung, Packmaterial und Ähnliches. Die nicht direkten Kosten erfassen dagegen alle Kosten, die den Gesamtbetrieb betreffen, wie z. B. Verwaltungskosten, Werbung, Schaufenster und Kundendienste.

Für einen Einzelhandelsbetrieb mit drei Abteilungen könnte man dann die folgende (stark vereinfachte) Deckungsbeitragsrechnung aufstellen:

	Gesamt		Abteilung A		Abteilung B		Abteilung C	
	€	%	€	%	€	%	€	%
Bruttoumsatz	800.000,00	100	400.000,00	100	300.000,00	100	100.000,00	100
- USt	120.000,00		60.000,00		45.000,00		15.000,00	
= Nettoumsatz	680.000,00		340.000,00		255.000,00		85.000,00	
- Wareneinsatz	320.000,00		160.000,00		85.000,00		60.000,00	
= Rohgewinn	360.000,00		180.000,00		170.000,00		25.000,00	
- direkte Kosten	200.000,00		100.000,00		80.000,00		20.000,00	
= Deckungsbeitrag	**160.000,00**	**20**	**80.000,00**	**20**	**90.000,00**	**30**	**5.000,00**	**5**
- nicht direkte Kosten	120.000,00							
= Gewinn	40.000,00	5						

Deckungsbeitragsrate = Deckungsbeitrag · 100 : Bruttoumsatz

Der Deckungsbeitrag zeigt, in welchem Ausmaß die einzelnen Abteilungen zur Deckung der Gemeinkosten und des Gewinnes beitragen. Je höher die Deckungsbeitragsrate ist, desto größer ist der Anteil der Abteilung an der Finanzierung der nicht direkt zurechenbaren Kosten und an der Erwirtschaftung des Betriebsgewinnes.

Im Beispiel (oben) entsteht ein dringender Handlungsbedarf hinsichtlich der Abteilung C. Folgende unternehmenspolitische Überlegungen müssten angestellt werden:

- Ist die Abteilung für das Image des Geschäftes notwendig (Konkurrenzsituation)?
- Sollte die Abteilung ganz aufgelöst werden?
- Kann die Abteilung attraktiver gestaltet werden (Preise, Sortiment, Warenpräsentation, Einkaufskonditionen)?
- Ist die Abteilung personell überbesetzt?

Auf gleiche Weise kann der Deckungsbeitrag für eine Warengruppe und bei artikelgenauer Erfassung im Warenwirtschaftssystem auch für einen bestimmten Artikel errechnet werden.

9.3 Kurzfristige Erfolgsrechnung (KER)

Das Ziel jedes Unternehmers ist den Gewinn zu erhöhen; entweder muss der Umsatz erhöht werden, was oftmals schwierig ist, oder die Kosten müssen gesenkt werden. Deshalb müssen die Kosten kontrolliert werden.

Die Kostenkontrolle muss
- aktuell,
- vollständig,
- übersichtlich,
- verständlich sein.

Hilfsmittel dazu ist die kurzfristige Erfolgsrechnung. Sie ist für den Unternehmer besonders aussagekräftig, denn sie liefert ihm erweiterte wirtschaftliche Informationen, die er zur Steuerung von Umsatz und Warenbestand einsetzen kann. Die KER liefert einen Überblick über Lagerbewegungen und Umsätze eines Monats für einen einzelnen Artikel, eine ganze Warengruppe, eine Abteilung oder eine Filiale, je nach gewählter Auswertungsart.

Dabei werden die Zahlen eines Monats verglichen mit den Zahlen der Summe aller Monate des Geschäftsjahres sowie dem gleichen Monat des Vorjahres und den entsprechenden Summen des Vorjahres statistisch dargestellt.

Kurzfristige Erfolgsrechnung für einen aktuellen Monat		
Umsatz	Menge, Wert, Entwicklung (Tendenz)	werden jeweils verglichen mit:
Einkauf	Menge, Einkaufswert, Verkaufswert	– aufgelaufener Summe/Jahr
Bestand	Menge, Verkaufswert	– Vorjahresmonat
Kalkulation	Rohgewinn in € und %	
Rentabilität	Handelsspanne in %	– aufgelaufener Summe Vorjahr

Diese Statistik ist geeignet, dem Unternehmer einen schnellen Überblick über Situation und Entwicklung einer bestimmten Abteilung oder Warengruppe zu liefern und daraus unternehmenspolitische Entscheidungen abzuleiten.

9.4 Betriebsvergleich (Benchmarking)

Der **Erhaltung des Betriebes** und der Sicherung der Arbeitsplätze dient auch der Betriebsvergleich, den das Institut für Handelsforschung an der Universität Köln in Verbindung mit dem Hauptverband des Deutschen Einzelhandels (HDE) jährlich durchführt.

Mehrere Tausend Einzelhandelsgeschäfte stellen monatlich ihre Umsatzzahlen, Kosten und Beschäftigtenzahlen dem Institut anonym zur Verfügung. Die aus diesem Zahlenmaterial errechneten Durchschnittswerte für die verschiedenen Betriebsgrößen (= **betriebliche Kennziffern)** werden den beteiligten Firmen mitgeteilt, sodass sie in der Lage sind, die Entwicklung des eigenen Betriebes mit derjenigen anderer gleichartiger Betriebe zu vergleichen.

Solche Zahlen sind z. B.:
- durchschnittlicher Umsatz je Betrieb,
- durchschnittlicher Umsatz je beschäftigte Person und je Kunde,
- durchschnittlicher Umsatz je m^2 Verkaufsfläche,
- Umschlagsgeschwindigkeit des Warenlagers,
- Personalkosten in Prozent vom Umsatz,
- Miete in Prozent vom Umsatz,
- Werbekosten in Prozent vom Umsatz.

Zwischenbetriebliche Vergleiche haben die Aufgabe, Zahlen aus Inventur, Buchhaltung und Statistik mit den Ergebnissen anderer Betriebe zu vergleichen.

11

Innerbetriebliche Vergleiche können sein:
- Zeitvergleiche: Die Kosten und Bilanzzahlen verschiedener Jahre werden verglichen.
- Soll-Ist-Vergleiche: Die Zahlen der Planung (Soll) werden mit den tatsächlichen Werten (Ist) verglichen, z. B. hinsichtlich Kosten, Umsatz.

9.5 Kapitalkennziffern

Neben ihrer Funktion als Kontrollinstrument haben Kennziffern eine zentrale Bedeutung für die Steuerung und Planung des Betriebsgeschehens. Deshalb benötigt ein Einzelhandelsunternehmen, unabhängig von seiner Größe, ein regelmäßig den veränderten Bedingungen angepasstes Kennzahlensystem. Nachdem in Lernfeld 7, Kapitel 3.7.4 die **Lagerkennzahlen,** in Lernfeld 8, Kapitel 8.4.3 die **Umsatzkennziffern** und in Lernfeld 11, Kapitel 8.4.2 die **Bilanzkennziffern** bereits behandelt wurden, werden im Folgenden noch die **Kapitalkennziffern** erläutert

Messgröße für die Beurteilung des Erfolgs eines Unternehmens ist die Höhe des erzielten Gewinns. Dabei ist seine absolute Höhe für statistische Zwecke weniger geeignet als die Verknüpfung mit anderen Größen, wie Umsatz oder Kapital. Den Prozentsatz, der sich ergibt, wenn man derartige Beziehungszahlen errechnet, bezeichnet man als Rentabilität. Bezieht sie sich auf ein Jahr, erhält man die Rendite.

Die Rentabilität des eingesetzten Kapitals ergibt sich aus den folgenden Formeln:

Rentabilität des Eigenkapitals (Unternehmerrentabilität)

$$\text{Rentabilität des Eigenkapitals} = \frac{(\text{Reingewinn} - \text{Unternehmerlohn}) \cdot 100}{\text{Eigenkapital}}$$

Diese Kennziffer beantwortet dem Unternehmer die Frage, ob sich sein Kapitaleinsatz gelohnt hat oder ob er bei einem anderweitigen Einsatz seines Kapitals eine höhere Rendite erzielt hätte.

Rentabilität des Gesamtkapitals (Unternehmensrentabilität)

$$\text{Rentabilität des Gesamtkapitals} = \frac{([\text{Reingewinn} - \text{Unternehmerlohn}] + \text{Fremdkapitalzinsen}) \cdot 100}{\text{Gesamtkapital}}$$

Durch die Berechnung dieser Kennziffer erhält der Unternehmer Antwort auf die Frage, ob der Einsatz von Fremdkapital so erfolgt ist, dass noch rentabel gewirtschaftet wurde. Der Einsatz von Kapital hat sich dann gelohnt, wenn der Zinssatz für das eingesetzte Fremdkapital niedriger ist als die errechnete Eigenkapitalrentabilität.

$$\textbf{Umsatzrentabilität} = \frac{(\text{Reingewinn} - \text{Unternehmerlohn}) \cdot 100}{\text{Umsatz}}$$

Die Beziehung zwischen Gewinn und Umsatz ist vor allem dann aussagekräftig, wenn sie an anderen Zahlen (Betriebsvergleich) gemessen wird.

$$\textbf{Kapitalumschlagshäufigkeit} = \frac{\text{Wareneinsatz}}{\text{Gesamtkapital}}$$

Bezieht man das Kapital auf den Umsatz des Unternehmens, erhält man als neue Kennzahl die Umschlagshäufigkeit des Kapitals. Sie drückt aus, wie oft das eingesetzte Kapital in Form von Erlösen zurückgeflossen ist. Je höher dieser Umschlag ist, desto weniger Kapital muss eingesetzt werden, da das Kapital in kürzeren Abständen über den Umsatz zurückfließt.

$$\textbf{Kapitalumschlagsdauer} = \frac{360}{\text{Kapitalumschlagshäufigkeit}}$$

Will man berechnen, wie viel Tage benötigt werden, um das eingesetzte Kapital einmal umzuschlagen (zurückzuerhalten), bezieht man den Kapitalumschlag auf ein Jahr.

10 Warenwirtschaft

10.1 Herkömmliche Warenwirtschaft

Jeder Einzelhändler, der Waren kauft und verkauft, betreibt Warenwirtschaft, d. h., er kauft Waren ein, lagert sie und verkauft sie an seine Kunden weiter. Meist geschieht das auf der Basis von Erfahrungen aus der Vergangenheit und der Einschätzung künftiger Entwicklungen.

Ziel aller Warenwirtschaft ist es, den Einzelhandelsbetrieb stets verkaufsbereit zu halten, es soll möglichst kein Kunde das Geschäft verlassen, ohne die gesuchte Ware zu erhalten.

Die Warenwirtschaft umfasst dabei nicht nur den tatsächlichen Warenfluss (physischen Warenfluss, Logistik) im Betrieb, daneben fließt ein ständiger Strom von Informationen (Daten), die zur Steuerung der Warenbewegungen und als Grundlage für Entscheidungen der Geschäftsleitung notwendig sind. Solche Informationen entstehen in allen Phasen der Warenwirtschaft.

Erhebliche Nachteile hat die herkömmliche Warenwirtschaft darin, dass die anfallenden Daten

- häufig mehrfach erfasst werden müssen,
- nur langsam zum benötigten Ort gelangen (Belegtransport),
- umständlich erfasst werden (Formularvergleich, Karteiführung),
- selten optimal verknüpft werden können,
- nicht immer aussagekräftig sind,
- überhaupt nicht erfasst werden (können).

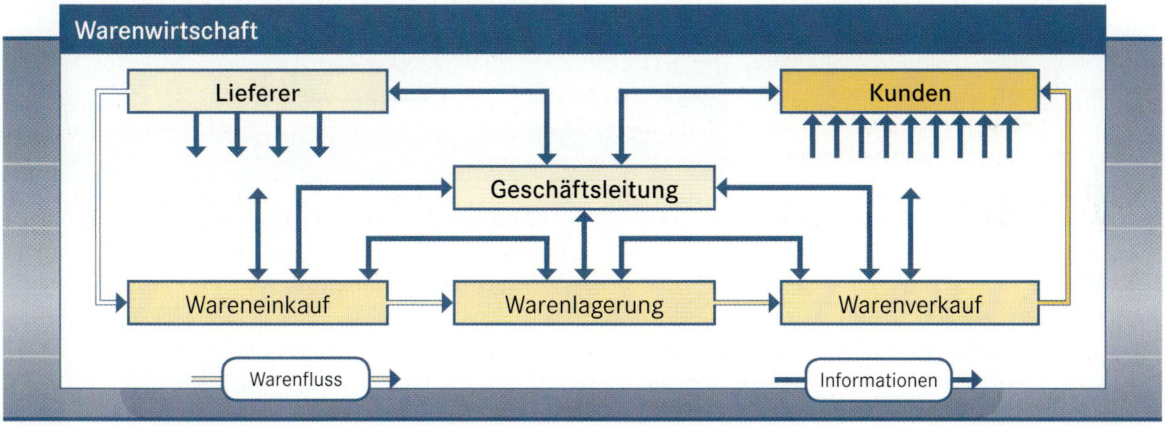

Die Grenzen der herkömmlichen Steuerung des Warenflusses im Betrieb sind vor allem in den folgenden Bereichen zu sehen:

Die Einkaufsdisposition (Warenbestellung) kann selten kurzfristig und an den aktuellen Beständen orientiert erfolgen, da im traditionellen Einzelhandel eine exakte **Bestandsüberwachung** nur selten zu finden ist. Deshalb liegen keine genauen Dispositionsunterlagen vor oder müssen erst mühselig geschaffen werden. Dabei ergeben sich die Nachteile, dass entweder zu große Lagerbestände entstehen oder aber die Ware bei entsprechender Kundennachfrage nicht vorrätig ist. Beides hat negative Auswirkungen beim Kapitalbedarf oder beim Umsatz. Eine sorgfältige **Limitplanung** mit den Mitteln der herkömmlichen Warenwirtschaft ist aufwendig und wird deshalb in der Praxis des kleinen oder mittleren Betriebes nur selten exakt durchgeführt. Erhebliche Defizite hat dieser Einzelhändler auch in der Erfassung exakter **Verkaufsdaten** (wenig aussagekräftige Kassenberichte) und in der **Bestandsfortschreibung.** Gerade die Verfügbarkeit aktueller Bestandsdaten gibt dem Einzelhändler, der über ein Warenwirtschaftssystem verfügt, die notwendige Beweglichkeit, auf aktuelle Marktereignisse schnell und wirkungsvoll zu reagieren. Die traditionelle Lagerbuchführung gibt dem Einzelhändler diese Beweglichkeit nicht. Hinzu kommt die aufwendige **manuelle Preisauszeichnung**, die einen hohen Personalbedarf erfordert und zudem fehleranfällig ist.

10.2 Warenwirtschaftssystem

Die Nachteile herkömmlicher Warenwirtschaft können in hervorragender Weise durch den Einsatz des Computers und geeigneter Computerprogramme ausgeglichen werden. Unter dem Begriff „Warenwirtschaftssystem" ist somit die computergestützte Warenwirtschaft im Einzelhandelsbetrieb zu verstehen.

Durch ein Warenwirtschaftssystem sollen alle im Betrieb anfallenden Daten in Menge und Wert (Warenbewegungsdaten) rationell erfasst werden und in einem betrieblichen Informationssystem der Überwachung und Steuerung aller Warenbewegungen dienen.

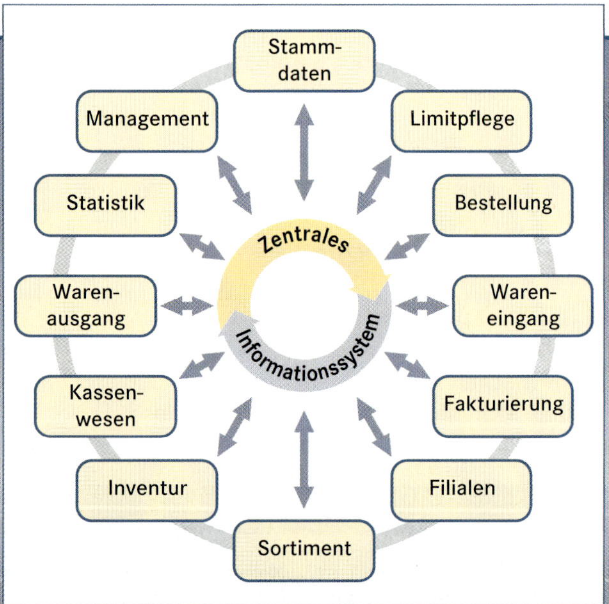

Warenwirtschaftssystem

Durch ein Warenwirtschaftssystem werden Daten

- nur einmal am Ort der Entstehung erfasst,
- schnell verfügbar gehalten (Bildschirm, Ausdruck),
- rationell erfasst (z. B. Lesestift, DVD, Scanner),
- aussagekräftig miteinander verknüpft (statistische Auswertung).

10.3 Betriebliches Datennetz

Bei jedem Warenwirtschaftssystem kann man von einer grundsätzlichen Trennung in Funktionsbereiche ausgehen. Die Übersicht auf der folgenden Seite zeigt diese Schlüsselbereiche der Warenwirtschaft mit ihren wichtigsten Inhalten.

11

Jede der in der Abbildung erkennbare Datenebene benötigt andere Informationen aus dem Warenwirtschaftssystem. Während sich die Masse der Informationen auf der **Warenebene** (Verkäufer, Verwaltungspersonal) auf einzelne Waren und Warengruppen bezieht (Etiketten, Rücksendungen, Warenverfolgung, Warenpreise), werden auf der Ebene der **Warendisposition** (Abteilungsleiter, Einkäufer) ganze Warengruppen betrachtet und die Beziehungen zu den Lieferern gepflegt (Bestellung, Limit, Personal, Sortiment insgesamt). Ganz andere Informationen sind auf der **Managementebene** (Geschäftsleitung, Unternehmer) erforderlich. Weitreichende Entscheidungen der Unternehmenspolitik bedürfen einer intensiven Vorbereitung durch statistische Zahlen aus dem Warenwirtschaftssystem. Der unmittelbare Unternehmenserfolg ergibt sich aus den Auswertungen der kurzfristigen Erfolgsrechnung.

Schlüsselbereiche des Warenwirtschaftssystems

Managementinformationen
Statistische Auswertungen über Waren, Personal, Kapital, Lieferer u. a.
Kurzfristige Erfolgsrechnung, Filialverwaltung

Datenpflege – Disposition – Bestellung
Stammdaten pflegen, Personaleinsatzplanung, Aufträge und Stornos,
Limitfortschreibung, Sortimentsanalyse und Sortimentspflege, Zahlungen

Ware →

Wareneingang
- Warenerfassung
- Belegverarbeitung
- Etikettendruck
- Rücksendungen
- Rückstände

Lagerung
- Lagerverwaltung
- Lagerbestände
- Warenverfolgung
- Inventur
- Abschriften

Warenausgang
- Kassenbericht
- Verkaufszahlen
- Kundenzahlen
- Umsätze
- Rücknahmen

→ Ware

10.4 Warenwirtschaftliche Grundsysteme

Bei der Betrachtung der auf dem Softwaremarkt angebotenen Warenwirtschaftssysteme kann man **zwei grundsätzliche Modelle** unterscheiden, nämlich ein Warenwirtschaftssystem für modeabhängige Branchen, insbesondere für Textilgeschäfte, und ein Warenwirtschaftssystem für den großen Bereich der sogenannten Stapelsortimente und hierbei besonders für den Lebensmittelhandel und die Hartwarenbranchen (z. B. Haushaltswaren, Lederwaren, Kosmetik, Rundfunkgeräte).

Warenwirtschaftliche Grundsysteme

Grundmodelle von Warenwirtschaftssystemen

Modeabhängige Branchen
z. B. Textilien, Schuhe, Sportartikel
- Datenerfassung erfolgt vorwiegend artikelgruppengenau (artikel- und stückgenaue Erfassung häufig möglich).
- Auszeichnungsart:
  Strichcode-Etiketten (Lesestift)
  Normalschrift (Tastatureingabe)
- Nachfragesituation: nicht vorhersehbar
- Lebensdauer: meist kurzlebige Artikel
- Modewechsel: häufig
- Beschaffungszeit: langfristig
- Nachbestellung: selten, kurzfristig
- Preisreduktion: häufig (Saisonende)

Stapelsortimente
z. B. Lebensmittel, Haushalt, Radio
- Datenerfassung erfolgt vorwiegend artikelgenau (stückgenau möglich).
- Auszeichnungsart:
  EAN-Code (Scanner)
  OCR-A-Etikett und Klarschrift
- Nachfragesituation: vorhersehbar
- Lebensdauer: meist langlebige Artikel
- Modewechsel: selten
- Beschaffungszeit: kurzfristig
- Nachbestellung: jederzeit, häufig
- Preisreduktion: selten

Tiefe der Warenerfassung im System:

Erfassung erfolgt	z. B. Textilien	z. B. Haushaltswaren
artikelgruppengenau	Damenkleider bis 200,00 €	Speiseservice bis 250,00 €
artikelgenau	Damenkleid „Ines“ 169,00 €	Service „Bar“ 179,00 €
stückgenau	Damenkleid „Iris“, pink, Gr. 38, 186,00 €	Service „Top“ Tasse, hoch, 18,00 €

Identnummer:
Ein im Warenwirtschaftssystem häufig anzutreffendes Nummernsystem, bei dem über die Identnummer, die vom Computer willkürlich vergeben wird, auf die eigentliche Artikelnummer zugegriffen werden kann. Die Identnummer ist wesentlich kürzer als die Artikelnummer (die evtl. 17 und mehr Stellen umfassen kann) und damit leichter zu handhaben (7–8 Stellen). Beim Identnummernsystem handelt es sich um ein zusätzliches Verzeichnis zur Verwaltung der eigentlichen Artikelnummer (Indexnummern).

OCR-Schrift:
Optical-**C**haracter-**R**ecognition = optisch lesbare Schrift. Lesbar mithilfe eines Lichtstrahls, der die Zeichen abtastet (Lichtstift, Barcodeleser, Scanner) und das Zeichenmuster zum Computer überträgt. Der Computer erkennt das Zeichen durch Vergleich mit einem Satz von gespeicherten Schriftzeichen.

Strichcodes

- **E**uropäische **A**rtikel **N**ummer (EAN-13 bzw. seit 2009 **G**lobal **T**rade **I**tem **N**umber [GTIN] mit standardmäßig 13 Stellen); die Auszeichnung mit der EAN-Code-Nummer erfolgt grundsätzlich durch den Hersteller.

4 012345 987652

13 Stellen
- 2 Stellen – Ländercode
- 5 Stellen – Betriebsnummer
- 5 Stellen – Artikelnummer
- 1 Stelle – Prüfziffer

- weiterer gebräuchlicher Strichcode:

Code 128

11

10.5 Arbeiten im Warenwirtschaftssystem

Die häufigsten Tätigkeiten bei der Bedienung eines Warenwirtschaftssystems sind die Eingaben der unterschiedlichsten Daten. Im Betrieb fallen **zwei Arten von Daten** an, nämlich die Stammdaten, die jeweils für einen längeren Zeitraum gelten, und die Bewegungsdaten, die nur für den jeweiligen Einzelfall gültig sind.

Arten von Daten

Datenarten

Stammdaten
- Liefererstammdaten
- Kundenstammdaten
- Artikelstammdaten
- Personalstammdaten

mehrfache Verwendung

Bewegungsdaten
- Verkaufszahlen
- Bestellzahlen
- Wareneinkäufe
- Kundenzahlen

einmalige Verwendung

Die Erstellung der **Stammdaten** ist die erste Arbeit, die ein neues Warenwirtschaftssystem erforderlich macht. Erst wenn die wesentlichen Stammdaten zur Verfügung stehen, kann tatsächlich mit dem System gearbeitet werden. Neben der erstmaligen Anlegung der Stammdaten müssen sie kontinuierlich auf dem neuesten Stand gehalten werden (Stammdatenpflege).

Im Gegensatz zu den Stammdaten, die bewusst angelegt werden, entstehen **Bewegungsdaten** „automatisch“, d. h., durch Eingabe der Geschäftsvorfälle in den Rechner kommen die Daten in den Datenkreislauf und können in die Verarbeitung einbezogen werden. Das erfolgt vorwiegend bei Bestellungen, Wareneingangserfassungen und bei der Eingabe der Verkäufe.

Für den Einzelhandelsbetrieb besonders wesentlich ist der Druck von Etiketten, sofern nicht mit EAN-Code-Auszeichnung gearbeitet wird, der ja bereits vom Hersteller an der Ware angebracht wird. Im Textileinzelhandel hat sich die folgende Form von Etiketten gut bewährt, da der Einzelhändler völlig frei ist, welche Informationen er auf dem Etikett anbringen will.

Neben einer Reihe verschlüsselter Angaben (Wareneingang, Einkaufspreis), die nur für den Verkäufer lesbar sind, werden Größe und Preis – in Großdruck – für den Kunden deutlich lesbar angegeben. Das Etikett besteht aus vier Teilen: Der linke Abschnitt wird dem Kunden zusammen mit der Ware ausgehändigt, der rechte Abschnitt bleibt bei der Kasse und wird später im Hintergrund in den Rechner eingelesen, da die Auszeichnung in OCR-Schrift erfolgte. Die beiden schmalen Abrisse an der Unterseite des Etiketts dienen der Warenerfassung für die Inventur.

Beispiel für ein Etikett

10.6 Auswertung der Daten

Das Warenwirtschaftssystem ist für den Einzelhändler in zweifacher Weise interessant:

- als Mittel rationeller Betriebsführung (Organisation),
- als Instrument für unternehmerische Entscheidungen.

Beiden Zielen dienen die verschiedenen Möglichkeiten, die bestehenden Datenbestände (Datenbank) nach unterschiedlichen Anforderungen auszuwerten, d. h. die Datenbank nach verschiedenen Gesichtspunkten zu sortieren, die Daten zu filtern und zu verknüpfen.

Das bedeutet in der Praxis nichts anderes, als die Datenbestände nach bestimmten betrieblichen Fragestellungen aufzubereiten („abzufragen“).

1. Einkaufsbezogene Auswertungen	
Welche Konditionen bietet mir ein Lieferer?	Liefererstammdatei
Welche Artikel eines Lieferers verkaufen sich gut oder schlecht?	Liefererstatistik
Welcher Lieferer ist mit Waren in Verzug?	Rückstandsverwaltung
Wann kommt ein bestimmter Artikel?	Bestelldatei
Welcher Lieferer kommt bei meinen Kunden besonders gut an?	Sortimentsstatistik
Welche Waren können noch eingekauft werden?	Limitverwaltung
Welche Artikel sollen nachbestellt werden?	Bestellvorschlag
Welche Rechnungen müssen wann bezahlt werden?	Offene-Posten-Verwaltung
2. Verkaufsbezogene Auswertungen	
Wie viele Kunden haben heute eingekauft?	Kundenstatistik
Wie hoch war der Durchschnittsumsatz je Kunde?	Kundenstatistik
Welche Preislagen wurden von den Kunden bevorzugt gekauft?	Sortimentsanalyse
Wie hoch war mein Tagesumsatz?	Kassenbericht
Welche Nachlässe wurden gewährt?	Kassenstatistik
Wie hoch war der Umsatz eines Verkäufers?	Verkäuferstatistik
Wie hoch war der Umsatz je Verkäufer?	Verkäuferstatistik
Wie war das eingesetzte Personal ausgelastet?	Personaleinsatz
Wie waren die Kassen ausgelastet?	Zeitstatistik
3. Sortimentsbezogene Auswertungen	
Wie hoch sind die Lagerbestände?	Sortimentsstatistik
Welche Artikel eines Lieferers sind auf Lager/in der Filiale?	Artikelstatistik
Wie verteilen sich die Waren auf die einzelnen Größen/Warengruppen?	Warengruppenstatistik
Wo befinden sich im Sortiment „Renner“ oder „Penner“?	Renner-Penner-Liste
Welche Über- oder Unterbestände gibt es?	Inventur
Wo lagern welche Waren?	Lagerstatistik
Welche Waren sind ungünstig platziert?	Lagerstatistik
4. Managementbezogene Auswertungen	
Welche besonderen Aktionen sollten geplant werden?	Mengenstatistik
Welche Filialen arbeiten erfolgreich?	Filialverwaltung
Wie ertragreich sind die Verkaufsflächen?	Flächenstatistik
Wie sieht das Inventurergebnis aus?	Inventur
Welche Inventurdifferenzen liegen vor?	Soll-Ist-Vergleich
Stimmt die Kalkulation?	KER
Welche Lagerkennziffern ergeben sich?	KER

5615434

10.7 Inventur mit einem Warenwirtschaftssystem

Eine wesentliche Erleichterung bietet das Warenwirtschaftssystem dem Einzelhändler bei einer zügigen Abwicklung der Inventur.

Zwei unterschiedliche Verfahren werden in der Praxis angewandt:
1. **Klarschrift-Etiketten:** Von jedem Warenetikett wird ein Inventurabschnitt abgetrennt und in den Computer eingelesen. Wenn alle Waren erfasst sind, können die Daten entsprechend ausgewertet werden.
2. **Strichcode-Etiketten:** Mit einem Mobile-Daten-Erfassungsgerät (MDE-Handgerät) werden die Strichcode-Etiketten in den Handleser eingelesen und später in den Computer übertragen.

Die Auswertung der erfassten Daten erfolgt durch das Warenwirtschaftssystem; durch entsprechende Schnittstellen können die Daten in vielen Fällen durch Finanzbuchhaltungsprogramme oder durch Rechenzentren weiterbearbeitet werden.

Besondere Bedeutung erhält das Warenwirtschaftssystem im Zusammenhang mit der **Durchführung einer permanenten Inventur.** Sowohl die Stichtagsinventur als auch die zeitlich versetzte Inventur bedeuten erhebliche Eingriffe und Störungen in den Geschäftsbetrieb, das kann so weit gehen, dass das Geschäft tageweise geschlossen werden muss. Das Warenwirtschaftssystem enthält als zentralen Bereich eine artikelgenaue Lagerverwaltung, in der alle Bestände laufend fortgeschrieben werden. Bei Vorliegen einer genauen Lagerbestandsverwaltung ist es zulässig, anstelle der Stichtagsinventur eine sogenannte permanente Inventur durchzuführen. Auch dabei ist mindestens einmal jährlich eine körperliche Bestandsaufnahme erforderlich, sie kann jedoch zeitlich und räumlich über das Geschäftsjahr verteilt erfolgen. In der Praxis bedeutet das, dass die einzelnen Abteilungen ihre Inventur zu unterschiedlichen Zeiten durchführen können. Die Kontrollwerte der Inventur (Ist-Bestände) werden dann den Werten aus dem Warenwirtschaftssystem (Soll-Bestände) gegenübergestellt. Die entstehenden Inventurdifferenzen müssen ausgebucht und – nach Möglichkeit – aufgeklärt werden.

10.8 Gefahren und Grenzen von Warenwirtschaftssystemen

Folgende Gefahren bestehen bei einer überstürzten Einführung eines Warenwirtschaftssystems:
- Das Programm ist nicht geeignet.
- Programm und Geräteausstattung arbeiten nicht zusammen.
- Die ausgewählten Geräte reichen nicht aus.
- Das Personal ist nicht ausreichend eingearbeitet.
- Die Software verschwindet vom Markt.

Eine erhebliche Gefahrenquelle besteht in der Tatsache, dass sich unbefugte Personen Einblick in betriebliche Vorgänge verschaffen können, der ihnen nicht zusteht. Das kann sogar so weit gehen, dass Daten auf Datenträgern an außenstehende Interessenten weitergegeben werden, um den Betrieb zu schädigen. So etwas kann dadurch verhindert werden, dass durch entsprechende Zugriffsberechtigungen (Codes, Kennwortsysteme) nur Berechtigte Zugang zu bestimmten Daten und Statistiken erhalten.

Leitende Mitarbeiter in größeren Einzelhandelsbetrieben klagen mitunter darüber, dass sie mit einem so riesigen Berg von Computerlisten überschüttet werden, dass sie ihn nicht mehr bewältigen können. Eine zu große Papierflut birgt das Risiko in sich, dass sie ungelesen und unausgewertet in den Aktenschrank oder gar den Papierkorb verschwindet, womit das Warenwirtschaftssystem seinen Sinn und Zweck verfehlt hat.

Eine weitere Unwägbarkeit besteht für den Betrieb darin, dass er von dem Funktionieren des Warenwirtschaftssystems abhängig wird, d. h., der Ausfall des Computersystems könnte zu einer erheblichen Störung des Betriebes führen.

Eine letzte, volkswirtschaftlich aber besonders bedeutsame Frage gilt der eventuell entstehenden Gefahr von Arbeitsplatzverlusten. Bringt das Vordringen der automatischen Datenwaagen, der fortschreitenden Büroautomatisierung, der beschleunigten Warenabläufe nicht auch die Verluste von Arbeitsplätzen mit sich? Wird von Routinearbeiten (Preisauszeichnung) entlastetes Personal mit qualifizierten Verkaufstätigkeiten weiterbeschäftigt? Diese Fragen kann nur die Zukunft schlüssig beantworten.

Mit Marketingkonzepten Kunden gewinnen und binden

1 Marketing

2 Marktuntersuchung

3 Marketinginstrumente

4 Marketingmanagement

5 Internetnutzung

1 Marketing

1.1 Begriffsbestimmung

Auf einem Gütermarkt, auf dem die Nachfrage größer ist als das entsprechende Angebot, haben die Verkäufer dieser Güter eine bessere Position **(Verkäufermarkt)**. Das ist z. B. bei Neuerscheinungen von Artikeln der Fall , die sehr begehrt sind, und Hersteller sowie Händler kommen nicht mit der Bereitstellung nach; oder auch bei interessanten Artikeln, bei dem ein Hersteller oder Händler noch das alleinige Verkaufsrecht hat. Das Lager wird stets geräumt, die Kunden sind bereit zu warten und die Preisgestaltung kann ruhig etwas großzügiger ausfallen.

Ganz anders muss ein Kaufmann denken, der bei einer begrenzten Nachfrage in hartem Wettbewerb um die Gunst der Käufer steht **(Käufermarkt)**. Fast alle Gütermärkte weisen heute derartige Strukturmerkmale auf. Hoch ist das Risiko jeder betriebswirtschaftlichen Entscheidung, sei es die Bestellung bei Lieferer (Art, Menge), die Gestaltung der Verkaufsumgebung, die Standortwahl oder Personalentscheidungen.

Um aber am Markt erfolgreich bestehen zu können, ist es nötig, durch umfassende Informationen über den Markt das Risiko betriebswirtschaftlicher Entscheidungen auf ein Minimum zu reduzieren. Wird eine solche Denkweise zum Handlungsprinzip, spricht man von Marketing.

Marketing ist eine Strategie (Konzept, Handlungsgrundsatz), bei der alle betriebswirtschaftlichen Entscheidungen aus der Sicht des Marktes getroffen werden.

oder kurz:

Marketing = Führung des Unternehmens aus der Sicht des Marktes

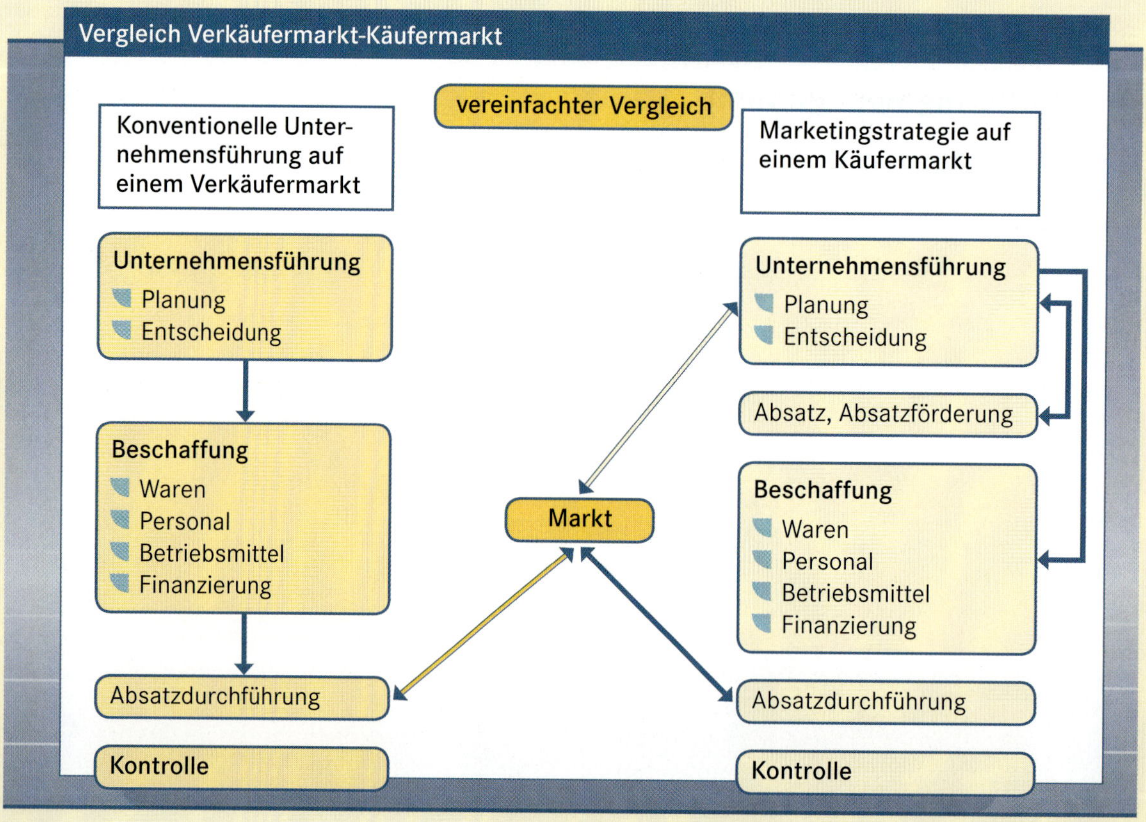

12

Beschreibung der Marketingstrategie	Begriffe	Beispiele
1. Zuerst wird die Situation auf dem Markt so weit wie möglich erfasst,	**Marktuntersuchung**	Konkurrenzsituation Zielgruppen
2. dann werden unter Berücksichtigung möglicher sinnvoller absatzfördernder Maßnahmen und deren Auswirkungen	**Planung geeigneter Marketinginstrumente** (Marketingmix)	Werbemaßnahmen Preispolitik
3. auf den möglichen Absatz	**Absatzplanung**	Verkaufsmengen
4. die Entscheidungen über die Beschaffung betrieblicher Faktoren (Wareneinkauf, Betriebsmittel, Personal, Finanzierung) getroffen.	**Faktoreinsatz** (Beschaffung) **und Finanzierung**	Einkaufmengen Ladenausstattung
5. Unter Beachtung der vom Markt gegebenen Erfordernisse werden die Waren angeboten.	**Absatzdurchführung**	Verkaufsumgebung Verkäuferverhalten
6. Schließlich wird festgestellt ob die Plandaten eingetreten sind. Bei Abweichungen erfolgt eine Ursachenanalyse.	**Controlling**	Erfolgsrechnung

1.2 Bedeutung des Marketings

Fehlentscheidungen verhindern

Neben den großen kapitalkräftigen Einzelhandelskonzernen gibt es eine Vielzahl von kleinen und mittelständischen Unternehmen, die in der Regel über eine überschaubare Kapitalausstattung verfügen. Hier wiegt es besonders schwer, wenn unnötig hohe Investitionen zu hohen Schulden und Zinsen führen, wenn Artikel veralten, sich technisch überholt haben oder unmodern geworden sind, wenn Warenbestände in der Saison nicht verkauft werden können und die Ausgaben dafür nicht mehr hereinkommen. Die Zahlungsfähigkeit leidet und die Banken werden bei Kreditvergaben restriktiv verfahren. Aber auch die großen Betriebe müssen sich rechtzeitig Gedanken machen. Dort können sich die Folgen von Fehlentscheidungen um ein Vielfaches auswirken.

Insolvenzen vorbeugen

Die Zahl der Insolvenzanmeldungen steigt mit der Härte des Wettbewerbs in konjunkturell angespannten Phasen, die durch vergleichsweise geringe Einkommen wegen Arbeitsplatzmangel und angespannten Kostenstrukturen bei den Unternehmen gekennzeichnet sind. In der Regel liegen die **Ursachen** darin, dass der Markt nicht so reagiert hat wie ursprünglich in den Entscheidungsphasen angenommen. Die Zeichen der Zeit wurden nicht erkannt, der Wunsch hat die Wirklichkeit verdeckt oder man hat geglaubt, es geht alles von selbst so weiter wie bisher.

Die Zahl der Gründe ließe sich beliebig verlängern und es gibt sicher auch Betriebe, die sich trotz rechtzeitiger intensiver Auseinandersetzung mit den Märkten verkalkuliert haben. Darin liegt nun auch keine Garantie für den Unternehmenserfolg.

Marktposition festigen

Je besser, genauer, detaillierter ein Betrieb die Gegebenheiten eines Marktes erfasst, je intensiver er sich damit beschäftigt und je besser er in der Lage ist, die Erscheinungen zu interpretieren, je mehr Ansatzpunkte er erkennt, desto marktgerechter werden seine Entscheidungen. Mit einer umfassenden Marketingstrategie kann es den Unternehmern gelingen, ihre **Marktposition zu erhalten oder auszubauen.**

12

Wettbewerbsvorteil

Marketing trägt dazu bei, die Produkte oder Dienstleistungen eines Unternehmens kundenorientiert zu gestalten, anzubieten und möglichst erfolgreicher als die Konkurrenz zu agieren. Gerade in Zeiten gesättigter Märkte ist es ein wichtiges Instrument, um Produkte und Dienstleistungen erfolgreich zu verkaufen. Marketing ermöglicht, erfolgreiche Produkte oder Dienstleistungen zu entwickeln und Chancen am Markt früher als andere zu erkennen.

Integration der Mitarbeiter

Sehr wichtig dabei ist, dass es gelingt, die **Mitarbeiter** in das Konzept zu integrieren. Sie sind es, die an vorderster Front die Veränderung des Marktes registrieren sollen, um mit der nötigen Sensibilität marktgerecht zu reagieren.

Was nützt es, wenn wir erkannt haben, dass sich die ältere Generation für Walking als Bewegungssport interessiert, wenn wir versäumen, nach außen damit aufzutreten, und weder bereit sind, uns das notwenige differenzierte Warenwissen anzueignen, noch mit der erforderlichen Geduld und Überzeugungskraft den Kunden bedarfsgerecht zu beraten?

Beschäftigung sichern

Beschäftigte haben es oft selbst in der Hand, durch richtiges Handeln im Rahmen eines ganzheitlichen erfolgsorientierten Konzeptes ihren Arbeitsplatz und damit Stellung, Ansehen und Einkommen zu erhalten oder auch zu entwickeln.

1.3 Marketingziele

Marketingziele sind solche, die durch marketingstrategische Maßnahmen **erreicht werden** können. Inhaltlich gibt es keine wesentlichen Unterschiede zu den allgemeinen Unternehmenszielen. Der Begriff soll lediglich auf die eingesetzte Strategie hinweisen.

Je nach Formulierung kann man folgende Zielsetzungen unterscheiden:

allgemeine Marketingzielformulierungen	relative Marketingzielformulierungen
Absatz steigern Umsatz steigern Gewinn steigern	Marktanteil steigern Rentabilität steigern
extremwertorientierte Marketingzielformulierungen	**anspruchsniveauorientierte Marketingzielformulierungen**
Absatzmaximierung Umsatzmaximierung Gewinnmaximierung Rentabilitätsmaximierung usw.	Erreichen einer bestimmten Mindestabsatzmenge Erreichen eines bestimmten Mindestumsatzes Erreichen eines bestimmten Mindestgewinns Erreichen eines bestimmten Marktanteils

12

Die Angabe der Ziele soll später auch die Kontrolle ermöglichen, ob und in welchem Umfang sie erreicht wurden, z. B.: Wir wollen

- unseren Absatz, Umsatz, Gewinn steigern.
- unseren Absatz, Umsatz, Gewinn um x % steigern.
- bei unserem Absatz, Umsatz, Gewinn eine bestimmte Mindestgröße erreichen.
- mit unserem Produkt bzw. unserer Dienstleistung einen Marktanteil von x % erzielen.
- mit unserem Produkt bzw. unserer Dienstleistung einen bestimmten Mindestmarktanteil erzielen.

- unsere Rentabilität (Gewinn im Verhältnis zu eingesetztem Kapital) steigern.
- unsere Rentabilität um x % steigern.
- die Bekanntheit unseres Produkts bzw. unserer Dienstleistung erhöhen.
- uns ein Image als soziales Unternehmen schaffen (Imagebefragung).
- unser Image als nachhaltiges Unternehmen verbessern (Imagebefragung).
- die Zufriedenheit unserer Kunden erhöhen.

1.4 Zielgruppenmarketing

Eine Zielgruppe ist eine Gruppe potenzieller Kunden, die aufgrund gleicher struktureller Merkmale (Alter, Geschlecht, Familienstand, Zahl der Kinder, Einkommen, Beruf usw.) für bestimmte Güter eines Unternehmens besonders infrage kommen.

Man geht davon aus, dass Personen mit gleichen Strukturmerkmalen gleiche oder ähnliche Interessen und Verhaltensweisen haben.

Zielgruppenmarketing befasst sich nun mit folgenden Fragen:

Wie kann die Zielgruppe beschrieben werden?	Beschreibung
Wie groß ist die Zielgruppe für bestimmte Artikel?	Umfang
Gibt es Mitbewerber für diese Zielgruppe?	Konkurrenz
Wie kann diese Zielgruppe erreicht werden? z. B. über - Interessenslage - Medium - Zeit - Kaufkraft - Gewohnheiten usw.	geeignetes Marketinginstrument
Wie hoch ist der mögliche Absatz/Umsatz?	Potenzial
Wie kann die Zielgruppe zum Kauf bewegt werden?	geeignetes Motiv

Beispiel:

Mütter von Kleinkindern interessieren sich für Kindernahrung, -pflege, -bekleidung, Spielzeug usw.

Darunter befinden sich nun Mütter mit höherem und niedrigerem Einkommen, ein geringer Teil davon ist berufstätig.

Je enger die Gruppe gefasst wird, umso spezieller sind die Kundenansprüche: Teure Kinderartikel können sich Mütter mit hohem Einkommen leisten.

Erweist sich der Umfang der Zielgruppe als zu klein, ist es sinnvoll, das Sortiment so zu erweitern, dass die Zielgruppe größer wird (z. B. um preiswerte Artikel).

Viele Mütter, die sind zu Hause sind, hören Radio und einige lesen Zeitschriften, die Haushalt und Kinder betreffen.

Dementsprechend wird die Werbung platziert. Sie verbindet Mutterqualitäten mit dem Erwerb der jeweiligen Artikel: mütterliche Verantwortung, Zuneigungsbeweis und Kinderglück.

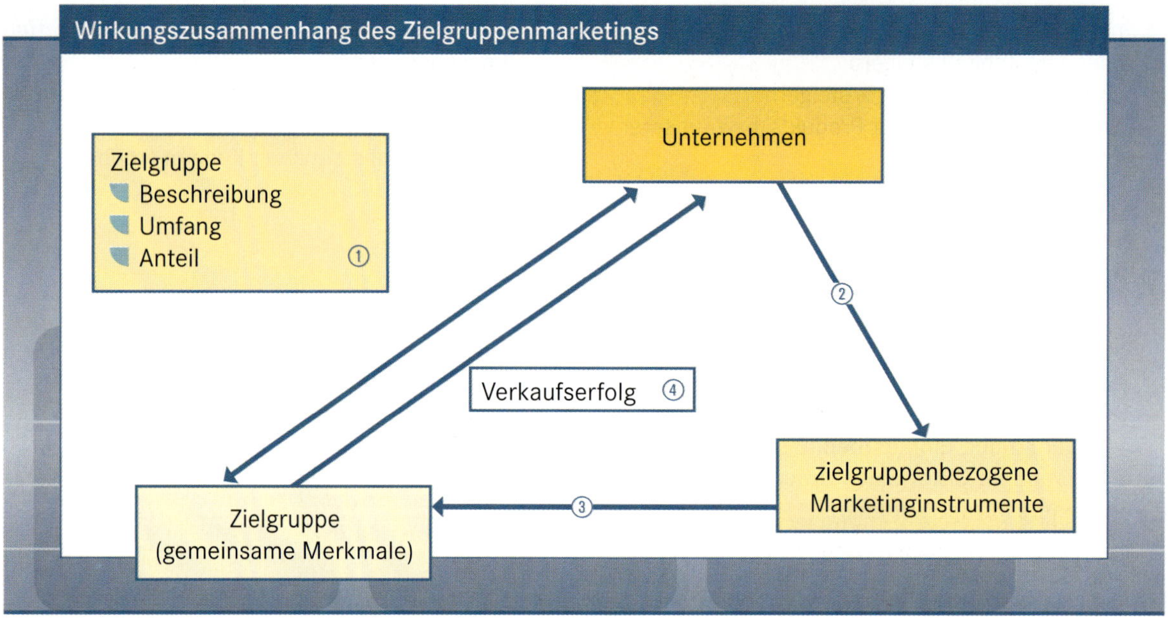

Zielgruppenmarketing ist eine Strategie (Konzept, Handlungsgrundsatz), bei der sich betriebswirtschaftliche Entscheidungen an der jeweiligen Zielgruppe orientieren.

1.5 Standortmarketing

Beim Standortmarketing geht es darum, den Standort der Unternehmen in den Blickpunkt potenzieller Kunden zu stellen.

Es gilt den Standort für die Kunden interessant zu machen, ihn kundenorientiert zu entwickeln und seine Vorzüge herauszustellen.

Zu diesem Zweck werden Gemeinschaften gebildet, an denen sich Unternehmen und meistens auch Kommunen finanziell und durch persönliches Engagement beteiligen.

Kommunen erhoffen sich durch das mit dem Standort verbundene wachsende Kundeninteresse eine höhere Attraktivität für die Ansiedlung von weiteren Gewerbebetrieben.

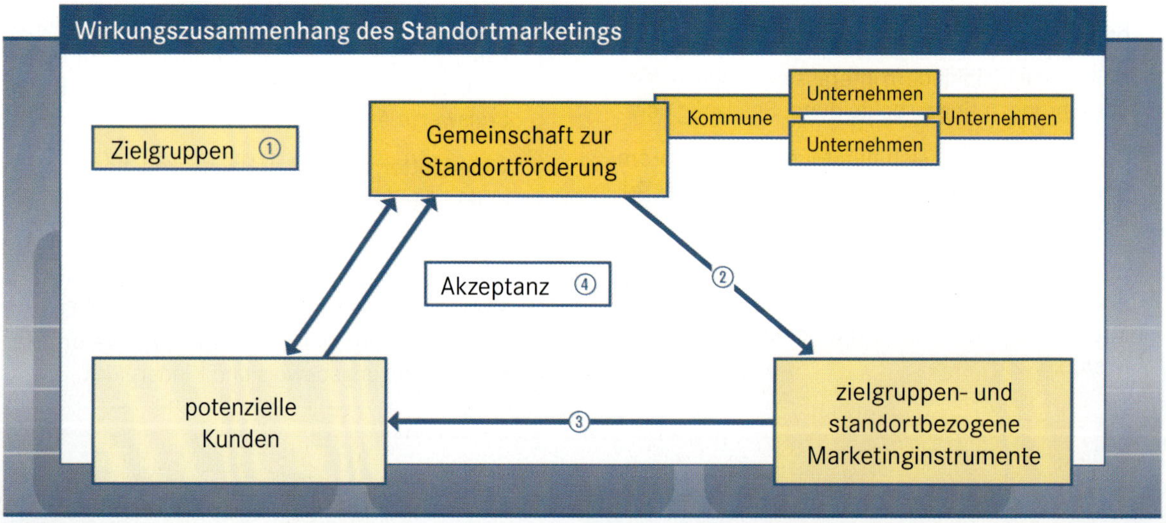

Beispiele:

Bodensee Standort Marketing GmbH

[...] Ziel der Bodensee Standort Marketing GmbH (kurz BSM) ist es, den länderübergreifenden Wirtschaftsraum Bodensee international zu vermarkten, mit Gesellschaftern und Partnern die Kräfte politischer und wirtschaftlicher Akteure zu bündeln und die Profilentwicklung der Region voranzutreiben. [...]

Quelle: Bodensee Standort Marketing GmbH (Hrsg.), Umwelttechnologie am Bodensee, Standortinformation, Konstanz, o. J., S. 22

Marketing für den Wirtschaftsstandort München

Wir positionieren und präsentieren München als führenden Wirtschaftsraum auf lokaler, regionaler, nationaler und internationaler Ebene.

Wichtige Handlungsfelder sind:

- Kommunikation und Öffentlichkeitsarbeit für den Wirtschaftsstandort
- Präsentation Münchens auf internationalen Messen und Kongressen
- Zusammenarbeit mit Marketing-Partnern und Konsulaten im Bereich Wirtschaft
- Betreuung internationaler Wirtschaftsdelegationen
- Förderung Münchens als Medien- und Finanzstandort sowie Zusammenarbeit mit Initiativen in diesen Bereichen
- Regionale Kooperation und Kommunikation der wirtschaftlichen Potenziale in folgenden Netzwerken:
  - Europäische Metropolregion München
  - Wirtschaftsförderungen im Verdichtungsraum München

Quelle: www.muenchen.de/Rathaus/raw/foerderung/marketing/38693/index.html

Werbegemeinschaft „Junge Altstadt Memmingen e. V.“,

ein Zusammenschluss von über 100 Memminger Geschäftsleuten und Betrieben, engagiert sich bereits seit 1964 für die Stärkung des Handels vor Ort und zum Wohle der Stadt Memmingen.

Quelle: www.werbegemeinschaft-mm.de

Standortmarketing Schleswig-Holstein

Im Standortwettbewerb der Länder hat der Wirtschafts- und Technologiestandort Schleswig-Holstein einiges zu bieten – von attraktiven Gewerbesteuersätzen und hohen Renditen bis zur günstigen geografischen Lage. Diese Stärken werden durch das Standortmarketing selbstbewusst kommuniziert, und dabei sind erfolgreiche und innovative Unternehmen in starken Branchen natürlich die beste Visitenkarte.

Quelle: www.schleswig-holstein.de/Wirtschaft/DE/Standortmarketing/Standortmarketing_node.html

Standortmarketing ist eine Strategie (Konzept, Handlungsgrundsatz), bei der sich Interessensgemeinschaften um die Förderung der wirtschaftlichen Aktivitäten am Standort bemühen.

2 Marktuntersuchung

Unter Marktuntersuchung versteht man alle Maßnahmen, die geeignet sind, Informationen über den Markt als betriebswirtschaftliche Entscheidungshilfe zu erhalten.

Dabei werden im Allgemeinen alle Märkte untersucht, mit denen das Unternehmen konfrontiert ist.

Wir unterscheiden den Beschaffungsmarkt vom Absatzmarkt.

Beschaffungsmarkt	
Lieferer	Was gibt es?
Artikel, Dienstleistungen	Zu welchen Preisen?
Personal	Eigenschaften, Vorteile, Nachteile
Betriebsmittel	Position gegenüber der Konkurrenz
Kredite	...

Absatzmarkt	
Artikel	Kaufkraft am Markt
Konkurrenten	Kundenstrukturen
Kunden	Kundenverhalten
Preise	Konkurrentenverhalten Preisniveau ...

Das Entwickeln einer erfolgreichen Marketingstrategie beginnt mit einer Marktuntersuchung. Ihre Intensität wird vom Unternehmen festgelegt und kann für eine erfolgreiche Strategie bestimmend sein. Zu berücksichtigen sind allerdings auch Aufwand und Nutzen. Es sind nur die Daten zu erheben, die für eine Entscheidung wichtig sind. Mithilfe der EDV lässt sich heute eine fast unbegrenzte Datenmenge kanalisieren und leistungsfähige Software hilft bei der Auswertung.

2.1 Markterkundung

Genügen dem Unternehmer Informationen, die er ohne großen Aufwand allein durch seine interessierte Aufmerksamkeit registrieren kann, spricht man von **Markterkundung.** Dazu zählt die mehr oder weniger regelmäßige Aufnahme von Tagesereignissen, Wirtschaftsnachrichten und Fachbeiträge in Funk, Fernsehen, Zeitungen und Fachzeitschriften.

Auf diese Weise erhält er eine Reihe von Anregungen für seine Unternehmenspolitik.

mögliches Kundenverhalten	relevante allgemeine Veränderungen	geschäftlich interessante Vorgänge
▪ Konjunkturdaten ▪ Arbeitslosenstatistiken ▪ Einkommensentwicklung ▪ Konsum- und Sparverhalten ▪ Altersstruktur ▪ Insolvenzen ▪ Kundenfrequenz im Laden ▪ Kundenäußerungen ...	▪ Arbeitsschutzgesetze ▪ steuerliche Veränderungen ▪ Verkehrsplanung ▪ Tarifergebnisse ▪ Wechselkurse ...	▪ technische Neuerungen (Artikel, Betriebsmittel) ▪ erfolgreiche Strategien ▪ Aktionen der Konkurrenz ▪ Stimmungsbarometer der Branche ▪ neue Anbieter (Güter, Dienstleistungen) ...

Diese Art der Informationsbeschaffung ist zwar sehr wichtig, wird aber allein den Marketinganforderungen meist nicht gerecht, weil sie nach Art und Zeitpunkt eher zufällig zur Verfügung steht oder aber als Eindruck nicht unbedingt den tatsächlichen Sachverhalt wiedergibt.

2.2 Marktforschung

Marktforschung ist die systematische Erfassung der erforderlichen Marktdaten, unter anderem mit wissenschaftlichen Methoden.

Je nach personeller Kapazität (Know-how, Manpower) und vorhandener Hard- und Softwareausstattung in Verbindung mit der gewünschten Intensität und Qualität führen Unternehmen geeignete Maßnahmen in Form von Erhebungen oder Auswertungen ganz oder teilweise selbst durch oder sie beauftragen Marktforschungsinstitute.

2.2.1 Marktanalyse

Unter Marktanalyse versteht man dabei die systematische Erfassung von Marktdaten zu einem bestimmten Zeitpunkt, vergleichbar mit einem Foto (Momentaufnahme).

Daraus erhält das Unternehmen strategisch verwertbare Informationen:

Daten über	Beispiele	Strategische Überlegungen, z. B.
Kunden	Alter	...
	Geschlecht	...
	Einkommen	...
	Kaufmotive	**bei Werbung berücksichtigen**
	Preiserwartung	...
	Qualitätserwartung	...
	Kundentreue	...
	Beratungsbedarf	...
	Zufriedenheit	**Missstände erkennen und beseitigen**
	Gewohnheiten	...
	unser Image	...
	unsere Vorteile	...
	...	...
Konkurrenz	Zahl	...
	Größe	
	Sortiment	**Artikel abgrenzen, Zusatzleistungen**
	Marktanteil	
	Preisniveau	
	Image	
	Wettbewerbsvorteile	...
Artikel	Aktualität	...
	Nutzen	...
	Lieferer	...
		...

12

2.2.2 Marktbeobachtung

Mit der Marktbeobachtung verfolgt man Veränderungen des Marktes über einen längeren Zeitraum. Dazu werden die Daten zu verschiedenen Zeitpunkten erhoben und miteinander verglichen.

Auf diese Weise ist es auch möglich, die Erfolge strategischer Maßnahmen zu kontrollieren oder auch Zusammenhänge mit bestimmten Ereignissen nachzuweisen.

2.2.3 Methoden der Marktforschung

Als **Primärforschung** bezeichnet man alle Datenerhebungen, die eigens zum Zweck der Marktforschung erstellt werden (Untersuchung aus erster Hand).

Im Einzelnen zählen dazu:

Formen	Arten/Beispiele			
Befragung	mündlich/schriftlich	offen/gebunden[1]	mit Hilfestellung/ ohne ...	persönlich/Telefon/ Internet
Beobachtung	Häufigkeit	z. B. Zahl der eingelösten Gutscheine aus einer Zeitungswerbung, Zahl der Kunden, die an einer Videopräsentation stehen bleiben		
	Verweildauer	z. B. vor einem Schaufenster, bei einer Produktvorführung, Dauer eines Kassiervorgangs mit EC-Karte		
Experiment	Wie reagiert ein Kunde auf eine Geschmacksprobe? Kommt der Kunde mit dem Produkt gut zurecht (Handhabung)? Wirkung einer anderen Warenplatzierung			
Testmarkt	Prüfung der Absatzfähigkeit von Produkten auf einem begrenzten Marktgebiet, probeweise Einführung eines neuen Artikels			
Panels	z. B. Konsumenten protokollieren kontinuierlich ihre Einkäufe			

Beispiel:

Auszug aus einem Fragebogen zur Feststellung der Kundenzufriedenheit:

Liebe Kundin, lieber Kunde,

wir legen großen Wert darauf, dass Sie mit unseren Leistungen stets zufrieden sind. Deshalb bitten wir Sie, die nachfolgenden Fragen zu beantworten.

Vielen Dank für Ihre Mitarbeit und Ihr Engagement!

1. ...

2. Wie lange nutzen Sie bereits unseren Service?

1 Monat oder kürzer	
zwischen 1 bis 6 Monaten	
mehr als 6 Monate	
noch nie	

3. ...

4. ...

12

1 Gebunden nennt man Fragen, bei denen Auswahlantworten vorgegeben sind (siehe Beispiel).

5. **Wie bewerten Sie unseren Service?**
Bitte kreuzen Sie einen Wert auf der Skala an.
(1 = sehr gut, 6 = schlecht)

1	2	3	4	5	6

6. ...

7. **Wenn Sie unseren Service mit dem von anderen Unternehmen vergleichen: Wie ist unser Service?**

viel besser	
etwas besser	
ungefähr gleich	
schlechter	
viel schlechter	
Ich kann dazu nichts sagen.	

8. ...

9. **Würden Sie unseren Service erneut nutzen?**

auf jeden Fall	
wahrscheinlich schon	
unter Umständen	
wahrscheinlich nicht	
auf keinen Fall	

10. ...

Zur **Sekundärforschung** zählt man Datenerhebungen aus Unterlagen, die bereits zu anderen Zwecken im Betrieb oder außerhalb erstellt wurden.

Die regelmäßige Auswertung solcher Unterlagen zeigt viele erwünschte und unerwünschte Entwicklungen auf:

interne Datenquellen	Auswertung	externe Datenquellen	Auswertung
Umsatzstatistiken Vertreterberichte Messeberichte Kataloge Preislisten Mängelrügen Kennzahlen der Waren-wirtschaft Kennzahlen aus dem Rechnungswesen ...	Absatz Umsatz Erfolg Warenumschlag Lagerdauer Durchschnittsbestände Kapitalbindung Preisentwicklung Kundenwünsche Lieferbereitschaft	amtliche Statistiken - Bevölkerungsdaten - Wirtschaftsdaten - Verkehrsdaten Branchendaten der Kammern - Umsatzdaten, Markt-daten - Branchenkennzahlen - Gewinnentwicklung - Nachfrageentwicklung Konkurrentendaten - Kataloge - Preislisten ...	Konjunkturentwicklung Nachfrageentwicklung Betriebsdaten im Branchenvergleich Konkurrenzverhalten Bevölkerungsstrukuren Konsumverhalten

12

2.2.4 Data Warehouse

Unter Data Warehouse versteht man eine Datenbank, in der man über einen längeren Zeitraum (Jahre) alle Informationen des Unternehmens, die bei der Abwicklung der Einzelhandelsprozesse mittels EDV erfasst werden geordnet speichert. Auf diese Weise sind bei geeigneter Software vielfältige Auswertungen für Abfragen möglich.

So könnten zum Beispiel folgende Fragen beantwortet werden:

- Entwicklung des Absatzes bzw. des Umsatzes von Artikel x in den letzten drei Jahren
- Entwicklung des Absatzes/Umsatzes der Artikelgruppe y in den letzten drei Jahren im Vergleich zu den entsprechenden Aktionen für Produktwerbung
- Schulungsmaßnahmen bei Mitarbeiter A und die Entwicklung seines Verkaufserfolgs
- Umsatz bestimmter Artikel in Abhängigkeit der Warenplatzierung
- Entwicklung des Zahlungsverhaltens der Kunden in den letzten drei Jahren
- Reaktion einer bestimmten Zielgruppe auf eine bestimmte Werbemaßnahme

Fragen zu betriebswirtschaftlichen Kennzahlen wie Umschlagshäufigkeit, durchschnittlicher Lagerbestand, durchschnittliche Lagerdauer der Artikel, Renner-/Pennerlisten, verbrauchsgesteuerter Bestelldisposition, ABC-Analysen u.a. können von den meisten EDV-gesteuerten Warenwirtschaftssystemen beantwortet werden (siehe LF 11).

Zunehmend konzentriert man sich nun auf strukturelle Kundendaten, um

- Schlüsse auf Verhalten und Reaktionen bestimmter Kundengruppen zu erfahren und
- markt- und kundengerecht auf die Kunden zugehen zu können.

Die Qualität des Konzeptes ist abhängig vom Umfang und der Qualität der zur Verfügung stehenden und erfassten Daten.

Beispiel:

- Nur wenn im System festgehalten wird, wann jeweils absatzfördernde Kundenmitteilungen im Laden erfolgt sind (gegebenenfalls mit welchem Inhalt), kann nachher eine entsprechende Wirkung in Verbindung mit den tageszeitlich erfassten Umsätzen stattfinden.
- Nur wenn Kundendaten bei der Kaufaktion erfasst werden können, ist eine Analyse eines bestimmten Kundenverhaltens möglich (Alter, Geschlecht, Umsatz, Artikel).
- Nur wenn die Artikel eines Einkaufs miteinander verknüpft werden, kann festgestellt werden, welche Artikel meist einzeln oder mit anderen gekauft werden (Verbundkäufe).

Neben den üblichen Prozessdaten werden auch alle relever Ereignisse zeitgerecht eingegeben, um mögliche Beziehungen aufzudecken. Dazu gehören Umbauten, Jubiläen, neue Dekorationen, Lieferwechsel, Neueinstellungen, Werbemaßnahmen, Neueröffnung eines Konkurrenzbetriebes usw. bis hin zu Streiks im öffentlichen Nahverkehr und besondere Wetterverhältnisse.

2.3 Marktprognose

Eine Marktprognose ist die Vorhersage über das künftige Marktgeschehen. Sie bezieht sich auf die Ergebnisse der Marktuntersuchung.

Inwieweit Vorhersagen zutreffen ist abhängig von der Qualität der zugrunde liegenden Daten.

Beispiel:

Qualitätsanforderung

- richtig	Der Absatz bei Artikelart x betrug im März 20.. 180 Stück.	
- ausreichend	Absatz März 20.. – 1: 190 Stück	Absatz März 20.. – 2: 175 Stück
- aussagefähig	Gab es besondere Umstände im März 20..? (Wetter, Feiertage, Ereignisse?)	
- relevant	Ist der Artikel noch aktuell?	
Prognose	Absatz März 20.. + 1: 170–190 Stück	

12

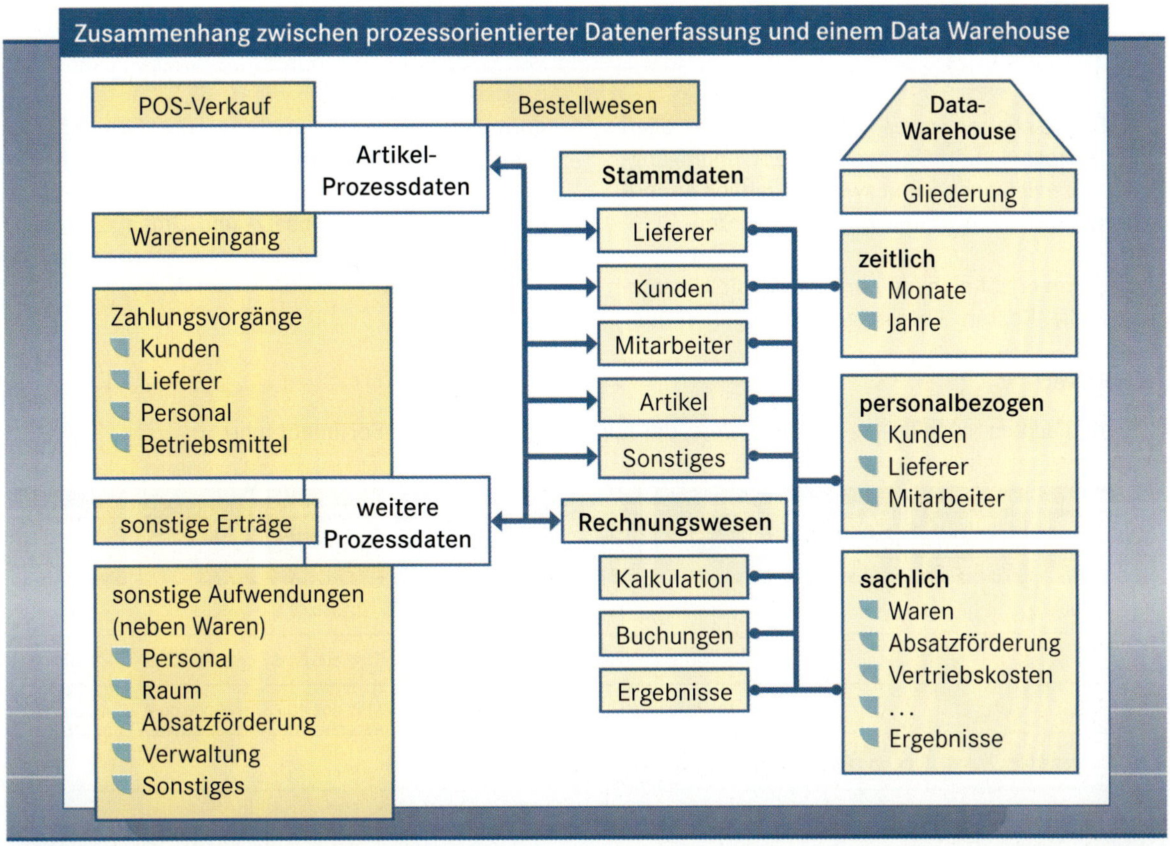

Eine Marktprognose ist durchaus mit der Wettervorhersage vergleichbar. Ein Laie wird zufällig das richtige Wetter voraussagen, man kann sich nicht darauf verlassen; sogenannte Bauernregeln sind da schon etwas verlässlicher, zumindest beruhen viele davon auf jahrhundertealten Beobachtungen von Ereignissen und Folgen; das Vertrauen darauf hält sich aber in Grenzen. Heute verfügen die Meteorologen über eine Fülle von Messdaten (Messstellen, Messinstrumente), die es teilweise erlauben, Gebiet, Uhrzeit und Niederschlagsmenge von Unwetterzellen ziemlich genau vorauszusagen. Trotzdem ist auch hier mit Ungenauigkeiten und Abweichungen, insbesondere längerfristig, zu rechnen.

Für den Umgang mit Prognosen gilt:
- **Je besser die Informationen sind, die zur Verfügung stehen, desto verlässlicher wird eine Prognose. Das Risiko betrieblicher Entscheidungen wird verringert.**
- **Prognosen weisen immer eine Unschärfe auf, weil die geschäftliche Entwicklung von vielen Einzelfaktoren abhängig ist, die nicht erfassbar sind. Das gilt insbesondere für das Verhalten beteiligter Personen (Kunden, Lieferer, Politiker).**
- **Prognosen unterliegen immer der Annahme, dass die Sachverhalte, die ihnen zugrunde liegen, unverändert bleiben.**
- **Bei Prognosen, die unbefriedigend ausfallen, muss analysiert werden, mit welchen Maßnahmen Prozesse positiv beeinflusst werden können.**

3 Marketinginstrumente

Das Erwirtschaften eines Gewinns ist bei allen Unternehmen langfristig gesehen ein unumgängliches Oberziel, auch wenn zwischenzeitlich andere Unternehmensschwerpunkte gesetzt werden.

Ein Gewinn ergibt sich nur dann, wenn die Umsatzerlöse die Kosten übersteigen. Wir gehen hier grundsätzlich davon aus, dass der Einzelhändler alle Möglichkeiten einer vernünftigen Kostenstruktur nutzt. Jetzt geht es darum, welche Maßnahmen geeignet sind, Absatz- und Umsatzzahlen so zu beeinflussen, dass das Unternehmen seine Zielsetzung erreicht.

Beispiel:

Vereinfachtes Modell eines Einzelhändlers, der nur einen Artikel (A) im Sortiment führt

Einstandspreis A	Verkaufspreis netto	Rohgewinn/ Stück	Absatz	Wareneinsatzkosten	Handlungskosten[1]	Gesamtkosten	Nettoumsatz	Gewinn
6,00 €	6,50 €	0,50 €	10 000 St.	60.000,00 €	12.000,00 €	72.000,00 €	65.000,00 €	- 7.000,00 €
			20 000 St.	120.000,00 €	12.000,00 €	132.000,00 €	130.000,00 €	- 2.000,00 €
			30 000 St.	180.000,00 €	12.000,00 €	192.000,00 €	195.000,00 €	+ 3.000,00 €

1 Ladengröße, Ausstattung und Personal lassen einen Absatz von bis zu 40 000 Stück zu.

Hier wird deutlich, dass erst ab einer bestimmten Absatzmenge die Gewinnzone erreicht wird. Bleibt der Umsatz unter den Kosten des Unternehmens, tritt ein Verlust ein. Ein Unternehmen kann auf diese Weise langfristig aber nicht existieren. Wenn es nicht gelingt, den Absatz zu steigern (oder die Kosten zu senken), wird das Unternehmen zahlungsunfähig.

Die Ansätze für die Steigerung von Absatz und/oder Umsatz sind vielfältig. Zum Teil wurden sie wegen ihrer allgemeinen Bedeutung bereits in anderen Lernfeldern sehr ausführlich behandelt. Hier werden sie noch einmal unter der Sammelbezeichnung „Marketinginstrumente" als absatzpolitisches Instrumentarium unter marketingstrategischen Gesichtspunkten zusammenfassend angesprochen.

3.1 Sortimentspolitik

Der Einzelhändler entscheidet, wie er sein Sortiment gestaltet.

12

Ein Sortiment ist die Zusammenstellung aller Artikel, die ein Einzelhändler seinen Kunden anbietet.

Dazu bedarf es unter anderem der Klärung folgender Fragen (Marktuntersuchung):

- Für welche Waren bzw. Warenart gibt es auf dem Markt Bedarf (Marktlücke)?
- Bei welchen Waren gibt es Neuentwicklungen, Preisänderungen?
- Bei welchen Waren gibt es bei bestehender Konkurrenz noch Verkaufsmöglichkeiten?
- Gibt es Nachfrage nach besonderen Ausprägungen einer Ware (Hochpreis-/Niedrigpreissegment, ökologische Gesichtspunkte)?

- Welche Artikelkombination erwarten Kunden im Geschäft (Auswahlerwartung)?
- Bei welchen Artikeln besteht die Möglichkeit von Verkäufen weiterer Zubehörartikel?
- Gibt es neue Nachfragestrukturen (Einwohnerzahl, Altersaufbau, Einkommen)?

Strategische Ansätze zur Absatz-/Umsatzsteigerung:
Optimierung des Sortiments beim
1. **Kernsortiment** (Standardsortiment)
2. **Randsortiment** (Ergänzungs- oder Zusatzsortiment)

Trading-up/Trading-down

Tranding-up ist die Aufwertung des Sortiments durch Aufnahme von Artikeln für höhere Ansprüche.

Trading-down ist die Orientierung des Sortiments an den preisbewussten Kunden, der einerseits solide Qualität erwartet, andererseits aber nicht mehr als nötig dafür ausgeben will.

Das Sortiment wird auf die veränderte Kundenstruktur zugeschnitten. Oft gelingt dadurch eine erfolgreiche Abgrenzung von Mitbewerbern (Profilbildung).

Beispiel:

Vereinfachtes Modell für erfolgreiches Trading-up (T)

Einstandspreis	Verkaufspreis netto	Rohgewinn/Stück	Absatz	Wareneinsatzkosten	Handlungskosten[1]	Gesamtkosten	Nettoumsatz	Gewinn
A 6,00 €	6,50 €	0,50 €	30 000 St.	180.000,00 €	12.000,00 €	192.000,00 €	195.000,00 €	+ 3.000,00 €
T 9,00 €	10,00 €	1,00 €	20 000 St.	180.000,00 €	12.000,00 €	192.000,00 €	200.000,00 €	+ 8.000,00 €

1 Ladengröße, Ausstattung und Personal lassen einen Absatz von bis zu 35 000 Stück zu.

Erweiterung/Straffung des Sortiments

Maßnahme	Veränderung des Sortiments durch ...
Vertiefung des Sortiments	**Differenzierung** (gleichartige Artikel) Berücksichtigung vorhandener Kundenwünsche nach einer größeren Auswahl
Verbreiterung des Sortiments	**Differenzierung** (gleichartige Artikel) Aufnahme einer neuen Artikelgruppe als Form der Expansion (Damenbekleidung/Kinderbekleidung)
	Diversifikation (andersartige Artikel) - Umsatzausgleich bei Saisonartikeln (Wassersport/Snowboards) - Nachfrage nach Komplementärgütern (Schlafzimmermöbel/Bettwäsche) - Mitnahmeeffekte (Kaffee/Gebrauchsartikel) - Sonderaktionen zur Hebung der Kundenfrequenz (gelegentlicher Computerverkauf im Lebensmittelgeschäft)

12

Forts. Tabelle „Erweiterung/Straffung des Sortiments“

Maßnahme	Veränderung des Sortiments durch …
Sortimentsbereinigung	Aussortieren von Artikeln, die aus bestimmten Gründen wenig oder nicht mehr nachgefragt bzw. verkauft werden, um Kapital für umsatzfreundliche Artikel freizusetzen. Gegebenfalls wird Kunden gegenüber bei Bedarf unverzügliche Beschaffung angeboten. Außerdem werden grundsätzlich alle Artikel herausgenommen, die langfristig einen negativen Roherlös aufweisen (vereinfacht: Verkaufserlös netto – Einstandspreis < 0).

Beispiele:

Vereinfachtes Modell zur Aufnahme eines Zusatzartikels (Z) im Randsortiment

Einstandspreis	Verkaufspreis netto	Rohgewinn/Stück	Absatz	Wareneinsatzkosten	Handlungskosten[1]	Gesamtkosten	Nettoumsatz	Gewinn
A 6,00 €	6,50 €	0,50 €	30 000 St.	180.000,00 €	12.000,00 €	192.000,00 €	195.000,00 €	+ 3.000,00 €
Z 3,00 €	4,00 €	1,00 €	500 St.	1.500,00 €	–	1.500,00 €	2.000,00 €	+ 500,00 €
Gesamt						193.500,00 €	197.000,00 €	+ 3.500,00 €

1 Ladengröße, Ausstattung und Personal lassen einen Absatz von bis zu 40 000 Stück zu.

Vereinfachtes Modell zur Sortimentsbereinigung (S) bei negativem Rohgewinn

Einstandspreis	Verkaufspreis netto	Rohgewinn/Stück	Absatz	Wareneinsatzkosten	Handlungskosten[1]	Gesamtkosten	Nettoumsatz	Gewinn
A 6,00 €	6,50 €	0,50 €	30 000 St.	180.000,00 €	12.000,00 €	192.000,00 €	195.000,00 €	+ 3.000,00 €
S 3,00 €	2,80 €	– 0,20 €	500 St.	1.500,00 €	–	1.500,00 €	1.400,00 €	– 100,00 €
Gesamt						193.500,00 €	196.400,00 €	+ 2.900,00 €

1 Ladengröße, Ausstattung und Personal lassen einen Absatz von bis zu 40 000 Stück zu.

3.2 Preispolitik (siehe LF 9)

Für die Kaufentscheidung spielt der Preis eine erhebliche Rolle. Deshalb wird ein günstiger Preis bei den meisten Produktwerbungen besonders herausgestellt.

3.2.1 Preis und Kosten

Zu den kalkulierten Selbstkosten eines Artikels soll im Preis auch ein Gewinnanteil berücksichtigt werden.

Bei der klassischen Kalkulationsmethode (kostenorientierte Preisbildung) versucht man zunächst aus dem Einstandspreis eines Artikels und den anteiligen Handlungskosten die Selbstkosten festzustellen. Dazu rechnet der Einzelhändler einen angemessenen Gewinn und ermittelt so den Nettoverkaufspreis.

Hinweis: Der Auszeichnungspreis enthält zwar dann noch die Umsatzsteuer, die wir hier jedoch außer Acht lassen können, weil sie ja unmittelbar nach dem Verkauf monatlich an das Finanzamt abgeführt wird. Dem Einzelhändler bleibt also der Nettoverkaufspreis, der Einstandspreis und Handlungskosten übersteigen soll.

Der Einzelhändler orientiert sich bei seiner Preisentscheidung vielfach am Preisverhalten der Mitbewerber (marktorientierte Preisbildung).

Bei höheren Marktpreisen lässt sich nämlich der Gewinn steigern. Liegt der Marktpreis aber unter dem kostenorientierten Preis, wird wegen ausbleibender Kunden kein Gewinn erzielt.

Ein Marktpreis unter den kalkulierten Selbstkosten pro Artikel zwingt den Einzelhändler zu folgenden Überlegungen:

- Gibt es Möglichkeiten, Einstandspreise bzw. Handlungskosten zu senken?
- Kann ich damit rechnen, dass Kunden, die wegen bestimmter Artikel in unser Geschäft kommen, auf andere Artikel zugreifen, auch wenn sie teurer sind als woanders?

kostenorientierte Preisbildung	
Selbstkosten/Stück	6,40 €
Gewinn	+ 0,10 €
Nettoverkaufspreis	**6,50 €**

marktorientierte Preisbildung 1	
Selbstkosten	6,40 €
Gewinn	+ 0,40 €
Netto-Marktpreis	**6,80 €**

marktorientierte Preisbildung 2	
Einstandspreis	6,00 €
Handlungskosten	+ 0,40 €
Selbstkosten	6,40 €
Gewinn	- 0,01 €
Netto-Marktpreis	**6,39 €**

- Gibt es Gründe dafür, Artikel auch unter den kalkulierten Selbstkosten anzubieten?

Gründe:

- „Ladenhüter“ oder Artikel, denen dieses Schicksal droht, sind rechtzeitig – unabhängig von Selbstkostenpreis oder auch Einstandspreis – anzubieten, sodass wenigstens ein Teil der Kapitalbindung rechtzeitig wieder zu Geld wird und Kunden sich über ihre „Schnäppchen“ freuen.
- Niedrige Preise lassen eine Steigerung des Absatzes erwarten, sodass die Handlungskosten pro Stück niedriger werden als kalkuliert.

12

Erklärung: Die kalkulierten Handlungskosten pro Artikel stimmen nur dann, wenn die Absatzprognose auch eintrifft. Ist der Gesamtabsatz höher, fallen pro Stück weniger Handlungskosten an als bei geringer Verkaufsaktivität, weil sie größtenteils in ihrer Gesamthöhe fix (mengenunabhängig) sind:

Einstandspreis A	Verkaufspreis netto	Rohgewinn/Stück	Absatz	Handlungskosten/gesamt	Handlungskosten/Stück	Gewinn/Stück	Gewinn/gesamt
6,00 €	6,39 €	0,39 €	10 000 St.	12.000,00 €	1,20 €	- 0,81 €	- 8.100,00 €
			20 000 St.	12.000,00 €	0,60 €	- 0,21 €	- 4.200,00 €
			30 000 St.	12.000,00 €	0,40 €	- 0,01 €	- 300,00 €
			40 000 St.	12.000,00 €	0,30 €	+ 0,09 €	+ 3.600,00 €

- Die Handlungskosten werden bereits durch den Verkauf anderer Artikel gedeckt, sodass sogar ein Preisspielraum nach unten bis zum Einstandspreis besteht.

Einstandspreis	Verkaufspreis netto	Rohgewinn/Stück	Absatz	Handlungskosten/gesamt	Handlungskosten/Stück	Gewinn/Stück	Gewinn/gesamt
A 10,00 €	10,80 €	0,80 €	20 000 St.	12.000,00 €	0,60 €	0,20 €	4.000,00 €
2 6,00 €	6,10 €	0,10 €	10 000 St.	-	0 €	0,10 €	1.000,00 €
Gesamt							5.000,00 €

Exkurs: Diese Überlegungen sind Gegenstand der Deckungsbeitragsrechnung. Die Differenz aus Nettoverkaufserlös und variablen Kosten ergibt den Beitrag zur Deckung der fixen Kosten. Wenn der Deckungsbeitrag höher ist als die Fixkosten, ergibt sich ein Gewinn.

Artikel	1	2	Deckungsbeitragsrechnung	
Absatz	20 000 St.	10 000 St.		
Verkaufspreis netto	10,80 €	6,10 €		Nettoverkaufserlös
Einstandspreis	10,00 €	6,00 €		- variable Kosten
Rohgewinn	0,80 €	0,10 €		=
Rohgew. gesamt	16.000,00 €	1.000,00 €	17.000,00 €	Deckungsbeitrag
Handlungskosten	12.000,00 €		12.000,00 €	Fixkosten[1]
Gewinn	4.000,00 €	1.000,00 €	5.000,00 €	Gewinn

1 Die Handlungskosten werden hier zu 100 % als fix angenommen.

12

3.2.2 Aktive Preispolitik

Der Preis ist die einfachste und wirksamste Möglichkeit des Einzelhändlers, seinen Absatz zu beeinflussen. Dabei kann er passiv auf alle Veränderungen des Marktpreises reagieren oder selbst aktiv durch Preisänderungen versuchen, sein Ergebnis zu verbessern. Ob aber eine Absatzsteigerung durch Preissenkung oder eine Preiserhöhung bei gleichzeitiger Absatzsenkung marketingstrategisch einen Sinn macht, ist von der Marktreaktion (Absatz) abhängig.

Einstands-preis	Verkaufs-preis netto	Rohgewinn/ Stück	Absatz Reaktion	Wareneinsatzkosten	Handlungskosten[1]	Gesamtkosten	Nettoumsatz	Gewinn
6,00 €	6,50 €	0,50 €	**30 000 St.**	180.000,00 €	12.000,00 €	192.000,00 €	195.000,00 €	**+ 3.000,00 €**
p⬇ 6,00 €	6,39 €	0,39 €	**40 000 St.**	240.000,00 €	12.000,00 €	252.000,00 €	255.600,00 €	**+ 3.600,00 €**
p⬆ 6,00 €	6,59 €	0,59 €	**28 000 St.**	168.000,00 €	12.000,00 €	180.000,00 €	184.520,00 €	**+ 4.520,00 €**

1 Ladengröße, Ausstattung und Personal lassen einen Absatz von bis zu 40 000 Stück zu.

Eine Preissenkung kann dabei durchaus zu einem besseren Ergebnis führen. Das ist der Fall bei absolut vergleichbaren Artikeln, wenn die Mitbewerber ihre Preise unverändert lassen. Zieht die Konkurrenz gezwungenermaßen nach, kann das der Beginn eines ruinösen Wettbewerbs sein.

Preiserhöhungen können dazu führen, dass höhere Stückerlöse nicht ausreichen, um den damit verbundenen Absatzeinbruch wettzumachen. Bei (knappen) Existenzgütern (Brot) oder als lebenswichtig erachteten Kulturgütern (Benzin) sinkt unter gewissen Umständen (geringer Wettbewerb) der Absatz bei einer Preiserhöhung nur unwesentlich, sodass eine Verbesserung des Ergebnisses möglich ist.

Bei **homogenen (vergleichbaren) Gütern,** bei denen keine Präferenzen (Ortsnähe, persönliche Beziehung, Verfügbarkeit, Image) vorliegen, gibt der Preis bei der Kaufentscheidung den Ausschlag. Um ein akzeptables Preisniveau durchsetzen zu können, ist es sinnvoll, Präferenzen zu schaffen (besonders freundliches Verkaufspersonal, Zusatzleistungen, Kaufatmosphäre usw.).

Bei **heterogenen (nicht oder schwer vergleichbaren) Gütern** hängt die Kaufentscheidung davon ab, ob die Wertvorstellung des Kunden den Preis als akzeptabel erscheinen lässt. Ein höherer Preis lässt sich dann realisieren, wenn es gelingt, dem Kunden den Wert des Artikels darzustellen (Beratung, Image des Einzelhändlers, Marken).

3.2.3 Besondere preispolitische Maßnahmen

Je nach Anlass und Absicht stehen dem Einzelhändler eine Reihe gängiger preispolitischer Maßnahmen zur Verfügung.

Maßnahme	Beschreibung
Preisdifferenzierung - räumlich - zeitlich - nach Abnehmern - nach Menge	**Gleiche Artikel werden zu unterschiedlichen Preisen angeboten.** z. B. Stadt – Stadtrand – Land Sommer – Winter Verbraucher – Reseller – Handwerker einzeln – Großpackung (Netze, Kartons)
Mischpreise, Mischkalkulation	Artikel des täglichen Bedarfs werden im Vergleich zur Konkurrenz günstiger kalkuliert (Indikatorartikel); zum Ausgleich muss das andere Normalsortiment höher kalkuliert werden.
Preisoptik (psychologische Preisbildung)	Unterschreitung der psychologischen Preisbarriere (1,99 € liegt „weit" unter 2,00 €); verbale Preisergänzungen: „Zugreifpreis", „Schnäppchenpreis"
Sonderangebote	Angebot außergewöhnlich preisgünstiger Artikel
Aktionspreise	Räumungsverkauf, Jubiläumsverkauf
Sparpreise	bei unverbindlichen Preisempfehlungen der Hersteller: „Sie sparen ..."

12

Eine geschickte Preispolitik
- orientiert sich an den Selbstkosten,
- orientiert sich an der Konkurrenz (Markt),
- orientiert sich an Kundenreaktionen (Markt),
- sorgt bei Kunden immer wieder für Aufmerksamkeit,
- vermittelt das Image der Leistungsfähigkeit.

3.2.4 Preisnachlässe (Konditionenpolitik)

Ein Preisnachlass erweckt bei vielen Kunden den Eindruck, dass sie individuell bevorzugt behandelt werden. Das geht häufig sogar so weit, dass ein hoher Rabattsatz den Preis zweitrangig werden lässt.

Neben den Preisen können also auch Nachlässe (Rabatte) auf die Kaufentscheidung Einfluss nehmen. Im Einzelnen unterscheidet man

Sonderrabatte:	vgl. Sonderangebote und Aktionspreise
Aktionsrabatte	
Mengenrabatte:	vgl. Preisdifferenzierung nach Menge
Abnehmerrabatte:	vgl. Preisdifferenzierung nach Abnehmer
Barzahlungsrabatte:	Skonti
Naturalrabatte:	Draufgabe, Dreingabe, Zugaben
nachträgliche Rabatte/Boni:	bei Erreichen eines bestimmten Jahresumsatzes
Treuerabatte:	für langjährige Kunden

3.3 Werbung (siehe LF 5)

Die Werbung hat für den Einzelhändler die Aufgabe, den Kunden an das Produkt heranzuführen.

Er wendet sich mit einer geeigneten Botschaft (Werbeinhalt, Werbeart) in einer geeigneten Form (Werbemittel, Werbeträger) zur geeigneten Zeit (Streuzeit) an seine potenziellen Kunden (Streugebiet, Streukreis), um sie letztlich zum Kauf anzuregen. Dazu muss die Werbung unter anderem wirksam (AIDA-Formel) und wirtschaftlich (Werbeertrag/Werbeaufwand) sein.

Grundlage für erfolgreiche Werbung ist jeweils
- **eine konkrete realistische Zielsetzung für die Werbemaßnahmen sowie**
- **eine strategisch aufeinander abgestimmte Planung aller Einzelmaßnahmen zu einem Gesamtkonzept**
- **auf der Basis eines angemessenen Budgets (Werbeetat).**

Die marketingpolitische Zielsetzung der Werbung orientiert sich grundsätzlich am Gesamterfolg (Gewinn) des Unternehmens. Einzelziele der Werbemaßnahme dienen dem Oberziel, wie z. B.
- Kundenfrequenz im Laden um 10 % erhöhen,
- Absatz einer bestimmten Warengruppe um 10 % erhöhen,
- Gesamtumsatz um 10 % steigern,
- Zahl der Stammkunden um 10 % steigern.

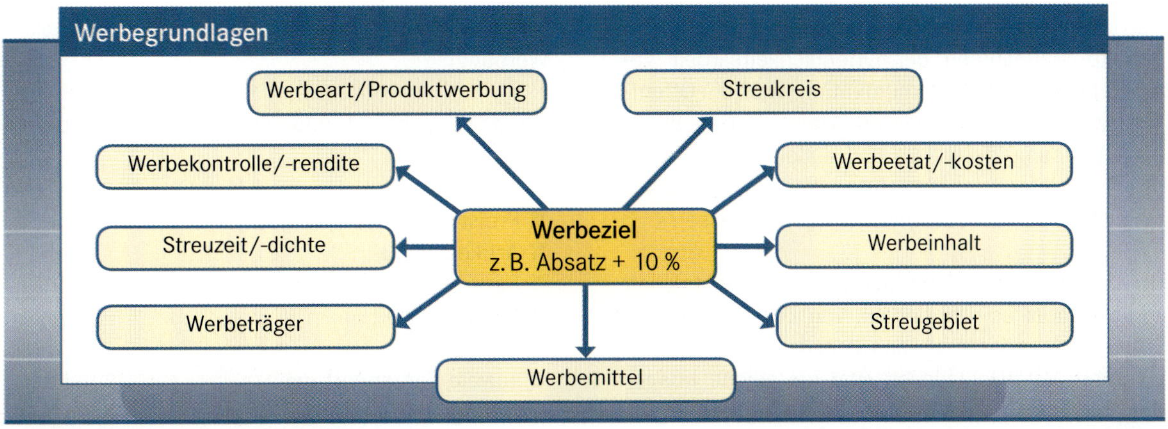

$$\frac{\text{zusätzlicher Gewinn}}{\text{Werbekosten}} > 1$$

Die Planungen der einzelnen Werbemaßnahmen sind inhaltlich, zeitlich und kostenmäßig sinnvoll in einer Werbegesamtplanung miteinander zu koordinieren. Mittel- bzw. langfristig soll der durch die Werbung erzielte zusätzliche Gewinn die Werbekosten übersteigen.

3.4 Public Relations (Öffentlichkeitsarbeit)

Public Relations (Beziehungen zur Öffentlichkeit) hat die Aufgabe, das Unternehmen als Ganzes in das Blickfeld der Öffentlichkeit zu rücken, um dort Ansehen und Vertrauen zu gewinnen.

Die Erwartungen der Zielgruppe spielen bei der Präsentation eine wichtige Rolle. Richtet sich zum Beispiel das Angebot an den umweltbewussten Kunden, werden wohl die ökologischen Zielsetzungen und Aktivitäten des Unternehmens besonders herausgestellt.

Insgesamt geht es darum, sich bei möglichst vielen Menschen ein **positives Image** zuzulegen. Aber nur wenn langfristig Selbstdarstellung und betrieblicher Alltag übereinstimmen, sorgt das aufgebaute Vertrauen auch für die gewünschte Wirkung.

Möglichkeiten der Öffentlichkeitsarbeit sind:

Publikationen	Firmenzeitschriften, Internetpräsenz Unternehmensphilosophie · Leitbild · Leistungsschwerpunkte
Pressearbeit	Presse, Funk, Fernsehen – PR-Anzeigen Information über Aktivitäten, Einbinden in eine objektive Berichterstattung
Betriebsbesichtigungen, Tag der offenen Tür	Darstellung der Leistungsfähigkeit, Logistik, Qualitätssicherung in offenen Veranstaltungen oder gezielten Führungen
Kontaktpflege	Behörden, Parteien, Bildungsinstitutionen, Wirtschaftsvereinigungen
Sponsoring	Trikot- oder Bandenwerbung bei Sportvereinen, Unterstützung kultureller Veranstaltungen
Spendenaktionen	bei Katastrophen, in Notfällen

Das Image eines Unternehmens wird nicht nur durch gezielte Maßnahmen der Öffentlichkeitsarbeit geprägt. **Jede Art von Kommunikation** wird zum Öffentlichkeitsbild beitragen, sei es durch die Gestaltung einer Werbung, die innere und äußere Präsentation des Geschäftes oder die Art und Weise der Kontakte mit Dritten (Kunden, Lieferer, Behörden, Presse).

Um den **Erfolg der Öffentlichkeitsarbeit** feststellen zu können ist es erforderlich, von Zeit zu Zeit eine Erhebung über das Image aus Sicht der Kunden durchzuführen. Voraussetzungen sind die eigene **Imagedefinition** und eine **laufende Erfassung der ergriffenen Maßnahmen** (sinnvollerweise einschließlich Werbung).

Das gewünschte Erscheinungsbild (Image) wird definiert, z. B. nach:

- Auswahl
- Preisniveau
- Artikelniveau
- Service
- Freundlichkeit
- Kompetenz
- soziale Verantwortung
- ökologische Verantwortung

Die Daten über durchgeführte Maßnahmen werden sorgfältig gesammelt:

- Welche Maßnahmen wurden im Einzelnen durchgeführt?
- In welcher Form wurde das Ereignis an die Öffentlichkeit getragen?
- Zu welchen Zeitpunkten fanden Maßnahmen statt?
- Welche Wirkung sollten die einzelnen Maßnahmen hervorrufen?

Entwurf eines Fragebogens

Damit eine differenzierte Auswertung möglich ist, müssen statistische soziostrukturelle Merkmale der Befragten festgelegt werden. ←

Geschlecht
Alter
Wohnort
Einkommensgruppe

Geeignete Fragen lassen eine Auswertung über den Bekanntheitsgrad zu. ←

Kennen Sie ...
Unternehmensbezeichnung
woher?
Gegenstand des Unternehmens?
Geschäftssitz?
führend auf dem Sektor ...?
An welche besonderen Ereignisse können Sie sich erinnern?

Schließlich kann das Image punktuell abgefragt werden. ←

Schätzen Sie ein:

	++	+	0	–	– –
Auswahl					
Preisniveau					
Artikelniveau					
Service					
Freundlichkeit					
Kompetenz					
soziale Verantwortung					
ökologische Verantw.					

Die Durchführung der Erfolgsmessung erfordert eine sorgfältige Planung:

- Festlegen der Zuständigkeiten (z. B. Befragungsschwerpunkt, Befragungsform, Ausarbeitung Fragebogen)

- Befragungsumfang (wann, wo, wen?)
- Rücklauf der Ergebnisse
- Auswertung und Präsentation

Beispiel:

Die Abbildung zeigt beispielhaft eine Möglichkeit der Darstellung bei einer überschaubaren Anzahl von Beurteilungskriterien.

Im Beispiel gibt es erhebliche Abweichungen hinsichtlich des Preisniveaus, bei Service, Kompetenz und soziale Verantwortung. In diesen Bereichen ist die Einschätzung der Öffentlichkeit schlechter als die Selbsteinschätzung.

Entweder weist das Unternehmen nun tatsächlich Defizite auf oder aber es ist nicht gelungen, die vorhandene Qualität der Öffentlichkeit zu vermitteln. In beiden Fällen besteht dringender Handlungsbedarf.

Bei der Auswertung können dann Soll-Zustand und Ist-Zustand verglichen werden.

Spinnwebtheorem

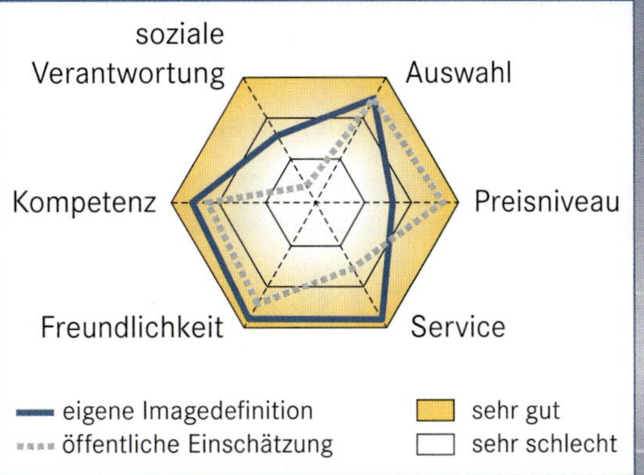

3.5 Salespromotion

Unter Salespromotion (Förderung von Verkäufen) versteht man im Rahmen des Marketings Maßnahmen, die geeignet sind, Produkte an die Kunden heranzuführen.

Die Maßnahmen zielen darauf ab, den Artikel für die Kunden so interessant zu machen, dass die Kaufentscheidung gefördert wird. Im Mittelpunkt steht also die Aktion, der Kunde wird indirekt beeinflusst.

Beispiel:

Schulung des Verkaufspersonals:	über Material, Eigenschaften, Nutzen
Motivation des Verkaufspersonals:	Wettbewerbe, Prämierungen
Artikelinformationen:	Plakate, verständliche Beschreibungen, Testberichte
Artikelvorführungen: (Handhabung, Einsatz, Nutzen, Wirkungen)	persönlich Video, DVD Modenschau
Hinweise auf Artikel, Artikelgruppen:	Durchsagen, Anzeigen auf Displays, Kostproben (Nahrungsmittel), Warenproben, Werbegeschenke, Gutscheine, Preisrätsel

Der Erfolg von Salespromotion-Maßnahmen ist umso besser zu erkennen, je sorgfältiger ein Unternehmen Daten über den Zustand vor und nach der jeweiligen Maßnahme erfasst und der Auswertung zur Verfügung stellen kann, z. B. Absatz vorher – nachher, Anzahl der Zielpersonen – Zahl der Rückläufer, Befragung von Kunden.

Nur wenn der Erfolg sichtbar wird, kann beurteilt werden, ob sich die Ausgaben für Salespromotion-Aktionen auch lohnen (Rendite).

12

3.6 Kundenservice

Beim Kundenservice geht es darum, Kunden zusätzliche Dienstleistungen anzubieten, die sie über das Artikelangebot hinaus veranlassen, das Geschäft aufzusuchen.

Diese Leistungen sind im Allgemeinen mit Kosten für den Einzelhändler verbunden, die er entweder im Preis berücksichtigt und unberechnet lässt oder die er angemessen (oft zu Selbstkosten) an den Kunden weitergibt.

Im engeren Sinne handelt es sich um warenabhängige Leistungen:

kaufmännischer Kundendienst		technischer Kundendienst	
Zustellung	Extraverpackung	Reparatur	Änderungen
Auswahl	Extrabestellungen	Installation	Ersatzteile

Dazu können weitere kundenbezogene Leistungen angeboten werden:

Kundenbequemlichkeit	Angebotsergänzung	Sonstiges
Parkplätze	Restaurant	Umtausch (Kulanz)
Gepäckaufbewahrung	Reinigung	Informationszentrum
Kinderecke	Friseur	Finanzierungen
Kartenzahlungssysteme	Schlüsseldienst	Inzahlungnahme

Aus marketingstrategischer Sicht sollen diese Maßnahmen mittelbar absatz- bzw. umsatzfördernd wirken.

Je besser sich die Leistungen dem Bedarf von Kunden anpassen, desto wirkungsvoller sind die Maßnahmen.

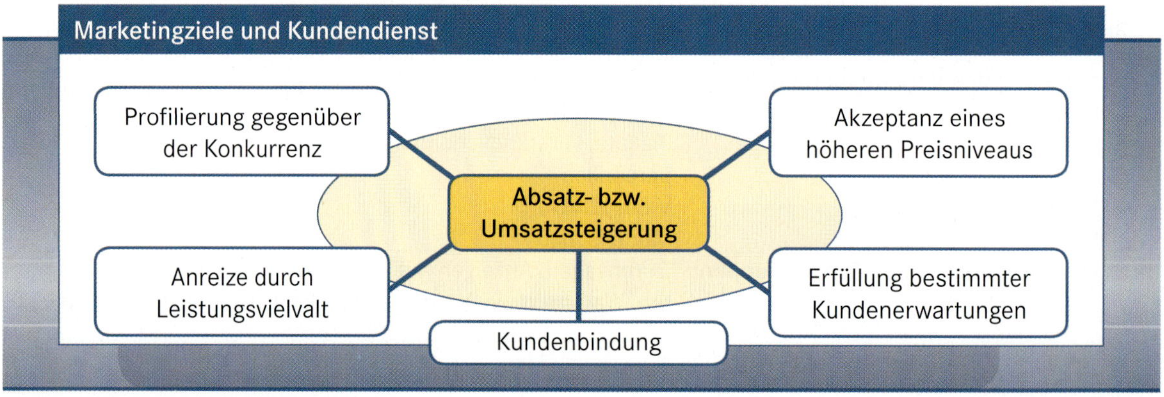

12

Letztlich kommt es natürlich auch hier darauf an, dass die Kosten für das Leistungsangebot durch eine entsprechend hohe Kundenfrequenz mit den damit verbundenen Umsätzen mindestens gedeckt werden können.

Es ist aber auf jeden Fall sinnvoll, freie Personalkapazitäten für wirksamen Kundenservice zu nutzen.

3.7 Präsentation im „Tagesgeschäft"

3.7.1 Normaler Geschäftsbetrieb

Einen wesentlichen **Einfluss** auf die Entwicklung von Absatz und Umsatz hat die Art und Weise, wie sich ein Unternehmen im normalen Geschäftsbetrieb seinen Partnern, insbesondere natürlich seinen Kunden gegenüber darstellt.

Das beginnt mit dem Eindruck, den ein **Geschäft von außen** auf Passanten oder Interessenten macht. Dazu gehört die Fassadengestaltung, der Eingangsbereich, die Firmenkennung und in besonderem Maße die Schaufenstergestaltung.

Beim **Eintritt** wirken zunächst Sauberkeit, Ordnung, Beleuchtung und Raumtemperatur, schließlich Einrichtung, Gestaltung und Warenpräsentation (siehe LF 4).

Alltäglicher Kontakt findet in zunehmendem Maße auch über das **Internet** statt. Der Gestaltung der Seiten sind heute keine Grenzen gesetzt, sei es als Möglichkeit, das Unternehmen und seine Strukturen kennenzulernen, Kontakte zu pflegen oder interaktiv Bestellungen abzuwickeln.

Eine Schlüsselstellung hat das **Verkaufspersonal** durch die Art und Weise, wie die persönlichen Kundenkontakte stattfinden.

Bekleidung und Aussehen einschließlich Körperhaltung und Mimik können hier ebenso wichtig sein wie die Sprache nach Stimmlage, Emotion, Sprachebene und Inhalt. Argumentationskunst und Warenkenntnisse werden dabei sehr geschätzt (siehe LF 2).

3.7.2 Beschwerdemanagement

Besondere Aufmerksamkeit verdient hier der **Umgang mit Kundenbeschwerden,** weil in der Regel dabei von vornherein eine Störung der Atmosphäre durch den subjektiv vom Kunden empfundenen Ärger über unser vermeintliches Fehlverhalten vorliegt.

Man muss dafür sorgen, dass die Häufigkeit solcher Situationen auf ein Minimum herabgesetzt wird und dass nach Behandlung von Beschwerden bei den Kunden ein hohes Maß an Vertrauen und Zufriedenheit wiederhergestellt ist (Beschwerdemanagement).

Besonders wichtig ist es in diesem Zusammenhang, mit den betreffenden Mitarbeitern Verhalten und Zuständigkeit abzusprechen und sie gegebenenfalls zu schulen. Dazu gehört es

- die erforderliche Rechtssicherheit zu vermitteln (Vertragsrecht einschließlich Gewährleistungsrecht),
- fundierte Warenkenntnisse zu vermitteln (Produkteigenarten und -eigenschaften),
- Verhaltensempfehlungen im Beschwerdefall zu geben,
- sprachliche Hilfestellungen zu geben und
- Kompetenzen für Regulierungen zu übertragen bzw. festzulegen.

Zunächst ist zu überlegen, wie Beschwerden grundsätzlich vermieden bzw. reduziert werden können. Dann geht es um das Verhalten im Beschwerdefall.

Wodurch können Beschwerdefälle vermieden bzw. reduziert werden?

- Artikel vor dem Verkauf sorgfältig prüfen (Wareneingangskontrolle, Besichtigung beim Verkauf im Beisein des Kunden, Verfalldaten prüfen, Einlagerungsvorschriften beachten, Waren pfleglich behandeln)
- deutliche Hinweise auf Eigenarten bzw. Eigenschaften der Waren (Pflegehinweise, Einsatzbedingungen, Handelsklassenmerkmale)
- deutliche Hinweise auf Gewährleistungsrecht und Garantiebedingungen
- Fehler vermeiden (keine unmöglichen Zusagen, besondere Vereinbarungen sofort aufschreiben und das Nötige veranlassen)
- Beschwerden mit Zeit, Beteiligten, Grund, Berechtigung, Regulierung, entstandenen Kosten usw. für Ursachenforschung und Abhilfestrategien erfassen

Wie verhält man sich im Beschwerdefall?

- Ungeachtet der Berechtigung:
  - Die Ausführungen des Kunden werden seriös und höflich entgegengenommen.
  - Für Reaktion und Empfindung des Kunden wird Verständnis geäußert.
  - Beschwerdegrund analysieren und vertragsrechtlich prüfen (z. B. Vorlage des Kassenzettels, haben **wir** unsere vertragliche Pflicht erfüllt?)
- Bei berechtigten Beschwerden:
  - Bedauern äußern
  - um Verständnis werben
  - Hinweis auf Qualitätsziele
  - Versicherung der kundenfreundlichen Abhilfe
  - Regulierung nach Gewährleistungsrecht, Garantiebedingungen oder gegebenenfalls auch im Rahmen der Kulanz
- Bei unberechtigten Beschwerden:
  - Bedauern äußern
  - auf Rechtslage hinweisen
  - um Verständnis werben
  - Hinweis auf Qualitätsziele
  - Hilfestellung anbieten (Einschicken mit Bitte um Kulanzregelung, kostengünstige Reparatur oder Ersatzkauf zum reduzierten Preis, gegebenenfalls Kulanzregulierung)

Allgemeine Grundsätze

- Stets aufgeschlossene, höflich - freundliche Haltung wahren!
- Immer dem Kunden zeigen, dass sein Anliegen ernst genommen wird!
- Offene Widersprüche und „Rechthaberei" vermeiden!
- Aussagen stets sachlich belegen (Vertragsrecht, Gewährleistungsrecht)!
- Eigene Meinungen vermeiden!
- Positive Absichten deutlich machen, Hilfsbereitschaft im Rahmen der Möglichkeiten verdeutlichen!

3.7.3 Gesamtwirkung

Alle Maßnahmen, die im Rahmen der täglichen Unternehmenspräsentation getroffen werden, sind auf Kundenerwartung und Kundenzufriedenheit abgestimmt und dienen so indirekt der Absatz- bzw. Umsatzförderung.

Besonders wichtig ist eine überzeugende **Gesamtwirkung.** Dazu gehört ein hohes Maß an gemeinsamen und abgestimmten Leitideen (Corporate Identity) im Rahmen einer geeigneten Unternehmensphilosophie (siehe LF 1).

Aus dem Blickwinkel des Marketings ist es zu spät, erst dann über Präsentationsmängel nachzudenken, wenn der Absatz zurückgegangen ist.

Stets sind bei der Organisation des Kundenkontaktbereichs **aktuelle Erkenntnisse** der Marktforschung zu beachten (Soll-Zustand). Darüber gibt es informative Fachliteratur in vielfältiger Form (kurze Beiträge in Fachzeitschriften bis hin zu ausführlichen wissenschaftlichen literarischen Werken). Daneben ist ein **selbstkritischer Vergleich mit Mitbewerbern** nicht zu vernachlässigen. Außerdem ist es wichtig, regelmäßig in geeigneter Form die **Akzeptanz der Kunden** in Bezug auf die verschiedenen Präsentationsbereiche zu **erheben.** Einen besonderen Stellenwert hat dabei die **Beurteilung der Qualität der Kontakte zwischen Kunden und Verkaufspersonal.**

4 Marketingmanagement

In einem modernen Unternehmen werden alle Entscheidungen von den Möglichkeiten, die der Markt bietet, bestimmt (Marketing). Dabei muss die Vielzahl der Einflussgrößen gebündelt und sinnvoll aufeinander abgestimmt werden. Das ist Aufgabe des Marketingmanagements, die von der Unternehmensleitung oder entsprechenden Abteilungen wahrgenommen wird.

Dabei geht es einerseits um die Maßnahmen zur Untersuchung und Erhebung der Marktsituation bzw. von Marktreaktionen auf bestimmte Ereignisse, andererseits um die Instrumente, die daraufhin zielorientiert und koordiniert eingesetzt werden.

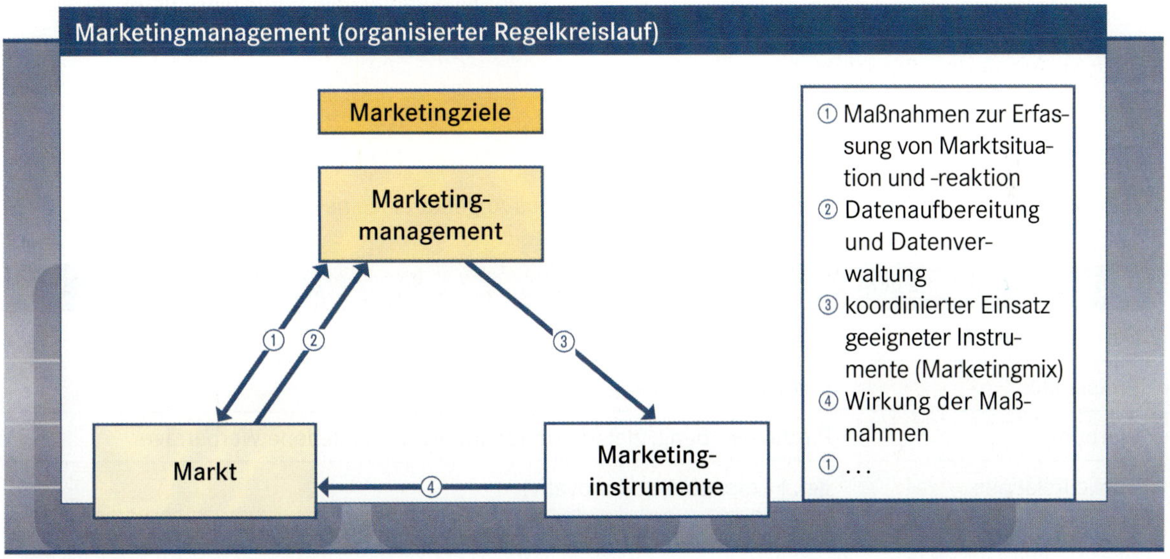

4.1 Marketingmix

Marketingmix ist die Kombination der von einem Unternehmen geplanten und eingesetzten Marketinginstrumente.

12

- Maßnahmen werden gebündelt, d. h., jede Einzelmaßnahme orientiert sich
  - am Leitbild (bzw. an der Unternehmensphilosophie),
  - am Marketingziel,
  - an der Zielgruppe (Marktsituation).

Beispiel:

Ein Unternehmen, das sich qualitätsbewusst präsentieren will,

- stellt sein Sortiment danach zusammen,
- wird zum entsprechenden Preisniveau anbieten,
- wird nicht preisbezogen, sondern qualitätsbezogen werben,
- hebt in der Öffentlichkeit die Einrichtungen zur Qualitätssicherung hervor,
- wird Verkäufer in qualitätsbezogener Verkaufstechnik schulen,
- wird bei der Warenpräsentation die Güte der Produkte in den Vordergrund stellen.

- Maßnahmen werden koordiniert. Der Einsatz der verschiedenen Marketinginstrumente erfolgt in gegenseitiger Abstimmung und Ergänzung.

Beispiel:

Ein Einzelhändler erhält von einem Lieferer ein besonderes Angebot eines neuartigen Artikels.

Marketinginstrumente	Koordination der Maßnahmen
Sortimentspolitik	Erweiterung
Preispolitik	Einführungspreis
Werbung	Produktwerbung, zielgruppenorientiert, verschiedene Werbeträger
Public Relations	ggf. Firmenporträt (innovativ)
Salespromotion	Verkäuferschulung über Eigenschaften und Anwendung
Präsentation	Extraaufbau, besonderer Hinweis

4.2 Kundenbeziehungsmanagement

Absatzfördernde Maßnahmen richten sich grundsätzlich an eine anonyme potenzielle Käuferschar in der Hoffnung darauf, dass sie ihre gewünschte Wirkung zeigen:
Die Aufmerksamkeit wird auf unser Unternehmen gelenkt und es werden Umsätze erzielt.

Viele Unternehmen überlegen sich darüber hinaus Maßnahmen, den einmal „gewonnenen" Käufer an sich zu binden.

Dieser Gedanke hat insoweit einen besonderen Reiz, weil diese Strategie, sollte sie gelingen, zwangsläufig zu einer Expansion führt.

1. Jahr	neue Kunden			
2. Jahr	gebundene K	neue Kunden		
3. Jahr	gebundene K	gebundene K	neue Kunden	
4. Jahr	gebundene K	gebundene K	gebundene K	neue Kunden

Diese Überlegung setzt aber voraus:

- Die Kundenbindung ist stark genug.
- Andere Unternehmen halten sich mit gleichartigen Maßnahmen zurück.

Da sich aber nicht jeder neue Kunde binden lässt und auch andere Unternehmen ebensolche Maßnahmen ergreifen, findet auch hier ein Wettbewerb statt.

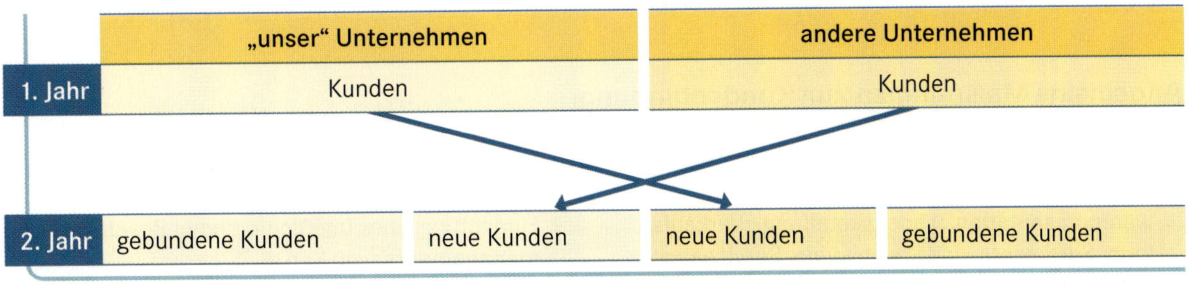

Wer sich hier dem „war for customers“ entzieht, muss aber mit Nachteilen rechnen.

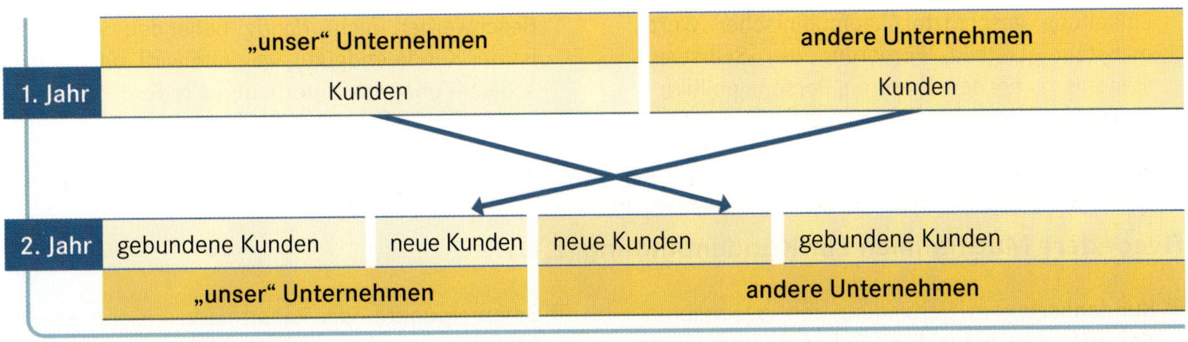

Das Kundenbeziehungsmanagement (Customer-Relationship-Management bzw. CRM) befasst sich damit, eine möglichst beständige Beziehung zu den Kunden aufzubauen und zu pflegen.

Aufgaben des CRM:

- Präferenzen der Kunden feststellen

Allgemein:	Im Besonderen:
Auseinandersetzung mit Ergebnissen der Marktforschungsinstitute sowie wissenschaftlichen Erkenntnissen über Kundenverhalten und Kundenmotive durch geeignete Literatur. Dies erfolgt gegebenenfalls auch branchenbezogen (Nahrungsmittel, Textil, Handwerkerbedarf, ...).	Befragungen der eigenen Kunden nach Motiven, Zufriedenheit, über die Einschätzung unserer Stärken und Schwächen, nach Handlungsbedarf und Beobachtungen von Kundenreaktionen. Die Daten sind zu erfassen und für eine Verwendung im Beziehungsmanagement auszuwerten.

- Kundenprofile erstellen
  Kundendaten erfassen (Name, Geburtstag, Geschlecht, Beruf, Familienstand, ggf. Kaufgewohnheiten, Einkommen, getätigte Einkäufe, Zahlungsverhalten usw.)

Die Kundendaten sind unter Wahrung des Datenschutzes zu verwalten, auswerten und zu nutzen (siehe Kap. 2.2.4 Data Warehouse).

- Maßnahmen planen und veranlassen, die die Beziehung zwischen Unternehmen und Kunden fördert und erhält. Die Maßnahmen sind nach Art und Zeitpunkt zu erfassen, um ihre Wirkungen kontrollieren zu können.

Allgemeine Maßnahmen zur Kundenbindung:

- kundenorientierte Maßnahmen der **Verkaufsförderung**
  Warenpräsentation, Ladengestaltung, Verkaufsform, Sortiments- und Preisbildung, Serviceangebot einschließlich Kartenzahlungen, Public Relations und Werbung (Marketingmix)
- Förderung der **Kundenloyalität**
  Einhaltung geschätzter kaufmännischer Wertmaßstäbe (Leitbild, Förderung des Selbstverständnisses bei den Akteuren, Personalpolitik): Ehrlichkeit, Zuverlässigkeit, Berechenbarkeit, Kompetenz, Höflichkeit, Freundlichkeit, Seriosität, die Bereitschaft, auf Anliegen der Kunden einzugehen
- Einrichtung eines funktionierenden **Beschwerdemanagements** (vgl. Kap. 3.7.2)
  Wenn es gelingt, einen aufgebrachten Kunden zufriedenzustellen, bleibt er auch dauerhaft erhalten. Im Umkehrschluss bedeutet das: Wenn Beschwerden nicht richtig behandelt werden, ist der Kunde endgültig weg und wird außerdem schlecht über das Unternehmen reden.

Besondere Maßnahmen zur Kundenbindung, z. B.:

- **Kundenkarten** in Verbindung mit besonderen Anreizen, z. B. bargeldlose Zahlung, monatliche Abrechnung (Kredit, Abbuchung), Serviceleistungen, Treuerabatte
- **Zusendung** regelmäßiger Artikelinformationen (z. B. Newsletter, Kundenzeitschriften, Kataloge, Treueangebote)
- **Kontaktpflege** bei bestimmten Anlässen seitens des Kunden (Geburtstag, Dauer der Kundenbindung) bzw. des Unternehmens (Jubiläum, Tag der offenen Tür, Sonderverkäufe)
- **Sammelpunkte** oder Rabattmarken (Couponing, Payback, Happy Digits, Warenbezugsrecht bzw. Gutscheine)
- **Treueaktionen** (Nächlässe, Naturalrabatte, Sonderveranstaltungen, Geschenke, unentgeltliche Serviceleistungen, verlängerte Garantiefristen)
- **Kundenklubs** (regelmäßiger Erfahrungsaustausch und Neuheiteninformationen)

4.3 Marketingkonzepte

Wann jeweils geeignete Maßnahmen durchzuführen sind, ist Aufgabe des Marketingmanagements. Die Planung erfolgt

- langfristig (Leitbildcharakter, Dauereinrichtungen),
- in regelmäßig wiederkehrenden Zeitabständen (z. B. saisonabhängige Umdekoration) oder
- situationsabhängig unregelmäßig (notwendige Preisänderung, Sortimentsbereinigung, Krise).

Grundsätzlich ist aber stets ein **Konzept** zu entwickeln, in dem

- Ausgangssituation und Zielgrößen definiert werden und
- geeignete Maßnahmen (Mix) vorgesehen werden.

Ein Ablaufplan – wie im Folgenden dargestellt – erleichtert die Entwicklung eines Marketingkonzeptes.

Marketing planen

1. **Bestandsaufnahme: Stellen Sie fest, wie die Ist-Situation Ihres Unternehmens ist.**
   Das wichtigste hierbei sind Informationen. Erschließen Sie sich Informationskanäle (z. B. Marktdaten und Kundenumfragen), die Sie kontinuierlich mit aktuellen Informationen versorgen. Je mehr Sie über Ihre Ausgangslage wissen, desto sicherer können Sie planen und entscheiden, in welche Richtung Sie weitergehen müssen. Eine Bestandsaufnahme umfasst:
   - (potenzielle) Kunden
   - Konkurrenz
   - Preis
   - Vertrieb
   - Produkt/Dienstleistung
   - Kommunikation (Werbung usw.)
2. **Welche Stärken, welche Schwächen hat Ihr Unternehmen? Welche Risiken und Chancen sind damit verbunden?**
   Stärken können zum Beispiel sein: Ihr Angebot ist qualitativ besser als das Ihrer Konkurrenten. Ihr Unternehmen ist für seine zuverlässige und gute Leistung bekannt. Schwächen könnten sein: Sie haben bisher bestimmte Kundengruppen nicht erreicht, obwohl sie ebenfalls für Ihr Produkt infrage kommen würden. Die Preise der Konkurrenz sind deutlich niedriger. Wie lassen sich vorhandene Stärken weiter ausbauen? Wie lassen sich Schwächen beheben? Welche Chancen und Risiken ergeben sich für die zukünftige Entwicklung des Unternehmens?
3. **Legen Sie Ihre Marketingziele und Marketingstrategie fest.**
   Sie haben festgestellt, wie die Situation in Ihrem Unternehmen und in Ihrem Markt ist und welche Stärken und Schwächen vorliegen. Auf dieser Grundlage können Sie kurz- (1–3 Jahre), mittel- (4–5 Jahre) und langfristige (6–10 Jahre) Ziele festlegen. Achten sie darauf, dass Sie diese Ziele so formulieren, dass Sie später auch deren Erfolg kontrollieren können.
4. **Legen Sie Ihre Marketingmaßnahmen fest, mit denen Sie diese Ziele erreichen wollen.**
   Entwickeln Sie, ausgehend von Ihren Marketingzielsetzungen, Marketingmaßnahmen. Überlegen Sie dafür vorhandene Hürden und Möglichkeiten zu deren Beseitigung. Bei der Ursachenforschung sollten Sie auch an externe Beratung denken.
   Ihre Marketingmaßnahmen sollten eine ausgewogene Kombination der vier sogenannten Marketingelemente sein.
   Die „Kunst“ ist, diese Elemente in der richtigen Kombination, Intensität und zum richtigen Zeitpunkt einzusetzen. Kurz: Auf den richtigen Marketingmix kommt es an.
5. **Planen Sie Ihre Marketingkosten.**
   Alle Marketingaktivitäten haben eine „natürliche“ Grenze: Ihr finanzielles Marketingbudget. Stimmen Sie daher Ihre Planung mit denen Ihnen zur Verfügung stehenden finanziellen Mitteln ab.
6. **Überprüfen Sie den Erfolg Ihrer Marketingmaßnahmen.**
   Der Erfolg von Marketingmaßnahmen ist nicht immer leicht zu messen: Wie ist der Erfolg Ihrer Werbung? Wird Ihr Produkt tatsächlich häufiger gekauft, weil es eine andere Verpackung hat? Um tatsächlich den Erfolg einzelner Maßnahmen zu messen, müssen Sie auf Informationskanäle zurückgreifen, die Ihnen bereits bei der Bestandsaufnahme gedient haben.

Die Erstellung eines Marketingkonzeptes erfordert eine geeignete Organisation. Aufgrund der Aufgabenvielfalt und eines hohen Anteils an Kreativität eignet sich dazu eine Gruppenarbeit.

Dazu werden

Verantwortlichkeiten und Aufgaben vergeben	Informationsbeschaffung (Ist-Zustand, Maßnahmen), Koordination der Ziel- und Maßnahmendiskussion, Dokumentation, Präsentation
Zeitpläne entwickelt	Arbeitsbeginn, Zwischenergebnisse, Fertigstellung des Konzeptes

12

5 Internetnutzung

5.1 Möglichkeiten und Grenzen

Heute verfügen nicht nur nahezu alle Gewerbebetriebe über Computer mit Zugang zum Internet, sondern auch viele Haushalte. Die Zahl derer, die die Technik besitzen und auch zumindest hinreichend beherrschen, wird immer größer.

Der Einzelhandel erhält dadurch eine weitere Möglichkeit, sich gegenüber Kunden zu präsentieren. Die Kontakte können dabei sehr unterschiedlich entstehen:

- Ein Interessent wendet sich an die Internetadresse des Einzelhändlers.
- Einzelhändler wenden sich an die potenziellen Interessenten.
- Über das Internet entstehen wechselseitige Beziehungen.

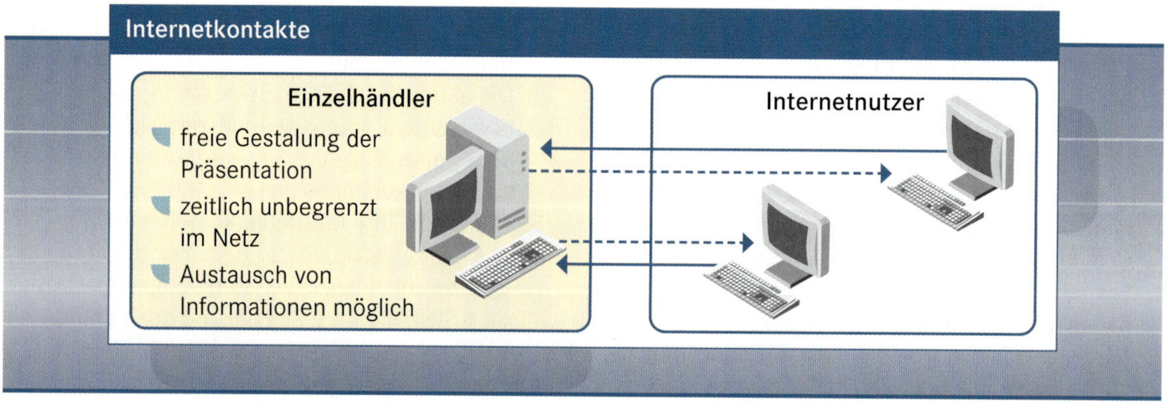

Dem Einzelhändler steht damit ein Medium zur Verfügung, mit dem er den potenziellen Kunden seine Vorzüge, seine Leistungsfähigkeit, sein besonderes Angebot, seine Kundenfreundlichkeit, sein Profil, seine Philosophie usw. in vielfältiger Weise darstellen kann (Bild, Text, Film, Ton). Er kann darin viele Komponenten eines Marketingmix vereinen, insbesondere Public Relations, Werbung, Preispolitik, Salespromotion (Internetmarketing). Darüber hinaus lassen sich zeitlich und örtlich ungebundene Aufträge annehmen und abwickeln sowie Kundendaten gewinnen, die zur Pflege von weiteren Geschäftsbeziehungen (CRM, siehe Seite 464 f.) und für ein Zielgruppenmarketing wichtig sein können.

12

Allerdings müssen potenzielle Kunden erst einmal den Weg zu der angebotenen Seite finden. Im Gegensatz zu vielen Marketingmaßnahmen, bei denen die Zielgruppe die Information zwangsläufig erhält (Prospekt, Werbezettel, Anzeige, Rundfunkwerbung usw.), kommt es hier darauf an, dass der Erstkontakt durch **aktives Handeln der gewünschten Ansprechpartner** zustande kommt. Ist das nicht der Fall, nützen all die schönen Internetdarstellungen nichts.

Anregungen für ein erfolgreiches Internetmarketing erhält das Einzelhandelsunternehmen u. a. auch durch das Internet. Es findet dort die Beschreibung von Marketingstrategien, Literaturhinweise und erhält Angebote zur professionellen und staatlichen Unterstützung. Außerdem kann man sich die Auftritte anderer Unternehmen (auch von Mitbewerbern) ansehen. Schließlich erhält man zur Verbesserung betrieblicher Entscheidungen eine Vielzahl von Informationen aus fremden Recherchen oder durch eigene Maßnahmen der Primär- oder Sekundärforschung.

Zusammenfassung der Möglichkeiten des Internets im Rahmen des Absatzmarketings:
- **Verbesserung des Marketing-Know-hows (Anregungen, Beschreibungen, Hilfestellungen)**

- Marktuntersuchungen (Primär- und Sekundärforschung)
- Einsatz geeigneter Marketinginstrumente (Werbung usw.)
- Maßnahmen der Kundengewinnung und Kundenbindung

- Präsentation des Unternehmens und Darstellung der Leistungsfähigkeit
- örtlich und zeitlich ungebundene Verkaufsabwicklung

5.2 E-Business

5.2.1 Begriffserklärung

Unter E-Business versteht man in der Regel die Abwicklung von Geschäften und administrativer Vorgänge über elektronische Kanäle.

Im Wesentlichen zählen dazu

- die Präsentation des Unternehmens und seiner Leistungsfähigkeit für potenzielle Geschäftspartner (Kunden, Kreditgeber, Beschäftigte),
- die Beschaffung von Informationen über andere Unternehmen (Lieferer, Hersteller, Dienstleistungsunternehmen) und administrative Institutionen (IHK, Gewerkschaften, Behörden),
- die Möglichkeit des elektronischen Informationsaustausches (Erklärungen, Anfragen, Bestellungen, Abbildungen).

Im Bereich der geschäftlichen Nutzung unterscheidet man zwei Strategien, die alternativ oder nebeneinander verfolgt werden:

B2C	B2B
(Business-to-Customer) = Ausrichtung auf den Verbraucher	(Business-to-Business) = Ausrichtung auf Geschäftskunden

Sowohl den Kunden des Einzelhandelsuntehmens als auch den Einzelhandelsunternehmen als Geschäftskunden bieten sich jeweils gleichartige Möglichkeiten:

- schneller Zugang zu aktuellen Informationen über Sortiment, Preis, Konditionen, Lieferzeit, Produktbeschreibung, Aktionen usw.,
- Standardisierung des Datenaustausches bei der Auftragsabwicklung (z. B. Bestätigung des Bestellungseingangs, der Auftragsannahme bzw. des Geldeingangs, Anzeige der Bezahlung bzw. des Versandes (E-Supply-Chain, E-Fulfillment),
- Angebotsübersichten und Vergleiche verschiedener Anbieter durch organisierte Internetmarktplätze bzw. Vergleichsplattfomen (E-Sourcing, E-Requisitioning),
- Informationen über Trends, technische Entwicklungen, Alternativen, Besonderheiten usw. für eine ausgereifte Kaufentscheidung (E-Intelligence).

5.2.2 Internetseite

Grundlage für eine Internetpräsenz ist die **Einrichtung** einer Internetseite (Homepage), deren Inhalt auf einem Rechner bereitgestellt wird und über eine Internetadresse (URL = universal ressource locator) aufrufbar ist. Der Umfang einer Internetseite ist theoretisch unbegrenzt.

Ihre **Wirksamkeit** ist davon abhängig, inwieweit sie den Erwartungen der Zielgruppe in Design und Funktionalität entspricht. Entscheidend sind Informationsaufbereitung, Seitenstrukturierung, Benutzerführung und Suchfunktionsoptimierung.

Impressum: Jede Internetseite muss Angaben darüber enthalten, wer für den Inhalt verantwortlich ist.

5.2.3 Besucher

Besucher können auf die Internetseite des Unternehmens gelangen, wenn ihnen die Webadresse (Internetadresse) bekannt ist. Ist das nicht der Fall, gibt es verschiedene Möglichkeiten, Besucher auf die Seite zu lenken:

- über konventionelle Mitteilungen (Visitenkarten, Prospekte, Geschäftsbriefe, Anzeigen)
- Suchmaschinen (Unternehmensname, Schlüsselbegriffe)
- Verknüpfungen (Links) in anderen Internetveröffentlichungen

5.2.4 Kommunikationsplattform

Jeder Besucher unserer Internetseite sollte die Möglichkeit haben, in einem sinnvollen Umfang Kontaktdaten und Mitteilungen abzugeben.

Das Minimum an Kontaktdaten ist eine E-Mail-Adresse, die bei uns gespeichert wird und eine Erwiderung auf das Begehren (z. B. Beantwortung einer Frage, regelmäßige Zusendung eines Newsletters) ermöglicht. Vollständige Adressen erlauben die Zusendung von gewünschten Informationen (Katalog) oder Artikeln.

Für die Durchführung und Auswertung von Befragungen müssen entsprechende Dateien kreiert werden. Gleiches gilt für die Einrichtung von Foren oder verkaufsfördernden Maßnahmen wie z. B. die Beteiligung an Gewinnspielen.

Je besser es gelingt, auf diese Weise strukturierte Daten über Kunden zu gewinnen, umso gezielter können sie für ein wirksames Kundenbeziehungsmanagement (CRM) genutzt werden.

5.3 E-Commerce (Internethandel)

E-Commerce ist die Durchführung des Handels in elektrischer Form und stellt damit ein Teilgebiet von E-Buisness dar.

Rechtswirksame Willenserklärungen, die zu einem gültigen Vertrag führen, werden über das Internet abgegeben.

Der Kunde erhält über die Internetseite (Webshop, Onlineshop) Zugang zu allen Informationen, die für eine Kaufentscheidung erforderlich sind. Dazu zählen

- Artikeldaten (Sortiment),
- Preis,
- Lieferbedingungen,
- Zahlungsbedingungen,
- Unternehmensdaten,
- Allgemeine Geschäftsbedingungen mit Widerrufs- bzw. Rückgaberecht.

Artikelauswahl und gegebenenfalls die gewählten Lieferungs- und Zahlungsbedingungen werden über eine Auftragsdatei (Warenkorb) zusammen mit den erforderlichen Kundendaten verbindlich abgegeben (Bestellung).

Der Eingang der Bestellung wird bestätigt und nach Prüfung der Durchführungsbereitschaft erhält der Kunde per E-Mail die Auftragsbestätigung.

Teil einer Internetseite

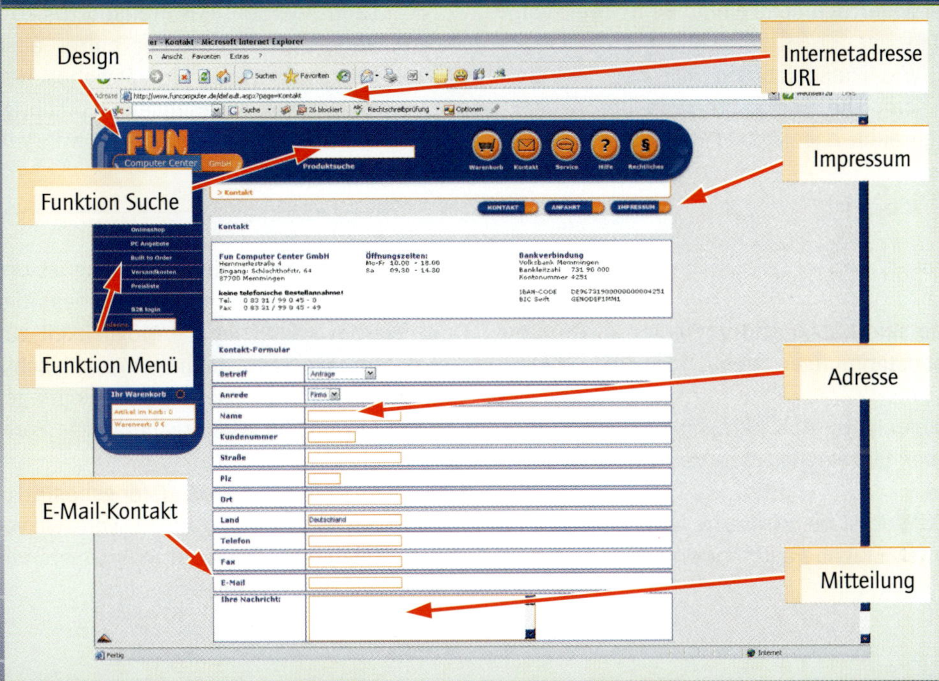

Damit ist ein Vertrag, der grundsätzlich von den Beteiligten erfüllt werden muss, mit den damit verbundenen Verpflichtungen (Lieferung, Lieferungsannahme, Zahlung, Zahlungsannahme) rechtswirksam geschlossen.

Die Zahlungsweise ist dabei besonders zu regeln, weil die im stationären Einzelhandel übliche Bar- oder Sofortzahlung (Warenübergabe/Geldübergabe) nicht möglich ist.

In der Regel wird Lieferung gegen Vorauskasse oder Nachnahme angeboten. Aus Sicht des Online-Einzelhändlers erfordert nämlich die Warenversendung an eine Vielzahl von anonymen Kunden ohne Sicherheit des Zahlungseingangs einen hohen Verwaltungsaufwand und birgt ein unkalkulierbares Forderungsausfallrisiko.

5.4 Rechtliche Aspekte

Für den Internethandel gelten grundsätzlich alle einschlägigen Bestimmungen des BGB (Verbraucher) und des HGB (Kaufleute).

§

Gegenüber dem stationären Ladenverkauf genießt der Verbraucher bei E-Commerce-Verträgen den Schutz der Bestimmungen über Fernabsatzverträge (BGB § 312; siehe LF 3, Kap. 2.4.4).

Danach hat der Verbraucher ein Widerrufs- oder Rückgaberecht (§§ 312 c, 355, 356) und der Händler die Pflicht, auf dieses Recht ausdrücklich hinzuweisen (Widerrufsbelehrung).

- Ein Widerruf oder die Rückgabe ist ohne Angabe von Gründen bis 14 Tage nach Erhalt der Ware möglich (Ausnahmen: z. B. Lebensmittel). Die

12

Kosten für die Rücksendung trägt der Händler (bei Widerruf erst ab einem Bestellwert von 40,00 €).

- Ohne Widerrufsbelehrung ist der Vertrag unwirksam. Die Rückgabe bestellter Artikel ist dann auch nach Ablauf der Widerrufsfrist möglich.
- Auch beschädigte Waren können zurückgesandt werden; das Transportrisiko liegt beim Verkäufer. Der Käufer haftet allerdings für fahrlässiges oder vorsätzliches Handeln und ist insoweit schadensersatzpflichtig.
- Die Bestimmungen über Gewährleistung bleiben unberührt.

§

Außerdem sind Käufer und Verkäufer an Durchführungsbestimmungen gebunden (§§ 312 c, 312 e).

- Der Käufer ist vor Abschluss klar und verständlich über Einzelheiten des Vertrags zu informieren.
- Dem Käufer ist die wirksame Möglichkeit einzurichten, Eingabefehler zu erkennen und zu korrigieren.
- Der Zugang einer Bestellung ist unverzüglich auf elektronischem Weg zu bestätigen.
- Dem Käufer ist die Möglichkeit zu verschaffen, Vertragsbestimmungen einschließlich der Allgemeinen Geschäftsbedingungen abzurufen und in wiedergabefähiger Form zu speichern.
- Bestellungen und Empfangsbestätigungen gelten hier als zugegangen, wenn sie von den Parteien unter gewöhnlichen Umständen abgerufen werden können.

Beispiel:

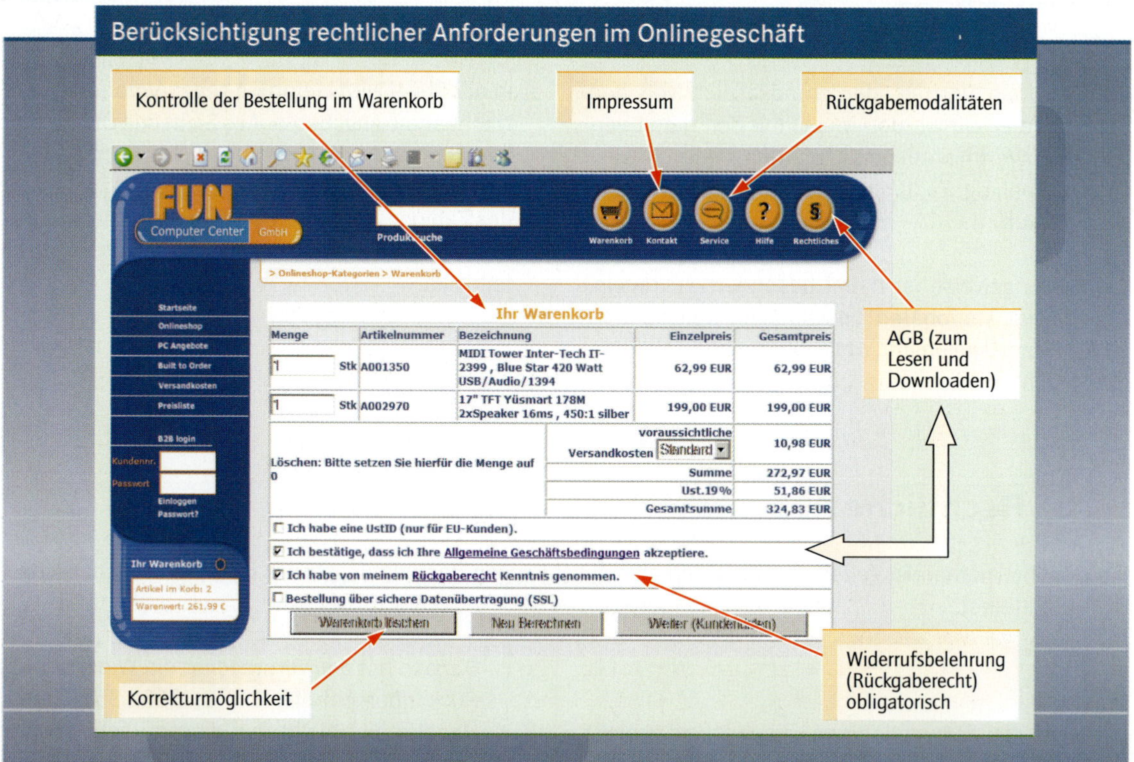

5.5 Onlinemarketing

Maßnahmen zur Förderung von Erstkontakten (Kundengewinnung):

- Die Internetadresse wird auf konventionelle Weise mitgeteilt (Visitenkarten, Angabe auf Geschäftsbriefen, Prospekten, Zeitungsanzeigen, Plakaten und anderen schriftlichen Werbemitteln, in Fernsehspots, in Rundfunkwerbung usw.)
- Die Internetseite enthält strategisch günstige Schlüsselbegriffe, damit sie bei den Ergebnissen eines Suchvorgangs mittels Suchmaschine erscheint.
- In anderen Internetseiten werden Verknüpfungen platziert, die auf die Seite des Unternehmens führen. Infrage kommen:
  - Internetadresse (Link)
  - Firmenlogo
  - Werbebanner
  - Rich-media-Formate (bewegte Anzeigen, Pop-ups und andere animierte Formate)

  Träger der Verknüpfungen sind z. B. Portale (z. B. www.web.de), kommerzielle Preisvergleichsanbieter (z. B. www.preistrend.de) oder andere Seiten, in denen eine Interessenbündelung stattfindet (z. B. www.adac.de, www.geldsparen.de).
- Internetnutzer erhalten Adressen von anderen Nutzern (z. B. durch Versenden einer witzigen oder ansprechenden Animation an Bekannte).

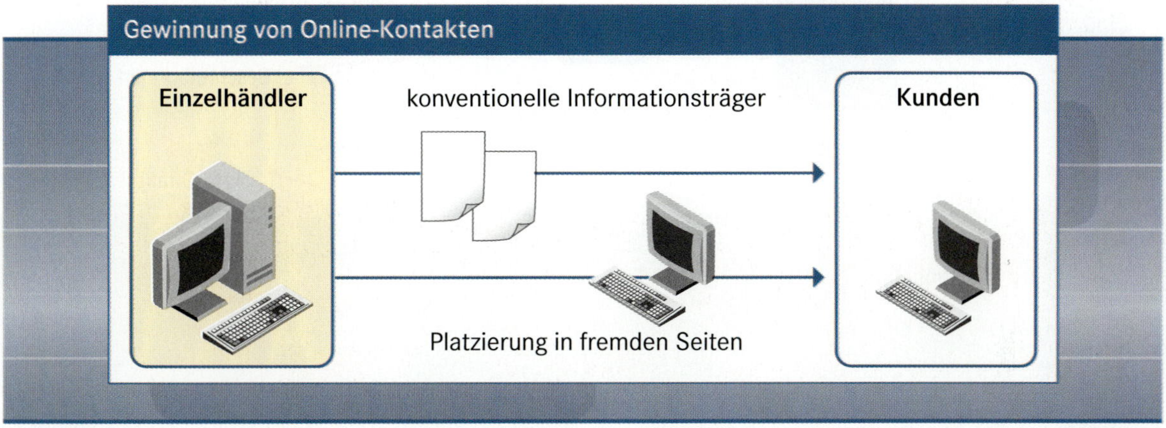

Maßnahmen zur Förderung der Häufigkeit der Seitenkontakte (Klicks) und der Verweildauer (Kundengewinnung, Kundenbindung):

- **ansprechende Gestaltung**
  - Farben, Formen, Grafiken, Schriften, Animationen
  - Gliederung und Übersichtlichkeit
- **Funktionalität**
  - rascher Seitenaufbau
  - komfortable und funktionale Bedienerführung
- **Leistungsbeschreibung**
  - Sortiment und Sortimentsbeschreibung, Neuheiten, Einsatzmöglichkeiten, Nutzen, Vorzüge, verfügbare Mengen
  - wettbewerbsfähige Preisgestaltung
- **Zusatzleistungen**
  - Service
  - Wegbeschreibung
  - Hilfsprogramme (z. B. Mengenbedarfsrechnungen, Artikelkombinationsmöglichkeiten, Einrichtungsplanung)
  - Texte oder Bilder zum Downloaden (Rezepte, Bedienungs-, Bastelanleitungen)
- **Informationsdienst**
  - FAQ-Seite (Antworten auf häufig gestellte Fragen – Frequently Asked Questions)
  - E-Mail-Kommunikation zur Beantwortung von Fragen und Behandlung von Beschwerden
  - Chatroom bzw. Internetforum für Meinungs- und Erfahrungsaustausch (chatten = unterhalten)
- **Informationsqualität**
  - hoher Aktualisierungsgrad
  - Verlässlichkeit der Angaben

12

- **sonstige Anreize**
  - ansprechendes Leitbild/Unternehmensphilosophie
  - Unterhaltung (Animationen, Geschicklichkeitsspiele, Filmdrehbuch usw.)
  - regelmäßige Aktionen, Gewinnspiele, Auktionen, Sonderangebote
  - Ankündigung von Aktionen (Erwartung und Spannung erzeugen)

Beispiele:

Möglichkeiten der Seitengestaltung

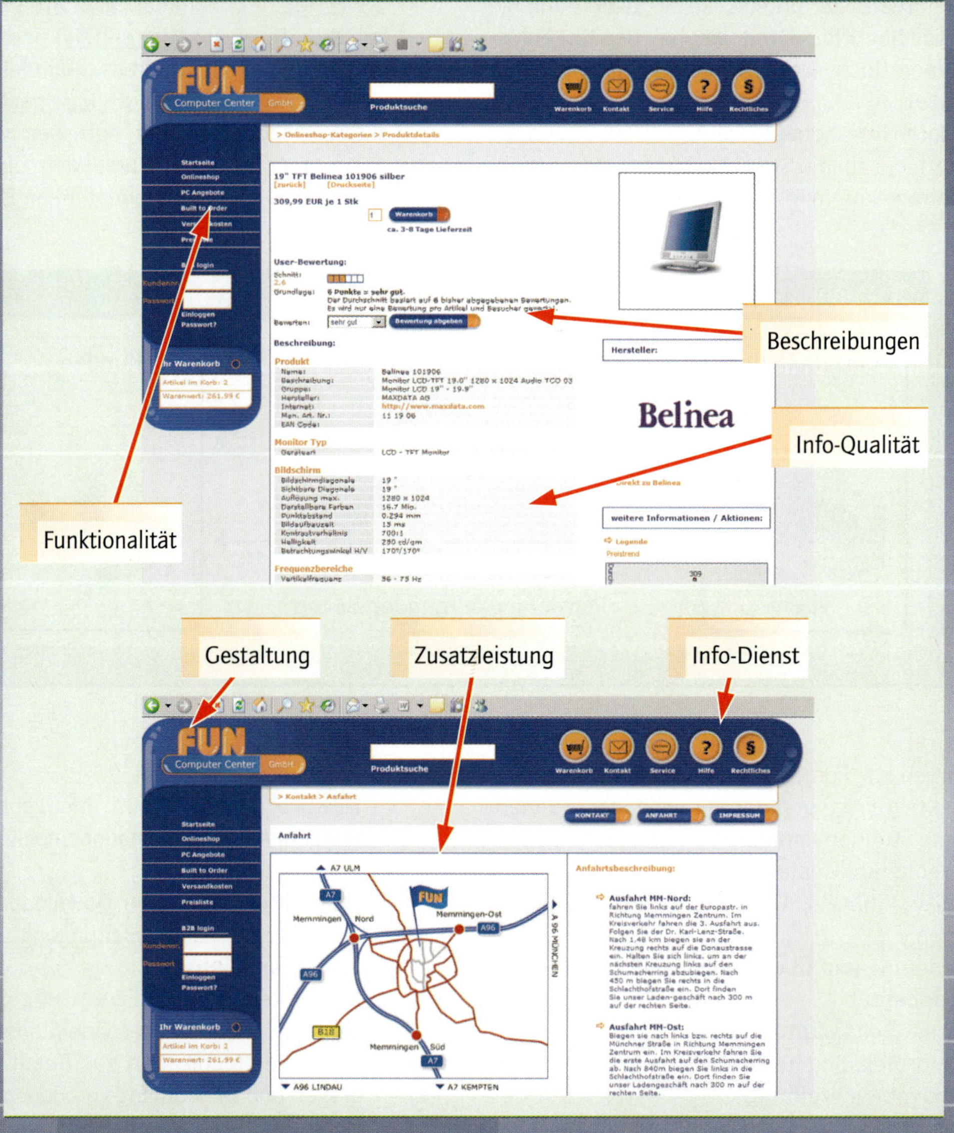

Besondere Maßnahmen zur Kundenbindung:

- Mit Einverständnis der Empfänger werden zu bestimmten Anlässen (z. B. Neuheiten, Aktionen) E-Mails versandt.
- Ein Newsletter ist die regelmäßige Zusendung von E-Mail-Informationen an einen Interessentenkreis nach dessen Zustimmung. Die Abbestellung muss allerdings problemlos und jederzeit möglich sein.
  Um das Interesse der Teilnehmer aufrechtzuerhalten, sollten bestimmte Anforderungen eingehalten werden:
  - Die Informationen müssen auf das Interesse des Empfängers abgestimmt sein (Artikelinformationen, Zusatzinformationen).
  - Die Informationen treffen die Erwartungen der Empfänger hinsichtlich Aktualität, Innovation und persönlichem Nutzen.
  - Jeder Anschein von Aufdringlichkeit muss vermieden werden (diskret, loyal, maßvoll).
- einfacher Zugang zum Onlineshop (Link auf Onlineshop oder direkt auf genannte Artikel bzw. Artikelgruppe)
- Durchführung von Kundenbefragungen (verbunden mit Teilnahmeanreizen)
  - zur Feststellung der Kundenzufriedenheit, Stärken und Schwächen,
  - zur Erhebung von Kundendaten (u. a. Geburtstag, Beruf, Einkommen, Hobbys, Käufe, Kaufmotive und Erwartungen)
  - zur organisierten Datenspeicherung (Data Warehouse) mit der Möglichkeit der gezielten Auswertung für ein Kundenbeziehungsmanagement.

Übersicht Onlinemarketing

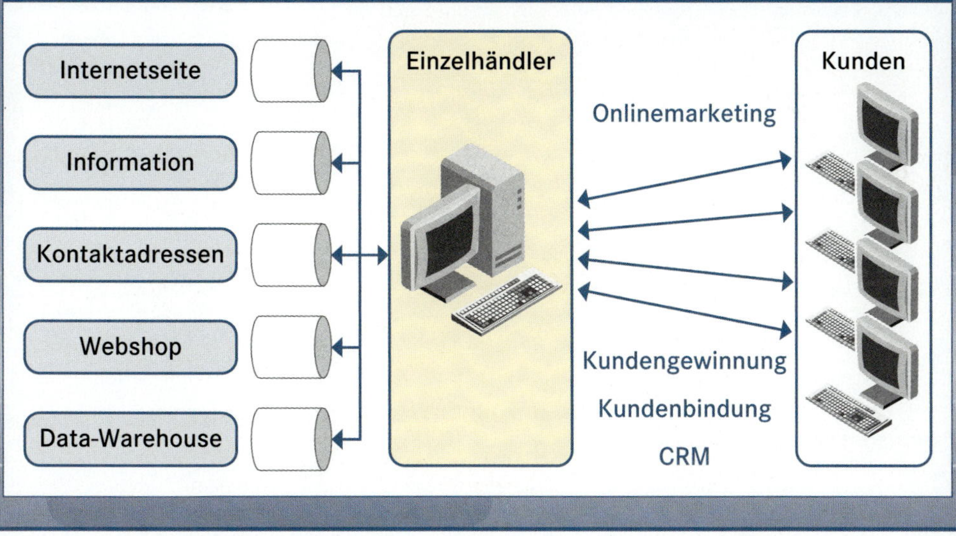

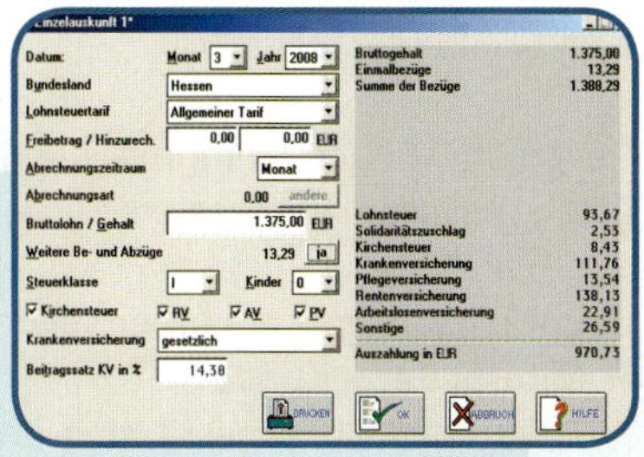

Personaleinsatz planen und Mitarbeiter führen

1 Gesprächsführung

2 Umgang mit Konflikten

3 Personalentwicklung

4 Begründung, Betreuung und Beendigung von Arbeitsverhältnissen

1 Gesprächsführung

Den Anteil, den die Kommunikation an der gesamten Arbeitszeit eines Einzelhändlers einnimmt, sollte man nicht unterschätzen.

Gespräche finden statt mit Kunden, Lieferanten, Boten, Kollegen, Vorgesetzten usw.

Gesprächsanlässe am Arbeitsplatz können sein:

- **Mitarbeiter – Kunde**
  - Ein Kunde beschwert sich über eine mangelhafte Ware.
  - Ein Kunde wünscht eine Beratung.
- **Mitarbeiter – Kollege**
  - Innerhalb Ihrer Abteilung muss der Urlaub abgestimmt werden.
  - Ein Kollege fragt Sie, ob Sie ihn morgen einen halben Tag vertreten können.
- **Mitarbeiter – Vorgesetzter**
  - Beurteilungsgespräch
  - Versetzungsgespräch
  - Beförderungsgespräch
  - Dienstgespräch

Wie beim Kundenkontakt gibt es beim Gespräch unter/mit Kollegen/Vorgesetzten auch „Faktoren“, die eine erfolgreiche Gesprächsführung verhindern.

Häufig beruhen misslungene Gespräche auf Missverständnissen bzw. Kommunikationsstörungen.

1.1 Direkte und indirekte Aussagen

Aussagen werden vom Empfänger einer Botschaft immer interpretiert. Sie werden daraufhin „abgetastet“, ob zusätzlich etwas „zwischen den Zeilen steht“.

Beispiel:

Direkte Aussage: „Meinen Lebensgefährten habe ich beim Golfspielen anlässlich meines dritten Hawaiibesuchs kennengelernt.“

Indirekte Aussage (stillschweigend gemeint):
- Ich bin nicht verheiratet.
- Ich lebe mit einem Freund zusammen.
- Ich spiele Golf.
- Ich war schon dreimal auf Hawaii.

Weitere Beispiele:
- „Ihre Vorgängerin konnte sehr schnell arbeiten!“
- „Früher herrschte hier ein gutes Betriebsklima.“

Auch über **Betonungen** einzelner Wörter bzw. Satzteile lassen sich indirekte Aussagen treffen:

Beispiel:

„Ich bezahle Ihnen jeden Monat 1.500,00 € für Ihre Arbeit.“
- „**Ich** bezahle Ihnen jeden Monat 1.500,00 € für Ihre Arbeit.“
  ⇨ *„Sie sind der Untergebene!“*
- „Ich bezahle Ihnen **jeden Monat** 1.500,00 € für Ihre Arbeit.“
  ⇨ *„... wie großzügig von mir!“*
- „Ich bezahle Ihnen jeden Monat **1.500,00 €** für Ihre Arbeit.“
  ⇨ *„... das ist eigentlich zu viel für Ihre Leistung!“*

Eine Aussage besteht nach dem Kommunikationswissenschaftler Friedemann Schulz von Thun immer aus direkten und indirekten Aussagen. Er unterscheidet dabei vier Gruppen:

1. das, was ich über mich selbst aussage (Selbstkundgabe)
   ⇨ *Ich finde, Sie verdienen zu viel.*
2. das, was ich über die Sache sage
   ⇨ *Sie bekommen 1.500,00 € jeden Monat.*
3. das, was ich über die Beziehung zum Adressaten sage
   ⇨ *Ich bin Ihr Chef.*
4. das, wozu ich auffordere (Appell)
   ⇨ *Seien Sie etwas dankbarer!*

Die Möglichkeit des Gesprächspartners, auf eine dieser vier Gruppen zu reagieren, führt zur **Abweichung** vom eigentlichen Inhalt, den man mitteilen wollte.

Die Gefahr besteht, sich auf „Nebenschauplätzen“ zu verlieren.

5615478

1.2 Verbale, nonverbale Aussagen

Kommunikation findet nicht nur mit Worten (verbal), sondern auch zu einem bedeutenden Teil ohne Worte (nonverbal) statt.

Kommunikationsmittel sind hier
- die **Gestik** (= Körperhaltung, siehe LF 2) und
- die **Mimik** (= Gesichtsausdruck, siehe LF 2).

Passen die Inhalte der Aussagen nicht zu der Gestik bzw. Mimik oder umgekehrt, so kommt es beim Empfänger zu **Irritationen** bzw. **Fehldeutungen.**

1.3 Gesprächsstörer und Gesprächsförderer

Ähnlich wie im Verkaufsgespräch zwischen Kunde und Verkäufer gibt es bei Gesprächen zwischen Kollegen/Vorgesetzten auch Begriffe bzw. Verhaltensweisen, die die Fortsetzung eines Gesprächs erschweren.

Gesprächsstörer können sein:
- **Formulierungen**

> **Beispiele:**
>
> „... so ein Unsinn ...“
> „... das sehen Sie aber völlig falsch ...“
> „... ach so, Sie sind wohl der Fachmann ...“
> „... lassen Sie das mal meine Sache sein ...“

- **Befehle**

> **Beispiele:**
>
> „... mischen Sie sich gefälligst nicht ein ...“
> „... Sie haben sich morgen früh bei mir zu melden ...“

- **Vorwürfe**

> **Beispiele:**
>
> „... das hab ich Ihnen doch schon letzte Woche gesagt ...“
> „... wenn Sie gleich gekommen wären ...“

Jegliche Verletzung im **persönlichen Bereich** kann zu einer dauerhaften Störung der Kommunikation führen.

Gesprächsförderer können sein:
- **Zuhören**
  Die erste Voraussetzung, um zu verstehen, was der Gesprächspartner sagen will, ist, ihm zuzuhören.
- **Nachfragen**
  Wenn man etwas nicht eindeutig verstanden hat (akustisch oder inhaltlich), sollte man nachfragen. Das zeigt dem Gesprächspartner auch, dass man dem Gespräch folgt und mitdenkt.
- **Feedback**
  ansprechen, wie man etwas verstanden hat
- **Denkanstöße**
  Nichts ist überzeugender als eine Lösung, die man vermeintlich selbst gefunden hat. Darum gilt es, den Gesprächspartner durch Denkanstöße auf die „richtige“ Spur zu bringen.
- **Metakommunikation**
  Das Gespräch über das eigentliche Thema wird unterbrochen, um eine das Gespräch störende Situation zu besprechen.
  „Ich habe das Gefühl, ich langweile Sie mit meinem Vorhaben, was stört Sie denn?“

In der Tendenz sollte eine **sachliche Argumentation** im Vordergrund stehen.

Oft ist es hilfreich, Gespräche/Besprechungen so zu strukturieren, dass die (Zwischen-)Ergebnisse und Zusammenhänge an einer Pinnwand oder einem Flipchart visualisiert (sichtbar) werden.

2 Umgang mit Konflikten

2.1 Entstehung von Konflikten

Konflikte entstehen, wenn Bedürfnisse bzw. Interessen von Menschen widersprüchlich aufeinandertreffen. Die Entstehung von Konflikten lässt sich wohl nie ganz vermeiden.

Aber Konflikte sind nicht automatisch schlecht, sondern können zu neuen Ansätzen und Lösungen führen.

Positiv ist:
- Unterschwellige Spannungen bauen sich ab.
- Förderung der Kreativität
- Bewirkung von Entwicklungen

Je länger ein Konflikt jedoch dauert, umso unproduktiver wirkt er.

Aufgabe der Personalführung ist es also, Konflikte **frühzeitig zu erkennen und Lösungsansätze** zu entwickeln, um die negativen Folgen eines langfristigen Konflikts zu vermeiden.

Solche langfristigen **negativen** Folgen können sein:
- Erhöhung der Fehlzeiten der Mitarbeiter
- sinkende Motivation
- Mobbing
- Kündigung (tatsächliche und „innere")
- schlechtes Betriebsklima

2.2 Arten von Konflikten

Innerhalb eines Unternehmens können grundsätzlich zwei Arten von Konflikten auftreten:
- **Intrapersonale Konflikte**
  Das sind Konflikte, die **innerhalb einer Person** auftreten. Das kann eine Über- oder Unterforderung des Mitarbeiters an dem jeweiligen Arbeitsplatz sein, die zu einer abnehmenden Arbeitszufriedenheit führt.
- **Interpersonale Konflikte**
  Das sind Konflikte **zwischen mindestens zwei Personen.** Dabei wird versucht, zur Durchsetzung der eigenen Interessen den anderen zu beeinflussen, seine Interessen aufzugeben.

Typische Konfliktfelder sind:
- **Personalpolitik** – Einstellung, Versetzung oder Entlassung
- **Beurteilungen** – Die eigene Beurteilung wird als zu schlecht, die anderer als zu gut empfunden.
- **geplante organisatorische Änderungen** – neue Abteilungsbildung, Zusammenlegung mehrerer Abteilungen, …
- **zu hoher Termindruck**
- **Fragen der Bezahlung** – Lohnunterschiede, …

2.3 Konfliktlösungsansätze

Die Personalführung muss dazu in der Lage sein, einen Kompromiss zu finden, der es beiden Seiten ermöglicht, das **„Gesicht zu wahren"** (niederlagenfrei), und der trotzdem zu einer strukturellen Besserung der Situation führt.

13

In vielen Fällen bieten sich im betrieblichen Bereich Einrichtungen wie der **Betriebsrat,** die **Gewerkschaft** oder besondere Vertrauensleute an, die von beiden Parteien als Vermittler (Mediator) akzeptiert werden und hilfreich bei der Suche nach einem **Kompromiss** sein können.

In einigen Fällen lässt sich eine Lösung durch ein geändertes Führungsverhalten finden. Spielen persönliche Differenzen eine Rolle, sollte der Versuch gemacht werden, miteinander über den Konflikt zu sprechen, um über längere Zeit aufgebaute Vorurteile abzubauen.

Dabei haben sich sogenannte **„Ich-Botschaften"** („Ich fühle mich durch dein Verhalten gekränkt …") als sinnvolle Alternative zu gegenseitigen Vorwürfen erwiesen.

3 Personalentwicklung

3.1 Personalwirtschaftliche Ziele

Die Beziehungen zwischen den Mitarbeitern und dem Unternehmen kennzeichnen die Tätigkeit im Personalwesen.

Welche Ziele verfolgen die Mitarbeiter in der Personalwirtschaft?

Wirtschaftliche Ziele können sein:

- **„Der richtige Mann am richtigen Platz"**, also ein optimales Verhältnis zwischen Kosten und Ertrag des Mitarbeitereinsatzes zu finden
- Steigerung der Leistung durch **Motivation** der Mitarbeiter bzw. **Aus- und Weiterbildung**
- Nutzung der Erfahrung des Mitarbeiters durch ein **betriebliches Vorschlagswesen** (Verbesserungsvorschläge)

Soziale Ziele sind Merkmale, die zur Zufriedenheit des Mitarbeiters beitragen:

- Fragen der Bezahlung (siehe Kapitel 4.3 Entgeltabrechnungen)
- Arbeitszeitgestaltung
- Arbeitsplatzgestaltung (Ergonomie)
- Mitbestimmungsmöglichkeiten usw.

Es gilt also, die besten Mitarbeiter zu finden, richtig einzusetzen, fortzubilden und gleichzeitig für optimale Arbeitsbedingungen zu sorgen. Ein Aufgabe, die vielfältige Anforderungen an die Personalführung stellt.

3.2 Analyse des Mitarbeiterbestandes und der Struktur

Will man Aussagen über die Zusammensetzung des Personals treffen, ist es zunächst einmal erforderlich, festzustellen, wer in dem Unternehmen beschäftigt ist.

Ausgangspunkt ist also eine Darstellung des vorhandenen Personalbestandes und der Personalstruktur.

Hinter dem Begriff **Personalstruktur** steht die Frage, wie sich das Personal **zusammensetzt.**

Je nachdem, welche Zielsetzung eine personalwirtschaftliche Betrachtung hat, werden unterschiedliche Kennzahlen von Interesse sein.

Kennzahlen sind z. B.:

- **Altersdurchschnitt** in Jahren

$$\frac{\text{Summe der Mitarbeiteralter}}{\text{gesamter Personalbestand}}$$

- **Betriebszugehörigkeit** in Jahren

$$\frac{\text{Summe der Betriebszugehörigkeitsjahre}}{\text{gesamter Personalbestand}}$$

- **Ausgebildetenquote** in %

$$\frac{\text{Mitarbeiter mit betr. Ausbildung} \cdot 100}{\text{gesamter Personalbestand}}$$

- **Frauenquote** in %

$$\frac{\text{Zahl der Frauen} \cdot 100}{\text{gesamter Personalbestand}}$$

- **Schwerbehindertenquote** in %

$$\frac{\text{Zahl der Schwerbehinderten} \cdot 100}{\text{gesamter Personalbestand}}$$

Beispiel:

Ein Lebensmitteldiscounter beschäftigt 240 Mitarbeiter. Davon sind 168 weiblich, 18 schwerbehindert, 144 haben eine Ausbildung zum Einzelhändler/Verkäufer gemacht. Die Summe der Lebensalter beträgt 8 400 und alle Betriebszugehörigkeitsjahre zusammengezählt ergeben 1 320.

- Altersdurchschnitt: $\frac{8\,400}{240}$ = 35 Jahre
- Betriebszugehörigkeit: $\frac{1\,320}{240}$ = 5,5 Jahre
- Ausgebildetenquote: $\frac{144 \cdot 100}{240}$ = 60 %
- Frauenquote: $\frac{168 \cdot 100}{240}$ = 70 %
- Schwerbehindertenquote: $\frac{18 \cdot 100}{240}$ = 7,5 %[1]

3.3 Personalbedarfsermittlung

Der Personalbedarf eines Einzelhändlers wird durch vielerlei Faktoren beeinflusst (Umsatz, Verkaufsform, Sortiment, Organisationsform, Jahreszeit, Kündigungstermine, ...).

Grundsätzlich kann es sich um unterschiedliche Bedarfsarten handeln.

- **Neubedarf:** liegt bei der Gründung eines Unternehmens vor
- **Ersatzbedarf:** Hier muss ein Mitarbeiter (Kündigung, Renteneintritt, ...) ersetzt werden.
- **Zusatzbedarf:** liegt vor, wenn ein neuer zusätzlicher Arbeitsplatz besetzt werden soll

Bei jeder Art der Personalbedarfsermittlung müssen jedoch mehrere Fragen geklärt werden:

- **Wie viel** Personal wird benötigt? (Quantität)
- **Welche Qualifikation** muss das Personal haben? (Qualität)
- **Wo** und **wann** wird das Personal benötigt? (Ort und Zeit)
- ...

Wie viel Personal wird benötigt?

Die Anzahl der zu einem bestimmten Zeitpunkt benötigten Mitarbeiter richtet sich im traditionellen Einzelhandel hauptsächlich nach dem (erwarteten) **Umsatz.**

Je höher der Umsatz (bei sonst gleichen Bedingungen), umso mehr Personal wird benötigt. Je niedriger der Umsatz, umso weniger Personal wird benötigt.

1 Das Schwerbehindertengesetz verpflichtet Arbeitgeber, die über mindestens 16 Arbeitsplätze verfügen, Schwerbehinderte auf mindestens 6 % der Arbeitsplätze zu beschäftigen.

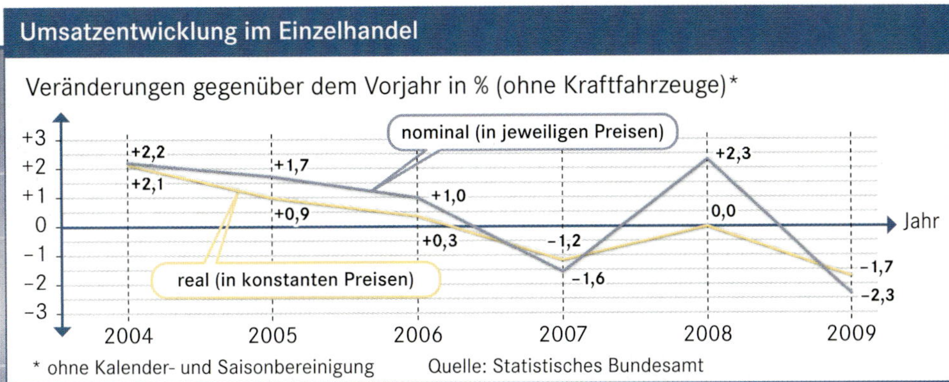

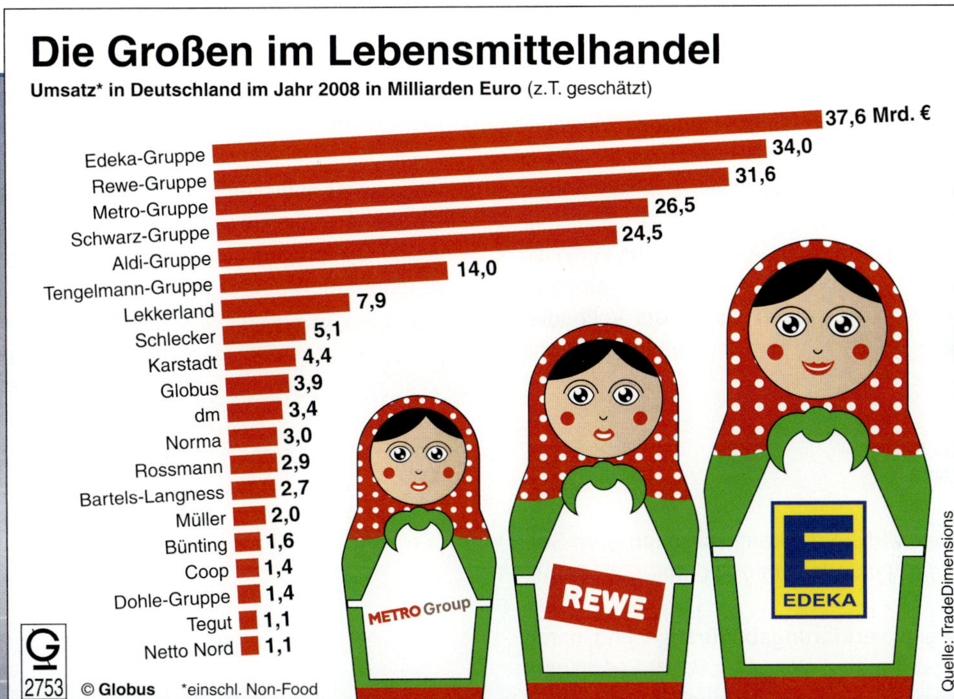

Beispiel:

Eine Textileinzelhändlerin (Vorwahlsystem) beschäftigte im letzten Jahr 8 Mitarbeiter/-innen. Der Umsatz, der erzielt wurde, lag bei 640.000,00 €.
Das heißt, **jeder Mitarbeiter** erwirtschaftete im Durchschnitt $\frac{640.000,00}{8}$ = **80.000,00 €** Umsatz.

Erwartet die Einzelhändlerin im kommenden Jahr einen Umsatz von 720.000,00 €, muss sie unter sonst gleichen Bedingungen $\frac{720.000,00}{80.000,00}$ = 9 Mitarbeiter beschäftigen.
Sie müsste also **1 Mitarbeiter/-in** (Vollzeit) **zusätzlich** einstellen.

13

Neben dem Umsatz spielen aber auch andere Faktoren eine Rolle:

- Verkaufsform
- Sortiment
- Organisation
- Arbeitszeit

Verkaufsform

- **Vollbedienung:** Die Vollbedienung ist **sehr personalintensiv,** da der Verkäufer an allen Stufen des Verkaufsgesprächs (Begrüßung, Bedarfsermittlung, Warenvorlage, Argumentation, Einwandbehandlung, Kaufabschluss und Verabschiedung) beteiligt ist.
- **Selbstbedienung:** Hier beschränkt sich die Tätigkeit der Verkäufer hauptsächlich auf das Auffüllen der Ware, die Preisauszeichnung, Warenbestellungen und das Kassieren. Man wird also bei dieser Verkaufsform mit vergleichsweise **weniger** Personal auskommen.
- **Vorwahl:** Hier steht der Verkäufer nur fallweise zur Beratung zur Verfügung. Der Personalbedarf wird entsprechend **kleiner** als bei der Vollbedienung, aber **größer** als bei der Selbstbedienung sein.

Sortiment

Es besteht ein Zusammenhang zwischen dem Sortiment und der Verkaufsform und damit dem Personalbedarf.

- **Längerlebige, erklärungsbedürftige** und damit **beratungsintensive** Waren (z. B. Hi-Fi-Anlagen) erfordern einen höheren Personalbedarf.
- Das Gleiche gilt für ein Sortiment, bei dem sich die Verkaufsform (Vollbedienung) aus **hygienischen Gründen** ergibt, z. B. bei Lebensmitteln wie Fleisch und Wurstwaren.
- Wertvolle Waren können aus **Sicherheitsgründen** nur in Vollbedienung angeboten werden (z. B. Schmuck).

Organisation

Abhängig davon, ob z. B. ein Warenwirtschaftssystem mit entsprechenden Scannerkassen vorhanden ist, wird mehr oder weniger Personal zur Preisauszeichnung, für Bestellvorgänge usw. benötigt.

Arbeitszeit

Die Veränderung der Arbeitszeit (soweit das arbeitsrechtlich möglich ist) hat bei sonst gleichen Bedingungen Auswirkung auf die Höhe des Personalbedarfs.

Durch eine Verlängerung der Arbeitszeit, Aufbau von Überstunden, Streichung von Urlaubstagen usw. kann ein notwendiger Personalaufbau vermieden bzw. ein Personalabbau ausgeglichen werden.

Umgekehrt führt eine Verkürzung der Arbeitszeit, ein Abbau von Überstunden oder eine Erhöhung von Urlaubstagen bei sonst gleichen Bedingungen zu einem Mehrbedarf an Personal.

5615484

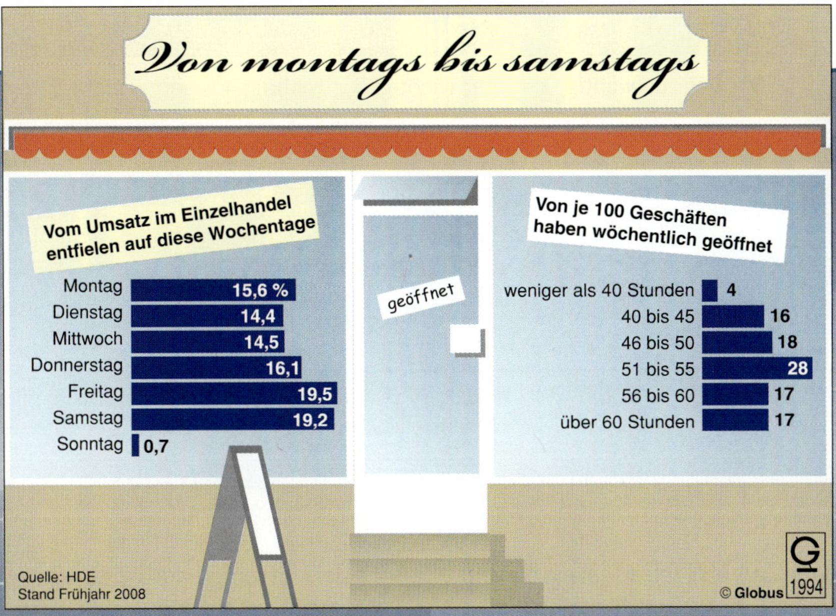

Welche Qualifikation muss das Personal haben?

Jeder Arbeitsplatz im Einzelhandel stellt bestimmte Anforderungen an den Mitarbeiter. Es reicht also nicht aus, den Personalbedarf über die Mitarbeiterzahl (quantitativ) festzulegen, vielmehr muss man sich auch Gedanken über die von den Mitarbeitern **erwarteten Fähigkeiten** (qualitativ) machen.

Die Anforderungen werden durch die jeweilige Stelle festgelegt. Dabei lassen sich sogenannte **Anforderungsprofile** festlegen:

Firma: Elektronik Markt GmbH
Stelle: Fachverkäufer Computerabteilung
Anforderungsprofil: Ausprägung (1 bis 4)
(1 = eher unwichtig, 2 = eher wichtig, 3 = wichtig, 4 = sehr wichtig)

- Berufserfahrung 2,5
- Teamfähigkeit 3,5
- Produktkenntnis 4
- Englischkenntnisse 2
- Belastbarkeit 3,5
- körperliche Fitness 3

Im Anforderungsprofil werden auf die jeweilige Stelle bezogene **Anforderungen** formuliert, die ein geeigneter Bewerber mitbringen muss, um für diese Stelle qualifiziert zu sein.

Neben den oben erwähnten Anforderungen sind je nach Stelle natürlich noch andere Fähigkeiten wie Verhandlungsgeschick, Umgangsformen, Kontaktfähigkeit usw. wichtig.

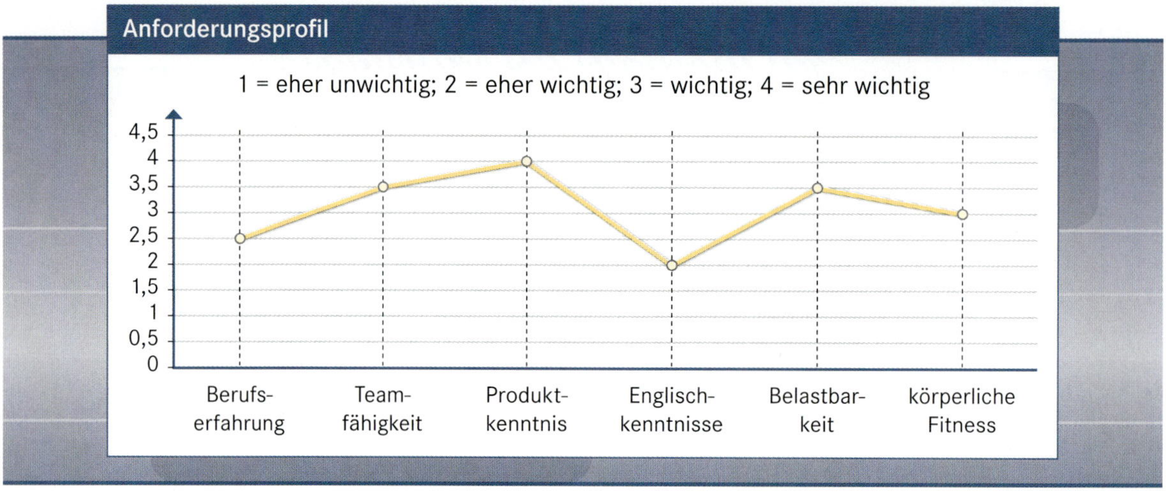

Steht das Anforderungsprofil fest, so gilt es, die Stellenanforderungen mit den (Qualifikations-)**Fähigkeitsprofilen** vorhandener bzw. neu einzustellender Mitarbeiter zu vergleichen.

Das Fähigkeitsprofil eines Bewerbers ermöglicht es, eine Aussage zu treffen, inwieweit die Anforderungen erreicht bzw. übertroffen werden.

Dabei können grundsätzlich zwei Arten von Abweichungen vorkommen:

1. Der Bewerber ist **unterqualifiziert,** d. h., er erreicht nicht den „Wert", den die Stellenbeschreibung vorsieht,
   oder
2. Der Bewerber ist **überqualifiziert,** d. h., er übertrifft die jeweilige Anforderung und ist eventuell an diesem Arbeitsplatz unterfordert.

Beispiel:

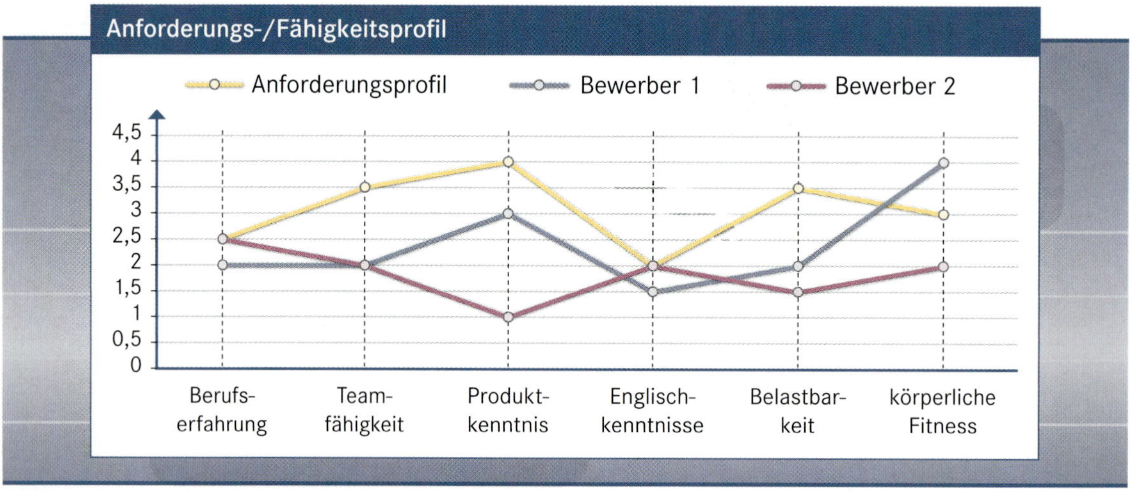

Will man die Stelle „intern" besetzen, ergibt sich aus dem Vergleich des Anforderungsprofils mit dem Fähigkeitsprofil ein eventuell vorhandener **Fortbildungsbedarf** geeigneter Mitarbeiter.

Wo und wann wird das Personal benötigt? (Personaleinsatzplanung)

Gerade bei Einzelhändlern mit mehreren Filialen tritt häufig das Problem auf, dass das vorhandene Personal bei kurz- bis mittelfristigen Umsatzveränderungen in anderen Filialen „aushelfen“ muss.

Daneben führen mittel- und kurzfristig nicht vorhersehbare Ereignisse wie Krankheit, Kündigung, Mutterschaftsurlaub, notwendige Urlaubsvertretungen usw. zu einer Abweichung von dem geplanten Einsatzort bzw. der Einsatzzeit.

Aufgabe der Geschäftsleitung des Einzelhändlers ist es also, einen Teil der Belegschaft durch geeignete Maßnahmen (Prämien, Arbeitsvertrag usw.) zu „motivieren“, diese wechselnden Einsatzorte als notwendig zu akzeptieren.

Die Frage, **wann** (Zeit) das Personal benötigt wird, hängt eng mit der Frage zusammen, **wie viel** Personal notwendig ist.

Es geht um die Festlegung der Zeitpunkte bzw. Zeiträume, für die die Mitarbeiter benötigt werden. Einflussgrößen sind:

- **Kaufverhalten der Kunden**
  Hier lassen sich mit modernen Warenwirtschaftssystemen besonders gut Personaleinsatzplanungen realisieren, die arbeitsintensive Verkaufszeiten erkennen und den Einsatz des Personals entsprechend steuern können.
- **Jahreszeit**
  Der Personalbedarf kann je nach Jahreszeit bzw. in verschiedenen Branchen zu unterschiedlichen Jahreszeiten unterschiedlich hoch sein.
- **Kündigungstermine**
  Kündigungstermine beeinflussen die Personaleinsatzplanung kurzfristig (siehe Kapitel 4.1.2 Beendigung von Arbeitsverträgen).

Zeitlich und inhaltlich begrenzt wird die Personaleinsatzplanung durch zahlreiche **rechtliche Vorgaben** (Arbeitszeitgesetz, Ladenschlussregelungen, Mitbestimmungsregelungen usw.).

Je flexibler die Belegschaft einsetzbar ist, umso einfacher ist die Personaleinsatzplanung.

Mit zunehmender Spezialisierung auf bestimmte Abteilungen/Arbeitsgebiete nimmt die Flexibilität bezüglich eines anderen Arbeitsplatzes ab.

Will man hier vorbeugen, bieten sich **Arbeitsplatzwechsel** an. Manche Einzelhändler beschränken diese Flexibilität auf einige sogenannte „Springer“.

3.4 Instrumente der Personalbeschaffung

Die entsprechende Abteilung wird bei einem Bedarf neuer Mitarbeiter ihre Anforderung an die **Personalabteilung** bzw. die **Geschäftsführung** richten.

Je nach Größe des Einzelhändlers kann diese Entscheidung unter Umständen auch auf regionaler Ebene (Filiale) getroffen werden.

Das Betriebsverfassungsgesetz sieht eine **Beteiligung des Betriebsrats** bei Einstellungen vor.

Insbesondere kann der Betriebsrat nach § 93 BetrVG verlangen, dass Arbeitsplätze vor ihrer Besetzung innerhalb des Betriebes ausgeschrieben werden.[1]

Zusätzlich kann der Betriebsrat einer Einstellung widersprechen, wenn

- Mindestanforderungen bei der Ausschreibung unbeachtet bleiben.
- eine Ausschreibung nicht geschlechtsneutral durchgeführt wurde. (Lediglich wenn ein bestimmtes Geschlecht eine zwingende Voraussetzung für die ausgeschriebene Tätigkeit darstellt, ist das erlaubt.)
- gegen Auswahlrichtlinien, die mit dem Betriebsrat nach § 95 BetrVG festgelegt worden sind, verstoßen wurde.

1 sofern es sich nicht um leitende Angestellte handelt

3.4.1 Interne Personalbeschaffung

Diese Art der Personalbeschaffung greift auf bestehende Arbeitsverhältnisse innerhalb des eigenen Betriebes zurück. Die Beschäftigten erfahren über

- das **Schwarze Brett,**
- **Rundschreiben** oder
- **geeignete Personalinformationssysteme**

von der offenen Stelle.

Gegenüber einer Besetzung der Stelle mit Bewerbern von außerhalb des Unternehmens ergeben sich u. a. folgende Vorteile bzw. Nachteile:

Nachteile der internen Personalbeschaffung:

- Der „neue“ Mitarbeiter ist „betriebsblind“. Das heißt, durch seine langjährige Betriebszugehörigkeit stellt er die Arbeitsabläufe, so wie er sie kennt, nicht infrage und übersieht vielleicht andere nahe liegende, bessere Möglichkeiten.
- Die Auswahl des „Neuen“ kann nur innerhalb einer begrenzten Anzahl von bisherigen Mitarbeitern erfolgen.
- Erfolglose Bewerber akzeptieren den bisherigen Kollegen nicht als Chef.
- Die frei werdende Stelle muss wieder besetzt werden.
- Wenig geeignete Mitarbeiter werden „weggelobt“.

Vorteile der internen Personalbeschaffung:

- Die Besetzung der Stelle kann schneller durchgeführt werden.
- Der bisherige Mitarbeiter wird besser an das Unternehmen gebunden.
- Der Bewerber muss nicht ganz neu eingearbeitet werden. Er kennt den Betrieb bereits.
- Die Vorgesetzten kennen den Bewerber bereits und können ihn daher sicherer beurteilen.
- Innerhalb des Unternehmens wird sichtbar, dass man bei entsprechender Leistung aufsteigen kann.

3.4.2 Externe Personalbeschaffung

Jede Stellenbesetzung mit einem Mitarbeiter von außerhalb des eigenen Unternehmens wird als externe Personalbeschaffung bezeichnet.

Die Möglichkeiten dieser Art der Personalbeschaffung sind außerordentlich zahlreich.

Der am häufigsten genutzte Weg ist die **eigene Stellenanzeige** in der Tageszeitung (siehe Beispiel). Diese Möglichkeit wird gerade vom Einzelhandel gerne genutzt, da er oft in der Region verwurzelt ist.

Führungspositionen werden gerne ohne Namensnennung des suchenden Unternehmens ausgeschrieben, um im eigenen Unternehmen nicht unnötig für Unruhe zu sorgen.

Den Bewerbern muss 100 % Diskretion zugesichert werden, um dem einzelnen Bewerber Nachteile zu ersparen, die sich aus einer Bewerbung bei der Konkurrenz ergeben können.

Neben der eigenen Suche kommen aber auch Arbeitsvermittler wie die **Bundesagentur für Arbeit** und **private Personalvermittlungsagenturen** sowie **Zeitarbeitsfirmen** infrage.

Dabei werden unterschiedliche Medien benutzt (Zeitung, Fachzeitschriften, elektronische Medien, ...).

5615488

Beispiel:

KAUF-ZENTRALE

Wir sind ein führendes Warenhaus und suchen zum nächstmöglichen Termin mehrere flexible

Mitarbeiter/-innen im Verkauf

Sie überzeugen durch ausgeprägte Kontaktstärke und kundenorientiertes Denken und Handeln. Kurz: Sie zeigen „Biss“ sowie Begeisterung im Verkauf, bei der Neukundengewinnung und im Kundenservice.

Wir erwarten eine abgeschlossene Ausbildung, EDV- bzw. PC-Kenntnisse.

Wir bieten Ihnen eine gründliche Einarbeitung, selbstständiges Arbeiten und eine entwicklungsfähige Dauerstellung.

Ihre schriftliche Bewerbung mit tabellarischem Lebenslauf, Zeugniskopien und Lichtbild richten Sie bitte an die Personalabteilung. Telefonische Auskünfte erhalten Sie von Frau Stange unter der Telefonnummer: 0911/31708-55.

Zur Gesprächsvorbereitung senden Sie bitte Ihre vollständigen Bewerbungsunterlagen mit Gehaltswunsch an:

Kauf-Zentrale GmbH
Personalabteilung
Postfach 12 65 · 90126 Nürnberg

Nachteile der externen Personalbeschaffung:

- Aussichtsreiche interne Bewerber werden demotiviert.
- Auswahlverfahren erfordert mehr Zeit/Geld.
- Neuer Mitarbeiter muss den Betrieb erst kennenlernen.
- Risiko, da man den Bewerber noch nicht kennt
- eventuell Verschlechterung des Betriebsklimas

Vorteile der externen Personalbeschaffung:

- Auswahl aus vielen Bewerbern ist möglich.
- keine Betriebsblindheit
- neue Ideen
- Informationen über Mitbewerber
- Eventuell wird ein Bewerber von außerhalb eher als Autorität anerkannt.

3.5 Auswahl der Bewerber

Die Auswahl eines geeigneten Mitarbeiters erfolgt in der Regel in mehreren Schritten.

3.5.1 Beurteilung der Bewerbungsunterlagen

Einen ersten Eindruck bekommt man von einer Bewerbung durch ihr äußeres Erscheinungsbild. Hier sollten formale Gesichtspunkte unbedingt beachtet werden.

Zu einer vollständigen Bewerbung gehören mindestens:

- Bewerbungsschreiben
- Lebenslauf (mit Foto)
- Zeugnisse (Schule, Arbeitszeugnisse usw.)

Nach der Überprüfung der Vollständigkeit sollten die Bewerbungsunterlagen kurz auf die **Übereinstimmung** der **Qualifikation** der Bewerberin/des Bewerbers mit dem **Anforderungsprofil** hin verglichen werden. Liegt sie nicht vor, geht die Bewerbung an den Bewerber zurück.

Bewerbungsschreiben

Das Bewerbungsschreiben muss formal und inhaltlich fehlerlos sein. Darüber hinaus sollten folgende Punkte angesprochen sein:

- Grund der Bewerbung
- Besteht ein ungekündigtes/gekündigtes Arbeitsverhältnis? Wenn ja, wo?
- bisheriges Einkommen – erwartetes Einkommen (kann auch im Vorstellungsgespräch geklärt werden)
- besondere Fähigkeiten, Qualifikationen
- frühester Eintrittstermin

Beispiel:

Julia Krüger

Birkenweg 5
90456 Nürnberg

Kauf-Zentrale GmbH
Personalabteilung
Postfach 12 65
90126 Nürnberg

20..-11-05

Ihre Anzeige in den „Nürnberger Nachrichten“

Sehr geehrte Damen und Herren,

ich bewerbe mich um die Stelle als Mitarbeiterin im Verkauf. Ich bin 19 Jahre alt und habe drei Jahre bei der Firma Hausrat-Winkler, Alsfelder Straße 11, Nürnberg, gelernt.

Nach bestandener Kaufmannsgehilfenprüfung bin ich bis heute weiter bei meiner Ausbildungsfirma tätig, zurzeit in der Abteilung für Glas- und Porzellanwaren. Auch in den Abteilungen Stahlwaren, Geschenkartikel und Küchengeräte besitze ich einige Verkaufserfahrungen.

In der Berufsschule habe ich an einem PC-Kurs für Warenwirtschaftssysteme teilgenommen.

Mein Chef, Herr Peter Winkler, weiß noch nichts von meiner Bewerbung. Mein früherer Berufsschullehrer, Herr Oberstudienrat Loewe, Robert-Koch-Straße 2, Nürnberg, ist jedoch gerne bereit, über mich Auskunft zu erteilen.

Meine Kündigungsfrist beträgt 4 Wochen zum 15. oder Monatsende.

Ich möchte die Stelle wechseln, um in einer größeren Firma meine Kenntnisse zu erweitern. Bitte geben Sie mir Gelegenheit zur persönlichen Vorstellung.

Mit freundlichen Grüßen

Julia Krüger
Julia Krüger

Anlagen
1 Lebenslauf mit Lichtbild
2 Zeugniskopien

Lebenslauf (mit Foto)

Beispiel:

Lebenslauf

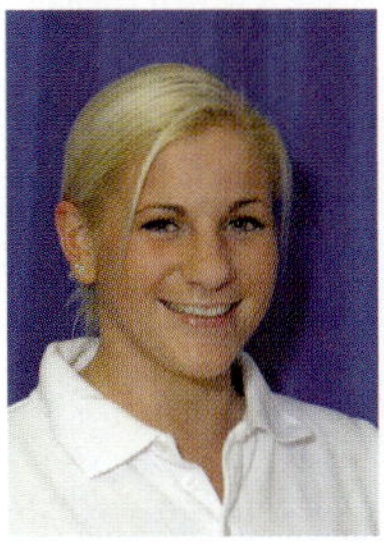

persönliche Daten

Name:	Julia Krüger
Geburtsdatum:	22.09.19..
Geburtsort:	Kulmbach
Familienstand:	ledig
Anschrift:	Birkenweg 5, 90456 Nürnberg Tel.: 0911 919293 Fax: 0911 919294

Schulbildung

1996–2000	Grundschule in Kulmbach
2000–2006	Realschule in Nürnberg

Berufsausbildung

2006–2009	Ausbildung zur Einzelhandelskauffrau bei der Firma Hausrat-Winkler, Alsfelder Str. 11, Nürnberg

sonstige Fähigkeiten

Textverarbeitung mit Word, gute Kenntnisse in aktuellen Warenwirtschaftsystemen

Hobbys

Sport, Lesen, PC

Nürnberg, 05.11.20...

Julia Krüger

Julia Krüger

5615491

Der sogenannte tabellarische Lebenslauf sollte folgende Punkte enthalten:

- Vorname, Name
- Wohnort, Straße
- Geburtsdatum, Geburtsort
- Familienstand
- schulische Ausbildung
- berufliche Ausbildung
- Prüfungen
- berufliche Tätigkeiten
- Fortbildungen/besondere Kenntnisse

Innerhalb der jeweiligen Unterpunkte sollte eine chronologische Ordnung eingehalten sein.

Durch den Lebenslauf sollen vor allem folgende Fragen geklärt werden:

- Besteht eine kontinuierliche Entwicklung?
- In welcher Zeit wurden Prüfungen erfolgreich abgelegt?
- Gibt es zeitliche Lücken?
- Gab es Firmenwechsel, wenn ja, wie oft?

Das **Foto** kann von größerer Bedeutung sein, wenn die zu besetzende Stelle mit **Kundenkontakt** verbunden ist. Da das im Einzelhandel sehr häufig der Fall ist, gilt es folgende Punkte zu beachten.

- Alter des Fotos: alt – neu
- Art des Fotos: klein – groß, farbig – schwarz-weiß, Automatenfoto – Fotografenfoto
- Kleidung des Bewerbers: gepflegt – ungepflegt, modern – altmodisch
- Besonderheiten: Frisur, Tätowierungen, Hintergrund usw.

Zeugnisse

Zeugnisse (Schule, Arbeitszeugnisse usw.) lassen besondere Begabungen bzw. Schwächen erkennen.

Die Noten der **Schulzeugnisse** sind im Einzelfall schwer miteinander vergleichbar, dienen aber in der Tendenz als Anhaltspunkt für das Interesse bzw. Desinteresse des Bewerbers.

Aussagekräftiger, auch im Hinblick auf die Aktualität der **Beurteilung, sind qualifizierte Arbeitszeugnisse,** die im Gegensatz zu **einfachen Arbeitszeugnissen,** die nur Aussagen über die Art der Tätigkeit enthalten, auch Aussagen über die Führung und Leistung des Arbeitnehmers beinhalten.

Dabei können die Formulierungen so gedeutet werden:

Zeugnistext	Bewertung
... stets vollste Zufriedenheit	sehr gute Leistungen
... stets volle Zufriedenheit	gute Leistungen
... volle Zufriedenheit	befriedigende Leistungen
... Zufriedenheit	ausreichende Leistungen
... im Großen und Ganzen zur Zufriedenheit	mangelhafte Leistungen
... hat sich bemüht	ungenügende Leistungen

Daneben haben sich im Laufe der Zeit eine Reihe von Sprachcodes bei der Formulierung von Zeugnissen herausgebildet:

Aussage	Bewertung
Seine Toleranz war im Kollegenkreis bekannt.	Für Vorgesetzte war er ein schwieriger Mitarbeiter.
Wir bedauern, Sie aus Arbeitsmangel entlassen zu müssen.	Sie ist leicht zu ersetzen.
Sein Verhalten gegenüber Mitarbeitern und Vorgesetzten war stets vorbildlich.	Es gab Probleme mit Vorgesetzten. Die normale Reihenfolge hätte erst den Vorgesetzten genannt.

(Forts. der Tabelle von Seite 492)

... trug durch seine Geselligkeit zur Verbesserung des Betriebsklimas bei.	Er neigte zu übertriebenem Alkoholkonsum.
... zeigte für ihre Arbeit Verständnis.	Sie war faul und hat nichts geleistet.
... hat sich im Rahmen seiner Fähigkeiten eingesetzt.	Er hat getan, was er konnte, aber das war nicht viel.

Mit der Auswertung der vorhandenen Bewerberunterlagen wird eine Vorauswahl getroffen.

3.5.2 Vorstellungsgespräch

Das Vorstellungsgespräch soll in erster Linie einen persönlichen Eindruck des Bewerbers vermitteln. Gerade im Einzelhandel ist die Fähigkeit, ansprechend zu kommunizieren, eine wesentliche Voraussetzung für den Verkaufserfolg. Daneben dient das Gespräch der Information des Bewerbers über das Unternehmen und die vorgesehene Stelle.

Häufig verlaufen Vorstellungsgespräche in bestimmten Phasen:

- Phase 1 Begrüßung
- Phase 2 Besprechung der persönlichen Situation
- Phase 3 Besprechung des Bildungsganges
- Phase 4 Berufliche Entwicklung
- Phase 5 Information über das Unternehmen
- Phase 6 Vertragsverhandlungen
- Phase 7 Gesprächsabschluss

Antwortet der Bewerber auf Fragen, die **arbeitsrechtlich zulässig** sind, nicht wahrheitsgemäß, kann das Unternehmen den späteren Arbeitsvertrag anfechten und unter Umständen Schadensersatz verlangen.

Dabei sind allerdings nicht alle Fragen zulässig. Werden trotzdem unzulässige Fragen gestellt, darf der Bewerber lügen.

Frage nach:	Zulässigkeit	Ausnahme
Schwangerschaft	unzulässig, wenn sich sowohl Männer als auch Frauen für die Stelle bewerben	bei unverzichtbarer Einstellungsvoraussetzung: Stewardess, Model oder bei Beschäftigungsverboten
Heiratsabsicht	unzulässig	keine
Vorstrafen	unzulässig	soweit für die Stelle von Bedeutung, z. B. Diebstahl beim Einzelhändler, Unterschlagung beim Bankkaufmann
Religionszugehörigkeit	unzulässig	nur bei konfessionell gebundenen Einrichtungen, z. B. Krankenhäusern
Parteizugehörigkeit	unzulässig	nur bei parteipolitisch gebundenen Arbeitgebern
Vermögensverhältnisse	unzulässig	bei besonderem Vertrauensverhältnis, z. B. Bankkassierer

3.5.3 Einstellungstests

Teilweise werden Einstellungstests (zeitlich vor den Vorstellungsgesprächen) durchgeführt.

Diese Tests kann man einteilen in:

Persönlichkeitstests und	**Fähigkeitstests**
testen ↓	testen ↓
- Verhaltensweisen - Einstellungen - Interessen	- Intelligenz - Leistung - Lernfähigkeit

Bei allen Tests muss darauf geachtet werden, dass
- die Ergebnisse unabhängig sind von der Person, die den Test durchführt bzw. auswertet (= objektiv).
- eine Wiederholung des Tests zu gleichen Ergebnissen führen sollte (= reliabel).
- der Test auch wirklich das misst, was er messen will (= valide).

Neben diesen Tests werden zusätzlich noch andere Instrumente wie grafologische **Gutachten,** praxisnahe **Übungen** usw. eingesetzt, um den passenden Bewerber zu finden.

3.5.4 Auswahlkriterien

Aus den Ergebnissen der vorangegangenen Instrumente (Auswertung der Bewerberunterlagen, Vorstellungsgespräch und Einstellungstests) lassen sich meist zuverlässige Informationen ableiten, die die Entscheidung, wen man einstellen soll, erleichtern.

Manche Unternehmen fassen die Einzelergebnisse nochmals in einem Auswertungsbogen zusammen, um in einer strukturierten Gegenüberstellung die Entscheidung zu vereinfachen.

Beispiel:

	Bewerber A	Bewerber B	Bewerber C	Bewerber D
Schulzeugnisse	2	3	4	4
Arbeitszeugnisse	2	1	3	4
Vorstellungsgespräch	3	2	2	–
Einstellungstest	1	2	3	–
Sonstiges	3	1	3	–
Summe:	**11**	**9**	**15**	**8**

Note: 1 = sehr gut; ... 6 = ungenügend

Am Ende des Auswahlverfahrens kann, wenn der Bewerber einverstanden ist, noch eine ärztliche Untersuchung stattfinden, ob der Arbeitnehmer den Anforderungen des Arbeitsplatzes gewachsen ist.

Bei jugendlichen Arbeitnehmern **muss** eine Eingangsuntersuchung vor Aufnahme der Tätigkeit stehen.

Entbindet der Arbeitnehmer den Arzt nicht von der Schweigepflicht, darf der Arzt dem Arbeitgeber nur mitteilen, was zur Feststellung der Eignung des Mitarbeiters für den Arbeitsplatz notwendig ist.

4 Begründung, Betreuung und Beendigung von Arbeitsverhältnissen

4.1 Bedeutung von Arbeitsverträgen für das Arbeitsverhältnis

Ist am Ende des Auswahlverfahrens die Entscheidung für einen Arbeitnehmer gefallen, wird das Unternehmen versuchen, diese Entscheidung **rechtsverbindlich zu fixieren.**

Auch der Bewerber hat ein Interesse an einer festen vertraglichen Vereinbarung, da er bei seinem **bisherigen Arbeitgeber kündigen** muss, um die neue Arbeitsstelle antreten zu können.

Diese vertragliche Vereinbarung findet in Form eines Arbeitsvertrages statt.

4.1.1 Abschluss von Arbeitsverträgen

Form

Grundsätzlich besteht **Formfreiheit** beim Abschluss eines Arbeitsvertrages. Er kann also auch mündlich geschlossen werden.

Das Nachweisgesetz (§ 2 NachwG) verlangt aber bei einer mündlichen Vereinbarung, dass der Arbeitgeber spätestens einen Monat nach dem vereinbarten Beginn des Arbeitsverhältnisses die **wesentlichen Arbeitsbedingungen schriftlich** mitteilt. Das sind

- Name und Anschrift der Vertragsparteien,
- Beginn des Arbeitsverhältnisses,
- Arbeitsort, Art der Tätigkeit, Arbeitsentgelt, Arbeitszeit,
- Urlaubsanspruch, Kündigungsfristen.

Befristete Arbeitsverträge bedürfen auf jeden Fall der Schriftform.

Üblicherweise haben aber beide Parteien aus Gründen der Beweisbarkeit sowieso ein Interesse am Abschluss eines **schriftlichen** Arbeitsvertrages.

Dazu werden oft vorformulierte Arbeitsverträge um die ausgehandelten Inhalte ergänzt.

Dauer

Unbefristete Arbeitsverträge werden auf unbestimmte Zeit geschlossen.

Für befristete Arbeitsverträge muss ein sachlicher Grund vorliegen. Der kann vorliegen, wenn

- der Einzelhändler nur vorübergehend Bedarf hat.
- die Befristung im Anschluss an eine Ausbildung erfolgt, um den Übergang in eine Anschlussbeschäftigung zu erleichtern.
- der Arbeitnehmer zur Vertretung eines anderen Arbeitnehmers (Elternzeit, längere Krankheit, ...) angestellt wird.
- die Befristung als Probezeit erfolgt.
- ...

Eine kalendermäßige Befristung ist auch ohne sachlichen Grund bis zur Dauer von zwei Jahren möglich.

Arbeitsvertrag für Arbeiter und Angestellte

Zwischen : Kauf-Zentrale GmbH, Nürnberg
(Arbeitgeber)

und

Frau Julia Krüger
(Arbeitnehmer/-in)

wird folgender Arbeitsvertrag geschlossen.

§ 1 Beginn des Arbeitsverhältnisses
Das Arbeitsverhältnis beginnt am 2. Januar 20.. .

§ 2 Probezeit
Das Arbeitsverhältnis wird auf unbestimmte Zeit geschlossen. Die ersten 3 Monate gelten als Probezeit. Während der Probezeit kann das Arbeitsverhältnis beiderseits mit einer Frist von 2 Wochen gekündigt werden.

§ 3 Tätigkeit
Frau Krüger wird als Mitarbeiterin im Verkauf eingestellt.

....

....

§ 4 Arbeitsvergütung
Der/Die Arbeitnehmer/-in erhält eine mtl. Bruttovergütung von .... €.

§ 5 Arbeitszeit
Die regelmäßige Wochen-Arbeitszeit beträgt zurzeit 38,5 Stunden. Beginn und Ende der täglichen Arbeitszeit richten sich nach der betrieblichen Einteilung.

§ 6 Urlaub
Der Urlaubsanspruch beträgt 28 Arbeitstage im Kalenderjahr.
Die rechtliche Behandlung des Urlaubs richtet sich im Übrigen nach den Bestimmungen des Bundesurlaubsgesetzes.

§ 7 Krankheit
Ist der/die Arbeitnehmer/-in infolge unverschuldeter Krankheit arbeitsunfähig, so besteht Anspruch auf Fortzahlung der Arbeitsvergütung bis zur Dauer von 6 Wochen nach den gesetzlichen Bestimmungen. Die Arbeitsverhinderung ist dem Arbeitgeber unverzüglich mitzuteilen. Außerdem ist vor Ablauf des 3. Kalendertags nach Beginn der Erkrankung eine ärztliche Bescheinigung über die Arbeitsunfähigkeit und deren voraussichtliche Dauer vorzulegen.

§ 8 Verschwiegenheitspflicht
Der/Die Arbeitnehmer/-in verpflichtet sich, während der Dauer des Arbeitsverhältnisses und auch nach Ausscheiden, über alle Betriebs- und Geschäftsgeheimnisse Stillschweigen zu bewahren.

§ 9 Nebentätigkeit
Jede entgeltliche oder das Arbeitsverhältnis beeinträchtigende Nebenbeschäftigung ist nur mit Zustimmung des Arbeitgebers zulässig.

Nürnberg, 15. November 20..
Ort, Datum

Julia Krüger
Unterschrift Arbeitnehmer/-in

Ferdinand Müller
Unterschrift Arbeitgeber

5615496

Die Länge der **Probezeit** (max. 6 Monate), die dem gegenseitigen Kennenlernen dient, sollte im Arbeitsvertrag ausdrücklich vereinbart werden.

Die **Kündigungsfristen,** die im Rahmen der gesetzlichen bzw. tarifvertraglichen Regelungen frei vereinbart werden können, können für den Arbeitgeber und den Arbeitnehmer unterschiedlich lang sein (siehe Kapitel 4.1.2).

Die Kündigungsfrist des Arbeitgebers richtet sich nach der Beschäftigungsdauer.

Die Grenzen der **Arbeitszeit**gestaltung setzt das **Arbeitszeitgesetz:**

Die regelmäßige werktägliche Arbeitszeit von 8 Stunden kann auf 10 Stunden verlängert werden, wenn dadurch innerhalb von 6 Monaten im Schnitt 8 Stunden pro Tag nicht überschritten werden.

Insgesamt ist dem Arbeitnehmer bei einer Arbeitszeit von mehr als 6 Stunden eine Pause von 30 Minuten, bei mehr als 9 Stunden eine Pause von 45 Minuten zu gewähren.

Zwischen Ende und erneutem Beginn der Arbeit muss eine ununterbrochene Ruhezeit von mindestens 11 Stunden sein.

Weitere Einschränkungen bestehen durch das **Mutterschutz**- bzw. **Jugendarbeitsschutzgesetz.**

Sonderformen des Arbeitsvertrages

- **Teilzeitarbeit:** Die Wochenarbeitszeit liegt unter der eines Vollzeitbeschäftigten.
- **Geringfügige Beschäftigung:** Sie liegt vor, wenn die Beschäftigung regelmäßig weniger als 15 Std./Woche beträgt und das Arbeitsentgelt im Monat einen bestimmten Betrag nicht übersteigt.

Der **Urlaubsanspruch** richtet sich nach Tarifverträgen, Betriebsvereinbarungen, einzelvertraglichen Festlegungen bzw. dem Lebensalter und darf laut Bundesurlaubsgesetz **24 Werktage** (= Mindesturlaub) pro Jahr nicht unterschreiten.

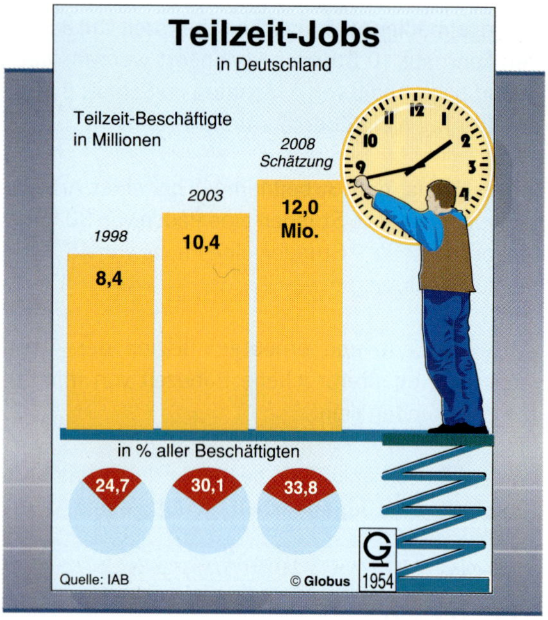

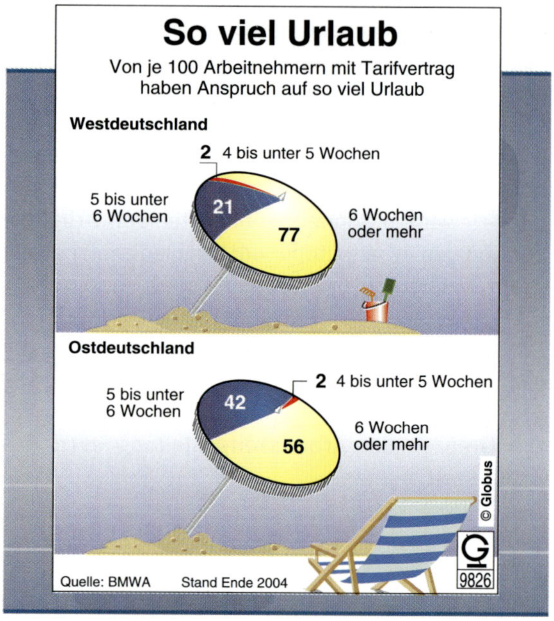

Pflichten aus dem Arbeitsvertrag

Aus dem Arbeitsvertrag ergeben sich für beide Seiten eine Reihe von Pflichten (siehe auch LF 1, Kapitel 1):

Arbeitgeber (AG)	Arbeitnehmer (AN)
Vergütungspflicht = pünktliche Zahlung des Lohns/Gehalts **Fürsorgepflicht** = u. a. Schutz der Gesundheit des AN **Urlaubsgewährung** = Gewährung bezahlten Urlaubs **Zeugnispflicht** = Ausstellung eines Zeugnisses	**Dienstleistungspflicht** = Der AN muss die vertraglich vereinbarte Arbeitsleistung erbringen. **Gehorsamspflicht** = Der AN hat die Weisungen des AG zu befolgen. **Verschwiegenheitspflicht** = Der AN ist zur Verschwiegenheit verpflichtet. **Wettbewerbsverbot** = Verbot der Geschäfte im gleichen Geschäftszweig während der Tätigkeit

5615498

4.1.2 Änderung/Beendigung von Arbeitsverträgen

Gründe für die Beendigung des Arbeitsverhältnisses:

- Zeitablauf
- Aufhebungsvertrag
- Kündigung
- Tod des Arbeitnehmers

Arbeitsverhältnisse enden mit **Zeitablauf** eines befristeten Arbeitsvertrages, mit dem **Tod** des Arbeitnehmers, der **Erreichung der Altersgrenze** oder durch übereinstimmende schriftliche Willenserklärungen des Arbeitnehmers und des Arbeitgebers (= **Aufhebungsvertrag**).

Möchte nur **ein** Vertragspartner das Arbeitsverhältnis lösen, bedarf es einer **Kündigung.**

Die Kündigung ist die Willenserklärung eines Vertragspartners, dass er das Arbeitsverhältnis lösen will. Die Kündigung bedarf der **Schriftform.** Sie wird wirksam, wenn sie dem anderen Vertragspartner **zugeht.**

Ordentliche Kündigung

Bei einer ordentlichen Kündigung wird das Arbeitsverhältnis nicht sofort mit dem Wirksamwerden der Kündigung aufgelöst, sondern erst nach Ablauf einer Kündigungsfrist.

Kündigungsfristen können sich nach dem Gesetz, dem Tarifvertrag oder dem Arbeitsvertrag richten. Ihre Einhaltung ist die Voraussetzung für die Wirksamkeit einer ordentlichen Kündigung.

§

621 bzw. § 622 BGB
Die gesetzliche Kündigungsfrist

Das Arbeitsverhältnis eines Arbeitnehmers kann mit einer Frist von 4 Wochen zum 15. oder zum Ende eines Kalendermonats gekündigt werden.

Für eine Kündigung durch den Arbeitgeber[1] bestehen nach der Dauer der Betriebszugehörigkeit gestaffelte, längere Fristen.

Beispiele:

Ein Mitarbeiter des Lebensmitteleinzelhändlers Gustav G. möchte am 1. Mai 20.. eine neue Stelle antreten. Wann muss er spätestens zu welchem Termin kündigen?

Er hat eine Kündigungsfrist von 4 Wochen zum 15. oder zum Ende des Monats. Also muss er spätestens 28 Tage vor Ende des Monats April kündigen. (Der 15. fällt hier als Kündigungsmöglichkeit weg.)

Das wäre hier also der 2. April 20.. zum 30. April 20.. .

1 ab einer bestimmten Mitarbeiterzahl

Verlängerte Kündigungsfristen für den Arbeitgeber

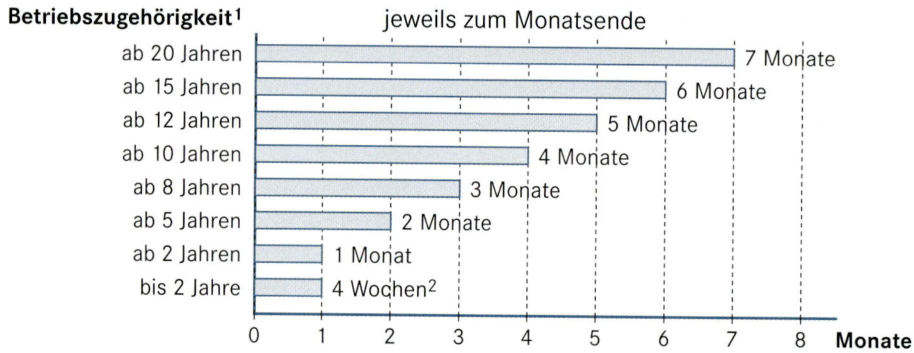

1 Bei der Berechnung der Betriebszugehörigkeit werden Zeiten erst ab dem 25. Lebensjahr berücksichtigt.
2 4 Wochen = 28 Kalendertage oder zum 15. oder zum Monatsende

Beispiele:

Herr Hammer, 35 Jahre alt, seit 15 Jahren im Verkauf, soll zum 30. September aus betrieblichen Gründen gekündigt werden. Wie lang ist seine Kündigungsfrist und wann muss ihm die Kündigung spätestens zugehen?

Betriebszugehörigkeit: 15 Jahre - zählt aber erst ab dem 25. Lebensjahr - also 10 Jahre Betriebszugehörigkeit ⇨ Kündigungsfrist 4 Monate zum Monatsende.

Wenn er zum 30. September ausscheiden soll, muss ihm die Kündigung spätestens Ende Mai zugehen.

Eine im **Arbeitsvertrag vereinbarte Kündigungsfrist** kann länger sein als die gesetzliche, sie darf aber nicht kürzer als ein Monat und muss für beide Teile gleich sein.

Tarifverträge können andere Kündigungsfristen vorsehen.

Während der Arbeitnehmer **ohne** Angabe von Gründen kündigen kann, muss der Arbeitgeber hierfür **Gründe** vorweisen können.

Damit das Kündigungsschutzgesetz für den Arbeitnehmer überhaupt gilt, müssen zwei Voraussetzungen erfüllt sein:

1. Das Arbeitsverhältnis zwischen dem Arbeitgeber und dem Arbeitnehmer hat ohne Unterbrechung **länger als 6 Monate** bestanden.
2. Der kündigende Arbeitgeber hat regelmäßig **mehr als 10** vollzeitig **Beschäftigte** (Ausnahmen für „Altmitarbeiter“ vor 2004).

Das Kündigungsschutzgesetz (KSchG) beschränkt die Möglichkeit der Kündigung auf **sozial gerechtfertigte** Kündigungen.

Sozial gerechtfertigt ist eine Kündigung dann, wenn personenbezogene, verhaltensbezogene oder betriebsbezogene Gründe vorliegen.

Ordentliche Kündigung durch den Arbeitgeber (mit Kündigungsfrist!)		
personenbezogene Gründe - mangelnde Eignung - häufige Erkrankungen[1]	**verhaltensbezogene Gründe** - Unpünktlichkeit - unentschuldigtes Fehlen - mangelhafte Arbeitsdurchführung - Urlaubsüberschreitungen - Verstöße gegen Gehorsams- und Verschwiegenheitspflicht	**betriebsbezogene Gründe** - Arbeitsmangel - Rationalisierung - Stilllegungen von Abteilungen

Personenbezogene Gründe

Vor der Kündigung aus personenbezogenen Gründen ist zu prüfen, ob der Mitarbeiter nicht auf einem **anderen Arbeitsplatz** weiterbeschäftigt werden kann.

200 Fehltage – Kündigung nicht rechtens

Auch wiederholte Erkrankungen sind nicht ohne Weiteres ein Kündigungsgrund. Dies hat das Landesarbeitsgericht Rheinland-Pfalz entschieden.

Der Arbeitgeber muss nachweisen, dass mit weiteren Erkrankungen des Mitarbeiters zu rechnen ist und dies zu nachhaltigen negativen Auswirkungen auf die wirtschaftliche Lage des Unternehmens führt (AZ: 7 Sa 447/04). Die Kammer gab mit ihrem Urteil der Klage eines Arbeitnehmers statt. Der Mann war in den vergangenen Jahren regelmäßig für mehrere Tage arbeitsunfähig erkrankt. Insgesamt belief sich die Zahl der Fehltage in den Jahren von 1998 bis 2003 auf gut 200. Der Arbeitgeber entschloss sich daher zu einer ordentlichen Kündigung. Zur Begründung machte er geltend, die regelmäßigen Erkrankungen des Klägers führten zu erheblichen betrieblichen Beeinträchtigungen.

Die Klage des Arbeitnehmers hatte dennoch Erfolg. Denn das Gericht hielt die Kündigung nicht für sozial gerechtfertigt. Neben der negativen Gesundheitsprognose für die Zukunft habe es der Arbeitgeber auch versäumt, nachvollziehbar darzulegen, inwieweit ihm ein nachhaltiger wirtschaftlicher Schaden entstehe. Die Lohnfortzahlung im Krankheitsfall belastet den Arbeitgeber in der Regel „nur" sechs Wochen. Danach muss die Krankenkasse einspringen. Wird der Arbeitnehmer wieder krank, besteht erneut ein Anspruch. Allerdings nur, wenn er mindestens sechs Monate nicht infolge derselben Krankheit arbeitsunfähig war oder seit Beginn der ersten Arbeitsunfähigkeit wegen derselben Krankheit ein Jahr vergangen ist.

Verhaltensbezogene Gründe

Bei **verhaltensbezogenen Gründen** muss der Kündigung i. d. R. eine schriftliche **Abmahnung** vorausgehen.

Bei der Formulierung der Abmahnung muss einiges beachtet werden:

- Das falsche Verhalten muss genau (Datum, Uhrzeit, Zeugen, Urkunden) beschrieben werden.
- Es muss ein Hinweis enthalten sein, dass dieses Verhalten pflichtwidrig war, und eine Aufforderung, dieses Verhalten in Zukunft zu unterlassen.
- Für erneute gleichartige Verstöße sind konkrete Folgen (Kündigung ...) anzudrohen.

13

1 Bei Kündigungen muss eine negative Gesundheitsprognose vorliegen, die Fehlzeiten müssen die betrieblichen Interessen erheblich beeinträchtigen und die Beeinträchtigung muss dem Arbeitgeber nicht zumutbar sein.

Beispiel:

Abmahnung

Sehr geehrter Herr Kraus,

Sie sind am 4. April 20.. zum sechsten Male in diesem Jahr zu spät gekommen. Statt um 07:55 Uhr kamen Sie erst um 08:15 Uhr. Dieses Verhalten verstößt gegen Ihre arbeitsvertraglichen Pflichten.

Wir werden dieses Verhalten nicht weiter dulden und bitten Sie in Ihrem eigenen Interesse, einen Weg zu finden, in Zukunft pünktlich zu sein.

Im Wiederholungsfall müssen Sie mit einer Kündigung des Arbeitsverhältnisses rechnen.

Mit freundlichen Grüßen

ppa. T. Reich

Weiterhin ist zu beachten:

- Die Abmahnung muss zeitnah zur Pflichtverletzung erfolgen (innerhalb von 14 Tagen).
- Die Abmahnung wird Teil der Personalakte. Der Arbeitnehmer kann jedoch seine Sicht des Vorgangs ebenfalls in die Personalakte aufnehmen lassen.
- Dem Arbeitnehmer muss nach der Abmahnung Gelegenheit gegeben werden, sein Verhalten zu ändern.
- Eine Abmahnung und gleichzeitig eine Kündigung für einen Vorgang zu erteilen, ist nicht möglich.
- Verhält sich der Arbeitnehmer nach einer Abmahnung längere Zeit vertragstreu, verfallen die Rechte aus der Abmahnung.

Betriebsbezogene Gründe

Bei **betriebsbedingten** Kündigungen muss der Arbeitgeber nach dem Betriebsverfassungsgesetz soziale **Auswahlkriterien** beachten.

Dabei hat der Arbeitgeber unter den in Betracht kommenden Mitarbeitern diejenigen auszuwählen, die eine Kündigung sozial am wenigsten trifft.

Entscheidungskriterien sind hierbei:

- **Betriebszugehörigkeit**
- **Lebensalter**
- **Unterhaltsverpflichtungen (verheiratet – geschieden, Kinder?, ...)**
- **Schwerbehinderung**

Außerordentliche Kündigung

Die außerordentliche, auch fristlose Kündigung genannt, setzt einen „wichtigen Kündigungsgrund" voraus. Durch die außerordentliche Kündigung wird das Arbeitsverhältnis sofort, ohne Einhaltung einer Frist, beendet.

Wichtige Gründe, die die Fortsetzung des Arbeitsverhältnisses nicht mehr zumutbar erscheinen lassen, sind:

Außerordentliche Kündigung (ohne Kündigungsfrist!)

Arbeitgeber
- Straftaten des Arbeitnehmers im Betrieb (Diebstahl, ...)
- erheblicher Verstoß gegen die Schweigepflicht
- Arbeitsverweigerung
- schwere Störung des Betriebsfriedens

Arbeitnehmer
- keine Zahlung des Arbeitsentgelts
- ernsthafte Gesundheitsgefahren am Arbeitsplatz
- sexuelle Belästigung
- Tätlichkeiten gegen den Arbeitnehmer

Der Gesetzgeber verlangt, dass eine außerordentliche Kündigung spätestens 2 Wochen nach Bekanntwerden der für die Kündigung maßgeblichen Tatsachen erfolgt. Ansonsten ist die Kündigung unwirksam.

Damit soll verhindert werden, dass der Arbeitnehmer aus Angst vor der drohenden Kündigung seine Arbeitnehmerrechte nicht mehr durchsetzen kann.

Änderungskündigung

Beispiel:

Änderungskündigung

Sehr geehrter Herr Kalusche,

wir kündigen Ihren Arbeitsvertrag zum 30. September dieses Jahres, da wir aufgrund der wirtschaftlichen Situation unseres Unternehmens die Gehälter in der bisherigen Höhe nicht mehr bezahlen können.

Gleichzeitig bieten wir Ihnen eine Beschäftigung in Ihrem jetzigen Tätigkeitsbereich an. Dabei gehen wir von einer um 15 % verminderten Höhe Ihres Gehaltes aus.

Die Arbeitszeit wird der allgemein wirtschaflichen Lage entsprechend auf 42 Wochenstunden festgelegt.

Wir hoffen, Sie auch weiterhin als Mitarbeiter zu behalten.

Mit freundlichen Grüßen

Nidl Textileinzelhandel GmbH

ppa. P. Gruber

Eine Änderungskündigung wird dann ausgesprochen, wenn Teile des Arbeitsvertrages geändert werden sollen.

Da aber eine Teilkündigung des Arbeitsvertrages unzulässig ist, wird der gesamte Arbeitsvertrag gekündigt und gleichzeitig ein neuer Arbeitsvertrag mit **geänderten Bedingungen** angeboten.

13

Der Arbeitnehmer hat drei Reaktionsmöglichkeiten:

1. Er kann die Änderungskündigung annehmen und damit zu den neuen Bedingungen weiterarbeiten.
2. Er kann die Änderungskündigung ablehnen und scheidet aus dem Unternehmen aus.
3. Er kann das Angebot des Arbeitgebers unter dem Vorbehalt annehmen, dass die Änderung der Arbeitsbedingungen nicht „sozial ungerechtfertigt“ ist. Dazu muss er dann vor dem Arbeitsgericht klagen.

Besonderer Kündigungsschutz

Einige Mitarbeitergruppen genießen besonderen Kündigungsschutz. Das bedeutet, dass der Gesetzgeber sie „besonders“ vor der Arbeitgeberkündigung schützt.

Arbeitnehmergruppe	besonderer Schutz
Betriebsratsmitglieder/Jugendvertreter	AG kann während der Amtszeit und bis ein Jahr danach nicht ordentlich, sondern nur aus wichtigem Grund kündigen.
Schwerbehinderte	Kündigung nur mit Zustimmung des Integrationsamtes, Kündigungsfrist mindestens 4 Wochen.
Schwangere	Eine Kündigung ist bis 4 Monate nach der Entbindung unzulässig.
Wehr-/Zivildienstleistende	Eine Kündigung während der Dienstzeit ist unzulässig, das Arbeitsverhältnis ruht nur.
Mütter/Väter	Eine Kündigung während der Elternzeit (Erziehungsurlaub) ist unzulässig.
Auszubildende	Nach der Probezeit ist die Arbeitgeberkündigung nur aus wichtigem Grund möglich.

Beteiligung des Betriebsrats

Vor **jeder** Kündigung muss der Arbeitgeber den Betriebsrat informieren. Er muss dem Betriebsrat die Kündigungsgründe mitteilen und den Betriebsrat anhören.

Erfolgt diese Anhörung nicht, ist die Kündigung unwirksam. Der Betriebsrat kann der Kündigung widersprechen.

Spricht der Arbeitgeber daraufhin die Kündigung trotzdem aus, kann der Arbeitnehmer, auch bei fehlendem Widerspruch des Betriebsrats, innerhalb von 3 Wochen Kündigungsschutzklage beim zuständigen Arbeitsgericht einreichen.

5615504

4.2 Mitarbeitermotivation

Bei der Mitarbeitermotivation geht es letztlich um die Frage, wie man die Mitarbeiter zu einem den Zielen und Zwecken des Unternehmens entsprechenden Verhalten veranlassen kann.

Das setzt voraus, dass die Vorgesetzten in der Lage sein müssen, Macht auszuüben. Dazu muss der Vorgesetzte eine Machtgrundlage haben. Diese Grundlage kann sehr unterschiedlich sein:

- **Macht durch Belohnung**
  Der Mitarbeiter geht davon aus, dass der Vorgesetzte ihn „belohnen" kann (Beförderung, bessere Bezahlung, ...).
- **Macht durch Strafe**
  Der Mitarbeiter glaubt, dass der Vorgesetzte ihn „bestrafen" kann (Versetzung, Entlassung, ...).
- **Macht durch Persönlichkeitswirkung**
  Der Mitarbeiter versucht, so zu werden wie der Vorgesetzte.
- **Macht durch Wissen**
  Der Mitarbeiter akzeptiert den Vorgesetzten wegen seines Fachwissens.
- **Macht durch Legitimation**
  Der Vorgesetzte wird aufgrund seines „Vorgesetztenseins" anerkannt.

4.2.1 Führungsstile

Führungsstile beschreiben die Art und Weise, wie Vorgesetzte Entscheidungen treffen und Mitarbeiter führen. Die Bandbreite möglicher Führungsstile erstreckt sich vom **autoritären** bis zum **kooperativen Führungsstil.**

Autoritärer Führungsstil

Kennzeichen dieses Führungsstils ist die starke Konzentration der Entscheidungen auf den Vorgesetzten. Die Mitarbeiter werden in erster Linie als ausführende Instanz gesehen.

Der Vorgesetzte erteilt „Befehle" und erwartet Vollzugsmeldungen sowie Bitten um Weisungen. Der Informationsfluss von oben nach unten ist stärker als umgekehrt.

Der Vorgesetzte will über alles informiert werden, was sich in seinem Zuständigkeitsbereich ereignet, insbesondere verwendet er einen nicht unerheblichen Teil seiner ihm zur Verfügung stehenden Zeit für Kontrollzwecke.

Die Mitarbeiter werden in Entscheidungen nicht eingebunden, sondern nur über getroffene Entscheidungen informiert.

Kooperativer Führungsstil

Im Idealfall werden bei diesem Führungsstil sämtliche Entscheidungen in enger Abstimmung zwischen dem Vorgesetzten und den Mitarbeitern getroffen. Der Informationsfluss ist stark vernetzt, sowohl von oben nach unten als auch auf horizontaler Ebene.

Den Mitarbeitern werden Entscheidungsspielräume zugebilligt. Dadurch trägt der einzelne Mitarbeiter für seinen Tätigkeitsbereich die Eigenverantwortung und kontrolliert die Zielerreichung weitgehend selbst.

Dieser Führungsstil setzt die Fähigkeit voraus, Aufgaben zu delegieren und das Risiko zu tragen, dass einzelne Mitarbeiterentscheidungen falsch getroffen werden.

Merkmale des autoritären und kooperativen Führungsstils:

	autoritär	kooperativ
Vorgesetztenverhalten	- Alleinentscheidung - lässt keine Kritik zu - informiert kaum	- berät Entscheidungen mit Mitarbeitern - ist Kritik gegenüber aufgeschlossen
Autoritätsausübung	- Amtsautorität	- sachliche Begründungen
Mitarbeiterverhalten	- Gehorsam, Disziplin	- höhere Leistung durch Entscheidungsfreiheiten
Betriebsklima	- gespannte Atmosphäre - Unzufriedenheit	- entspannte Atmosphäre - Soziale Bedürfnisse werden erfüllt.
Vorteile	- klare und schnelle Entscheidungen - einfache Strukturen	- Entscheidungen werden akzeptiert. - Angenehmes Arbeitsklima führt zu weniger Fehlzeiten/Fluktuation.
Nachteile	- Mitarbeiterlösungen bleiben ungenutzt. - Mitarbeiter identifizieren sich nicht mit dem Unternehmen (Dienst nach Vorschrift).	- Entscheidungsfindung dauert lang. - Nicht jeder Mitarbeiter kann/will selbstständig arbeiten.

In der Praxis eines Einzelhandelsbetriebs werden diese Führungsstile in reiner Form kaum vorkommen.

Stattdessen werden je nach Firmenphilosophie bzw. Größe des Einzelhändlers Mischformen mit unterschiedlich starken Ausprägungen nach beiden Seiten vorkommen.

4.2.2 Erfolgsbeteiligungen

Neben der „ursprünglichen“ Bezahlung versuchen viele Einzelhändler, die Motivation der Mitarbeiter zu steigern, indem sie die Mitarbeiter am Unternehmenserfolg beteiligen.

Diese Beteiligung kann von vornherein Gehaltsbestandteil sein (als Umsatzbeteiligung) oder auch je nach Erfolg einmal jährlich gewährt werden.

Bei einer jährlichen Beteiligung wird meistens am Unternehmenserfolg angeknüpft.

Der Unternehmenserfolg wird oft unterschiedlich definiert. Hauptsächlich kommen Größen wie **„Umsatz“** oder **„Gewinn“** infrage.

Dabei kann man unterscheiden:
- Alle Mitarbeiter erhalten den gleichen Anteil am Erfolg.
- Bei der Verteilung werden bestimmte soziale Kriterien wie Alter, Familienstand, Kinderanzahl, Betriebszugehörigkeit usw. berücksichtigt.
- Die Mitarbeiter erhalten als Erfolgsbeteiligung einen bestimmten Prozentsatz bezogen auf ihr Gehalt, also eine Beteiligung in unterschiedlicher Höhe.

Die konkrete Erfolgsbeteiligung kann auch in Form einer Eigenkapitalbeteiligung (Belegschaftsaktien, Miteigentumsanteile, ...) oder in Form einer Fremdkapitalbeteiligung (= verzinsliches Darlehen an das Unternehmen, ...) erfolgen.

4.2.3 Betriebliches Vorschlagswesen

In einigen Einzelhandelsbetrieben gibt es ein betriebliches Vorschlagswesen.

Hier werden die Mitarbeiter ermutigt, Verbesserungsvorschläge zu betriebsinternen Arbeitsabläufen zu machen. Diese Vorschläge werden geprüft und bewertet.

Je nach Kostenersparnis werden dem Mitarbeiter als Anerkennung Prämien oder Sachleistungen gewährt.

Vorschläge können sich z. B. beziehen auf:
- Vereinfachung von Arbeitsabläufen
- Einsparung von Verpackungsmaterial
- Verhütung von Unfallgefahren
- Förderung der Zusammenarbeit

Neben der finanziellen Beteiligung hat der Mitarbeiter auch das Gefühl, zum betrieblichen Erfolg beigetragen zu haben, was eine positive Auswirkung auf seine Motivation hat.

4.2.4 Sonstige Faktoren

Außer dem im Betrieb vorhandenen Führungsstil und der Bezahlung spielen auch andere betriebliche und gesellschaftliche Rahmenbedingungen bei der Ausprägung der Motivation der Mitarbeiter eine Rolle.
- **Betriebliche Einflussgrößen:**
  - soziale Bedingungen, wie das Verhältnis zu Kollegen
  - Aufstiegsmöglichkeiten
  - Fortbildungsmaßnahmen
  - Arbeitsplatzgestaltung
  - Arbeitsverfahren
- **Gesellschaftliche Rahmenbedingungen:**
  - Höhe der Steuern
  - soziales Ansehen des Berufs
  - gesetzliche Regelungen: Arbeitszeitordnung, Mutterschutzgesetz, ...

4.3 Entgeltabrechnungen

4.3.1 Lohn und Gehalt

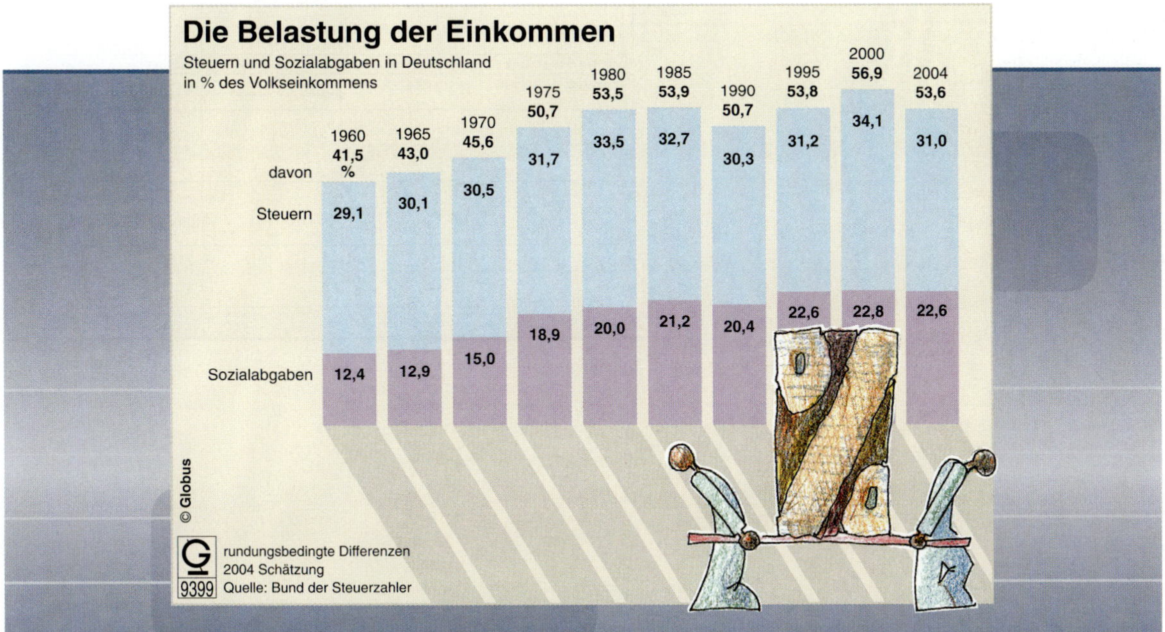

13

Die Arbeitnehmer werden für ihre Arbeitsleistung vom Unternehmer entlohnt. Die Arbeiter bekommen **Lohn,** die Angestellten **Gehalt.** Löhne und Gehälter sind für die Arbeitnehmer Einkommen, für den Arbeitgeber **Aufwand** (Personalkosten).

Vom Arbeitgeber sind aufgrund gesetzlicher Bestimmungen vom Bruttoentgelt jedes Arbeitnehmers Lohnsteuer, Solidaritätszuschlag, Kirchensteuer (soweit Kirchenmitglied) und Sozialversicherungsbeiträge einzubehalten. Das auszuzahlende Nettoentgelt wird wie wie folgt berechnet:

Bruttoentgelt	2.000,00 €
- Lohnsteuer	225,91 €
- Kirchensteuer	18,07 €
- Solidaritätszuschlag	12,42 €
- Rentenversicherung	199,00 €
- Arbeitslosenversicherung	28,00 €
- Krankenversicherung	158,00 €
- Pflegeversicherung	19,50 €
= **Nettoentgelt**	1.339,10 €

Lohnsteuer wird vom Einkommen aus nicht selbstständiger Arbeit erhoben. Die Höhe der Lohnsteuer richtet sich nach

- der Höhe des Bruttolohnes bzw. -gehaltes,
- der Steuerklasse (Familienstand, Allein- oder Doppelverdiener),
- etwaigen Freibeträgen.

Jeder Arbeitnehmer erhält jährlich von seiner Gemeinde/Stadt eine **Lohnsteuerkarte**[1], die alle für die Lohnsteuerberechnung wichtigen Daten enthält (Name und Anschrift, Geburtsdatum, Steuerklasse, Zahl der Kinderfreibeträge und Abkürzungen für den Kirchensteuerabzug). Die Lohnsteuerkarte ist dem Arbeitgeber auszuhändigen.

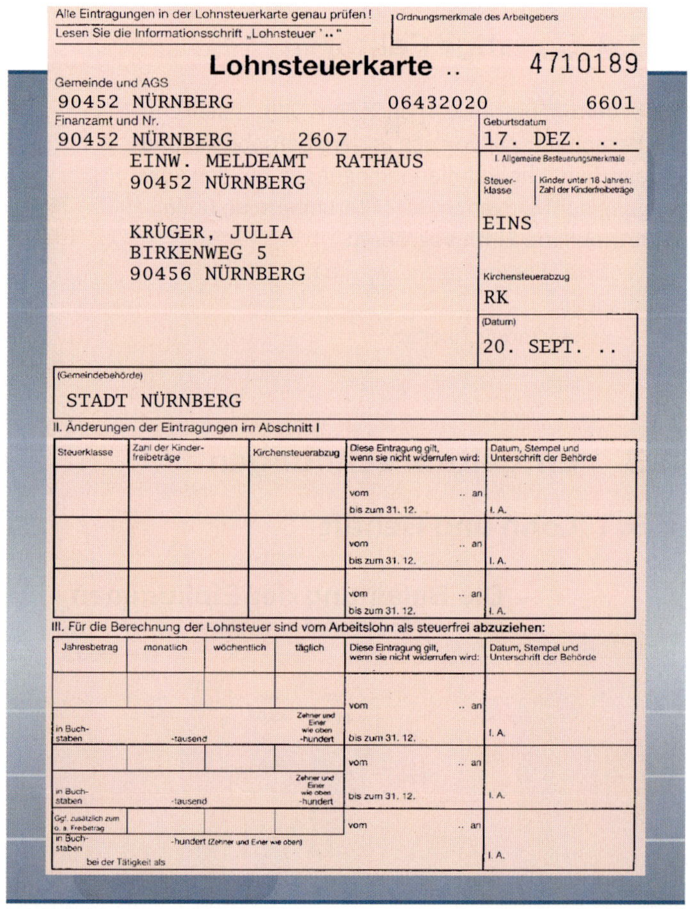

Alle Eintragungen in der Lohnsteuerkarte genau prüfen!
Lesen Sie die Informationsschrift „Lohnsteuer '..“

Ordnungsmerkmale des Arbeitgebers

Lohnsteuerkarte .. 4710189

Gemeinde und AGS
90452 NÜRNBERG 06432020 6601

Finanzamt und Nr.
90452 NÜRNBERG 2607

Geburtsdatum
17. DEZ. ..

EINW. MELDEAMT RATHAUS
90452 NÜRNBERG

I. Allgemeine Besteuerungsmerkmale

Steuerklasse: EINS
Kinder unter 18 Jahren: Zahl der Kinderfreibeträge

KRÜGER, JULIA
BIRKENWEG 5
90456 NÜRNBERG

Kirchensteuerabzug
RK

(Datum)
20. SEPT. ..

(Gemeindebehörde)
STADT NÜRNBERG

II. Änderungen der Eintragungen im Abschnitt I

Steuerklasse	Zahl der Kinderfreibeträge	Kirchensteuerabzug	Diese Eintragung gilt, wenn sie nicht widerrufen wird:	Datum, Stempel und Unterschrift der Behörde
			vom .. an bis zum 31. 12.	I. A.
			vom .. an bis zum 31. 12.	I. A.
			vom .. an bis zum 31. 12.	I. A.

III. Für die Berechnung der Lohnsteuer sind vom Arbeitslohn als steuerfrei **abzuziehen:**

Jahresbetrag	monatlich	wöchentlich	täglich	Diese Eintragung gilt, wenn sie nicht widerrufen wird:	Datum, Stempel und Unterschrift der Behörde
				vom .. an	
in Buchstaben	-tausend		Zehner und Einer wie oben -hundert	bis zum 31. 12.	I. A.
				vom .. an	
in Buchstaben	-tausend		Zehner und Einer wie oben -hundert	bis zum 31. 12.	I. A.
Ggf. zusätzlich zum o. a. Freibetrag				vom .. an	
in Buchstaben	-hundert (Zehner und Einer wie oben)				I. A.
bei der Tätigkeit als					

1 Zum Ende des Jahres 2011 sollen die Lohnsteuerkosten durch ein elektronisches Verfahren zur Erhebung der Lohnsteuer ersetzt werden.

Entsprechend den Angaben auf der Lohnsteuerkarte wird die Steuerschuld berechnet.

Steuerklassen	
I	ledige, verwitwete, geschiedene sowie verheiratete Arbeitnehmer, die dauernd getrennt leben
II	Alleinerziehende/-r (keine eheähnlichen oder eingetragenen Lebensgemeinschaften), zu deren Haushalt mindestens ein Kind gehört, für das sie/er Kindergeld erhält
III	verheiratete Arbeitnehmer, die nicht dauernd getrennt leben und deren Ehepartner keinen Arbeitslohn beziehen **oder** deren Arbeitspartner Lohn beziehen und in Steuerklasse V eingestuft sind
IV	verheiratete Arbeitnehmer, wenn beide Ehepartner Arbeitslohn beziehen und nicht dauernd getrennt leben
V	gleicher Personenkreis wie Steuerklasse IV, wenn einer der Ehepartner auf gemeinsamen Antrag in Steuerklasse III eingestuft ist
VI	alle Arbeitnehmer, die gleichzeitig Arbeitslohn von mehreren Arbeitgebern beziehen. Die zweite und gegebenenfalls jede weitere Lohnsteuerkarte weist die Steuerklasse VI aus.

Abzüge	Stand 2010
Kirchensteuer (KiSt)	je nach Bundesland 8 % (Bayern und Baden-Württemberg) bzw. 9 % (andere Bundesländer) der Lohnsteuer (rk = römisch-katholisch/ ev = evangelisch)
Solidaritätszuschlag (SolZ)	Der „Soli“ beträgt 5,5 % der Lohnsteuer (ab einem bestimmten Betrag). Er dient zur Finanzierung der Deutschen Einheit.
Sozialversicherungsbeitrag (SV) KV RV AV PV	Die Beiträge setzen sich aus - Krankenversicherungsbeitrag (KV: 14,9 %), - Rentenversicherungsbeitrag (RV: 19,9 %), - Arbeitslosenversicherungsbeitrag (AV: 2,8 %) und - Pflegeversicherungsbeitrag (PV: 1,95 %) zusammen und beziehen sich auf das Bruttogehalt. Die Sozialversicherungsbeiträge werden **je zur Hälfte** vom **Arbeitgeber** und vom **Arbeitnehmer** getragen.[1] Eine Ausnahme gilt bei der Pflegeversicherung, bei der **kinderlose** Arbeitnehmer ab 23 Jahren einen um 0,25 % erhöhten Beitrag zahlen.

Jedes Kind unter 18 Jahren wird ohne Einschränkung auf der Lohnsteuerkarte mit dem Zähler 0,5 berücksichtigt.[2] Der Zähler erhöht sich auf 1,0 bei verheirateten und nicht dauernd getrennt lebenden Arbeitnehmern. Kinderfreibeträge haben keinen Einfluss auf die Höhe der Lohnsteuer, sie verringern jedoch Solidaritätszuschlag und Kirchensteuer.

Die einbehaltene Lohnsteuer, den Solidaritätszuschlag und die Kirchensteuer muss der Arbeitgeber bis zum 10. des folgenden Monats an das Finanzamt abführen. Die gesamten Sozialversicherungsbeiträge werden am drittletzten Bankarbeitstag des Beschäftigungsmonats von den Krankenkassen durch Bankeinzug vereinnahmt.

1 Die Beitragssätze der gesetzlichen Krankenkassen wurden zum 1. Juli 2005 um 0,9 % abgesenkt. Gleichzeitig wurde ein neuer, allein vom Versicherten zu tragender zusätzlicher Beitragssatz von 0,9 % zur Krankenversicherung eingeführt. Das führt dazu, dass die Arbeitnehmer einen höheren Beitrag zur Krankenversicherung leisten müssen als die Arbeitgeber. Im Ergebnis führt das zu einem Verlassen des sogenannten paritätischen Systems (50 % Arbeitgeberanteil + 50 % Arbeitnehmeranteil) bei der Kranken- bzw. Sozialversicherung (AG 7,0 % + AN 7,9 % = 14,9 %).

2 Bei Kindern bis zu 18 Jahren kann der halbe Freibetrag (0,5) auf Antrag auf den anderen Elternteil übertragen werden.

Beispiel:

Wir zahlen dem Angestellten Werner Bogers ein Bruttogehalt von 2.906,00 €, Steuerklasse III, 2 Kinder, rk (8 %).

Für den Mitarbeiter kann der Gehaltsausdruck so aussehen:

Arbeitnehmerangaben		Januar 2010
Name, Vorname		Bogers, Werner
Abrechnungszeitraum		Monat
Steuerklasse		III
Kirchensteuer		Ja
Kinderfreibetrag		2
Monatl. Freibetrag		0,00 €
Krankenversicherung		pflichtig
Beitragssatz Krankenversicherung		14,9 %
Bundesland		Bayern
Tabellenart		Allgemeine Tabelle
PV-Zuschlag (kinderlose Arbeitnehmer)		Nein
Brutto gesamt		**2.906,00 €**
Steuer		
Lohnsteuer	– 225,50 €	
Solidaritätszuschlag	0,00 €	
Kirchensteuer	0,00 €	
Steuerrechtliche Abzüge		– 225,50 €
Sozialversicherung		
Krankenversicherung	– 229,57 €	
Pflegeversicherung	– 28,33 €	
Rentenversicherung	– 289,15 €	
Arbeitslosenversicherung	– 40,68 €	
Sozialversicherungsrechtliche Abzüge		– 587,73 €
Auszahlung		**2.092,77 €**

13

Die Berechnungen lassen sich auch in kleineren Firmen durch den Einsatz von Lohn- und Gehaltsprogrammen bzw. über Personalabrechnungsmodule des jeweiligen Warenwirtschaftssystems kostengünstig durchführen.

Beispiel:

Situation:

Wir zahlen dem Angestellten Werner Bogers ein Bruttomonatsgehalt von 2.906,00 €, Steuerklasse III, 2 Kinder, rk (8 %):

I. Drittletzer Arbeitstag des laufenden Monats

Abbuchung der Sozialversicherungsbeiträge (Arbeitnehmer- + Arbeitgeberanteil) durch die Krankenkasse am drittletzten Arbeitstag des laufenden Monats.

– Sozialversicherung (AN + AG)	
Krankenversicherung	432,99 €
Pflegeversicherung	56,66 €
Rentenversicherung	578,30 €
Arbeitslosenversicherung	81,37 €
Summe:	1.149,32 €

Buchungen:

	Soll	Haben
Sozialversicherungsvorauszahlungen	1.149,32	
an Bank		1.149,32

II. Monatsende des laufenden Monats

Gehaltsbuchung + Arbeitgeberanteil Sozialversicherung

Gehalt	2.906,00 €
– Sozialversicherung (AN)	
Krankenversicherung	– 229,57 €
Pflegeversicherung	– 28,33 €
Rentenversicherung	– 289,15 €
Arbeitslosenversicherung	– 40,68 €
Summe:	587,73 €

– Steuern	
Lohnsteuer	– 225,50 €
Solidaritätszuschlag	– 0,00 €
Kirchensteuer	– 0,00 €
Summe:	225,50 €
= Nettogehalt:	2.092,77 €

Buchungen:

	Soll	Haben
Gehälter	2.906,00	
an Bank		2.092,77
an Sozialversicherungsvorauszahlungen		587,73
an Verbindlichkeiten geg. Finanzbehörden		225,50

	Soll	Haben
Arbeitgeberanteil Sozialversicherung	561,58	
an Sozialversicherungsvorauszahlungen		561,58

III. Am 10. des folgenden Monats

Überweisung der Verbindlichkeiten gegenüber Finanzbehörden

Steuern

Lohnsteuer	225,50 €
Solidaritätszuschlag	0,00 €
Kirchensteuer	0,00 €
Summe:	225,50 €

Buchungen:

	Soll	Haben
Verbindlichkeiten geg. Finanzbehörden	225,50	
an Bank		225,50

Die Berechnungen lassen sich auch in kleineren Firmen durch den Einsatz von Lohn- und Gehaltsprogrammen bzw. über Personalabrechnungsmodule des jeweiligen Warenwirtschaftssystems kostengünstig durchführen.

- **Die Beiträge zur Kranken-, Pflege-, Renten- und Arbeitslosenversicherung werden in voraussichtlicher Höhe am drittletzten Arbeitstag des Monats als Sozialversicherungsvorauszahlungen vom Bankkonto abgebucht.**
- **Das Bruttogehalt bucht man auf das Konto „Gehälter“ (den Bruttolohn auf das Konto „Löhne“).**
- **Die Konten „Löhne“ bzw. „Gehälter“ sind Aufwandskonten, Abschluss über das Konto „Gewinn und Verlust“.**
- **Die Sozialversicherungsbeiträge werden dem Arbeitnehmer abgezogen und mit den Sozialversicherungsvorauszahlungen verrechnet.**
- **Lohnsteuer, Solidaritätszuschlag und Kirchensteuer werden bei ihrer Entstehung auf dem Konto „Sonstige Verbindlichkeiten gegenüber Finanzbehörden“ gesammelt.**
- **Der Arbeitgeberanteil zur Kranken-, Pflege-, Renten- und Arbeitslosenversicherung wird gebucht und mit den bereits beglichenen Vorauszahlungen verrechnet.**
- **Lohnsteuer, Solidaritätszuschlag und Kirchensteuer werden bei Fälligkeit überwiesen.**
- **Am Geschäftsjahresende werden die Konten „Sonstige Verbindlichkeiten gegenüber Finanzbehörden“ und „Sozialversicherungsvorauszahlungen“ über das Schlussbilanzkonto abgeschlossen.**

Zu den Sozialversicherungsbeiträgen zählt auch die Unfallversicherung, die der Arbeitgeber zu 100 % trägt. Bei Fälligkeit sind die Beiträge zu überweisen.

Beispiel:

Wir überweisen die Unfallversicherung in Höhe von 450,00 €.

Buchungen:

	Soll	Haben
Beiträge zur Berufsgenossenschaft	450,00	
an Bank		450,00

5615512

Stehen keine elektronischen Hilfsmittel zur Verfügung, kann die Berechnung auch anhand amtlicher Steuertabellen erfolgen (Auszug aus der Gesamtabzugstabelle für monatliche Lohn- und Gehaltszahlung):

Abzüge an Lohnsteuer, Solidaritätszuschlag (SolZ) und Kirchensteuer (8%, 9%) in den Steuerklassen

Lohn/ Gehalt bis €*	I – VI		ohne Kinderfreibeträge			I, II, III, IV		mit Zahl der Kinderfreibeträge … 0,5			1			1,5			2			2,5			3**		
		LSt	SolZ	8%	9%		LSt	SolZ	8%	9%	SolZ	8%	9%	SolZ	8%	9%	SolZ	8%	9%	SolZ	8%	9%	SolZ	8%	9%
2 900,99	I,IV	455,25	25,03	36,42	40,97	I	455,25	20,13	29,29	32,95	15,50	22,54	25,36	11,11	16,17	18,19	6,99	10,17	11,44	—	4,64	5,22	—	0,43	0,48
	II	421,50	23,18	33,72	37,93	II	421,50	18,37	26,73	30,07	13,83	20,12	22,64	9,54	13,88	15,62	3,86	8,02	9,02	—	2,90	3,26	—	—	—
	III	224,—	12,32	17,92	20,16	III	224,—	—	12,29	13,82	—	7,28	8,19	—	3,01	3,38	—	—	—	—	—	—	—	—	—
	V	765,50	42,10	61,24	68,89	IV	455,25	22,55	32,81	36,91	20,13	29,29	32,95	17,78	25,87	29,10	15,50	22,54	25,36	13,27	19,31	21,72	11,11	16,17	18,19
	VI	798,91	43,94	63,91	71,90																				
2 903,99	I,IV	456,08	25,08	36,48	41,04	I	456,08	20,18	29,36	33,03	15,54	22,60	25,43	11,15	16,22	18,25	7,03	10,22	11,50	—	4,69	5,27	—	0,46	0,52
	II	422,25	23,22	33,78	38,—	II	422,25	18,42	26,79	30,14	13,87	20,18	22,70	9,58	13,94	15,68	4,—	8,08	9,09	—	2,94	3,30	—	—	—
	III	224,83	12,36	17,98	20,23	III	224,83	—	12,36	13,90	—	7,33	8,24	—	3,05	3,43	—	—	—	—	—	—	—	—	—
	V	766,58	42,16	61,32	68,99	IV	456,08	22,60	32,87	36,98	20,18	29,36	33,03	17,82	25,93	29,17	15,54	22,60	25,43	13,31	19,36	21,78	11,15	16,22	18,25
	VI	800,—	44,—	64,—	72,—																				
2 906,99	I,IV	456,91	25,13	36,55	41,12	I	456,91	20,22	29,42	33,09	15,58	22,66	25,49	11,19	16,28	18,32	7,06	10,27	11,55	—	4,73	5,32	—	0,50	0,56
	II	423,08	23,26	33,84	38,07	II	423,08	18,46	26,85	30,20	13,91	20,24	22,77	9,62	14,—	15,75	4,13	8,13	9,14	—	2,98	3,35	—	—	—
	III	225,50	12,40	18,04	20,29	III	225,50	—	12,41	13,96	—	7,37	8,29	—	3,09	3,47	—	—	—	—	—	—	—	—	—
	V	767,66	42,22	61,41	69,08	IV	456,91	22,64	32,94	37,05	20,22	29,42	33,09	17,87	25,99	29,24	15,58	22,66	25,49	13,35	19,42	21,85	11,19	16,28	18,32
	VI	801,16	44,06	64,09	72,10																				
2 909,99	I,IV	457,66	25,17	36,61	41,18	I	457,66	20,26	29,48	33,16	15,62	22,72	25,56	11,23	16,34	18,38	7,09	10,32	11,61	—	4,78	5,37	—	0,52	0,59
	II	423,83	23,31	33,90	38,14	II	423,83	18,50	26,91	30,27	13,95	20,29	22,82	9,66	14,05	15,80	4,25	8,18	9,20	—	3,02	3,39	—	—	—
	III	226,16	12,43	18,09	20,35	III	226,16	—	12,45	14,—	—	7,41	8,33	—	3,12	3,51	—	—	—	—	—	—	—	—	—
	V	768,75	42,28	61,50	69,18	IV	457,66	22,68	33,—	37,12	20,26	29,48	33,16	17,91	26,05	29,30	15,62	22,72	25,56	13,39	19,48	21,92	11,23	16,34	18,38
	VI	802,25	44,12	64,18	72,20																				
2 912,99	I,IV	458,50	25,21	36,68	41,26	I	458,50	20,31	29,54	33,23	15,66	22,78	25,62	11,27	16,39	18,44	7,13	10,38	11,67	—	4,82	5,42	—	0,56	0,63
	II	424,66	23,35	33,97	38,21	II	424,66	18,54	26,98	30,35	13,99	20,35	22,89	9,69	14,10	15,86	4,38	8,23	9,26	—	3,06	3,44	—	—	—
	III	226,83	12,47	18,14	20,41	III	226,83	—	12,50	14,06	—	7,46	8,39	—	3,16	3,55	—	—	—	—	—	—	—	—	—
	V	769,83	42,34	61,58	69,28	IV	458,50	22,73	33,06	37,19	20,31	29,54	33,23	17,95	26,12	29,38	15,66	22,78	25,62	13,43	19,54	21,98	11,27	16,39	18,44
	VI	803,33	44,18	64,26	72,29																				
2 915,99	I,IV	459,33	25,26	36,74	41,33	I	459,33	20,35	29,60	33,30	15,70	22,84	25,69	11,30	16,44	18,50	7,17	10,43	11,73	—	4,86	5,47	—	0,59	0,66
	II	425,50	23,40	34,04	38,29	II	425,50	18,59	27,04	30,42	14,03	20,41	22,96	9,73	14,16	15,93	4,50	8,28	9,31	—	3,10	3,48	—	—	—
	III	227,66	12,52	18,21	20,48	III	227,66	—	12,56	14,13	—	7,50	8,44	—	3,20	3,60	—	—	—	—	—	—	—	—	—
	V	771,—	42,40	61,68	69,39	IV	459,33	22,77	33,13	37,27	20,35	29,60	33,30	17,99	26,18	29,45	15,70	22,84	25,69	13,47	19,60	22,05	11,30	16,44	18,50
	VI	804,41	44,24	64,35	72,39																				
2 918,99	I,IV	460,16	25,30	36,81	41,41	I	460,16	20,40	29,67	33,38	15,74	22,90	25,76	11,34	16,50	18,56	7,20	10,48	11,79	—	4,91	5,52	—	0,62	0,70
	II	426,33	23,44	34,10	38,36	II	426,33	18,63	27,10	30,48	14,07	20,47	23,03	9,77	14,21	15,98	4,63	8,33	9,37	—	3,14	3,53	—	—	—
	III	228,16	12,54	18,25	20,53	III	228,16	—	12,61	14,18	—	7,54	8,48	—	3,24	3,64	—	—	—	—	—	—	—	—	—
	V	772,08	42,46	61,76	69,48	IV	460,16	22,82	33,19	37,34	20,40	29,67	33,38	18,04	26,24	29,52	15,74	22,90	25,76	13,51	19,66	22,11	11,34	16,50	18,56
	VI	805,50	44,30	64,44	72,49																				
2 921,99	I,IV	461,—	25,35	36,88	41,49	I	461,—	20,44	29,73	33,44	15,78	22,96	25,83	11,38	16,56	18,63	7,24	10,54	11,85	—	4,96	5,58	—	0,65	0,73
	II	427,08	23,48	34,16	38,43	II	427,08	18,67	27,16	30,55	14,11	20,52	23,09	9,80	14,26	16,04	4,76	8,38	9,43	—	3,18	3,57	—	—	—
	III	228,83	12,58	18,30	20,59	III	228,83	—	12,66	14,24	—	7,60	8,55	—	3,26	3,67	—	—	—	—	—	—	—	—	—
	V	773,16	42,52	61,85	69,58	IV	461,—	22,86	33,26	37,41	20,44	29,73	33,44	18,08	26,30	29,58	15,78	22,96	25,83	13,55	19,71	22,17	11,38	16,56	18,63
	VI	806,58	44,36	64,52	72,59																				
2 924,99	I,IV	461,83	25,40	36,94	41,56	I	461,83	20,48	29,79	33,51	15,82	23,02	25,89	11,42	16,62	18,69	7,28	10,59	11,91	—	5,—	5,63	—	0,68	0,77
	II	427,91	23,53	34,23	38,51	II	427,91	18,71	27,22	30,62	14,15	20,58	23,15	9,84	14,32	16,11	4,90	8,44	9,49	—	3,22	3,62	—	—	—
	III	229,50	12,62	18,36	20,65	III	229,50	—	12,72	14,31	—	7,64	8,59	—	3,30	3,71	—	—	—	—	—	—	—	—	—
	V	774,25	42,58	61,94	69,68	IV	461,83	22,91	33,32	37,49	20,48	29,79	33,51	18,12	26,36	29,65	15,82	23,02	25,89	13,59	19,77	22,24	11,42	16,62	18,69
	VI	807,75	44,42	64,62	72,69																				

Quelle: Stollfußtabelle 2010

Abzüge für Sozialversicherungsbeiträge

Arbeitsentgelt bis	KV 14,9 % Krankenversicherung		PV 1,95 % Pflegeversicherung		RV 19,9 % Rentenversicherung		AV 2,8 % Arbeitslosenversicherung	
	AN (7,9 %)	AG (7,0 %)	AG + AN mit Kindern oder jünger als 23	AN ohne Kinder und älter als 22	AN	AG	AN	AG
2.900,00 €	229,10 €	203,00 €	28,28 €	31,90 €	288,55 €	288,55 €	40,60 €	40,60 €
2.903,00 €	229,34 €	203,21 €	28,30 €	31,93 €	288,85 €	288,85 €	40,64 €	40,64 €
2.906,00 €	229,57 €	203,42 €	28,33 €	31,97 €	289,15 €	289,15 €	40,68 €	40,68 €
2.909,00 €	229,81 €	203,63 €	28,36 €	32,00 €	289,45 €	289,45 €	40,73 €	40,73 €
2.912,00 €	230,05 €	203,84 €	28,39 €	32,03 €	289,74 €	289,74 €	40,77 €	40,77 €
2.915,00 €	230,29 €	204,05 €	28,42 €	32,07 €	290,04 €	290,04 €	40,81 €	40,81 €
2.918,00 €	230,52 €	204,26 €	28,45 €	32,10 €	290,34 €	290,34 €	40,85 €	40,85 €
2.921,00 €	230,76 €	204,47 €	28,48 €	32,13 €	290,64 €	290,64 €	40,89 €	40,89 €
2.924,00 €	231,00 €	204,68 €	28,51 €	32,16 €	290,94 €	290,94 €	40,94 €	40,94 €

AG = Arbeitgeberanteil AN = Arbeitnehmeranteil

4.3.2 Vorschüsse, Sachleistungen und freiwillige Zuschüsse

Erhält ein Angestellter einen Vorschuss, haben wir ihm gegenüber eine Forderung. Der Vorschuss ist ein kurzfristiges Darlehen und wird buchhalterisch bis zur Verrechnung mit dem Lohn oder Gehalt erfasst auf dem Konto

Forderungen an Mitarbeiter (FaM).

- Vorschüsse bucht man auf das Konto „Forderungen an Mitarbeiter". Dieses Konto findet auch für Personalkäufe Anwendung.
- Das Konto **„Forderungen an Mitarbeiter (FaM)"** ist ein Aktivkonto, das über das Schlussbilanzkonto abzuschließen ist.
- In der Regel löst sich das Konto bei der nächsten Gehaltszahlung automatisch wieder auf, da der Vorschuss bei der nächsten Gehaltszahlung einbehalten wird.

Beispiel:

Situation:

① Werner Bogers erhält einen Gehaltsvorschuss von 100,00 € bar.

② Bei der nächsten Gehaltszahlung wird der Vorschuss verrechnet.

Buchungen:

Geschäftsfall	Buchungssatz	Soll	Haben
① Auszahlung eines Gehaltsvorschusses bar 100,00 €	FaM	100,00	
	an Kasse		100,00
② Banküberweisung für Gehalt, abzüglich der Abzüge und des Vorschusses	Gehälter	2.906,00	
	an Kreditinstitute		1.997,77
	an VerbFB		225,50
	an SVVorausz.		587,73
	an FaM		100,00

Sachleistungen (Waren, ...) werden ebenfalls bei Gehaltszahlung verrechnet.

Beispiel:

Werner Bogers hat bei uns Waren im Wert von 100,00 € + 19,00 € Umsatzsteuer = 119,00 € eingekauft.

Gehälter		2.906,00 €	
an	Kreditinstitute		1.973,77 €
	Sonstige Verbindlichkeiten gegen Finanzbehörden		225,50 €
	Sozialversicherungsvorauszahlungen		587,73 €
	Umsatzerlöse		100,00 €
	Umsatzsteuer		19,00 €

13

Freiwillige Zuschüsse werden auf dem Konto
Sonstige Personalaufwendungen
erfasst.

Beispiel:

Für eine Betriebsfeier gibt der Unternehmer einen Zuschuss von 1.000,00 € bar.

Sonstige Personalaufwendungen	1.000,00 €	
an Kasse		1.000,00 €

4.3.3 Vermögenswirksame Leistungen

Vermögenswirksame Leistungen sind Geldleistungen, die der Arbeitgeber für den Arbeitnehmer in einer bestimmten Anlageform (Vermögensbeteiligungen, Anlage zum Wohnungsbau) anlegt.

Dabei hängt es vom jeweiligen Arbeitgeber bzw. vom Arbeitsvertrag bzw. Tarifvertrag ab, ob bzw. in welcher Höhe er sich an den Zahlungen beteiligt. Sie können also ganz vom Arbeitgeber bzw. Arbeitnehmer oder von beiden aufgebracht werden. Sie sind heute vielfach Bestandteil von Arbeitsverträgen, Betriebsvereinbarungen oder Tarifverträgen.

Unabhängig von der Beteiligung des Arbeitgebers fördert der Staat diese Vermögensbildung durch die Gewährung einer je nach Anlageart unterschiedlich hohen Sparzulage. Dabei werden Beträge bis zu 870,00 €/Jahr gefördert.

Es ergibt sich folgende Übersicht:

Anlageart (Stand 07/2009)	Sparzulagensatz seit 01.04.09	begünstigter Höchstbetrag
Vermögensbeteiligungen	20 %	400,00 €
Bausparvertrag und Anlage zum Wohnungsbau	9 %	470,00 €

Die Gewährung der Zulage ist allerdings an bestimmte Anlageformen gebunden und nur innerhalb bestimmter Höchsteinkommensgrenzen möglich (Ledige 17.900,00 €, Verheiratete 35.800,00 €).

Die Zulage wird nach Ablauf der Sperrfrist (6 Jahre einzahlen + 1 Jahr warten) in einer Summe ausgezahlt.

Um die Überweisung der vermögenswirksamen Leistungen durchführen zu können, muss dem Arbeitgeber Folgendes mitgeteilt werden:

- die Höhe des Betrages, der gespart werden soll,
- die Anlageform (Sparvertrag, Bausparvertrag, Lebensversicherung, ...),
- das Unternehmen, bei dem die Anlage erfolgen soll (Kontonummer bzw. Vertragsnummer),
- der Zeitpunkt, ab dem der Betrag überwiesen werden soll.

Die vermögenswirksamen Leistungen, die der Arbeitgeber trägt, bucht er auf das Konto:
Sonstige Lohn- bzw. Gehaltsaufwendungen

Sämtliche vermögenswirksamen Leistungen (die des Arbeitgebers und des Arbeitnehmers) werden bis zur Überweisung auf das begünstigte Konto des Arbeitnehmers auf folgendem Konto gebucht:
Verbindlichkeiten aus vermögenswirksamen Leistungen

Beispiel 1: Vermögenswirksame Leistungen des Arbeitgebers

Eine Angestellte (Steuerklasse IV/ev) bezieht ein Bruttogehalt von 1.800,00 € im Monat. Laut Arbeitsvertrag erhält sie vom Arbeitgeber zusätzlich 40,00 € vermögenswirksame Leistungen, die er an die Bausparkasse überweist. Der Arbeitgeberanteil zur Sozialversicherung beträgt 355,58 €.

Die Abzüge betragen 612,37 € (Lohnsteuer, Solidaritätszuschlag und Kirchensteuer 240,23 €, Sozialversicherungsanteil 372,14 €).

Gehaltsabrechnung:

Bruttogehalt		1.800,00 €
+ vermögenswirksame Leistungen AG		40,00 €
= steuerpflichtiges Gehalt		1.840,00 €
– Lohnsteuer, SolZ, Kirchensteuer	240,23 €	
– Sozialversicherungsanteil	372,14 €	612,37 €
		1.227,63 €
– vermögenswirksame Leistungen		40,00 €
= Nettogehalt (Auszahlung)		1.187,63 €
Arbeitgeberanteil zur Sozialversicherung		355,58 €

Buchung:

Gehälter	1.800,00 €	
Sonstige Gehaltsaufwendungen	40,00 €	
an Sonstige Verbindlichkeiten gegenüber Finanzbehörden		240,23 €
an Sozialversicherungsvorauszahlungen		372,14 €
an Verbindlichkeiten aus vermögenswirksamen Leistungen		40,00 €
an Kreditinstitute		1.187,63 €
Arbeitgeberanteil zur Sozialversicherung	355,58 €	
an Verbindlichkeiten gegenüber Sozialversicherungsträgern		355,58 €

Überweisung der einbehaltenen Steuern und der vermögenswirksamen Leistungen

Sonstige Verbindlichkeiten gegenüber Finanzbehörden	240,23 €	
Sozialversicherungsvorauszahlungen	40,00 €	
an Kreditinstitute		280,23 €

Beispiel 2: Vermögenswirksame Leistungen des Arbeitnehmers

Ein Arbeiter (Steuerklasse III/1,0/rk) bezieht einen Monatslohn von 2.100,00 € brutto. Seine Abzüge betragen 487,03 € (Lohnsteuer, Solidaritätszuschlag und Kirchensteuer 56,00 €, Sozialversicherungsanteil 424,73 €). Der Arbeitgeberanteil zur Sozialversicherung beläft sich auf 405,83 €.

Er hat einen vermögenswirksamen Sparvertrag und lässt durch den Arbeitgeber monatlich 40,00 € an ein Kreditinstitut zum Erwerb von Investmentanteilen überweisen.

Buchung:

Gehälter	2.100,00 €	
an Sonstige Verbindlichkeiten gegenüber Finanzbehörden		56,00 €
an Sozialversicherungsvorauszahlungen		424,73 €
an Verbindlichkeiten aus vermögenswirksamen Leistungen		40,00 €
an Kreditinstitute	1.579,27 €	
Arbeitgeberanteil zur Sozialversicherung	405,83 €	
an Verbindlichkeiten gegenüber Sozialversicherungsträgern		405,83 €

Beispiel 3: Vermögenswirksame Leistungen des Arbeitgebers und des Arbeitnehmers

Ein Angestellter (Steuerklasse I/–/bekenntnislos) bezieht ein Monatsgehalt von 1.905,00 € brutto. Laut Tarifvertrag erhält er vom Arbeitgeber monatlich 20,00 € vermögenswirksame Leistungen, die einschließlich seines Beitrags von 20,00 € an die Bausparkasse überwiesen werden.

Gehaltsabrechnung:

Bruttogehalt		1.905,00 €
+ vermögenswirksame Leistungen AG		20,00 €
= steuerpflichtiges Gehalt		1.925,00 €
– Lohnsteuer, SolZ, Kirchensteuer	246,34 €	
– Sozialversicherungsanteil	389,33 €	635,67 €
		1.289,33 €
– vermögenswirksame Leistungen		40,00 €
= Nettogehalt (Auszahlung)		1.249,33 €
Arbeitgeberanteil zur Sozialversicherung		372,01 €

4.4 Datenschutz

Die Erhebung, Verarbeitung und Speicherung **personenbezogener Daten** kann im Widerspruch zum verfassungsrechtlich verbürgten Recht auf informationelle Selbstbestimmung stehen.

Unter Datenschutz versteht man alle Maßnahmen, die dazu dienen, Daten von Personen vor Missbrauch zu schützen.

Gerade im Personalbereich fallen Daten an, die vertraulich zu behandeln sind.

4.4.1 Rechtsgrundlagen

Rechtsgrundlage des Datenschutzes ist das **Bundesdatenschutzgesetz** (BDSG).

Das Gesetz regelt den Umgang mit **personenbezogenen Daten** nicht öffentlicher Stellen, also der Privatwirtschaft und damit des Einzelhandels.

Außerdem wird der staatliche Umgang mit personenbezogenen Daten geregelt. Ergänzt wird das Bundesdatenschutzgesetz durch die jeweiligen **Landesdatenschutzgesetze,** die aber in erster Linie öffentliche Einrichtungen betreffen.

4.4.2 Maßnahmen des Datenschutzes

Im BDSG sind eine Reihe von Maßnahmen aufgezählt, die der Kontrolle des Datenschutzes im Sinne personenbezogener Daten dienen.

§

(1) Zugangskontrollen: Unbefugte sollen keinen Zugang zu Datenverarbeitungsanlagen bekommen.

(2) Datenträgerkontrolle: Verhinderung, dass Datenträger unbefugt gelesen, kopiert oder verändert werden können

(3) Speicherkontrolle: Unbefugte Eingabe, Veränderung oder Löschung von Daten soll verhindert werden.

(4) Benutzerkontrolle: DV-Anlagen dürfen nur von Befugten benutzt werden.
(5) Zugriffskontrolle: Befugte dürfen nur auf ihre Daten zugreifen können.
(6) Übermittlungskontrolle: Gewährleistung, dass festgestellt werden kann, an welche Stelle Daten übermittelt werden können
(7) Eingabekontrolle: Es muss nachvollziehbar sein, wer wann welche Daten eingegeben hat.
(8) Auftragskontrolle: Im Auftrag gespeicherte Daten dürfen nur entsprechend den Weisungen des Auftraggebers verarbeitet werden.
(9) Transportkontrolle: Sicherstellung, dass die Daten beim Datentransport nicht gelesen, verändert oder gespeichert werden können.
(10) Organisationskontrolle: Die Datenverarbeitung ist so zu organisieren, dass sie den besonderen Anforderungen des Datenschutzes genügt.

4.4.3 Datenschutzbeauftragter

Betriebe, die eine der beiden folgenden Bedingungen erfüllen, müssen einen Datenschutzbeauftragten ernennen.

- Betriebe, die mindestens 5 Mitarbeiter mit der automatischen Verarbeitung von personenbezogenen Daten beschäftigen, oder
- Betriebe, die mindestens 20 Mitarbeiter mit der konventionellen Verarbeitung von personenbezogenen Daten beschäftigen.

Der Datenschutzbeauftragte hat die Aufgabe, für die Beachtung des Bundesdatenschutzgesetzes zu sorgen.

Ein Einzelhandelsunternehmen leiten und entwickeln

1 Kaufmännische Vorüberlegungen

2 Rechtliche Voraussetzungen

3 Rechtsform des Unternehmens

4 Ein Einzelhandelsunternehmen führen

5 Finanzierung des Unternehmens

6 Kosten der Überlassung fremder Mittel

7 Behandlung von Außenständen

8 Das Unternehmen in der Existenzkrise

„Sein eigener Herr müsste man sein!" Dieser Stoßseufzer gestresster Beschäftigter im Einzelhandel ist immer wieder zu hören. Meist ist er ohne weiteres Nachdenken aus der Situation heraus ausgesprochen worden.

Ein eigenes Geschäft aufzubauen erfordert eine Vielzahl von Vorüberlegungen, die helfen, ein derartiges Unternehmen erfolgreich zu bestehen, denn die Möglichkeit, dabei zu scheitern, ist nicht von der Hand zu weisen. Die Gefahr, am Ende nur mit einem Berg Schulden dazustehen, ist sehr groß. Ob hierfür die persönlichen Voraussetzungen vorliegen, muss jeder selbst prüfen, der ein Geschäft eröffnen möchte. Er muss sich die Frage stellen: Reichen meine bisherigen Erfahrungen im Einzelhandel aus, um auf einem hart umkämpften Markt bestehen zu können?

1 Kaufmännische Vorüberlegungen

Was will ich verkaufen?

Das ist die grundlegende Frage, die zunächst geklärt werden muss: In welchem Warenbereich rechne ich mir eine Möglichkeit aus, genügend Kunden zu finden, um mit meinem Unternehmen Erfolg zu haben? Voraussetzung hierfür ist, dass man sich in diesem Marktsegment so gut auskennt, dass man das **Warensortiment** nach den Bedürfnissen der zu erwartenden Kunden zusammenstellen kann, um den erforderlichen Umsatz zu erreichen.

Wie will ich verkaufen?

Die Frage nach der **Verkaufsform** ist eng mit der Entscheidung über das Warensortiment verbunden. Wie kann und will ich meinen Kunden die Waren präsentieren? Die Bandbreite der Verkaufsformen von der reinen Bedienung über das Vorwahlsystem bis zur Selbstbedienung ist groß und es bieten sich viele Mischformen dieser grundlegenden Systeme an. Eine andere Möglichkeit für den Anfang wäre auch der Aufbau eines Internetshops.

Wem will ich etwas verkaufen?

Für den anzusprechenden Kundenkreis (**Zielgruppe**), dem ich meine Waren anbieten will, ist es heute nicht mehr entscheidend, ob ein Geschäft zum Beispiel besonders exklusiv ist, entscheidend ist in aller Regel, ob sich der Kunde beim Einkauf einen Vorteil verspricht. Er kann im Preis der Ware liegen, aber auch in der Qualität der Bedienung, in der leichten Erreichbarkeit des Geschäftes oder aber in der Bequemlichkeit des Internetkaufes.

Wo will ich verkaufen?

Eine weitere wichtige Vorüberlegung ist die **Standortfrage**. Neben der meist unerschwinglichen Zentrumslage bieten sich Lagen in Geschäftsstraßen, Bahnhöfen, Wohnzentren oder auf der sogenannten „grünen Wiese" an. Der Standort entscheidet über die erreichbare Käuferdichte, die Raumkosten, die Konkurrenzsituation, die Erreichbarkeit und über den erforderlichen Werbeaufwand zum Ausgleich eines weniger günstigen Standortes. Für Internetkunden ist das Warenangebot zu jeder Tages- oder Nachtzeit erreichbar, aber auch einer besonders ausgeprägten Wettbewerbssituation unterworfen.

Welches Kapital muss ich aufbringen?

Sind alle diese Fragen beantwortet, stellt sich die Frage nach dem dafür erforderlichen Kapital. Der **Kapitalbedarf** richtet sich nicht nur nach den Kosten für die Ausstattung des Geschäftes und den Aufbau eines Sortiments, auch die anfänglichen Kosten der laufenden Betriebsführung müssen in Betracht gezogen werden. Neben einem notwendigen Eigenkapital wird man nicht ohne die Hilfe einer Bank für die Beschaffung von Fremdkapital auskommen.

2 Rechtliche Voraussetzungen

Nach den Regelungen der Gewerbeordnung ist es jedermann gestattet, ein Gewerbe zu betreiben. Es ist lediglich darauf zu achten, dass die für die Gründung geltenden Rechtsvorschriften beachtet werden.

2.1 Anmeldung des Betriebes

Die Geschäftseröffnung muss angezeigt werden:

- dem Gewerbeamt (Anzeige der Geschäftseröffnung, Gewerbesteuer)
- dem Finanzamt (Umsatzsteuer, Einkommensteuer)
- bei der Industrie- und Handelskammer (Zwangsmitgliedschaft)
- bei der Berufsgenossenschaft (Unfallversicherung)
- bei der Sozialversicherung (Kranken-, Renten-, Arbeitslosenversicherung)
- Handelsregister (Eintragung)

2.2 Kaufmannseigenschaft

§ 1 HGB

Kaufmann ist im Sinne dieses Gesetzbuches, wer ein Handelsgewerbe betreibt.

Unter einem Handelsgewerbe versteht der Gesetzgeber jeden Gewerbebetrieb, der

- selbstständig,
- dauerhaft und auf
- Gewinnerzielung gerichtet ist.

Der gelegentliche Verkauf eines Autos mit Gewinn begründet somit kein Gewerbe, da es sich dabei um einen einmaligen Vorgang handelt.

Ein Gewerbetreibender, dessen Geschäftsumfang eine kaufmännische Verwaltung erfordert, ist aufgrund dieser Tatsache Kaufmann und muss sich in das Handelsregister eintragen lassen **(Istkaufmann)**. Ebenso ist eine Handelsgesellschaft durch die Wahl der Rechtsform (GmbH oder AG) grundsätzlich verpflichtet, sich als Kaufmann **(Formkaufmann)** in das Handelsregister aufnehmen zu lassen. Jemand, der ein Geschäft in so geringem Umfang betreibt, dass eine typisch kaufmännische Organisation (Büro, Buchhaltung) nicht erforderlich ist, kann wählen, ob er sich eintragen lassen will **(Kannkaufmann)** oder ob er darauf verzichtet **(Nichtkaufmann)**.

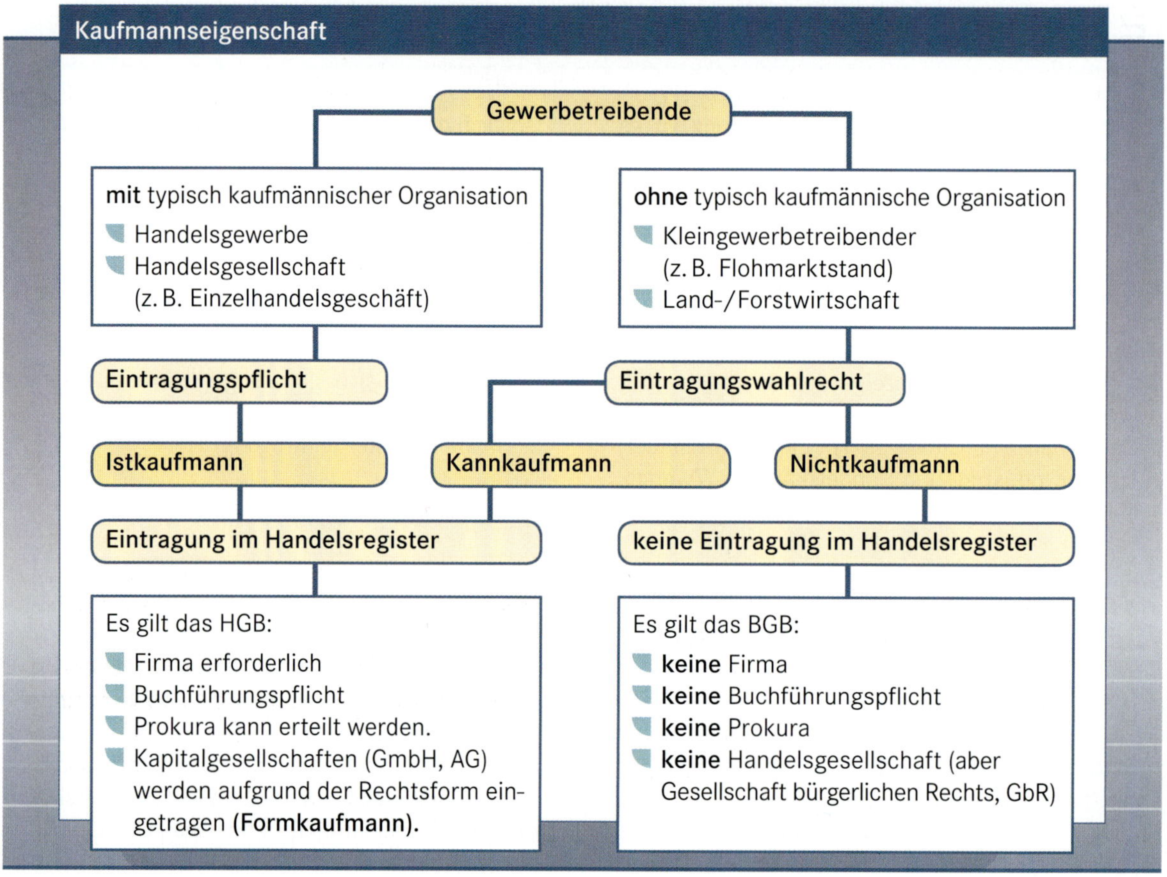

2.3 Firma

Die Firma ist der Geschäftsname des Kaufmanns, unter dem er

- sein Handelsgewerbe betreibt,
- im Handelsregister eingetragen ist,
- seine Unterschrift abgibt und
- unter dem er klagt oder verklagt wird.

Die Führung einer Firma setzt die Kaufmannseigenschaft voraus.

2.3.1 Firmenname

Die Wahl des **Firmennamens** ist dem Kaufmann freigestellt, es ist aber zwingend vorgeschrieben, dass dem Namen die **Rechtsform des Unternehmens** hinzugefügt wird. Alle Unternehmen können, unabhängig von der Rechtsform, eine Personenfirma („Hans Müller e. K.“), eine Fantasiefirma („Boutique Kolibri OHG“) oder eine Sachfirma („Der Küchenprofi GmbH“) wählen. Da sich Firmen von schon bestehenden Firmen unterscheiden müssen, kann dem Firmennamen noch ein unterscheidender Zusatz angehängt werden („Ute Müller e. Kffr., Schreibwaren“).

2.3.2 Firmengrundsätze

Die Firma des Kaufmanns wurde vom Gesetzgeber durch eine Reihe von Bestimmungen im Handelsgesetzbuch geschützt.

- **Firmenausschließlichkeit:** Unterscheidbarkeit der Firmen am Ort, evtl. durch Zusatzangaben.
- **Firmenöffentlichkeit:** Jedermann kann sich durch Einsicht im Handelsregister informieren.
- **Firmenbeständigkeit:** Bei Inhaberwechsel kann die bisherige Firma beibehalten werden.
- **Angabe der Rechtsform:** Im Firmenname muss die Rechtsform angegeben werden.
- **Irreführungsverbot:** Es dürfen keine irreführenden Angaben gemacht werden.
- **Veräußerungsverbot:** Der Firmenname darf nicht allein verkauft werden.

2.4 Handelsregister

Das Handelsregister ist ein öffentliches Verzeichnis aller Kaufleute eines Amtsgerichtsbezirkes. Es wird vom Registergericht in zwei Abteilungen geführt.

- **Abteilung A:** Einzelkaufleute und Personengesellschaften (= HRA)
- **Abteilung B:** Kapitalgesellschaften (GmbH, AG) (= HRB)

Da es sich beim Handelsregister um ein öffentliches Verzeichnis handelt, kann jeder Einsicht nehmen oder Ausdrucke gegen Gebühr anfordern.

Das Handelsregister soll Öffentlichkeit und Geschäftswelt über bestimmte Sachverhalte der eingetragenen Firma informieren (u. a. Firmenname, Sitz, Art des Geschäftes, Prokura). Alle Eintragungen werden im Internet öffentlich bekannt gemacht.

Sind im Handelsregister Eintragungen unterstrichen, sind sie gelöscht. Seit 2007 können Ausdrucke aus dem Handelsregister (nach einer Registrierung) über das Internetportal www.handelsregister.de selbst vorgenommen werden.

3 Rechtsform des Unternehmens

Je nachdem, wie viele Personen in welcher Weise ein Geschäft betreiben, gibt der Gesetzgeber der Wirtschaft durch die Rechtsform unterschiedliche Modelle vor, wie das geschehen kann.

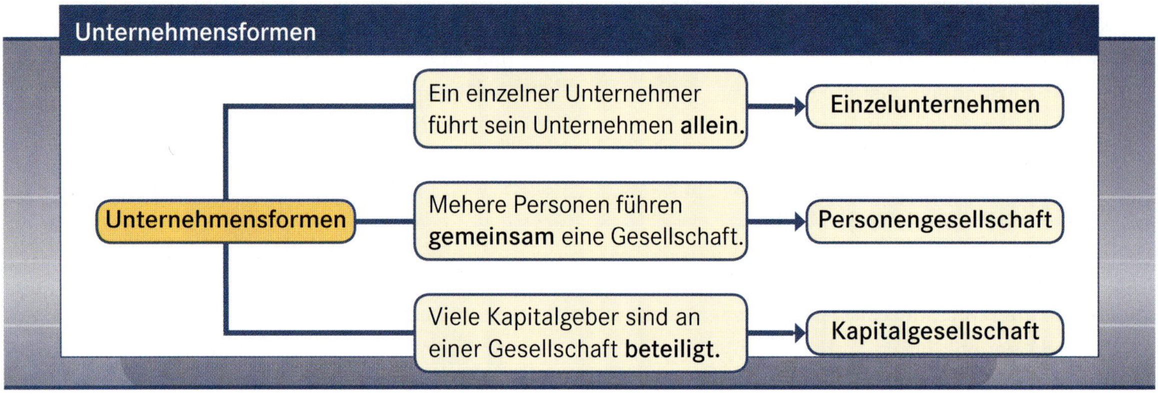

3.1 Einzelunternehmen

Das Einzelunternehmen ist die in der Praxis am häufigsten anzutreffende Unternehmensform. Die Tatsache, dass eine Einzelperson (der Unternehmer) für das Geschäft zuständig ist, bringt Vorteile und Nachteile mit sich.

Vorteile eines Einzelunternehmens sind:

- Der Unternehmer kann Entscheidungen schnell und unbeeinflusst treffen.
- Er hat die alleinige Geschäftsführung.
- Es gibt keine Meinungsunterschiede mit Miteigentümern.
- Der Gewinn muss nicht geteilt werden.

Nachteile eines Einzelunternehmens sind:

- Der Unternehmer trägt das gesamte Risiko allein.
- Er hat das gesamte Geschäftskapital selbst aufzubringen.
- Er haftet unbeschränkt für alle Geschäftsschulden, d. h. auch mit seinem Privatvermögen.

3.1.1 Firma

Bei der Geschäftsgründung trägt das Einzelunternehmen in der Regel den Namen des Inhabers mit dem Zusatz „eingetragener Kaufmann“/„eingetragene Kauffrau“ bzw. „eingetr. Kfm.“/„eingetr. Kffr.“ oder noch kürzer „e. K.“. Aber auch die Wahl einer anderen Firmenbezeichnung ist zulässig. Dazu kann im Firmenzusatz der Handelszweig (als unterscheidender Zusatz) angegeben werden. Bei einem Inhaberwechsel kann nach dem Grundsatz der Firmenbeständigkeit ein bestehender Firmenname weitergeführt werden.

14

Verwechseln Sie nicht Einzelunternehmen und Einzelhandelsunternehmen!

3.1.2 Stille Gesellschaft

Nimmt ein Einzelunternehmer einen (oder mehrere) Kapitalgeber auf, der nach außen nicht in Erscheinung treten soll, entsteht eine stille Gesellschaft. Das Unternehmen firmiert weiterhin als Einzelunternehmen, die Stellung des Unternehmers ist ebenso stark. Der Kapitalgeber riskiert lediglich seinen Kapitalanteil, erhält für dieses Risiko einen vereinbarten Anteil am Gewinn und hat ein Informationsrecht.

3.2 Personengesellschaften

Zu den Personengesellschaften zählen vor allem die offene Handelsgesellschaft (OHG) und die Kommanditgesellschaft (KG). Sie werden als Personengesellschaft bezeichnet, weil die beteiligten Personen selbst verantwortlich sind. Auch die oben besprochene stille Gesellschaft ist eine Personengesellschaft, nach außen hin aber nicht als solche erkennbar.

3.2.1 Offene Handelsgesellschaft (OHG)

Eine offene Handelsgesellschaft entsteht auf einfache Weise, indem in ein Einzelunternehmen ein Mitgesellschafter als Teilhaber aufgenommen wird. Der Grund hierfür kann darin liegen, dass zusätzliches Kapital benötigt wird oder dass ein Familienmitglied in die Geschäftsführung aufgenommen wird. Aber auch eine Neugründung als OHG ist möglich.

Die OHG ist ein Unternehmen, das von mindestens zwei Gesellschaftern unter gemeinsamer Firma betrieben wird und bei dem alle Gesellschafter mit ihrem gesamten Privat- und Geschäftsvermögen haften.

Firma

Die **Firma** der OHG besteht aus dem Firmenkern mit dem Zusatz „Offene Handelsgesellschaft“ bzw. „OHG“, z. B. Ott und Haas OHG, Küchen-Meier OHG.

Haftung

Die **Haftung** jedes Gesellschafters der offenen Handelsgesellschaft ist:

- **unmittelbar,** d. h., er kann von Gläubigern persönlich haftbar gemacht werden;
- **unbeschränkt,** d. h., er haftet mit seinem gesamten Privat- und Geschäftsvermögen;
- **solidarisch,** d. h., er haftet auch für Verbindlichkeiten, die seine Partner für das Geschäft eingegangen sind.

Rechte und Pflichten

Alle Gesellschafter haben gleiche Rechte: Geschäftsführung, Vertretung nach außen, Informationsrecht sowie das Recht auf Gewinnanteil und Privatentnahme. Pflichten sind die Beachtung des gesetzlichen Wettbewerbsverbotes (keine Tätigkeit für Konkurrenten) und die Verpflichtung zur Mitarbeit im Unternehmen. Um diese umfassenden Rechte im Innenverhältnis zu begrenzen, ist es erforderlich, einen **Gesellschaftsvertrag** abzuschließen, der die Zuständigkeiten genau festlegt. Nach außen gelten jedoch nur Beschränkungen, die im Handelsregister eingetragen sind.

Gewinnverteilung

Ein wichtiger Punkt im Gesellschaftsvertrag ist die Regelung der **Gewinnverteilung**. Sollte dort keine klare Festlegung vorliegen, gilt die Vorschrift des HGB: Jeder Teilhaber erhält zunächst 4 % vom Gewinn bezogen auf seine Kapitaleinlage, der verbleibende Reingewinn wird gleichmäßig („nach Köpfen“) verteilt.

Beispiel:

136.000,00 € Gewinn soll unter zwei Gesellschaftern, die mit 240.000,00 € und 160.000,00 € am Unternehmen beteiligt sind, nach HGB verteilt werden:

A erhält 4 % von	240.000,00 €	=	9.600,00 €	+	60.000,00 €			=	**69.600,00 € Gewinn**
B erhält 4 % von	160.000,00 €	=	6.400,00 €	+	60.000,00 €			=	**66.400,00 € Gewinn**
Restgewinn:	136.000,00 €	-	16.000,00 €	=	120.000,00 €	: 2	=		60.000,00 €

3.2.2 Kommanditgesellschaft (KG)

Will ein Einzelunternehmer eine Personengesellschaft gründen, ohne einem Partner die gleichen umfassenden Rechte einzuräumen, die ihm eine OHG gewähren würde, kann er sich für eine Kommanditgesellschaft (KG) entscheiden.

Die KG ist eine Gesellschaft, bei der mindestens ein Gesellschafter voll (Komplementär) und mindestens ein weiterer Gesellschafter nur mit seiner Kapitaleinlage (Kommanditist) haftet.

Firma

Für die **Firma der KG** gilt, dass dem Firmennamen der Zusatz „Kommanditgesellschaft“ oder „KG“ hinzugefügt werden muss, z. B. Meier & Ott KG.

Haftung

Die Komplementäre (Vollhafter) der KG haften wie die Gesellschafter der OHG unmittelbar, unbeschränkt und solidarisch, also auch mit ihrem Privatvermögen. Die Kommanditisten (Teilhafter) haften dagegen nur mit ihrer Geschäftseinlage.

Rechte und Pflichten

Die Komplementäre haben die gleichen Rechte wie die Gesellschafter der OHG (s. o.). Den Kommanditisten werden vor allem die Rechte auf Information und auf einen angemessenen Gewinnanteil eingeräumt. Sie haben aber keinen Anspruch auf die Mitwirkung in der Leitung des Unternehmens. Sie kann allerdings in einem Gesellschaftsvertrag vereinbart werden, der auch die Gewinnverteilung regeln sollte.

Gewinnverteilung

14 Für die **Gewinnverteilung bei der KG** gilt die Vorschrift des HGB, wenn in einem Gesellschaftsvertrag keine vertraglichen Vereinbarungen getroffen wurden. Wie bei der OHG erhalten zunächst alle

Gesellschafter 4 % aus dem Gewinn auf der Grundlage der Geschäftsanteile. Der Rest ist „im angemessenen Verhältnis“ zu verteilen, also nach der Höhe der Beteiligung.

Beispiel:

136.000,00 € Gewinn soll unter zwei Gesellschaftern der KG, die mit 240.000,00 € und 160.000,00 € am Unternehmen beteiligt sind, nach HGB verteilt werden:

A erhält 4 % von	240.000,00 €	=	9.600,00 €	+	72.000,00 €			=	**81.600,00 € Gewinn**
B erhält 4 % von	160.000,00 €	=	6.400,00 €	+	48.000,00 €			=	**54.400,00 € Gewinn**
Restgewinn:	136.000,00 €	–	16.000,00 €	=	120.000,00 €	:	5	=	24.000,00 € je Teil

3.3 Kapitalgesellschaften

Während die Gesellschafter der Personengesellschaften (außer Kommanditisten und stille Gesellschafter) mit ihrem gesamten Vermögen haften, gibt es bei Kapitalgesellschaften keine persönliche Haftung, es haftet ausschließlich das Kapital des Unternehmens. Die wichtigsten Kapitalgesellschaften sind die Aktiengesellschaft (AG) und die Gesellschaft mit beschränkter Haftung (GmbH).

3.3.1 Aktiengesellschaft (AG)

Warenhausketten, Filialbetriebe oder große Industrieunternehmen benötigen für den Aufbau und den laufenden Betrieb große Kapitalmengen. Um sie aufzubringen, sammelt man Geschäftsanteile von Personen, die ihr Geld investieren möchten, ohne dabei ein erhöhtes Risiko einzugehen, da sie persönlich für Verbindlichkeiten der Aktiengesellschaft nicht haften.

Gründung

Für die Gründung genügt eine Person, die dann aber das gesamte **Grundkapital** von mindestens 50.000,00 € aufzubringen hat.

Kapital

Das Kapital der Aktiengesellschaft wird durch den Verkauf von Aktien aufgebracht. Aktien sind Wertpapiere, die über Banken an der Wertpapierbörse gehandelt werden. Jede Aktie hat zwei Werte, zum einen den auf der Aktie angegebenen Nennwert der Beteiligung am Unternehmen und zum anderen den Kurswert, der an der Börse durch Kauf und Verkauf der Aktien entsteht (Marktwert). Bei der Gründung der AG muss das vorgeschriebene **Grundkapital** von mindestens 50.000,00 € aufgebracht werden.

Stellung des Aktionärs

Der Kapitalanleger (Aktionär) ist

- mit dem Nennwert seiner Aktie (mindestens 1,00 €) am Unternehmen beteiligt,
- erhält für seine Aktie ein Stimmrecht in der Hauptversammlung,
- hat Anspruch auf einen Anteil am Gewinn der AG (= Dividende),
- haftet nur mit dem Wert seiner Beteiligung, d. h. mit dem Nennwert seiner Aktien,
- kann durch Verkauf der Aktie Gewinne durch einen höheren Kurswert erzielen.

Firma

Die AG kann durch eine oder mehrere Person/-en gegründet werden und muss als **Formkaufmann** in das Handelsregister eingetragen werden. Dem Firmennamen, der zumeist eine Sachfirma ist, muss der Zusatz „Aktiengesellschaft“ oder „AG“ angefügt werden.

Organe

Da die Aktiengesellschaft eine juristische Person ist, benötigt sie für alle ihre Handlungen Organe, d. h. Personen, die berechtigt sind, für das Unternehmen Entscheidungen zu treffen. Der Gesetzgeber hat dafür folgende Dreiteilung vorgesehen:

Organe der Aktiengesellschaft

HAUPTVERSAMMLUNG beschließendes Organ der AG	Versammlung der Aktionäre oberstes Entscheidungsorgan entscheidet über Satzungsänderungen beschließt, wie der Gewinn verwendet werden soll genehmigt geplante Kapitalerhöhungen
↓ wählt	
AUFSICHTSRAT überwachendes Organ der AG	Berufung des Vorstandes Kontrolle der Vorstandstätigkeit Abberufung des Vorstandes Recht auf Information durch den Vorstand
↓ bestellt/entlässt	
VORSTAND leitendes Organ der AG (Geschäftsführung)	laufende Geschäftsführung Vertretung der AG nach außen erhält zum Gehalt eine Erfolgsprämie (Tantieme) veröffentlicht jährliche Bilanz, Gewinn- und Verlustrechnung und Geschäftsbericht (Publizität der AG)

3.3.2 Gesellschaft mit beschränkter Haftung (GmbH)

Die GmbH ist eine Kapitalgesellschaft, die als Formkaufmann in das Handelsregister eingetragen wird. Die Firma muss den Zusatz „Gesellschaft mit beschränkter Haftung“ bzw. „GmbH“ enthalten.

Gründung

Zur Gründung ist mindestens eine Person erforderlich (Einmann-GmbH), es können aber auch mehrere Personen beteiligt sein. Auch Handelsgesellschaften (OHG, KG) können Gesellschafter werden. Als Mindestkapital **(Stammkapital)** müssen 25.000,00 € aufgebracht werden. Die Höhe der einzelnen Einlagen (Geschäftsanteile) wird im Gesellschaftsvertrag festgelegt. Die Geschäftsanteile sind keine Wertpapiere und werden deshalb nicht an der Börse gehandelt.

Haftung

Die Haftung der GmbH-Gesellschafter ist auf den Geschäftsanteil begrenzt. Der Gewinn wird nach Geschäftsanteilen verteilt, falls der Gesellschaftervertrag nichts anderes bestimmt.

Organe

Da die GmbH eine juristische Person ist, müssen Organe für sie handeln. Das sind:

- **der (die) Geschäftsführer** als verantwortliche(r) Leiter des Unternehmens,
- **der Aufsichtsrat** als überwachendes Organ zur Kontrolle der Geschäftsführung (ab 500 Beschäftigten),
- **die Gesellschafterversammlung** als oberstes Beschlussorgan (1 Stimme je 100,00 € Geschäftsanteil).

3.3.3 Besondere Gesellschaftsformen

Unternehmensgesellschaft (haftungsbeschränkt)

2008 wurde vom Gesetzgeber eine vereinfachte Form der GmbH, die sogenannte „Mini-GmbH“ geschaffen. Es handelt sich dabei um eine GmbH mit geringerem Mindestkapital (ab 1,00 €) und vereinfachter Gründung.

GmbH & Co KG

Die Verbindung einer GmbH mit einem oder mehreren Kommanditisten ergibt eine GmbH & Co KG. Die GmbH ist in dieser Firmenkonstruktion der Komplementär, der im Gegensatz zur normalen OHG über kein Privatvermögen verfügt und deshalb nur mit dem Geschäftskapital haften kann. Die Kommanditisten sind unter dem Kürzel „& Co“ zusammengefasst und haften ebenfalls nur mit ihrer Einlage. Durch den Zusatz „KG“ wird diese Unternehmensform als Personengesellschaft gekennzeichnet.

Genossenschaft (e. G.)

Die Genossenschaft ist ein Zusammenschluss von (mindestens 7) Personen zur Durchsetzung gemeinsamer Ziele (Zweckverband), z. B. von Einzelhändlern zum gemeinsamen Wareneinkauf. Die Genossenschaft ist am Firmenzusatz „e. G.“ zu erkennen. Im Gegensatz zu den Handelsgesellschaften GmbH und AG steht nicht die Gewinnerzielung im Vordergrund der Geschäftstätigkeit, sondern der Geschäftszweck. Neben der Einkaufsgenossenschaft gibt es auch Baugenossenschaften oder Produktionsgenossenschaften.

4 Ein Einzelhandelsunternehmen führen

4.1 Unternehmerische Zielsetzungen

Eine sorgfältige Planung des wirtschaftlichen Vorgehens ist Grundvoraussetzung für eine erfolgreiche Unternehmensführung. Es müssen Ziele aufgestellt werden und Wege zur Erreichung dieser Ziele geplant werden, nach denen sich dann die konkreten Maßnahmen richten.

Eröffnet ein Einzelhändler mit Einsatz seines Kapitals ein Geschäft, verbindet er damit eine bestimmte Erwartung: Er möchte über einen längeren Zeitraum von dem Ertrag des Geschäftes leben können und erwartet eine angemessene Verzinsung seines Kapitals. Daraus ergibt sich sein oberstes Unternehmensziel: **Gewinn erzielen, um das Unternehmen langfristig am Markt erhalten zu können.**

Aus diesem übergeordneten Ziel ergibt sich eine Reihe untergeordnete Ziele (Unterziele), die man wiederum in Teilziele aufteilen kann. Alle Unter- und Teilziele können von unterschiedlichen Stellen im Unternehmen angestrebt werden, alle haben sich aber dem gemeinsamen Oberziel unterzuordnen. So setzt sich der Unternehmer andere Ziele (Gewinnmaximierung) als der Betriebsrat (soziale Ziele) oder der einzelne Mitarbeiter (Pausen, Urlaub).

Unternehmensziele

Oberziel	**Gewinn** erzielen zur langfristigen **Unternehmenssicherung**					
Unterziele	Umsatzsteigerung	Kapazitätserweiterung	Kostensenkung	Marktanteil erhöhen	Arbeitzplätze sichern	Umweltschonung
Teilziele	Trading-up Mitarbeiter motivieren	Verkaufsfläche Sortiment Filialen	Rationalisierung Outsourcing Entlassungen	Werbung Ladengestaltung	Arbeitszeit Entlohnung Qualifikation	Umweltsortiment Recycling

4.2 Verwirklichung der Unternehmensziele

Die Werkzeuge zur Erreichung der Unternehmensziele stehen dem Unternehmen in der Geschäftspolitik zur Verfügung. Unter der Geschäftspolitik versteht man alle Maßnahmen zur Erreichung eines bestimmten Zweckes, d. h. der Verwirklichung des jeweiligen Unternehmenszieles.

Verwirklichung der Unternehmensziele

Geschäftspolitik des Einzelhändlers

Sortimentspolitik	Verkaufsform, Sortimentsniveau, Sortimentsentwicklung
Preispolitik	Preisstrategie, Kunden- und Konkurrenzbeobachtung
Personalpolitik	Personalbedarf, -bindung, -beurteilung, Entlohnung
Werbepolitik	Werbeaufwand, Ladengestaltung, Verkaufsförderung
Standortpolitik	Standortfaktoren, Kaufkraft, Konkurrenz, Lage
Servicepolitik	Ladengestaltung, Parken, Kundendienst

4.3 Entscheidungs- und Führungsstrukturen

Um die angestrebten Ziele des Unternehmens auch umsetzen zu können, braucht der Kaufmann einen verlässlichen und engagierten Mitarbeiterstamm. Je größer ein Unternehmen ist, desto klarer müssen die Entscheidungs- und Führungsstrukturen festgelegt sein.

Im **Kleinbetrieb** ist meistens der Inhaber auch Leiter des Betriebes. Da jeder Mitarbeiter direkt erreichbar ist, können seine Entscheidungen schnell und wirksam umgesetzt werden. Der Unternehmer trifft alle wichtigen Entscheidungen selbst.

Im **Mittelbetrieb** müssen dagegen Entscheidungsbefugnisse eindeutig festgelegt sein. Die Geschäftsführung überträgt einen Teil dieser Aufgaben an qualifizierte Mitarbeiter (z. B. Abteilungsleiter für Einkauf, Lager, Vertrieb, Verwaltung und Organisation), die ihrerseits gegenüber ihren Mitarbeitern weisungsbefugt sind.

Aufgrund seiner oft stark verzweigten Struktur erfordert der **Großbetrieb** eine stärkere Gliederung der zuständigen Instanzen. Es bietet sich eine Gliederung des Betriebes in verschiedene Entscheidungsebenen an:

Entscheidungsebenen

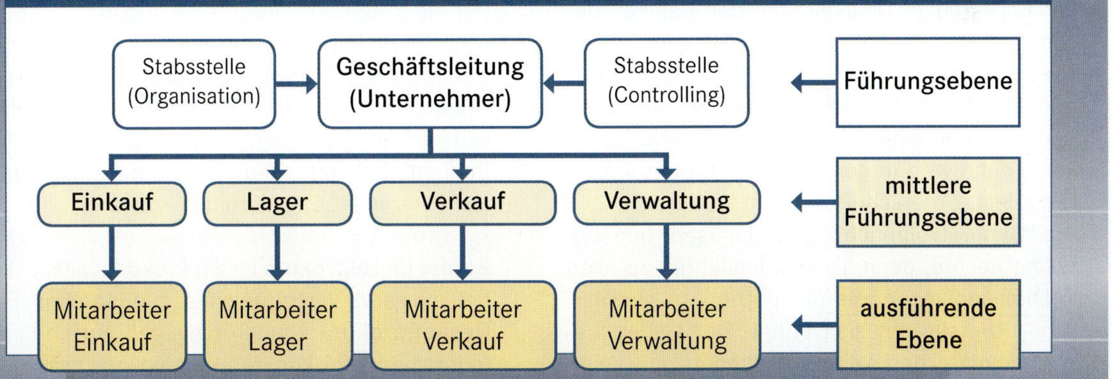

Diese Art der Unternehmensführung bezeichnet man auch als **Stabliniensystem.** Die in der obersten Ebene angeordneten Stabsstellen sind ausschließlich zur Unterstützung der Geschäftsleitung tätig, sie haben keine eigene Weisungsbefugnis. Die übrige Gliederung weist eine streng hierarchische Gliederung von oben nach unten auf.

4.4 Entscheidungsbefugnisse der Mitarbeiter

Nichts ist für die Führung eines Unternehmens schädlicher als unklare Entscheidungsstrukturen. Deshalb muss es ein Grundanliegen der Unternehmensführung sein, klare Organisationsstrukturen aufzustellen und dort festzulegen, wer worüber entscheidet. Das geschieht am zweckmäßigsten in der Form von Stellenbeschreibungen, in denen die Aufgaben und Kompetenzen einer Stelle möglichst exakt abgegrenzt formuliert sind. Die Fähigkeit, Kompetenzen zu delegieren, kennzeichnet ein modernes Unternehmensmanagement.

Um die Qualität innerhalb der Führungsstrukturen langfristig sicherzustellen, bedarf auch der Bereich der leitenden Mitarbeiter der regelmäßigen **Beurteilung.** Sie dient der objektiven Einschätzung der Leistungen des Mitarbeiters in Bezug auf seine fachliche Qualifikation und sein Führungsverhalten.

Nach der Innen- und Außenwirkung unterscheidet man die **Vollmacht** nach Art und Umfang in die Handlungsvollmacht und die umfassende Bevollmächtigung eines Mitarbeiters durch die Prokuraerteilung.

Vollmacht nach Art und Umfang

Vollmacht	Art	Umfang
Handlungsvollmacht	Einzelvollmacht	einmaliger Auftrag (Botengang)
	Artvollmacht	dauernde bestimmte Tätigkeit (Verkäufer, Einkäufer)
	Generalvollmacht	alle üblichen Tätigkeiten (Filialleiter, Abteilungsleiter)
Prokura	Einzelprokura	alleinige umfassendste Vollmacht (Geschäftsführer)
	Gesamtprokura	gemeinsame umfassende Vollmacht (Geschäftsführer)
	Filialprokura	umfassende Vollmacht für eine Filiale (Leiter Zweigbetrieb)

Handlungsvollmacht

- Die **Einzelvollmacht** wird erteilt, wenn eine zeitlich abgegrenzte Tätigkeit über den Rahmen der sonst üblichen Beschäftigung hinausgeht.
- Die **Artvollmacht** spielt vor allem auf der Ebene der operativen Mitarbeiter eine Rolle, weist sie doch dem dort Tätigen Art und Dauer seiner Tätigkeit zu und wird in der Regel im Arbeitsvertrag festgelegt. Unterschrift mit dem Kürzel „i. A.".
- Die **Generalvollmacht** gibt dagegen umfangreiche Rechte, denn sie bevollmächtigt zu allen Rechtshandlungen, die der Betrieb im gewöhnlichen Umfang mit sich bringt. Der Generalbevollmächtigte darf keine artfremden und keine außergewöhnlichen Geschäfte abschließen. Eine derartige Vollmacht hat häufig ein Abteilungsleiter oder der selbstständig handelnde Leiter einer Filiale. Die Vertretungsberechtigung wird durch das Kürzel „i. V." angegeben.

Prokura

Die Prokura ist die umfassendste Vollmacht, die nur ein Kaufmann durch eine ausdrückliche Erklärung einem Mitarbeiter erteilen kann. Erteilung und Beendigung der Prokura werden in das **Handelsregister** eingetragen. Der Prokurist kann alle gewöhnlichen und außergewöhnlichen Geschäfte und Rechtshandlungen vornehmen, die in irgendeinem Handelsgewerbe vorkommen können.

Bei der **Einzelprokura** ist der Prokurist allein berechtigt, die ganze Vertretungsmacht auszuüben. Bei der **Gesamtprokura** können hingegen nur immer zwei (oder mehr) Prokuristen gemeinsam entscheiden. Bei der **Filialprokura** beschränkt sich die Vertretung auf den Bereich eines Zweigbetriebes. Die Unterschrift des Prokuristen erkennt man an dem Kürzel „ppa.", durch das die Unterschrift begleitet wird.

Zuständigkeit

HANDLUNGSBEVOLLMÄCHTIGTER darf:
- Waren einkaufen/verkaufen
- Zahlungsverkehr durchführen
- Mitarbeiter einstellen
- Mitarbeiter entlassen
- Betrieb umorganisieren
- Artvollmacht erteilen

PROKURIST darf (zusätzlich):
- Grundstücke kaufen
- Darlehen aufnehmen
- Prozesse führen
- Bürgschaften eingehen

UNTERNEHMER darf (zusätzlich):
- Bilanz unterschreiben
- Steuererklärung unterschreiben
- Prokura erteilen
- Grundstücke verkaufen
- Grundstücke belasten
- Insolvenzantrag stellen

5 Finanzierung des Unternehmens

5.1 Kapitalbedarf des Unternehmens

Die möglichst genaue Berechnung der zur Geschäftsgründung erforderlichen Kapitalmenge ist Grundvoraussetzung für eine solide Finanzierung des ganzen Vorhabens. Bei der Planung des notwendigen Kapitals spielen die beabsichtigte Betriebsgröße, die Betriebsform und der zu erwartende Lagerumschlag eine Rolle.

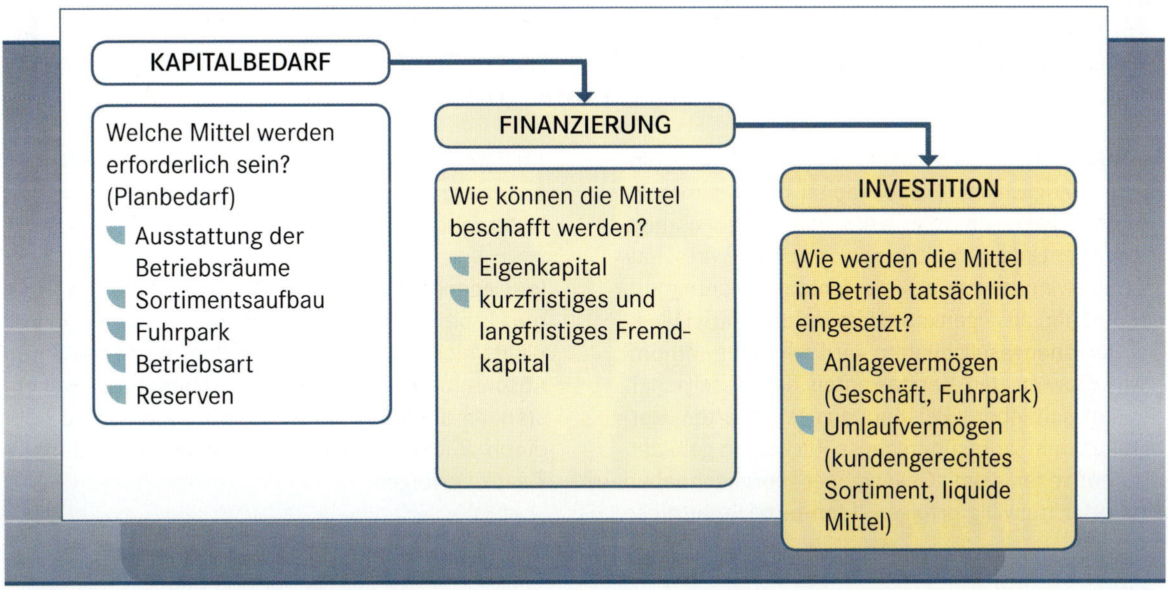

5.2 Kapitalbeschaffung

Die Finanzierung des Unternehmens beschränkt sich jedoch nicht nur auf die Anfangsfinanzierung, sondern umfasst auch die Zuführung von Mitteln für den laufenden Betrieb, z. B. für Betriebserweiterungen, Modernisierung, Sortimentserweiterungen oder Sonderaktionen. Aber auch bei schlechter Geschäftslage müssen zusätzliche Mittel aufgebracht werden.

Je nach der Art der Mittelbeschaffung kann man sie unter verschiedenen Gesichtspunkten betrachten.

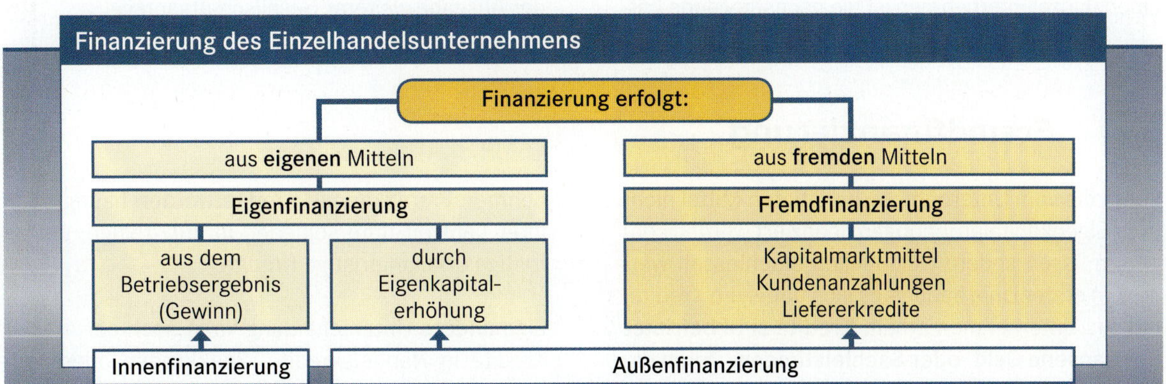

14

5.3 Einsatz eigener Mittel (Eigenfinanzierung)

Bei dieser Art der Unternehmensfinanzierung geht es darum, die Eigenkapitalbasis möglichst zu stärken. Je höher das Eigenkapital ist, desto geringer ist die Anfälligkeit in Krisensituationen. Je höher die Kreditwürdigkeit ist, desto unabhängiger vom Kapitalmarkt ist das Unternehmen. Es geht somit darum, eigene Mittel zu erwirtschaften, um das Eigenkapital hoch zu halten. Nach der sogenannten „goldenen Bilanzregel" sollten das Anlagevermögen und ein Drittel des Umlaufvermögens durch Eigenkapital finanziert sein.

Eigenkapital
- steht dem Unternehmen unbefristet zur Verfügung,
- erfordert keine laufenden Zinszahlungen,
- nimmt an der Gewinnverteilung teil.

5.3.1 Eigenkapitalerhöhung durch Innenfinanzierung

Bei allen Unternehmensformen ist dies eine einfache Möglichkeit, Eigenkapital anzusammeln. Am sichtbarsten ist das beim Einzelunternehmen, indem der Unternehmer einen Teil des erwirtschafteten Gewinnes nicht als Privatentnahme entnimmt, sondern ihn als Eigenkapital im Unternehmen lässt. Bei Personengesellschaften wird der nicht entnommene Gewinn den Kapitalkonten der Gesellschafter zugeschrieben. Bei Kapitalgesellschaften werden aus dem Jahresüberschuss Rücklagen gebildet, die entweder vom Gesetzgeber vorgeschrieben sind oder freiwillig erfolgen. Man bezeichnet diese Art der Innenfinanzierung auch als „offene Selbstfinanzierung", da sie auch als Eigenkapital in der Unternehmensbilanz ausgewiesen wird.

Im Gegensatz dazu steht die „stille Selbstfinanzierung", bei der nicht entnommene Gewinne in der Bilanz nicht ausgewiesen werden. Das kann durch Abschreibungen von höherwertigen Anlagegegenständen auf den Erinnerungswert von 1,00 € oder durch Rückstellungen von Mitteln für bestimmte Zwecke erfolgen.

5.3.2 Eigenkapitalerhöhung durch Außenfinanzierung

Die einfachste Art, das Eigenkapital zu erhöhen, ist die **Privateinlage.** Der Unternehmer führt seinem Unternehmen zusätzliche Mittel aus seinem Privatvermögen zu, die Geldquelle liegt außerhalb des Unternehmens, weshalb dieser Vorgang als Außenfinanzierung bezeichnet wird.

Eine andere Möglichkeit der Kapitalerhöhung liegt in der sogenannten **Beteiligungsfinanzierung.** Bei einem Einzelunternehmen ist die nächstliegende Entscheidung in der Aufnahme eines stillen Gesellschafters zu sehen, der Geld zur Verfügung stellen kann. Auch die Gründung einer Personengesellschaft durch Aufnahme von Kommanditisten in eine KG oder von weiteren Gesellschaftern in eine OHG ist denkbar. Bestehende Personengesellschaften können ebenfalls durch die Aufnahme zusätzlicher Gesellschafter erweitert werden. Die Kapitalerhöhung bei Kapitalgesellschaften erfolgt durch Ausgabe neuer Aktien bzw. der Ausgabe weiterer Gesellschaftsanteile.

5.4 Fremdfinanzierung

Wenn die vom Unternehmen benötigten Mittel nicht über Eigenkapitalerhöhungen finanziert werden können, müssen andere Geldquellen erschlossen werden. In erster Linie handelt es sich dabei um Kredite, die das Unternehmen erhält. **Kredite sind befristet überlassene Geld- oder Sachleistungen.** Durch die Inanspruchnahme von Krediten entsteht im Unternehmen Fremdkapital. Kredite werden häufig nach ihrer Laufzeit unterschieden in kurzfristige, mittelfristige und langfristige Kredite.

Eine andere Unterscheidung kann nach der Art der Kredite in Handelskredite, Bankkredite oder Sonderformen der Kreditfinanzierung erfolgen.

5615534

5.4.1 Handelskredit

Ergeben sich die dem Unternehmen zur Verfügung stehenden fremden Mittel aus der laufenden Geschäftstätigkeit mit Lieferern und Kunden, spricht man von Handelskrediten.

Liefererkredit

Die wichtigste Art des Handelskredites ist für den Einzelhändler der Liefererkredit. Er ergibt sich dadurch, dass gelieferte Waren erst nach Ablauf eines vereinbarten Zahlungszieles bezahlt werden müssen. Dabei sollte der Kaufmann aber beachten, dass häufig mit der Einräumung eines Zahlungszieles auch die Möglichkeit des Skontoabzuges eingeräumt wird („Zahlbar innerhalb 30 Tagen ohne Abzug oder innerhalb 7 Tagen mit 2 % Skonto“) und der Abzug von Skonto immer vorteilhafter ist als die Ausnutzung des Zahlungszieles. Häufig ist diese Vereinbarung mit einem Eigentumsvorbehalt des Lieferers zu seiner Absicherung verbunden. Die Bereitschaft des Lieferers zur Einräumung eines Zahlungszieles nimmt immer mehr ab, da auch der Verkäufer der Ware auf seine Liquidität achten muss.

Kundenanzahlungen

Bei sehr großen Handelsobjekten, bei einer späteren Ausführung eines Verkaufes oder bei Änderungen nach Kundenwünschen kann es auch im Einzelhandel zu Vereinbarungen von Anzahlungen oder Vorauszahlungen kommen. Für den Einzelhändler stellen solche Anzahlungen einen kurzfristigen Kredit dar.

Kundenkredit

Im Einzelhandel ist die Kreditgewährung an Kunden selten geworden, die Masse der Kaufvorgänge wird bar oder mit Kartenzahlung abgeschlossen. Und wo im Einzelhandel Ratenzahlungen vereinbart werden, werden sie in der Regel über spezielle Banken abgewickelt. Als neue Form des Kundenkredits verbreiten sich Kundenkarten mit Abrechnung am Monatsende.

5.4.2 Bankkredit

Bankkredite werden nach ihrer Laufzeit in kurzfristig (bis zu einem Jahr), mittelfristig (bis zu vier Jahren) und langfristig (Laufzeit ab vier Jahre) eingeteilt.

Kurzfristige Bankkredite

Der **Kontokorrentkredit** (Kredit in laufender Rechnung, Dispositionskredit) ist für den Einzelhändler der wichtigste Kredit. Seine Bank räumt ihm einen bestimmten Betrag ein, bis zu dem er sein Konto „überziehen“ darf (Kreditlinie). Der Kaufmann muss dabei nicht den ganzen eingeräumten Kredit verzinsen, sondern nur den jeweils in Anspruch genommenen Betrag. Durch Einzahlungen und Gutschriften verringert er sich dabei immer wieder. Die Zinsen für den Kontokorrentkredit sind verhältnismäßig hoch.

Mittelfristige Bankkredite

Der **Darlehenskredit** der Banken und Sparkassen dient vor allem der Finanzierung von Anlagegütern wie Fahrzeugen oder Laden- und Lagereinrichtungen. Der Zinssatz liegt dabei niedriger als der Zinssatz beim Kontokorrentkredit.

Nach der Art der Rückzahlung (Tilgung) des Darlehens unterscheidet man das

- **Fälligkeitsdarlehen**: Rückzahlung am Ende der Laufzeit, gleichbleibende Verzinsung,
- **Abzahlungsdarlehen**: regelmäßige Tilgungen, Verzinsung der jeweiligen Restsumme,
- **Annuitätendarlehen**: Rückzahlung in festen Tilgungs- und Zinsraten (Bausparkassen).

Langfristige Bankkredite

Zur Finanzierung langfristiger Anlagegüter wie Haus und Grundstück werden langfristig laufende Kredite benötigt. Hierfür eignet sich der **Hypothekenkredit**. Um einen Hypothekenkredit erhalten zu können, muss immer ein Grundstück vorhanden sein. Hypotheken müssen regelmäßig verzinst und in jährlichen Tilgungsraten zurückgezahlt werden.

5.5 Sicherung von Bankkrediten

Die Kreditgeber schützen sich vor Verlusten, falls ein Kreditnehmer seine Schulden nicht zurückzahlen kann. Bevor ein Kredit vergeben wird, überprüfen die Kreditgeber die **Kreditwürdigkeit** des Kreditnehmers. Dabei nehmen die Banken die Auskünfte einer Spezialauskunftei (z. B. Schufa, Creditreform) in Anspruch, bei der Personen zentral erfasst sind, die z. B. schon einmal Kredite (oder die Zinsen dafür) nicht zurückgezahlt haben.

Bei der Kreditgewährung wird ein **Kreditvertrag** abgeschlossen, der folgende Vereinbarungen enthält: Kreditsumme, effektiver Zinssatz, Verwendungszweck, Kreditsicherheit, Laufzeit, Rückzahlung und Kündigungsmöglichkeiten.

Nach der Sicherheit von Krediten werden sie in Personal- und Realkredite unterschieden.

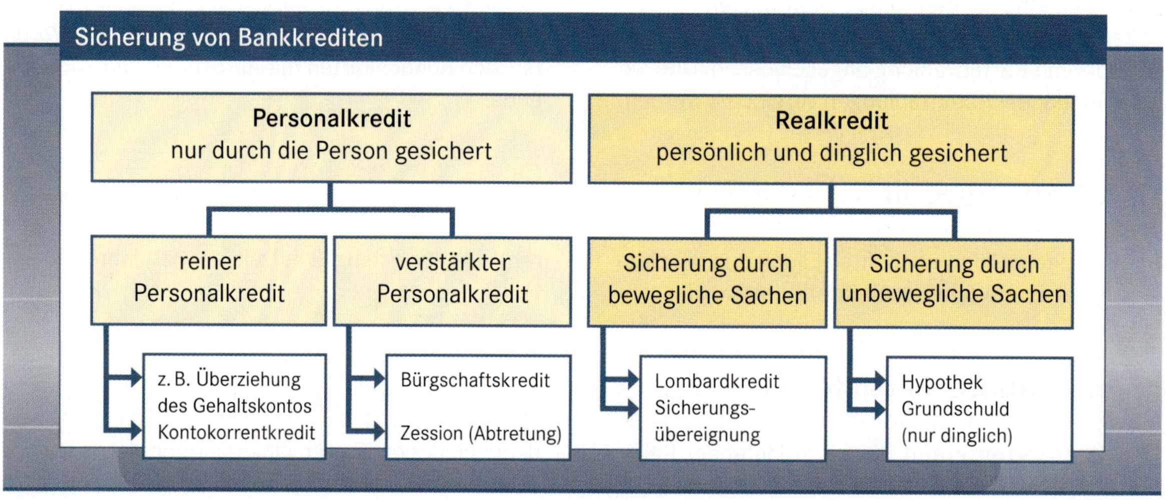

Personalkredit

Beim einfachen Personalkredit haftet lediglich der Kreditnehmer mit seiner persönlichen Kreditwürdigkeit. Hierzu zählt neben seinem guten Ruf und seinem Einkommen auch seine bisherige Geschäftsbeziehung zu seiner Bank. Meistens wird der Personalkredit in Form des Dispositionskredites (Überziehungskredit, Kontokorrentkredit) gewährt.

Bürgschaftskredit

Hierbei wird der Kredit durch die Bürgschaft eines Dritten gesichert. Der Bürge verpflichtet sich, für die Erfüllung des Kreditvertrages einzustehen. Man unterscheidet zwei Formen der Bürgschaft:

- die **Ausfallbürgschaft,** wenn der Kreditnehmer nicht in der Lage ist zu zahlen,
- die **selbstschuldnerische Bürgschaft**, bei der der Bürge vom Kreditgeber unmittelbar in Anspruch genommen werden kann (nur bei Kaufleuten möglich).

Realkredit

Bei dieser Form der Kreditsicherung sichern sich die Banken über die persönliche Sicherheit des Kreditgebers hinaus durch die Übertragung von Rechten auf Sachen (bewegliche Güter) oder Grundstücke (Immobilien) ab, die sogenannte dingliche Sicherheit.

- Bei einem **Lombardkredit** werden bewegliche Sachen (Wertpapiere, Schmuck, Handelswaren) der Bank als Pfand („Faustpfand") übergeben, d.h., sie gehen in den Besitz des Gläubigers über, während der Schuldner nach wie vor deren Eigentümer ist.
- Bei der **Sicherungsübereignung** hingegen ist es umgekehrt. Der Pfandgegenstand bleibt im Besitz des Schuldners, dem Gläubiger (der Bank) wird das Eigentum daran übertragen. Am sichtbarsten ist das bei der Sicherungsübereignung eines Fahrzeuges. Der Kraftfahrzeugbrief wird dem Gläubiger zum Zeichen der Eigentumsübertragung übergeben, der Schuldner kann das Fahrzeug weiter nutzen.
- **Hypothek und Grundschuld** sind die Formen der Sicherung durch Immobilien. Grundvoraussetzung ist dabei immer das Vorhandensein eines Grundstückes (Immobilie). Die Belastung des Grundstückes durch ein sogenanntes Grundpfandrecht wird in das Grundbuch eingetragen. Die **Hypothek** ist an ein bestimmtes Grundgeschäft gebunden. Bei der **Grundschuld** muss das nicht der Fall sein. Sie entsteht z.B. nach Rückzahlung einer Hypothek, wenn auf die Löschung im Grundbuch verzichtet wurde, um für spätere Sicherheitsleistungen verfügbar zu bleiben (Eigentümergrundschuld).

5.6 Sonderformen der Finanzierung

Neben den klassischen Finanzierungsarten, der Handelsfinanzierung und dem Bankkredit, gibt es zwei besondere Formen der Mittelbeschaffung, Leasing und Factoring.

Leasing

Leasing ist eine besondere Form der Miete von Anlagegegenständen (EDV-Anlagen, Kassen, Fahrzeuge). Durch Leasing spart der Kaufmann den Einsatz von Mitteln für den Kauf. Hierbei werden die Nutzungsrechte an Anlagegütern durch den Leasingvertrag auf den Leasingnehmer übertragen, der also Besitzer der Sache wird. Der Leasinggeber bleibt Eigentümer. Für die Nutzung sind regelmäßig die im Leasingvertrag vereinbarten Leasingraten zu bezahlen. Am Ende der Laufzeit des Vertrages kann der Leasingnehmer die geleasten Gegenstände entweder zurückgeben (z.B. altes Fahrzeug gegen neues) oder zum Restwert kaufen.

Factoring

Bei Factoring werden im Einzelhandelsbetrieb angefallene Kundenforderungen an ein Finanzierungsinstitut verkauft. Es zahlt sofort den Forderungsbetrag (abzüglich Zinsen und Provision) und treibt die Forderung auf eigene Rechnung ein. Der Vorteil für den Einzelhändler liegt in der sofortigen Verfügbarkeit der Mittel und er erspart sich ein langwieriges Mahnverfahren und einen eventuellen Forderungsausfall. Im Einzelhandel spielt Factoring nur dort eine Rolle, wo tatsächlich Kundenforderungen entstehen, wie beim Verkauf mit Zahlungsziel, dem Ratenkauf oder dem Warenversand.

6 Kosten der Überlassung fremder Mittel

Leiht ein Kaufmann von seiner Bank Geld, nimmt er Kredit in Anspruch und muss dafür Zinsen bezahlen. Der Zins ist der Preis für überlassene Geldmittel, den der Schuldner an den Gläubiger zu entrichten hat. Messgröße für diesen Preis ist der Zinssatz.

6.1 Allgemeine Zinsformel (Jahres-, Monats-, Tageszinsen)

Aus der Prozentrechnung ergeben sich die Größen für die Zinsrechnung:

Prozentrechnung			
Grundwert	Prozentsatz	Prozentwert	
↓	↓	↓	
Zinsrechnung			
Kapital (K)	Zinssatz (p)	Zinsen (Z)	Zeit (t)[1]
geliehener Geldbetrag (in €)	Leihgebühr, immer auf 1 Jahr bezogen (in %)	zu zahlende Leihgebühr (in €)	Zeitraum der Geldausleihe (in Jahren/Monaten/Tagen)

Mithilfe des zusammengesetzten Dreisatzes lässt sich die Zinsformel herleiten, z. B.: Wie viel Zinsen sind für 800,00 € in 5 Jahren bei 9 % Zinsen zu zahlen?

100,00 € – 1 Jahr – 9,00 € Zinsen
800,00 € – 5 Jahre – x € Zinsen

$$x = \frac{9{,}00 \cdot 800{,}00 \cdot 5}{100{,}00 \cdot 1} \longrightarrow Z = \frac{p \cdot K \cdot t}{100 \cdot 1} = 360{,}00\ €$$

Beispiel 1:

Wie viel Euro Zinsen kosten 30.000,00 € in 8 Jahren bei einem Zinssatz von 12 %?

Ansatz:

$$\text{Jahreszinsen} = \frac{K \cdot p \cdot t}{100 \cdot 1}$$

Lösung:

$$Z = \frac{30.000{,}00 \cdot 12 \cdot 8}{100 \cdot 1} = \underline{\underline{28.800{,}00\ €}}$$

1 von lat.: tempus (Zeit)

Beispiel 2:

Wie viel Euro Zinsen erhalten wir für 600,00 € in 3 Monaten bei einem Zinssatz von 5 %?

Ansatz:

$$\text{Monatszinsen} = \frac{K \cdot p \cdot t\ (\text{Monat})}{100 \cdot 12}$$

Lösung:

$$Z = \frac{600{,}00 \cdot 5 \cdot 3}{100 \cdot 12} = \underline{\underline{7{,}50\ €}}$$

Beispiel 3:

Wie viel Euro Zinsen kosten 5.400,00 € bei einem Zinssatz von 11 %, wenn das Darlehen am 18. Januar aufgenommen wurde und am 30. April zurückzuzahlen ist?

Ansatz:

$$\text{Tageszinsen} = \frac{K \cdot p \cdot t\ (\text{Tage})}{100 \cdot 360}$$

Merke:

① 1 Monat = 30 Tage ② 1 Jahr = 360 Tage	18. Jan. – 30. April: 18. Jan. – 18. April = 90 Tage 18. April – 30. April = 12 Tage 102 Tage
③ Der Februar hat 28 (29) Tage, wenn der Fälligkeitstag auf den 28. (29.) Febr. fällt.	19. Dez. – 28. Febr.: 19. Dez. – 19. Febr. = 60 Tage 19. Febr. – 28. Febr. = 9 Tage 69 Tage 29. Dez. – 31. März: 29. Dez. – 29. März = 90 Tage 29. März – 30. März = 1 Tag 91 Tage[1]

Lösung:

$$Z = \frac{5.400{,}00 \cdot 11 \cdot 102}{100 \cdot 360} = \underline{\underline{168{,}30\ €}}$$

1 Findet die **Eurozins-Methode** Anwendung, so berechnet man die Zinstage entsprechend den tatsächlichen Tagen der einzelnen Monate (z. B. 18. Jan. bis 30. April).

18. Jan. – 31. Jan.:	13 Tage
Februar	28 Tage
März	31 Tage
April	30 Tage
	102 Tage

6.2 Berechnung von Kapital, Zinssatz und Zeit

Will man Kapital, Zinssatz und Zeit berechnen, geht man von der allgemeinen Zinsformel aus und formt sie entsprechend um:

Beispiel 1:

Wie groß ist das Kapital, das bei einem Zinssatz von 9 % vom 25. Februar bis 15. April Zinsen in Höhe von 75,00 € verursacht?

Ansatz:

$$\text{Kapital K} = \frac{Z \cdot 100 \cdot 360}{p \cdot t}$$

Lösung:

$$K = \frac{75{,}00 \cdot 100 \cdot 360}{9 \cdot 50} = \underline{\underline{6.000{,}00\ €}}$$

Beispiel 2:

Zu welchem Zinssatz muss ein Kapital von 4.000,00 € verliehen werden, wenn es in zwei Monaten 80,00 € Zinsen bringen soll?

Ansatz:

$$\text{Zinssatz p} = \frac{Z \cdot 100 \cdot 360}{K \cdot t}$$

Lösung:

$$p = \frac{80{,}00 \cdot 100 \cdot 360}{4.000{,}00 \cdot 60} = \underline{\underline{12\ \%}}$$

Beispiel 3:

Wie viele Tage waren wir in Zahlungsverzug, wenn uns der Lieferer für eine Schuld von 5.000,00 € und einem Zinssatz von 12 % insgesamt 150,00 € Zinsen berechnet?

Ansatz:

$$\text{Tage t} = \frac{Z \cdot 100 \cdot 360}{K \cdot p}$$

Lösung:

$$t = \frac{150{,}00 \cdot 100 \cdot 360}{5.000{,}00 \cdot 12} = \underline{\underline{90\ \text{Tage}}}$$

6.3 Kaufmännische Zinsformel

$$Z = \frac{K \cdot p \cdot t}{100 \cdot 360} = \frac{\frac{K}{100} \cdot t}{\frac{360}{p}} = \frac{\text{Zinszahl (ZZ)}}{\text{Zinsteiler (ZT)}} = \frac{\text{Zinszahl (ZZ)} \cdot p}{360}$$

$$\text{Zinszahl} = \frac{K}{100} \cdot t \qquad \text{Zinsteiler} = \frac{360}{p}$$

Unter Kaufleuten ist es üblich, die Zinsformel zu zerlegen, um die Zinsberechnung in Teilschritten durchführen zu können.

Beispiel:

Wie viel Zinsen muss der Chef für ein Darlehen von 3.261,17 € bei einem Zinssatz von 12 % aufbringen, wenn er es am 18. Januar aufnimmt und am 20. April zurückzahlen will?

Ansatz:

$$\text{Zinsen } Z = \frac{\text{Zinszahl (ZZ)} \cdot p}{360}$$

Lösungsweg:

① **Berechnung der Zinszahl**
- Tage wie bei allgemeiner Zinsformel berechnen
- Beim Kapital werden die Centbeträge weggelassen („Cent tragen keine Zinsen“).
- Die Zinszahl muss auf ganze Zahl gerundet werden.

$$ZZ = \frac{K}{100} \cdot t = \frac{3.261}{100} \cdot 92 = 3\,000{,}12 = \underline{\underline{3\,000}}$$

② **Berechnung der Zinsen**
- Zinsen = Zinszahl · Zinsatz : 360
- Frage genau durchlesen, ob nur nach den Zinsen oder nach Kapital + Zinsen gefragt ist.
- Bei der Lösung mit Taschenrechner muss nach jedem Teilschritt gerundet werden (Rundungsfehler!).

$$ZZ = \frac{ZZ \cdot p}{100} = \frac{3\,000 \cdot 12}{100} = \underline{\underline{100{,}00\ €}}$$

6.4 Summarische Zinsrechnung

Sollen mehrere Kapitalien mit dem gleichen Zinssatz zum gleichen Termin verzinst werden, ist es nur erforderlich, für jedes Kapital die Zinszahl getrennt auszurechnen. Nachdem man alle diese Zinszahlen addiert hat, multipliziert man mit dem Zinssatz und teilt durch 360. Diese Rechenart wird in der Praxis als verkürzte, zeitsparende Errechnung der Zinsen verwendet.

Beispiel:

Am 15. April will ein Einzelhändler drei fällige Rechnungen an seinen Lieferer bezahlen:
- Rechnung 1 über 536,75 €, fällig am 24. Januar
- Rechnung 2 über 1.247,05 €, fällig am 28. Februar
- Rechnung 3 über 795,50 €, fällig am 20. März

Welchen Betrag muss er unter Anrechnung von 9 % Verzugszinsen überweisen?

Ansatz:

Kapital	fällig	Tage	Zinszahlen	
536,75 €	24.01.	81	434	$\frac{1\,219 \cdot 9}{360}$
1.247,05 €	28.02.	47	① 586 ②	③
795,50 €	20.03.	25	199	= 30,48 €
2.579,30 €	bis 15.04.		1 219	
+ 30,48 €	④			
2.609,78 €				

Lösungsweg:

① Zinszahlen errechnen (Regeln der kaufmännischen Zinsrechnung anwenden)
② Zinszahlen addieren
③ Zinsen = Zinszahl · Zinssatz : 360
④ je nach Fragestellung Zinsen und Summe des Kapitals addieren
⑤ Wegen der erforderlichen Zwischenrundungen muss mit dem Taschenrechner in mehreren Teilschritten gerechnet werden.

7 Behandlung von Außenständen

7.1 Kaufmännisches Mahnverfahren

Um seinen eigenen Zahlungsverpflichtungen nachkommen zu können, muss der Kaufmann darauf achten, seine Zahlungsfähigkeit (Liquidität) zu erhalten. Neben dem täglichen Kassenverkauf im Einzelhandel gibt es immer wieder Verkäufe gegen Rechnung. In manchen Einzelhandelsbereichen ist das sogar überwiegend oder ausschließlich der Fall, wie z. B. beim Warenversand aller Art bis hin zum Internetshop. Die Überwachung der unbezahlten Rechnungen (Forderungen aus Lieferungen und Leistungen, offene Posten) ist normalerweise Sache der Buchhaltung. Der Einsatz eines Buchhaltungsprogrammes erleichtert die Kontrolle, weil es ein Modul zur Verwaltung der offenen Posten enthält.

Um seine Außenstände schnell beglichen zu bekommen, hat jeder Kaufmann ein sorgfältig überlegtes Mahnwesen aufgebaut. Da der Kaufmann möglichst vermeiden will, die Hilfe von Factoringinstituten oder gar der Gerichte in Anspruch zu nehmen, bezeichnet man diesen Teil des Mahnwesens als **kaufmännisches oder außergerichtliches Mahnverfahren**.

Aufbau des kaufmännischen Mahnverfahrens

Zahlungserinnerung	Der Kunde wird auf die Fälligkeit der Forderung hingewiesen und um Zahlung gebeten.
Mahnung(en)	Die Mahnung ist eine eindeutige Zahlungsaufforderung. Folge: Der Kaufmann gerät dadurch in Zahlungsverzug.
Postnachnahme	Bei kleinen Beträgen erleichtert der Einzelhändler seinem Kunden die Begleichung der Forderung.
letzte Mahnung	Durch das Setzen einer Nachfrist und die Androhung von nachfolgenden gerichtlichen Maßnahmen erhält der Schuldner noch eine Möglichkeit zur Zahlung seiner Schuld.

Der rechtlich wesentliche Teil des kaufmännischen Mahnverfahrens ist die erste Mahnung, da durch sie der Zahlungsverzug herbeigeführt wird. Die Mahnung sollte folgende Punkte enthalten:
- Fälligkeit des geschuldeten Betrages
- Rechnungsbetrag (mit Rechnungsnummer)
- Aufforderung zur unverzüglichen Zahlung des geschuldeten Betrages
- Hinweis auf den Eintritt des Zahlungsverzuges und seiner Folgen

7.2 Nicht-Rechtzeitig-Zahlung (Zahlungsverzug)

Der Zahlungsverzug tritt ein,
- wenn der Schuldner nach Eintritt der **Fälligkeit** vom Gläubiger **gemahnt** wird (eine Zahlungsfrist muss dabei nicht gesetzt werden);
- wenn ein **Kaufmann** eine Entgeltforderung nicht innerhalb von 30 Tagen nach Fälligkeit und Zugang der Rechnung bezahlt;

- wenn ein **Privatmann** eine Entgeltforderung nicht innerhalb von 30 Tagen nach Fälligkeit und Zugang der Rechnung bezahlt **und** in der Rechnung ausdrücklich darauf hingewiesen wurde;
- wenn der Gläubiger dem Schuldner einen **Mahnbescheid** zustellen lässt.

Ist der Schuldner durch **eine** dieser Maßnahmen in Verzug geraten, kann der Gläubiger ab dem Verzugsdatum **Verzugszinsen** und Ersatz der **Mahnkosten** verlangen.

7.3 Gerichtliches Mahnverfahren

Kommt der Gläubiger einer Forderung nicht mithilfe des kaufmännischen Mahnverfahrens zu seinem Geld, bleibt ihm nur übrig, die Hilfe des Gerichtes in Anspruch zu nehmen. Am einfachsten ist es, einen Mahnbescheid zu erwirken.

Mahnbescheid

Ein Mahnbescheid wird beim Amtsgericht, das für den Wohnort des Schuldners zuständig ist, ohne Rücksicht auf die Höhe der Forderung beantragt. Das Amtsgericht stellt den Mahnbescheid dem Schuldner zu, ohne vorher die Berechtigung der Forderung zu prüfen. Eine einfache Möglichkeit, einen Mahnbescheid zu erhalten, bietet das Internet durch sogenannte Online-Mahnbescheide (z. B. www.der-mahnbescheid.de).

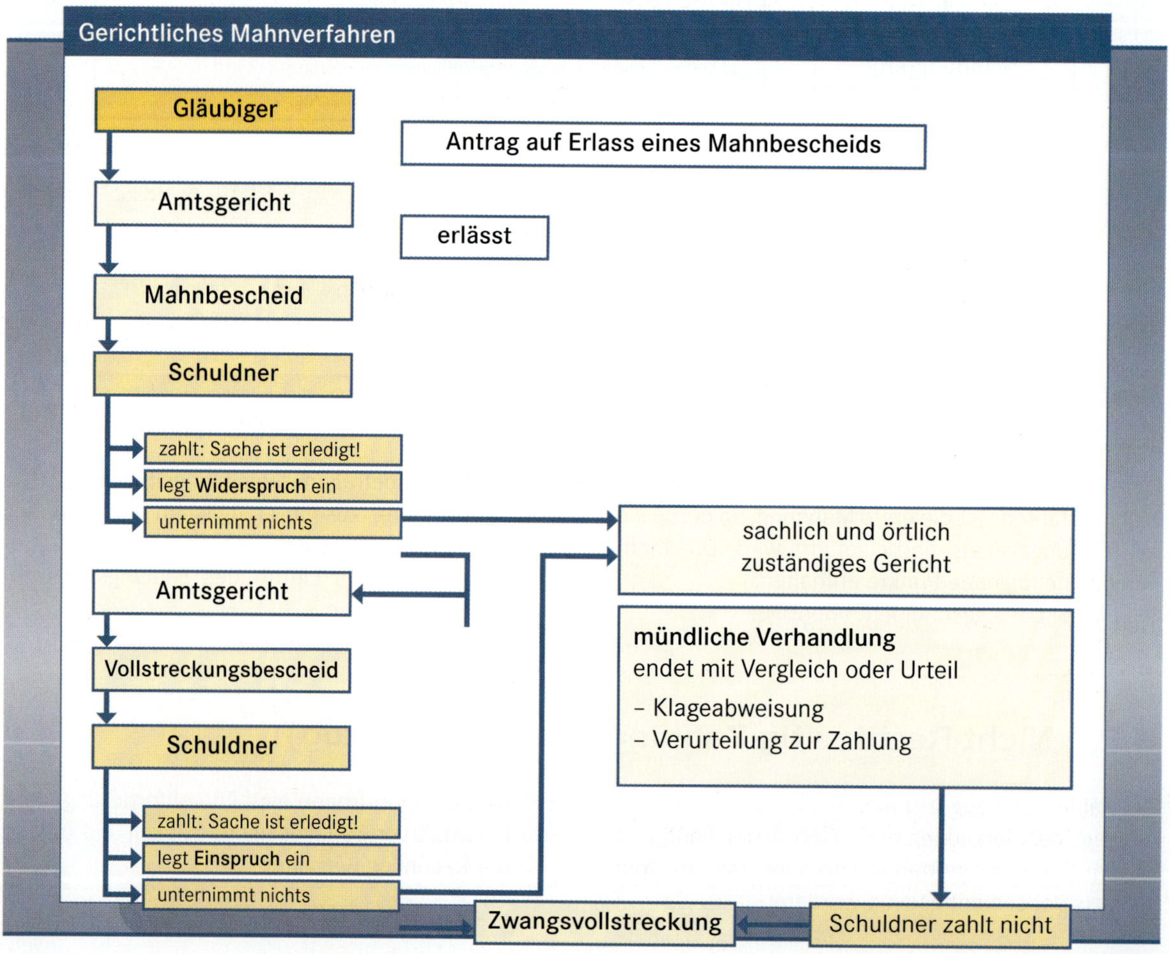

Der Schuldner hat nun die Möglichkeiten,

- die geforderte Summe (Schuldsumme, Verzugszinsen, Gerichtskosten) zu bezahlen, dann ist die Sache für ihn zwar teurer geworden, aber erledigt.
- gegen den Mahnbescheid Widerspruch einzulegen. Es kommt dann zu einer mündlichen Verhandlung vor dem sachlich und örtlich zuständigen Gericht. Diesen Weg wird der Schuldner wählen, der glaubt, dass die Forderung zu Unrecht erhoben wird.
- die Sache auf sich beruhen zu lassen und auf Zeitgewinn zu setzen, vor allem dann, wenn er momentan nicht in der Lage ist, den Betrag zu bezahlen.

Vollstreckungsbescheid

Hat der Schuldner auf einen Mahnbescheid hin nichts unternommen, erlässt das Amtsgericht, das den Mahnbescheid erlassen hat, einen Vollstreckungsbescheid. Auch in diesem Fall hat der Schuldner die Möglichkeiten zu zahlen, nichts zu tun oder mit einem Einspruch den Vorgang in einem Gerichtsverfahren klären zu lassen.

Zwangsvollstreckung

Zu einer Zwangsvollstreckung durch den Gerichtsvollzieher kommt es, wenn der Schuldner auf den Vollstreckungsbescheid nicht reagiert. Das ist möglich, da der Vollstreckungsbescheid, wie sein Name sagt, ein sogenannter vollstreckbarer Titel ist. Auch bei einem Gerichtsverfahren nach einem Widerspruch gegen den Mahnbescheid oder bei einem Einspruch gegen den Vollstreckungsbescheid kann es zur Zwangsvollstreckung kommen, wenn der Schuldner zur Zahlung verurteilt wird und sie nicht leistet oder leisten kann.

7.4 Verjährung von Forderungen

Überwacht ein Kaufmann nicht sorgfältig seine Außenstände, läuft er Gefahr, dass sie verjähren und er damit das Recht verliert, die Rückzahlung zu erzwingen. Der Grund dafür ist die vom Gesetzgeber festgelegte **Verjährung**.

Unter der Verjährung versteht man die Tatsache, dass der Schuldner eine Entgeltforderung nicht mehr bezahlen muss, wenn

- eine gesetzlich festgelegte Frist verstrichen ist **und**
- sich der Schuldner ausdrücklich auf die Verjährung der Forderung beruft („Einrede der Verjährung").

Verjährungsfristen:

3 Jahre:	regelmäßige Verjährung (z. B. Geldforderung)	Beginn: Jahresende
2 Jahre:	Gewährleistungsansprüche (z. B. Mängelrüge)	Beginn: Gefahrenübergang
30 Jahre:	vollstreckbare Titel (Urteil, Vollstreckungsbescheid)	Beginn: Erlassdatum

Hemmung der Verjährung

Der Kaufmann muss also daran denken, vor dem Verjährungstermin seine Forderungen zu sichern. Das kann er durch einen Mahnbescheid, einen Vollstreckungsbescheid oder ein Gerichtsurteil erreichen. Durch eine derartige Maßnahme wird der Ablauf der Verjährungsfrist gehemmt und die Frist um den Zeitraum der Hemmung verlängert.

Unterbrechung der Verjährung

Durch ein Schuldanerkenntnis oder eine Teilzahlung des Schuldners wird die Verjährung unterbrochen und die Verjährung beginnt erneut zu laufen.

8 Das Unternehmen in der Existenzkrise

Ein Unternehmer wird nicht nur in Krisenzeiten ständig darauf achten, ob eventuelle Alarmzeichen auf eine sich verschlechternde Position des Unternehmens hindeuten. Eine derartig vorausschauende Beobachtung der Unternehmenssituation ermöglicht es ihm, frühzeitig gegenzusteuern.

Alarmzeichen für eine sich anbahnende oder schon vorhandene Krise können sein:

- Umsatzeinbußen,
- Unternehmensverluste,
- sinkendes Eigenkapital,
- Zahlungsunfähigkeit.

8.1 Gründe für auftretende Krisen

Die Gründe für diese Entwicklung können vielfältig sein:

Gründe für Unternehmenskrisen

persönliche Gründe →
- Auseinandersetzungen unter Gesellschaftern
- falsche Mitarbeiterwahl
- Änderung der Verbrauchergewohnheiten
- falsche Unternehmenspolitik

fachliche Gründe →
- Verschlechterung der Wirtschaftslage
- Nachfragerückgang
- Verschärfung der Wettbewerbssituation
- lang anhaltende Bauarbeiten, Verkehrsverlagerung

organisatorische Gründe →
- Festhalten an alten Organisationsstrukturen
- zu hoher Personalbestand
- unzureichende/falsche Werbung
- verfehlte Neuorganisation

finanzielle Gründe →
- zu geringer Eigenkapitalanteil
- falscher Kapitaleinsatz
- Forderungsausfall
- zu hohe Privatentnahmen

Die Lösung der Krise kann durch eigene Maßnahmen (Sanierung) zur Wiedererlangung der Wettbewerbsfähigkeit erfolgen. Oder es werden die Mittel der Insolvenzordnung genutzt oder die endgültige Auflösung (Liquidation) erwogen.

8.2 Sanierung des Unternehmens

Ziel der Unternehmenssanierung ist das Fortbestehen aus eigener Kraft oder mit entsprechender Unterstützung von außen. Ansatzpunkt für die Lösung einer Unternehmenskrise ist deren Ursache. Persönliche Ursachen müssen anders angepackt werden als z. B. Liquiditätsengpässe. Durch mangelnde Zahlungsfähigkeit geraten Unternehmen am häufigsten in dramatische Existenzkrisen.

Kapitalerhöhung

Die einfachste Möglichkeit, der Zahlungsunfähigkeit zu entgehen, ist in einer Aufstockung des Kapitals zu finden. Privateinlagen der Unternehmer oder zusätzliche Beteiligungen (Gesellschafter) erhöhen das Eigenkapital und bringen flüssige Mittel zur Überwindung der Zahlungsschwierigkeiten. Ob die Aufnahme von Fremdkapital (Kredite) in einer schwierigen Unternehmenssituation gelingt, ist fraglich und gefährlich, denn eine zu großzügige Kreditfinanzierung gefährdet das Unternehmen weiter (Zinslasten).

Kooperation

Eine andere Chance liegt in der Wahrnehmung zwischenbetrieblicher Zusammenarbeit. Durch die Einbindung in derartige Zusammenschlüsse von Unternehmen bleibt das Unternehmen rechtlich und wirtschaftlich selbstständig, erhält aber Unterstützung durch die Zusammenarbeit mit anderen Unternehmen.

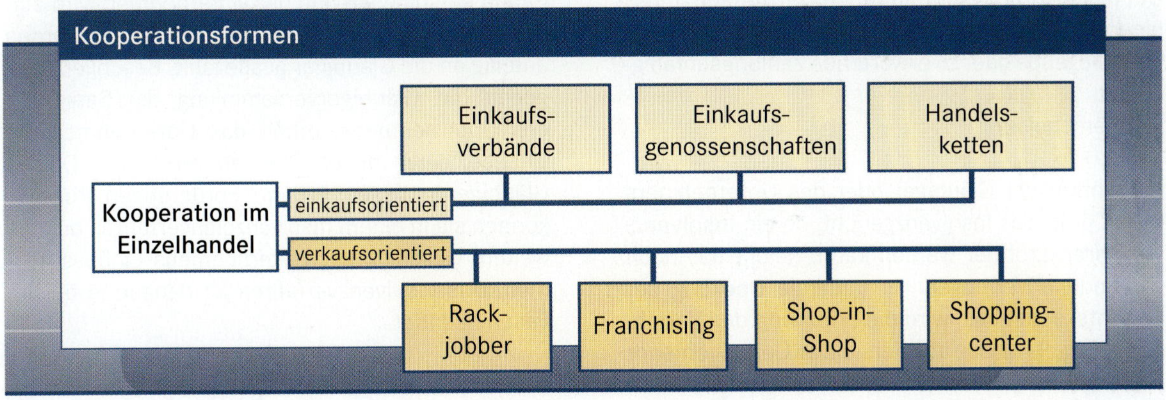

Einkaufsorientierte Kooperationsformen sind **Einkaufsverbände** (z. B. Intersport), **Einkaufsgenossenschaften** (REWE, VEDES) oder **Handelsketten** (Verbindung mit Großhändlern, z. B. SPAR). Der Schwerpunkt liegt hierbei in der Schaffung einer günstigen Einkaufsposition durch gemeinsamen Großeinkauf und in der Schaffung von Handelsmarken. Aber nicht nur in der Warenbeschaffung erhält man Unterstützung, sondern auch in Fragen der Betriebsorganisation, der Ladengestaltung und in gemeinsamen Marketingaktionen (Werbung) gibt es zahlreiche Hilfestellungen.

Verkaufsorientierte Kooperationsformen sind die sogenannten **Rackjobber** (Regalgroßhändler), die in bestehenden Einzelhandelsunternehmen Regale mieten und ihre Waren auf eigene Rechnung verkaufen. Häufig werden Randsortimente auf diesem Weg vertrieben. Der Kunde erkennt das nicht, die Abrechnung erfolgt über das Warenwirtschaftssystem.

Beim **Franchising** schließt sich ein Einzelhändler sehr eng an den Franchisegeber an, indem er die gesamte äußere Erscheinung und das Sortiment von ihm übernimmt. Nach außen hin wirkt das häufig wie eine Firmenfiliale, der Einzelhändler ist aber, im Rahmen des Franchisevertrages, völlig unabhängig (WMF, OBI). Der Franchisegeber erhält für seine Leistungen eine Franchisegebühr (Umsatzprovision). Häufig zu finden ist der **Shop-in-Shop**-Laden, der sich gerne in großen Geschäften ansiedelt, indem er Flächen (meist im Eingangsbereich von Supermärkten) anmietet und als eigenes Geschäft betreibt (Metzgerei, Optiker, Reinigung, Imbissstand, Bäckerei u. a.). Das **Shoppingcenter** findet man meistens in den Geschäftszentren großer Städte. Investoren bauen ein warenhausähnliches Zentrum auf, in dem sich dann Einzelhändler verschiedenster Branchen einmieten. Häufig wird für diese Zentren gemeinsame Werbung organisiert.

Konzentration

Konzentration findet statt, wenn Unternehmen fusionieren. Unter einer Fusion versteht man die kapitalmäßige Verschmelzung von Unternehmen zur Stärkung ihrer Marktstellung. Die Konzentration kann horizontal erfolgen, wenn z. B. ein Einzelhandelsunternehmen andere übernimmt (z. B. Übernahme von Plus durch Edeka im Jahr 2008). Oder sie kann vertikal erfolgen, wenn z. B. eine Werkzeugfabrik einen oder mehrere Baumärkte übernimmt. In der Regel bilden kapitalstarke Unternehmen Konzerne.

8.3 Unternehmens- und Verbraucherinsolvenz

Gerät ein Unternehmen dauerhaft in Zahlungsschwierigkeiten, bezeichnet man es als insolvent. Um das Insolvenzrecht anwenden zu können, muss einer der folgenden Gründe vorliegen:
- vorliegende oder zu erwartende Zahlungsunfähigkeit,
- Überschuldung.

Auf Antrag der Gläubiger oder des Unternehmers selbst prüft das Insolvenzgericht, ob ein **Insolvenzverfahren** eröffnet werden kann. Reicht das noch vorhandene Vermögen nicht für die Deckung der Gerichtskosten aus, wird die Eröffnung des Verfahrens mangels Masse abgelehnt. Das Gericht ernennt einen Insolvenzverwalter, der das weitere Verfahren abwickelt, er tritt an die Stelle des Unternehmers. Seine wichtigste Aufgabe ist es, die Insolvenzmasse festzustellen.

Die **Insolvenzmasse** ergibt sich aus den noch vorhandenen Vermögenswerten abzüglich der Werte, die Eigentum eines anderen sind (Aussonderung) oder die durch ein Pfandrecht gesichert sind (Absonderung). Vom verbleibenden Vermögen werden schließlich noch die sogenannten Massekosten (Gerichtskosten, Insolvenzverwalter) abgezogen. Auf der Grundlage der dann noch verfügbaren Vermögenswerte entscheidet die Gläubigerversammlung über das weitere Schicksal des insolventen Unternehmens. Sieht die Gläubigerversammlung keine Möglichkeit für ein Weiterbestehen, wird auf Liquidation entschieden und das Unternehmen wird aufgelöst. Die dann noch verfügbaren Mittel werden anteilig an die Gläubiger ausbezahlt. Beschließt hingegen die Gläubigerversammlung die Sanierung des Unternehmens, erhält das Unternehmen die Chance, einen neuen Start zu versuchen. Da die Gläubiger in diesem Fall ihre Forderungen stunden, können sie in einem Insolvenzplanverfahren auf das weitere Geschick des Unternehmens Einfluss nehmen. Das Insolvenzverfahren ist danach in beiden Fällen beendet.

Die Forderungen der Gläubiger an den Unternehmer bestehen zunächst weiter. Um sich aus diesen Belastungen zu befreien, kann er einen Antrag auf **Restschuldbefreiung** stellen. Sein restliches Vermögen und seine Einkünfte werden sieben Jahre lang (Wohlverhaltensperiode) von einem Treuhänder verwaltet, der die über das Existenzminimum hinausgehenden Beträge an die Gläubiger abführt.

Ein besonderes Verfahren gilt für Privatpersonen, die kein Gewerbe betreiben: das **Verbraucherinsolvenzverfahren.** Es geht auch hier darum, überschuldeten Bürgern einen Neuanfang zu ermöglichen.

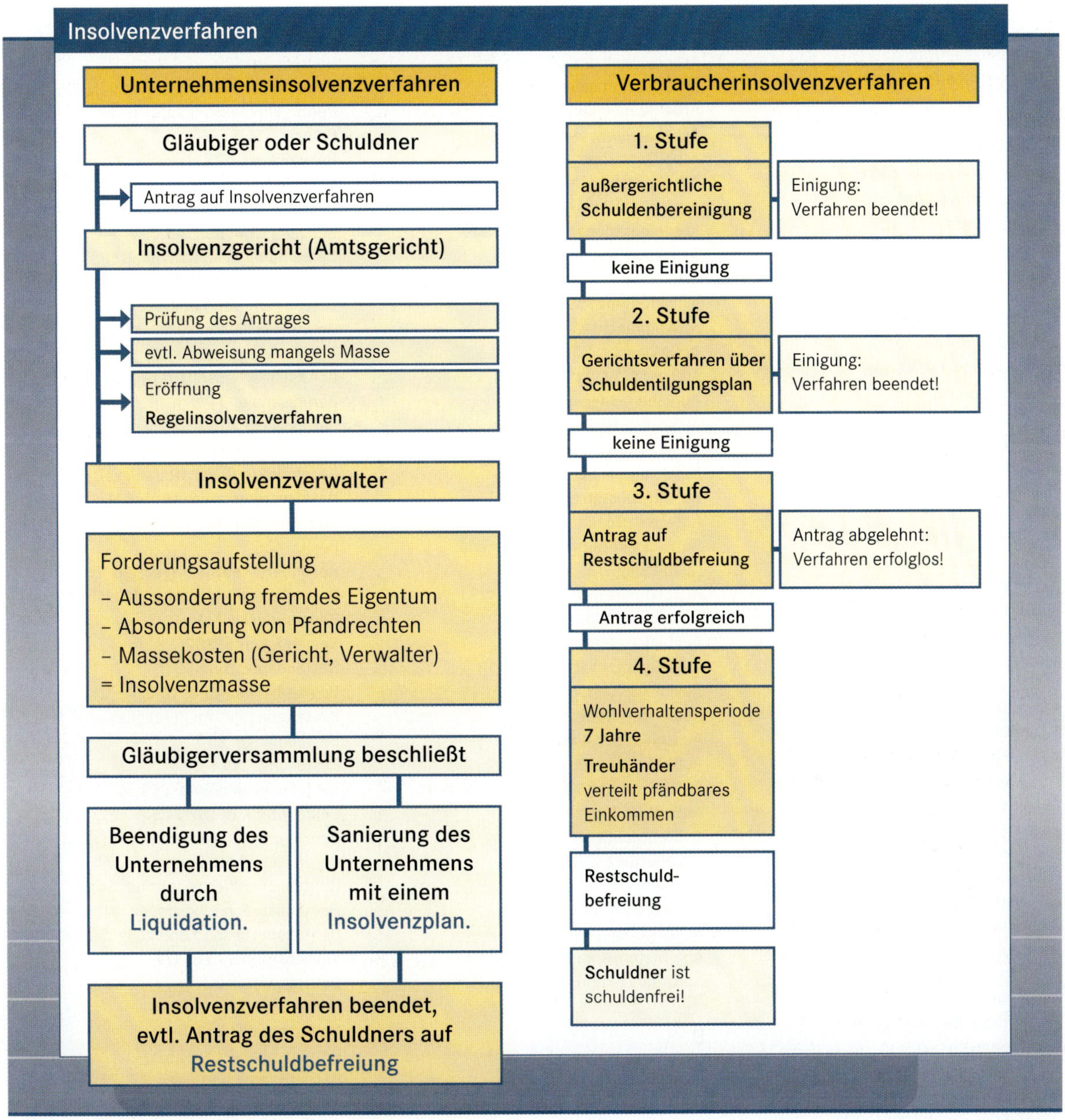

8.4 Freiwillige Liquidation des Unternehmens

Ist für ein Unternehmen keine Weiterführung denkbar, weil

- aus Altersgründen ohne Nachfolger das Geschäft aufgegeben werden muss,
- der Inhaber gestorben ist, ohne einen Nachfolger zu haben,
- eine aussichtslose Wirtschaftslage oder die Konkurrenzsituation dazu zwingen,

muss das Unternehmen verkauft werden. Sollte auch kein Käufer zu finden sein, bleibt lediglich der Totalausverkauf durch einen genehmigungspflichtigen Räumungsverkauf. Nach Beendigung der Liquidation muss das Unternehmen abgemeldet werden (Handelsregister, IHK, Gewerbeamt).

A

Abbuchungsauftrag 158
Abnehmerrabatte 456
Absatz 450
Absatzdurchführung 439
Absatzmarkt 444
Absatzmaximierung 440
Absatzplanung 439
Abschlussübersicht 424
Abschreibung 397
Abteilungen 56
Abzahlungsgeschäft 139
Abzahlungskauf 246
After-Sales-Service 224
AIDA-Formel 203, 456
Airportshops 63
Aktien 527
Aktiengesellschaft (AG) 527
Aktionen 171, 173
Aktionspreise 455
Aktionsrabatte 456
Aktiv-Passiv-Mehrung 301
Aktiv-Passiv-Minderung 301
Aktive Bestandskonten 302
Aktive Formulierungen 96
Aktive Preispolitik 328, 454
Aktives Wahlrecht 72
Aktivseite 298
Aktivtausch 301
Allgemeine Anfrage 242
Allgemeine Geschäftsbedingungen (AGB) 137
Allgemeine Zinsformel 538
Allgemeinverbindlichkeit 76
Allgemeinverbindlichkeitserklärung 75
Alternativangebote 125
Alternativfragen 103
Am Kauf interessierte Begleitung 347
Am Kauf nicht interessierte Begleitung 348
Änderungskündigung 503
Anfechtbare Rechtsgeschäfte 134
Anforderungen 12
Anforderungen an das Lager 277
Anfrage 242
Angabe der Rechtsform 523
Angebot 46, 242
Angebotslücke 47
Angebotsüberhang 47
Angebotsvergleich 248
Angemessene Nachfrist 267
Anlagenwirtschaft 395
Anlagevermögen 298, 533
Anmahnung der Lieferung 267
Anmeldung des Betriebes 521
Anpreisung 243
Anschaffungskosten 395
Anschaffungskostenminderungen 395
Anschaffungsnebenkosten 395
Arbeiten im Lager 278
Arbeitgeberzuschuss 68
Arbeitnehmersparzulage 68
Arbeitsablauf 57
Arbeitslosenversicherung 65, 66
Arbeitsschutzgesetz 281
Arbeitstechniken 13, 19
Arbeitsteilung 40
Arbeitsverträge 495
Arbeitsvertragsrecht 64
Argumentationskette 111
Argumentationsmethoden 110
Arten der Verpackung 214
Artikel 59
Artikelgruppe 59
Artikelpräsentation 175
Artvollmacht 532
Aufbewahrungspflicht 270, 293
Aufgabenanalyse 56
Aufgaben der Lagerhaltung 274
Aufgaben des Betriebsrats 72
Aufsichtsrat 528 f.
Auftragsbestätigung 249
Aufwand 36 f.
Aufwandskonten 309
Ausbildung 12
Ausbildungsordnung 28
Ausbildungsplan 31
Ausbildungsvertrag 30
Ausfallbürgschaft 537
Ausgleichskalkulation 329
Ausländer 345
Aussehen der Ware 91 f.
Außenfinanzierung 533
Außenwerbung 194
Äußere Prüfung 258
Außerordentliche Kündigung 502
Aussperrung 77
Aussprache 95
Auswahlkriterien 494
Auszeichnungspreis 453
Automatenverkauf 61, 178
Autoritärer Führungsstil 505

B

Bahnhofshops 63
Balkendiagramm 317
Bankkredit 535
Barcode 142
Bareinzahlung 152
Bargeldlose Zahlung 154
Barkauf 246
Barscheck 150
Barzahlung 147
Barzahlungsrabatte 456
Bausparverträge 68
Bedarf 35, 234
Bedarfsermittlung 101
Bedienung 55, 61
Bedienungs- und Pflegezeichen 182
Bedienungsgeschäft 178
Bedürfnisse 35
Beförderungskosten 245
Befragung 446
Begrüßung 100
Behinderte 345
Beitragsbemessungsgrenze 66
Belege 314
Beleuchtung 172
Benchmarking 427
Beobachtungszone 177
Beratungsfunktion 43
Berechnung des Prozentsatzes 166
Berechnung des Prozentwertes 165
Berechnung von Kapital 540
Berufsausbildung 12 ff.
Berufsbildungsgesetz 28
Berufsgenossenschaft 66, 281, 521
Berufsschule 31
Berufswechsel 31
Beschaffungsmarkt 444
Beschränkte Geschäftsfähigkeit 131
Beschwerdemanagement 461
Beschwerden 461
Besitz 135
Besondere Kaufvertragsarten 252
Besonderer Kündigungsschutz 504
Besorgungskauf 350
Bestandskonto 302
Bestandsmehrung 370
Bestandsminderung 370
Bestätigung der Kaufentscheidung 121
Bestellmenge 235
Bestellung 249
Bestellungsannahme 249
Bestimmte Anfrage 242
Beteiligungsfinanzierung 534
Betriebliche Mitbestimmung 71
Betrieblicher Wertekreislauf 54
Betriebsabrechnungsbogen 410
Betriebsbezogene Kündigung 502
Betriebsformen 58, 178
Betriebsmittel 52
Betriebsrat 72
Betriebsstatistik 315
Betriebsübersicht 425
Betriebsvereinbarungen 72, 77
Betriebsverfassung 64, 71
Betriebsvergleich 427
Betriebszweck 50
Beurteilung 531
Bewegungsdaten 433
Bewerbungsschreiben 490
Bewertung der Schulden 418
Bewertung der Vermögensgegenstände 418
Bewertungsgrundsätze 418
Beziehungszahlen 318
Bezugskalkulation 247
Bezugskostenverteilung 340
Bezugsquellen 237
BIC (Bank Identifier Code) 156
Bilanz 298
Bilanzanalyse 419

Bilanzkennziffern 419
Bilanzkritik 421
Bio-Siegel 182
Boni 456
Bonus 246
Brainstorming 22
Branchenadressbücher 237
Breites Sortiment 59
Buchung der Anschaffungskosten 396
Buchungssatz 307
Bückzone 179
Bumerangmethode 117
Bundesagentur für Arbeit 66
Bürgerlicher Kauf 136, 269
Bürgschaft 536 f.

C

Chaotisches System 277
Choleriker 344
Controlling 439
Corporate Attitude 84
Corporate Communication 84
Corporate Design 84
Corporate Identity 84
Customer-Relationship-Management (CRM) 465

D

Darlehenskredit 535
Darlehensvertrag 135
Data Warehouse 447
Datenquellen 447
Dauer der Gültigkeit 76
Dauerauftrag 157
Deckungsbeitragsrechnung 454
Degressive Abschreibung 397
Dekoration 173
Deutsche Rentenversicherung 66
Deutscher Werberat 210
Diagramme 316
Diebstahlmethoden 354
Dienstleistungen 37, 126
Dienstvertrag 135
Differenzkalkulation 335
DIN 253
Direkte Bedarfsermittlung 101
Direktversicherung 69
Direktwerbung 199
Direktzusage 69
Discount-Catalogue-Showroom 63
Discountgeschäft 60
Disponieren 54
Dispositiver Faktor 53
Diversifikation 451
Doppelte Buchführung 296
Dosenpfand 219
Draufgabe 456
Dreingabe 456
Dreisatz 161
Duales Ausbildungssystem 27
Düfte 174
Durchschnittlicher Lagerbestand 286
Durchschnittsrechnung 163
Durchschnittszahlen 319

E

E-Business 469
E-Commerce 470
Eigenbelege 314
Eigenfinanzierung 533 f.
Eigenkapital 298, 533
Eigenkapitalerhöhung durch Außenfinanzierung 534
Eigenkapitalerhöhung durch Innenfinanzierung 534
Eigenkapitalmehrung 310
Eigenkapitalminderung 310
Eigentum 135
Eigentumsvorbehalt 140
Einfacher Buchungssatz 307
Einfacher Dreisatz mit geradem Verhältnis 161
Einfacher Dreisatz mit ungeradem Verhältnis 162
Einfacher Durchschnitt 163
Einfaches Zeugnis 32
Einführungswerbung 191
Eingangszone 177
Eingetragene Kauffrau 524
Eingetragener Kaufmann 524
Einkaufsdisposition 429
Einkaufsgenossenschaften 238, 547
Einkaufskalkulation 332
Einkaufskonditionen 240
Einkaufsmenge 235
Einkaufsverbände 238, 547
Einkaufsvereinigungen 238
Einkaufszentrum 60
Einnahmen-/Ausgabenrechnung 295
Einrede der Verjährung 545
Einseitiger Handelskauf 136, 250, 269
Einstandspreis 453
Einstellungstests 494
Einwandbehandlung 114
Einwegpfand 219
Einzelhandelsfunktionen 43
Einzelkosten 412
Einzelprokura 532
Einzelumwerbung 199
Einzelunternehmen 524
Einzelvollmacht 532
Einzelwerbung 198
Einzugsermächtigung 158
Eiserner Bestand 235
Electronic Cash 159
Elektronische Buchhaltung 421
Elektronische Medien 194
ELV (elektronisches Lastschriftverfahren) 159
Empfohlenene Preise 328
Endpreis 326
Englische Redewendungen 122
Entgeltabrechnung 507
Entnahme von Sachmitteln 382
Entscheidungsebenen 531
Entscheidungshilfen 119
Entscheidungsphase 119
Entsorgung der Verpackung 260
Erfassung des Wareneingangs 261
Erfolgskonten 309
Erfüllungsgeschäft 137, 251
Erfüllungsort 251
Ergänzungssortiment 58
Ergebnisrechnung 406
Erhaltungswerbung 191
Erinnerungswerbung 191
Erkennbarkeit 269
Erlebnisorientierte Präsentation 174
Erlösberichtigungen 392
Ersatz vergeblicher Aufwendungen 265, 272
Ersparnisse 43
Ertrag 37
Ertragskonten 309
Erweiterung des Sortiments 451
Europäische Verpackungsrichtlinie 217
Existenzbedürfnisse 35
Existenzsicherung 49
Expansionswerbung 191
Experiment 446
Externe Personalbeschaffung 488

F

Fabrikläden 63
Fachbegriffe 89
Fachgeschäft 60
Fachliche Kompetenzen 14
Fachmärkte 63
Factoring 537
Factory-Outlet-Center 63
Fähigkeitstests 494
Faktoreinsatz 51, 439
Faktorsubstitution 55
Fälligkeit der Lieferung 265
Falschgeld 143
Fantasiefenster 188
Fantasiefirma 522
Farben 172
Fernabsatzverträge 141
Festplatzsystem 278
Festsetzung der Preise 328
Filialprokura 532
Finanzamt 521
Finanzierung 439, 533
Finanzierung des Unternehmens 533
Finanzierungskauf 360
Firma 522, 524, 528
Firma der OHG 525
Firmenausschließlichkeit 523
Firmenbeständigkeit 523
Firmengrundsätze 523
Firmenname 522

Firmenöffentlichkeit 523
Fixe Kosten 454
Fixkauf 252
Fixkosten 454
Flaches Sortiment 59
Formkaufmann 521, 528
Fortbildung 34
Frachtbrief 259 f.
Frachtvertrag 228
Fragetechnik 101
Franchising 239, 547
Frauen 344
Freie Güter 36
Freies Limit 236
Freiwillige Ketten 239
Freiwillige soziale Leistungen 67
Freiwillige Zuschüsse 515
Freizeichnungsklausel 243
Fremdbelege 314
Fremdfinanzierung 533 f.
Fremdkapital 298, 533
Friedenspflicht 76
Führungsebene 531
Führungsstile 505
Führungsstrukturen 531
Funktionen des Einzelhandels 42

G

Garantie 357
Gebundene Preise 328
Gefahrensymbole 182
Gefahrenübergang 252
Gehaltstarifverträge 76
Geldkarte 159
Geldrechnung 405
Gemeinschaftswerbung 198
Generalvollmacht 532
Genossenschaft (e. G.) 529
Gerichtliches Mahnverfahren 544
Gerichtsstand 251
Geringwertige Wirtschaftsgüter (GWG) 398
Geruch 91
Geruchssinn 110
Gesamtprokura 532
Geschäftsbrief 253
Geschäftsfähigkeit 130
Geschäftsführer 529
Geschäftspolitik 530
Geschenkkauf 350
Geschlossene Fragen 103
Geschlossenes Fenster 187
Geschmack 91
Geschmackssinn 110
Geschüttete Präsentation 175
Gesellschaft bürgerlichen Rechts (GbR) 522
Gesellschafterversammlung 529
Gesellschaft mit beschränkter Haftung (GmbH) 528
Gesellschaftsvertrag 525
Gesetz gegen den unlauteren Wettbewerb (UWG) 183
Gesetzlicher Erfüllungsort 251
Gestaltungselemente der Werbung 195
Gestik 95, 98, 479
Gestreckte Abschlussprüfung 30
Gesundheitsverträglichkeit der Ware 93
Gewährleistung 357
Gewerbeamt 521
Gewinn 453
Gewinn- und Verlustkonto 310
Gewinnmaximierung 50, 440
Gewinnverteilung 526
Gewinnzone 450
Gewogener Durchschnitt 164
Gleichgewichtspreis 48
Gliederungszahlen 318
GmbH & Co KG 529
Goldene Bilanzregel 534
Gondeln 179
Greifzone 179
Grenzen der Werbung 204, 209
Grundkapital 527
Grundpreis 326
Grundsätze der Warenpräsentation 170
Grundsätze der Warenvorlage 108
Grundsätze ordnungsmäßiger Buchführung 294
Grundschuld 537
Grüner Punkt 219
Gruppenarbeit 25
Gültigkeitsdauer des Angebotes 244
Güter 36
Güterarten 36
Güterbeförderung 228
Gütermarkt 438
Gütezeichen 181
GuV-Rechnung 406

H

Haben 302
Halbbare Zahlung 150
Halb offenes Fenster 187
Handelsgewerbe 522
Handelsketten 547
Handelskredit 535
Handelsregister 521 ff., 532
Handelsspanne 338
Handelsverbot 31
Handlungskosten 309, 453
Handlungskostenzuschlag 411
Handlungsvollmacht 531
Hängende Präsentation 175
Hauptversammlung 528
Haustürgeschäfte 140
Hemmung der Verjährung 545
Herkunft 91
Herstellung 92
Heterogene Güter 455
Höchstbestand 285
Homepage 469
Homogene Güter 455
Horizontale Platzierung 179
Hörsinn 109
Hypothek 537
Hypothekenkredit 536

I

IBAN (International Bank Account Number) 156
Identnummer 432
Immaterielle Güter 36
In-Sales-Service 224
Indexzahlen 319
Indirekte Bedarfsermittlung 101
Individualbedürfnisse 35
Individualismus 78
Individualvereinbarungen 77
Industrie- und Handelskammer 521
Informationen zur Ware 181
Informationsfunktion 214
Informationsquellen 88
Inhalt des Angebotes 244
Inhaltliche Prüfung 259
Innenfinanzierung 533
Innere Ladengestaltung 174
Insolvenz 548
Insolvenzrecht 548
Insolvenzverfahren 548
Interaktionsprozess 94
Interne Personalbeschaffung 488
Internethandel 470
Internetmarketing 468
Internetnutzung 468
Internetpräsenz 469
Internetseite 469
Inventar 297
Inventur 283
Investitionen 43, 533
Irreführende Werbung 206
Irreführungsverbot 523
Istkaufmann 521

J

„Ja-aber"-Methode 117
Jahresabschluss 415
Jahreszinsen 538
Jugendarbeitsschutz 32
Jugendarbeitsschutzgesetz 32
Jugendliche 344
Jugendvertretung 74
Juristische Personen 130
Just-in-time-Belieferung 241

K

Kalkulation 453
Kalkulationsabschlag 339
Kalkulationsaufschlag 336
Kalkulationsfaktor 337

5615552

Kalkulationszuschlag 336
Kalkulierte Preise 328
Kannkaufmann 521
Kapital 38
Kapitalbedarf 520, 533
Kapitalbeschaffung 533
Kapitalbindung 453
Kapitaleinlage 380
Kapitalentnahme 381
Kapitalerhöhung 547
Kapitalgesellschaften 524, 527
Kapitalstruktur 419
Kapitalumschlagsdauer 428
Kapitalumschlagshäufigkeit 428
Kasse 142
Kassenbericht 146
Kassensturz 146
Kassensysteme 142
Kassenzone 177
Kassiervorgang 121, 143
Kauf auf Abruf 252
Kauf auf Probe 252
Käufermarkt 45, 438
Kauf für eine Begleitperson 348
Kaufhaus 60
Kaufkraft 35, 37
Kaufmännische Zinsformel 541
Kaufmannseigenschaft 521
Kaufmotive 104, 445
Kauf nach Probe 252
Kaufsignale 119
Kaufvertrag 134, 136
Kaufvertragspflichten 251
Kauf zur Probe 252
Kennzahlen 318
Kennzeichnungen 90
Kernsortiment 58, 451
Kinder 344
Kirchensteuer 509
Klarschrift-Etiketten 435
Klassifizierung 90
Kleiderständer 179
Kleinpreisgeschäft 60
Koalitionsfreiheit 75 f.
Kollektivbedürfnisse 35
Kollektivismus 78
Kollektivvertrag 75
Kommanditgesellschaft (KG) 526
Kommanditist 526
Kommissionsgeschäft 252
Kommunikation 94
Kommunikationsplattform 470
Kommunikationspolitik 190
Komplementär 526
Komplementärgüter 37
Konditionenpolitik 456
Konfliktlösungsverhalten 361
Konsumausgaben 43
Konsumgüter 36 f.
Konsumkredite 43
Konsumtypen 346
Kontaktaufnahme 100
Kontaktphase 100
Kontenplan 413
Kontenrahmen 413
Kontokorrentkredit 535 f.
Konventionalstrafe 267
Konzentration 548
Kooperationen 238, 547
Kooperativer Führungsstil 505
Körperhaltung 95, 98
Körpersprache 96
Kosten 51, 453
Kosten- und Leistungsrechnung (KLR) 407
Kostenarten 408
Kosten beim Warenversand 390
Kostendeckung 50
Kosten der Lagerhaltung 282
Kosten der Versandverpackung 245
Kostenorientierte Preisbildung 453
Kostenstellenrechnung 410
Kostenträgerrechnung 411
Kranke 345
Krankenkassen 66
Krankenversicherung 64, 66
Kreditkarten 158
Kreisdiagramm 317
Kühltheken 179
Kulanz 55, 358
Kulturbedürfnisse 35
Kundenanzahlungen 535
Kundenbeziehungsmanagement 464
Kundenbezogene Verkaufsargumente 111
Kundenbindung 126, 221, 466
Kundendienste 126
Kundendienstfunktion 43
Kundendienstleistungen 222
Kundendienstpolitik 222
Kundengruppen 344
Kunden in Begleitung 347
Kundenkarten 160
Kundenkredit 535
Kundenkreis 520
Kundenlaufstudien 176
Kundenorientiertes Sprechen 96
Kundenorientierung 55
Kundenservice 460
Kundentreue 221
Kundentypen 345
Kundenverhalten 344
Kundenzufriedenheit 221
Kündigung 31
Kurswert 527
Kurzfristige Bankkredite 535
Kurzfristige Erfolgsrechnung (KER) 427

L

Ladendiebstahl 354
Ladengestaltung 170
Ladenhandwerk 60
Ladenhüter 453
Lagerarten 275
Lagerbestandsarten 285
Lagerdauer 288
Lagereinrichtung 276
Lagerfunktion 42, 214
Lagerhaltung 274
Lagerhaltungskosten 282
Lagerhinweise 184
Lagerkennzahlen 286
Lagerkontrolle 282
Lagernahe Zone 177
Lagerrisiko 282
Lagerzinsen 289
Lagerzinssatz 289
Langfristige Bankkredite 536
Längsplatzierung 180
Lastschriftverfahren 158
Lautstärke 95
Leasing 139, 537
Leasingvertrag 134
Lebenslauf 491
Lebensmittel- und Bedarfsgegenständegesetz (LMBG) 183
Lebensmittelkennzeichnungs-Verordnung 183
Leihvertrag 134
Leistung 50, 51
Leistungsanreize 52
Leistungsprozess 50
Lerntechniken 13, 14
Lieferbedingungen 244
Liefererkredit 535
Lieferschein 259
Lieferungsverzug 264
Lieferzeit 244
Liegende Präsentation 175
Limit 236
Limitplanung 429
Limitrechnung 236
Lineare Abschreibung 397
Liniendiagramm 317
Liquidation 546, 549
Liquidität 420
Liquidität 1. Grades 420
Liquidität 2. Grades 420
Lockvogelwerbung 207
Logistik 241
Lohntarifverträge 76
Lohnnebenkosten 52
Lombardkredit 537
Luxusbedürfnisse 35

M

Mahnbescheid 544
Mahnung 543
Mahnverfahren 543
Mängelarten 268
Mängelrüge 273
Männer 344
Manteltarifvertrag 76
Markenartikel 330
Marketing 438
Marketinginstrumente 439, 450, 464

Marketingkonzepte 466
Marketingmanagement 463
Marketingmix 190, 439, 463
Marketingziele 440
Markt 45
Marktanalyse 445
Marktanteile 50
Marktbeobachtung 446
Markterkundung 444
Marktforschung 445
Markthandel 63
Marktpreis 453
Marktprognose 448
Marktuntersuchung 439, 444
Massenumwerbung 200
Materielle Güter 36
Maximalprinzip 38
Mehrfachbedienung 349
Mehrfachmärkte 63
Mehrweg 218
Melancholiker 344
Meldebestand 235, 285
Mengenausgleichsfunktion 43
Mengenrabatte 456
Messen 240
Methoden zur Preisnennung 113
Mietkauf 139
Mietvertrag 134
Mimik 95, 97, 479
Minderung des Kaufpreises 272
Mindestbestand 285
Mindestlagerbestand 235
Mindmap 15
Mindmapping 22
Minimalprinzip 38
Mischkalkulation 329, 455
Mischpreise 455
Mitarbeitermotivation 505
Mittelfristige Bankkredite 535
Mittelzone 177
Monatszinsen 539
Mondpreise 208
Motive 12 ff.
Musik 173

N

Nachbesserung 272
Nacherfüllung 272
Nachfrage 45
Nachfragelücke 47
Nachfrageüberhang 47
Nachfrist 265
Nachhaltigkeit 82
Nachlässe 387
Nachnahme 153
Nachträgliche Rabatte 456
Nachverkaufskundendienst 224
Naturalrabatte 456
Natürliche Personen 130
Nennwert 527
Nettoverkaufserlös 454
Nettoverkaufspreis 453
Nicht-Rechtzeitig-Lieferung 264 f.
Nicht-Rechtzeitig-Zahlung 543
Nichtige Rechtsgeschäfte 134
Nichtkaufmann 521 f.
Nichtlieferung 265
Normung 90

O

OCR-Schrift 432
Off-Price-Geschäfte 63
Offene Fragen 102
Offene Handelsgesellschaft (OHG) 525
Offenes Fenster 187
Öffentlichkeitsarbeit 457
Ökologische Verantwortung 80
Ökonomisches Prinzip 37 f.
Ökonomische Verantwortung 79
Online-Transfer mit Western Union 152
Onlinemarketing 473
Optimaler Lagerbestand 282 f.
Optische Verkleinerung 113
Ordentliche Kündigung 499
Organisation 49

P

Pachtvertrag 135
Panels 446
Partiediscounter 63
Passive Bestandskonten 302
Passive Preispolitik 328
Passives Wahlrecht 72
Passivseite 298
Passivtausch 301
Pensionsfonds 69
Pensionskasse 69
Permanente Inventur 284
Personal 52
Personalbedarf 482
Personalbeschaffung 487
Personaleinsatzplanung 487
Personalentwicklung 481
Personalkosten 52
Personalkredit 536
Personalnebenkosten 65
Personalpolitik 530
Personenbezogene Kündigung 501
Personenfirma 522
Personengesellschaften 524 f.
Persönliche Geldübergabe an der Kasse 147
Persönliche Kompetenzen 13
Persönlichkeitstests 494
Pfandsystem 218
Pflegesymbole 184
Pflegeversicherung 64, 66
Pflichten aus dem Arbeitsvertrag 498
Pflichten des Ausbildenden 32
Pflichten des Auszubildenden 31
Pflichten des Einzelhändlers 251
Pflichten des Lieferers 251
Phlegmatiker 344
Plastikgeld 158
PLU (Price-lock-up) 142
POS (Point of Sale) 159
POS-Kasse 142
Post-Express 149
Postnachnahme 543
Präsentation 20, 464
Präsenzsortiment 58
Pre-Sales-Service 223
Preis 328, 453
Preisangabenverordnung 186, 326
Preisargumentation 112
Preisauszeichnung 186, 326
Preisbildung 45
Preisdifferenzierung 330, 455
Preisentscheidung 453
Preismechanismus 47
Preisminderungen beim Wareneinkauf 387
Preisminderungen beim Warenverkauf 392
Preisnachlässe 246, 456
Preisoptik 455
Preispolitik 328, 453, 464, 530
Preisschilder 186, 326
Preisunterbietung 331
Preisverhalten 453
Preisverzeichnis 327
Primärforschung 446
Printmedien 194
Privateinlage 534
Private Krankenversicherung 68
Private Lebensversicherung 68
Private Paketdienste 228
Private Rentenversicherung 68
Private Unfallversicherung 68
Private Vorsorge 67
Privatkonto 380
Probezeit 31
Produkthaftung 359
Produktionsfaktoren 38, 50
Produktionsgüter 36 f.
Produktmerkmale 92
Produktwerbung 457
Prokura 532
Promillerechnung 167
Prozentrechnung 164
Prozentrechnung auf Hundert 166
Prozentrechnung im Hundert 167
Prozentrechnung mit vermehrtem Grundwert 166
Prozentrechnung mit vermindertem Grundwert 167
Prozentsatz 166
Prozentwert 165
Prüfen der Warenbestände 279
Prüfungsordnung 30
Prüfungspflicht 270
Prüfzeichen 181
Psychologische Preisbildung 455
Psychologische Preisgestaltung 331
Public Relations 190, 457, 464

Q

Qualifikation 485
Qualifiziertes Zeugnis 32
Querplatzierung 180
Quittung 148

R

Rabatte 246, 456
Rackjobber 547
Rahmentarifvertrag 76
Randsortiment 58, 451
Randzone 177
Ratenkauf 139
Ratenzahlung 246
Raumklima 174
Realkredit 536 f.
Rechnung 259
Rechte des Betriebsrats 72
Rechtsfähigkeit 130
Rechtsform 524
Rechtsgeschäfte 132
Rechtsmangel 268 f.
Reckzone 179
Recycling 219
Regale 179
Regalzonen 179
Reingewinn 310 f.
Reinvermögen 297
Reklamationsfristen 271
Rentabilität 441
Rentabilität des Eigenkapitals 428
Rentabilität des Gesamtkapitals 428
Rentabilitätsmaximierung 440
Rentenversicherung 65 f.
Reservelager 275, 277
Ressourcen 37
Restlimit 236
Restschuldbefreiung 548
Rhetorische Fragen 104
Riester-Rente 69
Risiken der Lagerhaltung 282
Rohgewinn 320
Rohstoff 92
Rückfragemethode 118
Rücksendung von Waren 384, 389
Rücktritt vom Vertrag 265, 272
Rückwärtskalkulation 334
Rügepflicht 270

S

Sachfirma 522
Sachgüter 36 f.
Sachleistungen 514
Sachmangel 268
Sachverständige Begleitung 348
Säulendiagramm 317
Salespromotion 211, 459, 464
Sammelwerbung 199
Sandwich-Methode 112
Sanguiniker 344
Sanierung 546 f.
Scanner 142
Schadensberechnung 267
Schadensersatz 265, 267, 272
Schaufenster 187
Schaufensterware 139, 188
Scheineinwände 118
Schlechtleistung 268
Schlussbilanz 304
Schlüsselqualifikationen 13
Schmales Sortiment 59
Schriftgutablage 253
Schriftverkehr im Einzelhandel 253
Schutzfunktion 214
Secondhandshops 63
Sehsinn 109
Sekundärforschung 447
Selbstbedienung 55, 61
Selbstbedienungsgeschäft 178
Selbstkosten 453
Selbstschuldnerische Bürgschaft 537
Selbstständigkeit 49
Senioren 344
SEPA (Single Euro Payment Area) 156
Service 55, 222
Serviceleistungen 126
Servicepolitik 530
Shop-in-Shop 547, 548
Shoppingcenter 548
Sicherheitsvorkehrungen im Lager 280
Sicherungsübereignung 537
Sicherung von Bankkrediten 536
Sichtzone 179
Single Euro Payment Area (SEPA) 156
Skonto 246
Solidaritätszuschlag 509
Soll 302
Soll-Ist-Vergleich 323
Sonderangebote 330, 455
Sonderrabatte 456
Sondertarifvertrag 76
Sortiment 58
Sortimentsaufbau 59
Sortimentsbereinigung 452
Sortimentsfunktion 42
Sortimentspolitik 58, 450, 464, 530
Sortimentspräsentation 174
Sortimentsstruktur 59
Sortimentsvariationen 59
Soziale Kompetenzen 13
Soziale Leistungen 67
Soziale Sicherheit 64
Soziales Netz 64
Soziale Verantwortung 78
Sozialversicherung 32, 64, 521
Sozialversicherungsbeitrag 509
Sparpreise 455
Speicherbuchführung 296
Speicherbuchhaltung 421
Spezialgeschäft 60
Spezifikationskauf 252
Sponsoring 190, 457
Sprachcodes 492
Sprache 95
Sprechtempo 95
Stabliniensystem 531
Stammdaten 433
Stammkapital 528
Standardsortiment 58
Standort 442
Standortfrage 520
Standortmarketing 442
Standortpolitik 530
Standortwahl 53, 438
Stapelfenster 187
Stehende Präsentation 175
Stellen 56
Stellenbeschreibungen 57, 531
Steuerklassen 509
Stichtagsinventur 284
Stille Gesellschaft 525
Stimmhöhe 95
Straffung des Sortiments 451
Straßenhandel 63
Streik 77
Streudichte 457
Streugebiet 201, 457
Streukreis 201, 457
Streuweg 202
Streuzeit 202, 457
Strichcode-Etiketten 435
Stufenausbildung 29
Substitutionsgüter 37
Suggestivfragen 103
Summarische Zinsrechnung 542
Summenbilanz 424
Supermarkt 60

T

Tabellen 316
Tagesgeschäft 461
Tagesumsatz je Kunde 324
Tageszinsen 539
Tankstellenshops 63
Tarifarten 76
Tarifautonomie 76
Tarifbindung 76
Tarife 75
Tarifkommission 76
Tarifpartner 76
Tarifrecht 76
Tarifvertrag 75, 76
Tastsinn 109
Teamarbeit 25
Teilhafter 526
Temperamentsarten 344
Testmarkt 446
Testzeichen 181
Textilkennzeichnungsgesetz 183
Theken 179
Tiefes Sortiment 59
Tische 179

TQ3L-Methode 18
Trading-down 451
Trading-up 451
Transportfunktion 214
Transporthinweise 184
Transportverpackungen 215
Treuerabatte 456

U

Übersichtsfenster 187
Überweisung 155
Umlaufvermögen 298, 533
Umsatz 450
Umsatzanteil 323
Umsatzanteil Jahresumsatz 324
Umsatzentwicklung 323
Umsatzindex 323
Umsatzkennziffern 321
Umsatzmaximierung 440
Umsatzrentabilität 428
Umsatzrhytmus 324
Umsatzschwankungen 324
Umsatzsteuer 374, 376
Umsatzstruktur 323
Umschlagshäufigkeit 288
Umverpackungen 215
Umweltverträglichkeit der Ware 93
Umweltzeichen 181
Unfallverhütung 280
Unfallversicherung 65, 66
Unterbrechung der Verjährung 545
Unternehmensformen 524
Unternehmensgesellschaft (haftungsbeschränkt) 529
Unternehmensinsolvenz 548
Unternehmensinsolvenzverfahren 549
Unternehmenskrisen 546
Unternehmensleitbild 85
Unternehmensphilosophie 83
Unternehmensziele 49, 530
Unterstützungskassen 69

V

Variablen 454
Verabschiedung des Kunden 122
Veräußerungsverbot 523
Verbindlichkeit der Bestellung 249
Verbindlichkeit des Angebotes 243
Verbraucherinsolvenz 548
Verbraucherinsolvenzverfahren 548 f.
Verbrauchermarkt 60
Verbreiterung des Sortiments 451
Verbundwerbung 199
Vergleichende Werbung 205
Vergleichsmethode 113
Vergütung 32
Verhaltensbezogene Kündigung 501
Verhandlungsphase 108
Verharmlosungsmethode 114
Verjährungsfristen 545
Verjährung von Forderungen 545
Verkauf auf Kredit 139
Verkauf bei Hochbetrieb 349
Verkauf bei Ladenschluss 349
Verkäufermarkt 45, 438
Verkauf gegen Rechnung 139
Verkaufsablösung 349
Verkaufsfördernde Darbietung 179
Verkaufsförderung 190, 211
Verkaufsform 61, 178, 520
Verkaufsgespräch 94
Verkaufskalkulation 332
Verkaufskundendienst 224
Verkaufslager 275, 277
Verkaufsschwache Zonen 176
Verkaufsstarke Zonen 176
Verkaufsstörungen 352
Verkaufsverpackungen 215
Verkauf von Anlagegütern 401
Vermögensstruktur 420
Vermögenswirksame Leistungen 68, 515
Verpacken der Ware 121
Verpackung 214
Verpackungsgestaltung 220
Verpackungskennzeichnung 218
Verpackungskosten 217
Verpackungsmaterial 215
Verpackungsverordnung 217, 260
Verpackung von Geschenken 351
Verpflichtungsgeschäft 136
Verrechnungsscheck 156
Versand 226
Versandhandel 61 f.
Versicherungspflicht 64
Verteilungsrechnung 403
Vertiefung des Sortiments 451
Vertikale Platzierung 179
Vertraglicher Erfüllungsort 251
Vertragsfreiheit 133
Verwendungsorientierte Präsentation 174
Vier-Ohren-Modell 94
Virtuelle Verkäufer 99
Visual Merchandising 172
Vitrinen 179
Volle Geschäftsfähigkeit 131
Vollhafter 526
Vollmacht 531
Vollstreckungsbescheid 544 f.
Vorauszahlung 246
Vorkasse 246
Vorkontierung 308
Vorstand 528
Vorstellungsgespräch 493
Vorsteuer 375
Vorteil-Nachteil-Methode 118
Vorteilsformulierungen 96
Vorverkaufskundendienst 223
Vorwahl 55, 61
Vorwahlgeschäft 178
Vorwärtskalkulation 332

W

Wanderhandel 63
Warenannahme 258
Warenart 59
Warenautomaten 62
Warenbedarf 234
Warenbegleitpapiere 258, 259
Warenbereich 59
Warenbeschaffung 234
Warenbeschreibungsbogen 89
Warenbezogene Leistungen 127
Warenbezogene Verkaufsargumente 110
Warenbezugskosten 385
Wareneinkauf 368
Wareneinsatz 51, 320, 412
Warenentnahme 280
Warengerechte Aufbewahrung 179
Warengruppe 59
Warengruppenorientierte Präsentation 174
Warenhaus 60
Warenkalkulation 332
Warenkenntnisse 88
Warenkennzeichnung 181
Warenpflege 184, 279
Warenplatzierung 179
Warenrohgewinn 371
Warenrohverlust 371
Warenschäden 185
Warensortiment 520
Warenträger 179
Warentypische Qualitätsmerkmale 91
Warenverkauf 369
Warenverkehr 366
Warenvorlage 108
Warenwirtschaft 429
Warenwirtschaftssystem 430
Warenzeichen 181
Warenzustellung 226
Weiterbildung 33
Weiterführungsphase 120
Werbearten 198, 457
Werbeaufwand 456
Werbeelemente 193
Werbeerfolgskontrolle 204
Werbeertrag 456
Werbeetat 201, 456 f.
Werbefunktion 43
Werbegegenstand 192
Werbegrundsätze 200
Werbeinhalt 457
Werbekontrolle 457
Werbekosten 457
Werbemittel 193, 457
Werbeobjekte 202
Werbeplanung 200
Werbepolitik 530
Werberendite 457
Werbesprache 197

Werbetechniken 197
Werbeträger 193, 457
Werbewirkung 202
Werbeziele 192, 201, 457
Werbung 190, 464
Werklieferungsvertrag 135
Werkvertrag 135
Wertsendung International 149
Western Union Money Transfer 148
Wettbewerbsverbot 31
Wettbewerbsvorteil 440
Widerruf des Angebotes 244
Willenserklärung 132
Wirtschaften 37
Wirtschaftlichkeit 37
Wirtschaftsgüter 36
Wirtschaftskreislauf 43
Wirtschaftsstufen 40
Wohnungsbauprämie 68
Wortschatz 95

Z

Zahllast 377
Zahlung an Boten 147
Zahlung mit Karte 158
Zahlungsbedingungen 246
Zahlungserinnerung 543
Zahlungsverkehr 147
Zahlungsverzug 543
Zeitausgleichsfunktion 43
Zeitlich versetzte Inventur 284
Zerlegungsmethode 114
Zeugnisse 492
Ziele der Warenpräsentation 171
Zielgruppe 201, 441, 442, 520
Zielgruppenmarketing 441
Zielgruppenorientierte Präsentation 174
Zielkauf 246
Zinssatz 540
Zinsteiler 541
Zinszahl 541
Zoneneinteilung 176
Zugaben 456
Zusammengesetzter Buchungssatz 308
Zusammengesetzter Dreisatz 162
Zusatzangebote 124
Zusatzsortiment 58
Zwangsvollstreckung 545
Zweiseitiger Handelskauf 136, 250, 269

adpic Bildagentur, Bonn: 189 Mitte (E. Wodicka), 257 links (H. Dora), 291 rechts (P. Mautsch), 325 links (M. Schlutter), 325 Mitte (B. Leitner), 325 rechts (M. Baumann), 365 rechts (M. Kempf)
aid infodienst, Bonn: 88
American Express International, Inc., Frankfurt: 158 rechts
Arbeitskreis Mehrweg GbR, Bonn: 218
Bergmoser + Höller Verlag AG, Aachen: 71, 75
BilderBox Bildagentur, A-Thening: 11 Mitte, 233 Mitte, 257 rechts, 365 Mitte, 373 rechts, 477 links
BMW AG, München: 206 unten
CentrO Management GmbH, Oberhausen: 11 links
Der Grüne Punkt - Duales System Deutschland GmbH, Köln: 219 oben
Deutsche Post AG, Bonn: 227
Deutsche Telekom Medien GmbH, Frankfurt: 233 links
Deutscher Sparkassen Verlag GmbH, Stuttgart: 159
dpa Infografik GmbH, Hamburg: 13, 64, 147, 194 links, 483, 485, 497, 498, 499, 507
DPG Deutsche Pfandsystem GmbH, Berlin: 219 unten
Europäische Zentralbank, Frankfurt: 145
Fotex, Hamburg: 519 links
fotolia.com: 11 rechts (Marc Heiligenstein)
Fotostudio Druwe & Polastri, Cremlingen: 129 Mitte, 169 links, 169 Mitte, 169 rechts, 291 Mitte, 365 links
GALERIA Kaufhof GmbH, Köln: 160 rechts
Grundey, Verena, Nürnberg: 194 rechts
Intro, Berlin: 437 Mitte (Rainer F. Steussloff)
Knauber Freizeit GmbH, Bonn: 160 links
Kulkafoto, Berlin: 519 Mitte
Märkisches Landbrot, Berlin: 170 rechts
MAN Nutzfahrzeuge, München: 233 Mitte
MasterCard Worldwide, Frankfurt: 158 links
Metro AG, Düsseldorf: 437 links
Nestlé Deutschland AG, Frankfurt: 220
mauritius images, Mittenwald: 129 links (Carsten Bergmann), 291 links
picture-alliance/dpa, Frankfurt: 477 Mitte (Jens Schierenbeck/dpa Themendienst)
Rewe-Zentral AG, Köln: 93 links
Stiftung Warentest, Berlin: 206 oben
Stollfuß Medien GmbH & Co. KG, Bonn: 513
Trux, Stefan, Großkarolinenfeld: 87 links, 87 Mitte, 87 rechts, 93 rechts (2x), 129 rechts, 170 links, 171, 173 links, 173 rechts, 175 links oben, 175 rechts oben, 175 links unten, 175 rechts unten, 178 links, 178 rechts, 180 links, 180 rechts, 180 unten, 187, 188 oben, 188 unten, 189 links, 189 rechts, 257 Mitte, 275 rechts, 275 links, 343 links, 343 Mitte, 343 rechts, 519 rechts
Verband deutscher Verkehrsunternehmen, Köln: 198

Umschlaggestaltung: Klaxgestaltung, Braunschweig
Umschlagfotos: tiratore/fotolia.com (links) und jaymast/fotolia.com (rechts)
Belege und Grafiken: Claudia Hild, Angelburg

Trotz intensiver Nachforschungen ist es uns in manchen Fällen nicht gelungen, die Rechteinhaber zu ermitteln. Wir bitten diese, sich mit dem Verlag in Verbindung zu setzen.